当代俄罗斯语言学理论译库
北京市科技创新平台项目
俄罗斯叶利钦基金会资助项目
总主编 刘利民　主编 杜桂枝

ЯЗЫК И МЕТОД
К СОВРЕМЕННОЙ ФИЛОСОФИИ ЯЗЫКА

现代语言哲学的语言与方法

〔俄〕Ю.С.斯捷潘诺夫 著
隋然 译

著作权合同登记 图字：01-2011-1995

图书在版编目(CIP)数据

现代语言哲学的语言与方法/(俄罗斯)Ю.С.斯捷潘诺夫著；隋然译.
—北京：北京大学出版社，2011.4
（当代俄罗斯语言学理论译库）
ISBN 978-7-301-18704-3

Ⅰ.现… Ⅱ.①斯…②隋… Ⅲ.①俄语－语言哲学－研究 Ⅳ.H35

中国版本图书馆 CIP 数据核字(2011)第 051367 号

Ю. С. СТЕПАНОВ
ЯЗЫК И МЕТОД К СОВРЕМЕННОЙ ФИЛОСОФИИ ЯЗЫКА
© Ю. С. Степанов，1998
© А. Д. Кошелев. Серия《Язык. Семиотика. Культура》，1995

书　　　名：	现代语言哲学的语言与方法
著作责任者：	〔俄〕Ю.С.斯捷潘诺夫　著　隋然　译
组稿编辑：	张　冰
责任编辑：	李　哲
标准书号：	ISBN 978-7-301-18704-3/H·2788
出版发行：	北京大学出版社
地　　　址：	北京市海淀区成府路 205 号　100871
网　　　址：	http://www.pup.cn
电子邮箱：	zbing@pup.pku.edu.cn
电　　　话：	邮购部 62752015　发行部 62750672　编辑部 62759634　出版部 62754962
印　　刷　者：	北京鑫海金澳胶印有限公司
经　　销　者：	新华书店
	730 毫米×980 毫米　16 开本　29.75 印张　566 千字
	2011 年 4 月第 1 版　2011 年 4 月第 1 次印刷
定　　　价：	65.00 元

未经许可，不得以任何方式复制或抄袭本书之部分或全部内容。
版权所有，侵权必究　举报电话：010－62752024
电子邮箱：fd@pup.pku.edu.cn

总　序

俄语语言学理论研究在世界语言学中一直都占有重要的位置。从 18 世纪的罗蒙诺索夫到 20 世纪的维诺格拉多夫，从历史悠久的喀山学派到著名的莫斯科语义学派，俄罗斯产生和培养了一批批颇有影响的语言学家。他们一代代传承着语言学研究的优良传统，以敏锐和细腻的语言感悟，用完全不同于西方的研究方法，在斯拉夫语言的沃土上开垦和耕耘，建立起许多独特的语言学理论，收获着令世人瞩目的成就。

将俄罗斯语言学的发展变化置于世界语言学的大视野中做个粗略比照，便不难发现，在世界语言学发展的每一个历史转折时期，每当有新的思潮和范式涌现，俄罗斯语言学界都会同期出现伟大的语言学家和语言学理论，譬如，与索绪尔站在同一时代语言学制高点上的博杜恩·库尔特内；可与乔姆斯基"转换生成模式"并肩的梅里丘克的"意义⇔文本"语言学模式；20 世纪 80 至 90 年代，当西方语言学界在为乔治·莱考夫的以解释学为中心的认知语言学新范式欢呼雀跃时，解释学方法早在 1974 年出版的俄罗斯语言学家阿普列相的《词汇语义学》中便得到了详细的论述和应用，这一方法在俄国的许多语言学家，譬如博古斯拉夫斯基、什梅廖夫、沙图诺夫斯基等的语义学研究中都已广泛应用与发展；进入 21 世纪，帕杜切娃进行的"词汇语义动态模式"研究震撼和颠覆了传统语义学理念，她进而提出的"动态语义学"理论更是让人耳目一新。由此，可以不夸张地说，俄语语言学理论研究一直是与世界语言学的发展律动保持着同一节拍的，在个别时期或个别领域有时候甚至是领先一步。当代许多著名的俄罗斯语言学家的思想都具有国际领先水平和前沿性，俄语语言学理论是当今人文社会科学中极具价值且尚待努力开掘的一方富矿。

然而，由于种种原因，我国语言学界对俄罗斯语言学研究的发展历史和目前的理论水准缺少应有的关注，对俄罗斯语言学取得的成就了解得较少，致使俄罗斯语言学领域中的许多重要理论和先进思想没有得到应有的传播。中国语言学界并没有真正地全面了解和学习到俄罗斯语言学理论研究的精华，未能在实质上分享到俄语语言学先进理论的成果。

中国当代俄语语言学理论研究真正兴起于20世纪80年代,发展在改革开放和中苏关系正常化之后。虽然目前呈现出蓬勃发展的良好势头,但与我国的西方语言学研究相比,俄语语言学理论研究尚缺乏系统性、本源性和宏观整体性,许多语言学理论的引介或者通过第三种语言翻译过来,或通过二次评介传入,致使俄罗斯语言学理论研究显得支离破碎,或者说只见树木不见森林。究其根源,就是在我国的俄语语言学理论研究中缺乏系统、宏观的本源性、整合性研究,而理论研究的缺失与偏误必然会影响和阻滞整个学科的进步和可持续性发展。

如此局面的形成,作为俄语工作者的我们深切感受到的不仅仅是愧疚,同时还有一份不可推卸的责任。要全面了解俄罗斯语言学理论的发展和现状,把握其精髓,必须对俄罗斯语言学理论宝藏做本源性的开掘,必须对语言学理论的精品做系统的直接译介和潜心研究,让人类文化的这一块宝贵财富不仅能够哺育圣·西里尔的后人,也为中国的语言学者所共享,也为丰富中华语言和文化发挥作用。

基于这样的理念和目标,杜桂枝教授主持申报了北京市科技创新平台项目,精选了九位当代俄罗斯语言学著名学者的理论代表作,邀集了国内俄语界相关领域理论研究造诣较深的学者,担纲翻译及研究工作。毋庸置疑,这是一项颇具挑战性的巨大工程。

我们说,这项工程是一个创新性的大胆尝试,因为这是一项史无前例的工作:自中国开办俄语教育300余年以来,虽然有过个别的俄语语言学理论著作的翻译引介,但如此大规模地、系统地、有组织地进行翻译和研究,在我国的俄语教育史上尚属首次。

我们说,这项工程是一种可贵的无私奉献,因为在当今的学术氛围下,在当今的评价体系中,每个人都清楚,学术著作的翻译几乎不具学术"价值",甚至是一些人回避不及的"辛苦"。然而,我们邀请到的每一位学者都欣然地接受了这份几近无酬又"不增分"的"低性价比"的"纠结和折磨":缘于一份浓郁的俄语情结,期待的是自身理论的升华和自我价值的超越,为的是先进的前沿性俄语语言学理论的传播。

我们说,这项工程是一份默默耕耘的艰辛劳作,因为这九位俄罗斯语言学家都是各自研究领域的顶级学者,这些代表作中的每一部几乎都是作者倾其一生的研究成果之集成。没有对该学者的深入了解,没有对其多年研究脉络和方

2. 对于国外学者译名的处理问题，我们采用了如下原则：①对在我国语言学界早已耳熟能详的世界著名学者，沿用现有的译名，如索绪尔、乔姆斯基等；②对西方的语言学家、哲学家等，采用国内学界已有的译名，尽量接轨；③对俄罗斯及斯拉夫语系的学者，我们按照国内通行的译名手册的标准翻译，同时兼顾已有的习惯译法。

3. 关于术语在上下文、前后章节中的使用问题，我们的基本原则是：在准确把握原文意图的前提下尽量一致，前后统一，减少歧义；同时又要考虑作者在不同时期、不同语境下的使用情况做灵活处理，术语的译文以保证意义准确为宗旨，以准确诠释学术理论思想为前提，随文本意义变化而变，因语境不同而异。

4. 为保持原著的面貌和风格，在形式上遵循和沿用原著各自的行文体例，没有强求形式上的统一，因此，即便是在同一本译作中，也会有前后不一致的情况。

5. 鉴于篇幅问题，个别著作的中译版分为上、下卷出版。

最后，由衷地感谢北京市教委，为我们搭建了这样一个坚实的大平台，使诸多俄语学者实现了为俄语学界、为我国语言学界做一点贡献的愿望。

本书的翻译出版得到了俄罗斯叶利钦基金会的支持和帮助，在此表示衷心感谢。

我们还要感谢北京大学出版社对本套译库出版给予的大力支持。

唯愿我们的努力能为我国的俄语教学与研究，为我国语言学的整体发展产生助推和添薪作用。

总主编 刘利民
2010 年 12 月

法的把握,没有对其理论、概念和相关术语的理解和领悟,要想完成这一翻译任务是根本无望的,译者在其间的艰辛可想而知,其中的付出不言而喻。

我们说,这项工程是一个庞大而艰巨的综合项目,因为这一工程涉及语言学的各个领域:句法学、语义学、语用学、词汇学、语言哲学、语言的逻辑分析、逻辑语义、功能语言学、社会语言学、心理语言学等等。面对语言学理论林林总总的学科,站在语言学前沿理论的高端上,体验着俄罗斯语言学家的思维脉动,感受着学者们思想的敏锐和理论的深邃,这无疑是对语言学大千世界的一次鸟瞰,此时此刻无人敢言内行。因此,在制定翻译计划和领受翻译任务时,我们有约在先:每一位翻译者应对所翻译著作全文负责,力争使自己成为各自领域中的专家、内行。

简言之,这是一项有责任、有分量、有难度的大工程。有人说,翻译是一门艺术。其实,学术著作的翻译更是一门特殊的艺术。在走进艺术殿堂的行程中,要经历崎岖与荆棘,需要努力跋涉,要不断地克服困难,不停顿地向着目标艰难攀登,才有可能摘取艺术的皇冠。也曾有人形象地比喻:翻译是"带着镣铐起舞"。如果说一般语言翻译的镣铐尚是"舞者"可以承受之重的话,那么,学术理论著作翻译的镣铐对译者的考验、束缚更让"舞者"举步维艰,即便使出浑身解数,也未必能展示出优美的舞姿。所幸,中国的俄语界有这样一批知难而进的学者,他们不畏惧这副沉重的镣铐,心甘情愿地披挂在身,欣然前行。当我们亲历了艰难起舞的全过程,当一本本沉甸甸的译稿摆上案头,我们会释然地说,无论舞姿是否优美,我们尽心,也尽力了。

当我们即将把这样一套理论译著奉献给读者时,心中仍存一份忐忑:毕竟这是俄罗斯著名语言学家的理论代表作,毕竟民族间语言与文化差异的存在、某些术语的无法完全等译,会给译文留下些许的遗憾,难免会有不够精准的理解、表述和疏漏之处。在此,真诚地欢迎语言界同仁和广大读者提出意见,同时也真诚地希望给"带着镣铐的舞者"们多些宽容和鼓励。

再谈一些技术性问题。

1. 我们所选的九位俄罗斯语言学家代表着语言学不同的方向和领域,各自都有独特的研究视角,独特的研究方法和独特的语言表述风格。因此,我们不力求每部作品在形式、风格乃至术语上都一致,而是给予译者相对的独立性,以此保证每一部译著的完整性、统一性和独特性。我们希望读者在不同的译著中,除了能读出原作者的风范外,还能品读到译者的风格。

目　　录

第一部分　语义学·句法学·语用学
　　　　——"语言之三维空间"

序言 ··· (1)
第一章　语义范式(语言语义方式所表达的"名称哲学") ················· (5)
　　0. 普遍特点 ·· (5)
　　1. 名称和命名的概念 ··· (8)
　　2. 古希腊的"名称哲学"：柏拉图和亚里士多德 ······················· (16)
　　3. 中世纪经院哲学中的语言问题：希思帕尼斯和奥卡姆 ············ (28)
　　4. 经院哲学和新时期哲学之交的"名称哲学"：尼古拉斯·库萨 ···· (35)
　　5. 洛谢夫的《名称哲学》 ·· (40)
　　6. 名称诗学：象征主义 ··· (46)
　　　　6.0　导语：诗歌、诗学，名称的符号学 ······························· (46)
　　　　6.1　作为艺术对象的"本质"：象征 ···································· (49)
　　　　6.2　现象名称和本质名称 ··· (53)
　　　　6.3　韵律 ··· (60)
　　　　6.4　"应和—感应" ·· (64)
　　　　6.5　内涵世界 ·· (69)
第二章　17世纪语言中的哲学问题(跨范式时期) ························ (74)
　　0. 普遍特点 ·· (74)
　　1. 笛卡尔和莱布尼茨 ··· (75)
　　2. 斯宾诺莎 ··· (81)
　　3. "两种语言"的范式和波尔·罗亚尔学说 ······························ (85)
第三章　18至19世纪上半期语言中的哲学问题(跨范式时期) ········ (90)
　　0. 普遍特点 ·· (90)
　　1. 启蒙学派语言哲学中的"两种语言"范式 ···························· (92)
　　2. 康德和黑格尔的一些逻辑—哲学思想 ································ (94)

第四章 句法范式(语言句法方式所表达的"谓词哲学") …… (98)
  0. 普遍特点 …… (98)
  1. 谓词概念 …… (102)
  2. 古希腊斯多葛派学说中的"谓词哲学"要素 …… (110)
  3. 1920 至 1940 年罗素的语言观 …… (117)
  4. 从卡尔纳普的"两种语言"范式到语言学结构主义 …… (127)
  5. "谓词诗学"或"句法诗学" …… (138)
    5.0 引言——形式诗学与内容诗学 …… (138)
    5.1 "无个性之人"的诗学：陀思妥耶夫斯基和易卜生 …… (140)
    5.2 俄国未来主义诗学和赫列勃尼科夫的诗学 …… (153)

第五章 现象学下语言中的哲学问题(跨范式时期) …… (159)
  0. 普遍特点 …… (159)
  1. 胡塞尔现象学中一些与语言有关的概念 …… (159)
  2. 梅洛-庞蒂和 1950 至 1960 年间的法国符号学 …… (166)
  3. 英伽登的现象学诗学 …… (169)

第六章 语用范式(语言语用方式所表述的"自我中心词哲学") …… (171)
  0. 普遍特点 …… (171)
    0.1 论术语"语用学"及术语"指示学"对其的替换 …… (174)
  1. "自我中心词"概念 …… (177)
  2. 20 世纪 50 年代刘易斯和卡尔纳普论著中的新概念 …… (185)
  3. 20 世纪 80 年代模态逻辑和内涵逻辑概念中的语言图式 …… (190)
  4. 自我中心词诗学 …… (199)
    4.0 导语 …… (199)
    4.1 20 世纪罗·穆齐尔"无个性之人"的诗学 …… (201)
    4.2 俄国意象派——"自我中心词小诗学" …… (203)
    4.3 高尔基自传体三部曲和《克里姆·萨姆金的一生》中的"旁观者诗学" …… (205)
    4.4 普鲁斯特的自我中心诗学 …… (211)
    4.5 布莱希特戏剧中的自我中心美学要素 …… (214)

第七章 语言认识阶段(范式)的普遍语言图式：三种模式 …… (217)
  0. 导语 …… (217)
  1. 语言-1(只具有语义) …… (219)
  2. 语言-2(具有语义和句法) …… (230)
  3. 语言-3(具有语义、句法和语用) …… (237)

第二部分 系统与文本——"新唯实论"

序言 ·· (246)

第一章 从"观察"(自然语言)上升到"逻辑—哲学认识"(例证)的手段 ···· (248)

  0. 例证引论 ·· (248)

  1. 例1. 言语链中的时间从"克威埃斯考斯基模型"到波斯特机 ········ (251)

  2. 例2. 从卡尔纳普的"状态描写"到辛提卡的"分布准则形式"
    ——康德、卡尔纳普、维特根斯坦的一些类似研究的对比 ········· (255)

  3. 例3. "神是爱","爱是神"。同一关系及语言哲学分析的两种方法：
    历史—哲学法与逻辑法 ·· (267)

  4. 例4. "原因"概念以及对语言进行语言—哲学分析的两种方法——
    逻辑方法及次逻辑方法(符号学) ································ (279)

  5. 例5. "施里曼找到了特洛伊。"——弗雷格语义三角的"旋转" ······ (286)

  6. 例6. "我当着彼得的面对伊万说,不应该因为他考试不及格而责备自己。"
    ——间接语境中的复杂指称 ······································ (288)

    规则1. 主体具有代词 se 的形式 ···································· (291)

    规则2. 在复杂指称的情况下更愿意使用被动形式 ···················· (291)

    规则3. 在指称不定人称主体时更愿意使用被动形式 ·················· (291)

第二章 系统从系统到"系统之外"的唯实论
    ——亚里士多德第一语言哲学 ···································· (296)

  0. 引论 ·· (296)

  1. 亚里士多德谓词的第一分类(基本分类法)
    ——范畴语义的非对比层 ·· (296)

  2. 亚里士多德思想中有关"短篇文本"结构的理论元素 ·············· (311)

  3. 亚里士多德观点中关于建立"长篇文本"的理论元素 ·············· (321)

第三章 文本从文本到"文本中的提取"的唯名论
    ——亚里士多德第二语言哲学 ···································· (326)

  0. 引论 ·· (326)

  1. 表达层面：长语音成分；语音概念取决于言语音节的自然划分 ······ (326)

  2. 内容层面：长语义要素依赖于语句切分的主体及谓词概念 ·········· (337)

  3. 康德的范畴——作为根据语句—判断的"长成分"建立范畴的例证 ··· (344)

  4. 奥卡姆——新时代唯名论的第一位代表 ·························· (347)

  5. 基于康德唯名论的系统中的词的概念与意义 ······················ (349)

    6. 唯名论富有成果的思想 …………………………………………（357）
第四章　系统与文本之间的语篇 ………………………………………（381）
    0. 引论 ……………………………………………………………（381）
    1. 系统与文本之间的语篇:语篇——"世界"(任何世界)的语言表达 ……（392）
    2. "语篇内"的逻辑问题:"状态描写"、"刚性"和"柔性"能指等等 ……（398）
    3. 系统与文本之间的"事实"表达 ………………………………（401）
第五章　系统与文本之间的新唯实论——第三语言哲学 ………………（408）
    1. 语言哲学不存在边界,但语言哲学的语言存在边界 ……………（408）
    2. "主体之死——主体万岁!" ……………………………………（414）
    3. 来自新唯实论并非遥远的从前 …………………………………（415）
    4. 新唯实论的预感 …………………………………………………（422）
    5. 现代俄罗斯的新唯实论(《三个来源及三个组成部分》) ………（425）
第六章　相互作用的唯实论与唯名论
        ——语言哲学与道德(关于道德规定的形式) …………（446）
    0. 序言 ……………………………………………………………（446）
    1. 圣经世界中道德规定的逻辑—语言形式 ………………………（447）
    2. 康德的"范畴命令" ………………………………………………（450）
    3. 莱布尼茨的"道德必然性" ………………………………………（454）
参考文献 …………………………………………………………………（457）

第一部分　语义学·句法学·语用学
——"语言之三维空间"

序　言

　　把语言想象成是有形状的、立体的，一个人们在其中能够形成自己的观念的场所，这是再自然不过的了。这是什么？是隐喻吗？是的，如果我们想要想象一下语言是什么样的的话。相反，如果我们想要用有关符号系统的科学、符号学的术语来描述语言，那么这是一个相当严格的概念。

　　符号学以三个维度对语言进行描写——语义学、句法学、语用学。语义学处理符号与符号的所指，符号与现实对象及其概念之间的关系；句法学处理符号彼此之间的关系；语用学处理符号和语言使用者之间的关系。在其实际存在中，语言在这三个维度上均衡发展。（无需说明，此处指的不是某个数量上的维度，"维度"一词在此与"轴线"、"坐标"、"参数"同义；参见第Ⅶ章中更完整的定义）

　　语言的三维性本身就是语言学、哲学和语词艺术中语言问题的主要根源。语言学中的语言研究、哲学中的语言理解、语词艺术中的语言运用同样也集中在这三个轴线上，而且在所有这些领域中在一定程度上是同时并行的，也不是一下子就全部集中在这三个轴线上。

　　出于尚待澄清的一些原因，在某个时期一个方向得到发展，在另一个时期则是另一个方向得到发展，而在第三个时期又是第三个方向得到发展。处理语言的不同方法根据其偏好的维度可以分为语义方法、句法方法、语用方法，这样就成为某种"语言哲学"的类型学或"范式"。

　　"范式"这一术语，显然是由托马斯·库恩(Т. Кун)于20世纪60年代初首次用于物理学，指的是提出和解决科学问题的范例［Кун 1977，11］。我们在此把另外一个稍有不同的概念与该术语联系起来（这一概念的出现要早得多）。马克斯·玻恩(М. Борн)早在1953年就写道："我不想说，在该词的严格意义上（在数学之外）存在某些不变的原则，并且是先验的。但是我认为存在某些普遍的思维定势，它们变化得非常缓慢，并且形成特定的哲学时期，这一时期人类活动的所有领域都具有该时期特有的观念，包括在科学中……思维风格——风格不仅存在于艺术中，也存在于科学中"［Борн 1963，227；符号学方面参见：Степанов 1971，45；诗学方面：Степанов Г. В. , 1978, 8]。

因此,我们所说的"范式"指的是某一特定时期居于主导地位的语言观,与一定的哲学流派和艺术流派相联系。而且恰恰就是以这样的方式,即用哲学原理解释最普遍的语言规则,而反过来又用语言材料解决某些(通常只是个别的一些)哲学问题。在艺术方面亦是如此——艺术流派,首先是语词艺术中的流派,形成语言的运用方式,而后者又在艺术上打上自己的烙印(通常只是在某种程度上)。"范式"与科学上的某种思维风格和艺术风格相关联。如此理解的"范式"是一个历史现象。

我们在此将"语言哲学"这个说法作为"范式"这一术语的同义词来使用,因此它不是表示哲学上的学派或流派,而是某些语言观的名称(与某些哲学流派相联系)。与"自然哲学"、"历史哲学"、"艺术哲学"、"法学哲学"这些说法一道,"语言哲学"形成于18世纪末、19世纪初,用以表示语言机制的最普遍原则。直到现在,无论在俄语中,还是在西欧语言中(德语 Sprachphilosophic,法语 philosophic du langagc),"语言哲学"这个说法在语言学家中仍然很流行,意思是"语言学中的哲学问题"和"与语言有关的哲学问题"。当然,像"名称哲学"这样的说法是更加受到制约的,它在这里仅仅是作为"从名称和命名的角度来研究其所有问题的'语言哲学'"这一更长表达式的缩写来使用的(相应的,"谓词哲学"这个说法也是如此,等等)。

在本书中,我们在上述意义上划分出三种"范式":1. 语义范式(其中"语言哲学"被归结为"名称哲学");2. 句法范式("语言哲学"被归结为"谓词哲学");3. 语用范式("语言哲学"被归结为"自我中心词哲学")。其中我们可以看到几个跨范式时期,首先就是17世纪和18世纪。

总之,以这种方式对语言材料加以说明时,在("语言哲学"和诗学的)"范式"的历史中就会显现出某种规律性:语言似乎是不易觉察地引导着(思考语言的哲学家的)理论构想和(语词艺术家的)诗歌激情,依次沿着其自身的一个轴心进行循环——先是语义学,然后是句法学,最后是语用学,结束该循环后,又将螺旋式地重复这一循环。有必要再次明确地强调,语言不是哲学和艺术发展的源泉,然而它在一定程度上(不应该夸大这种程度)使它们发展的路线"变得曲折起来"。语言在该论点上不是指某种个别的、具体的、民族的和种族的语言,或许还有大家所说的"个别民族的"语言,而是泛指普遍的人类语言,是从其共性的角度,从逻辑-语言常项角度来研究的。[因而,本书的主要问题与所谓的萨丕尔-沃尔夫(Сепир-Уорф)假说问题没有任何共同之处。]

所有"范式"(正如在其名称中所强调的那样)都是片面的,而当它取代另一个范式时,尽管整个过程使我们的认识更接近客观现实,但在某种程度上仍然是用一种片面性代替另一种片面性。在该意义上,摆在读者面前的是一本关于片面处理方法的书。但是符号学问题的本性就是如此:它们表现出其本质所在,在极端性问题的情境中或者在尖锐的文艺实验中,这些符号学问题会极大限度地突显出来。许多语词艺术家都觉察到这点,本书提到的有:陀思妥耶夫斯基、易卜生,以及一些象征主义者和现代派作家。尤其是正因为如此,现实主义作为一种最完整的、摆脱极端的艺术手法,在此只是分析背景,而不是分析对象。

[最后一句话反映出本书第一版出版那年,即1985年的意识形态氛围,并且我以此(怯懦地)回应出版编辑的诘难,他问我:"可是为什么您的书中对现实主义只字未提呢?"]当然,我们那时就已知道,"现实主义的解释与现实本身在认识论上的解释直接相关联,其实与什么被认为是世界的现实直接相关联",这是费奥多罗夫(А. А. Федров)死后出版的论著之言[Федров 1989,11]。"而辩证唯物主义者"就连一分钟也没有怀疑过,这没有什么可"认为的":现实只有一个,而且是尽人皆知的。又过了十年,才出现鲁德涅夫(В. Руднев)大胆创新的论著,其中包括专门的章节《现实的概念》和《无现实主义的19世纪俄罗斯文学》[Руднев 1996,第3.3节]。

不过,本书在某种程度上也涉及到"辩证唯物主义"哲学,因为辩证法含蓄地被视为认识理论和逻辑学(辩证逻辑)。作为逻辑学,辩证法的研究对象是创造性的认识思维及其整个范畴体系,包括它的逻辑结构和概念、判断、理论这些成分之间的关系,它的预测功能,它的知识形成和发展的原理及规律。"辩证法作为逻辑学的一个典型特点,就是它研究一个知识系统向另一个更高的知识系统的过渡。在这种情况下,不可避免地就会暴露出辩证矛盾,它们既反映出认识客体自身的矛盾,也反映出认识主体和客体相互作用的矛盾,以及认识过程本身的矛盾。特别是当某种理论穷尽其自身的解释可能时,辩证矛盾在该理论上的'边界'就会看上去很尖锐,从而要求转向新的理论。这种过渡要求解决旧理论和新事实体系的矛盾……作为逻辑学,辩证法允许使用解决矛盾的某种类型学,同时却又不能毫无疑义地确定解决的结果,也即这里发生的只是知识内容的变化"[Философский энциклопедический словарь 1983,157]。读者不难看出,这种辩证法就是逻辑学的定义几乎提纲挈领地在本书中得以实现。这无疑是体现在有关符号学问题方面,首先就是语言问题。当然,一个主要难题就是,在这种情况下如何区分专门的知识、泛泛的知识和实质上的哲学知识(或者在该情形下就是语言学、符号学和哲学的区分),这正是作者力求合理地予以区分的问题。即便是不能在所有的地方都做到这一点,那么也不言而喻,这是材料复杂所造成的缺憾,而不是态度问题。

当然,作者认为其处理方法在如此复杂的跨学科领域远不是详尽无遗的,该领域甚至还不具有确定的名称,只是从相互作用的学科角度被描述性地称为"语言学和符号学中的哲学问题"或"哲学中的语言问题"、"语言中的哲学问题"。除了本书采用的方法,在我国初露端倪的至少还有以下这些方法:从建立在新实证主义基础上的马克思主义立场出发,对某些问题批判性地重新审视的方法[Козлова 1972;Брутян 1979];研究一、两个被认为是核心问题的问题的方法[Колшанский 1975;Новиков 1982,34—59];在马克思主义的"反映"、"辩证矛盾"、"量"、"质"等这些辩证法范畴和语言范畴之间建立直接类比的方法[Панфилов 1982];建立对哲学而言重要的、实质上的语言范畴,诸如"语言的社会性"、"符号和意义"、"与语言相关的思维类型"的方法及其他方法[Серебренников 1983];在艺术手法和诗学研究领域我们可以更明确地以现有的论著为依据(例如 Храпченко 1982)。

在本书中,语言学主要是用历史上的一些语言—逻辑学概念(它们早在语言学本身尚不存在时就已存在)来呈现的。语词艺术在此通过其诗学来呈现,其中每一种诗学在某种程度上也是"语词哲学"。然而,如果创作者本人没有宣告让我们感兴趣的诗学是什么,而且其"文学宣言"也不存在,以及创作不可能简单地说成是某一个特定的诗学(陀思妥耶夫斯基、易卜生、高尔基),但是某个艺术作品或汇集却与某个诗学相关,那么我们就要诉诸于艺术文本了。

随着研究结果的积累,开始呈现出越来越多的观念,或许它们现在应该被理解为"语言的哲学常项",这是所有范式在任何时候都固有的。这里只说出其中几个观念:1."两种语言的观念",人们用一种语言谈论现象,而用另一种语言谈论本质,即神话时代的"尘世"语言和"神的"语言;大众语言和统一的科学语言,文艺复兴时期的拉丁语;波尔·罗亚尔(Пор-Рояль)理论中的"两种语言";逻辑实证主义代表人物的现实的科学语言和"实物"语言;有声的语言和"沉默的语言",尼古拉斯·库萨和20世纪现象学家等人的否定论。2."命题态度"观念,也即"我认为……"这样的表达式,为托马斯·阿奎那、后来的经院哲学家、罗素、"语言分析"哲学家以及其他许多人所持有。3.语言中"名词数量"的观念,尤其是能够囊括一个句子的名词数量(在本书第 VII 章专门有模式设计),与之相关的"摹状词"概念以及其他一些概念。

与上述这些内容相关的语言学问题在另一部论著中有所分析[Степанов 1981],所以这里提及此书的频率会特别的高。

关于风格再说两句。本书的援引很多,像历史方法所要求的那样,我们希望让历史文化进程的参与者,即思想家和诗人,发出自己的声音。有人会问:那作者的声音在哪里?这就如同在歌剧里除独唱者的声音以外还需要指挥的声音一样。与指挥的作用一样,作者的作用并非在于此。

第一章 语义范式
（语言语义方式所表达的"名称哲学"）

0. 普遍特点

语义学是三个方向中的第一个方向，众多的语言哲学家致力于此。早在古希腊时期，或许甚至在前哲学时期，在关于语言起源的神话中就是如此。并且整个哲学在相当大的程度上也是沿此方向发展的。诸多哲学问题的基础就是关于名称与其所指物之间的关系的论断，因而从现今观点来看，就是关于语义的论断。名称哲学是"纯语义"研究的顶峰，几乎完全与句法和语用相脱离（现在我们要说是抽象出来的）。

在我国的传统中"名称哲学"这一术语是由洛谢夫（А. Ф. Лосев）的论著《名称哲学》[1927a]和布尔加科夫（С. Н. Булгаков）的论著确立的，所以对于特定的一部分传统而言，这是自称。但是，我们在这部分传统之外使用这一术语，分别向两边延展，是更广义的，因而也是更具约定性的。我们以此来命名这种语言哲学，它把名称及名称与世界的关系作为基础，并且透过该问题的棱镜来研究所有问题。

欧洲的名称哲学在文献记载上可以追溯到赫拉克利特（约公元前 544 年—前 540 年）时期①，在他那里我们可以找到关于逻各斯的学说。这一时期希腊语 λόγος 从形式看语言表示言说，从内容看意义表示思想本身，此外还有理性。根据赫拉克利特的观点，万物的生成变化根据"真正的话语"或规律（赫拉克利特有时称之为逻各斯）进行，揭示这种规律就是哲学的任务。"早在赫拉克利特那里"，特鲁别茨科伊写道，"我们就可以找到后来唯心主义的基本原理，即倘若万物是通过'真正的话语'或者逻各斯被认识的，倘若万物与之相符，那么就意味着万物的本原就是理性基础，就是逻各斯，否则客观认识是难以想象的"[Новый энциклопедический словарь, т. 24, стб. 798; 以及 Трубецкий, 1906]。继苏格拉底之后，特鲁别茨科伊继续写道，术语"逻各斯"主要是具有"概念"意义，并且在某种程度上，苏格拉底之后的整个古希腊哲学可以被称为"概念哲学"。而我们可以尽可能地将逻辑—语言

---

① 此处哲学家的生卒年代是根据苏联大百科全书的记载（第三版）。

问题划分出来，并称其为名称哲学。

作为科学共同体所公认的范式，亦即体系，名称哲学始于柏拉图和亚里士多德，并和经院哲学一道止于17世纪（后来它作为一个整体为某些语言哲学家所继承，如俄国"伟大的三驾马车"，即弗洛连斯基、布尔加科夫、洛谢夫）。而另一方面，该体系的个别概念依旧为众多学者所接受[参见：Верещагин，Костомаров 1980]。这一学术时期囊括了整整几个社会历史形态以及社会发展、科学和文化时代，因此如果我们谈论各种范式的某种一致性，那就是语言观的一致性。当然，透过语言的哲学图式隐约可见世界的哲学图式。两者的轮廓重叠起来，而在另一方面，吉尔森恰如其分地将它们称为"语言的哲学常项"[参见：Gilson 1982；Джохалзе，Стяжкин 1981]。

名称哲学中的语言观符合对世界基本认识中的某些常项，即把世界看成是分布在空空荡荡的空间中的"事物"总和。对"空空荡荡的空间"或独立于"事物"的"地点"的认识，在某种意义上一直居于主导地位，直到19世纪末、20世纪初新物理观和相对论的出现。"事物"得以"很好、很体面地定义"，独立于关系并且管制着关系，处于空空荡荡的"空间"或"地点"，总是可以获得"名称"。"名称"不仅与"事物"相关联，而且与其本质相关联。名称作为具体的语词，不论是多么偶然的、暂时的或是约定的，命名的实质总是与事物超时间的、非偶然的、无条件的本质相连。语言因此被视为"事物名称"的总和，从而开辟了一条通往本质的认识之路。

基于进化思想的新范式肇始于文艺复兴时期。自但丁、劳伦佐·瓦拉和马基雅维利起，与拉丁语相对的"大众语言"不断发展，并在艺术表现形式上获得非凡之美，开始闪烁着文艺复兴时期人们的智慧。但这将是一个完全不同的范式——与其说是科学范式，不如说是政治和艺术范式。维柯写道："大众语言和词符是普通百姓自己的私产，所以两者都可以称为是民众的。而由于对语言和语词的这种管制，自由民众还应该成为规律的主人"[Вико 1994，382]。几百年间，两个范式一直存在到19世纪，这时通过一系列媒介引发了对两种不同语言的认识，即"科学语言"和"艺术语言"，此外，还有今天的"物自体语言"和"现象学语言"。

但是，与语言和科学相联系的名称哲学在整个这一时期都居于统治地位。下面我们来分析该范式的几个阶段：亚里士多德（公元前382—前322）、波菲利（约公元前233—约前304）、希思帕尼斯（1210—1277）、奥卡姆（约1285—1349）、尼古拉斯·库萨（1401—1464）（在洛谢夫的《名称哲学》那里将单独关注一下）。这使我们得以展现出名称哲学的某种变化，尽管众所周知，它并没有出现很大的变化。确切地说，会产生这样一种感觉，就是数百年来，不急不缓地一直埋头思考的是同一些"永恒的"问题，例如，亚里士多德对波菲利而言是一个活生生的对话者，尽管两人相隔五百年之久，同样如此，后者对希思帕尼斯或奥卡姆而言又过了千年之久。我们只不过应该习惯,与今天的语言哲学相比,名称哲学的步伐是另外一个样子。

在名称哲学中,对统一性存在的感知贯穿于所有论断,或许这种精神反过来又创造了其自身的统一性。名称哲学从存在的最小单位一直将线索引至统一的世界,反之,关于统一的世界的论断又不可避免地按照等级次序将其拖拽至个别的事物以及个别的词。当然,统一,或者亚里士多德或波菲利的上帝,不是经院哲学家—基督教徒的上帝,而是"上帝的存在",把他们统一起来,并使他们的观点有别于其他语言哲学。

名称哲学还具有另一个特点,对外行人来说是封闭的。经院哲学家养成了一种特殊的论断方式,这是一种特殊的"语言",或许可以这样说,如果不是担心会和语言这个词混淆起来,因为语言在很多方面已经是我们无法理解的,需要破译。比方说,经院哲学家(亚里士多德亦是如此)认真地讨论差异,在今天看来是显而易见的和平庸无常的差异,比如人在跑(Человек бежит)和 Человек состоит из семи букв(人由7个字母组成)①的差异。我们认为,在前一种情形下"человек(人)"这个词在书写上加上引号就足以避免长时间的争辩。但是整个问题在于,无论对于古代哲学家,还是对于经院哲学家,词就是某种统一体,构成它的词符也是一样,其含义是什么样,其性质就是什么样。

在名称哲学范式中,我们着重指出使其成为范式的三个基本特点,并且接下来我们主要是分析这些特点。其一,名称的概念作为其初始点;其二,名称哲学,正因为它是名称哲学,所以同样也是实体哲学,或许,正因为如此并不总是十分清楚,实体的概念凌驾于所有概念之上;其三,实体,就是指与之相符的名称的深层结构,这就意味着,最后该哲学本身也具有等级结构,名称和实体的概念伴以等级的概念。

必须把实体概念的符号学方面区分开,后面也会谈及这方面,并把实体范畴的研究作为哲学问题的研究划分出来。后者具有马克思主义的独特面貌,辩证唯物主义的本质范畴(诸如自身运动、现象发展过程及其辩证矛盾的本质)构成了马克思《资本论》的逻辑内核。列宁对该概念也有所研究,特别是在研究黑格尔《本质论》中《逻辑学》这一章节的上下文中。他在另一部论著中做出结论:"辩证法就其本义来说,是研究事物自身本质的矛盾……"[Ленин, т. 29, с. 227]。本质的概念在马克思主义中得到进一步发展[试比较:Садовский 1982]。不言而喻,古希腊哲学中的实体概念与其辩证唯物主义的解释相去甚远。

因此当然需要指出,这里没有我们所熟悉的"本质—现象"这一对偶体,它们反映出物质世界所具有的我们熟悉的、普遍的相互联系特性,这两个概念之间的联系

---

① 书中给出了词和表达式,可以作为例子来分析:1)如果它们属于某一具体语言,就不带引号;俄语在这种情况下用斜体标记;2)如果它们属于任何一种语言,泛泛的一般的语言,就带引号。

起码在中世纪的名称哲学中并不存在。

现在我们回到问题的符号学方面上来。

1. 名称和命名的概念

名称是为事物或人命名、起名的词,或者偶尔是词组。其实语言的哲学问题与其说是名称,不如说是用名称完成的过程和关系,即命名。

名称与其他类型的词、其他词类相对立。只有名词与其所指对象处于那种可以被称为命名关系的关系之中。动词和一般谓词当然与语言外现实也处于一定的关系之中,但是不对其命名。例如,不能说,谓词" 一 比 一 大"就是"什么的名称"。这种关系被叫做"表达"这个术语更自然。同样对于前置词也是如此,对于连接词更是如此。关于连接词,一般不能说存在某个语言外世界的"对象",连接词与之处于某种关系之中,不论是什么样的命名、表达或指涉,因为不存在这样的对象。感叹词,不言而喻,表达人的情感,而不对其命名(ax! 表达惊奇,但却不是"惊奇的名称")。"特征的名称",即形容词和副词,是一个单独的问题,但是显然,如果它们也可以命名,那么无论如何也不会像名词那样[试比较:Войшвилло 1967;Уфимцева 1980]。(参见鲁坚科[Д. И. Руденко]在某种意义上的总结性论著[Руденко 1990])。

在人们看来,名称始终是神秘的本质,是语言这一更为神秘现象的本源。当谈到名称在科学语境中的地位时,马克思正确指出:"某个事物的名称与其本性之间没有任何共同之处。如果我只知道他叫雅科,那么我对此人根本就一无所知"[Маркс, Энгельс, т. 23, 110]。然而科学之外,人们向来却恰恰以相反的形式谈论,认为知道名称就开辟了一条通往本质的知识之路。想一想雅科这个名字,人们起码可以提出一个问题,为什么这个人叫雅科,并且由名字本身不难确立其与圣经传统的联系。

从符号学的角度来看,这种日常思维方式是可以理解的,历史上名称一般都和人的起名紧密相联,而名字从不把人放到与家族和社会传统的联系之外。这样,人名,无疑至少是名称的变体,指涉某种比该个体更一般的东西,如家族、世系和传统,实体是完全现实的,并且在时空中比个体具有更大的广延。孟德斯鸠大概以最好的方式指出了这一点:"名字,它们灌输给人们某种注定不会消亡的概念,从而非常适合激发某个世系或家族延续其存在的愿望。有一些民族,他们的名字就确定了世系和家族;还有一些民族,他们的名字只能区分出个别的一些人,但是这要差一些"(《论法的精神》,XXIII,IV)。即使人名的这种"语义"在整个命名中未能保留下来,语义的"表达手法"、语法和其他一些东西也会对"从人名到物名"之路产生影响,例如,罗曼语词汇的一条重要支线就是如此[Степанов 1972]。在当代莫斯科成年人当中进行的心理调查问卷表现出以下这些联想,即"名字的形象":谢廖莎——中等个头、健壮的、像运动员那样的、善良的、快乐的、好闹的,但不一定聪明、招人喜欢的;萨沙——一个最受欢迎的男性名字之一,大多数人都喜欢这个名字;萨沙有深褐色的头发(名字与头发颜色的联想常被提及)、明亮的眼睛、高个子、刚毅的性格;他是如此讨人喜欢,以至于他聪明与否并不重要。伊戈尔——黑头发、瘦削、聪明、英俊、任性和自私、不勇敢、不好的朋友;但是对老一辈人来说,伊戈尔是另一个样子:高个子、宽肩膀、浅色头发、善良和勇敢的[Черепанова 1984]。还是回到语言学的语义上来。

最好的和最小的命名图式是"语义三角":1)语词(名称)与 2)事物相联系,这种联系就是命名,与 3)事物的概念相联系,这种联系就是表达,即用词表达概念。接下来"事物"既指物,同样也指人、一般的个体,也即更形式化地说,就是在该论断体系中不是集合或集合特征的某种东西。[当然,这时会出现一个新问题,即"关于该个体的概念"、"个体概念(понятие)"、"个体观念(концепт)",但是我们暂时将它搁置一旁。本章关于洛谢夫的《名称哲学》这一节将会谈到,而在第 VI 章则论及得更多。]

语义三角是最好的图式,这是因为它极尽可能最小化地表示命名关系。该图式是最小的、必要的和充分的。人们不止一次地指责其不完整性,无法囊括所有可能的关系,建议对其补充,扩大到"正方形"、"梯形"、"多边形"等等,所有这些建议都表明,他们没有认识到,最小的图式恰好是充分必要的,而最大的则不胜枚举。另一个最好的、但不是最小的图式是 C. I. 刘易斯建立的,将在 VI,2 中加以说明。

因此,名称是对事物的命名,并且同时表达事物的概念。但名称是否因此就成为"概念的名称"呢?区分语词本义上的命名和表达(就此出现了新兴语言哲学,例如罗素)在历史上却并非总被认可。命名常常被理解为名称与所指的事物概念之间的关系,而在这种情况下它是否被视为事物的观念、形式以及事物的本质还是其他别的什么,都无关紧要。

命名的这种广义理解是有根据的,或许甚至命名的本质就恰恰在于与所指事物和事物概念的双重关系之中。对名称的早期哲学思考沿此方向进行。柏拉图的名称哲学即是如此,我们在下一节可以见到。

命名的本质与指涉最为接近。实际上,命名可以定义为去除明显性的指涉,也即不是通过指示手势实现的,而是靠语言系统固定的,一劳永逸的(否则名称与摹状词就没有什么分别了)。可见,在该意义上名词主要是专名。至于通名,即"城市"、"人"、"书"等等,它们不参与指涉(而且可能在不同程度上与不同类型的普通名词相对应),因而也就不参与命名。

这一细节在中世纪的经院哲学中就被意识到了,并且在论题中表达出来:Nominantur singularia sed universalia significantur——"命名唯一的东西,而意谓一般的东西"。这样,一般名称的指派和个体名称的指派分开,并且与本义上的命名不同,叫做意谓。而该论题也可以换个说法来表达:可以说出"这个、所谈到的这个、所指涉的树"的名称,哪怕把两个词联结起来,即这棵树,但是不能说出"一般的树"、"任何树"的名称,"任何"这个词不是指分离意义("任何一个所谈到的那个"),而是指集合意义("一般的任何")。或者说,我们用树这个词来命名"一般的树",我们不是指事物,因为没有这样的"事物",而是指事物的概念并且对其命名。这后一种关系被经院哲学称为"意谓"这一术语。此外,这种关系还可以换个说法来表达:专有名词命名事物(并且作为其结果,能够命名概念、观念),与此同时就像普通名词命名概念和观念,并且作为其结果能够命名事物一样。

普通名词的这一特点在其结构中以函项现象的形式表现出来。寓于普通名词语义结构中的"函项",实质上就是如果知道名称的含义,我们应该如何在客观现实中寻找(选择,辨别)符合该含义的某个对象的方式。例如,知道"树"这个词的含义,我们可以把这个词运用在任何一棵在客观现实中可观察到的树上。(树的类别形成名词的"外延",在某些见解中还被称作"意义"。)

自弗雷格开始,名词,首先是普通名词,作为函项概念的这一特点在数理逻辑中得以概括总结。阿隆佐·丘齐这样表述:"如果名词有外延,那么该外延就是名词含义的函项,也即如果给出含义,那么就能以此确定外延的存在和唯一性,尽管它并不一定为每一个知道含义的人所知"[Черч 1960,20]。"对于所有具有外延的名词 N 来说,名词 N 的外延 = $\int$ (名词 N 的含义)"[Черч 1960,c.27;试比较:Новиков 1982,27-31]。该函项可以作为 λ-算子(莱姆答算子)被标记出来和抽象出来(再参见 VI,3)。

在该语境中必须删掉"外延的存在"这个词,从普通名词作为函项的理解中不能推出存在,而存在——完全是一个单独的问题(丘齐在这方面沿袭了罗素的观点,但是目前也存在其替代观点[参见:Целищев 1976])。

把名词理解为函项反映出命名的最本质所在,尽管是以极其抽象的形式。实际上,现在不难看出一条连续的概念起源的脉络:柏拉图的命名概念——经院哲学的意谓——弗雷格和丘奇的普通名词函项观。在这一序列的末尾还可以加上就在最近才出现的专有名词、个体名词作为函项的理解,例如贾可·辛提卡的"个体化函项"。我认为,数学中广义的函项概念最终依赖于自然语言中普通名词的机制,并且或许甚至发端于此(我们在第 VI 章会回到该问题上来)。讲完洛谢夫的《名称哲学》后,我们沿着这条脉络就能够对命名的本质了解得更全面,而不是表面上的。

在其他方面,普通名词迄今仍是一个有待解决的问题,同样还是一个心理学问题和逻辑学问题,即"普通名词如何可能?"。不过,随着组分的某种变化,这一问题也与专有名词有关:这样就成为一个一般问题,即"名词如何可能?"。

即便是最细致的当代研究,实质上也未能给出答案[参见:Горький 1961;Уемов 1963;Яновская 1972,235;Серебленников 1977]。又或者,在最好的情况下,就是研究一般概念和名称是如何通过人类经验的重复,从个别的感知和命名中提取出来的。"伟大的三驾马车"的观点是一个例外,试比较,例如,布尔加科夫的观点:"观念一词不是由其使用者生成或区分出来的,相反,而是在某个存在事实中具有对于自身而言的个别情形时,自我赋予并实现的。观念的本质就是存在的词汇形象,而名称则是它们的实现"[Булгаков 1953,60],洛谢夫的观点亦是如此,其观点以黑格尔的辩证法和胡塞尔的某些论点为基础。

在20世纪初的现象学框架内(《逻辑研究》第二卷第二部分),正是胡塞尔对该观点提出实质性的反对意见。他在批判洛克、贝克莱和休谟的抽象理论时正确指出,一般概念的形成似乎是以个体事物的"相似性"为基础,但是这种"相似性"不能解释相似性本身,因为相似性的一般特征的区分要求特征的相似性,特征相似性的相似性等等,永无休止。"此事物的红的直观和某种相似性关系的直观之间的区别是显而易见的"[Husserl 1922,II,196]。根据胡塞尔的观点,必须区分认识事物抽象特点的行为和把种类作为统一观念的认识行为。按照胡塞尔的术语,即意指(vermeincn),当人们在思考某个事物的非独立特征(特点、内容、方面)时,只是着重指出或区分出事物的个体特征。只有人们直接"意指"某个一般的东西本身(一般概念、一般观念、完美的统一种别)的行为才是真正的抽象行为。在这种情况下,"这种抽象是指那种只是把普通名词和种类的统一性直接联系起来的行为,并且在该行为中普通名词只是意谓意向的对象,比如说,'有意想',还是指那种一般的东西不仅仅是意谓上'心里暗定的',而是实现的,也即'给出的',并且在该行为中明显'存在'的。这两种抽象不是一回事。只有后一种抽象行为才是观念化和概括化的抽象,是逻辑思维的典型特征"[Яковенко 1913,120]。我们认为,上述内容在现象学上可以阐明意谓的概念。遗憾的是,在关于抽象和命名的新近论著中,胡塞尔以及洛谢夫等人的现象学观点不仅未被考虑在内,而且也没有加以批判甚至提及。

然而,在当代心理学中可以发现与名词的意谓这种理解相当类似的观点。在《认识和现实·认知心理学的含义和原则》(1981)这本书的专门章节《具体所指物》中,奈瑟尔这样论述儿童语言中名词的初步习得,在很多情况下,母亲不仅和孩子感知到一样的东西,而且还会发出相应的语词,例如小狗。"孩子又应该如何处理这样提供给他的信息呢?此时,孩子可以幸运地同时实现两种感知循环。他收集关于妈妈(她在说话)和狗(它刚进屋)的信息。可以推测,此时更令他感兴趣的是狗。新信息是听觉上的,而这意味着该信息可以毫不费力地被纳入到任何一个已开始的感知循环中。在这种情况下,孩子对待声音的态度就像对待狗的一个独特特征一样,这难道不是十分自然的吗?不言而喻,这不是一个稳定的特征,因为当这个动物出现时,谁也不能像上了发条似的机械地、始终如一地,每次都说出'小狗'。但这里并没有什么特别之处,因为事物的大多数特征都只是偶然才可以观察到的。狗的尾巴不能总看得见,任何一只狗也不会叫个不停,然而这些特征的离散性并不会妨碍我们认为这两个特征都是该动物不可分离的特征。正是这样,对象的名称,也就是最常用来表示它们的那些词,包含在预先想到的图式之中,通过它们才可以感知到对象自身"[同上,177]。奈瑟尔补充道,他提出的假设不是全新的,并且在参考文献中已经注明,儿童对待事物的名称,就好像它们是这些事物不可分离的特征一样,并在这方面援引了列·谢·维果茨基论著中的话。

  C. I. 刘易斯(1943)从逻辑观点对意谓重新阐述,参见[Льюис 1983]。他特别指出,句子(命题)不对事态命名,而是对其意谓命名。因此 C. I. 刘易斯同意前面提到的经院哲学(不是唯名论)的传统。在阐述他的观念时,我们将继续讨论命名(VI,2)。目前"意谓"这个术语占据稳固地位,并且成为十分必要的术语。

  在发达的语言中,无论是自然语言,还是人工语言,任何一类表达式都可以通过特殊的转换,即所谓的称名化,转化为名词:动词——例如,бежать—бег(跑);任何一个一般谓词——例如,"—больше, чем—(……比……大)"转换为"тот факт, что больше, чем—(比……大的事实)";名词由自然语言中的表语这种特殊谓词转换而成,例如:俄语里 В комнате холодно → В комнате холод(房间里冷);形容词 красный(红色的)→ краснота(红色),сверхпроводимый(超导电的)→ проводимость(导电性);整个句子:Я опаздываю(我要迟到了)→ Тот факт, что я опаздываю...(我要迟到的事实)或者 То; что я опаздываю...(我要迟到这件事)。在该意义上句子有时可以被视为"事实或状态名词"。

  按照该转换法可以产生二阶、三阶、四阶等名词,例如:俄语里 здоровый[1](健康的)→ здоровье[2](健康)→ оздоравливать[3](使健康)→ оздоравливаемый[4](使……健康的)→ оздоравливаемость[5](健康性),其中 оздоравливаемость 可以被视为"五阶名词"(也即五次语言转换的结果)。然而,语词本义上的名词不是任何转换的结果,它们直截了当地对事物命名,它们是"原始的",或者"基本的"名词。下面只对它们加以分析,因为实际上它们本身就是问题。

  原始名词,即使在它们命名那些在客观世界里具有明显表现出来的行为、特征、状态功能的对象时,在语言里也从不以动词或谓词功能的形式反映出来,永远不会是动词或谓词或"特征名词"的派生词,它们的确是最先有的,这在某种意义上是自然语言的一个神秘事实。"手"这个名词不是"抓"、"拿"、"选"这些行为名称的派生词(尽管斯拉夫语的 рука 和拉丁语的 ranka 和"收集",拉丁语的 rinkti 这个行为名称具有明显的联系,但是该动词不是名词的来源,我们面前的这两个名称同样都是原始的,并且是同一词根的并行形式)。"眼睛"这个名词不是动词"看到"或"看"的派生词,"鼻子"这个名词不是动词"闻"或"嗅"的派生词,"耳朵"这个名词不是动词"听见"或"听"的派生词等等(此处和接下来包括例词的引号,表示我们不是谈论俄语或别的某种语言的词,而是谈论在该情形下俄语词表达出来的意义,而这些意义在任何一种自然语言里都是按照自身语词的形式存在的)。而相应的动词同样也是"原始"动词,哪怕是比如前面提到的从不用名词的派生词来表示的动词。

相反,在人工语言中,甚至在盗贼的黑话中,常常会发生这种情形:俄语黑话 ноги(腿)被称之为 подставки,подставочки(支架);глаза(眼睛)被称为 гляделки;теплушка,指可以取暖的木屋;печка(炉子)指容易起火;пожар(火灾)指已经烧毁,也即逮捕的意思,等等。并且这些特点是普遍的,是任何一种黑话都固有的,无论是俄语、英语、法语[参见:Лихачев 1935]。可见,这就是柏拉图完美语言的特点,即本质直接与名称相对应(参见 I, 2)。在自然语言中,人工因素更多的部分,也即在派生词领域,会出现同样的情形,因而词(或表达式)的含义,至少在基础部分,由组分的含义构成:налад-чик'调整(机器)的人',сверхпроводимость'超导(电)性'等等。在科学语言中更为明显:眼睛——视觉器官,鼻子——嗅觉器官,手——上肢等等(派生词在自然语言中的地位在[Кубрякова 1981,5-21]这本书中有所描述,它也可以阐明使语言形成体系的若干问题)。

但是,再说一遍,自然语言的基本部分完全是另一种情况,词的含义似乎与其形式纯粹约定性地联系在一起,自然语言似乎符合我们的"语言—1"模式,符合两类词(参见 VII, 1)。

这种情形(以及许多类似情形)导致出现以下问题:是否确实存在某种自然的、语言外的、本体论的原因,以致于客观世界的一些现象在任何一种自然语言里总是被叫做事物,也即名词,而另一些现象总是被叫做动词、特征、谓词,也就是不能加以命名,而要用另一种方式"表达出来"?

的确,就在不久前,对"语言哲学"的名称哲学抱有敌对态度的谓词哲学正处于兴盛时期,对这个问题的回答是完全否定的。语言学家本维尼斯特在《名词性句子》(1950)这篇著名的文章中写道:"过程和对象的对立在语言学中既不可能具有普遍的力量,也不可能具有统一的标准,甚至明确的含义。问题在于,像过程或对象这些概念,它们不能再现客观现实的客观特征,但却已是对客观现实施以语言表达的结果,而该表达在任何一种语言里都一定是独特的。这不是万物内在固有的特征,只是对其记录而已,是在某一种语言中产生并投射到万物中去的范畴。过程和对象的区别只有对于谈论它们的人是必须的,这些人都是从自己的母语范畴出发,并且把这些范畴变为普遍的现象。然而即便是这样的人,如果问他,这种区别的根据是什么,他也会被迫承认,如果'马'是对象,而'跑'是过程,那么这是因为前者是名词,后者是动词"[Бенвенист 1974,168]。[不难举出个别的例子,但的确是个别的,比方说,俄语的感叹词下雨了(Дождь!),这里发生的事情用对象来表达,而在英语和法语里与之对应的是表示过程的某些动词。]

就其实质说,本维尼斯特的论点没有什么根本上的新意。自名称哲学的衰落和谓词哲学的确立这一时期开始,这种思想就经常出现在语言哲学家那里。比如说,俄罗斯的施佩特早就写道:"从语言的角度,我们所说的'事物'(cns)指所有可以叫出名称的东西"[Шпет 1927,94]。

在现代逻辑学中,奎因断言:"……任何一种理论实质上都承认那些对象,并且只是那些应该可以包括相关变项的对象,以便理论的论断为真"[Quine 1953,13];"是——意思就是量化变项的值"[同上]。(奎因的论题在特殊的意义上反对内涵语境的量化,并且尤其是反对"个体观念"这一概念[参见第 VI 章,以及:Семантика модальных и интенсиональных логик 1981,252];本书第三部分详细分析该问题)。

罗素进行了在他看来支持这一观点的最后论证(当然,不依赖于提到的这些作者),他指出,"实体"概念由句子的主体这一概念派生出来,而"关系"概念由句子的谓词派生出来(详见 III,2 和 IV,3)。

没有人会否认在实体(事物)和主体(主词)之间存在着某种联系或对应关系。但仍然不能抹消一个问题:一些现象在任何一种语言中都总是倾向于自然地、优先地由谓词来表达,而另一些现象也同样总是倾向于自然地、优先地由谓词的参与者名词来表达,这两种现象之间是否存在某种语言外的、客观的、本体论的区别。而且为什么不能与罗素、奎因和本维尼斯特的观点相反,不认为"事物"是句子主体的投射,而认为句子主体反过来是事物的客观反映呢?今天,命名问题最终作为"事物"、"性质(属性)"和"关系"之间的区别问题再次重新呈现出来。

在这方面要提到乌耶莫夫研究这些区别的某些尝试。乌耶莫夫注意到公认的"含义"与"指称、所指"的区别(例如,"沃尔特·司各脱"和"《韦弗利》的作者"这两个表达式具有同一个指标,但含义不同),他写道:"我们并不是妄想推翻公认的观点,但还是想要提出一些疑问,哪怕只是为了使读者更好地理解问题的实质……一般认为,'沃尔特·司各脱'和'《韦弗利》的作者'这两个词表示同一个对象……但是我们提出一个问题:沃尔特·司各脱和沃尔特·司各脱的头也是一个对象吗?尽管我们不会把沃尔特·司各脱想成是一个无头之人,可是大多数人会说,这毫无疑问是不同的对象。其中一个对象是另一个对象的一部分。有整个的司各脱,我们就有他的头,但反之则不然。这里指空间上的关系,也就是身体关系。但是如果沃尔特·司各脱指的是一个那些构成他的所有性质的系统,那么属于他的既包括性质部分,也包括被我们称之为《韦弗利》的作者这组属性。如果有性质上十分完整的沃尔特·司各脱,我们就有《韦弗利》的作者,但反之则不然。把某个新生儿称为《韦弗利》的作者未必会有意义,除非只能是未来的。但是人人都知道,成为未来的,比如医生,和成为现在的……完全不一样。因此肇始于弗雷格的必须区分表达式的含义和指称这一要求会不会是一种误解?这是由于对事物过于狭隘的理解,从而把事物和占据空间的某种对象,即身体,视为同一。"

乌耶莫夫把"含义"与"意义"(指称、所指)的区别与"对事物的狭隘理解"联系起来,这是对的。然而我们认为整个问题在于,这种狭隘理解也是最好的理解(所有已知理解中最正确的)。

再者,语言有助于阐明一个难题。"事物"概念,如同语言所证明的那样,不仅是寓于词典和现象"名称表"中的命名系统的概念,还是与句子主体相联系的概念。但是与罗素不同,我并非仅仅囿于这一纯粹的语言(那么纯粹相对的)特性,而是将其与以下特性联系起来。主体,也就是事物的名称,被形容成在空间上延展的和有形的是再自然不过了,而谓词则被形容成在时间上延展的和持续的。我倾向于把这些区别当作是原始的。它们也符合对语言外现实的两类基本感知:空间和时间。此外,后者与物质本身的两个基本特性,即空间和时间,处于因果联系中(不言而喻,同样也与两类坐标,无论是物理学的,还是语言学的,即三维空间和一维时间,处于这种联系中)。

心理学的研究结果,例如奈瑟尔的研究,与这种观念很好地融合在一起:"声音向我们通报正在发生的事件。视觉和触觉使我们得以观察常态的环境,而听觉告诉我们的只是运动和改变"[Найссер 1981, 166]。

无论如何,与谓词概念和关系概念不同,名称是事物的名称,而命名是名称与所指物、与实体及其"本质"(概念、观念)的关系这一概念,在阐释历史上与语言相关的哲学问题时是必不可少的概念。这一概念在名称哲学中产生和全面形成,并且只有在该范式的背景中认清这一概念后,才能明白为什么与其敌对的下一个范式,即"谓词哲学",摒弃了名称概念和实体概念,以及关于物本身的概念,并且从自身的角度着眼,即首先从关系范畴的角度着眼,开始把这些问题列入到历史中去,首先就是实体范畴。这种改变是从康德开始的,随后便是罗素(参见 IV, 3)。但是下一节我们将从"名称哲学"范式自身的立场对其描述。

名称,尽管逻辑上被形式化(作为谓词构成的项、作为函项),但实质上尚未确定下来,它在语言研究者面前依旧闪烁着神秘的光芒。

2. 古希腊的"名称哲学"：柏拉图和亚里士多德

正如前面指出的那样,该哲学的两个基本特点是：1)关于名称的学说就是关于实体的学说,2)等级。

柏拉图的名称哲学认为,名称与事物的实体及其理念,即"形相"(εἶδος)相联系,因此永远是某种一般的东西的名称,能够命名实体的个别体现,即与该实体"同名"的个别事物。

亚里士多德在《形而上学》(I,6)中非常好地总结了柏拉图的这些观点："……柏拉图吸收苏格拉底的观点,证实那些定义不是与可感知事物有关,而是与别的什么东西有关,因为他认为不能根据可感知事物给出某个东西的共同定义,因为它总是在变化。于是他把这另一种实在叫做理念。他说所有可感知的事物都存在于这些理念之外,并且都是根据这些理念来命名的,因为通过参与到形相之中,存在许多与理念同一名称的事物"[Аристотель 1976,79]。

柏拉图哲学在《克拉底鲁篇》的对话中表现出来："苏格拉底……显然,事物本身具有其固定的本质,它们与我们无关,也不依赖于我们……因此命名应该这样进行,即根据本性赋予名称或获得名称,这是本性为此预先规定好的"(386c—386d)。显然,在柏拉图(借苏格拉底之口)的这一论断背景中,"根据本性"的意思就是"根据事物的本质"。柏拉图充分意识到,不同语言的语词,无论是希腊语,还是蛮族语(古希腊人把自己语言之外的其他所有语言都叫做"蛮族语"),只要它们正确地指向事物的本质,就一样是"正确地命名",尽管它们具有不同的音(390a)。

有的语言在自己的语词中具有的正是这种指向事物本质的关系,因此按照柏拉图的说法,就是"模仿"事物(柏拉图使用术语 μίμησις"模仿")。因此这样的语言是"完全正确的",或者最好说,要是这样完全可能的话,它就一定是那样的(继《克拉底鲁篇》之后,柏拉图更加怀疑地看待这种可能性)。"赫谟根尼……但是,苏格拉底,名称会是一种什么样的模仿呢？苏格拉底……嗯,我觉得,首先它不是一种音乐式的模仿,尽管这种模仿也借助于声音；其次,它也不是对音乐所模仿的事物的模仿,在我看来,这些都不是命名。然而我可以这样肯定地说：要知道任何事物都有声音和形状,而许多事物还有颜色,对吗？……但是,当某人模仿事物的这些特征时,命名的技艺,看起来,与这种模仿无关,与这种技艺有关的是音乐和绘画……那么,我们谈论的模仿到底是什么呢？你是否觉得,每个事物都还有一个本质(实体,οὐσία),就像有颜色,以及我们这里所谈论的所有东西一样？……是不是那样？如果有人能够用字母和音节模仿每一个事物的这个本质,难道他就不能表达每一个存在的事物吗？或者并非如此？赫谟根尼……当然是这样"(423d, e)[Платон

1968，418，468]。

直到生命的尽头，柏拉图在第七封信中也没有完全抛弃自己克拉底鲁时期的观点，尽管已经开始非常怀疑，不知什么时候，什么人才有可能创造出这种名称与本质具有完美关系的"正确"语言[参见：Перельмутер 1980，145]。但是可以说，柏拉图的怀疑主义是有理由的，虽然只是在某种程度上，只是在对待原始名词，也即非派生词的态度上（参见 I，1）。至于派生词，以及像名词那样根据语言的语义和句法规则派生出来的句子，难道这些名词和句子没有实现柏拉图"完美"语言的理想吗？还有逻辑形式化语言中"名称的概念"（理念！）既确定名称，指出对象的命名方式，同样也确定对象本身（外延），而句子被看作是一种特殊的名称，这难道不是更高程度的柏拉图式的"完美"语言吗？

柏拉图完美语言的理念正是以这种形式在中世纪的经院哲学、在莱蒙特·吕黎（约 1235—约 1315）的《大艺术》（ars magna）中获得发展，反过来吕黎的思想又被莱布尼茨继承。最近表明，在俄国，他们的思想于 17 世纪下半叶在别洛博茨基[Вомперский 1979]的论著中获得独特的发展（还请参见 II，1）。

洛谢夫详细研究柏拉图的等级思想。"柏拉图主义"，洛谢夫写道，"永远都是等级，而且是自上而下；是自上而下的思辨，从统一经智慧和灵魂到宇宙。这里与黑格尔的思想完全相反，黑格尔的辩证法是经过越来越进一步的丰富充实而沿直线演变发展"[Лосев 1930，653]。接下来洛谢夫在对柏拉图最后一个俄文译本的注释中证实了这一点[Платон 1968—1972（关于等级，参见第一卷的注释）]。

亚里士多德没有关于语言的详尽观点，但是相关思想在他关于实体和其他范畴的学说方面得到发展。实体（οὐσία，由动词"有，存在"产生）这个术语在这位斯塔吉拉人的不同文本中用于不同的意义。正如《亚里士多德著作索引》（index Aristotelius，1870）的作者赫尔曼·博尼茨指出的那样，该词在亚里士多德那里具有各种各样的意义，这不仅是因为亚里士多德用这个词表示其他不同哲学家在其各自说明体系中的相应概念，而且"按照他本人的观点，主要是因为整个哲学就在于研究实体，所以不应该把这一概念和某一个种类的事物联系起来，而把所有其他事物排除掉；相反，他认为应该以某些不同的方式赋予不同种的事物以实体级差（dignitatem）；全面考查亚里士多德对'实体'这一术语的使用就意味着要阐明亚里士多德的整个哲学"[Bonitz 1955，544a，5-51]。

然而关于能否把这些不同的意义归结为某个共同的意义、不变的意义，对此一直争论不休，比如参见[Lalande 1972，1049]。阿斯穆斯[1976，353]和其他一些人，特别是尤尔琴科（在一系列报告和口头陈述中）论证这样的观点，即在《范畴篇》和《形而上学》中对"实体"的解释存在脱节，该脱节可以上溯到亚里士多德之前两种不同的古希腊传统，并且本身也是中世纪哲学两种不同流派的产生根源。关于后者我们在后面会讲到,在这里讲一下他在《范畴篇》中对这一术语的解释。

亚里士多德在《范畴篇》中把实体分为"第一或第一性的实体"(οὐσία, πρωτη)和"第二或第二性的实体"(οὐσία, δευτερα)。第一性实体是个体、个体事物或对象,比如,像某一个个别的人,某匹马;第一性实体"乃是那既不可以用来述说某个主体又不存在于某个主体里面的东西"(范畴篇,第五章,2a)[Аристотель 1939, 7;接下来援引该版本的内容]。显然,在这里"主体"这个术语从现代观点来看具有两层不同的意义:在"不可以用来述说某个主体"这一论点中的意义是"命题的主体";在"不存在于某个主体里面"这一论点中的意义是"基质"。如果注意到,亚里士多德在这里还没有划分语法主体和逻辑意义上的句子主体,那么就还存在着第三层现代意义。显然,在亚里士多德看来,"主体"(υποκείμενου)这一术语的前两层现代意义是一回事。于是就出现了一个复杂的问题,即语言哲学里各种各样的现代术语如何通过复杂的媒介从亚里士多德的这些术语中产生;下面我们将在此处专门关注一下。

第二性实体是种和属。"在第二性的意义之下作为属而包含这第一性实体的那些东西也被称为实体;还有那些作为种而包含着属的东西也被称为实体。例如,个别的人是被包含在'人'这个属里面的,而'有生命的造物'又是这个属所隶属的种"(Катег., V, 2a)。第二性实体以"人"、"马"这些一般词项的形式也可以成为主体。就像"那个人"或"那匹马"放在"人"、"马"这个属下面一样,第二性实体合情合理地最终包含于最高的种,即"实体"当中。它就是实体范畴。

实体是独立(καθ'αυτο, per se)存在的,是不需要依赖于任何其他东西。"所有实体的一个共同特性就是不存在于主体之中"(范畴篇,第五章,3a)。"主体"在该论点上再一次具有两层现代意义:"基质"、语法主体和逻辑主体。而且亚里士多德在这里指的是"任何一个实体",也就是说,无论是第一性的,还是第二性的,都一样。由此可以得出,无论是第一性实体(个体),还是第二性实体(属和种),根据亚里士多德的观点,同样都客观地存在,本体地存在。这并不意味着,它们的存在是完全一样的。相反,第一性实体拥有最高程度的存在:"……如果没有第一性实体存在,就不可能有其他任何东西的存在"[出处同上,2b,6]。第二性实体具有较小程度的存在,但是程度越大,就越接近于第一实体:"在第二性实体里面,属比种更真正地可被看作实体,因为属与第一性实体更为接近"[出处同上,7]。可见,这里出现了存在次序,即存在等级的思想,这在经院哲学里有详细研究,尤其在邓斯·司各特那里[参见:Джохадзе, Стяжкин 1981, 44]。在亚里士多德本人那里,我们再次强调这点,所有这些思想正是在《范畴篇》中表达得最为全面。

在这些思想可以被接受(显性或隐性地),或者在任何情况下都可以相应地加以解释的程度上,可以说明一条脉络,我们将其命名为"观念论"(这是一个约定性说法,仅限于本义上只是所谓的中世纪哲学的一个特殊流派,但是该传统可以追溯到古代,具体表现在亚里士多德的《范畴篇》里,并在"本义上的观念论",即中世纪的观念论之后,以改变后的形式在新的时期乃至今日的哲学和逻辑学中继续存在)。该路线的代表人物有:逍遥派领导人物安德罗尼科(公元前1世纪)、普罗提诺(公元前3世纪,《Enneades》,VI,1)、波菲利(3世纪,《范畴篇导论》)、波爱修(公元5—6世纪)、大马士革的圣约翰(公元8世纪,《辩证法》)、托马斯·阿奎那(公元13世纪,《Summa theologiac》)、希思帕尼斯(公元13世纪,《Summulae logicales》)、尼古拉斯·库萨(15世纪)、笛卡尔(公元17世纪)、别洛博茨基(公元17世纪)、鲍曼斯特(《形而上学》,1764)、科泽尔斯基(《哲学意见》,1768)、博勃罗夫(《古希腊哲学的心理观》,1910)、洛谢夫《名称哲学》,1927)、沃伊施维罗(《概念》,1967)、恰内谢夫(《古代哲学教程》,1981),在我们看来,这条线与亚里士多德关于范畴、实体和存在等级的学说最为相符,正如该学说在《范畴篇》中所阐述的那样,我们把该意义上的观念论看作是一种实在论,或者甚至是一般实在论的最鲜明表现。

从范畴篇来看,"οὐσία—实体"这一术语的公认译法是拉丁语的 substantia,俄语的сущность。但是按照明显感觉到的内在形式,以及拉丁语 sub-stant-ia 的来源(字母,"站在下面的东西"),它对应的是另一个希腊词 υπο-οτασζ 和俄语的(源于希腊词)ипостась(三位一体中的一位)。由塞内加和昆体良的一些文字可以明显看出,罗马的哲学家已经把该希腊词等同于"οὐσία"。但是该词作为哲学术语的用法只是在使徒保罗《给犹太人的书信》(1,3)中才得以准确地证实,其中圣子被称为圣父三位一体中的一位的形象。该术语在普罗提诺哲学的语言中和这一时期的基督教作家关于"三位一体中的一位"意义上的三位一体学说中得以确立(约204—269/70)。大马士革的圣约翰的《辩证法》(约675—约750)中的术语对俄罗斯宗教哲学的术语产生很大的影响,里面讲道:"三位一体中的一位的名字具有双重意义。有时表示单纯的存在:在该意义上实体和三位一体中的一位等同。因此,某些圣教父(教会教父——作者注)说万物或三位一体中的一位。有时表示独立地、个别地存在的实体:在该意义上表示不可分的(个体——作者注)、数量上不同的东西,如彼得、保罗、以及某匹个别的马……因此不可分的东西具有三位一体中的一位的名称,具有偶然(特征——作者注)的实体确实存在于里面"[Иоанн Дамаскин 1862,65]。在圣三位一体学说的应用中,大概由于该词在拉丁语中与"实质"这个词相重合,所以西方的天主教用 persona 这个词来替换它,而东方的教会则保留了希腊词"三位一体中的一位"。经院哲学家在"人、个体、人物",特别是"道德主体"的意义上使用后者的拉丁语化形式 hypostasis [Lalande 1972,427]。相应术语最复杂的内容和相互关系方面在[Спасский 1914]这部论著中有所研究。

实体学说的第二条线,不管这有多么奇怪,却也是出现在亚里士多德本人那里,首先就是在《形而上学》中。这里他在一处这样总结道:"由此得出实体有两层[主要的]意义:一层意思是终极基质,不可以用来述说别的任何东西的,另一层意思是作为某种可以被分开的东西[只是根据质料想象出来的],每个事物的形状和形式就是这样"(Мет., V, 8, 23-26) [Аристотель 1976, 157]。13世纪莫贝克的拉丁语译本为许多著名的经院哲学家广为采用,此处是这样译的:"Accidit itaque secundum duos modos substantiam dici: subiectum ultimum, quod non adhuc de alio dicitur: et quodcumque hoc aliquid ens, et separabile fuerit. Tale verum uniuscuiusque forma et species"[引自: Metafísica de aristóteles 1982, 249]。

亚里士多德在该论著的另外一处写道:"我把每一事物存在的本质及其第一性实体称为形式"(Мет., VII, 7, 33)。这样一来,此处的"第一性实体"是某种完全不同于《范畴篇》中的东西。而这另外一种解释与亚里士多德在其《物理学》中所讲的接近:"质料近似于实体,而且在某种意义上说就是实体"(Физ., I, 9, 6 [Аристотель 1981, 80])。适用于每一个个别的事物,在实在的事物里面,实体在该意义上就是质料和形式的直接统一体,实体=质料+形式。在该意义上,拉丁语中的"实体"概念用essentis这个词表达。

在这一思想脉络上,从《形而上学》开始,接下来直到今天,出现了一些在第一条线上明显不可能的表达式。其中最重要的是:"该事物存在的本质"——希腊语的τὸ τί ἦν εἶναι,用拉丁语直译就是 — quod quid erat esse;"该事物的本质"— 拉丁语被称为essentia,除此以外,quidditas;甚至是"实体的实体"。

Essentia这个词在该传统之初用得较少,在西塞罗和塞内加那里可以见到,随后消失,后又重新出现,并且在奥古斯丁看来,这个词还很特别。奥古斯丁常常把"实体"(substantia)和"实质"(essentia)以及这两者与"万物"(nature)的概念视为同一,并且他认为,尽管这些词表达同一个意思,但是nature最古老的,substantia比较新,而essentia完全是新词[Майоров 1979, 414]。邓斯·司各特(约1266—1308)在essentia意义的使用上沿承伊本·西那(阿维森纳)所用的natura communis"万事万物"。希腊词τὸ τί ἦν εἶναι是对"是什么?"(Quid sit)这个问题的回答,在拉丁语中用quidditas表达(最初出现在伊本·西那的译作中),俄语里与之对应的词是"чтойность(存在、本质)"(源于问题"什么存在着?")。quidditas这个词在19世纪至20世纪初皮尔斯的逻辑学和符号学论著中被广为采用。Essentia这个词在19世纪中期由于存在主义哲学的发展,作为存在existentia的对立物而广泛流行起来,试比较这一哲学的著名论点:"存在(existentia)在实体(essentia)之前"。

在经院哲学家那里还有一个词出现在该序列上:entitas(源于ens,"存在的东西"),最经常是表示entitas tota"个体(人或事物)的整个实在",与它(个体)的存在和它的代词名词化形式"这个"(этость,этовость,源于 haec"это"),创造个体惟一性和独一无二性的特征总和相对立。奥卡姆在"一般实体"这一遭到批判的意义上使用 entitas 这个词,也就是说,他不接受"个体的本性"这一概念。现代英语的 entity 和法语的 entité 就是源于该拉丁语词。

应该指出,由于 substantia 和 essentia 这两个主要的词在拉丁语中都与一个希腊词"οὐσία"相对应,所以它们常常混淆起来。例如,罗素,不在实体解释第一条线的拥护者之列,在其《西方哲学史》中对他们的实体概念进行批判,有时把该概念理解为"essentia"。

"第二性实体"一词在《形而上学》中根本就没有用过。这对于理解整个实体范畴来说有重大影响。在《范畴篇》中,第一性实体合情合理地包括在种属等级内。而如果第二性实体,像在《形而上学》中那样不被予以承认,那么整个实体范畴的等级,就不再作为一个统一的范畴而存在,而且所包含的各层级就变成某种类似于第一性实体的性质的东西。的确,随着该观点的发展,性质范畴扩展得越来越大。它可以覆盖所有最高层次的实体等级(也就是除了第一性实体以外的全部)和除(相关)关系以外的其他所有范畴。正是该观点贯穿于《形而上学》的大部分篇章,但是似乎起初指三个基本范畴:实体、属性、(相关)关系。在 20 世纪的逻辑—语言学体系内,譬如卡尔纳普的体系,"属性"概念过度扩大(而这是性质范畴的变形)到达极限,即把"类"与"属性"视为同一。这条路线在范畴的解释上可以被称为"唯名论"(约定的,因为唯名论自身只是在中世纪的经院哲学中才形成。但是整条路线的这一名称的最初根源在分析述谓关系后才变得清晰起来)。

该路线(显性或隐性地)包括:极端的"达到唯名论程度的称名论者"安提斯泰尼、犬儒学派的奠基人(公元前 5—6 世纪)、马提雅努斯·卡培拉(《七种自由艺术》,约公元 430 年)、贡比涅的洛色林(公元 11 世纪)、奥卡姆(公元 13—14 世纪)、斯宾诺莎(公元 17 世纪)、所罗门·迈蒙(《亚里士多德的范畴》,1794)、弗·阿·特伦德伦堡(《范畴学的历史》,1846)、卡斯托尔斯基(把《范畴篇》的解释译为俄文,1859)、维坚斯基(《作为认识论一部分的逻辑学》,1909)、波波夫(《亚里士多德的理解论》,1922)、亚历山大罗夫(《范畴篇》的注释,1939)、卡尔纳普(《意义与必然性》,1947)、阿赫马诺夫(《亚里士多德的逻辑学说》,1960)、阿斯穆斯(《古希腊哲学史》,1965;《古希腊哲学》,1976)。

在亚里士多德学说的进一步发展中,显然,还有一个历史状况起着不可小觑的作用。从中世纪早期一直到 17 世纪中期是经院哲学逻辑的前一时期,也就是所谓的旧逻辑时期(logic vetus),以亚里士多德的《范畴篇》、波菲利和波爱修的思想为基础,而这正如我们竭力强调的那样,在某种程度上是一个单独的传统[再比较:Майоров 1979, 373]。后来,17 世纪中期在了解到亚里士多德《工具论》的其他部分后,即《论题篇》、《分析篇》、《辩谬篇》,另一传统活跃到一定程度,新逻辑时期(logic nova)开始,重心转移到述谓关系、判断、推理这些问题上来。这一转折符合实证主义科学形成的需要,正是在该转折发生的同时,整个唯名论路线也得到加强,特别是在范畴的解释中。

总结一下,应该说,尽管在亚里士多德的不同论著中对范畴的解释有些不同,甚至出现了某些矛盾,但他的逻辑—语言学观点仍是一个统一的整体(恰内谢夫也认为可以把《范畴篇》和《形而上学》中的两种范畴观结合起来,但归根结底在亚里士多德的范畴观上还是可以发现无法解决的矛盾[Чанышев 1981, 295])。

在其他方面也表现出亚里士多德整个系统的统一性。我们想要强调一下范畴学说的统一性,如同在《范畴篇》中所阐述的那样,带有亚里士多德的强逻辑性。在这方面我们想重新将注意力转向两部很少提及的作品:帕茨希的《亚里士多德的强逻辑性》[Patzig 1959]这本书和П. С.波波夫就该书的评论文章。

关于亚里士多德的强逻辑性,П. С.波波夫在比较帕茨希的书作和卢卡谢维奇的论著[1959]时指出,在认可后者所有优点的同时,后者缺乏历史前瞻,而且不能合理地用现代语言对该体系加以表述。而帕茨希本来就是精通亚里士多德作品和希腊文的行家,能够展现出在卢卡谢维奇的分析中所缺少的那些原本面目。尤其是帕茨希指出,"亚里士多德的强逻辑只是运用于种属关系系统,其中对于任何一个种来说都存在一个更高的种,并且对于任何隶属的概念,都存在另一个反过来隶属于它的概念"[Попов 1961, 178]。

因此,"οὐσία"(实体)作为名称哲学的基本术语确立起来,在亚里士多德的《范畴篇》这条路线上,意思是:0)实体独立存在;1)在事物不同的可变性质方面,实体是它们的基础,是恒常的东西,是基质(ὑποκείμενον);2)在语言里,实体,或者基质,就是语法主体(ὑποκείμενον);3)在思想中实体就是简单直言判断的主体(ὑποκείμενον)。实体的这三个特征是相互联系的,这不是一个词的三个意义,而是实体存在的三个方面及其概念的三个方面。

特别方面(1)在希腊语ὑποκείμενον中表达出来,在拉丁语中用suppositum这个词来表达,该词为经院哲学家们广泛采用(由它产生出英语的supposite,法语的suppót,这两个词后来都不使用了),经院哲学家们认为他们的一个重要术语"指代"(suppositio)就源于该词。除此以外,同样的希腊语含义开始用拉丁语substratum表达,字面意义就是'铺在下面的'(英语的substrate,法语的subtrat),用俄语的"субстрат(基质)"(源于拉丁语)表达。但是在亚里士多德和其他古希腊作者的俄译本中,在该意义上使用的也是"подлежащее(主体)",这当然就严重影响到现代读者的理解。

(2)和(3)这两个方面,在希腊语ὑποκείμενον这个词中也能表达出来,直译为拉丁语的 sub-jectum，俄语的"под-лежащее"（躺在下面的）。俄语也用"суббект（主体）"（源于拉丁语）这个词。

根据亚里士多德的"实体"概念（不是语词!）的不同层面，我们将使用：

希腊语	俄语	拉丁语
0. οὐσία	— сущность(实体，在第二个意义上)	— subtantia, essentia suppositum, sub stratum
1. ὑποκείμενον	— субстрат(基质)	
2. ὑποκείμενον	— подлежащее(主体)	— subjectum
3. ὑποκείμενον	— Субъект(主体、主词)	— subjectum

（英语和法语词都是由拉丁语派生出来的）

其他范畴 亚里士多德范畴的完整列表[从左到右是希腊语、俄语译文、在传统拉丁语中范畴的对应词（从中世纪起）、俄语里范畴的对应词]：

1. 'οὐσία	'Сущность'	Substantia	Сущность (Субстанция)	实体
2. Ποσόν	'Сколь многий?'	Quantitas	Количество	数量
3. Ποιόν	'Какой?'	Qualitas	Качество	性质
4. Πρὸς τί	'В отношении чего?'	Relatio	Отношение (Соотнесенное)	关系
5. Ποῦ	'Где?'	Ubi	Где? (Мместо)	地点
6. Πότε	'Когда?'	Quando	Когда? (Время)	时间
7. Κεῖσθαι	'Находиться'	Situs	Положение	姿态
8. "Εχειν	'Иметь(ся)'	Habitus	Обладание (Состояние)	具有(状态)
9. Ποιεῖν	'Делать'	Actio	Дествие	主动(旧义,活动)
10. Πασχειν	'Претерпевать'	Passio	Претеппевание (Страдание)	被动(旧义,遭受)

实体居于第一位。根据亚里士多德的观点，所有其他九个范畴实质上是不能在事物之外独立存在的东西。只有实体在亚里士多德那里被叫做名称，"οὐσία"，并且只有该范畴是以（古希腊语的）名词为实例提出来的。所有其他范畴，或者用问题来命名，并且以不同词类为例加以说明，但不是名词（2—6 范畴），或者用一些词来命名，它们只不过是相应类别的词的代表、成员（7—10 范畴）。所有范畴的名词形式的名称只是在亚里士多德的拉丁语译本中才出现，并且被借用到俄语传统中[关于范畴的语言学分析，请参见：Степанов 1981, 121 и след.]。这样一来，范畴一览表本身就其实质而言就已经和语言联系在一起，并且孕育着述谓关系——

名称多半是主词,所有其余的多半是谓词或者某些可能命题构成中的限定语。

实体本身可以换个方式被叫做"这是什么"这个问题,即 τίέστί(《论题篇》,103b 22)。所有其他范畴,回答其他一些问题,通过它们的属性阐明实体。

然而是否如波菲利(波菲利之树)所示,实体范畴具有等级结构呢?其他范畴是否也是这样构建的呢?对于所有其他问题的理解,即亚里士多德和经院哲学家们的述谓关系、语言实体的命名等,该问题非常重要。但却恰恰是该问题在逻辑史上未加以阐明,或者更准确地说,以假设和含糊不清的形式对其做出两个不同的回答。

如第一个回答所假设的那样,每一个范畴,像实体一样,也都具有等级结构。换言之,例如,"所谈到的这个、这个黄色"是等级的底层,就像实体范畴中"个别的人"这一层级一样。接下来,它包含在"黄色"这个属中,后者又在"颜色"这个种当中,而其本身也在更高的种,即性质范畴中。

然而这种回答碰到很大的困难。问题在于,实体等级("波菲利之树")不仅仅是概念的种属共同隶属关系图式(也不只是概念外延的严格二分法图式,就像有时在逻辑学中所分析的那样),它还是逻辑—语言学等级系统,具有一整套相互关联的语言和逻辑特性[详见:Степанов 1981, 74 и след.]。

实体范畴的特性,也就是说"波菲利之树"的特性,在多大程度上适用于归入到其他范畴中的现象的分类?换言之,其他范畴与实体范畴是否同构?研究者在这方面的观点并不一致。罗斯(1930)和尤尔琴科(在一系列报告和口头陈述中)以及其他一些人对该问题的回答是肯定的。尤尔琴科公然认为,性质完全像实体一样具有这样的等级:例如,"这个,所谈到的白色"(个体)→"白色"→"颜色"→"属性"(不过,他认为这个中间阶不是必须的,或者相反,可以被分成几个阶)→ 性质。他认为,所有其他范畴与之类似,也可以形成等级体系,尽管要略微复杂一些。

这一思想可以追溯到古代。在大马士革的圣约翰那里写道:"……应该知道,除实体外的其余九个谓词(也即范畴——作者注),尽管是偶然的,不过(此处在'但是'的意义上——作者注)其中每一个范畴既具有确定的差异,又具有区分的差异,并且任何一个种都是最一般的种,并且同时具有从属的属和最个别的(最为个别的——作者注)属,因为哪里有种,哪里就一定既有属,又有区分的差异"(Диалектика,гл. 37 [Иоанн Дамаскин 1862, 61])。

但是,在论述除实体之外的其余九个范畴的章节里,提出了一个相对于实体来说类型上完全不同的种属关系(这里重复了著名的"波菲利之树")。比方说,在第51章就性质问题谈道:"……某些性质属于生命体和天赋理智;而知识与美德,疾病与健康这些性质被称为名望与性情,另一些性质为生命体和非生命体共有;如热、冷、形状、轮廓、有力感和无力感;而且它们部分地存在于可能性中,部分地存在于行为中。如果存在于可能性中,那么就会产生有力感或无力感;如果存在于行为中,则要么完全渗入到事物之中,就像热渗入到整个火之中,白色完全寓于牛奶和雪之中,这时会产生状态和被动性质;要么只是寓于表面,这时会产生形状和轮廓。这即是性质的四个属:名望和性情,可能的和不可能的,状态和被动性质,轮廓和形状"[出处同上,79页]。接下来在这四个属的每一个内部又继续划分,名望不同于性情,可能的有别于不可能的等等。

因此,在大马士革的圣约翰那里其余范畴的等级没有表现出来,而且也不见得是可能的。因为实体分类,正如波菲利所描写的那样,如果"从上"往下走,从"这是什么"这个问题开始,那么理所应当一定会归入到"人"这个最下面的属中,或者相反,如果"从下"往上走,从"所谈到的人"开始,同样如此,也一定会归入到实体范畴。在这种情况下,实体下其余所有的属,即动物、植物、非生命体(例如,矿物质)、无形的事物(例如,符号),也是这样分类,但是每一个属都处于另外一个划分阶中。换言之,在该等级中每一个属都会获得另一个深层定义,定义越小,就越接近于等级顶点。并且这不同的深度与前面说过的不同程度的存在相一致。

显然,其他范畴在此方面完全是另外一种情况。从"这个黄色"这一概念(假设,这样的概念可以存在,为了推理的简单明了而采用是可以的)可以沿等级上行至性质范畴。但是中间阶,即种和属,会不会是自然的和唯一的,如同它们在实体范畴中是自然的和唯一的一样?如果"这个黄色"可以自然地归入到"黄色"之中,而后者又归入到"颜色"之中,那么颜色会不会又归入到某个种之中,一直到我们将它归入到性质这个最高的种之中?"声音"的情况也会同样如此。例如,就"颜色"而言,是否存在某个共同的种(直到性质这个最高的种)?"声音"呢?假设,根据颜色和声音由天生的知觉器官来确定的性质(本身就是一个非常复杂的逻辑—语言学问题[参见:Wierzbicka 1980]),可以用某种方式牵强地解决这个问题。但是如何以自然的、唯一且合理的方式实现从性质这一上层下移呢?在某个中间划分层上我们必然会推出,颜色、声音、温度这些知觉性质同时都隶属于同一个更高的种,于是在这一层上形成的不是二分法式的树状划分,而是伞状划分。在其他性质那里也会遇到同样的情况,尽管可能是在其他等级层系之上。

也可以避开伞状划分,简化为二分法,比如说,用这样的划分法:颜色—非颜色(也即声音和其他性质),然后非颜色分为声音和非声音(除颜色和声音以外的其他性质)等等(当然,同样的二分法也可以换个方式进行,先分成声音—非声音,也即颜色和其他性质,然后非声音再分为颜色—非颜色等等)。但是这会出现另外一个问题,就是相对于颜色,赋予声音(按第一种分法)更高程度的存在之根据是什么呢?或者相对于声音,赋予颜色(按第二种分法)更高程度的存在之根据是什么呢?因为,如前所见,根据亚里士多德和波菲利的观点,存在的程度越高,实体在等级上就越接近于第一性实体。对于其他范畴,如果认为它们与实体同构,那么也应该这样假设。同此,也许其他范畴的情况更加复杂,例如地点范畴,因为此处地点和说话人本人所处的位置之间的关系不构成地点的客观性,而是主观性和相对性。

因此对于开头提出的问题就出现了下面第二种回答:除实体以外的所有其余范畴都不具有等级结构,无论如何也不会像实体那样具有种属等级"树状"结构。

这一区别的主要依据是,只有实体独立存在,而所有其他范畴都只是通过实体而存在。因此根据向上的等级程度,从个体抽象出两种不同的性质。如果在《范畴篇》的意义上来理解实体,那么沿着实体等级的推移既是逻辑上的抽象,即在概念上进行的,同时也是本体上的抽象,即所抽象出来的阶在本体上继续存在,处于认识能力之外,是客观实在所固有的。而例如,性质范畴(如果承认,这样的范畴可能存在),沿着等级向上的推移,只是逻辑上的抽象,而不是本体上的抽象,因为根据定义,除实体以外,其他范畴都不具有独立的存在。因而像"这个白色"→"白色"→"颜色"→等等这样的等级只是概念的逻辑等级。而本体上与之相符的是另外一个等级,其中在每一个阶上性质都是某个实体的性质,也即实体的相应阶的性质。这样,第二个等级多半应该是这样的形式:"存在于所谈及的白花中的这个白色"(或者其他任何可以直接看到的白色事物中)→"存在于一组同种的白色事物中的白色"→"颜色,作为有颜色的事物的属性,也即作为一类有颜色的事物的属性"→等等。但是这样归入到性质范畴不是范畴归入,而是另外一种过程,即涵摄。

涵摄(源于拉丁语 subsumere,"使隶属于")传统上指种类的归属:黄色的花、黄色的头巾、金丝雀、金、青铜等等 → 黄色。对涵摄和范畴归入的比较,十分清晰地表现出它们当中的任何一个特点。一方面,涵摄与范畴概括、种属概括的不同在于,它不要求理性概括和关注共性。它在现象学上表现出来,不像命名那样要求关注共性这一意向性行为(参见 I,1)。这里只需在感知层面加以概括,把所有黄色的合并起来。涵摄是通过经验把个体归入到类别。正因为如此,涵摄概括通常不会产生命名,不是命名行为。由涵摄建立起来的类,就像是一个包含许多个体的集合,也就是说,在每一个元素上,都像一般的任何一个个体那样,像任何一个"第一性实体"那样,具有同样的最大限度的存在。

另一方面,由涵摄建立起来的类,作为一个整体,也即整体上作为一类,具有最小限度的存在,例如,就像黄色事物中的共同存在一样。在这方面可以看到实体范畴这类范畴概括的主要区别是:这里相应的种或属在每一个等级阶上都具有对于该阶而言最大限度的可能存在。例如,金丝雀或金色事物或黄色事物各自单独作为一组的共同存在,无疑要比整个黄色的东西,也即金丝雀、金色事物以及黄色事物一起的共同存在要多得多。从语言的角度来看,不仅仅是从古希腊语的角度,而是从整个语言的角度来看,该区别符合这样的观点,即实体范畴反映某种"自然事物性的"东西,是语言的自然主体(亚里士多德会说"主词"),而所有其他范畴都是某种"自然非事物性的"东西,是自然谓词。可见,我们触及到述谓关系这一问题,如前所述,该问题隐性地植根于范畴的本质之中。

谓项 这是亚里士多德所使用的各种范畴的共同名称,本身就表明这些范畴与谓项有联系。谓项是积极过程,是赋予主体特征的行为,是建立命题和语句的行为,这样的概念在名称哲学中并没有发展起来。这一缺陷恰好可以证明在关于语言的一般认识中为什么句法从属于语义。对谓项的理解和描述是静态的,将其作为一个可能性的清单和结果分类。这些概念与三个术语完全相符:

1. κατηγορία — praediamentum — категория, род предиката
 (范畴、谓项的种)
2. κατηγόρημα — praedicatum — предикат, сказуемое(谓词、谓语)
3. κατηγορούμενον — praedicabilium — предикабилия, тип предиката
 (谓项类)

希腊语和拉丁语的词项,作为同根派生词项,保留了统一性,但是这一组的现代英语、法语,特别是俄语的词项,并不一致,因此应该强调一下它们最初的统一性。1、范畴(源于希腊语 κατηγορείν "述说、说、断定")是谓项按照内容分类的单位(在现代意义"分类单元"上);这里类或种、内容上的谓项,以及谓项的"种"这个术语应该在亚里士多德《范畴篇》的意义上来理解,表示在现实中客观存在的某种共同的东西,即事物本身的种或属。2、谓项理解为某个句子给定的具体谓词,谓项与主项相对立。3、谓项类是谓项按照逻辑形式分类的单位("分类单元")。

按照客观根据的谓项分类(范畴)和按照逻辑形式的谓项分类(谓项类)是两种不同的彼此独立的分类。但是在某些点上它们相互交叉。标记这些交叉或重合的点非常重要,因为这里确定出一些类别的谓项,其中语言反映现实的客观属性(至少根据名称哲学的观点是这样),而另一些类别的谓项则与它们相对,其中语言反映的只是逻辑抽象或语言内抽象。因此,这对于理解指代理论也很重要。

谓项按照逻辑类型的分类,即谓项类,首次是在亚里士多德的《论题篇》中提出的(Топика, I, 4, 101b, 17—25 [Аристотель1978, 350]),其中确定出来四类:"固有性(ίδιον, proprium)"、"定义(όρος, definitio)"、"种(γένος, genus)","偶性(σνμβεβηκός, accidens)"。至于"特异性(διαφορά, differentia)",在此不知何故亚里士多德认为没有必要专门提到它。

亚里士多德的谓项类可以按照两个特征来分类,就像米克拉泽处理的那样:1)"可相互替换性——不可相互替换性",也即谓项和主项之间的简单可逆性和不可逆性;2)谓项作为主项特征的"实质性和非实质性"[Микеладзе 1978, 646]:

可相互替换的:实质性的 — 1、定义;非实质性的 — 2、固有性;不可相互替换

的：实质性的 — 3、种；非实质性的 — 4、偶性

亚里士多德的例子是这样的（这里应该指出，对于亚里士多德而言，判断的形式是"S 是 P"，因此按照亚里士多德的观点，与判断最完全相符的语言形式是"什么是什么"）：

1. 人是生活在陆地上的两足动物
2. 人具有学会读和写的能力（= 人有能力学会读和写）
3. 人是动物
4. 人是坐着的（= 人坐着）

两种分类的一个共同术语就是"种"，并且这是整个名称哲学的核心环节。种不仅存在于语言的谓项中，而且是客观存在的，并且正因为它们是客观存在的，所以它们是实体（再次强调，这是《范畴篇》的观点，而不是《形而上学》的观点），因此种是谓项的核心类别。所有其他类别都是在种方面加以界定和"确定中心"的。

后来，在中世纪的西方传统中，"谓项—范畴"学说开始分为三个部分："前范畴"学说（antepraedicamenta），如对波菲利《导论》的研究；范畴学说（praedicamenta）；"后范畴学说"（postpraedicamenta），即关于事物的表示方式和语词（复合词、有定词、无定词、名词和动词）。阿伯拉尔、希思帕尼斯等人的学说就是这样［Владиславлев 1881, прил., 75］。

但是我们认为把波菲利的分类和"后范畴"学说放在一起研究更自然，因为两者谈到的都是谓项的语言表达式。如我们所见，这还能在文字中找到事实根据：就其实质而言，波菲利的《导论》是关于"替换（指代）"学说的最早阐述。因此，在逻辑方面，紧随在亚里士多德《范畴篇》后的就是：他本人的谓项类分类、波菲利的发展和中世纪的"词的替换"学说，而这是同一个一般"指代"学说的连续发展阶段。并且同时这也是其内容的不同方面。

3. 中世纪经院哲学中的语言问题：希思帕尼斯和奥卡姆

今天所有经院哲学的研究者，想要把它同现代逻辑或语言学联系在一起，就不得不将其原理部分地转换成后者的语言，而部分地寻求它们的等同物来替代，这些转换和等同物每一次都伴有保留条件，说明情况只是"想必"、"大概"、"可能"这样。几乎没有真正的等同。

主要原因是，在经院哲学和现代逻辑学之间存在着传统的脱节和中断，因为经院哲学不再存在，甚至可以说在 17 世纪就消亡了，就像随着冰河时代的到来，前冰河世界的动植物都灭绝了一样。经院哲学逻辑未能跨入到新时代，"因为它未能找到合成算法，使其得以巩固所获得的成就并继续前进"［Стяжкин 1979, 173］。而现代逻辑学也没有向经院哲学家伸手，而是在别的基础上重新开始，在很多方面是

以亚里士多德的逻辑学为基础。

然而即使不是真正的等同,也应该确立下来。其实这也是普通语言理论符号学的任务,因此在某种程度上也是本书的任务所在。

在经院哲学中,依旧如同在前一时期一样,"名称"在一切逻辑—语言学问题中占主要地位。名称哲学提出并解决命名、名称和事物的关系、名称和事物概念的关系、一般名称和个体名称的关系,以及一般名称表达什么,是表达客观实在,还是只表达观念等等这些问题,归根结底所有主要的问题都是语义学上的。至于语形学和句法学,则这些问题都是从语义学的角度来处理的,因此这里的一个关键词就是"指代",名称的"替换"[参见新近论著:*History of Linguistic Thought*... 1976; *Signification et référence*... 1982; Nuchelmans 1983]。

除了名称哲学的两个主要特点,其一,名称是实体的学说;其二,等级;还有第三个特点,就是共相问题。中世纪名称哲学的所有术语和所有问题都连接到共相问题这一结点上。该问题在波菲利的《导论》中(换个说法,就是在吕科波里人普罗提诺的学生,腓尼基人波菲利的范畴篇《导论》中)有准确的表述。波菲利写道:"为了学会亚里士多德的范畴,必须知道,什么是种(γένος),什么是特异性(διαφορά),什么是属(εἶδος),什么是固有性(ἴδιον),什么是偶性(συμβεβηκός)……分析这些东西对于定义乃至一般和分类相关的问题(也即概念划分的问题和分类问题——作者注)以及证明都是有益的……关于种和属,它们是否是独立存在的,又或者是只存在于思想之中,并且如果它们存在,那么它们是实体,还是无形的事物,它们是否具有单独的存在,还是存在于可感觉事物的内部并依赖于可感觉事物,对于这些问题我将避而不谈,因为这些问题非常深奥,需要更广泛的研究"[Порфирий 1939, 53]。

几百年来整整几代学者一直对共相争论不休,波菲利的论著就是亚里士多德学说和经院哲学理论与其"共相争论"的一个纽带。在争论中,经院哲学家们确立了三个主要观点:实在论认为共相,也就是种属,作为实在的实体,类似于柏拉图的理念,"在事物之前"(ante rem)就存在;唯名论则认为种属只是作为一般名称(nomina)在"事物之后"(post rem)存在,;观念论认为种属作为事物的本质,存在于"事物之中"(in re)。正如列宁所指出的[第 29 卷,327 页],亚里士多德本人在柏拉图主义和现代术语意义上的唯物主义之间摇摆不定,多半是倾向于"观念论"。众所周知,有人专门研究这一问题[Трахтенберг 1957, 37]。

在"共相争论"中反映出哲学上的唯心主义和唯物主义这两条路线斗争的原始形式。总的来说,实在论是唯心主义的形式。根据马克思的定义,唯名论在中世纪是"唯物主义最初的表现"[Маркс, Энгельс, т. 2, с. 142]。

而且在历史研究中还应该记住列宁的话:"当然,中世纪唯名论者同实在论者的斗争与唯物主义者同唯心主义者的斗争具有相似之处。然而是相似也好,是历史继承性也好,都还可以和许许多多的理论联系起来,不仅可以追溯到中世纪,而且还可以一直追溯到古代。为了认真地了解这种联系,哪怕只是中世纪的争论与唯物主义的历史联系,也需要特别的研究"[Ленин, т.25, с.37]。

这里有必要着重指出(参见本书第二部分的序言)共相问题两个方面之间的区别。我们将其局限于符号学方面,但是在其后面是一般和个别的纯哲学问题。对于实在论,其特点是把一般和个别割裂开,绝对化,将其变为"造物主式的"先于个别创造个别的实体,这是一条客观唯心主义路线。相反,把个别作为原始范畴,把实在作为个体的总和,这种观点是唯名论所特有的,紧随在经验主义路线之后。一般和个别的问题只有在辩证唯物主义那里才能得到解决,它从既承认统一和一般的客观性也承认单一和个别的客观性出发,推翻了对一般和个别的两种唯心主义解释[试比较 Философский энциклопедический словарь1983, 447]。

(以上所述在本书1985年第一版的最后一段,说明了那个年代意识形态要求的特点,并且与造就新实在论的当代语言哲学相比,确切地说,与"辩证唯物主义"的历史有关。我把亚里士多德的观念论理解成一种实在论,不带有任何贬义。我认为,现在可以同意前面提出的唯名论特点。)

共相问题是理解中世纪名称哲学的基础,但仅仅这一基础还是不够的。指代问题也同样重要,虽然初看起来它是个技术性问题。

指代 拉丁语的 suppositio 表示"词的替换"(指的是"在语句中的替换"),并且是希腊语ὑπόθεσις 的对应词(或者,或许甚至是译文)。指代学说在亚里士多德之后开始发展起来,并且在中世纪经院哲学的名称哲学中占据中心地位。按照中世纪的分类,它属于后范畴(postpredicamenta),是逻辑的一部分,紧随在范畴学说之后(参见I, 2)。

指代学说是在尚没有语言的句法学这一维度时,基于仅有的语义学来处理句法问题的尝试。然而该学说未必可以被称作是"有缺陷的",确切地说,它可以表明,从语义出发,能够在多大的程度上深入到句法问题中去。由于这一原因,当现代语言学竭力研究语义时,指代又重新出现在现代语言学的旨趣范围之内。

除此以外,在指代的使用中应该看到(通常未被注意到)元描写或元语言和抽象法这两个主要的符号学方法发展的开端,甚至已经是相当先进的阶段。扼要地解释一下,让某种语言L归研究者使用,研究者可以将其视为自己描写的对象,也即作为对象语言,在这种情况下,为了描写这种语言,他就需要另外一种语言L_m,即元语言。这就是元描写方法的开始。但是研究者也可以把语言L看作是描写的工具,只要描写的不是某种别的语言(在这种情况下,语言L只不过变成了元语言,就像在前面已经提到的情况中一样),而是描写某个迄今为止还没有在任何一种语言中得到表现的价值系统。后者在这种情况下似乎成为语言L的新语义,而L本身从自己原有的语义中抽象出来,成为新内容的表达方式。这是另一种符号学方法,即抽象法的开始,可见,它与通常逻辑意义上的抽象概念不一致。基于符号学的抽象法,许多理论符号学的原理得到确立[参见:Степанов 1981,21,27;1971,91—101]。在形式化条件下,它表现为与元理论相对立的外延论的形式[参见:Карри 1969,102,186]。抽象法的一个简单例子就是修辞学,即运用本语言来表达其语义事先未作规定的那些内容上的细微差别。

起初,两个符号学方法几乎是同时出现的,因为早期经院哲学中关于指代的阐述通常就已经伴有种属实在性的讨论,而这不是别的,正是"唯实论"和"唯名论"的问题,因此从现代观点来看,它们属于"元逻辑"和"元语言"。"元逻辑"一词,其实,由索尔兹伯里的圣约翰与 1159 年讨论这些问题时首次用于他的一篇希腊语题为《Metalogicon》(拉丁语《Metalogicus》)的论著,与之类似的是后来建立起来的"元语言"这一术语。

为了了解指代学说的一些发展变化,我们来研究两种指代理论:稍早一些的,希思帕尼斯在其《Summulae logicales》中所阐述的[引自:Владиславлев 1881,прил.;Ducrot 1976,195 и след.],和稍晚一些的,奥卡姆在其《Summa totius logicae》中所阐述的[引自:Ockham 1957;某些片断参见:Антология мировой философии 1969,Ⅰ(2);Teodoro de Andrés 1969]。同时这是两个不同哲学传统中的两种观点。

希思帕尼斯(卒于 1277 年,是 21 世罗马教皇)作为阿威罗伊的追随者,继承了亚里士多德的学说,在共相和范畴问题上,总的来说他是一个温和的实在论者,在某些方面接近于拜占庭传统。关于希思帕尼斯的《逻辑纲要》是不是《编年表》的原本,《编年表》被认为是由米哈伊尔·普塞罗斯(1018—约 1078 或约 1096)译为拜占庭语的,还是相反,《编年表》是希思帕尼斯的创作来源,大概百余年来直到今天也没有停止对此的争论。

奥卡姆(约 1285—1349)是唯名论最后一位有影响的代表人物,是"语言学哲学"盎格鲁撒克逊传统的第一位代表人物,后来像洛克、密尔、罗素、艾耶尔等等都属于这一传统。

两位作者的阐述在技术层面有很多共同之处:两者都像波菲利那样以二分法的形式来阐述指代。用树状形式来直观地呈现他们二人任何一位的体系是再自然不过了,但是由于纯技术原因这很难做到,因此我们不得不以文字的形式来说明"树"这样的体系(为了方便,读者可以从"指代"一词开始,自上往下画出一棵二分法的树)。

希思帕尼斯的树的顶端是 1. 指代(suppositio),分为两部分:1.1. 离散指代(discreta)和 1.2. 一般指代(communis);前者指专名的替换方式(模式),比如柏拉图;后者指普通名词的替换方式。1.2. 一般指代分为：1.2.1. 天性指代(naturalis)和 1.2.2. 偶性指代(accidentalis),也即"附带指代"或"偶然指代";前者指不依赖语境的普通名词的指代,比如"人";后者指依赖语境的普通名词的指代。1.2.2. 一般—偶性指代分为：1.2.2.1. 简单指代(simplex)和1.2.2.2. 个人指代(personalis);前者指名词对其所指的替换,比如"人是属","所有人都是动物"(所替换的词用斜体标记);后者指名词至少对几个人的替换,他们都具有名词所表示的(意谓的)那种属性。1.2.2.2. 一般—偶性—个人的指代分为：1.2.2.2.1. 混合指代(confusa)和 1.2.2.2.2. 有定指代(determinata);前者指替换构成一个句子,该句子对于被名词所替换的所有人都为真,比如"所有人都是动物";后者指替换构成一个句子,该句子至少对于被名词所替换的那些人当中的一个为真,比如"人不免一死"。

希思帕尼斯接下来的文章(从第 8 篇到第 12 篇)涉及到指代的各种详细内容,往往是十分重要的,其中一些类似于诸如量化这样很重要的问题(在第 12 篇：distributio)[参见 Владиславлев 1881, Прил., с. 95]。

奥卡姆之树实质上是另外一个样子。1. 指代分为三部分：1.1. 物质指代(materialis), 1.2. 简单指代(simplex), 1.3. 个人指代(personalis)。用现代的说法,第一种就是指名词对其自身的替换。奥卡姆说,这种词替换的不是它所表示的东西,而是它的书写或声音符号。奥卡姆所说的简单指代是指词对内心所思的内容的替换,即 pro intentione animae;由于他在此使用"理性意向",所以该意义模式完全可以与胡塞尔现象学中的"意向研究"相提并论(参见 V, 2);例子依旧是这个句子："人是属"(对人的指代)。因为奥卡姆是唯名论者,所以他对这一模式的理解很耐人寻味,确切地说,他认为这里"人"这个词不是表示其内心所思的内容,而是表示其内心所思的内容与其声音符号之一体,这两者都表示同一个事物的符号,且后者隶属于前者。

1.3. 个人指代,指的是词代替其所表示的对象,无论后者是头脑以外的事物,是声音符号,还是内心所思的观念。例如："每一个人都是动物","每一个声音名称都是词类","每一个属都是共相"等等。个人指代分为：1.3.1. 离散指代(discreta)和 1.3.2. 一般指代(communis);前者指个体专名或者作为指示具体个体的指示代词的指代,比如"苏格拉底是人","这是人"。奥卡姆做出重要区分,即句(1)"我的园子里有这种植物"为假,并且主词在这里不是离散指代,和句(2)"我的园子里有一株这样的(这种)植物"一比较就会很明显,句(2)为真,并且其中主词的指代是离散指代。

奥卡姆由此得出结论,该结论与语言学中的"深层结构"这一现代概念非常相似,我们觉得还与"命题"概念相似,后者从命题态度概念,也即模态、意见的表达中分离出来(试比较 V,2.,V,3.)。他讲道:"应当指出,如果这个本身形式为假的句(1)却具有某种句(2)的真正含义,那么这时如果在真正的含义上把句子抽出来,其主词和谓词就应该归入到与本身为真的句子[也即此处的句(2)]一样的指代中去"[Ockham 1957,71]。换句话说,从现代观点来看,所举的例子中的句(2)是句(1)的深层结构,纯"命题"包含在句(1)中。

奥卡姆这里所讲的也是经院哲学家(一直到 17 世纪的波尔·罗亚尔逻辑)所广泛和普遍认可的"说明性命题"(exponibilia)概念的核心,"说明性命题"就是所谓这样的句子,它们实质上是复合性的,但是由于其复合成分不能在表层形式上表达出来,所以需要分析、"扩展"、"说明"——该术语由此产生。

1.3.2. 个人——一般指代(communis)分为:1.3.2.1. 有定指代(determinata)和混合指代(confusa)。前者指这样的指代,它可以通过分解实现下行,直到个体(ad singularia),如同在正确的推论中一样,比如:"Homo currit, igitur iste homo currit, vel ille"——这里无论是译成英语,还是译成俄语,都很难,尽管各有各的难处,这可以用拉丁语的特点来解释,奥卡姆的论著通常用拉丁语撰写。拉丁语没有冠词(与英语不同),而普通名词,此处就是 Homo,可以在不确定的意义上来理解(与俄语不同,在这种情况下,该词多半会被理解为"一般的",即"一般的人"),与拉丁语最为贴近的译文是:'Некий человек бегает, следовательно, этот человек бегает или тот человек бегает(人在跑,显然,这个人在跑或那个人在跑),但是拉丁语的"人"在第一个位置上在不确定意义的条件下保留了一般意义。奥卡姆指出,要使该句为真,只要某个确定的个人指代为真就足够了("那个在跑","这个在跑"),哪怕所有其他的指代都为假。在这一点上,奥卡姆发展了自己的逻辑推理理论。

1.3.2.2. 个人——一般—混合指代,这是普通名词的任何一个个人的替换,不是有定的(determinata),也即相对于后者定义为"无标记性的",无特征的对立成分。它分为:1.3.2.2.1 单纯的混合指代(confusa distributiva)和 1.3.2.2. 混合分布指代(confusa distributiva),后者又分为:1.3.2.2.2.1. 混合分布—不可移动的指代(immobilis)和 1.3.2.2.2.2. 可移动的指代(mobilis)。前者指的是,不替换任何句子成分就可以实现逻辑下行,直至个体;后者指的是,为了实现这种操作必须替换初始句子的成分。(我们看到,这也是一种"说明性命题"的一般概念)奥卡姆用于后一类指代的例子是:给出句子"除了苏格拉底,每个人都在跑"——下行至个体是这样实现的:"柏拉图在跑,色诺芬在跑,……等等,对于每一个不是苏格拉底的人都是如此"。然而和初始句、共相句相比,在后一个单个的句子中某种东西被省略了,而被省略的恰恰是表示例外的表达式,同时还有该表达式所排除的词项。在奥卡姆的推理中不难看出后来罗素的语言逻辑理论的萌芽,即摹状词和指称研究等等。

如果撇开理论说明的技术层面,那么就其实质而言,希思帕尼斯和奥卡姆的指代具有相当大的区别。首先跃入眼帘的就是,奥卡姆没有希思帕尼斯体系中的第二层等级,也即一般指代分为"天性的"和"偶性的",或"附带的"这一层级。这种对立被希思帕尼斯用拉丁语词项称为 naturalis(天性的)—accidentalis(偶性的),与普塞罗斯《编年表》中的词项 φνσικἤ - κατὰ σνμβεβηκός 相符。最后一个词项,和亚里士多德论著中表示偶性特征的词项一样(见前面)。问题在于,和普塞罗斯一样,希思帕尼斯接受亚里士多德关于种在自然界(φνσικἤ, nauturalis)中存在的实在性,种是实体的直接显现以及偶性特征在某种程度上是实体的偶然显现这一原理。对于唯名论者奥卡姆来说,这一划分,当然根本就不重要,因此他把这层等级全部抛在一旁。"索科洛夫注意到,根据奥卡姆的观点,实在的存在只属于具有某些性质的单一实体,而亚里士多德的其他所有范畴在真正的客观实在中不具有任何对应物"[Соколов, Стяжкин 1967]。奥卡姆几乎把亚里士多德的所有这 10 个范畴(除关系以外)都归结为一个,即实体(субстанция),而且只将其理解为"第一实体",即与单一事物相对应的实体。比方说,例如,关于行为(actio),他写道:"Hoc nomen actio supponit pro ipso agente, ita ut haec sit vera: 'actio est agens', vel…talis propositio est resolvenda in aliam propositionem, in qua ponitur verbum sine nomine tali, ut ista: actio 'agentis est' aequivalet isti: 'agens agit' (Summ. log., I, cap. 57)——行为这个名词替换的是动因本身,所以'行为是动因'这一命题为真,或者……这个命题可以分解成[变换成]另一个命题,其中出现的是不带这个名称的动词,就像(比如)下面这样:行为属于动因等同于动因实施行为"。亚里士多德的范畴,除了"第一性实体"和"关系"(Relatio)以外,对于奥卡姆而言,都是思维运作的符号,或者,现在的语言学家会说,是语言学的转换符号。最近一些研究者总是把奥卡姆视为"语言哲学家"[参见,例如: Teodoro de Andrés 1969, 58, 70;但是再比较: Стяжкин, Курантов 1978]。但是该区别与其说反映的是指代学说的发展变化,毋宁说是两种观点体系之间固定的、超时间的区别。

确切地说,等级特征的移位表明了学说的发展变化。在希思帕尼斯那里,等级的第一层提出"离散"指代与"一般"指代的对立,前者指专有名词的替换,后者指普通名词的替换;希思帕尼斯体系中的其余所有部分说的都只是普通名词的替换。显然,这一原理符合亚里士多德体系中第一性实体和第二性实体的区分,前者在日常语言中通常用专有名词表达,而后者通常用普通名词表达。但是在指代体系中还存在另外一个与专有名词类似的名称,即"个人指代",在句子语境中表示对任何一个个体的命名,无论是人还是物,无论是单数还是复数。在希思帕尼斯那里,它起着从属作用,居于等级的第三层。

相反,在奥卡姆那里这一指代类型出现在第一层中,并且就其实质而言,它是指代分类最初始的起算点。在这方面确实可以看到学说的实质性发展,就是奥卡姆意识到对多个个体的命名(不管这些个体是怎样的,是人还是物)是最普遍的情况,而通过人称名词、专有名词对人的命名确实只是特殊的个别情况。接下来奥卡姆有先见之明地区分出"个人指代"的两种基本形式:通过专名或指示代词对个体的命名("离散指代")和通过普通名词对个体的命名。对后者的描写,如果只是说它使用普通名词(因为普通名词是独立的,并且只是命名一般的东西,即不确定的事物),当然是不可能全面详尽的,因此这一项需要继续划分,在等级的下一层中继续划分。这里奥卡姆把普通名词"有定的,确定的"指代和"混合"指代对立起来,并且对后者进一步划分。就其实质而言,这完全就是现代学说中关于用不同方式对句子中的个别对象进行命名的理论。

因此在奥卡姆看来,指代分类的剖面线是在句子(命题)框架内对个体命名的进一步详细说明,用现代术语来说,就是指称和摹状词问题。

在希思帕尼斯看来,剖面线是另外一个样子,即"天性"、实质性替换与偶性替换的对立;对个体所指的替换(他的"个人指代")与对所指的,所意谓的含义的替换(他的"简单指代")之间的对立。在奥卡姆那里,后一区分是事先就规定好的,并且不在分类本身的框架内(因此第一层出现的不是二分法,而是三分法)。而在希思帕尼斯那里,这一区分却切入到各层分类的实质。

希思帕尼斯的指代分类接近于亚里士多德在《范畴篇》中所表达的"第一条线"上的范畴学说的最实质所在。相反,奥卡姆的指代确切地说继承的是"第二条线",即《形而上学》的路线,并且变动很大,从而开辟了一个实质上全新的时代,即分析语言哲学时代,谓词哲学范式。

4. 经院哲学和新时期哲学之交的"名称哲学":尼古拉斯·库萨

苏联时期,尼古拉斯·库萨的论著在新版中正确指出其哲学思想,即一切事物同时既是对立的,又是统一的,彼此处于联系之中,以及认识的辩证发展原理,"不仅具有历史意义,而且推动了不止一代唯物主义哲学家研究复杂的存在和认识问题"[Николай Кузанский 1979,45]。同时尼古拉斯·库萨是新柏拉图思想的直接继承人,这一思想通过艾克哈特(约1260—1327/28)这个备受争议之人的神秘主义反映出来[参见:Соколов 1974;Чуева 1963,71]。

尼古拉斯·库萨在名称哲学领域发展了两条主线:1)名称学说就是实体学说,2)等级观念。作为该语言哲学的根本所在,本书在不同地方对它们加以阐释(这方面还请参见后面的洛谢夫学说)。在此我们只讲一点,就是与经院哲学家相比,此人有哪些新的东西,哪些思想先于新时期的语言哲学。

尼古拉斯·库萨认为实体等级的顶端是"极点"(这里可以看到后来黑格尔"内化的思想"到其"外在化"的萌芽)。"如果极点不过是那个没有什么与之相对立的极点,那么就很清楚,没有一个专有名词可以适合它;因为所有名词都是根据含义的某种独一无二性被赋予的,因而彼此有别,而在那里,所有事物的实质都是统一的,任何一个专有名词都是不可能的。赫尔墨斯·特利斯墨吉斯忒斯公正地指出:'由于神就是事物的普遍性,所以没有一个名称是他的专名,否则,神就不得不被叫做所有名称,或者所有东西都用他的名字命名'……如前所见,极端的统一也是这样,即一切处于统一之中。但是与'一切处于统一之中'相比,'统一'(единство)是更准确、更适当的名称,难怪先知说:'从上帝是唯一的那一天起,他的名称就是统一的(единое)'"(《Об ученом незнании》1,74—75 [Николай Кузанский 1979, 88]。此处按照俄罗斯的哲学传统翻译成"统一"不是更好吗?)。这些原理先于斯宾诺莎的一个论题(参见 II,2.),并且与洛谢夫的论题类似(见后面)。但是两人在不同的方向上发展尼古拉斯·库萨论题:斯宾诺莎处在泛神论和谓词哲学的路线上,而洛谢夫处在名称哲学的路线上。

尼古拉斯·库萨在此基础上进一步阐述其思想,应当承认,该思想,即"意义的非对比理论"思想,是当代语义学中最为现实的思想之一。他说:"另一方面,作为上帝的名称,统一不是我们通常对统一命名和理解的意义,因为上帝不但超越了任何一种理解,而且更是超越了任何一个名称。名称是我们通过理性活动对事物所做的区分赋予的,而理性活动要比智力理解低得多。理性不能超越对立,因此在理性活动中不存在与别的东西不对立的名称。相应地,在理性活动中与统一相对立的是多数或多重性。适合上帝的不是这种统一,而是那种既不与差别相对立,也不与多数或多重性相对立的统一。这样的统一也是其最高的名称,把一切东西都凝聚在其单纯的统一之中。"[出处同上,88—89]

在尼古拉斯·库萨的这种推理中,有三点非常重要。第一,来源。整个推理的基础就是某种关于命名的"两种方式"观念,即尘世的(人类的)命名和神的命名。我们觉得,其根源在关于语言起源的古代神话中就应该可以看到(我们在此用的是雅库申所写的概论[1984])。根据《梨俱吠陀》中不同地方按照部分叙述的古印度神话,神是第一个"名称的确立者"(namadhān,另一个希腊词 ὀνοματοθέτης 可以与该词相比较),但是只限于给小神们起名。而人类语言的基础是第一批伟大的智者奠定的,他们在诗歌之神的庇护下从事这项活动。但这是很久以前的并行现象。

最近的来源或许是圣经。根据圣经,"开始就有词",即创造世界的行为始于上帝所说的话(试比较希腊语中的逻各斯)。接下来圣经神话与古印度神话非常相似:创造世界时,上帝同时也是名称的确立者。但再次与印度神话相似的是,他的此项活动只囿于创造的头三天,即第一天分出光和黑暗,因此上帝称光为昼,称黑暗为夜;第二天,他创造了苍穹,称为天;第三天创造了陆地和"水的汇集处",称前者为大地,称后者为海。而当造物主转移,开始创造生物时,即动物和植物,他把地上跑的动物和天上飞的鸟类领到亚当前,让亚当来命名(关于植物,接下来没有说),"想要看一看,亚当是如何给它们起名的","让人给所有的牲畜、天上的飞鸟和野兽起名"(Библия, ст. 20)。

圣经传说在安瑟伦(1033—1109)那里获得新的形式:上帝的话语是能够了解一切的理智的体现,这种体现创造了事物的本质,但是正因为该本质,创造出来的事物和用来创造的话语并不相似。创造出来的生物、人本身的语言是某种别的东西,毫不具备上帝话语的任何性质。

尼古拉斯·库萨论断的思想背景也大概如此。接下来,哲学家在此基础上区分了"统一"的两个语词(名称):一个是普通语言的语词,甚至可以说是所有语言的语词,泛泛的一般语言的语词;作为这样的语词,它们与其他词相对立,诸如"多数"、"许多东西"。尼古拉斯·库萨在这里首先确定原则,根据该原则,语言中语词的意义只能被想成是彼此对立的、相反的。这就是对立或对比的意义理论的基础,其基本原则("语言中除了差别,没有任何其他东西")被索绪尔夸大,并且该理论被认为是结构主义所有方向中的唯一可能。

但是尼古拉斯·库萨走得更远:他把上帝的名称(第二个名称"统一")视为范畴,作为范畴,它不与其他别的实体及其名称处于任何一种对立或对比关系之中。并且同时这就是语义范畴。这样,该哲学家发展了关于上帝名称的学说,同时这里也为另一种非对比的意义理论奠定了基础。

该理论成为本世纪中期所有逻辑实证主义的追随者、罗素和"语言分析"哲学家"回避的东西"。他们消耗掉许多理论上的努力,并且花费大量的精力予以反对。因此,逻辑实证主义代表人物把非对比术语,无论是范畴,还是"普遍存在"的概念都归入到他们认为的"抽象的禁忌层面"。尼古拉斯·库萨当然不承认抽象层面上存在任何禁止。

在另一处他用对话的形式非常细致地,并且在语言学上有理据地继续对抽象的两个层面进行划分:

多神教徒 你们不把上帝叫做上帝吗?

基督教徒 叫啊。

多神教徒 这种情况下,你们说的是真的,还是假的?

基督教徒 两者都不是,两者又都是。说这是他的名字不是真的,但也不是假的,因为他有名字不是假的……

多神教徒 为什么你们把自己不知道名字的东西叫做上帝?

基督教徒 因为他与完美这一名词所表示的非常相似……在我们这里，上帝就像是在颜色中看到的东西……颜色领域的任何一个命名都取决于看到的东西，但是看到的东西本身的名称，这一所有名称都依赖的名称，确切地说，与其说是某个东西，毋宁说什么也不是。这样，上帝和一切东西有关，就像看到的东西与一切可看到的事物有关一样。［Николай Кузанский 1979，287］（参见 I，5 中光的类比）。

除此以外，这一推理还具有社会根据和语言学根据，即语言禁忌和命名禁止。在许多语言中，祖先、族长、已故的人、作为打猎对象的野兽等，它们的名字似乎被假定是已知的而禁止提起。禁止的实体名称应该用替换的，即暂时的、偶然的名称说出来。"真正的"名称可能随着时间的流逝被遗忘，而这时替换的名称却永远留存在语言中。俄语的 медведь（熊）一词由 'меду-ед，吃蜂蜜的动物'几个字母构成，这是替换的名称，是禁忌，代替另外某个完全被遗忘的东西。或许，它是拉丁语的 ursus，印度语的 rhsah，希腊语 αρκτος 的同源词，这些词都源于同一个印欧语的词根，并且表示同一种动物。

在我们看来，名称哲学的基本原理（该原理后来成为象征主义的基础，特别是俄国象征主义诗学的基础）在尼古拉斯·库萨那里只是形成了，但是并未表述出来，该原理是：名称，真正的名称，永远是针对事物本质的一个名称；它表达本质，它是本质的名称；但是在具体语言中，在单独语词使用的更个别的情况下，代替该名称的是在某种程度上偶然名称的集合。名称哲学家（诗人）的任务就是透过命名的偶然性和多样性深入到名称中去，进而洞察到本质。

我们的解释可能过于肯定。但是再举下面一点作为证明（《白痴论理性》，58）："如果更细致地研究这一名称（vocabuli）的意义，我认为，我们身上蕴藏的能力包含在所有事物最初形态的概念中，这是我的智力所命名的，一般不能获得相应的名称（这与元语言、元名称的思想类似，并且与前面讲过的看到的东西与所看到的颜色之间的关系类似；元名称不能是对象语言的名称。——作者注）。就像人类的理性无法到达上帝创造的本质一样，名称也无法达到。因为起名是理性活动的结果。我们正是以此为依据把一个事物叫做这个名称，而以彼为依据把另一个事物叫做另一个名称。因此在一种语言里有和事物相对应的一些名称，而在另一种语言里则是更粗略和更间接的名称。由此我得出结论，与事物相对应的名称可大可小，我们不知道准确的名称"（洛谢夫译；斜体是我们加上去的。——作者注）。

接下来白痴（而他即是作者本人）继续讲道："因此，如果人类灭亡了，人性作为隶属于名称的属概念（我们用'人性₁'表示，就像前面的'统一₁'一样——作者注），并且只是作为理性的本质，它是理性基于人们的相似性而获得的，就不再存在了，因为该词所依赖的人类不存在了。然而人性并不会因此而不复存在（我们用

'人性₂'表示,就像前面的'统一₂'一样。——作者注),正是通过它才出现了人类自身。该人性不是作为属的概念而隶属于名称,也即因为名称由理性活动的结果所赋予。但是它隶属于名称的那个属概念的真值。因此,尽管真值的反映毁灭了,但真值依然存在。因此凡是这样思考的人否认事物只是隶属于名称的东西"[Николай Кузанский 1979,393]。(参见本章前面第Ⅰ节)

我们已经注意到(见Ⅰ,1),并且会在后面看到(在罗素的观点上),"谓词哲学"如何坚决地否认名称哲学的这一原理:在他们看来,事物只是隶属于名称的那个东西,就是那个被语言命名为事物或者是在句子里充当词项的东西。

相反,这种思想在当代语义学观点中重新盛行起来,这些观点与内涵逻辑和模态逻辑相关,像"蒙塔古语法"(后面会讲到)。蒙塔古甚至走得更远,以致于断言:如果英语语法,也即语义和句法,是蒙塔古他本人在其观点中形容的那个样子,那么原则上没有一个讲英语的人可以知道英语语词的意义(也就是说,如果用前面的例子,就是诸如"人性₂"这样的词)[参见:Холл Парти 1983,285]。

这种语言观(而它符合名称哲学的第一原理,既是实体观,也是上帝观)很自然地把尼古拉斯·库萨引向"否定神学",也即否定论,定义上不可说的神学。尼古拉斯·库萨直接从阿威罗伊那里接受了否定神学。但是其更早的根源是早期基督教的教父学。在5世纪下半期用希腊文写成的《伪狄奥尼修斯文集》(作者不详)中可以发现其最初完整的根据。关于上帝,其中写道:"在这里,神学家明白这一点,既把其作为没有名字的,同时又把其作为所有名字的承担者来颂扬"[Антология мировой философии 1969,1(2),612]。(现在,1997年,鉴于对东正教会的教父学及其最新研究的兴趣,予以重新恢复,应该在更为宽泛的寂静主义的角度来研究该题目,参见[Хоружий 1995;Сидоров 1996]。但是我们在此不得不囿于先前拟定好的、更狭窄的题目上)

《伪狄奥尼修斯文集》中的以下这些观点或许可以在某种程度上解决"非对比的意义理论"的支持者和反对者之间的争论:"现在我们应当转向神学对实际存在命名的真正实质上来……存在的名称不但遍及所有存在的事物,而且还要超越它们。生命这个名称遍及一切有生命的东西,并且超越它们。而睿智这个名称遍及所有会思考的人、会说话的人和有感觉的人,同时又高于这一切"[出处同上,626页]。《伪狄奥尼修斯文集》中的这一论断是真正的语言根据,即类名称的名称在某种意义上和进入到类中的名称不属于同一种语言。这是"波菲利树"的一个隐性基础[参见:Степанов 1981,74,336]。

否定论与象征主义一道成为洛谢夫《名称哲学》的奠基石。尼古拉斯·库萨同样也是洛谢夫的前辈,正如他本人是柏拉图的继承者,在某方面又是亚里士多德的继承者一样。因此,尼古拉斯·库萨对这两位伟大的希腊思想家体系的概述,使其

自身体系的实质清晰起来,并且在我们看来,这一概述就是洛谢夫《名称哲学》的导论。概述中这样讲道:

"柏拉图认为造物主的形象(就)是寓于智力理解能力(其中智力把自己比作上帝的单纯)中的最完美存在,并把这种能力作为最初的元素和智力实体,并且他认为,这种能力在死后依旧存在。这种实体在万物的序列上先于理性认识,但是当其偏离其中一切都是统一的上帝的单纯时,它就退化成后者了,因此实体依旧想要内化一切,就像每一个事物都具有特殊的存在,并且有别于他物一样。接下来智力退化得更严重,如果智力在理性活动中不是内化地理解事物,而是像形式存在于可变的质料中那样,在质料中智力无法到达真理,而是诉诸于形象(关于作为象征的形象的学说,这是洛谢夫的一个主要观点。——作者注)。相反,亚里士多德把一切都看成是隐匿在由理性活动的结果而赋予的命名下的东西,认为理性是最初的元素,并且或许他断定,理性通过借助于语词而产生的科学,上升到理性认识,进而上溯到更高程度的智力理解。因此他也认为在上升至智能时,理性是最初的元素;而柏拉图则认为智力理解是其下降时的最初元素。这样,两者之间就没有差别了,或许只是分析方式上的不同"(《白痴论理性》,152—3;洛谢夫译)〔Николай Кузанский 1979,439—440〕。

我们在该论断中还可以看到黑格尔辩证法的间接雏形。在洛谢夫那里我们还会回到尼古拉斯·库萨的另一个论题上来。

5. 洛谢夫的《名称哲学》

阿列克谢·费奥多罗维奇·洛谢夫(1893—1988)的学说,如果从本书论题范围的角度来看,就是名称的语义说,并且包括名称所有主要的语义用途,从事物的命名,经"形式"、"观念"和"逻各斯"(概念)的意谓,一直到作为象征和神话形式的语词。在该意义上洛谢夫指的是泛泛的一般语词,但是,首先当然指的就是名称("语词"和"名称"在其大部分观点中是同义词)。至于谓词和自我中心词,它们完全倾向于语言哲学的另外一些类型,在洛谢夫那里未作专门分析,甚至没有进入其视野。

必须非常清楚地看到洛谢夫的观点在哲学思想背景下的地位。有时人们认为,洛谢夫建立了20世纪最为独特的一种哲学观点,该观点把近似于胡塞尔早期观点的某些现象学原理同辩证法结合在一起。然而,更确切的是用当代苏联哲学史学家的话来描述洛谢夫的观点:"当然,洛谢夫的哲学在20年代具有唯心主义的性质。但是给其扣上唯心主义的帽子,说其与唯物主义毫无瓜葛是不公正的。洛谢夫在其哲学创作初期,确切地说,在唯心主义和唯物主义之间摇摆不定……观念作为感觉质料的模式,作为实际行动的准则、人类的准则、宇宙的准则,这是洛谢夫首次从古希腊宇宙辩证法和古希腊自发唯物主义的倾向中借用来的。20 年代末 30 年代初洛谢夫对马列主义的了解在这里起着决定性作用,使其思想的唯物主义解释范围得以深入和扩大,并且将他引向在社会历史方面成就其哲学体系之路"[Джохадзе 1983,15—16]。洛谢夫本人说:"我想……勾勒一下思想的辩证现象学"[Лосев 1927a,31;接下来援引的都是该版本]。

当然,《名称哲学》(第一版书名是《名称的辩证法》)是洛谢夫的主要论著,于 1923 年完稿(1927 年出版),就其实质而言,既是"实体哲学",也是一般哲学的主要部分。"为什么所有这些都是名称逻辑、名称学说、名称哲学呢?因为关于实体我们所谈论的并不比名称少。为什么我们不把我们的研究叫做实体哲学或实体逻辑呢?接下来,我们关于物质和非存在谈论的也不少。为什么我们不把我们的分析称作'非存在的哲学'呢?"[178 页](非存在[Меон],源于希腊词 μηόν"不存在的东西")。

整个洛谢夫体系的摘要就是对该问题的回答:"以实体的辩证法为例。我们看到,该体系具有某种辩证法的来历。该体系先从数开始,并且这是实体的最初定义,而且是最普遍的定义①。当然,可以专门写数的逻辑,但这个数的逻辑,不言而喻,无法与一般的实体逻辑同日而语。进一步说,实体就是形式。因此该定义是不完整的。只有在象征性的魔法神话中,如我们所见,实体可以获得其完整的定义。但这恰好就是名称。现在究竟怎么做才更好呢?要不要说我们研究的就是实体逻辑,或者是名称逻辑?第二个定义,当然要丰富得多,完整得多……辩证地推出名称,就意味着推出整个实体及其所有从属要素。但是人们问道:为什么你们停留在名称上?实际上,名称进一步转换,就成为外在化的东西②……名称是最高的点,是第一实体可以发展到的顶点,然后接下来就从此高处跌向外在化的深渊"[180 页]。

因此这时当然可以认为"……名称哲学是整个哲学(甚至不只是哲学的!)的最核心部分和主要部分,并且该论著同样也可以被称作《哲学导论》或《哲学体系概论》。而我要说的不止这些。作为整个意识到存在的最大张力,名称还是理由、力量、目的、创造和功绩,不仅仅是哲学的,还是整个生命的"[181 页]。

在此书中的第一部分(I.《名称的前实物结构》),洛谢夫辩证地、动态地把实体的因素看作是"产物"(比 20 世纪的"生成主义"早 40 年,但是与 1800 年的谢林和黑格尔的"生成主义"相似):"应该用一个范畴解释另一个范畴,这样是为了看出一个范畴是怎样生成另一个范畴的,并且是相互生成的,当然不是自然主义的,而

---

① "实体是:1)居于定义之上的,并且在该意义上是超越存在的一种统一……"[Лосев 1927a,107]。
② 洛谢夫的这一术语可以根据黑格尔的著名术语"观念的外化"来理解。

是形式上的、范畴上的、留存在含义领域之内的"[8页]。这就把他和胡塞尔彻底分开。

为了接下来的叙述能够被理解,应该指出,在洛谢夫看来"只有含义是存在,而'别的东西'都不是存在"[96页];"别的东西"不是存在,是非存在(希腊语的"不存在的东西")或者"用更粗略的语言,不过却更惯常的语言来表达,就是质料"[59页]。

起初只有"含义"存在,除此之外,没有别的任何东西。含义与"别的东西"相对立,"别的东西"是含义的外在化、界限和外形,含义经过不同的层级获得外在化,而不存在的东西,与这些层级相对应,获得意义,并且同时获得存在。这一过程因谢林和黑格尔的著作让我们感到似曾相识,在洛谢夫看来存在的不是别的,正是含义和存在的等级,即实体学说和名称哲学里通常的范畴。

所有这些等级层级,就像在柏拉图那里由统一经理性和灵魂到达宇宙一样,都是语词、名称的不同层级。在第一层级上,是非生命的事物,第二层级上,是有机物的开始、植物,然后是动物。再接下来是"智力的名称",即人类的意识,并且最后是"超智力的名称",即意识者本身。"在开头和末端之间是'正常的—人类的'语词,作为有理性的观念,滋生出其自身的非存在性质,是从整个名称的各个辩证法阶段借用过来的,例如,就像发声的物体,hic et nunc 的意义(这里和现在,——作者注)以及某些心理变化。所有这些阶段或层级,都是含义或实体,以及'别的东西'相互定义的方式"[96页]。

但是也可以静态地、实物性地分析这些层级,将它们看成是名称含义结构中的"沉积"。洛谢夫的这一思想或多或少会让大家想起梅洛—庞蒂体系中的"沉降"(sédimentation)概念(参见 V, 2),并且先于后者。洛谢夫书中的第二部分(《名称的实物结构》)论述该问题。这里分析了五个层级或者形式,"名称形式的实物性":1)格局(试比较现代概念"语词结构"),2)普通概念或词素(试比较语词的词根和词缀),3)狭义上的形式,4)象征,5)神话。这里的形式是语词完整的含义统一体,可就其本身进行分析。象征是含义在形式上的外在化反映。关于神话后面还会专门讲到。

最后引入逻各斯概念,并与形式进行比较。如果形式是含义有生命的客观实在,那么逻各斯就是形式本身的实体,是它的抽象、概念、可罗列特征的总和、结构以及对待实体的方式方法。"形式具有其自身的逻辑,也即辩证法"[124页],而"逻各斯的逻辑"不过就是逻辑而已。

书的最后一部分(《名称和意义》)是关于不同学科的逻各斯和逻辑,诸如美学、语法、词法等等。

在《名称哲学》中还要指出几点,它们(除了已经提到的等级概念)将其与其他哲学体系相联系或相对立。

光的形象是主要例证。一般说来,洛谢夫在《名称哲学》中反对举例说明和各种范例。他强调,体系应该根据其自身就能够被理解[关于这点再比较:Степанов 1981,24]。但是有一个例外,就是光的形象。"把实体想象成光。这时非存在就是黑暗。这是寓于一切有理性的定义深处的基本直觉。这种直觉可以直观地再现前面所讲的具有约束性的非存在和受约束的存在之间的相互关系。存在的所有现象学—辩证法结构必须遵循这种直觉"[60页]。而且用光明和黑暗的不同组合和渐进变化说明含义的不同等级。

大体上应该说,光明与黑暗的关系是"所指"和"能指"关系这一广义上的语言现象、符号学现象的一个最具代表性的例子。在古希腊时期所有关于完美世界的认识都与对视觉、光明和镜子中反映的理解相关[关于这一点详见:Степанов 1971,129—133]。而且就连"反映"这个词本身,以及"反映论"的基础也是关于光对光亮表面的反射这一简单现象的认识。

但是洛谢夫的这一思想更直接地,甚至全文照搬地与尼古拉斯·库萨的"光明金字塔"相关联(其作品俄译本的第一位出版者就是洛谢夫)。"想象一下穿透黑暗的光明金字塔",尼古拉斯·库萨在《论猜想》一文中写道,"穿过黑暗金字塔,进入到光明中,并且把一切可以研究的都归结为这一形象,以便大家借助于图示的引导能够将自己的猜想转向隐含的东西,从而依据范例,你就可以看到宇宙,它归结为下面的图形"[Николай Кузанский 1979,206]。这里给出下面这个图形:两个等腰三角形,彼此相互置放,也即一个三角形的顶点触及到另一个三角形的底边。这样得到的中间部分是一个菱形,在每个三角形内,大约是一半高度的位置,各划一条与底边平行的线。一个三角形象征光明金字塔,其底边上写着"统一";另一个三角形象征黑暗金字塔,其底边上写着"异质性"。在"异质性"上至"统一"的左侧一条边上有三个词,靠近"异质性"的"第一层天",中间的"第二层天"和靠近"统一"的"第三层天"。在右侧一条边上,也是按照这样的顺序,依次是"底层世界"、"中层世界"、"上层世界"。

然后尼古拉斯·库萨继续写道:"请注意,作为统一体,上帝似乎是光明[金字塔]的底边,而黑暗[金字塔]的底边似乎'什么也不是'。所有创造出来的东西,正如我们推测的那样,居于上帝与'什么也不是'的中间。因此,如你清楚地看到的那样,上层世界光芒四射,但并非没有黑暗,尽管黑暗似乎因其单纯而消失在光明中。相反底层世界却充满着黑暗,尽管那里并非一点光也没有。然而这个图形表明,黑暗中的光明与其说是隐含的,不如说是显现的。中层世界对应的是中间属性,所以如果你研究的是次序和空间的间隔,那么就要通过划分继续下去"[出处同上,207页]。

现在应该指出,这一思想当然并非是尼古拉斯·库萨首次提出的,但却是他清楚表达出来的,该思想还具有另外一条发展路线,纯逻辑的(而洛谢夫所继承的路线是"形式的",是关于"形式"与"逻各斯"、"逻辑"的对立,后面将会讲到)。卡尔波夫(1798—1867)在俄罗斯哲学中也介绍过该路线。卡尔波夫在纯逻辑上解释"金字塔"之间的关系,如同概念的"外延"和"内涵"的关系。卡尔波夫在断定某种逻辑规律(概念的外延越大,其内涵就越小)时写道:"要是……我们使外延等于零,那么内涵或者会变成某种不可分的(也即个体——作者注)感觉对象,或者会变成实体,即智力的对象。而在高度抽象时,内涵会变成零,即心里想的东西会成为本体概念"。怎么会出现这种情况,就是在对外延做同一方向的判断时,也即趋于零时,内涵会出现如此不同的变化,在卡尔波夫那里依旧不太清楚,但是看起来,用"物质"扩展和"观念"扩展的不同可以在一定程度上对此做出解释。这里卡尔波夫指出:"由此看出,概念是不断发展的,首先似乎是以金字塔的形式从上到下,因此这是物质的扩展,通过对概念的约束而产生。在抽象的方式下,概念也是这样金字塔般地发展的,从下到上;只有这里才是观念的扩展,即金字塔通过底边向上旋转。在前一种情况下,概念接近于不可分的(个体——作者注),而在后一种情况下接近于本体的存在"[Карпов 1856,97]。

和尼古拉斯·库萨一样,卡尔波夫在此也用了一个由两个交叉三角形构成的金字塔图形。在尼古拉斯·库萨放置"统一"的那个三角形底边,卡尔波夫放上的是"本体概念","内涵=0";在尼古拉斯·库萨放置"异质性"的另一个三角形底边,卡尔波夫放上的是"不可分的(个体)","外延=0"。卡尔波夫是如何理解"本体的",他是这样解释的:本体存在,就是以时空形式呈现的单纯存在,其本身"最后什么也不具有"(也即在抽象的过程中),所有的一切都包含在自身当中,作为纯粹的外延,类似于费希特的"自我"或柏拉图的质料,用柏拉图的话说,就是"反向接受一切事物"。

卡尔波夫的思想,就其思想的实质而言,是纯语义的,后来在维特根斯坦关于句子形式的思想中可以发现句法上的类似思想:句子位于重言式(这与卡尔波夫的"本体概念"类似)和矛盾式(这与卡尔波夫的"不可分的"类似)之间。[关于这一点详见:Степанов 1981,231]。我们认为,在兰波著名的《彩色十四行诗》中"光明金字塔"以诗学形式反映出来(见后面)。

"形相逻辑"和"逻各斯逻辑" 如前所述,洛谢夫认为前者是辩证法,后者不过就是逻辑而已。根据"外延"和"内涵"的概念对它们进行对比。在逻辑中(也即在"逻各斯逻辑"中)起作用的是外延和内涵的反比原则(外延越大,内涵越小,特征的数量就越小,反之亦然)。在形相中这一原则不起作用:"在形相中,我们罗列的'特征'越多,它就变得越复杂,就更多地涵盖自己本身,就有更多的因素可以归入其中……在形相里,对象越普遍,就越个别,因为就有更多不同的特征归入到其中,就更难找到形象。在逻各斯中,对象越普遍,就越形式化、越简单,因此就更不得不从中提取各种各样的要素和'内涵'……这样,从形相的角度来看,'有生命的造物'这一形相比'人'这一形相更丰富,因为在'有生命的造物'这一形相中,除了'人'这一形相,还包括所有其他种类的有生命的东西。'有生命的造物'这一形相的内涵比'人'这一形相的内涵更宽泛,随着'外延'的扩大而扩大……只有在形式逻辑中才涉及到概念的'外延'与其'内涵'的差别;该差别的出现是因为形相是在非存在的形成和理解模式中想象出来的;在形相里直觉上可以想象成实物的含义雕像的东西,在逻辑中则是特征的抽象清单,就是"内涵",而在形相里根本想象不出来的东西,就是绝对不存在的概括,同样的东西在逻各斯中,因其是非存在的形相所理解的形式,所以作为准则起作用,用来限制逻各斯与非存在在该程度范围内相互定义时形相的重要性,并且这就是概念的外延,而且完全可以明白,随着外延的扩大,也即随着形相的非存在性缩小,'内涵'减少,也即非存在因素的数量减少,而外延越小,也即形相陷入的黑暗越多,概念的'内涵'就越丰富,也即非存在所包括的形相的因素就越多。谁能感受到普遍的具体性和个别性,并且在他看来最分散的、最多样化的东西便是抽象的,谁就能明白这一切。在形相主义者看来,'有生命的造物'就是丰富的形相,而'存在'是更活生生的、更丰富、更具体的形相。与此同时在他们看来'人'要抽象得多,'欧洲人'更抽象,'法国人'更更抽象,而'某一时刻生活在巴黎某一处的法国人'是最高的抽象。对于形式逻辑来说,刚好相反"[Лосев 1927a,127—129]。

逻各斯自己不能论证自己,"它只是统一的方法"。它只是根据在形相里看到的东西把含义统一起来。"而形相自己可以论证自己,它是有生命的事物的含义图式和完整图式"[出处同上,131 页]。

否定论 如前所述(I,4),这一概念最初因教父学中所谓的否定神学而产生。但是早在尼古拉斯·库萨那里它就逐渐通过对上帝及其名称的否定定义问题而转入到我们现在所称的语义领域。这条路线也是由洛谢夫发展起来的。洛谢夫的否定论,显然,还与弗·索洛维约夫的某些思想相关。但是我们对其的探究恰恰是在与象征学说相关的语义路线上。"否定论",洛谢夫指出,"必须有实体的象征观为前提"[Лосев 1927,165]。换句话说,就是指实体完全通过语词定义是表达不出来的,以及象征就是在语词中显现实体的最大可能性。

洛谢夫在《名称哲学》里使用其体系中的象征主义和否定神学主义,使其与其他哲学相对立,首先就是不可知论和实证主义。他说:"象征主义就是否定神学主义,而否定神学主义就是象征主义。斩断这两个领域的关系,我们或者得到不可知论,它与声名狼藉的'物自体'一道是人类智力的认知行为无法触及的,因此所有实在的东西都会变成毫无希望的海市蜃楼般的幻像,或者变成人类主观理智的产物,或者得到谬误的实证主义。在他看来,所有现象本身就是实体①,所以不得不把所有生命的流动性及其呈现出来的所有偶然性和扩展性都绝对化和神化。只有象征主义才可以把现象从主观幻觉主义和盲目的物质神化中拯救出来,而在断定其本体上的实在性时,只有否定神学主义才能把显现出来的实体从不可知的否定论中解救出来……实体存在,现象就存在。于是现象就体现实体。但是我们不应该推断尽管实体存在,现象就存在,但是后者不体现实体,也不能就此推断实体存在,但却不存在与之有别的任何现象,或者现象存在,但却不存在与之有别的任何实体。这样象征主义与否定神学主义实质上是一样的"[Лосев 1927a,121—122]。

象征学说在洛谢夫体系里转化成神话学说。这种转化值得注意,因为它不仅仅是洛谢夫哲学所固有的,在某种程度上是整个名称哲学所固有的。这种发展有助于理解,象征主义如何与现代神话联系在一起,特别是,为什么俄国象征主义中的象征与托马斯·曼的神话在诗学框架内相关联,尽管作者具有不同的世界观。

6. 名称诗学:象征主义

6.0 导语:诗歌、诗学,名称的符号学

象征的精神贯穿于整个名称哲学。不仅仅是经院哲学家的象征学说,比如,拉巴努斯·莫鲁斯(公元约780—856)的百科全书,不过,关于这本书有必要说几句。拉巴努斯·莫鲁斯在德国文学中起着很大的作用,并且享有 pracceptor Germaniac(德国大师)之称。他的百科全书,通常被简称为《De universo》(《论世界》),在其完整标题《De rerum naturis et verborum proprictatibus et de mystica rerum significatione》(《论事物的本性、语词的属性和事物的神秘意义》)中实质上就包含了整个认知程序。这个冗长的解释性标题以及作品的构思本身,似乎就是德国中世纪象征主义和后期浪漫主义的预兆。百科全书中包括作者知道的所有事物的名称,从马具、炉盆到最高层次的精神等级。"事物的本性"不是别的,正是事物名称的意义,并且为了了解事物的本质,只要知道名称的词源就够了。鉴于此,如果知道存在的名称,就无须专门证实其存在。或许,这就是后来罗素的"限定摹状词"问题的最初雏形。拉巴努斯·莫鲁斯认为,事物的名称可能是矛盾的,但是其后面的本质是明确和肯定的,因此科学家的任务就是能够指明一条由名称通向本质的道路。

---

① 实际上,我们在罗素那里就发现了,他取消了"сущность"作为 substantia 的用法,而是略微宽容地对待"сущность"作为 essentia 的用法,更为宽容地对待"сущность"作为 ens(entity)的用法;逻辑实证主义的代表们也都反对前两种用法,而承认后者是单称词项(singular terms)的所指。

例如,"狮子"一词,一方面可以表示恶魔,另一方面也可以表示耶稣基督,因此更重要的是能够正确地释义。

不仅仅在这种纯粹的"词库"中,而且在所有经院哲学的学说中,至少在所有那些承认"实体"范畴及其等级的学说中,教授从可见的世界上升至其实体,充满着象征概念(当然,只有极端唯名论学说是例外,例如奥卡姆的学说;这条路线后来产生了语言的独立存在价值思想,以及"句法诗学"、"谓词诗学",特别是俄国形式主义)。

承认象征化的哲学学说对于其象征的美学欣赏并不陌生。爱留根纳(公元约810—约877)写道:"可见的形式,或者是在本性中用来沉思的,或者是在圣经的圣礼当中用来沉思的,并不是为了它们自己而创造出来的……但却是不可见之美的形象",它们"为理性打开了可理解事物的纯粹形式"[参见:Трахтенберг 1957,42]。象征学说在洛谢夫的《名称哲学》里合情合理地发展起来。

符合名称哲学的艺术,无论是中世纪的,还是当代的,其目的都是探求隐藏在现象的可见形式背后的本质,可以称之为"名称诗学"。这是"语义诗学",根据定义,语义包含在语言符号及其所指的外部世界对象的关系之中。这是"语义诗学",已经到达极限,甚至望向界限之外,如果可以这样表达的话,因为"名称诗人"竭力从语词走向事物,似乎这样完结语义的定义之后,可以继续走下去,并且透过事物洞察到本质。就像著名童话中的布拉基诺一样,他们冒险刺穿油画底布,试图看一看显现出来的世界图式的另一面。

诗歌就是实践,就是创作本身。诗学是学说、教义、理论,但却是诗人自己理解其创作意义的理论。诗学符号学是学者的理论。可以把诗学和符号学(艺术)看作是两个抽象层次,其中符号学是更大的抽象。但无论诗学,还是符号学,都是在诗歌之后、在实践之后。艺术先于艺术理论。

"名称诗歌"、象征主义,在各个时代的发展程度并不相同,但其诗学只是在某一特定的艺术流派内才被意识到,这就是 1880—1900 年法国的象征主义,以及十年后俄国的象征主义。"对,我知道,我们不是发明了象征",法国的象征主义者亨利·德·兰尼埃(《调查表的回复》,1891 年)写道,"但迄今为止象征只是本能地出现在艺术家的艺术作品中,绝不依赖于某种事先想好的原则,只是因为艺术家感到真正的艺术离不开象征。当代的发展变化完全是另外一个样子,它把象征作为艺术的基本条件,想要把其他一切在我们看来被称作偶然性呈现(les contingences)的东西都驱逐出去,这些东西就是偶然的环境特征、时代、个别事件"(H. de Régnier, Réponse à une enquete [引自版本:Michaud 1969, 747])。现在应该采用"名称哲学"最发达的形式,即象征主义诗学,并且根据这一"巅峰"对其可能性和基本特点做出评判。

"名称诗人",可以这样称呼他们,或象征主义者,他们这样自称,他们是法国的马拉美、莫雷亚斯、莫里斯、巴茹、基亚尔、梅里尔、基尔、兰尼埃、杜雅赫丹、卡恩、格利凡等等;比利时的莫高、罗登巴赫、梅特林克、凡尔哈伦,俄国的维·伊万诺夫、勃洛克、勃留索夫、别雷、梅列日科夫斯基、弗·谢·索洛维约夫、巴尔蒙特等等;以及其他国家的一些诗人,往往是著名的诗人。

象征主义的理论家、"诗学家"要少一些,法国有马拉美、莫雷亚斯以及其他一些人;俄国有勃洛克、勃留索夫、伊万诺夫。

象征主义的符号学家只有一人,就是安德烈·别雷(《象征主义》,1910;《语词的诗歌》,1922)。别雷从象征主义诗歌(实践)及其诗学出发,尝试做出进一步的概括,创建艺术的一般理论(符号学)(别雷没有使用"符号学"一词)。别雷符号学的基础是语义,这完全符合象征主义的实践。这是在一个维度上建立艺术理论的尝试,是艺术语义学理论的尝试。

同样如此,俄国形式主义符号学的基础是句法,符合另一种艺术实践,主要是未来主义和先锋主义的实践。这也是在一个维度上建立艺术理论的尝试,即艺术句法学理论的尝试。此外,也同样如此,1960—1970年代法国符号学论著的基础是语用这个维度,符合新的艺术实践。这是艺术语用学理论的尝试。

没有一个尝试是完全成功的。但它们都是互补的。它们的综合,即新的艺术符号学理论的尝试是否能够成功呢?这个问题仍然悬而未决。但是看来,这里在理论的综合之前应该先进行新的艺术实践。

除了"象征主义的参与者"以外,还有"象征主义的观察者",即研究者,往往是一些重要论著的作者。一开始就有必要提及其中的一位,奇·米修,他于1969年发表了(写于1947年)一部非常好的文献性著作《象征主义的诗学财富》[Michaud 1969]。此书的第二部分由文本汇编构成,是象征主义者的理论观点或者介绍一些离开该汇编则难以走近的象征主义者。下面我们把这部著作当作来源,但是加上我们自己的解释[接下来全部引自:Michaud 1969]。

象征主义作为艺术的一部分是永恒的(德·兰尼埃正确地指出这一点)。但是象征主义作为一个流派在历史上是有局限性的,甚至是难以长久的。它作为对其他流派的反应而产生,这些流派在历史上同样也是有局限性的,它们就是艺术里的自然主义和哲学里的实证主义。"象征主义者",勃留索夫写道,"坚决反对把艺术当作是生活的简单反映的创作方法(自然主义——作者注),他们坚持认为,在表面具体内容背后的真正艺术创作中总是应当隐藏着一些别的更为深刻的东西。他们把自身隐藏着一系列意义的艺术符号放在特定表达某种现象的艺术形象的位置上"[Брюсов, 1913, т. 21, с. 227—228]。象征主义者试图为自己的艺术观找出新的哲学基础,用于这一基础的有与实证主义敌对的1890—1900年代的哲学流派,有时还有神智学。

如大家所料,这种基础是不牢固的,而且整个象征主义就是转瞬即逝的。或许,这是因为任何一种一维的艺术语言都不可能是稳定的。早在1890年代末,在马拉美去世后,法国的象征主义就坍塌了,而在1910年后,俄国的象征主义也瓦解了。1913年,勃洛克(《日记》,2月10日)写道:"再也没有什么其他象征主义了,只有一个象征主义,我为自己的评判负责"[Блок 1963,т. 7,с. 216]。

分析象征主义者关于诗学语言的学说,必须指出其内部的不相容性。据赫拉普琴科的精确观察,象征主义者的狭隘和教条主义恰好体现在自身艺术的"符号属性"方面。埃利斯这位象征主义者早在1910年(在《俄国的象征主义者》一书中)就写道,创作的灵魂,"最终摆脱了感觉到的现象和经验领域,一定会因为无法用其他人可以理解的语言来表达自己的顿悟和启发而遭受巨大的痛苦折磨,因为离开形式,任何一种艺术创作都难以想象,而离开感觉到的质料,形式又难以想象。在这种情况下就会出现魔鬼般的诱惑,即教条般地阐述,也即约定地、晦涩地、武断地记录他们的感受及其内心经验。于是象征主义就变成了积极宗教的教条,成为宗派主义,成为约定地综合在一起的毫无任何自由价值、艺术价值、甚至创作价值的教义问答手册,同时用死沉沉的语言郑重其事地,或是说的过多、或是说的过少、或是说个不停、或是什么也没说"[208页]。赫拉普琴科引用此处后指出,在象征主义中这些创作的符号处理矛盾不仅仅囿于形而上的启示领域,"它们还遍及到那些把生活变成童话和传说的领域,它们在象征主义者的创作中广泛存在"[Храпченко 1982,276]。

接下来我们的目的是要在此暂时重建中间环节、象征主义诗学,以其为中心向两侧划出一些虚线,指向语言的符号学问题,特别是名称哲学问题以及象征主义诗歌。我们在符号学的这个方向也将作短暂停留。在许多直接引语中我们想要尽可能地避开中间人,以便听得到"象征主义参与者"的声音。

6.1 作为艺术对象的"本质":象征

和"名称哲学家"一样,在诗人看来,世界由本质和现象构成,即由可观察到的现象和隐藏在其后面的本质构成。按照拉马丁的恰当表达:人类就是编织历史画布的织布工,但是只能从反面看到画布,终于有一天,织布工翻开画布的正面,在他面前展现出一幅恢弘完整的画卷,而这是他数百年来用自己的双手创造的,在此期间只看到乱七八糟的线头和断断续续的针脚。

本质世界是很美的,在这里美、和谐和规律主宰着一切。年轻的安德烈·纪德(在那些接近于象征主义的年代)在《纳蕤思解说》(1891)中将其作为乐园来展现这个世界:"乐园并不大;完整的,每一个形体都仅仅在那里开花一次;一处花园把它们完全包含了。——它当真有过吗,还是不会有过,于我们有什么关系?可是它一定是这样的,如果它确曾有过。那里的一切都在一度必要的开花里结晶,一切该怎样就完全怎样。——一切都不动。(这大概就是乐园让人不敢接近的特点—作者注)因为什么都不企望更好。单剩平静的引力缓缓地执司全体的运行。因为在'已往'和'未来'中,没有一个飞跃是会停止的,乐园并非变成,——只是终古长存。

纯洁的伊甸园!'观念'的花园!那里种种有韵律的、确实的形体,毫不费力地显示它们的数;那里每件东西看起来怎样就是怎样;那里'证明'毫无用处。"(在这里我们注意到纪德惊人的直觉:在某种"可能世界"的状态中,例如在我们的语言—1 模式中,任何一个句子都是分析判断,其真值是自明的,无须证明的,任何一个事物都是它在现象中的那样,其本质在现象中完整地表现出来。这里的"数",当然是在毕达哥拉斯所指的意义上,即事物的本质,洛谢夫也持这样的观点—作者注)

……诗人就是能看到这一切的人。那么他能看见什么?乐园。因为乐园无处不在,不要相信表象。表象是不完美的,它们只是含混不清地说出隐藏在其后面的真理。诗人应该听到半句话就能明白,然后说出来。那么难道科学家做的是另外一种工作吗?不是。他也可以发现事物的范型及其变化规律。他重建世界,一个极其简单的世界,在那里一切事物都是有规律地相互联系的"[Gide 1912,13—18]。

纪德笔下出现了纳蕤思这一主题,纳蕤思沉思着水中的倒影,却看不到自己的本来面目,该主题受到维·伊万诺夫的称赞。他将自己的一首诗命名为《美的游牧者》(1904),这个表达式就出自于纪德的论著,而题词则是摘自季诺维耶娃—安尼巴尔未完成的小说《你们,艺术家——美的游牧者》中的句子。伊万诺夫鼓励艺术家相信现象和表象,但恰恰是将其作为象征来相信:

О, верьте далей чуду	Художники, пасите
И сказке всех завес,	Грез ваших табуны;
Всех весен изумруду,	Минуя, всколосите—
Всей широте небес.	И киньте—целины!

哦,相信远方的奇妙吧!	艺术家们,放牧
还有每个幄帐下的故事,	你们那马群般的梦想吧!
每年春天的绿宝石,	每过一处,便开垦一块处女地,
以及广袤无际的天空。	再弃之而去!

在那些年代的俄国诗歌中,用《美的游牧者》革新艺术的主题与革新生活的主题和亚洲、匈奴人、锡西厄人、游牧部落的崛起这样的主题融合在一起。游牧人就

是客观实在。伊万诺夫继续写下去,然后这样结束自己的诗歌:

И с вашего раздолья
Низриньтесь вихрем орд
На нивы подневолья,
Где раб упрягом горд.

Топчиих рай, Аттила,
И новью пустоты
Взойдут твои светила,
Твоих степей цветы!

于是因游牧部落的剧变
你们从自由自在的生活
落入到备受奴役的田地,
在那里奴隶因枷锁而骄傲。

阿提拉,践踏他们的乐园吧!
于是在空旷的处女地上
升起你们的太阳,
在你们那盛开鲜花的草地上。

勃留索夫反过来把我们标记出来的诗行作为诗歌《未来的匈奴人》(1904—1905)的题词,在这首诗歌中,在1905年的革命形势下,勃留索夫的主题"锡西厄人"也已渐露苗头。在韦·赫列勃尼科夫的革命后诗歌中也用复兴后的亚洲主题唱响同样的旋律。游牧人成为双重象征:既是艺术中,也是生活中的破坏者和革新者。

但是整个象征的属性即是如此,其他象征主义者也是这样理解的[试比较:Долгополов 1980,506]。在同一篇《纳蕤思解说》中纪德写道:"科学家通过缓慢而胆怯的感应,借助数不胜数的例子来探求这些最初的形体,然后停留在现象中的客观实在上,并且努力去深信不疑,不准自己胡乱猜测。而诗人,知道自己在每一个事物后面创造和识破了象征,因而在他看来,一个例子就足够了,他知道现象中的客观实在只是发现幕后真相的理由而已"。"现在清楚了",纪德总结道,"我所谓的象征就是现象中的客观实在"。

这一基本论点早在几年前莫雷亚斯编著的象征主义的《文学宣言》中就已阐述过(1886;而他想必是第一位在新的意义上使用"象征主义"这一术语的):"对各种训诫、声明、虚假的敏感性和客观描写持敌对态度,象征主义诗歌力求以感觉到的形式来呈现观念。然而后者并不是目的本身,而是显现观念的手段,某种真正的东西……象征主义艺术的重要特点是,它永远也不会达到'观念内化'的凝结程度。在这种艺术中,大自然的景象、人们的行为、一切具体事物、事件的表达不是为了其自身,而是把它们当作我们的感觉可感知到的现象,并且用来指明它们与初始观念之间神秘而深奥的联系"[引自:Ecrits sur l'art… 1981,332]。

当然,如此理解的艺术,主要是在语义这一维度上想象的,没有句法,也没有"我"的要素,首先就是认识。或许,它缺乏自身的美、语词的美,然而作为认识,首先是对本质和观念的认识,象征主义艺术不能表达偶然性,它的对象是必然性。艺术不谈论偶然性。

凡尔哈伦在其著名的定义(《Le Symbolisme》,1887年)中就警告当代象征主义有和多神教的象征主义混合的可能:"希腊象征主义是从抽象到具体,当代象征主义与之不同,是从具体到抽象。我们认为,其高深现代的理由就在于此。从前,朱庇特体现在地位上,象征统治;维纳斯象征爱情;赫拉克勒斯象征力量;密涅瓦象征智慧,那么现在呢?我们从可看见、可听到、可感觉到、可触摸到、可闻到的事物出发,通过观念从中得到对本质的暗示。诗人望着巴黎,夜间光影斑驳,到处散布着光亮的小点,无边无际,还有大片大片的阴影和空隙。如果他直接转述这种景象,就像左拉所做的那样,也就是描写街道、广场、纪念碑、一排排的煤气灯、一片漆黑的海洋,在一动不动的星空下却暗涛汹涌,那么或许这会造成一种非常艺术的印象,但却没有什么比它更远离象征主义了。而如果相反,诗人间接地在想象中唤起这座城市的景象,说'这是一个很长的代数,已经找不到它的解法了',那么这就是一个毫无修饰的句子,本身不带有任何描写以及事实的罗列,再现了一个庞大的,既明亮又漆黑的巴黎"[Michaud 1969,753]。

这里应该说一下,在《简明文学百科辞典》中(M.,1971,т.6,с.833,"象征主义"词条)就是这样引用凡尔哈伦的定义,结果"没有解法的代数"似乎成为任何一个象征固定不变的定义,由此可以得出结论,象征主义者似乎宣告了世界的不可知性。同时凡尔哈伦继续写道:"这样,象征总是通过让人想象的暗示净化成观念。它是感觉和知觉的升华。它什么也不证明,它生成意识状态,它摧毁*一切偶然*(斜体是我们加上去的——作者注)(il ruine toute contigence),它是尽可能最崇高的、最纯洁的艺术表现"[Michaud 1969,753]。

可以说,象征主义美学中的非偶然性概念与美学中典型的实在论概念类似。

象征主义艺术与偶然性相对立的观点在勃洛克那里可以多次见到。这样,在长诗《报应》(1910—1920)的引子中写道:

Жизнь—без начала и конца.

Нас всех подстерегает случай.

Над нами—сумрак неминучий,

Или ясность божьего лица.

Но ты, художник, твердо веруй

В начала и концы. Ты знай,

Где стерегут нас ад и рай.

Тебе дано бесстрастной мерой

Измерить все, что видишь ты.

Твой взгляд - да будет твёрд и ясен.
Сотри случайные черты—
И ты увидишь: мир прекрасен.

生活——无始无终
偶然事件紧盯着我们。
我们头上是无可躲避的幽暗，
抑或是上帝面容的明亮。
但是你，艺术家，坚定地相信
始和终。你要知道
地狱和天堂在哪里注视着我们。
你被赋予冷静的尺度
来评判你所见到的一切。
你的观点——会变得坚定而明确。
拭去偶然的线条——
于是你就会看到：世界如此美好。

偶然性统治着现象世界，因此世俗的眼睛只能看见偶然性。但是作者的目光穿透到本质世界，而那里没有偶然性，那里处处是规律与和谐。

马拉美在其创作的蓬勃发展时期同意这种观点，并且那时在他看来，作诗正是战胜现象的过程：le hasard vaincu mot par mot——"击败一个又一个语词的偶然性"("Le Mystère dans les Lettres")。但是马上就到了其创作的衰退期，由于对新诗的可能性倍感失望，马拉美的想法变了：诗人所能做的最好就是沉默！因此在他逝世的前一年所写的最后一篇长诗(1897)中，标题上表现出一种相反的看法："Un coup de dés jamais n'abolira le hasárd"——"不管掷骰子有多么的走运，也永远不可避免会发生偶然"。这一标题建立在法语表达式 un coup de dés 的双重含义上：1)掷骰子的动作；2)成功，走运，好运。而这个双关语正好表达了马拉美最后的、非象征主义观点的实质：就连成功也已不是规律，只不过是运气好而已。

6.2 现象名称和本质名称

探求名称或拒绝命名是勃洛克的一个主题：

Без слова мысль, волненье без названия,
Какой ты шлёшь мне знак,
Вдруг взбороздив мгновенной молньей знанья
Глухой декабрьский мрак?

....

Что б ни было, всю ложь, всю мудрость века,
Душа, забудь, оставь...
Снам бытия ты предпочла от века
Несбыточную явь...

Чтобы сквозь сны бытийственных мечтаний,
Сбивающих с пути,
Со знаньем несказанных очертаний,
Как с факелом, пройти

Декабрь 1911

如果思想不用语词,不安难以名状,
你向我发出什么样的信号,
突然,难道不是知识的瞬间之光
划过沉闷黑暗的十二月吗?
....
不管怎样,心灵,把多年来所有的谎言,所有的智慧,
都忘掉吧,丢下吧……
多年来你认为无法实现的现实
也比存在之梦要好……

为了穿越
走入歧途的存在之梦
和无法用言语描绘的知识,
就像拿着火把走路一样。

1911 年 12 月

　　现象、事件、事物这些"存在之梦"可以用俄语(或者法语、英语、任何一种语言)语词命名。但是"现实",即使是"无法实现的",这些实体用另一种方式命名。或者根本就不命名。诗人知道它们的存在,但却不认识它们,根据它们选择自己的道路,就像按照星星的指引前行一样,"拿着火把"或者"在某人泛着天蓝色光芒、晶莹闪烁的眼神下",但是它们始终是"无法用言语描绘的知识"。而如果诗人坚持不懈地探求它们的名称,就像勃洛克在自己的世界里那样,那么这就成为其诗歌的

宿命。

在俄国,这一主题是"前象征主义者"弗拉基米尔·索洛维约夫"预先指定的"。正如勃洛克所称,"严格来说是我的导师",听起来是这样的:

> Лишь забудешься днем, иль проснешься в полночи,
> Кто-то здесь. Мы вдвоем,
> Прямо в душу глядят лучезарные очи
> Темной ночью и днем.
> Тает лед, утихают сердечные вьюги,
> Расцветают цветы.
> *Только Имя одно Лучезарной Подруги*
> *Угадаешь ли ты?*

> 但愿白天你就忘却,半夜醒来,
> 有人在这里,我们两个人,
> 无论黑夜,还是白昼
> 闪闪发光的双眸直接就看到心灵深处。
> 冰雪消融,内心的暴风雪也已平息,
> 鲜花盛开。
> 只有一个光芒四射的女友的名字,
> 你猜到了吗?

(为勃洛克引用并标记出来)[Блок 1962, т.5, 427]。在勃洛克的三卷本出版以后(《Мусагет》出版,1912 年),安德烈·别雷第一个猜透其创作之路,并用简明扼要的说法加以概括:名称和途径。

"十年",别雷写道,"慢慢显示出勃洛克诗歌左右摇摆的真正中心。光明与黑暗的迸发,处女座和假面融入到第三面孔⋯⋯这一面孔就是俄国的面孔"。但是勃洛克只是在第三卷中才得以发现这一名称——"名称的罩布被揭开,这个名称就是——俄罗斯"[Белый 1922, 108, 121]。其实勃洛克所有的创作就是一条通往这个名称的大路,通过左右摇摆,用自己越来越强有力的摆幅一会儿指向这一本质,一会儿又指向另一本质,并且往往是彼此对立的本质。

但是不仅仅在勃洛克那里,而且在更简单的情形下,在一般的象征主义者那里,诗人是如何命名自己预见到的本质呢?

我们认为,在这里象征主义者有两种倾向。一种是语词的语义分离,但不破坏句法联系。个别语词的语义,特别是对于该诗歌而言的重要语词,被孤立起来,并且深化成超感觉的本质,但是语词在上下文中的联系,其句法都保持不动,甚至被保护起来。俄国象征主义者的这种倾向,特别是在维·伊万诺夫那里鲜明地表现出来。

安德烈·别雷指出:"维亚切斯拉夫·伊万诺夫的景物描写是透明结晶和不透明结晶组成的镶嵌图案,在上面我们会看到切割、清障,结晶石的棱面泛着清幽的光"[Белый 1922,25]。其他一些研究者延续这一想法,指出维·伊万诺夫的物质世界与"徽标"相似,每一个事物都用粗线条勾勒出轮廓,不和其他事物连在一起。而且还精辟地指出,伊万诺夫诗歌文本的特点正是与此相关,即"用仿古的方式、用庄严的文体把酒神巴克斯的诗行、斯拉夫词语、鲜为人知的神话形象以及作者自己发明的、复杂的形容词,既和作为口语语体的要素,又和极其优雅的诗歌形式融合在一起"[Толмачев 1994,6]。当然,这种不相容的"能指"系统和同样不相容的"所指"系统,即事物形象的系统,是和谐的。对于他,典型的是这样的:

Сумеречно слепнут
Луг, и лес, и нива;
Облачные дива
Неба паутины,
И затоны—тины
Полны светорунной.
Накренились горы
К голубым расколам.
Мгла владеет долом,

Лунной силой крепнут.
Крепнут силой лунной
В небе реют взоры.
Крыльев лебединых
Взмахом Греза реет
Там, где вечереет
На летучих льдинах...
《Небо живет》

(黄昏般地越来越黑
草原、森林和天地;
云雾缭绕的奇景
因月亮的力量而加强

因月亮的力量而加强
蜘蛛网般的天空,
还有水湾和池塘
都洋溢着闪亮之光。

山峦倾向
蓝色的裂沟。
黑暗笼罩着山谷,
天空中目光缓缓移动着。

梦想翱翔,
挥动着天鹅般的翅膀,
在天色渐暗之处,
在浮冰之上。

《天空在生存》)

或者,例如这样的:

Я вспрянул, наг, с подушек пира,
Наг, обошел пределы мира
И слышал—стон, и видел—кровь.

Из 《Кормчих звезд》

(我挺直身体,从盛宴的座椅上站起来,
站起来,绕着世界走了一圈
我听到——呻吟,我看到——血迹。

选自《星辰舵手》)

　　在《星辰舵手》中,正如别雷所言,伊万诺夫是一位名词诗人,其中名词的数量比动词的数量高出十倍之多。后来伊万诺夫发展了所有谓词都具有动词性的学说,他的注意力也因此从名词转移到动词上来。别雷继续说道:"我们存在于惊人的舞台之上,因动词的出场而在场……因为其河床狭窄就是为了淹没'名词'大陆。在这里动词起作用。玫瑰花'呼吸着';针叶树林'喃喃低语';春天编织着'微笑之网'等等"[Белый 1922, 43]。但是最终,经过谓词的发展变化,他"从以动态变化为本走向静止的真理之光(宗教的'Res',本体论的教条)……景物的色彩正是在这里愈来愈弱,然后陷入在黑暗中"[同上,49页]。伊万诺夫依旧是"名词诗人"。

　　由此得出伊万诺夫诗歌的特点:第一,超格局的重音丰富;第二,语词的边界有大量的辅音;第三,单音节词出现在重要位置,试比较所提到的站起来、呻吟、血迹。所有这些特点彼此关联,因此它们一起做出某种概括总结。

　　"超格局的"重音也可以换个说法来解释,即诗步末尾与词尾相重合的倾向[关于整个俄语诗歌中的这一倾向,参见:Jakobson 1979]。为什么这一说法是更具概括性的呢?因为这里不仅指诗歌的"格局构建",而且指实际说话与诗歌语言的关系,在实际说话中韵律与词和词组的末尾相关联,在诗歌中韵律还与诗步和诗行相关联。这一表述说的是实际讲话转变成诗歌语言的方式。因此在这种情况下就可以说,伊万诺夫诗歌的韵律倾向可以归结为三个语义特点:1)短词丰富,更常用的是根词,有时只是单音节词,如前所述,伊万诺夫认为语词语义上的自我价值就体现在这里;2)根词表达存在的深层本质,这一观念接近于未来主义者后来的论纲(参见 IV, 5);3)追求诗歌的仿古化。我们讲一下最后一点。

　　伊万诺夫的抑扬格诗歌听上去往往和18世纪末19世纪初的诗歌没什么分别。试比较:

　　伊万诺夫:

Но к праху прах был щедр и добр
　　　　　　Из 《Кормчих звезд》

（但是尘埃对尘埃既慷慨又善良
　　　　　　选自《星辰舵手》）

Алексей Мерзляков（阿列克谢·梅尔兹里亚科夫,1778—1830）：
Куда бежать, тоску девать?
Пойду к лесам, тоску губить,
Пойду к рекам, печаль топить,
Пойду в поля, тоску терять.
　　　　《Ах, дéвица-красавица》

（往哪里逃啊,怎么摆脱忧思啊?
　为了摧毁苦闷,我去森林,
　为了淹死悲伤,我去河边,
　为了减轻忧思,我去田野。
　　　　《啊,美丽的姑娘!》,1806)

　　伊万诺夫的仿古般近似于18世纪的诗歌并没有让听众感到惊讶,只是因为在伊万诺夫那里三音节的词出现的频率很高,而这不是18世纪末19世纪初诗歌的特点,但是在他那里,这些词同样具有诗步末尾与词尾相重合的倾向。
　　象征主义诗歌的第二个倾向与刚刚分析过的几乎正相反。但是,和前一种倾向一样,最终也与语义相关联。这里应该再次强调,"名称的探求"作为象征主义者的主题只是为了追求本质,而绝对不是为了准确命名具体的东西,即事物、现象和事实。相反,在该意义上,即"事物"的意义上,象征主义者往往否认名称—语词,因此,象征主义的第二条路线,或许是最主要的,就是另外一种非伊万诺夫的路线。"诗人,诗界中的人",马拉美写道,"把事物整个拿起来展现。因而事物也就不再神秘。他们剥夺了读者心灵上最大的愉悦,即相信他们创造的东西。命名事物意味着在四分之三的程度上使来自于诗歌的愉悦遭到破坏,因为这种愉悦就在一步一步的揣测和琢磨的幸福中。启发(suggérer),这才是夙愿和目的所在。象征让这种神秘得以充分利用,也即一点一点地在想象中唤起事物,以便展现内心状态,或者相反,指涉事物,然后对其解码,释放出必要的精神状态"(对问卷的回复[Michaud 1969,774])。

象征主义者用这种方式获得对命名的全新理解,也即在整篇诗歌、长诗中提到事物或现象的个别名称时,整篇文本仿佛成为一个新的命名、对本质的命名。"外部世界的形象与某种语言的语词相似。单独来看,不知道它们指涉什么。它们只具有某种潜在的意义。但是只要它们和谐地连成句子,那么其中每一个都是有目的性的,倘若可以这样说,而它们一起所构成的整体就表达某个完整的含义。艺术作品好像是一个句子,语词就是它的形式。观念由这些协调一致的形式自然地产生。这些观点与斯特芳·马拉美关于诗行的说法——几个词构成的诗行创造出一个词——具有极具诱惑力的相似之处。这样,所有的诗歌都是一个句子,而诗行不过是这个句子中的语词而已"(A. Mockel, Propos de literature1984 [Michaud 1969,752])。

象征主义者在此指出的这一点,当然,与蒂尼亚诺夫的"诗行的统一和紧凑"这个术语是一个意思,(现在)这是诗歌语言理论的一般概念。

大体说来,第二种倾向主要是法国象征主义的路子,与俄国不同。而这条路线最开始是由"第一位象征主义者"或"前象征主义者"阿蒂尔·兰波(1854—1891)规定的(这是文艺学家研究的问题)。和维·伊万诺夫一样,兰波采用"自在语义"的原则,但是与伊万诺夫不同,他还触及到句法。他把自己的这种方法称为"让语词获得自由"("les mots mis en liberté")。

在《彩画集》和《最后的诗歌》(1872—1873)中——兰波的创作就此终止——如大家所料,他拒斥句法上组织好的语词,因而也就否认它在句子中的逻辑联系(这也就意味着"让语词获得自由")。然而语词的魔力却增加了。但是,否认逻辑联系意味着什么呢? 这值得详细研究。

试比较《彩画集》中一处的不同译本(《童年》Ⅱ):

"Это она, за розовыми кустами, маленькая покойница. —Молодая умершая мать спускается тихо с крыльца. —Коляска кузена скрипит по песку. —Младший брат (он в Индии!) здесь, напротив заката, на гвоздичной лужайке. Старики, которых похоронили у земляного вала в левкоях"(她在那儿,玫瑰花丛后面的那个死去的小女孩儿。——年轻的死去的母亲从凉台上走下来。——表弟的童车在沙地上吱吱作响。——弟弟(他在印度),在这里,在落日余晖的对面,在盛开着康乃馨的草地上。安葬在那片紫罗兰盛开的土丘旁的老人们)(库季诺娃[М. П. Кудинова]译,[Рембо 1982,111])。的确像胡言乱语。第二篇译文几乎也是这种印象:

"Это она, мертвая девочка в розовых кустах. —Недавно скончавшаяся молодая мать спускается по перрону. —Коляска двоюродного брата скрипит на песке. —Младший брат (он в Индии!) там, при закате, на лугу, среди гвоздик.

—Старики лежат навытяжку, погребенные у вала с левкоями"[她在那儿,那个死去的小女孩儿在玫瑰花丛后面。——不久前死去的年轻的母亲从凉台上走下来。——表弟的童车在沙地上吱吱作响。——弟弟(他在印度),在那里,在落日的余晖中,在那片草地上,在盛开的康乃馨中。——安葬在那片紫罗兰盛开的土丘旁的老人们伸直腿地躺着](巴拉绍夫[Н. И. Балашов]译,[同上,275 页])。

但仍觉得,兰波不会像看上去的那么含糊不清。在这里他自己给出了线索,就是括号里的东西,是针对另一个时间层面:"……弟弟(他在印度!)"。这时:

"她在那儿,玫瑰花丛后面的那个小女孩儿(死去的)——年轻的母亲(死者)从凉台上走下来。——表弟的童车在沙地上吱吱作响。——弟弟(他在印度)站在远处落日的余晖下,就在那片草地上盛开的康乃馨中。——爷爷和奶奶(他们挺直地躺着,就安葬在那片紫罗兰盛开的土丘旁)。

将军房子的周围是成片成片的金黄色叶子……"[我们的译文,下面是原文,便于比较:C'est elle, la petite morte, derrière les rosiers. —La jeune maman trépassée descend le perron. —La calèche du cousin crie sur le sable. —Le petit frére—(il est aux Indes!) là, devant le couchant, sur le pré d'oeillets. —Les vieux qu'on a enterrés tout droite dans le rempart aux giroflées. L'essaim des feuilles d'or entoure la maison du général]。

在我们面前,是铭刻在小男孩记忆中的童年的一个时刻,小男孩是从一个点来观察整幅画面。因此在他看来——小女孩儿在玫瑰花丛后面,弟弟在远处,并且可以看见他的身影隐没在落日的余晖下,妈妈从凉台上走下来,表弟骑着童车,这时爷爷和奶奶,看起来驼着背。而这一切的上面叠加着第二个时间层面,因为他知道这些人现在,在写作时刻,是什么样子:小女孩儿死了,年轻的妈妈过世了,弟弟在印度,爷爷和奶奶蹬腿了(进棺材了),就葬在那片紫罗兰盛开的土丘旁……一切都很清楚。特点只是在于定义,即实体的特征是针对不同时刻,却都被放在一起,不做表面的、句法的划分,而是连续的。

后来新兴的两种语言哲学就在研究可能世界的这一特点(参见 IV,5 和 VI,4)。但是在"语词的自在"中,吸引兰波和其他象征主义者的是另外一种东西,即语义的自在和韵律的自在。

但是这样一来兰波的方法到底是不是与实在论相对立呢?并不觉得。因为现在我们知道尤里·奥列沙的隐喻也是两种处在不同时间的形象的叠加:他把塞富林当作是已死之人,饱受酒精和无法宣泄的激情的折磨,然而在棺材中他看到她是一个小女孩的样子,摔了一跤,仰面躺在花丛中(《Ни дня без строчки》. М.: Сов. Россия, 1965, с. 282)。

6.3 韵律

象征主义者把韵律看成是某种具体的东西,是生命的脉搏,是诗歌与客观现实的联系。勃洛克在 1919 年写道:"我想,世界在为前所未闻的事件做着准备,努力地,按部就班地发展自己的物质实力、政治实力和军事实力,抑扬格就是这一时刻韵律的最简单表达。或许,因此才让许久以来一直被抑扬格鞭策着满世界奔跑的我得以坚持更长的时间"(长诗《报应》的序言),勃洛克有名的一组诗叫做《抑扬格》,用抑扬格描绘"锡西厄人"和许多其他的、最有活力的东西;抑扬格强大的射流激起《十二个》的创作。

但是在此不得不插几句题外话,在目前关于象征主义的认识中(主要是消极的),对韵律说的理解是抽象的,韵律与诗歌的"音乐性"这一含混不清的概念相联系,音乐性和整个音乐相联系,而整个音乐又与哲学家叔本华的音乐学说相联系。这一切形成了令人沮丧的回溯。

研究它的几个理由是:有关韵律的象征主义认识起初产生于这样一个时代(1860—70 年代),当时诗歌的音乐性,确切地说,在浪漫主义音乐的精神下被理解成某种"优美的"、"悦耳的"、"神秘的"、"忧郁的"东西。人们反驳说,这就已经不少了。是的,但在象征主义者看来这还远不是全部。实际上,魏尔伦的长诗《诗的艺术》(写于 1874 年,发表于 1882 年)首先说的就是这种音乐性:

De la musique avant toute chose
....

De la musique encore et toujours !
Que ton vers soit la chose envolée
Qu'on sent qui fuit d'une ame en allée
Vers d'autres cieux à d'autres amours···

О, музыки всегда и снова!
Стихи крылатые твои
Пусть ищут за чертой земного
Иных небес, иной любви.

(勃留索夫 译)

Музыки прежде всего
....

Музыки еще и всегда!
Пусть твой стих станет летящим предметом,
Пусть чувствуют, как он отлетает от души в глубине аллеи,
Устремляясь к другим небесам, к другой любви···

（我们的直译—作者注）

（音乐先于一切

………………………

音乐依然并永恒！
让你的诗句变成会飞的东西吧，
让人们感觉到它如何从内心飞往林荫道深处，
飞向另一片天空，另一种爱……）

叔本华认为，所有艺术都只是呈现现象的印迹，而只有音乐本身具有事物直接的印迹，是原形的复制，而原形是永远不可能被直接呈现的。叔本华赋予音乐在艺术世界中的主宰地位，大概就像一些现代学者赋予数学在整个科学世界中的地位一样。有些人认为，叔本华的这种观念对马拉美的象征主义理论产生重大影响。在某种程度上是这样的，这是毋庸置疑的，但是不能夸大这种程度。在马拉美的理论性论文《语词作品中的神秘》(《Le mystère dans les Lettres》)中，音乐的确跃居前台，"不可道出的东西"、"神秘"被宣称是诗歌的目的。但是，他们忘记补充一点，不仅仅是，或许主要不是叔本华他自己对象征主义者产生影响，而是在于他的理论似乎在瓦格纳的天才创作中体现出来。象征主义者关于音乐和韵律思考的真正源泉不是叔本华的理论，而是瓦格纳的音乐。

这些人忘记了，马拉美早在十年前就把这位瓦格纳写成伟大的艺术革新者了(《Richard Wagner. Reverie d'un Poëte français》，1886年)，并且给出下面这个"诗歌的定义"："诗歌是化归为其根本韵律的人类语言（斜体为作者所加），是客观现实不同呈现的神秘含义，因而诗歌赋予我们[在客观现实中]的存在以真实性，是唯一的精神使命"(《Définition de la poésie》，1884 [Michaud 1969, 715])。

凡尔哈伦在回复《关于自由诗的国际问卷》(1909)时写道："韵律是思想本身的涌动。在诗人看来，任何思想、任何观念，即使是最抽象的，也以形象的形式出现。韵律不是别的，就是该形象的手势、姿态或动作。

语词传递形象的颜色、气味和声音。韵律是它的动态和静态。（我们注意到，韵律和声音是分开的，那么，和"音乐性"也是分开的。—作者注）

由于老一套的说辞考虑的只是诗歌音节的尺度，所以诗人被迫束缚住其思想的任何一个手势、姿态、姿势……也有侥幸的时候，形式与形象刚好合适，就像手套合手一样，但是情况往往并非如此。人们总是试图把胳膊，甚至连头都塞进手套里。

新诗取消了固定不变的形式，并且赋予形象—观念根据自身发展创造其形式的权利，如同河水冲刷出自己的河道一样"[出处同上，789页]。

创立自在的自由诗体、自由诗,是象征主义诗学的一个最高成就,可以说,是民族成就,无论在法国,还是在俄国(俄国 20 世纪初的自由诗不仅是新形式的创造,而且是俄罗斯诗歌某些传统形式的复兴)。"自由诗是精神上的征服,这对于任何一种诗学而言都最为重要。自由诗,不仅是一种诗歌形式,它首先是精神立场"。(弗·威磊·格利凡《精神上的征服》[出处同上,784 页])。

现在回到勃洛克上来。勃洛克关于韵律的观点——也就是我们这一小节的开头——随着其文化观的成熟而逐渐发展起来。早在青年时代诗人的"音乐和文化"观就已产生,在记事本中的 1909 年 6 月 29 日下面已经可以发现十分明确的观点:"由于音乐是艺术中最完美的,所以它最能表现和反映建筑师的意图……音乐原子是最完美的,而且因为它是创造性的,所以是唯一现实存在的。音乐创造世界。它是世界的精神体,即世界的(流动的)思想……音乐先于一切,决定一切"(Записные книжки. M., 1965, c. 150)。

勃洛克在日记中写道:"起初就有音乐。音乐是世界的本质。世界在有弹性的韵律中成长起来……世界的成长就是文化。文化是音乐的韵律"[Блок 1963, т. 7, с. 360]。在《论诗人的使命》这一讲话中(1921)还有更为明确的说法:"混乱即是初始,自然的无秩序状态;宇宙是构建好的和谐和文化。宇宙由混乱产生。自然想象在自己身上播下文化的种子。和谐由无秩序状态产生。世界的生命就在于不停歇地创造新的物种。无秩序的混乱哄着它们,养育着它们,文化对它们进行筛选,和谐赋予它们形态和形体……"[Блок 1962, т.6, 161]。

当然,这些观点既近似于尼采的自然力和音乐精神观念,也与其他象征主义者的观念类似。比方说,保罗·克洛岱尔(在这一时期也与象征主义的观点近似)在其《诗歌艺术》(1903)中写道:"除了关于普遍的科学,不存在其他科学;除了作为个别的创造,不存在别的创造(科学是普遍的科学,创造是个别的创造)。隐喻(及它在其他艺术中的换位:绘画里的'瓦莱里',音乐里的'和谐',建筑里的'比例')、基本的抑扬格(斜体为作者所加),携带其或强或弱的对应关系,不仅仅在我们书写的纸面上跃然表演,这是一切为生而生的事物的天生艺术。更不用说偶然的表演了。这些松树是一小撮,一小撮的,山具有这样的外形,与帕提侬神庙和打磨得很精致的钻石相比,它们不再是偶然的表演。它们的平面图源自于更丰富和更智慧的平面图宝库"[Michaud 1969, 738]。

勃洛克的独创性在于,他在构建好的宇宙里不只区分出文化,还区分出"文明",并把它与文化对立起来。失去自然发展的动力,失去"音乐精神",失去生气的东西被归入到勃洛克的文明中。在革命背景下,勃洛克把文明和逝去的世界联系起来,把文化与人民群众自发的革命热情联系起来。他在《人文精神的覆灭》(1919)一文中写道:"音乐精神的守护者是那种音乐回归的自然力……那些人民,那些野蛮人。因此在失去了翅膀和声音的文明成为文化的仇敌时,尽管它仍然拥有一切进步因素,诸如科学、技术、法律等等,然而在这些时期野蛮人成为文化的守护者,虽然除了音乐精神,他们一无所有,这样讲并非是奇谈怪论"[Блок 1962, т. 6, 111]。斗争的结果是注定的,勃洛克继续写道,由音乐精神产生的新运动"乃是汹涌的浪潮,上面漂浮着文明的碎屑。然而在这场运动中新的个人角色和新的一类人已经初步形成"[出处同上,115 页]。(关于一些有趣的细节,读者可以参见文章;[Примочкина 1978]。)

1918 年勃洛克创作其著名诗集,贯穿着音乐、韵律和抑扬格的观念以及这些观念的体现,这就是长诗《十二个》、《锡西厄人》和随笔《知识分子与革命》。音乐和韵律在这里是力量和生活变革的体现,抑扬格是主要的韵律,是客观现实的生命节奏(勃洛克把对毁灭的认识与扬抑格联系起来)。同年勃洛克写了《艺术与革命(关于理查德·瓦格纳的作品)》,瓦格纳的名字再次出现在这一思想背景下。《十二个》是自在的"自由"诗的胜利,是"音乐精神"的辉煌成就,而《知识分子与革命》是这一观点的胜利,是与叔本华相对立的观点的胜利。

象征主义作为一种文学流派消失了,然而象征主义者关于音乐—文化、生命的自然力、演变的韵律,天才瓦格纳和叔本华观点的相似性与矛盾性这些观念却没有随之消失。它们在托马斯·曼的创作中复兴起来,并焕发出新的力量,表现在《魔山》、《威尼斯之死》,以及关于瓦格纳和叔本华的随笔中。(这里我们请读者参见费奥多罗夫[А. А. Федоров]关于托马斯·曼的理查德·瓦格纳音乐观的论著[А. А. Федоров 1977;1981,68,114 и след.])

6.4 "应和—感应"

在所有象征中,象征主义者用"感应"或"应和"标记出一种特殊作用,即不同感觉的相同表现。通常视觉证明光和颜色,听觉证明声音,触觉证明外观,嗅觉证明气味,味觉证明味道。但是也有用一种感觉证明某种通常存在于另一种感觉领域里的东西的情形——对颜色的感知引起对声音的认识,对声音的感知又引起对粗糙或光滑的认识等等。从心理学的观点来看,这是一种所谓的联觉现象。但在象征主义者看来,重要的不是心理联觉,而是在这种情况下不同的感觉证明的不仅仅是、不单单是事物,像通常不同的感觉结合在一起而产生对事物的感知和认识那样,而似乎是证明可感知事物之外的某种东西,即它的"本质"。

有意思的是,我们注意到象征主义者的这种理解与实证主义者的观点是对立的,实证主义者认为事物只不过是感觉"簇"或感觉的"组合"(试比较,例如罗素的观点,参见 IV,3)。

"应和"观点由瑞典哲学家、神秘主义者斯威登堡(1688—1772)以一种现代的形式提出来,德国的浪漫主义者霍夫曼使其在文学中获得发展,波德莱尔又将其引入艺术理论。波德莱尔在关于绘画展的随笔《1846年的沙龙》中写道:"我不知道,类似现象的研究者当中有没有人曾经把全部颜色和感觉对应上,但是我想起霍夫曼在一处准确地表达出我的想法,并且所有真诚热爱大自然的人都会喜欢这一说法:'不仅在梦中和做梦前的半睡状态中,而且即使在睡醒后,当我听音乐的时候,我会发现颜色、声音和气味之间的类似和深层联系。那时我觉得,它们全部由同一束光生成,因此一定要融合在一种美妙的和谐之中。特别是褐色和红色的金盏花对我的身体产生一种神奇的作用,我沉浸在深深的幻想当中,而我还听得见远处双簧管低沉的声音'"[Baudelaire 1954,615][波德莱尔引用了霍夫曼《克莱斯勒偶记》中的话,但是霍夫曼说的,确切地说不是金盏花(法语 soucis),而是石竹花]。

几年后波德莱尔将这一想法作为自己的诗歌主题,用在十四行诗《应和》中(《Correspondances》,诗集《恶之花》,1861年):

La Nature est un temple où de vivants piliers
Laissent parfois sortir de confuses paroles ;
L'homme y passe à travers des forets de symboles
Qui l'observent avec des regards familiers.

Природа—это храм, в котором живые колонны
Издают время от времени неясные слова;
Человек идет там ыерез лес символов,
Которые следят за ним понимающим взглядом...

(作者译)

(自然是座庙宇,那里活的柱石,
不时说出模模糊糊的语音。
人们穿过象征的森林,
森林投以亲切的目光注视着行人。)

在这首十四行诗中,接下来还有几行很有名:Les parfums, les couleurs et lessons se respondent — "Запахи, увета и звуки отвечают друг другу(芳香、色彩、声音在互相应和)"。

十年后,这一观点又成为兰波十四行诗《元音》的主题:

А—черно, Е—бело́, И—кра́сно, У—зелёно,
О—сине, тайну их открыл я в некий день.

А—бархатный корсет кишащих насекомых
На куче нечистот, А—глубина и тень.

Е—белизна седин, палаток и тумана,
Нагорных ледников и девственных пелён.
И—сплюнутая кровь, сочащаяся рана,
И грешных алых губ проклятье или стон.

У—циклы и круги зеленых вод океана,
Покой лугов и трав, спокойная нирвана,
Раздумье мудреца над тихою водой.

О—трубный зов небес и скрежет мирозданья,
Молчание миров и ангелов витанье,
Омега, ока луч лилово—голубой.

(作者译)

(A 黑,E 白,I 红,U 绿,O 蓝:元音们,
有一天我要泄露你们隐秘的起源:
A,苍蝇身上的毛茸茸的黑背心,
围着恶臭嗡嗡旋转,阴暗的海湾;
E,雾气和帐幕的纯真,冰川的傲峰,
白的帝王,繁星似的小白花在微颤;
I,殷红的吐出的血,美丽的朱唇边,
在怒火中或忏悔的醉态中的笑容;
U,碧海的周期和神奇的振幅,
布满牲畜的牧场的和平,那炼金术
刻在勤奋的额上皱纹中的和平;
O,至上的号角,充满奇异刺耳的音波,
天体和天使们穿越其间的沉默;
哦,欧米茄,她明亮的紫色的眼睛!)

  巴拉绍夫在兰波诗歌的广阔背景下对这首十四行诗进行评论,引用了魏尔伦的话:"我早就认识兰波,并且知道他对 A 是红色还是绿色完全无所谓。他看到的就是那样的,因此情况不过如此"。结果是,"十四行诗的'力量'恰恰在于主观观念的虚假投射,这是从象征主义的应和观点来看的……原来,象征主义诗歌最好的和

尽人皆知的例子就是无意识的('……诗人完全无所谓……')故弄玄虚……兰波因十四行诗《元音》的各种象征而远近闻名，而那时他还不是象征主义者"[Балашов 1982a, 259—260]。

与此同时，其他人也注意到类似的联想，并且看来并非是绝对主观的。米哈伊尔·契诃夫写道："演员应该深刻体会元音和辅音的差别，元音表达人的不同状态，而辅音则描写外部世界和外部状态（在 гром 一词中，比如，'грм'模仿雷声，而'о'则表达人的震惊，对了解和认识自然现象的努力追求）"[Чехов 1928，16]。在这里甚至就连"о"的性质都与兰波所说的相吻合。而蓝紫色光线在令人心碎的声音下，只不过已不是铜管乐器，而是小提琴，这和勃洛克的一样（参见后面的6.5.）。

但是问题甚至并非在于主观性的程度上。问题在于，象征不是科学概念，而是诗学概念。它每一次只是在特定的诗学体系框架内才有意义，而且在这里它就是真的。

兰波十四行诗的体系没有被发现，就连它的整个存在也不被承认。然而它却存在，并且显示出其有据可依的方面。阿尔法 A 是黑暗和物质的象征，它渐进地让位于光明和精神。在欧米茄 O 中是最高程度的光明。I 是中间的、红色的东西，是人的象征，同时与物质世界和精神世界这两个世界发生关系。从阿尔法到欧米茄就是"光明金字塔"，与尼古拉斯·库萨或是洛谢夫的观点一样（参见 I, 4 和 I, 5）。"欧米茄"的象征后来又被泰亚尔·德·夏尔丹采用（不一定是从兰波那儿借来的）："'欧米茄这个点'是世界精神演变的目的，是处于将来的点，是宇宙基督或演变基督的象征"[Тейяр де Шарден 1965]。这样，兰波的十四行诗现在就被解读为关于宇宙的十四行诗[详见：Степанов 1984]。

除了"应和"，象征主义者使用的另一个重要的象征形式是类比。与象征一样，类比一般是艺术家，特别是语词艺术家永恒不变的手段，它是隐喻、修饰语、比喻、排比的基础，但在象征主义者那里类比的作用很特别。因此这里又是波德莱尔这位"前象征主义者"给出了精确的定义："在伟大的诗人那里没有隐喻、比喻、修饰语，它们与环境条件无法匹配相称，因为这些比喻，隐喻和修饰语从无穷无尽的宇宙类比（l'universelle analogie）资源中汲取出来，而且除此以外无法从别处获得"（Бодлер,《Виктор Гюго》[Michaud 1969, 722]）。象征主义者甚至使用"类比规律"这一术语，而他们的诗歌本身大体上同样也可以被称为"类比诗"，或许甚至要比"应和诗"更确切[关于象征主义者的宇宙是一个整体的感觉参见：Ермилова 1975]。

"应和"的理论和实践得到认可，并被采用，例如，在现代芭蕾、歌剧芭蕾、色彩音乐以及彩色电影艺术的某些体裁中，其中色彩音乐的基础还是作曲家亚·尼·

斯克里亚宾奠定的。

人们不太知道,米哈伊尔·契诃夫将"应和"应用于戏剧的各个方面(不仅仅用于舞台的色彩和音乐布置)。例如,他受外科医生工作的影响而激动地写道:"然而为什么我们演员和创作者年复一年地练习灵巧、轻盈、优美,却仍不能领悟到那种力量,哪怕只是一半也好,这种力量在这些人的创作中闪现出来,生命在他们面前挣扎着,努力着。这是因为在我们看来,在演员看来,在我们的艺术中一切都是死的,所有冰冷的障碍物包围着我们:舞台布景、服装、化装、侧幕、脚灯、观众厅和包厢……所有这一切!是谁杀死了我们周围的这一切?是我们,是我们自己!我们不想弄明白,围绕着我们的戏剧世界是活还是死取决于我们自己。颜料……难道它们不能活吗?能!看看红颜料:它叫喊着,雀跃着,它激发意志,它发出声音,在它身上可以听得见'啦啦啦啦'。相反,蓝颜料是平静的,它使意识深刻,虔诚的感觉在内心深处产生……看看黄颜料:它向四周辐射,不知何处是尽头,从中心散发着光芒,不允许为自己勾勒轮廓。而相反,绿颜料喜欢轮廓、界限,并竭力为自己划出边界。(写字台、赌牌桌用颜色划出边界,而且用绿呢子盖上大部分。这样眼睛会很舒服,但是试试用黄呢子盖上牌桌,把黄颜料的光线作为边界,会怎样呢?你的眼睛看到了什么?)颜料是活的,所以演员应该领悟它们的生命……"[Чехов 1928,133]。

我们不知道,米·契诃夫是否知道瓦西里·康定斯基的颜色和绘画理论(康定斯基的《论艺术的精神》一书于1911年在德国用德语出版),但是他们的思想在这里具有惊人的相似之处,无论在整体上,还是在细节上。

"如果画两个同样大小的圆",康定斯基在前面提到的书中写道,"并且一个涂上黄色,而另一个涂上蓝色,那么只要将注意力集中在这两个圆上,不用多长时间就可以发现黄色是发散的,具有离心运动特点,几乎眼看着就到人跟前了。而蓝色的圆,具有向心运动特点(像蜗牛一样,钻到自己的壳底下),并且离人远些。第一个圆似乎可以刺穿眼睛,而第二个圆似乎会使眼睛陷入其中"。(一定要指出,在康定斯基那里所有这些研究结果都进入到体系和理论中,而我们在这里从上下文中,从这些结果中抽取出一个,只是为了和契诃夫的观点作一个粗略的比较。)

契诃夫继续写道:"……颜料是活的,所以演员应该领悟它们的生命。他在红色背景下表演,却不知道,不能感觉到,在观众席上是多么招眼的不和谐,比如,当他在红色背景下表演抒情场面时,或在黄色背景下谈论哲学时,或在蓝色背景下表演愤怒时……那么舞台上的形状呢?它们的生命呢?又是艺术家的随心所欲(我们注意到一个关键概念'艺术家的随心所欲',我们在后面再回到这个概念上来。——作者注)。就像我们在舞台上经常看到尖形的折线,其中上演着一幕幕充满着意志冲动的场景,可是这听起来有点反常。意志要求圆的、弯曲的波浪线,而只有思想与锐角、直角或折线协调一致。那么人的侧面呢？演员是否知道,他的侧面和正面会对观众产生什么影响？"[Чехов 1928,133—134]。

对比这些观点,我们就会看到,吸引艺术家的不是"应和"现象本身,而是透过它发现的必然性观念,它既与发生的事情的偶然性、"事件"相对立,又与艺术家的随心所欲相对立。必然性是艺术的主要题材,在一般的象征主义者和艺术家面前,必然性在"应和"中产生,而且还为他们勾勒出新诗学的轮廓。

6.5 内涵世界

被我们引入到语言—2 模式(第 VII 章)中的"内涵世界"这一概念,现在可以补充上很有价值的勃洛克的证明,即他对类似世界的认识。在象征主义者那里见不到"可能世界"这一术语,更不用说"内涵世界"了,这些术语出现得相对晚一些(参见 VI,3)。但是在勃洛克那里却有关于诗人穿行的"多个世界"的概念。他的报告《论俄国象征主义的当前状态》一文就是论述这一主题的(关于维·伊万诺夫的报告,1910 年)[Блок 1962, т. 5;接下来只标注本版的页码]。

勃洛克在动态变化中研究自己的世界,而且为了避免诗人内心世界的变化与其"外部历史"(文学史的对象)混在一起——这不是他要谈论的——他指出:"在着手描写俄国象征主义的论题与反论题之前,我还必须声明一点:这里谈论的自然不是象征主义的历史。不要为我们所谈论的、实际现实世界中发生过的和正在发生的事件建立准确的年代顺序表"[426 页]。

起初诗人的世界作为一个"论题"提出:"论题:'在这个神奇的、完全感应(也就是'应和'——作者注)的世界里你是自由的'。创造你想要的吧,因为这个世界属于你……你,是宝藏的唯一拥有者。但是身边还有一些人知道这处宝藏……这就是我们——为数不多的学识渊博的人,即象征主义者"[426 页]。(艺术家内心世界的变化波动,现在是符号学的一个研究对象。)

紧随"论题"之后就是"反论题":"于是就实现了:我自己的神奇世界成为我个人表演的舞台、我的'解剖室',或临时演艺场所,在这里我自己扮演角色,和我那些出色的木偶们一起……换言之,我已经把自己的生活变成了艺术(这明显贯穿于整个欧洲颓废主义的倾向),生活成为艺术,我念着咒语,这样在我面前终于出现了被我(自己)称为'陌生女郎'的东西:木偶丽人、蓝色幽灵、人间奇幻。

这是反论题的登峰造极之处。于是长时间地、飘飘欲仙地陶醉在自己创作的喜悦当中。小提琴手也用自己的语言对他赞赏有加"[430 页]。

接下来勃洛克补充了一个细节,或许它就是各种内涵世界的主要特点:"依靠艺术家念咒语的意志,或是依靠服侍于每一个艺术家左右的众多微不足道的恶魔的帮助,用这些方式创作出来的东西没头没尾,不是活的,也不是死的"[430 页]。

想象世界中存在的东西不是活的,也不是死的。这是现实和毫无根据的幻想之间的某种中间存在。莱蒙托夫同意对艺术作品的这种看法：

> Взгляни на этот лик; искусством он
> Небрежно на холсте изображен,
> Как отголосок мысли неземной,
> Не вовсе мертвый, не совсем живой…
>
> 《Портрет》

> 请看看这张脸，它是用艺术
> 在麻布上漫不经心地画成，
> 好像非人间的思想的余音，
> 既不是完全死的，也不是完全生的……
>
> 《肖像》

莱蒙托夫的思想被认为是发端于席勒的类似观点，席勒的观点反映出康德美学的一些基本论点，并且最后，"中间存在"，即现实和幻想之间的存在，这一观念本身可以追溯到古希腊哲学中的"中间存在"（τὸ μεταξύ，再参见 I, 2）概念。这是沿美学路线的回顾。

按照逻辑路线，内涵世界是逻辑上可能的，但不一定是现实上存在的世界。其实质、"存在"应该被想成是某个自身不包含矛盾的逻辑定义。因此，比方说，这个用粉笔在黑板上画出的方形属于现实的客观世界；"圆的方"是一个纯粹的幻想，把"圆"和"方"的概念结合在一起，自身就是矛盾的；而"方"这一概念具有尽人皆知的逻辑定义，而且定义是不矛盾的，即使方没有在任何地方画出来，它在内涵世界里也拥有存在，因此可见，它并不存在于这个现实的世界。这些不同形式的存在的表达就构成一个问题。如果在这条路线上用"存在"（英语 being）这个词表示最高程度的概括，那么所有拥有存在的东西，不管这个存在是哪一个种属下的，都是"存在"（与希腊词 τὰ οντα 对应）；而在内涵世界里拥有存在的东西（在任何一个内涵世界里），是"逻辑上存在的"，而相应的存在形式就是"逻辑上的存在"（英语 to subsist, subsistence）；在现实世界里存在的东西，就是"存在（существует,动词）"或者是"实存（экзистирует,动词）"（英语 to exist, existence），而相应的存在形式就是"存在（существование,名词）"，"实存（экзистенция,名词）"，因此这是时间上的实存，而内涵的存在形式是超时间的存在。（不过或许为了模态逻辑和内涵逻辑的某些目的可以要求有内涵意义上的存在概念，此外还有时间上的存在概念，在这种情况下需要特别的术语。）这里所阐述的表达式基本上与罗素早期的术语用词相一致，例如，就像在《哲学问题》这篇论著中所阐明的（第 9 章）[Рассел 1914]。[在这里引用的论断中术语"бытие(是,存在)"(英语being,古希腊语 τὸ εἶναι)不具有自己的内涵,而只是逻辑概括,是两个个别存在的"帽子",即"时间上的实存"existentia和"超时间存在"subsistentia或"永恒存在"。然而,一般对于语言哲学而言,特别是在本书第二部分所分析的问题方面,应该指出,这个"一般"术语在另一条论断路线上也具有自己的内涵。这样,如果数学真理、数、比例、几何等等这些支配"上帝创造的世界"的观念属于"上帝创造的永恒",或"永远的永恒",具有"逻辑上的存在",那么"存在"和相应的"非上帝创造的,上帝的永恒"既不能用时间上的存在来定义(这是自明的),也不能用超时间的,即"上帝创造的永恒"的存在来定义。这种存在,这种永恒的命名是超验的。它们属于上帝,不能像其他形式的存在那样获得定义。弗·洛斯基说道,否定论原则(参见前面)"不准我们用数学规律的永恒性来想象活着的上帝"[Лосский 1991, 234]。东正教会的教父学历来是争论对象,即应该赋予基督以哪一种存在形式,与教父具有的存在形式不同还是一致?[参见:Спаский 1914, 172 сл.]。无论如何,教父学在希腊文中的术语 o ων"(真正的)真实的"具有两种相关意义,并且在词典中用不同的编码标记出来。]

我们回到内涵世界上来,或者说是回到勃洛克的多个世界上来。勃洛克继续写道:"这些探求的意义在于,它们清楚地表现出'这些世界'的客观性和实在性。这里可以断定,我们造访的所有世界,以及里面发生过的所有事件,其实质完全不是'我们的意识',也即'论题'和'反论题'具有的远不是一个自身意义。比方说,例如,在这些探求阶段俄国革命实质上得到肯定……与似乎是'革命裹挟了我们'这种庸俗评论的判断相对立,我们把相反的判断与其进行对照:革命不仅在这个世界实现了,而且在其他别的世界里也实现了。革命只是这些事件的一个呈现……在我们自己的内心里我们就是这些事件的见证人"[431页]。

在自己的内涵世界里,甚至在多个世界里,勃洛克对"应和"予以肯定。在"论题"阶段:"在光彩夺目的宝剑锋芒中,世界出现在眼前,变得越来越诱人。它们夹杂着忧郁的音乐声、呼唤声、耳语声,几乎就是语词,从远处飞奔而来。同时它们开始着色(此处出现了对颜色最初的深层认识)。最后占大多数的是那种颜色,我更愿意称其为紫红色(尽管这个名称或许不完全准确)。金色的宝剑穿过紫色世界中的紫红色,红得耀眼,然后穿透巫师的心脏。在天堂的玫瑰花中已经开始渐渐显露出人的面庞。声音是不一样的……"[427页]。

在"反论题"阶段一切都变了:"似乎是因单身的巫师与霞光要好而吃醋,有人突然用金线穿过开满鲜花的奇妙世界;光彩夺目的剑锋逐渐失去光泽,而且在心里已经感觉不到它了。用金线穿在一起的世界失去了紫色的色彩。如同在令人心碎的小提琴伴奏声和在某种类似于吉普赛歌曲的曲调下,透过撕破的画布,世界的蓝紫色昏暗钻了进来(所有这些颜色中最好的描绘——伏卢贝尔说道)"[428页]。

"对于这一时刻,典型的是异常强烈的、鲜明的、各种不同的感受。在奔涌而来的世界的紫色昏暗中,所有的一切都已完全应和上,尽管它们的规律与先前相比完全不同……"[429页]。

在这些世界变换的背景下,发展出一个构成其主要内容的主题,也是勃洛克喜欢的主题:丽人——陌生女郎——圣智索菲亚的变换,而最终,在此之后出现的,正如安德烈·别雷所言,就是一个面孔,即俄罗斯(参见 I,2)。

根据逻辑规则在想象世界中(在内涵世界中)的创作是新诗学的一个基础。勃洛克的思想,如果从我们今日观点来观察其进程,就会在戏剧艺术里发现与之相一致的现象。米哈伊尔·契诃夫也表达出这一观点,而且一如既往,用的术语极为准确:"最后,我心里还有一个想法,一种感觉。这是一种自我内心的创作感觉。创作是在自己个人的范围之内。我隐隐约约地猜到在自身之外创作的人和在自身之内创作的人之间的差异。我那时还不能如此清楚地理解这种差异,就像它现在(1927年——作者注)清楚地摆在我面前那样。根据经验我只知道一种创作形式,在自身之外的创作。我觉得,创作不受人的意志支配,而且它的方向只取决于所谓的'自然素因'"[Чехов 1928,119]。契诃夫进一步表明,他如何逐渐获得创作能量,如何在自己身上产生意志的冲动,这时他碰到早已出现在法国象征主义者面前的一个同样的问题,关于创作与"偶然"的对立(参见 I,6.1.)。悲观主义"越来越清楚地把自己难以忍受的关于目的和含义的问题摆在我的意识跟前,而且恐吓我,不找到公正性的规则就无法解决生活中的问题,只有公正性能偶与'事件'的残酷和荒谬做斗争"[出处同上,120页]。

米哈伊尔·契诃夫术语中的"公正性"、"合理性"或"生活的乐观本质"与"偶然性"、"事件"相对立,无论是在生活本身之中,还是在艺术之中——这就是新诗学的基本特点,新诗学为象征主义始建。

在早期的象征主义者那里,特别是在法国的象征主义者那里,在这些论点存在的同时,还存在一种所谓"消极记录"的观点:艺术家,就像灵术巫师一样,在隐藏的世界没有通过他的意识显现之前,必须耐心等待,而这时艺术家所能做的只是"记录"。从与之相对立的创作方法,即实在论的立场出发,这种观点在今天遭到公正的批判(参见序言)。

"消极记录"观点在米哈伊尔·契诃夫的创作和理论中起着极其重要的作用。如果将它翻译成契诃夫的术语,它与"整体感觉"、"对未来的艺术是一个整体预感"相联系。契诃夫写道:"演员们经常在工作开始之前就有对未来的预感,但是在这种情况下没有足够的勇气来信任这种预感,于是耐心等待。他们费尽心思地臆造出自己的形象,想出特征,并人为地把它同台词、杜撰的手势和故意装出的面部表情编织在一起。他们称之为工作。是的,当然,这是工作,沉重的、折磨人的,但却是不必要的。而演员的工作在相当大的程度上就是等待,沉默而不'工作'"[出处同上,32页]。

关于自己,契诃夫讲道:"对于那些根据整体感觉自然显现出来的东西,我从不臆造细节,并且永远只是做一个观察者"[出处同上,31页]。比如,扮演穆罗夫斯基时(在苏霍沃—科贝林的《事业》中),"在某种程度上我站在他旁边,似乎是在观察他,观察他的角色,观察他的生活,于是这种处于旁观者位置的状态使我们得以接近那种状态,在这种状态下艺术家净化和升华自己的形象,不把自己那些不必要的个人性格特点掺杂进去"[出处同上,148页]。

这样,象征主义者的使命与"消极记录",以及契诃夫的"从旁观者的角度观察"是相同的,都把自己的作品从偶然性特征中解放出来。看起来,契诃夫的原则是斯坦尼斯拉夫斯基和后来的戏剧改革家布莱希特(当时尚未出现)两者方法的独特综合——契诃夫不是活在形象里,而是与布莱希特一样,塑造着形象,但塑造的不是客观现实的复制品,而是他头脑中出现的那个形象。

第二章 17世纪语言中的哲学问题(跨范式时期)

0. 普遍特点

17世纪呈现的不只是一个范式,这是一个"非典型"时期。但是一般说来什么是"典型"呢?

例如,语言学家说,有一定数量的语言,比方说,可以分为两种类型:"称名的",如印欧语,和"主动的",如大量的印第安语,并且有差不多同等数量的语言,其中两种类型的特点混合在一起,因此未能构成任何一种类型,而只是两种类型的"中间阶段",在这种情况下,是什么使我们有理由谈论前面那些类型呢?更典型的语言状态和"类型",难道不正好是后者吗?它具有隐晦不明的状态,没有剧烈和极端显著的特点。因此或许17世纪并非恰恰是语言哲学的典型状态?是一种"悬浊"状态?是相互矛盾的特征和难以完成的对确定性探求的混合物?

不管怎样,就是应该这样形容17世纪。名称哲学(而且一切都预示着它具有长久的,或许是永恒的生命,尽管是外围的)和经院哲学的残余一道仍然存在,与此同时,拒斥名称哲学,出现笛卡尔的哲学——这是新时期哲学的开始,孕育着新的语言哲学范式,并且甚至不只一个。

把"我的'自我'"作为哲学支点,同时也是以最强有力的姿态,使外部世界失去个人特征。世界现在只是一个被赋予定量运动的机械系统,而人自身处于其内在的"我"之外,其肌肉、情感和行为现在看起来就如同一个机制。在语言哲学领域,这一朝着两个方向的推动力导致出现两个范式。

一方面,机械的客观世界对于其自身的描写要求语言是一个摆脱模棱两可性和优美性的关系系统,要求准确、清楚、合理、形式化的语言。17世纪在人工形式化语言方面做了大量的工作,先是笛卡尔,然后是继承其通用的数学形式化语言"characteristica universalis"构想的莱布尼茨。斯宾诺莎也用自己的方式促进这些概念的建立。所有这一切在20世纪的第二个范式,即谓词范式中得以完结。

另一方面,"有思维能力的东西"、"我",同样专横地要求语言描写精神状态,而且它还要求在语言自身探求其潜在的基础——"我"。同时,只是在20世纪才发展起来的,被我们称为自我中心词哲学的第三个范式的初始概念也发端于此。在"17

世纪的伟大人物"中,只有帕斯卡尔一人按照这种精神思考。

保罗·瓦勒里准确地描绘出这一世纪的精神氛围:哲学的、科学的、艺术的。谈到笛卡尔时(他的随笔出现在 1937 年巴黎举行的第九届世界哲学大会开幕式上的发言《笛卡尔》中;为了纪念笛卡尔的《方法论》问世 300 周年),瓦勒里写道:"他的全部哲学,我敢说,他的全部科学、几何学和物理学,都不由自主地表现出"我"的概念,暗自假定和使用其"我"的概念。应该会感觉到,他的主要篇章《方法论》就是一个独白,其中激情、观念、生活经验、雄心壮志和未明言的话,都由同一个内心的声音来操纵。如果把这一卓越的篇章置于其所处时代的精神氛围中,就不能不注意到,该时代之前是蒙田的时代,后者的独白似乎是为哈姆雷特王子所知的,怀疑的精神在充满分歧的空气中蔓延,而且这种反映在靠数学构建起来的头脑中的精神,多半应该采取系统的形式,并且在它表达出来的行为中形成最终的表述方式:"我怀疑,意思即是,我至少能够确信的就是我在怀疑"[Valéry 1957,818]。

1. 笛卡尔和莱布尼茨

在勒内·笛卡尔(1596—1650)所写的东西中只有一篇文献与语言有直接关系,这就是 1629 年 11 月 20 日写给梅森教士的信。里面包含着通用的、形式化的人工语言的思想。

梅森给笛卡尔寄来了一位不知名的作者用拉丁语发表的关于世界语或通用语的一篇纲要。笛卡尔在回信中对这篇纲要做出尖锐的批评,而且和往常一样,在评论中表述出自己的观点。特别是提出建议的作者认为,这种语言应该借助于词典来解释。笛卡尔对此发表意见,认为这将不会有任何新意,因为通常所有受过教育的人对待任何一种语言都是这样做的。笛卡尔写道,问题的实质在于语法。如果在这种语言的语法中不会出现任何有缺陷的或不合乎规则的变格、变位,而它们全部都借助于词典记录和确定下来的前缀和后缀以同样的形式加以规定,那么最普通的老百姓借助于前面所说的词典也能使用这种语言。

这一设想在柴门霍夫创立人工语言世界语时几乎一字不差地实现了(1887年)。

但是笛卡尔对这种实用语言的评价不高,他向往着哲学语言,并且写道:"我认为,这里还可以再想出一个方法来,以便形成这种语言的初始语词,并且赋予其相应的属性,因此借助于规则,也即在人类头脑中可能存在的所有思想之间确立规则后,好比数中具有的规则那样,这种语言在非常短的时间内就能学会。如同在一天内可以学会用陌生的语言没完没了地数数,并且可以把它们记下来一样—要知道这是数不胜数的不同语词的集合—对于用以表达进入人类头脑中的一切东西所必需的东西,所有其他语词也同样可以做到。如果这被发明出来,那么这种语言就会很快地在全世界流行起来,我对此毫不怀疑,因为绝大多数人愿意花上五、六天的时间,以便让所有人都能明白他的话。这种语言的发明取决于真正的哲学,否则就不能计算出人们的所有思想,并且把它们置于规则之中,或者哪怕只是把它们辨别出来,以使其简洁明了。在我看来,这是用来掌握(对此而言)必需的科学的最大奥秘所在。如果有人能够解释那种存在于人们思维之中的,并且用来形成人们所思考的一切东西的最简单思想是什么样的,并且如果所有人都同意这一点,那么我就敢期望立刻出现一种普遍(通用,universelle)语言,它非常容易掌握、发音和书写,而且最主要的是,这种对理性有帮助的语言使所有事物都如此清楚地呈现在理性面前,以至于它几乎不会出错。而现在,相反,差不多我们所掌握的所有语词都具有如此错综复杂的意义,然而人们的头脑对此早已习惯,也正因为如此,头脑几乎根本就一无所知。于是我断定,这种语言是可能的,而且可以向依赖于它的科学开放,那时通过这种语言,最普通的农民对事物真值的判断也比现在的哲学家做得要好"[Couturat, Leau 1907, 13]。

概念的组合分析思想早在17世纪就已经引起吕黎的兴趣,后来发展成整个人工语言的思想。1662年出现的伦敦皇家学会(英国科学院)组织了一个科学家小组,他们的任务就是创造适用于知识系统化和分类的人工语言[参见:Кузнецов 1983,30—31]。19岁的牛顿对该想法给予充分的重视,想出了一个通用语言的方案(牛顿1661年的手稿时以今日才出版,为大家所讨论[参见:Elliott 1957])。

莱布尼茨(1646—1716)一生都致力于研究前面阐述的笛卡尔思想。(鉴于连贯性这条主线,我们认为可以把笛卡尔和莱布尼茨合并在一起。)

众所周知,莱布尼茨的基本观点是关于以笛卡尔思想为基础的通用语言(characteristica universalis)构想和该构想与逻辑的关系[参见,例如:Стяжкин 1967,198—241]。莱布尼茨为实现该构想所进行的实践尝试却鲜为人知。与此同时,他对上百个日常语词和哲学术语用当时科学的语言拉丁语加以语义分析。分析在莱布尼茨的解释下完全是一个现代解释,它表示术语应该被简化为已经定义过的术语,以及数量尽可能少的未被定义的术语。莱布尼茨将其语义解释分成组别,就是某种语义场,而把全部工作看成一个整体,法语表示为:"Tables des définitions"("定义表")。(1903年首次以手稿的形式出版——Opuscules et fragments inédits de Leibniz. Par L. Couturat. [Couturat 1903,437—509],而其重要部分于1975年在波兰再版,同时还有波兰语译本[Leibniz 1975]。)

举几个例子。在一览表开始的一般哲学概念场,莱布尼茨当然是完全按照其哲学思想给出的:

Ens, res quod distincte concipi potest —"存在—事物——是可以清楚了解的

东西"。(我们认为,在这里为了俄语表达得更自然,还可以把 ens 译成"实体",但是指前些章节关于实体的所有论述,确切地说,在这里即是第一实体。)

Existens quod distincte percipi potest —"存在的东西是可以清楚感知的东西"。

Abstracta sunt Entia, quae discriminant diversa praedicata ejusdem Entis —"抽象的东西是那些单独呈现一个实体的谓项的存在(实体)"。莱布尼茨在这里的例子是:"尽管有这样的情形,同一个人既是科学家,又是宗教笃信者,但却有某种不同的东西——学识和虔诚,它们被称为抽象的存在[实体],并且被认为是作为主体[主词,基质]的人所固有的(inhaerere)"。中括号里的词是我们为了进一步明确阐述而加上的,原本不在莱布尼茨的文本之中。

Concretum est cui Entia inhaerent, et quod non rursus inhaeret. Nam interdum fit, ut abstracta inhaereant aliis abstractis, v. gr. magnitudo calori, cum calor est magnus. Et abstracta abstractorum indicantur adverbiis: v. Gr. Calet valde, vel est calidus valde, id est habens calorem magnum…—"具体的东西就是具有存在(实体)的东西,并且本身不是任何东西所固有的。因为有时可能会出现这样的情形,抽象的存在(实体)是另一个抽象的东西所具有的,比如在热强[大]时的'热的强度'[直译就是'热的大小']。而抽象的抽象用副词表示:例如,'热得厉害'或'烫得厉害[非常热]',也即具有很大的热量"。这里莱布尼茨加以注解。"应该区分 Ens concretum —即讲过的具体存在和具体词项 terminus concretus。当我们说'强[大]的热'时,那么这里的大,magnum hoc 是抽象的存在,就是热;而 magnum,大的,是具体词项"。

Accidens est ens abstractum derivatum, et opponitur abstracto primitivo seu constitutivo, quod vulgo vocant formam substantialem, et voce Aristotelis dici posset… Entelechia…—"偶然性是抽象的派生存在,与抽象的第一性或结构性的存在相对立,通常被叫做实质形式,而按照亚里士多德的说法可以叫做……隐德来希(entelecheia——译者注)……"

Corpus est extensum resistens —"物体是延展的,施以阻力的"(也就是延展的,施以阻力的东西——作者注)[出处同上,8 页]。

在所谓的"存在方式"(Modi existendi)场中,莱布尼茨特别给出了:

"独立的 — 本性上不要求任何先于自己的东西,而且也不缺少什么东西。

非独立的 — 与前者相反……

拥有—说的是 A 存在,而 B 存在于 A 中,如果 B 以这样的方式存在,那么 A 就可以拥有它"[34 页]。

在"主要情感"("Passiones principales")场中,莱布尼茨分析了以下这些词项：

"赞赏（欣赏，admiratio）是对某种非同寻常的东西的关注（也即把注意力集中在某种非同寻常的东西上——作者注）。

爱 — 由于别人的幸福而处于一种满足的状态，或者我们说，没有什么人或什么东西是无缘无故（irrationalia）爱上的——是因为其完美而爱上的。

恨 — 由于与前者相反的原因而得到满足的状态"［出处同上，62页］等等。

注意力是定义赞赏的基础，其自身在另一组"和情感毗邻的行为"中被定义为"带有认知愿望的思考"［出处同上，64页］。

莱布尼茨列表值得详细分析，但是在这里我们不得不以几项研究结果为限。

莱布尼茨指出，术语和日常语言的语词一样（拉丁语依旧是科学家的日常语言），也分为场，在每一个场中更容易看出共同点。这样，在最后一个例子中共同点就是"满足"，它进入到不同的定义中。可见，该术语既作为被描述语言的语词，即拉丁语，同时也是定义的语义成分（莱布尼茨在此使用自然语言的特殊属性［对此参见：Степанов 1981，129—130］）。后来这种语义分析方法在20世纪的语言学中深入发展起来。

许多术语作为相互对立的术语，通过"相反的"（contra，contrarium）这个词予以相互定义。它们可以作为同一个东西被认识，一个带着标记＋，另一个带着标记－。然而，某些术语尽管也是相互定义的，而且也是通过否定词定义的，但后者却具有另外一种性质。这可以在下面一个例子里看出来（出自"Consentanea et Dissentanea"—"一致的和不一致的"这组）。

"相同的东西——在保持真时可以替换自身的东西（salva veritate）。

不同的东西——不是这样的东西（Diversa，quae secus）"［Leibniz 1975，38］。

在这里术语 secus"不是这样，另一种方式"也表示否定，但是并未否定词项，只是没有肯定词项；这种否定类似于零（在语言学中它广泛地用来表示没有任何"标记"的对立词项）。

我们认为，康德的《将负值概念引入哲学的尝试》（1763）一文与莱布尼茨的此项工作相联系，是对这些思想的直接继承。其中一些地方和莱布尼茨的思想几乎在字面上完全相似："厌恶可以被叫做负的愿望，恨是负的爱，丑陋是负的美，责备是负的夸奖……许多哲学家所犯的错误，就是忽视这一点，这是显而易见的。众所周知，在大多数情况下，他们把恶看作是简单的否定，同时正如我们的解释所显示出的那样，恶的存在如同缺失的存在（mala defectus），如同丧失的存在（mala privationis），因此它就是负的善。不给予什么东西，意思就是把恶赋予需要它的人，而抢、逼迫和偷是相当大的恶。丧失是给予的反面。还有一些类似的东西可以在逻辑关系中表示出来。错误的实质就是负的真（不应该把它和否定判断的真值混淆起来),反驳就是负的论证"[Кант 1964a,97]。

或许莱布尼茨本人已意识到,"定义表"的主要问题只是局部地与这些概念相关联——"对立的",即"带着负号的同一种东西",或者"别的东西",即"不是意义上为零的东西"。"对立的"(opposiya)一词被定义为"既不能同时存在,也不能同时不存在的东西"[Leibniz 1975,38](和前面的例子在同一个场中)。显然,该定义在某种程度上符合莱布尼茨在其哲学的其他部分中所进行的"事实真"(其反面是可能的)和"逻辑真"(其反面是不可能的)的区分。"反面"的定义显然不属于事实真,因而进入到逻辑层面,但似乎又从逻辑关系中被排除出去,看起来,莱布尼茨在这里发现了某种属于内涵世界的现象,类似于笛卡尔的"我思故我在",同样也是在它是最基本的现象这个意义上。

在康德那里更明确地区分了逻辑矛盾和事实矛盾。康德的做法在其二律背反概念的制定乃至在其哲学的整个体系都起到很大的作用。

尽管莱布尼茨的语义分析对象是其所处时代的拉丁语语词,但是在它们后面有相应的活的欧洲语言的语词及其日常使用作为背景。更不用说那些具体语词了,诸如"墨水"、"教研室"、"甜的"(通过"糖的味道"来定义)等等,它们与莱布尼茨时代的现实明显地联系在一起,所有情感和情欲的定义都贯穿着这一时代的道德概念,而绝对不是把拉丁语词同罗马时代的概念联系起来。拉丁语在此只是充当一个外壳,作为从活的欧洲语言,首先就是从法语和德语,极端个性化的背景下抽象出来的工具。

的确,与笛卡尔不同,而与斯宾诺莎类似,莱布尼茨感兴趣的不仅仅是人工语言,还有其所处时代的活语言。如果斯宾诺莎是对古犹太语加以哲学阐释,那么莱布尼茨则是对德语做了同样的工作。早在洪堡特之前,莱布尼茨就开始谈论语言的精神(不过,似乎并没有使用这一术语);他看到,例如,在表达具体的东西以及在抵抗"不切合实际的空想"时的"德语力量",但是同时,作为活的语言的理论家,他也看到了德语的弱点——在其当时的状态下,里面缺少表达逻辑抽象概念、形而上学、伦理学、法学的语词,并且放眼未来,请科学家们创造这样的语词(请读者参见西格丽德·冯·德·舒伦堡[Сигрид фон дер Шуленбург]写于1929—1939年代的书[Schulenburg 1973])。

回到笛卡尔上来。在他那里还可以找到莱布尼茨定义体系的一个薄弱基础——笛卡尔情感定义的尝试。笛卡尔在《论灵魂的激情》(在其第二部分)这部论著中谈道:"激情的功用是怎样的,如何可以**计算出**它们(第52条,黑体是我们加的——作者注)"[Декарт 1914,153]。他认为,为此只应研究我们的感情以多少种不同的方式被它们的对象所触动。"最简单的情感和最初情感的数量不是特别多。不难看出,它们只有六种,即:惊奇、爱、恨、愿望、快乐和忧伤,而其他情感或者由这六种当中的某些构成,或者实质上是它们的种类"(第 69 条)[出处同上,158 页]。这样,根据笛卡尔的观点,惊奇是最初的激情,它没有反面,并且其定义和后来莱布尼茨所做的非常相似:"惊奇对于心灵而言是意外情形,使后者用心地讨论在它看来少见和突出的对象"(第 70 条)。

但在笛卡尔那里只是大体勾勒出激情的"计算";在这里他另有任务,就是确定心灵和身体的相互作用,以及"心灵状态"、激情的内容。这是笛卡尔心理学的草图,而不是逻辑学的。

十五年前或二十年前,一些美国语言学家受其研究方向的内在需求和生成语法的驱使而转向笛卡尔。有必要讲一讲科学史中的这段插曲。乔姆斯基在谈到这一志向的来源时写道,他认为,17 世纪的笛卡尔学和生成语言学的语言观有深层的相似之处。他在他本人提出的三个具体论点上发现这种相似点,在他看来,笛卡尔也是如此:1)在人类使用语言的各种行为中语言的运用都具有革新性、创造性,无法用某些"模式"的模仿来加以解释,这些模式的存在总是少量的;2)语言的正常运用不仅具有革新性,具有潜在的无限多样性,而且不受任何可以观察到的外界或内部刺激因素的控制;3)每一个语言正常运用的行为都具有连贯性并且与情境相符合[Хомский 1972, 23]。

当然,这些论点不能直接在笛卡尔那里找到,而且毋庸置疑,它们显然不是和语言有关,而是和思维有关。在这些论点中的任何一处都可以用"思维"一词来代替"语言",而不会改变其内容。这很快就被解释清楚。在这本书的第三章中(一份单独的讲义)乔姆斯基写道:"我们应该假设有先天结构,它的内容是相当丰富的,从而可以解释经验和知识的不一致现象,鉴于可获得材料的局限性,该结构可以解释经验主义理由充足的生成语法的构建(在每一个最先掌握语言的儿童意识中——作者注)"[出处同上,97 页]。该假设显然与笛卡尔的天赋观念说相关联,而且与 17 世纪类似的真正理由就在于此。同时完全可以明白,所假设的"先天结构"不是什么别的,正是乔姆斯基本人的生成语法。

然而在乔姆斯基的这一假设出现之前,欧洲就已经存在完善的思维发育理论(在个体发育中),而且尤其是儿童语言习得理论,这就是皮亚杰的"发生认识论"。很自然,乔姆斯基的假设会与之发生冲突。两派代表之间的论战持续数年,直到最后两派的领袖在各自追随者的簇拥下会面,以便在"圆桌"旁澄清关系[此次会面的材料参见:Théorie du langage 1979; Семиотика 1983]。双方领军人物承认他们的理论存在共同点:双方都假设"先天内核"(noyau fixe)。但是如果乔姆斯基把它看成生成语法,如前所述,那么皮亚杰把它和符号功能联系在一起,该功能在由儿童到成人的个体发展特定阶段会变成命题函项。可以认为这段科学史的插曲已经结束。(它的后续影响是非常现实的,已经归入到心理学的特殊领域中。至于语言,我们认为皮亚杰的论点是正确的,因此我们竭力研究语言和语词艺术中的命题函项概念[Степанов 1981;1983]。)

对于语言哲学和现代理论语言学,具有真正意义的不是笛卡尔的"天赋观念",而是他的"自我"观点。

他在《形而上学的沉思》中的第二个沉思里发展其"我思故我在"(Je pense, donc je suis)的论点时写道:"Mais qu'est-ce donc que je suis? Une chose qui pense. Qu'est-ce qu'une chose qui pense? C'est une chose qui doute, qui entend, qui con? oit, qui affirme, qui nie, qui veut, qui ne veut pas, qui imagine aussi et qui sent"[Descartes 1960,128]——"那么我究竟是什么呢?是一个在思维的东西。什么是一个在思维的东西呢?那就是说,一个在怀疑,在领会,在肯定,在否定,在愿意,在不愿意,也在想象,在感觉的东西"。

一方面,这份笛卡尔的"罗列"和"全部清单",正如他喜欢说的,几乎完全与胡塞尔的"意向性行为、意向性"的类型相符合(参见后面的 V,2)。如此一来,笛卡尔的"自我"学说界定了其所处时代,成为新语言哲学、20 世纪"自我中心词哲学"的第一块奠基石。

另一方面,这份谓词清单与"波菲利之树"的"实体"(参见 I,2)也相当一致[还请参见 Степанов 1981,74],从他的分支"物体"开始具有根本区别,在笛卡尔那里,这恰好是一个非延展的实体,也即不是物体。笛卡尔根据实体的客观实在性及其存在的程度对实体进行等级排列。这样,在笛卡尔看来(正如他本人对此谈论的那样,尤其是在"第三组反驳"中,第 9 条),存在具有程度,而且是完美的程度,自上而下,从上帝开始。并且因为这是实体的等级,所以这也是名称哲学。它留下一个奇怪的印象:人的热和宇宙的冷是同时产生的印象。正如瓦勒里所指出的那样,"这是从零到正无穷大的级数。该排列顺序的每一个术语都从最高的术语那里获得自己那份客观实在性,最高术语把自己的完善拨给它一部分,就像更热一点的身体把自己的一部分热施与挨着它的不那么热的东西一样"[Valéry 1957,830]。

2. 斯宾诺莎

巴鲁赫·斯宾诺莎(1632—1677)的语言哲学如今呈现得相当完整,这是因为重新发现了他的《希伯来语法》(《Compendium Grammatices linguae hebraeae》),也就是古典的希伯来语,特别是圣经语言文字的语法。这篇短论首次于 1677 年发表在哲学家身后出版的文集中。但由于是用拉丁语写的,其中有大量的古希伯来语的例子和术语,并且没有完稿,所以实际上没有人看。直到 1968 年短论被译成法语,并且和注释一同出版,情况才有所改变[Spinoza 1968;下面只指出该版的页码]。

一方面斯宾诺莎在其论著中以"名称哲学家"的身份出现,甚至将该哲学的基本原理发展到极致,将所有词类(除感叹词和连接词以外)都看作是静词。然而同时,另一方面他又动摇了该哲学的基础,正如现在回顾时所见,他是新语言哲学——谓词哲学的头号重要人物。

在第 5 章(《论静词》)中他写道:"在拉丁语中分为 8 个词类,然而这是否适用于希伯来语却值得怀疑,实际上,如果排除掉感叹词、连接词和一、两个语气词,所有希伯来语的语词都具有静词的意义和属性"[65 页]。但静词的定义在斯宾诺莎那里就已经是非常独特的了。"现在解释一下,什么是我所理解的静词。我认为静词指的是这样的词,我们用它来表示或指涉某个我们理解范围之内的东西。而由于被我们理解的或者是事物及其属性、方式、关系,或者是行为及其方式和关系,所以不难集中静词的种类……有六种静词:1)名词,分为专有名词和普通名词,2)形容词,3)关系词或前置词,4)形动词,5)不定式,6)副词。应该再加上可以替换名词的代词"[66—67 页]。

鉴于这一关键条目,就出现一个问题(该问题随后可能与《语法》中的所有主要条目相关):斯宾诺莎的《语法》是不是斯宾诺莎哲学原理运用的又一个领域?在形而上学、伦理学、政治学之后,还有一个语言领域?毋庸置疑是这样的,并且这表现在此书的序言当中。但是有关话题应该谈论得更多一些。

我们认为,对于斯宾诺莎来说,希伯来语语法是其某些哲学思想的来源。

当然,斯宾诺莎是由于对圣经文本的诠释才首先对希伯来语感兴趣。《语法》和《神学政治论》某些部分的直接对应可以说明这一点。在后一篇论著中斯宾诺莎写道:"因为若我们对此一无所知,当然我们就无法知道《圣经》与圣灵的真意何在了。我可以一言以蔽之曰,解释《圣经》的方法与解释自然的方法没有大的差异。事实上差不多是一样的。因为解释自然在于解释自然的来历,且从此根据某些不变的公理推出自然现象的释义。所以解释《圣经》第一步要把《圣经》仔细研究一番,然后根据其中根本的原理推出适当的结论,作为作者的原意。……所以解释《圣经》的一条普遍法则是根据《圣经》的历史研究《圣经》时,凡我们没有十分看清的,就不认为是很可信的《圣经》的话……该历史应该包含《圣经》各卷写作时所用的以及著者常说的**语言的性质与特质**"(黑体是我们加上去的——作者注)[Спиноза 1957, т. 2, 106—107]。这一原理可以被看作是诠释学最初规定中的一条。

斯宾诺莎能够在语言中看到世界图式的一般要素,在希伯来语中看到世界特殊图式的要素,大概在他看来,这种图式与其自身哲学所建立的世界图式最为相符。我们认为,在斯宾诺莎的这些原理中第一次出现了那种假设的十分确定的要素,该假设在 20 世纪以两个变体的形式发展起来,一种是"中间世界"(zwischenwelt)的假设,语言似乎是处于现实和意识之间的中间世界,这是由德国的"新洪堡派代表"魏斯格贝尔提出的,另一种是美国的"语言相对论"假设,或萨丕尔—沃尔夫假说。这两个方面斯宾诺莎都从未提及过。众所周知,两种观点的主要论题就是某个民族的语言积极地形成他们对客观世界的认识,乃至对基本时空范畴的认识,尽管对于讲这种语言的人来说是无意识的。所以,例如比方说,如果爱因斯坦的世界图式在霍皮语这种印第安语的基础上建立起来,那么它就会是另外一个样子[第一个假设参见 Гухман 1961;第二个假设参见 Новое в лингвистике 1960]。刚刚出现了几乎全面详尽的两卷本研究[Радченко 1997]。

回到斯宾诺莎《语法》的主要原理上来,即关于静词的原理。斯宾诺莎发现(或者我们认为,他发现)希伯来语的语词具有特别的性质,即它们的静词性,可以把全部语词都作为静词来解释,他把这一性质用于意义深远的语法改革,即消除例外。"因为语法学家不了解希伯来语的这一性质,所以他们把许多十分规则的语法原理都当作是规则中的例外"[65页]。斯宾诺莎认为把语法作为一个十分规则的、没有例外的体系来描写是其短论的主要任务。因此这是斯宾诺莎哲学的基本原理,即世界的完全决定论的完全确定的等同物。如果世界不知道例外,那么它们就更不应该出现在语法这一世界的反映中了。

当然,一个有趣的问题是:在语言学上斯宾诺莎关于希伯来语词静词性的观点在多大程度上是有据可依的?在某种程度上是有根据的。的确,在闪语中作为事物意义的承担者,词根通常由三个辅音(较少情况下是两个)构成,而元音的进入和取消合乎语法意义的改变,语法意义在斯宾诺莎那里被解释为实体的属性。

注释者指出,斯宾诺莎实际上不是在《语法》中,而是在《神学政治论》中对上帝名称做出的解释可以阐明其基本语法原理,而且补充一下,这还表明斯宾诺莎在这种情况下完全是按照名称哲学的精神论述的。而且,他与尼古拉斯·库萨实在是很近似(参见 II, 4)。"……为了使人看出施于摩西的殊恩,上帝在那里对他说道(可以从第6章第2节中看出来):'我从前对亚伯拉罕、以撒、雅各,显现为 Sadai(全能的上帝),但是我名耶和华,他们不曾知道。'……其次,我们须知在《圣经》中耶和华是惟一的一个词指上帝的绝对本质,与创造物没有干涉。因为这个道理,犹太人主张,严格说来,这是上帝的惟一的名字;其余一些用的字不过是些名衔而已;实在说来,上帝的一些别的名字,无论是名词或是形容词,只是表示属性,是他的所属,是就与创造物的关系或借创造物而显示出想象的上帝……那么,因为上帝告诉摩西说,他不是以耶和华之名为主教们所知,可主教们并不知道表示上帝的绝对本质的上帝的任何属性,只知道他的事迹与诺言,就是说,在可见的东西中所显示出来的他的力量"[Спиноза 1957, т. 2, 181—182;试比较:Николай Кузанский 1979, 88—89]。

注释者对斯宾诺莎文本中的这一处补充道,在圣经文本中,上帝的名字耶和华(Yehowah)只用辅音(YHWH)表示。至于元音,虽然拉比犹太教传统在所列举的变形中把它们加上了,然而这是一个增补而已。最初元音化的缺失表示上帝的全名,也就是辅音和元音在一起,对于人类依旧是匿而不见的。实际上,斯宾诺莎也阐释了这一语言学特点[Spinoza 1968,26]。

《语法》和哲学的对应不仅在涉及到静词的条目中可以得到确立,而且在其他方面亦如此。序言作者指出以下几点。前置词,由于在斯宾诺莎那里它们被解释为静词,所以可以具有语法上的复数;因而,斯宾诺莎认为前置词表示的不是一个个体事物与另一个个体事物的关系,而是事物在时间上或空间上的"间隔"(第10章)。按照斯宾诺莎的观点,语法时(第13章《论连接》)只包括过去时和将来时,而把现在时看成只是两者之间无法标记出来的界限。由于不定式作为名词(第12章)和使役动词(像俄语的поить源于пить[喝],也即"让人喝;使某人喝")而产生了世界上的因果关系问题。由于俄语мыться[洗脸]这样的主动反身动词而产生了关于直接原因的问题等等,总而言之,斯宾诺莎哲学理论的许多问题与希伯来语法问题类似。

我们以其中一个为例来说明。在第14章,关于动词变位他讲道:"我把命令式首先放在将来时下面,因为将来时由于命令式而形成。除此以外,将来时特别经常地代替命令式使用"[142页]。这两个语法形式的关系本身不是希伯来语独有的特点。例如,在古印度语书写的吠陀中,也就是所谓的吠陀本集中就可以见到。但是斯宾诺莎的注释者倾向于赋予该特征以特殊意义,因为,根据斯宾诺莎的观点,世界上神的秩序具有含义,如同通报如果人进行了某个行为,就会发生什么事一样。的确,在《神学政治论》第4章中我们可以找到关于原罪的论断:上帝启示于亚当,若是吃树上的东西是会有灾祸的,但是并没有启示这种灾祸必定要实现。那么,亚当没有把这个启示当作一个永恒的必然的真理,而是当作指令,当作律法。由此接下来不难为斯宾诺莎的论题创造出条件:自由是因意识到必然性而获得的(众所周知,这与恩格斯所认为的马克思对自由定义的前一部分相吻合)[Маркс,Энгельс,т. 20. с. 116;试比较:Спиноза 1957,т.1,с.57]。

在斯宾诺莎那里,一些把语言中哲学问题的分析与"名称哲学"的传统联系起来的论点就是这样。不过,在"所有语词都是静词"和其他一些论断中已经初步形成对名称哲学传统的一些偏移。斯宾诺莎的许多论题都已经是另一个完全不同的范式的论点,即"谓词哲学"的论点。

它们集中在斯宾诺莎对实体的理解上。以《伦理学》中给出的定义为例:"实体,我理解为在自身内并通过自身被认识的东西,换言之,形成实体的概念可以无需借助他物的概念"[Спиноза 1957,т.1,361]。这一实体的定义与《范畴篇》所给出的实体定义类似,只是有一个实质性的区别,即这里所定义的同时与意识中的认识相关联。接下来:"属性,我理解为由理智看来是构成实体的本质的东西"。这里的实体,确切地说,是《形而上学》中的理解。因此在斯宾诺莎看来,"实体的实体"这样的表达是完全自然的。这对于《范畴篇》传统中发展起来的名称哲学来说简直是荒谬无稽之谈。这里的实体不是别的,而是"属性簇"。

而且稍微前面一点还写道:"凡是可以为同性质的另一事物所限制的东西,就叫做自类有限"。罗素就此指出,在斯宾诺莎看来,有限事物由其物理上或逻辑上的界限来限定,换言之,由它非某某东西来限定:"一切确定皆否定。"[Рассел 1959,590]。我认为,在斯宾诺莎的这一点上可以看到未来结构主义中心思想的雏形,索绪尔以语言为例将其表达出来:语言的本质不是由其正面内容决定,而是由其反面,即它们之间彼此的区别决定。实体不是别的,而是一束反面的区分特征的集合(所谓的区分性特征)。

3. "两种语言"的范式和波尔·罗亚尔学说

波尔·罗亚尔语法学说(或许还有逻辑)的原创性目前看来是被过于夸大了。确切地说,我们应该将其视为先前长期传统中的一个辉煌阶段。这一传统的特点(参见 I,0)在于把人类的语言,泛泛的一般语言,看成是由两个层次或两种语言构成的,一种是准确的、清楚的、有序的、有规律的、近似于逻辑的、对于所有人都通用的;另一种,或者更准确地说是另一些,因为有很多,是每一个民族独特的、变化无常的、不合逻辑的、在不同的使用情形中具有十分离奇的规则。

实际上,在经院哲学的鼎盛时期就已经可以追踪到这一传统不太明显的源头。经院哲学家们谈论词的指代时,实际上说的是第一个意义上的语言,近似于逻辑的,甚至就是逻辑本身的语言。但是要知道这同时也是某种个别的语言,最经常的是指拉丁语(尽管看起来经院哲学家并不排除其他语言,同样的东西也可以用他们的母语表达出来,例如英语、法语、西班牙语等等)。

这一观点在所谓的13—14世纪的中世纪语法学家那里表现得更为清楚。其中还包括经院哲学时期的语法学家,他们发展了"意义的模式",《Modi significandi》学说的名称由此而来。达契亚人博伊西斯(Boethius Dacus),由于拉丁语 Dacus 的双重意义,他的名字常常被错误地译为"来自于达契亚的博伊西斯,或达契亚的博伊西斯",而达契亚就是现在的罗马尼亚。)是其中最有影响的人物之一。他至少是两个论著的作者——《Modi significandi》和《Topica》(《论题》)。约 1270—1275 年间,像其他中世纪语法学家一样,博伊西斯开始把语法看作是科学(scientia),采用"对所有语言都一样的语法"这一标准。自然,这样的语法只能是逻辑上的。罗吉尔·培根也提出同样的论点,他补充道:"我们在语言中与两类问题打交道('两种语言'观念),但是只有第一类问题对于所有语言来说是普遍的,是语法的对象"。看来,是培根第一个使用"普遍语法"一词。作为逻辑上的语法,语法不仅是普遍的语法,还是演绎的语法。博伊西斯对这一论点给出准确的定义:"语法是关于言语的科学,解释语词在句子里借助于指称方式的正确搭配[参见 Bursill-Hall 1976,172,再参见 Signification…1982]。因而两种语言的观念早已不露形迹地存在了,因此只不过是等待有力的历史条件,从而使其完整地显现出来。

这些条件于 16 世纪出现,当时在欧洲形成了一种独特的语言状况——在同一时期,往往是同一些人,首先是学者,既使用人文主义的拉丁语,也即类似于古典拉丁语,也使用十分广泛通用的民间拉丁语这种民族语言,尤其在罗马语族的国家中,情况变得更加复杂,即使是没有受过教育的人也能明白,这些语言表现出其源头来自于拉丁语。西班牙人文主义者"在布洛萨的"——也即来自于布洛萨城的(他给自己起了一个拉丁语的名字,叫 Sanctius Brosensis)弗朗西斯科·桑切斯(1523—1601)对语言的独特观点就在这一背景下产生。他将其主要著作、拉丁语的语法叫做《密涅瓦》(《Minerva seu de causis linguae latinae》—《密涅瓦,或者论拉丁语的原因》)。

基于人先天就有理性的假设,桑切斯推出思维和语言的理性原则—ratio("理智,理性基础,合理的本质")。他认为,通过对句子和词类的分析可以揭示一般语言、通用语言的理性基础,因而也是通用基础[参见:Малявина 1982,145]。可理解的句子大体上由三部分构成:名词、动词和语气词。桑切斯的这一分类与亚里士多德的分类相吻合(整体上桑切斯受亚里士多德的影响很大),在后者那里也是分为三个成分:名词、动词和连接词("άρтрон")。桑切斯的"语气词",和亚里士多德的"成分"一样,都是指由不同的语词按照语法作用组成的整类——连接词、前置词、冠词、像俄语 что 这样的连接性语词等。

在任何一种语言中(桑切斯的语法列举了西班牙语、意大利语、德语、荷兰语以及其他语言)实际上可观察到的句子要求呈现通用的组分:三个通用成分由六个词类实现,即名词、动词、形动词、前置词、副词和连接词(后者在这里指的是本义上的连接词,更近似于这一术语的现代解释)。

尽管在具体句子的分析中使用的成分要多于通用逻辑句中的成分(六个代替三个),然而这只是分析的工具。这并不意味着具体语言的分析更具分解性,并且因此相对于通用逻辑句而言就构建得更清楚。恰恰相反,具体语言中的句子往往是含混不清的、不确定的、有歧义的。这主要可以用两个特点来解释,增加了某些多余的东西,对于思想的清楚表达而言不是必要的,或者相反,压缩和省略了某些东西,而在合乎逻辑构成的句子中则完整地表达出来。桑切斯把活的语言中的后一个特点叫做省略法(玛丽亚温娜认为省略理论是桑切斯整个观点的核心所在)。这里还要补充一下,可见在桑切斯那里省略是对经院哲学家更基本的"说明性命题"学说(参见 I, 3)的运用。反过来桑切斯的这一理解要先于今天语言学中的"深层结构"概念。例如,桑切斯认为,所有带不及物动词的句子都应该加以分解,也即完整地、合乎逻辑地呈现出来,就像带及物动词和客体的句子一样:Мальчик спит(小男孩在睡)＝Мальчик спит сон(小男孩在睡一觉)．Собака бежит(狗在跑)＝Собака бежит бег(狗在跑一跑)。这种分析方法可以发现不同类型语言中的现实基础,在俄语和其他印欧语言中都有这类句子,像 Горе горевать(痛—苦)、Прожить жизнь(过—日子)、Петь песню(唱—歌),这里的客体,就像在桑切斯的分析中那样,只是重复动词的含义(这也是一种修辞格,figura etymologica)。桑切斯的方法在阿拉伯语中是一种相当常见的方式,等等。桑切斯所有这些方法的意义在于还原思想表达的逻辑完整性。

通过现实语言中的句子还原出来的,逻辑上正确的通用语言本身并没有予以表达出来,其表达式就是它的语法,继"中世纪语法学家"之后,该语法被理解为科学,在桑切斯那里被叫做"语法的理性基础"(grammaticae ratio),"语法的必然性"(grammatica necessitas)(我们注意到这是模态逻辑术语的用法,后来频繁地用于科学规律的定义),此外还有"合理的结构"(legitima constructio)。但是现在我们回顾一下便可发现,桑切斯在"两种语言"范式的建立中迈出了新的一步:自然语言中有一种语言与通用的、合乎逻辑的语言最为近似,这种语言就是拉丁语(在斯宾诺莎看来,古犹太语是这样的语言)。

如果回想一下桑切斯在其语法中所描述的那种拉丁语,它不是"厨房用的拉丁语",而是加以润色的、精致的、与罗马的古典拉丁语十分近似的拉丁语,那么就会明白,在桑切斯看来,拉丁语是通用的逻辑语言极尽可能的体现,要求其首先用于科学目的。各种各样具体的活的语言,像西班牙语、法语、意大利语、德语等等,与之相反,是日常生活、实际生活、日常使用和艺术的语言。

接下来我们看到,"两种语言"的范式,其中一种为科学服务,而另一种或另一些为日常生活中的实际交流服务,同时也为艺术服务,间接地被保留下来,一直持续到卡尔纳普和 20 世纪逻辑实证主义所代表的观点,在他们的设想失败以后,又重新出现在今天的"物自体语言"和"现象学语言"的观点之中。

但是与桑切斯时代最接近的体现就是法国的波尔·罗亚尔学说。我们说的学说用的是复数,因为应该将波尔·罗亚尔的《语法》(全称是《普遍唯理语法》,1660年)和《波尔·罗亚尔逻辑》(1662 年)看作是实质上一个语言—逻辑观点的两个分支。前一部著作的作者是阿尔诺和朗斯洛,后一部的作者是同一个阿尔诺和尼柯尔。

在《普遍唯理语法》中,桑切斯作为一位先驱者被提及,但是,不言而喻,波尔·

罗亚尔学者们的论著在诸多方面都处于非常高的水平,处于我们这一时代的水平。以笛卡尔学说为基础的《语法》的主要观点在于语法首先以语词中,尤其是句子中思想表达的普遍规律作为真正的对象,正因为如此语法就是科学。个别语言的语法相对于前者就是个别的情形,它们之间的区别是由每一种语言及其"日常用法"(l'usage)的具体特点造成的,因此确切地说,是"艺术"[波尔·罗亚尔的语法理论详见例如 Бокадорова 1982；Грамматика Пор-Рояля 1990；波尔·罗亚尔逻辑参见 Маковельский 1967]。17 世纪普遍语法的思想在 18 世纪法国启蒙学派的语法中得到继承。

总的来说,"两种语言"的观念在我们看来是语言哲学的"小范式",几个世纪以来它得以在每一世纪的主要范式近旁存活下来,而当主要范式相互取代时,"小范式"只是改变充当其"首要的"通用逻辑语言的主角,在桑切斯那里是拉丁语,在启蒙学派那里其位置被每一个具体语言形式中的逻辑本身所占据,在卡尔纳普那里是"科学语言",在一些当代美国哲学家那里则是"物自体语言"。

在 17 世纪的语言观中必须提及俄罗斯语文学家别洛博茨基的一个十分有趣的理论,他是波兰人,活跃于本世纪下半期（准确的生卒年月不详）。在沃姆别尔斯基的改革中该理论看上去如下：别洛博茨基把文学语言或文学中的语言——这在他那里当然还没有区分开—分成几个文体,其中每一个都与特定的文学体裁相联系。（语言的文体,有时是特定语言的文体与文学体裁的联系,在古代文学语言中是一种常见的现象。众所周知,在古希腊语中,曾经有特殊的近似于西西里岛希腊语的喜剧语言、特殊的悲剧语言、特殊的抒情诗语言,以及最特殊的、与任何一个区域的方言都没有联系的荷马史诗的语言。类似的现象在公元前 3000 年中期的古印度也存在过。吠陀语是圣典和经书的语言,梵语是史诗和戏剧的语言,以及上层社会的语言,普拉克利特语是下层民众的语言）。别洛博茨基把每一个这样的文体—体裁称为"艺术文体体裁(сенс)"（有时也叫"энс",源于拉丁语的 ens"实体"）。高于"艺术文体体裁"的是两个"理性"："文学理性"或/和"神秘理性"。两者都在书面文本中呈现出来,所以这同时也是文本的分类。"文学理性或艺术文体体裁"文本,这是与客观现实最相符的作品（当然,如同别洛博茨基理解的那样。但是不管他如何理解,该区分本身在我们看来都是极其现实的。这里大概是第一次出现了内涵世界这一现代概念的雏形）。换言之,在这些作品中,语言表达式应该逐词逐句地"照字面"来理解。（看来,"理性"和"艺术文体体裁"与"照词面的"搭配在一起,是一样的意思,因为在该理性中没有别的"艺术文体体裁"。）

至于"神秘理性",它则囊括了三个"艺术文体体裁"："讽喻的"、"比喻的"和"神秘解释的",之所以合并在一起,就是因为它们当中任何一个的主要表达式都不是按词面来理解的。"讽喻的艺术文体体裁"是寓言："在转换的话语中寓言具有另一层意思,该意思是自明的,具有某种神秘性或相似性。说的是一回事,意思是另外一回事"[引自:Вомперский 1979,23]。"比喻的艺术文体体裁"是劝谕性和教化性的。"神秘解释的艺术文体体裁"(源于希腊语 ἀνάγω'向上的领引'),这是高级的理性,引向顶点的话语,这是向未来表示敬意,似乎实质就在苍天之上"[出处同上]。

目前,文艺作品的语言在符号学上作为一种特殊的语言来研究,在这种语言中术语和表达式具有内涵(含义),但是不指向任何一个语言外的现实客体(指称或所指),如同"可能世界"的语言一样,对于语言观的历史而言,别洛博茨基的观点几乎是 17 世纪最具旨趣的学说。

波尔·罗亚尔在整个欧洲文化中,特别是在语言理论中起着显著的作用。然而后者,波尔·罗亚尔的作者们一直认为,在 18 世纪末之前分为两支:由于"普遍"语法成为描写一般民族语言的方法,它也就成为一种"分析方法",因而变成一种"逻辑语法",变成"语言逻辑分析"的方法。现在语言的普遍特点不仅要在语言的逻辑中进行寻找,它们还和对待语言的哲学态度有关,从而为"语言哲学"、"哲学的语法"奠定了基础。法国塞伯尔特[Thiébault 1802]的《哲学语法》是这一分支的证明。福柯已注意到这一点(再参见[Степанов 1990])。

第三章 18至19世纪上半期语言中的哲学问题(跨范式时期)

0. 普遍特点

与17世纪一样,18世纪也是一个跨范式时期,然而这一时期的语言哲学领域是另外一种情况。17世纪基本上不存在某种语言哲学的范式,无论是笛卡尔、莱布尼茨、斯宾诺莎的观点,还是波尔·罗亚尔学者们的观点,在这方面都不见得可以把它们一律同等看待,当然,如果不把存在或可能存在某种最好的、理性的通用语言的共同观念当作是某个共同点的话。在18世纪,尽管存在各种各样的语言观,然而还是可以确立两、三条主线,并且在它们之间开始形成一定的、可以予以相当准确定义的关系。

一方面,形成了语言的历史观,并且开始把现存的语言看作是过去在这些语言之前的语言发展的产物。就在该世纪末,随着古印度的文学语言梵语的发现—不言而喻,欧洲人是为自己的目的而发现的—以及把大多数新兴欧洲语言溯源到这种语言,并将其视为祖先的尝试,这种观点就完全定形了。产生了历史比较语言学。但是从语言哲学的观点来看,这一切只是对语言外部形式的研究,因此没有什么意义。另一方面,费希特、谢林、康德的抽象逻辑—哲学体系发展起来,并且在这些体系中语言的某些特点与外部形式脱节,作为内涵的逻辑常项,即思维的逻辑常项出现。

正因为如此,应该把第一条线索和第二条线索看成是同一个东西的两个方面,看成是对待语言的两种方法—历史比较方法(纯语言学的)和逻辑方法—的来源,由于语言和逻辑自身的本性,它们将在后来融合在一起。但是这个后来,即自然语言、日常语言的逻辑—哲学范式,还是出现在很远的将来,在20世纪的中期。

然而早在18世纪苏格兰学派的哲学中,在托马斯·里德(1710—1796)以及著名的经济学家亚当·斯密(1723—1790)那里就已经出现从"常识"角度分析日常语言的最初思想[参见例如 Грязнов 1979,39]。

作为与笛卡尔的理性主义和逻辑主义原则相对立的历史主义原则,该方法极有可能是意大利人詹巴蒂斯塔·维柯(1668—1744)所宣称的,他既不是语言学家,也不是逻辑学家。其主要著作《关于各民族共同性的新科学的原则》(1725)是第一部用民间意大利语撰写的哲学著作。维柯提出一个观点,即人类社会的历史是一个有规律的进程,并且具有清楚的表现阶段。他把它们看作是一种循环,是一种螺旋式上升的运动,由三个分支构成,与个人的童年、青年和壮年相对应:1)神权阶段(无国家,隶属于祭司),2)英雄阶段(贵族政体的国家),3)人权阶段(民主共和国或具有资产阶级民主自由的典型君主制)。社会的这三个阶段与语言的三个阶段相符合:1)象形(宗教的、神祇的、神秘的)语言,无声的语言,体现在手势、面部表情和肢体动作上,它们与事物的本质,即观念,具有天然的联系;2)象征(英雄)语言,通过比喻、隐喻、比拟来实现;3)人的(书面、民间、口语)语言,声音、语词和语句的语言。在"神秘"和"象征"语言的区分中显示出圣经传说的痕迹(参见Ⅰ,4),并且与17世纪的观念有着显著的相似性,例如别洛博茨基的不同"艺术文体体裁"。

维柯观点的独特性在于,这些阶段("阶段"这一思想,不同的思想家曾以不同的形式提出过)显然在他看来同时也是语言的泛时类型,或者更准确地说,是符号系统的类型。如果拿过来的不是维柯单独的语句,它们往往会显得极其现代,而是其主要的、基本的语言—哲学论点,那么就应该认为,"《新科学》通过发展人类各种形式的象征性活动的哲学为建立'不同形式的历史'做准备,而在这些形式中语言占据中心地位"[Степанова 1978,452]。

我们认为,根据该观点可以将维柯的类型学与运用马克思主义哲学论证符号学就是关于表达思想体系的符号系统的科学的初次尝试相对比,正如沃洛申诺夫在1929年所认为的那样:"思想体系创作的客观的社会规律性,被错误地解释为个体意识的规律性,必然会在存在之中丧失其实际地位……它在存在之中的实际地位就是在人类建立的特殊的社会符号材料之中……关于思想体系的科学绝不取决于心理学,也不依赖于心理学……意识形态现象的客观现实即是社会符号的客观现实"[Волошинов 1929,19—20];"关于具体形式的问题具有头等重要的地位。当然,这里说的不是某一时代我们社会心理知识的来源(例如回忆录、书信、文学作品),不是'时代精神'解释的来源,而恰恰是这种精神的具体实现形式,也即切身的符号交流的形式。这些形式的类型学是最为现实的马克思主义的任务之一"[出处同上,28页]。然而,在维柯的理论中我们碰到的当然只是未来符号学最一般的特点,而这也只是我们从今天建立起来的符号学回首时才能看清楚。

总的来看,18世纪在语言哲学中是一个矛盾的时期。一方面,这一时期维柯反对笛卡尔的理性主义,主张人文知识是人的认识工具,宣告笛卡尔学说极其有害的影响就是"现在所追求的只有一个目的,即认识真。研究事物的本性,因为这种研究**看起来是准确的**(黑体是我们加上的—作者注),而不研究人的本性,因为它是自由的,无法加以准确研究"[Михайловский 1909,79]。因此维柯在此是持浪漫主义语言哲学观的浪漫主义者赫尔德(Гердер，1744—1803)的先驱。另一方面，法国的启蒙学派在其《百科全书》中继续绽放浪漫主义者以及波尔·罗亚尔的语法和逻辑思想之花，虽然不能避免一些矛盾(特别是维柯指出的那些矛盾)，但同时他们自己也意识到这些矛盾，并竭力在其关于语言的二元论中把弱点变成强项。逻辑—哲学路线，即启蒙学派—康德—黑格尔路线，后来成为一条主线，在这里是我们的重中之重。

1. 启蒙学派语言哲学中的"两种语言"范式

我们认为，在启蒙学派的语言哲学中，对于我们现在所写的科学史最具旨趣的是其"两种语言"观念及其具体体现。正如我们所见(II，3)，波尔·罗亚尔的学者们已经充分意识到这一思想，除了科学认识可以达到的语言逻辑层次，还存在着某种别的层次，它在各个民族语言中是独特的，是修辞艺术的对象。在法国大《百科全书》(1751—1780)以及与之相关的并在其完成后开始出版的《方法论百科全书》中，这一思想被十分严格地提出来："语法可以研究语言构建的两种原则。第一种是所有语言都具有的，并且其真是不变的；它们与思想本身的特点有关，为分析思想服务，并且由思想本身推导出来。第二种原则的真只是假设的，并且取决于自由接受的可变的契约。后一种原则只是对那些接受它们的人们才是有效的，而且人们仍保留改变它们或者彻底拒绝遵循它们的权利，如果日常用法倾向于改变或者完全取消这些原则。鉴于此可能存在'普遍'语法和'个别'语法。普遍语法是基于理性规律的关于所有语言中口语和书面语普遍和不变的原则的科学"[Encyclopédie 1789，190]。

在两部百科全书中所援引的以及大部分其他语文学论文的作者就是鲍泽。在这一世纪末开始认为普遍语法主要是句法的语法，就如同后来卡尔纳普和其他一些人所说的"逻辑语形学"或"句法学"[参见：Бокадорова 1982，120]。

至于"个别语法"，它"是一种艺术，把根据用法任意建立起来的个别语言的形式归入到口语和书面语普遍和不变的原则中去"(在所援引的鲍泽的文章中)。语法学存在于任何一种语言之前，因为它的规律是永恒的、普遍的，它们决定具体语言可能出现的领域，并且只是推测具体语言出现的可能。在这里应该指出，语言规律作为可能性的理解比现代语言中关于规律的观点要早一百五十年[Гипотеза в современной лингвистике 1980，95]。相反，相对于所有语言而言，语法艺术是第二性的，因为每一种语言的"日常用法"的存在都应该比语法学家把它们同普遍语法的规律相互对比要早。

正如博卡多罗娃[1982，120]所指出的那样，"艺术"和"科学"的概念在这一背景下与德尼·狄德罗的基本观点相一致:"如果对象是生产或复制出来的,那么按照规则进行的组装和技术配置就叫做艺术。而如果只是从不同角度来研究对象,那么与该对象相关的研究结果的组装和技术配置就叫做科学"[引自:Encyclopédie 1976, 50]。然而"艺术"一词本身在这里还与中世纪的"ars"这个词很近似,就像在《ars combinatoria》和《ars magna》中所理解的那样,比如在吕黎那里。可见,"科学"和"艺术"这一概念的对立与现代的理解不完全一样。

除此以外,正如雅库什金娜所言,尽管《百科全书》中逻辑—哲学定义和区分貌似非常清楚,可是存在矛盾,这是因为存在两个主要流派:1) 遵循波尔·罗亚尔语法和逻辑的普遍观路线,2) 体现启蒙学派哲学的经验唯物主义倾向的路线[Якушкина 1982, 154]。

我们认为,最有意义且具有深远影响的是,两条路线的碰撞体现在把"个别语法"看成是"艺术"的定义方面。一方面,它们被分析性地定义为把具体语言"词句"的多样性与统一的逻辑—句法形式和"命题"进行相互对比的一种技能。在这里谈论的不是某种"可自由接受的契约",相反,这样的"艺术"要服从的严格规则并不比"科学"少。它可以被称为"艺术"只是在下面这个意义上,即其对象是单一的、个性的,而且应该能够引向普遍的东西。另一方面,类似的规则和定义是句法性的,是言语的构成方式,是其各个部分的组成方式,这显然已经取决于个别人的意志和可变的"日常用法"。在该意义上,在前面所举的鲍泽的定义上一直走到尽头,可以断定,人们可以"彻底拒绝某一用法",因此百科全书派的革命性思想在这里完全表现出来,并被运用于语言。

后来正是这第二条线在福柯、罗兰·巴特和其他一些1960年代法国符号学家的学说中居于统治地位,根据这些符号学家的观点,每一个相对封闭的文学流派的语言,即古典主义、浪漫主义、古典现实主义(及其分支)的语言都具有自己的"道德",自己的"特质"(这里使用的是古典修辞学的术语,"文本特质",表示该文本作者对道德人格的认识)。特质可以改变,旧的特质(试比较百科全书派的旧"日常用法")一般是可以废除的,而且这就意味着文学语言中的革命。文艺作品语言的学说成为意识形态的学说,意识形态更替的学说和"符号革命"的学说(再比较前面提及的1920年代沃洛申诺夫的思想)。

不管怎样,对于"第二种"语言,普遍语言的观点非常合情合理地提出来,因此在《百科全书》中(特别是在《方法论百科全书》中)我们碰到了两层术语的初次尝试,即术语的一层,或一级,与语言的普遍逻辑层次有关,而第二层与其民族层次有关,这个层次在每一民族的语言中都是特殊的,因而与言语有关("民族的"这一术语是我们的)。因此,在逻辑层次上有:1)语形,2)命题,3)词项(syntaxe—proposition—terme)。而在民族层次上有:1)结构,2)句子,3)语词(construction—

phrase—mot)。提取作为"语词"的语言单位,对于命题来说可长可短,可易可难,可以听起来是和谐的,也可以听起来是粗鲁的;可以是可变的,也可以是固定的;可以是向来就有的,也可以是借用的;可以是名词,也可以是动词,等等。提取作为"词项"的语言单位,它们应该描述其意义,并且可以是低俗的或是"高尚的",准确的或是模棱两可的,适当的或不适当的,等等。除此之外,所有这一切都显示出与17世纪的思想具有很大的相似性,例如,与别洛博茨基理论的中"多个艺术文体体裁"的区分就很相似(参见 II, 3)。

2. 康德和黑格尔的一些逻辑—哲学思想

康德(1724—1804)的名字与两个原理紧密相联,这两个原理在当今语言的一整套哲学问题上都起着极其重要的作用,它们是:1)思维功能(范畴)和判断形式之间联系的最终表述;2)莱布尼茨引入的"可能世界"这一概念的相对性。前者结束了古典范式,即"名称哲学",赋予实体或本体概念以最终的形式,如前所述,这一概念在该范式中起着非常重要的作用。后者早于新范式,构成模态全新理解的基础,并且成为20世纪中期建立起来的语言哲学观不可分割的一部分。因此在历史背景下研究它们是适宜的。

范畴与判断形式的关系 罗素划出西方哲学史的主线,他认为实体或本体概念整个就是作为语言的派生物出现在哲学史中。实体概念作为笛卡尔、斯宾诺莎和莱布尼茨哲学中的基本概念,从主词和谓词这些逻辑范畴脱化出来,最终实体的实体就是可以作为句子主语的东西。实际上,罗素对该语言定义(他称之为逻辑的)补充道:"实体不仅具有这个逻辑特性,此外,它只要不被神的全能所毁灭(依我们推断,决不会发生这种事),就恒常存在"[Рассел 1959, 610]。

这里罗素从其自身的哲学观和语言观—其核心就是谓词的概念—来阐明前一个范式"名称哲学"的原理。他准确地指出前者概念彼此之间的关系,但似乎是在相反的方向上。[至于术语,罗素在这里使用的是"实体(субстанция)",西方哲学里公认的希腊语οὐσία的拉丁语译文,与俄语的"实体"相对应;然而"实体(субстанция)"和"实体(сущность—οὐσία)"在某些方面根本就不是同义的,参见 I, 2]。

正如我们所见,在名称哲学中接受的是这样一个论点:实体(本体)是初始存在的,实体用名称来命名(意谓),在此之后事物也可以被命名。实体概念与实质性的属性和非实质性的属性这些概念相联系(试比较前面亚里士多德的观点)。罗素从自身哲学的观点来阐释西方哲学史,自然就一定会得出这样的结论,即哲学因战胜这一论题而进步:"在我们以现代术语阐述这一难题以前,我们还必须经过不同的发展阶段。莱布尼茨所采取的第一步是消除本质的与偶然的诸性质之间的区别,这种区别有如经院哲学家们从亚里士多德那里继承的许多理论一样,每当我们企图细心阐述时,它便立即变得不现实起来。这样我们得到的不是'本质',而是'对有关事物真的一切命题',尽管如此,总之该事物的时空位置仍将被排除在外"[Рассел 1959,486]。罗素从这一角度,从自身哲学的观点出发,认为需要"更进一步地取消'实体'这个概念。这样做以后,一个'物'只能成为一束性质,因为任何纯粹的'物性'核心都不能存在了"[出处同上,487 页]。(罗素在其著作中的所作所为参见 IV,3)

这里,如同在某些其他情况下一样(参见序言),必须把符号学问题和实质上的哲学问题区分开,符号学问题才是我们接下来的研究对象。有趣的是,罗素在这方面却丝毫也没有提及其思想源头,即康德的发现。康德在《先验逻辑》(§9,10)(《纯粹理性批判》的一部分,1781 年)中第一次明确地把思维的功能和判断形式联系起来,因而,对此尚未做专门的论断就铺设了一条从判断形式到语言形式的道路。康德写道:"如果我们对整个判断的所有内容进行抽象的思考,并且只考虑判断的纯粹理性形式,我们就会发现,其中思维功能可以划分为四项,每一项又各包含三个子目。它们在下表中清楚地呈现出来"[Кант, 1964a, 168 и след.]。康德把判断划分为:1. 量的判断——全称判断、特称判断和单称判断。2. 质的判断——否定判断、肯定判断和无限判断。3. 关系的判断——直言判断(这一组我们特别需要)、假言判断和选言判断。4. 或然判断、断然判断和必然判断(§9)。康德继续写道(§10):"赋予一个判断中各种表象以统一的功能,亦即赋予直观中各种表象的纯粹综合以统一的功能;用普遍形式表达出来的这种统一就叫做纯粹理性概念……因此先天地适用于泛泛的直观对象的纯粹理性概念,其数目正好与上表中所有可能判断中的逻辑功能的数目相同。理性以这些功能为限,而且理性能力完全可以用它们来衡量。我仿照亚里士多德将这些概念称为范畴,因为尽管我们处理的方法与亚里士多德相去甚远,但是我们的任务与他的任务完全相同"[出处同上,174 页]。

应该注意到,在康德的这一著名论断中,首次在逻辑发展史和语言发展史中明确指出"判断的冗长语义成分"(如我们所称)或"判断形式"(康德)和范畴的关系。如此一来就确立了句法学的最高概括("冗长成分","判断形式")和语义学的最高概括("范畴")之间的关系[再参见:Степанов 1981, гл. IX]。接下来是同样也很著名的康德的范畴分类表。然而有意思的是,康德的范畴分类整体上与其判断分类不同,区别在于细节上的人为性和矛盾性,并且在实践中不怎么有效,因此几乎未被采用。

但是还有一点很重要,我们说的是"3. 关系的判断"中的第一组。里面规定出范畴：依附性与实体性；同时又规定实体与后者相对应，偶性（对某物的依附性）与前者相对应。如此一来，康德直接就把实体范畴（二表）与判断形式——也即关系中的直言判断（一表）——对应起来。前面提到，罗素认为"实体"概念是语言的派生物（尽管早在亚里士多德那里就把实体和主体联系起来，但是直到康德这种"派生性"才最终形成），并且可以摒弃这一概念（要知道只有在批判地战胜确立这一概念的最准确表述之后，即康德的表述之后，才可以摒弃这一概念），该思想的源头即是这一原理。看来，应该提醒大家，无论罗素，还是逻辑实证主义者，都未能成功地摒弃实体概念。

"可能"概念的相对性 在康德之前，在客观现实方面就存在着一种对可能性的解释，即莱布尼茨的解释。莱布尼茨把可能性看成是一个基本概念，将其定义为：只有反面蕴含着矛盾的东西才是必然的；而所有自身不矛盾的东西都是可能的。相对于必然性和可能性，莱布尼茨把现实看作是全部可能中的个别情形。莱布尼茨还认为，现实的、现有的真实世界是所有可能世界中最好的（莱布尼茨的这些观点在罗素和维特根斯坦这样的语言哲学中起着很大的作用，我们先前对此分析过[Степанов 1981，225 и след.]，因此这里我们就不再回到这上面来了）。莱布尼茨认为，可能性、可能世界是一种绝对概念，就其实质来说与逻辑可能性相一致。

康德不是把可能性看作绝对概念，而是相对概念，是相对于某种别的东西的可能性。这样，康德认为，这"某种别的东西"的最重要的情形就是现实世界。康德在《证明上帝存在的唯一可能的根据》(1763)一文中阐明了一个新的观点。在此康德表述了以下原理："一切可能性都是在某种现实的东西中被给定的，或者是在该物中作为一个规定性，或者是通过该物而作为一个结果"[Кант 1963，410]；"某种东西的对立面自身是不可能的，这种东西就是绝对必然的。毋庸置疑，这是一个正确的名义上的定义。但是当我问道，某种事物的不存在是完全不可能的，说实在的，这到底又是什么决定的呢？我寻找一个真正的定义，一个只要能够为我们的目的所用的定义"[出处同上，412 页]。

正如萨多夫斯基和斯米尔诺夫所指出的那样[参见：Хинтикка 1980，26]，总的来说，在构建语义学时用于现代标准逻辑和经典逻辑的是莱布尼茨的观点，而康德的方法在另一个重要的非经典逻辑流派中获得发展，如辛提卡的"可能世界"观点。

当我们在日常生活中谈论明天或一周后会发生什么事，或者已经发生过，而我们却还不知道的事时，会说："我想，发生了什么事，什么事"，我们谈论的是相对于我们所处的那一时刻，那一地点（那一"世界"）的可能性，因此碰到的是康德的（和辛提卡的）可能性概念（参见 IV，3）。

康德还有两个观念与语言哲学有关，我们在后面进行分析，它们是反义观念

(Ⅱ,1)和语用构想(Ⅳ,0.1).

黑格尔(1770—1831)对于阐述语言中哲学问题的意义也就是他对于整个哲学的意义,这首先由其辩证法的一个主要思想来确定:辩证阐述的逻辑体系在所有实质性的方面都与哲学的历史途径相吻合。

"我断言",黑格尔写道,"如果我们把哲学体系发展史中出现的主要概念从所有与其外部形式有关的,与其在个别情形中的运用有关的全部抽出来,如果我们抽取的是它们的纯形式,那么我们就会得到观念本身在其逻辑概念上的不同程度的定义。如果相反,我们抽取的是发展运动本身,我们就会在里面发现历史现象在其主要阶段的发展运动。当然,只是一定要会识别这些蕴含在历史形式当中的纯概念。或许可能会认为,哲学在思想层级上的顺序与这些概念在时间上出现的顺序不同。然而总的来说这个顺序是一样的"[Гегель,1932,34]。

实际上,该原则正是本书的基础所在。

此外,黑格尔对于语言中哲学问题解释的重要性在于,他本人对逻辑的辩证阐述可以被解读为一种逻辑范畴的生成体系,并且在某种程度上还是语言学范畴的生成体系(关于辩证法与语言范畴及其发展之间的基本联系是众所周知的,列宁也谈过)。

然而,对黑格尔的这种解读是一个极其艰难的任务,目前也只是完成了少许片断。对黑格尔体系核心部分的一个全新的片断解读就是洛谢夫的"名称辩证法"(参见Ⅱ,5)。但是确切地说,这种方法通过援引黑格尔的观点结束了"名称哲学"这一旧范式。

除了黑格尔的体系,有必要提及黑格尔对语言和语言学问题的态度,应该说黑格尔对它们不怎么感兴趣。但是黑格尔关于绝对理念的自我发展这一基本论点和洪堡特(1767—1835)关于语言是活动的基本论点无疑是一种并行现象,因此,或许这里存在相互影响。然而,对所有这一切却仍然知之甚少[参见:Постовалова 1982,47; Рамишвили 1978]。

第四章　句法范式
（语言句法方式所表达的"谓词哲学"）

0. 普遍特点

确切地说，19世纪末在前一个名称哲学时期建立起来的语言图式被看成是一幅油画，与其说是描绘性的，不如说是暗藏着现实的。像布拉基诺一样，语言哲学家可以在油画上看到炉灶，炉灶里面的火，还有一锅浓汤，但却已经知道，油画把真正的火遮盖住了，里面既没有锅，也没有浓汤。世界不再被看成是空荡荡的空间，里面放满了已经被很好很体面地定义的事物，其中每一个事物都与其不变的实体一起被叫做某个名称。

年轻的哲学家柏格森的思想注定要划出一个新时代，他在其第一部著作《试论意识的直接材料》(1889)中写道："每天我看着同样一些房子，并且知道这是被我用同样一些名称所恒常叫做的同样一些东西。但是过一会儿我把先前对它们的印象和现在对它们的印象比较一下，就会惊奇地发现，它们是如此的不同，令人费解，而且最主要的是，在它们身上发生了不可名状的变化"[Bergson 1938, 8]。

三年后，虽然画家克劳德·莫奈对柏格森的思考一无所知，却用单数来表示"卢昂大教堂"这一名称。他创作了著名的"卢昂大教堂"组画，把唯一的卢昂大教堂在一天中的不同时刻，在不同的太阳光线下，描绘成完全不同的"事物"。

印象派画家的这一发现，即新的绘画对象不是客观事物，不是事物表面光影的变化，不是对事物的主观印象，而是三者"事物—光影—印象"的统一，是谓词概念在绘画上的等同物。

又过了几年，罗素在对新的逻辑-语言学研究做总结时说，现在不能把世界想象成是由事物构成的，世界不是由事物构成，而是由事件，或事实构成。"事实可以被肯定或否定，但是不可以被命名（当我说，'事实是不能被命名的'，严格说来，这是没有任何意义的。若不想成为无稽之谈，只能这样说：'表达事实的语言符号不是名称'）。"[Russell 1959, 43]用来表达事实的语言形式是句子(命题)，而谓词是其中心。

在20—30年内，在世纪之交形成新的语言图式，它与新的世界图式及其哲学常项相符。首先它符合对世界的新的物理认识，也就略微滞后一点儿。根据爱因斯坦的相对论(《狭义相对论》,1905 年),空间和时间统一在物质存在的形式之中,即时空统一。每一个事件都由四维,即三维空间和一维时间来界定,换言之,是这样有别于其他事件的,也即所有事件的集合是四维的。时空关系,"在该意义上空间和时间取决于参照系,根据它来界定"[Философская энциклопедиция 1967, 178]。

在新的语言图式中,作为事实命题的核心,谓词概念的实质内容包含着同样的四维,也就意味着对参照系统的依赖。但是参照点的坐标,即说话者本人,在该阶段不能被看成是个别的人,该坐标作为"所有说话人",普遍的语言使用者的一般坐标而隐性地存在。只有在下一个范式,在自我中心词哲学中,它才被单独地标记出来,并且是整个图式的基础。

数学和物理对语言深层认识的影响并没有被新语言范式的代表人物所忽略,例如,罗素和卡尔纳普本人在某种程度上都是数学家,或者说都对物理感兴趣。罗素注意到,数学方法的分析,例如,像 2+2=4 这样的等式实质上是语言学方法,因为在分析时只是断定,4 不过是用另一个符号来表示 2+2 所表示的东西。"物理",罗素继续说道,"和纯数学一样,也是为逻辑(或者说在该意义上和语言学的意思一样——作者注)分析哲学提供材料……普通常识认为,世界由'事物'构成,这些事物在一个时期内得以保存下来,并且在空间中运动。哲学和物理把'事物'这一概念发展成'物质实体'这一概念,并且认为,物质实体由更小的粒子构成。爱因斯坦则用事件把粒子替换掉。"[Рассел 1959, 189]。

当然,在这一观点转变之后很快就出现一个问题,即在语词的逻辑意义上究竟什么是"事实",什么是"事件"? 即使在今天,又过了几十年之后,也不能说这个问题被彻底解决了(参见第三部分 IV,3)。罗素在其活动生涯的某一时期(比本节开头我们提到的时期要晚一些)写道:"'事实'这个名词照我给它的意义来讲只能用实指的方式来下定义。世界上每一件事物我都把它叫做一件'事实'。太阳是一件事实,凯撒渡过卢比孔河是一件事实,如果我牙痛,我的牙痛也是一件事实。如果我陈述什么,则我陈述这一**行为**是**事实**(黑体是我们加上的;我们现在说一说这个对比或对立—作者注),如果陈述为真,那么另外有一件使它为真的事实,但是如果陈述为假,那就没有那件事实……事实就是使陈述为真或为假的东西"[Рассел 1957, 177]。

"事件"概念在这方面,确切地说,是一种"事实"(我们后面会谈及这一问题)。但是"行为"和"事实"的区别在这里不太清楚。实际上该区别在上一个与名称哲学相关的哲学传统中起重要作用。经院哲学家把亚里士多德的两个术语都译为"行为"(actus),一个是"潜能"(ἐνέργεια),是在完成过程中的那个时刻的变化,另一个是"隐德来希"(ἐντελέχια),是实现了的变化及其实现,也即是一种完善,亚里士多德的这两个概念都与"实体"相关,亚里士多德把"潜在行为"与"实现的行为"区别开,使前者接近于实体;而隐德来希也与实体相关。罗素对实体这一形而上学的概念很反感,尽量不去注意"事实"和"行为"的这一区别。

托马斯·阿奎那根据谓项的"强制力"早就区分出谓项的两种形式(引号中的术语是我们从皮尔斯那里借用过来的):a)一种谓项指向世界上的明显事态,也就是后来被罗素称之为的"事实";b)另一种谓项,指向不明显的事态,是用连接词"что"后面的命题表达出来的事态,例如,"X считает, что..."。第一种谓项强迫意识最大限度地接受它,正如皮尔斯所示,它"具有最大的强制力"[Семиотика 1983, 165 и след.]。第二种谓项对意识的强迫程度要小的多,而且是不同程度的[试比较,例如,"полагает(以为)","считает(认为)","сомневается(怀疑)","хочет(想要……)"等等][Nuchelmans 1983, 48]。早在阿奎那时代,尤其是在后来,第二种谓项引发了一个重大的逻辑—语言学问题,就连罗素本人在命题态度方面也不能回避这一问题。与这种谓项相关的首先是"行为"现象,因为它体现在语言中。但是该问题在语言理论中的反映在罗素时代依然存在,并且目前在相当大的程度上也依然存在,甚至今后也会存在。

因此,在新的世界图式和语言当中,世界不是由散布在空荡荡的空间里的"事物"构成;世界由"事实"或"事件"构成;每一个事件都是用"原子"句来描写的;这种描写是客观的,与模态、可能性和意见等等无关,即一般来说与观察者—说话人的态度无关。观察者的态度在事实世界中或者不予考虑,或者被认为是不重要的,并且对其进行中和。命题句和"事实"的描写由用来填充谓词中规定好位置的谓词和名称(词项)构建。谓词不是与"事物"相对应,而是与"事物"之间的关系相对应,与此同时谓词不对这些关系命名。

同时,名称哲学的核心概念发生变化,"实体"是最具有语义性的,而且,更确切地说,是亚里士多德确立的所有范畴中唯一具有语义性的。只有实体,也即事物,可以用语词加以命名,而且只有把语义定义为语言符号与外部世界对象之间的关系才可以更好地研究实体(事物)与语词的关系。如果实体(至少在亚里士多德和"名称哲学家"的意义上)是哲学范畴中最具语义性的,那么名称则是语言范畴中最具有语义性的。可以说,名称哲学对所有其他范畴的研究取决于它们与实体和名称范畴相互对应的程度和剖面。因而该哲学主要是研究语义,而且是前面所述的狭义上的语义。

所有"谓词哲学"对实体概念都有一种无法抗拒的厌恶,并且同时对语义持某种怀疑态度。的确,谓词在该意义上是范畴中最不具有语义性的。谓词不对语言外的某种东西命名(尽管无疑它们和语言外的某种东西有关)。例如,不能说,Я—здесь(我在这里)这个俄语句子中(或英语的 I am here)的语词 здесь(这里),here(这里)或者整个谓词—здесь(—这里),—am here(在这里)是"地点的名称",尽管谓词在该句中是地点谓词。谓词本身也不是由语言中的语词来命名,就像在前一种情况下,同样也不可能说语词 здесь 和 here 命名谓词,即句子中存在的某种思维实体。名称特有的"语义三角",即"事物——它的名称(语词)——它的概念",用于谓词时,一方面仍然继续存在,因为存在着三个要素:语言外客观世界中的某种东西(就是事物之间的关系),语言中的某种东西(就是客观关系的语言表达式)和同时与第一个要素和第二个要素相对应的某种思维实体。但是,另一方面,三角似乎坍塌了,因为第一个要素不是"事物",第二个要素不是"语词",而第三个要素也不是"概念"(下一节将详细论述)。

谓词之间的关系是特殊的思维单位,是其在外部世界中的语言外客观对应物及其语言表达式之间的关系,这种关系基本上是另外一种性质的,它们引入到自己领域中的不仅仅是,甚至主要不是语义,而是句法。我们跟随着谓词概念进入到句法领域。

为什么会这样,前面所述基本上已经以"非形式"的方式表达清楚了。但是可以提出一个问题,而且是更"严格的"问题。丘奇在其《数理逻辑导论》(1956)中似乎直接给出了答案:"如果想到对于所有逻辑体系都可以假设存在多个正确的解释,在这些解释下赋予正确构建起来的公式(也即形式化语言的表达式—作者注)以不同的指称和意义,这样情况就会比较明朗。这些指称和意义的归属可以通过建立抽象的对应关系来实现,所以对这些归属的研究与理论句法有关。当我们通过标记对系统的某个具体解释来处理关于正确构建起来的公式的内容这一问题时,语义学就出现了。语义和句法的区别表现在某个具体解释及该解释所规定的指称和意义对正确构建起来的公式的归属所赋予的特殊意义上。然而,在包含纯句法和纯语义的形式逻辑范围内,关于该特殊意义,除了假定它是特殊的,也不能说明什么"[Черч 1960,383]。

迄今为止,逻辑都是研究一般性的语言问题,它和语义的关系就如同所引用的丘奇这段话的最后一句所描述的那样。但是新的语言哲学范式刚从逻辑转向自然语言,就出现"一种对体系的具体解释"的确立,即自然语言的确立,这时正如丘奇所指出的那样,语义学开始和句法学结合起来,和"纯语形学"结合起来。如果从逻辑到语言的角度来分析这一问题,情况就是如此。而如果换一个角度分析问题,即从研究语言到研究逻辑,则会出现和从语义学转向句法学一样的情况。

或许甚至可以这样说:句法学(包括卡尔纳普那样的形式句法)的发展与语义学深处谓词的发现相关,谓词不是完全的语义范畴。

而且在发现谓词后的初期对其的研究,如同科学上经常出现的那样,依旧按照旧的规则进行,即语义上的、孤立的,也就是逐字逐词的。人们还没有意识到,谓词概念本身引出世界上的"事实"具有普遍联系以及与语言中的"表达式"之间具有联系这一思想,而未曾意识到这一点的初级阶段就是"逻辑原子主义"时期。这一说法是指 1910—20 年代罗素早期以及维特根斯坦《逻辑哲学论》时期的思想,但是从符号学的角度来看,卡尔纳普的论著也与此近似,特别是在他发展模态逻辑和语用学之前(也就是 1950 年代之前)。谓词在这些思想背景下被解释为"最小的关系","原子的",而且这种解释是从一个特殊的角度对其进行描写的(参见第 3 节)。

第二个时期的特点是把与"原子主义"相对立的普遍联系和"系统性"考虑在内,这就是维特根斯坦的《哲学研究》时期和艾耶尔、奥斯汀等人的"语言哲学"时期,这一时期在美国和苏联的语言学中引入了"一般分布"概念,并且尝试只在"语言内部关系"的网格中描写整个语言及其各个组分(参见第 IV 章)。

这一切可以追溯到古希腊斯多葛派哲学家的传统,在这一时期之前它们几乎被人遗忘,确切地说,看上去有如废墟一般(参见 IV,2)。

名称哲学是非常统一的,分为几个流派,诸如唯实论、唯名论、象征论等等,只是由于对同一些问题的不同回答而发生分歧,与名称哲学不同,谓词哲学则是多种多样、形式各异,在其发展的不同阶段提出一个又一个新的问题。然而它仍然是某种非常统一的东西。

在谓词哲学发展的同时,就在我们将要对前述观点约定性地命名时,现象学形成了,特别是语言现象学,其中一些观点与谓词哲学的观点近似,而一些观点又开辟了下一个科学范式,即自我中心词哲学(作为语言哲学的现象学,已经是在另一个范式的框架之内,参见第 V 章)。

在诗学领域与提到的流派(当然,除了斯多葛派哲学家以外),或者至少与这些流派的主要思想相符合的是各种各样的诗学:未来主义诗学、俄国形式主义诗学和目前最具现实意义的弗·雅·普罗普的诗学。然而,它们全部都可以看作是"句法诗学"或"谓词诗学",构成"句法诗学类";其中两个有专门的章节来论述。

1. 谓词概念

这里我们从现代观点,从符号学的观点来描述谓词的几个实质性特点。

另一种观点(可以称之为"词汇观点")认为典型的谓词就是动词,除了动词不是命名事物,而是命名行为以外,动词实质上与名词没什么不同,这种观点本应在"逻辑原子主义"时期就过时了。经典逻辑早就看得非常清楚,相对于名词,谓词在其语义实体上是另一种性质的现象:"就其本义来说,主词首先是个别的东西,而谓词是普遍的东西"(Гегель, Наука логики, §169. 但是普遍的或一般的东西不是被命名的,而是被意谓的——经院哲学家们坚持这一观点,参见 I,1);"判断力一般是把特殊的东西想象成归入在普遍的东西之中的一种能力"[Кант, Критика способности суждения. Введение，Ⅳ）。即使同一个名称有时处于主词位置（Учителя много работают［老师努力工作］）（1），有时处于谓词位置（Мои родители—учителя［我的父母是老师］）（2）的情况下，它也是完全不同的语义实体——在前一种情况下是指称、所指、外延，在后一种情况下是意义、内涵。而且在所举的例子中，乍看起来谓词似乎是名词，这只是谓词的个别情形。在分析普遍情形之后我们就会确信，诸如"该谓词是名词"或"该谓词是动词"这样的表达式并不准确。

谓词在一般情况下就是命题函项（有时也使用"陈述函项"这一术语，但不常见）。例如，"— есть учитель［—是教师］"这一表达式是谓词，也就是命题函项，在该情形下取决于其中一个变项。变项（论元、项或名称）这里用破折号表示。该定义无论在逻辑中，还是在语言学中都是有效的。同时，由此可以立即看出来，为什么"该谓词是名词"或"该谓词是动词"这样的表达式并不准确。

根据谓词包括的变项（换个说法——项，题元）数量可以对谓词进行分类：

一元谓词："x—желтый［x 是黄色的］"，"x бежит［x 在跑］"（Лимон—желтый［柠檬是黄色的］；Ваня бежит［瓦尼亚在跑］）；

二元谓词："x читает y［x 在读 y］"（Ваня читает книгу［瓦尼亚在读书］）；

三元谓词："x дает y z-y［x 给 y z］"（Ваня дает книгу Маше［瓦尼亚给玛莎一本书］）；

四元谓词："x дает y z-y за w"（Ваня дает деньги Маше за книгу［瓦尼亚给玛莎书钱］）等等。

一般情况下在形式化语言中谓词是 n 元关系。通常如果谓词是这样定义的，而且 n 的数量又相当多（在自然语言中很少超过 4—5 个），那么谓词的内涵就会丧失与自然谓词语义之间的某种明显联系。谓词在这种情况下只不过是按照一定的序列提取出来的"n 个"（像"两个"、"三个"）事物（项）。在模态逻辑和内涵逻辑中不得不和谓词的这种抽象概念打交道（参见 Ⅵ,3）。

相反，一元谓词有时作为某种完全特殊的东西被划分出来，因为它只包括主词-项，所以这样的谓词有时被叫做"零元谓词"。在自然语言中与之相对应的是性质和状态（例如，在罗素那里，参见 Ⅳ, 3）。

在语言学中表示变项的更为惯常的方法不是拉丁字母，也不是横线，而是对变项的简短描述：例如，"｛表示人的名词｝是教师"。在这种情况下，对命题函项（或谓词）所进行的语言学描写不是别的，正是"句子类型"、"句子模式"、"句子的结构格局"（最后一个术语因其只有一个含义，所以是最好的）。用常项（名称）替换变项可以把命题函项变成句子。例如，Мой брат—учитель［我的兄弟是教师］，谓词和命题函项（仍然无论在逻辑中，还是在语言学中）是同一个东西，但却似乎是在详细说明的不同程度上加以定义。谓词通常在最一般的形式上加以定义，未对变项进行描述,而命题函项被定义为谓词以及对变项的某种描述,即其"辖域"。

这种重合的基础就包含在语言自身之中,就在句子谓词和主词的"语义一致关系"现象之中,于是很清楚,在所列举的例子(1),(2),(3)中主词只能是属于"人"这一类的对象。如果该条件得以明确表述,比如说"该命题函项的项只能是属于'人'这一类的对象",那么我们就会得到该函项的辖域。后者同样无论对于逻辑,还是对于语言学都是有效的。然而,我们再次强调,就算没有如此明确的定义,命题函项或谓词在自然语言中本身也指涉它们和某些主词的联系。或许会想到,也有对可能的主词不作任何指涉的谓词,比如俄语的 находиться ближе, чем（位于比……近的地方）或只是 находиться（位于）。然而这种结论不会是正确的。更确切地说,这样的谓词指涉该语言所有可能的主词。无论如何,在自然语言中都应该根据谓词与主词—名称的分类的对应关系,也即与普遍的项的分类的对应关系来判定谓词。

如此一来,即使在名称处于谓词位置的情况下,谓词也可以和名称分开("在系词的右侧": Он—учитель[他是教师])。

把谓词和动词分开,意思就是不会把谓词和动词混淆起来,这是更艰巨的任务。这一任务由叶尔姆斯列夫和本维尼斯特于1950年代完成。其处理方法的实质如下。假设,给出两个俄语动词,它们构成一个体的对偶: защититься—защищаться 在"防卫"的意义上,以及在"答辩"这个新的意义上。当我们有可能对这两个动词同时进行变位时,我们碰到的确实是动词单位,但是当我们面对另一种情形,即 Защищается диссертация（答辩）时,表达式 * Защитилась диссертация 则不能作为其并行现象(而只能是: Была защищена диссертация);那么在这里动词 защитить 和语气词-ся 的结合不能构成统一的动词性词;语气词-ся 在这种情况下隶属于句子;至于 защититься 这个词,则它用动词形式把两个语言实体,也即动词 защитить 和某种隶属于句子的东西,即词素-ся,结合在一起。

叶尔姆斯列夫认识到这些个别现象是一种普遍现象,即变位这一事实总是(不仅仅在类似于俄语-ся 的例子中)隶属于句子,或者现在我们会说,属于谓词;动词性词只指涉谓词的语义特征,表示该特征是从谓词和句子中抽象出来的,以单个词的形式,即动词形式出现的[Hjelmsiev 1948]。这样,如果把叶尔姆斯列夫的看法继续深入下去,那么在辞典中列举出来的动词(在印欧语中通常是不定式形式)就不是"行为的名称",而是语言学家建立起来的抽象概念[Бенвенист 1974, 289;再参见 с. 167 и след]。动词是把谓词意义和一定数量的其他特征融合在一起的词,这些特征是从该谓词的主体、客体、转换和迂说的语义中提取出来的。这样,谓词就是语言中的一些特殊语义实体,而且它们不是以动词这种词汇单位的形式,而是以命题函项以及与之相对应的"句子结构格局"的形式用语言加以定型的。

命名问题 谓词并不命名。或者说,无论如何,说"谓词命名"意味着在特殊意义上使用"命名"这个动词。谓词位置上的名称,即使和主词位置上的名称相同(我们在前面所举的带 учитель[教师]的例子中见过),也不是表示事物,而是表示某种概念。因此如果说它也"命名"某种东西,那么它"命名的是概念"。这的确是"命名"这个动词的特殊用法。是的,似乎奥卡姆在该意义上用过这个动词(也就是与拉丁语对应的等价词),但也只是在要求强调语词作为物质符号命名其自身内涵的地方。然而在这种情况下,用前面引入的术语"意谓"就足够了(参见 I, 1)。

基础或基本谓词可以在纯语义上来理解它们。在这种情况下,基础谓词总是表示性质或状态的"单题元"谓词、"零元"谓词。在印欧语句子的表层形式上与之相对应的通常是不及物动词(Иван спит[伊万在睡觉]),形容词(Иван высок[伊万个子高]),形动词(Окно разбито[玻璃窗碎了])或像 болен[生病]这类"表语词"(Иван болен[伊万生病了])。按照这种观点,所有其他谓词都可以化归为基础谓词,并且这种还原往往获得一些离奇的形式,例如,就像在维日彼茨卡的语义语言中(Иван разбил окно молотком[伊万用锤子把玻璃窗打碎了]="Окно разбито + потому что + молоток пришел в соприкосновение с окном + …[玻璃窗碎了+因为+锤子和玻璃窗接触上了……]"等等)[Wierzbicka 1972]。

基础谓词也可以在句法-语义上来理解,也就是形式上的,指那些项或题元里不包含整个句子的谓词[参见:Демъянков 1980]。因此,相对于维日彼茨卡的定义,这样定义的基础谓词就是个别情形(按照维日彼茨卡的观点,除了主词,基础谓词一般不应该包含任何项)。

如前所述,我们把亚里士多德的十个范畴作为基础谓词,并注意到实体范畴的特殊地位,也就是说,实际上其余九个范畴都在其后面(参见 I, 2 和第三部分 II, 1)。

从逻辑角度着眼,一览表前面的实体、性质和关系范畴是基本的。在某种意义上可以说,其中每一个范畴都是一个形式逻辑划分的基础。"实体"(作为"类")是"类逻辑"的基础,分析这种逻辑的主要判断形式为"S 是 P",这里 S 和 P 是类(外延)。性质是"性质逻辑"的基础(我们这样约定性地命名那些将性质和类视为同一的逻辑体系,比如像卡尔纳普的观点),这种逻辑认为判断的主要形式是 P(X)"x 具有属性(性质)P"。"关系"是"关系逻辑"的基础,这种逻辑认为判断的主要形式是 aRb"a 对于 b 有 R 关系"。

基础谓词在话语中彼此之间形成语义-句法的线性关系。反过来也可以这样定型它们,例如,引入"超谓词"概念。如果基础谓词在简单句中起作用(因此在某种意义上科里的定义"谓词把名称变成句子"是正确的),那么"超谓词"则是在复合句中起作用。"复合句"在这里理解为"由简单句构成的"。因此可以说,超谓词把简单句变成复合句。

超谓词自然首先包括诸如 если（如果），потому что（因为），вследствие того что（由于……）等等这样的连词。但是超谓词表不断扩充,因为出现越来越多新的语言现象,它们在深层语义和句法分析中放在该类下比较合适(再参见 IV,2)。

最近十年在美国语言学中对谓词的话语关系研究得很详细,如何定位带有该谓词的句子,句子如何与前面的话语以及整个话语背景相关联,在该谓词存在的情况下主体的所指又是怎样的等等[参见：Демьянков 1982, термины 2047—2048]。在苏联时期的论著中语义得到详细研究[参见：семантические типы предикатов 1982]。

基本表中谓词之间的**非线性、话语外关系**。一般说来,基本表中的谓词之间不应该有任何关系。该表中的谓词或者是范畴(正如在我们的列表中,根据亚里士多德的观点),或者是"根词"(比方说,如同在维日彼茨卡的列表中那样),也即是一些元素,因而无法定义,该论点不过是这一事实造成的。既然无法定义,就意味着不可分解。既然不可分解,那么该表中的谓词就不能简化成某些其他元素,也即不能相互简化。基本表中的谓词用某种类似于"成分分析"的方式来描写基本表中的谓词无法令人满意。例如,不能断定,"男人"在语义上可以归结为"人"+"男性"+"成年人"这些成分,以及基本词可以用某种类似的方式归结为由其他基本词构成的成分,如"地点"不能归结为"时间"等等。然而,即使在严格的逻辑分析实践中,也常常会用到某种初看起来类似于这种操作的做法,至少对于亚里士多德列表中的前三个谓词是这样的。"类"(也即"实体")、属性和关系常常通过彼此表达出来。在某些形式化系统和"语言"中起作用的是所谓的外延性原则,即把属性和类视为同一。众所周知,卡尔纳普甚至在消除"名称重叠"现象中(消除"属性名称"和"类名称"的区别)看到其方法的主要功绩。

然而这里所采取的操作方法(并不总是以明确表达出来的形式)是相当独特的。在我们看来,斯托尔对其定义是最成功的："任何一个 P(x) 公式都是通过条件来定义某个集合 A,如果根据条件集合 A 中的元素正是那些事物 a,那么 P(a) 是真命题……可以说,解决该事物 a 是不是集合 {x| P(x)} 中的元素这一问题,就是解决 a 是否具有某些确定的属性(性质)这个问题……在这种情况下……任何一个属性都可以定义一个集合"[Столл 1968, 16]。换言之,在"性质"谓词向"实体(类)"谓词过渡时或者反之,研究者超越了语言范围,并且在客观的语言外情境等值的基础上确立了谓词的等值。实际上,说话人通常采用同样的做法,在用地点表达式替换时间表达式时,比如：Мы позавтракаем в поезде[我们会在火车上用早餐]代替 Мы позавтракаем в 12 часов[我们会在 12 点用早餐](如果知道"12 点钟我们会在火车上")。

综上所述得出结论,谓词作为范畴,并且与整个句子(而不是与其某个部分)的构建相关联,它不应该采用对比成分分析。谓词的语义分析给语义理论带来根本上的变化,它需要**意义的非对比理论**。

众所周知,另一种思想,也即"意义的非对比理论",是在逻辑实证主义的框架内,特别是由艾耶尔总结的。根据该理论,语言要素,例如语词,只是由于和其他语词相对比才具有意义(试比较,索绪尔"纯粹对立的语言实体"思想)。至于范畴,按照这种观点它们属于"抽象的禁忌层面",对比原则对其不具有效力。因此,尤其是处于"语义非对比层面"的范畴项,它们相互之间不构成对比,诸如"一般的存在"、"泛泛的存在",以及"发展"、"物质"等等都被看成是没有意义的。

谓词普遍分类的建立导致得出另外一些结论。分类的建立让人承认"语义的非对比层面"(基础谓词的语义就是这样的)的同时,还不得不承认谓词范畴的意义,并把存在的客观现象纳入其中。

终于到了最后一个问题。前面我们一直讨论的是从简单句中提取出来的、作为基础谓词的谓词。然而似乎并没有看到用这种方式来确立范畴(也即基础谓词)的任何逻辑基础,这种方式就是从简单句中把范畴提取出来,亚里士多德就是这样做的。可以尝试从复合句中提取它们,把基础谓词看成是把话语中的简单句联结在一起的"超谓词"。这种可能性将会符合新兴范式自我中心词范式的精神,而这时该范式把话语看作是基本的语言客观存在。但是早在斯多葛学派时就已经意识到这种可能性(参见 IV, 2)。

因此,和名称一样,谓词在逻辑上和形式化上得到相当不错的研究。但是它实质上到底是什么?与整个思维不可分割的述谓行为的实质何在?伴随着语言的逻辑分析,这个问题作为语言中的一个哲学问题一直存在,有时被看成是贬义的"形而上的"问题。

甚至罗素(正是他和其他一些逻辑实证主义的代表把"形而上学"作为贬义名称来使用)也不能回避这一问题。在后期著作中罗素开始把这种用命题函项和谓词表达出来的事实叫做事件。"我的观点可归结为,'事件'可以被定义为共现性质的完全复合体,它具有两个属性:(1)复合体中的所有性质都是共现的,(2)复合体以外没有任何东西与复合体中的任一成员相共现。我认为没有事件是重复的,这是一个经验事实"[Рассел 1957, 117]。

目前"事物"—"事实"—"事件"三分法(识别法)对于恰当地描写命题的语义被公认是必需的。事实被定义为某种不具有时空现实化的事情,并且在该意义上与事物近似;表达事实的惯常语言方式是句子的称名化。俄语中,Тот факт, что мы с вами встретились[我和您见面的事实];Наша с вами встреча[我和您的会面],其事件指的是现象独一无二的时空结合;表达事件的惯常语言形式是完全句(Мы с вами встретились наконец сегодня[我们今天终于见面了])。然而从逻辑角度来看,问题仍没有得到彻底解决。对于语言理论的许多条目(例如,对于描写俄语动词体)非常重要的基本事件概念是难以定义的。最初的定义[Reichenbach 1948; Davidson 1967]引起很多争论。既有反对区分事实和事件的[Horgan 1978; Hornsby 1980],也有支持的[Арутюнова 1980; Hacker 1982]。

罗素在其后期著作中同意句法结构总的来说反映世界的结构这一观点[Russell 1980,374]。但这只是一个一般断定。看来,罗素走得越远,就越背离在实质上研究谓词,因此如果我们想要从他的著作中了解某些与此相关的,我们就应该看看其早期著作。

在形成我们提到的"事件"这一概念之前,他于 1924 年在《逻辑原子主义》中写道:"属性和关系,虽然**可能是不易分析的**(黑体是我们加上的——作者注),但由于它们提出了一个结构,而且也不可能存在任何有意义的符号使它们孤立地符号化,因而与实体不同。因此,'黄'(为了说明这是一个属性而作的假定)的专门符号不是单词'黄',而是命题函项'x 是黄的'。此处,符号的结构说明'黄'这个词必须有的位置,如果它是有意义的。同样,关系'先于'不可由这个词表示,而由'x 先于 y'这个符号表示。代表最简单事实的符号仍然具有'x 是黄的'或者'x 先于 y'的形式,唯一不同的是'x'和'y'不再是未确定的变项,而是名称"[Russell 1959,44]。这或许不是完全"实质上的"分析,但仍然还是分析。

罗素在其更早期的著作中尝试着继续走下去,并且相当清楚地勾勒出"谓词"概念的轮廓,然而却没有洞察到其本质。他写道:"准确地说,我们所有先验的(apriori)知识都是和那些既不存在于精神世界,也不存在于物质世界的东西相关。这是某些只可以用那些不是名词的词类来表示的东西,即性质和关系。例如,假设我在自己的房间里。我存在,我的房间也存在,但是'在……里'存在吗?另一方面,显然,'在……里'这个词是有意义的。它表示关系,我和我的房间就处于这种关系中。对于这种关系,我们不能说它存在的意义与我和我的房间存在的意义一样……这些关系……应该被放置在既非精神世界,也非物质世界的世界中去。对于哲学,特别是对于先验知识问题,该世界非常重要"[Рассел 1914,66]。

罗素在这方面与马赫相去不远(不过,罗素、艾耶尔和其他一些逻辑实证主义的追随者坚决与其划清界限)。的确,从 20 世纪初再次发现这一范畴起,谓词实质上就始终被理解成寓于世界的"外部的"客观关系和寓于我们意识中述谓行为中的"内部"关系之间的某种重合。

马赫将"外部"因素与"内部"因素结合起来,早在 1905 年的《认识与谬误》(第一章)一书中就写道:"对于我所碰到的所有物理的东西,我都能够将其分解为到目前为止我们不能再做进一步分解的要素:颜色、声音、压力、温度、气味、空间、时间等等。这些要素依赖于 U 的外部环境和内部环境（U 就是'我们身体的空间界限'——作者注）。当且仅当这些要素依赖于 U 的外部环境和内部环境时，我们也可以称其为感觉。由于他人的感觉直接给予我的东西和我的感觉给予他们的一样少，我有权把物理的东西分解成的那些要素看作是心理的东西的要素。这样一来，心理的和物理的包含共同的要素，因而它们之间根本就不存在我们通常所料想的那种鲜明的对立。如果发现记忆、观念、情感、意志和概念由感觉留下的痕迹构建而成，并且因此与后者截然不同，那么这一点就变得更清楚了。如果我现在把我心理的全部总和，感觉也不例外，称为我的'自我'，在该词最广泛的含义上（与前面更为狭义的'自我'相对），那么在该意义上我可以说，我的'自我'包含世界（作为感觉和观念）"[Max 1912，104]。

如果把马赫关于"要素"的唯心主义论断中的合理内核提取出来，那么便是物理的和心理的、客观的和主观的在某些方面应该包含某种共同的东西。谓词和述谓关系恰恰也总被认为是这种共性的一个方面。

在客观唯心主义体系中就已经这样来理解述谓行为了。谢林在《先验唯心主义体系》(1880)中断言："主词和谓词的区分本身之所以可能，仅仅是因为前者是直观，而后者是概念。这样一来，概念和对象在判断中最初应该是相对立的，之后又是相对应的，并且是等值的。但是这种对应关系只是因为直观才成为可能……这种直观一方面应该与概念毗连，另一方面又与对象相邻"[Шеллинг 1936，230]。

胡塞尔在现象学的框架内把谓词概念纳入到人的"生活世界"之中，"不偏不倚的直接见解的"世界的概念之中，并且讲道："存在就是'意见'（doxa）的对象，而拥有存在就是述谓的对象（Das Sein ist Sache der Doxa und das Haben des Seins ist Sache der Prädikation）；语言在感知的基础上作为存在的证明而出现，因此述谓不是别的，而正是向真正的存在的过渡（Die Prädikation ist somit nichts als der übergang zum wahren Selbst）"[Hülsmann 1964，186，189]。

在这个不太清楚的定义中，特别是没有上下文，可以清晰地感觉到一点，即力求直接地、现象学地、无逻辑抽象地抓住述谓的本质。

或许，让-保罗·萨特最明确地表达出这一背离现象学的愿望，虽然是在存在主义哲学的暗淡背景下，1938 年的存在主义哲学就是这样的。萨特的小说《恶心》中的主人公安东纳·洛根丁是一个孤独的年轻人，远离所有人，甚至是偶然路过的人，他突然感觉到"存在"，接着就是著名的有关树根的片断，这是对其哲学基本范畴的阐述。

"我喘不过气来。就在不久以前，我还未预感到'存在'意味着什么。我像别人一样，像那些穿着春装在海边散步的人一样，像他们一样说：'海是绿的，空中那个白点是海鸥。'但是我并不感到它存在，并不感到那只海鸥是'存在的海鸥'。一般说来,存在是隐藏着的。它在那里,在我们周围,在我们身上,它就是我们。人们说话必定要谈到它,但是触摸不到它。我自以为想到它,其实什么也没想到,脑子空空的,或者脑子里只有两个字——'存在'。要不我就想……怎么说呢?我想到属性,我对自己说,海属于绿色物体,或者绿色是海的一种属性。即使我瞧着物体时,我也从未想到它存在,因为在我眼中它是布景。我将它拿在手中,将它当做工具,我预见到它的抗力,但这一切都发生在表层。如果有人问我存在是什么,我会诚心诚意地回答说,它什么也不是,仅仅是一种空洞的形式,这形式是从外面加在事物上的,它丝毫不改变事物的本质。但是突然间,它在这里,像白日一样清楚;存在突然露出真面目。它那属于抽象范畴的无辜姿态消失了,它就是事物的原料本身,这个树根正是在存在中揉成的。或者说,树根、公园的铁栅门、长椅、草坪上稀疏的绿草,这一切都消失了。物体的多样性、物体的特征,仅仅是表象,是一层清漆。这层漆融化了,只剩下几大块奇形怪状的、混乱不堪的、软塌塌的东西,而且裸露着,令人恐惧地、猥亵地裸露着……"(Sartrc P. La nausea. P.: Gallimard, 1958, p. 179—180)。

不过,不要把萨特的描写当作是那个年代的某种新鲜的东西。对存在的这种感觉在名称哲学里就已经预见到了。似乎是对萨特的直接回应,早在1927年洛谢夫就在《名称哲学》里写道:"当我们说,事物需要某种赋予其界限与轮廓的'别的东西'的包围来将其定义为事物的存在,那么就很容易看出来,在这种情况下,'别的东西'就是某种无定形的物质,像水或土一样,可以通过它们或在它们身上留下各种各样的痕迹。对'别的东西'的这种解释的基本前提就是将其想象成一种独立的事物,尽管没有形状,但却拥有自己的力量,具有自身的存在。这是以事物的类同为基础的**自然主义的形而上学**(黑体是我们加上去的一作者注)。与这种自然主义相反,我们应该提出反形而上学辩证法,该辩证法虽然不能把非存在者和存在者在存在上加以区分,但是把非存在者作为存在者本身定义的一个方面包括在内"[Лосев 1927, 52](关于非存在者和洛谢夫名称哲学中的其他概念,参见 I,5)。

然而产生出这样一种不愉快的"谓词感觉",该范畴抛弃了谓词哲学,进入到最后一个范式,即我们今天的范式之中。但这并不意味着,该范畴在这种范式里没有任何变化。

2. 古希腊斯多葛派学说中的"谓词哲学"要素

斯多葛派哲学家的传统在千百余年间发展起来。常常将其划分为以下几个时期:斯多葛第一阶段——芝诺(公元前334—262),他被认为是斯多葛派的创始人,以及克里安德(公元前331—232年);斯多葛第二阶段——克吕西普(公元前二世纪);斯多葛第三阶段——安提帕特(公元前一世纪),以及一些鲜为人知的门徒和追随者。迄今为止,斯多葛派的学说整体上复原得还不够,在很多地方我们看到的只是残篇,而且被解释得五花八门。

为了把斯多葛派的观点纳入到语言哲学中,我们认为必须强调其以下线索:斯多葛派的语言—逻辑理论与引发中世纪观念论的亚里士多德的观点不同,与引发中世纪极端唯实论的柏拉图主义也不同。一条线索是从斯多葛派的观点向唯名论延伸,类似于奥卡姆的唯名论,并且通过它,一直到新时期盎格鲁撒克逊的"语言哲学"。斯多葛派观点的主线是与亚里士多德的范畴完全不同的范畴。斯多葛派的范畴说与命题说紧密相联系,更准确地说,与句法命题紧密相关。在该背景下,在斯多葛派那里,他们引入的"意指(лектόн)"概念具有特殊意义,是现代内涵概念的雏形。接下来我们就要说一说这些问题。

范畴　与亚里士多德的 10 个范畴相比,斯多葛派哲学家提出了 4 个完全不同性质的范畴(第一列是斯多葛派哲学家的术语,第二列是直译,第三列是大致对应的现代术语):

1. ὑποκείμνον ——"基质(质上不确定的)" —— 基质,主体
2. ποιόν ——"怎样的"(意思是"怎样的基质") —— 质量
3. πῶζέχον ——"处于某种状态的"(也指基质) —— 状态
4. πρὸςτίπῶζέχον ——"相对于别的东西而言,处于某种状态的"(也指基质,同时是接下来可以界定的) —— 关系

管制着 4 个范畴的还有一个最高的范畴,即"不确定的某种东西"(τὸ τί),性质上不确定的物质(αποιος ὕλη)。至于 4 个范畴,则从该表本身即可看出,它们彼此处于特定的关系之中。但是如何解释这种关系?

有时认为,"对于斯多葛派的这 4 个范畴来说,最高的种的概念是基质"[Каракулаков 1964, 86]。对此只能非常有保留地同意:种属关系在这里不应该是亚里士多德意义上的种属关系,或者是在斯多葛派的范畴意义上来理解,它不是"存在的种类",而应在纯概念上来理解,理解为概念之间的关系。但是这样的话几乎没有说明什么,因而需要进一步明确。迈兹的观点似乎可以被看作是进一步的详细说明:每一个先有的范畴都包含在后续的范畴中,并且由后者加以更完整的界定[Mates 1961, 18]。这时就会得到一幅图式:从第一范畴到第四范畴,特征的内涵扩大(可以同意这一点),而外延缩小(未必可以同意这一点)。换言之,就是这样,第四范畴是比第一范畴外延小的一种范畴,也即"相对于某种东西而言处于某种状态的基质"(第四范畴),与单纯的"基质"相比,是某种别的东西。而这明显就是悖论,因为在这 4 个范畴中斯多葛派哲学家指的是同一个东西,都是"基质",并

且谈论的只是其合乎逻辑的定义,更准确地说,以何种方式可以增加其确定性。但是究竟以何种方式,在前面提到的解释中仍旧是不清楚的。

在我们看来,这里问题在于,斯多葛派范畴之间的关系不能被解释为外延和内涵的相互关系,总之不能在语义上,而只能在句法上对其进行解释。

"不确定的某种东西"这种最高范畴,主词-基质,性质上不确定的物质,这是存在于命题之前且在命题之外,也是存在于与命题相关联之前的某种东西。4 个范畴当中的第一个,即主词-基质,针对命题而提取出来,但却是在其发生之前。这是"可能命题的主词"。第二个范畴"性质"是具有其实质性特征的,具有其谓词的主词-基质(正如我们后面所见,在 Сократ пишет[苏格拉底在写东西]这种简单句的不大范围内提取出来)。第三范畴"状态"是主词-基质和谓词-特征,相对于特定的状态,就某一时刻和时间的推移而提取出来,并且是在某些客观的情形中,也即通过状语和定语而展开的简单句。第四范畴"关系"是该展开句与连贯文本中处于其周围的其他句子的关系。

正是在这种解释下才能够最自然地、最简单地理解常常被解释者(往往带着困惑)提及的范畴与"句子的各部分",即所谓"词类"之间的关系,同时系统且清楚地理解这种关系。这里指出来的只是这种解释的片断。因此,卡拉库拉科夫在阐述与此相似的对第二范畴和第三范畴的解释时,对于第四范畴表示困惑:"连接词"(根据古希腊时期的解释,也就是 σύνδεσμοι,即前置词和逻辑连接词)"不见得可以和某种范畴相对应"[Каракулаков 1964,86]。相反,洛谢夫认为第四范畴当然与"连接词、前置词、冠词以及显然还有作为任一连贯句子基础的变格和变位的所有形态标志"相对应[Лосев 1982,181]。在我们看来,形态标志与此无关,因为它们无处不在,例如在主语自身的表达式中,在带有简单谓语的主语表达式中,等等。而在斯多葛派哲学家那里,范畴清单正是由于明确的句法性的增加而展开。

关系概念 斯多葛派哲学家的整个体系以"关系"概念结束。"按照斯多葛派哲学家的观点,一切知识和思维在关系系统中获得其最后的具体性"[同上]。综上所述可以清楚看到,应该在句法上理解斯多葛派哲学家的"关系系统",它是这样的一个关系系统,个别的词—概念通过进入到简单句中而包含在内,简单句通过进入到扩展句或复合句中而包含在内,而后者又通过进入到连贯文本中而包含在内。

与之并行的是,在斯多葛派哲学家那里"言语意义"概念和"意指"这一独特的概念得以展开。

"意指"概念 "意指"(лектон)一词(λεκτόν 是源于动词的动词化形容词,意思是"说")在斯多葛派哲学家那里不是表示说话过程本身,根据洛谢夫的精辟评论,而是表示"意指"过程。斯多葛派哲学家把该术语理解为直接处于说话主体与其在说话过程中所指谓的、"意指的"事物之间的某种独立层级。按照前面所指的关系系统,意指可以具有不同程度的完整性:在一个单独拿出来的语词中是"不完整的或不充分的意指",例如在无主词的动词中,пишет[写东西];在谓词与主词的搭配中是"完整的、充分的意指":Сократ пишет[苏格拉底在写东西]。随着命题的复杂化,简单句向复合句的扩展,以及通过逻辑连接词将其纳入到文本中,意指的完整性得以增加。

洛谢夫这样来解释该概念:"抽象的,并且总是单义的'意指'还和述说某个东西的主体的各种心理状态和道德状态有别。主体述说的对象虽然也是通过人的某些心理生理作用而产生,但是所选取的对象本身却与它没有任何关系。不要以为我们在这里发现了某种合乎逻辑的怪论。相反,我们自己也使用乘法表,虽然乘法表永远只是由于我们的心理生理作用而产生,但是其本义与主体根本没有任何关系,并且适用于任何时刻、任何人、任何地点,针对于任何事物,无论是存在的,还是不存在的。在斯多葛派哲学家那里这不是怪论,而只是对所表示事物的显明性和呈现性的信念"[Лосев 1982,175]。"斯多葛派的'意指'这样定义,以便恰好以某种意义结构的形式反映出语言和言语之间所有极其细微的差别。斯多葛派语言学伟大而非凡的功绩就在于此"[同上]。

斯多葛派的意指概念是现代内涵概念的雏形,这一概念在本书中多次谈论到(参见 VI,2 和 VII,2 及其他)。与现代解释中的句子内涵类似,意指居于真和假之上,相对于真和假,它是更为共相的,因此被斯多葛派哲学家称作是"无差别的"。

意指概念在古印度逻辑中也能找到某种并行物,特别是在新尼夜耶学派的"知识"—明(jnānāni)这一概念中。"知识"在那里表示的与西方逻辑传统中所理解的"(特征的)归属"大致相同,也即只是谓词与主词之间的相互关系:Сократ пишет[苏格拉底正在写东西]或 Пишущий Сократ[正在写东西的苏格拉底],而"断定"判断某个事实,并且或者为真,或者为假。印度逻辑自古以来就区分出这两个概念。经典的论式在此由五部分构成:

1. 宗(命题):"此山有火"
2. 因(理由):"以有烟故"
3. 喻(例证):"凡有烟处皆有火,如灶"
4. 合(应用):"此山亦如此"
5. 结(结论):"故此山有火"

"由于在这些梵语结构中",英格斯在此指出,"没有人称动词,因此倘若没有解释,古代的著者不见得能够领悟到,该论式的前两个部分是归因,而其他三个部分是断定"[Инголлс 1975,36]。

所谓的新逻辑、新尼夜耶学派,研究最多的不是这种论证他人结论的五支论式,而是论证自己的结论,简化为三支。"这种三段法",英格斯继续说道:"可以被当作是某种类似于非断言式三段论的东西。关于其阶段的真值或模态,难以简而言之。它们不是简单的归因事实,因为逻辑推论,即使是自行推断的,也仍然是知识的正确形式,而正确的知识(量知 pramā)被定义为符合世界本来面目的知识。但是它们也不是断定,因为否则的话,根据尼夜耶学派的观点,就不必求助于五支论式了。在尼夜耶学派看来,'喻','合'和'结'(论式阶段,作者注)实质上不过是'知识'(明),因此我将使用这些术语,尽管它们看上去有点笨拙"[同上,36 页;试比较:Жоль 1981, 159]。

词类 "中间词类"—副词。词类问题是次要的,因此语言哲学对此不怎么感兴趣。而且就目前来说,在古希腊阶段该问题大体上已被阐释得相当清楚[参见:Robins 1951; 1966; Перельмутер 1980; 以及 B. B. Каракулаков 的一系列文章]。下面我们只是将其简单地概括一下,但是要强调一个细节,在我们看来这是很重要的细节,就是"中间词类"问题。(在冒号后面指出来该学说所采用的词类。为了明确该词类是从上一个学说的哪一个词类分出来的,保留了初始编号,而只是增加了字母代码。不言而喻,这并不意味着词类概念是一个学说从另一个学说借用过来的,但是有时会出现这种情况。为方便起见,读者可以把我们说的用图解的形式画出来,其中同名词类垂直放置,并连结成线[试比较:Robins 1966])。

词类的发展可以这样一并呈现出来:

柏拉图:(1)"主词",(2)"述词";前者大致相当于"名词",后者大致相当于"动词,谓词",但是更为相符的对应只有从历史的角度着眼,把整个概述通读过后才能清楚。

亚里士多德:(1)"主词",(2)"述词",(3)"句法成分"和"连词"("连接词","冠词",这些术语之间的关系在亚里士多德那里极不清楚)。

斯多葛第一阶段:(1)"主词",(2)"述词",(3a)"句法成分"("连接词"和"前置词"),(3b)"连词"("联结词","冠词")。

斯多葛第二阶段:(1)"主词",(1a)"普通名词",(2)"述词",(3a)"句法成分",(3b)"连词"。

斯多葛第三阶段:(1)"主词",(1a)"普通名词",(1aa)"中间词"或(2a)"间述词"("中间词类",类似于"副词"),(2)"述词",(3a)"句法成分",(3b)"连词"。

在斯多葛第三阶段后,该传统被打破,或者不管怎样,出现了重大变化,在狄奥尼修斯·特拉克思(公元前 170—公元前 90 年)那里,以及在阿里斯塔克斯那里,体系明显是另外一个样子。

狄奥尼修斯和阿里斯塔克斯:(1)"主词",(1aa)"间述词"["副词";该术语指出"述词"的派生性,因此同时也应表示(2aa)这种词类],(2)"述词",(2a)"形动词",(3a)"句法成分",(3aa)"前置词",(3b)"冠词",(3bb)"代词"。该体系在阿波罗纽斯·底斯克罗斯那里,在古罗马的拉丁语语法学家多纳图斯(公元 4 世纪)那里,以及在后来的普里希恩(公元 6 世纪)语法中大体上保留下来。

普里希恩:(1)"名词",(1aa)"副词",(1aaa)"感叹词",(2)"动词",(2a)"形动词",(3a)"连接词",(3aaa)"前置词",(3b)无,拉丁语中没有冠词,(3bb)"代词"。

现代全欧洲的词类表与普里希恩的列表最为相似,只是有一处很大的区别,就是从"名词"中又划分出"形容词"。但是经院哲学家们早就在该意义上使用了"普通名词"这一术语。形动词的地位甚至在传统列表中就不太清楚:一些当代著者将其归入到动词中,不专门划分出来,而另一些人则把它专门划分出来。现代俄语的研究(例如萨佐诺娃)表明,形动词的意义常常与相应动词的意义有别,以致于在今天的俄语中或许应该把形动词看作是一个单独的词类(要是能详细说明普里希恩依据什么将其划分出来,一定很有意思)。

至于罗马语法,后来最大的成就非多纳图斯的语法莫属。自 1522 年起它就在俄国的德米特里·托尔马奇的译本中传播开来。该语法在西方一直用到 15 世纪初,如果我们没有弄错的话,最后一次在西班牙出版,并且它在那里被替换成新兴的语法,就当时而言是很现代的语法,即内夫里哈的西班牙语语法(1492)和弗朗西斯科·桑切斯的拉丁语语法(1587)。特别是后者贯穿着如此深邃的语言哲学思想,以致于我们要对其进行单独的分析(参见 II,3)。

除此以外,更早一些时候在俄国,根据古希腊文献资料对语法的编纂就已流行起来。例如《论八个词类》(14 世纪),并且在此之后,俄国还建立了双语法术语传统,而在某种程度上也是逻辑-哲学术语传统,从而使希腊文本和东正教神学中术语的特殊作用保持下来。

回到逻辑-哲学层面的词类问题上来。应该把与现代逻辑认识完全相符的专名和通名的区分看作是斯多葛派哲学家的成就,然而在其传统终止后也就荡然无存了。

在词类方面,实体名词问题也是令人感兴趣的。前面我们已指出,摒弃亚里士多德的范畴就是"存在的种类"的解释,首先就会导致否认实体范畴、实体范畴与性质范畴融为一体,性质范畴反过来又会吞并掉所有其他范畴。我们可以在卡尔纳普的逻辑里发现这一过程的终结,卡尔纳普把这当成其特别的功绩,即取消"名称重叠",也即抹消"类名称"和"属性名称"的区别。在卡尔纳普的体系中,"类"通过所谓的外延原则可以合理地化归为"属性"[Карнап 1959;语言学层面详见:Степанов 1981, 19, 107, 213 и др.]。换言之,"名称"在卡尔纳普的分类中与其说是"类名称",毋宁说是"属性、性质名称"(但是当然,卡尔纳普不承认任何"实体",因为在他看来这是个"形而上的"概念)。应当把斯多葛派哲学家的逻辑当作是"重新命名实体"这一过程的开始,因为在该逻辑中假定意指的句法、上下文越长越完整,意指表达得就越充分。在该意义上可以说,实体丧失了专名,而且只能获得间接的、上下文的表达,而且是趋向无穷尽的表达,因为上下文越长,意指表达得就越充分。

在"中间词类"μεσότης 这个问题上,实体还原为性质也表现得相当直观。在这一词类下面,新的范畴首先出现在斯多葛第三阶段,在安提帕特那里,并且该词类只包括由性质形容词构成的副词,但是后来它还包括其他副词,并且开始被叫做πανδέκτης,即"包含一切的",某种类似于"放着各种各样事物的篮子"的。哈利卡纳苏斯的狄奥尼修斯证明,"中间词类"副词作为一个词类是从动词划分出来的,并且这样做的正是斯多葛派哲学家[Каракулаков 1964,85]。但是副词同与其紧密相关的形容词一样,在语言系统中都是某种由名词派生出来的东西。同时这表明,在关于词类的最终认识中,看来甚至亚里士多德也倾向于把副词看作是由名词产生出来的。因此"中间词类"副词从名词领域转移到动词、谓词领域,并且这种转移就印刻在其名称"中间"当中,恰恰也是实体转换为性质这个过程的一个方面。

哈利卡纳苏斯的狄奥尼修斯在和斯多葛派哲学家论战时,拒绝将名词严格区分为专有名词和普通名词,把两者均视为实体,他使用亚里士多德的"οὐσία"这一术语。在他看来,专有名词表示"特殊的实体",而普通名词表示"普遍的实体",在这种情况下,前者直接与亚里士多德的"第一性实体"相对应,而后者与"第二性实体"相对应[Каракулаков 1964a,329]。名称哲学作为"实体"哲学与斯多葛派哲学家传统的背离及其形成就在于此。

基础谓词问题 该问题在前面已经提及(本章中的第 1 节)。由于在斯多葛派哲学家看来,句法的上下文越长,意指表达得就越充分,因此,不言而喻,他们绝不会选择在简短的上下文中探求基本句法概念,建立亚里士多德意义上的"原始谓词"。相反,可以预料到,斯多葛派哲学家多半会在较长的句法片断中探求这些概念。实际上也正是如此。

逻辑史学家马科维里斯基就该问题写道:"……斯多葛派哲学家在其逻辑中把(条件句)假言命题放在第一位。他们把符号定义为正确的条件,就是在假定的三段论中可以产生结论的条件句的前一部分。在该定义中,符号及其所表示的东西之间的关系以假言命题的形式'如果 P,那么 Q'表示出来。如果这种关系存在,则 P 是 Q 的符号。根据斯多葛派的学说,符号与其所指物的关系是一切推理的本质所在。推理的基础'如果这样,那么那样'这一原理是从斯多葛派体系的一个更为普遍的原理推导出来的,根据这个原理,万物处于相互联系之中,万物都是必然的,受严格规律性的支配"[Маковельский 1967,186]。

斯多葛派哲学家的这一原理又非常像古印度的论式,特别是前两支,"归因":

"此山有火"—"以有烟故"。

符号的这一定义是特殊的,因为这是合乎逻辑的句法定义。符号的通常定义是语义定义"Aliquid quid stat pro aliquo",即"某个东西,可以替代某个东西的东西"。看来,C. I.刘易斯在1943年首次给出"内涵"概念严格定义的著作中又回到通过条件句定义意义的句法方式上来[Льюис 1983](以及参见:本书VI, 2),这并非偶然。

3. 1920至1940年罗素的语言观

罗素认为其任务是在两个方面研究语言:第一,研究构建认识理论所必需的东西;第二,研究按照英国经验主义的精神和传统发展起来的认识理论所必需的东西。主观上(从其不同著作中可以看出)罗素意识到这其实是同一个任务。

但是,随着时间的推移,我们认为可以这样区分,一方面是罗素关于语言的论点,这是具有永恒客观价值的语言观演变的重要阶段,而另一方面是他对这些关于语言和认识的论点进行经验主义论证的尝试,在历史上和哲学上是有局限性的。后者在我们看来没有什么特别的旨趣。我们详细讲一讲罗素关于语言的论点,为了便于比较,有些地方引入卡尔纳普和其他著者的类似思想。

如果维特根斯坦的功绩在于他公开承认语言(至少)是其哲学的一个基础,那么罗素的功绩就在于,他准确地说出语言究竟是如何为这种(他和维特根斯坦的)哲学搭建基础的。"我在自己的哲学论断中所采用的意义概念,源于上古的语言哲学。德语表示'意义'的词源于表示'指涉'的德语词"[Wittgenstein 1974, 56]。"句法和词汇对哲学具有各种不同的影响",罗素于1924年在《逻辑原子主义》中予以断定[Russell 1959, 38]。1940年他用下面的话来结束其《意义与真理的探究》一书:"我得出的结果是这样的:完全的形而上学的不可知论与语言学命题概念的保留是不相容的。一些当代哲学家认为,关于语言我们知道的很多,但是除了语言,我们一无所知。但是持这种观点时却没有注意到:语言与所有其他现象一样,也是一个经验现象,并且在形而上学中作为不可知论者的人应该肯定一点,当他使用语词的时候,他并没有意识到他是在使用语词。至于我,我认为我们在某种程度上通过研究句法可以获得关于世界结构的实质性知识"[Russell 1980, 374]。

罗素的论著中包含着几个语言观点,其中每一个观点在逻辑上描写的只是自然语言的某一个片断。罗素的各种语言观点之间的关联程度以不同的方式呈现出来,这取决于我们如何看待这些片断在语言本身当中的关联程度。可以把它们看作是一个由各个部分组成的观点,并且由几个不同的部分组成,最多4个。在我们看来,第二种观点更符合实际,而且在此期间罗素的哲学立场也改变了,经过逻辑原子主义到放弃该观点。然而在罗素那里,语言观中的某些常项一直保留了下来。

我们说到的这4种观点如下:

1. "摹状词理论"或"限定摹状词理论"(definite descriptions),最早在1905年的《论指称》中提出[Russell 1956]。其实质可归结为展现自然语言中名词,特别是普通名词的欺骗性。普通名词的含义在逻辑上应该用摹状词和量词的不同搭配来描写。

2. "命题态度"(propositional attitudes)观点,其实质可以归结为,自然语言中"下雨了"这类简单命题通常伴随着说话人的不同态度,像"约翰以为"+"下雨了"。意见态度或信念("约翰认为,以为,相信……")令罗素特别感兴趣。该观点在1940年的《意义与真理的探究》一书中得以阐述[Russell 1980]。

3. "语言层次"观点(也是在同一著作中阐述的)。其实质可归结为,如果在逻辑上把自然语言当作某种同质的整体来描写,也即当作在同样基础之上的简单命题和伴随着命题态度的命题,那么就必然有产生逻辑悖论的危险(而且常常发生)。出现悖论的原因在于,在处于命题态度作用范围之内的命题中,——这就是所谓的内涵语境——不可能在共同的基础上进行同义替换和使用量词。为了避免出现悖论就必须跳出该语言的框架,在逻辑上从外部通过另一种更高层次的语言对其进行描写,这样就出现了语言层次。

4. "类理论"(theory of types),这是对语言层次观点的逻辑概括。然而看来,对罗素而言,在自然语言中的整个层次图式变得明晰之前,他就已经发现了类理论的逻辑基础。类理论早就以树状形式在1910至1913年罗素与怀特海合著的《数学原理》中有所阐述,但是其语言学方面的知识在1924年的《逻辑原子主义》一文中得以详细阐明[Logical positivism 1959再版]。

罗素的这些逻辑哲学主题注定在很长一段时间内都是决定性的。正如我们后面所见(第Ⅵ章),在现代哲学逻辑的语言图式中有两条主线:内涵语境中的量化问题和"可能世界"语义学中的专名问题,而这是对前面提到的罗素概念的直接发展。

至于"谓词"这一术语本身,它在罗素的论著中并不经常出现,而且是在某种特殊意义上使用的,我们后面会讲到这一点。然而实质上,罗素关于语言的所有观点都是与名称哲学相对立的谓词哲学的典型表现。

名称概念　罗素似乎是对"名称—事物—事物的实体"这种三位一体说抱有反感,并且首先是对"事物"反感。"正是因为在我看来个别的观察结果乃是事实前提的来源(认识论—作者注),所以我不能把'事物'概念当作是对这些前提的断定,因为该概念已经假定某种程度的稳定性,因此只能由某个观察结果的集合推导得出。卡尔纳普容许'事物'概念出现在事实前提的定义中,在我看来,这种观点不仅意味着对贝克莱和休谟的漠视,甚至也意味着对赫拉克利特的漠视。人不能两次走进同一条河流,因为你身边流过去的总是新水。但是比方说,河与桌子的区别只是在程度上。河不是'事物',卡尔纳普可能会同意这一点,但是同样的论证也应该会使他相信桌子也不是'事物'"[Russell 1980,315]。罗素把"事物"概念替换为性质复合体这一概念,它在一定的时空点上共现,并且以感知的形式影响我们的感觉。因此在他那里跃居前台的是"性质"概念,我们在经院哲学中的英国唯名论方面(特别是奥卡姆的)就已经注意到这种趋势。在这里罗素是英国经验主义传统的忠诚继承者(信徒)。

这自然会引起名称的"下行"。甚至专名也获得新的解释:"在实际使用中,专名不是由个别的短时现象-事件(occurrences,罗素最喜欢用的词)得出,因为大多数这样的现象-事件不是旨趣所在。当我们不得不提到它们时,我们可以通过摹状词来表示,例如,像'凯撒之死'……"[同上,31页]。

罗素认为摹状词指的是语言表达式,它们在语言中充当名词,并且在这种情况下有时以名词形式出现,但是在现实中不用来命名。因为根据罗素的观点,命名只有通过专名才能真正实现。摹状词的例子就是这样的表达式,诸如:人,这个人,每个人,某个人,当今英国国王,当今法国国王,20世纪第一个瞬间太阳系的质量中心,等等。罗素在《论指称》中指出,摹状词实际上不是被赋予专名的那些"实体"的表示。摹状词在大多数情况下隐含着逻辑上不同的内容,即某个命题函项,其组成部分包括变项(x)。例如我遇见一个人(I met a man)这个句子在逻辑上应该记作"我遇见 x,且 x 具有'人'的属性(人性)"(I met x and x is human)。

摹状词,或者如罗素在 1905 年的著作中所称的"指称短语",本身不具有意义,因为包含这些摹状词的每一个句子都可以用完整的形式来改写,这样摹状词就从中消失了[Russell 1956,51]。在该论断中(这还是在 1905 年!)已经包含了后来的语义迁说思想(例如,在维日彼茨卡的语义语言中),还原法的语义迁说思想(如在逻辑实证主义的追随者和"语言学分析"学派那里)以及语义指称和说话人指称作为语义描写的两个不同类型的思想(1970—1980 年由模态逻辑和内涵逻辑的代表人物发展起来;参见 IV,4;VI,3)。

接下来罗素在 1905 年的论著中分析了摹状词进入连贯文本的不同方式,根据进入的次序,第一次,第二次等等,建立其不同的逻辑特性。这一卓越的想法后来却未被深入研究,与此同时,似乎这一想法使得可以在所谓的内涵(间接)语境中描写名词(例如,像"彼得早在多年前就以为伊万想要搬到自己的奶奶那里住"这个句子中的"自己的奶奶"这一名词表达式的意义)。摹状词进入文本的方式是名词"因果历史"概念的间接雏形(参见第 IV 章)。

罗素的摹状词理论已被逻辑实证主义的追随者,例如艾耶尔,(公正地)评价为自然语言理论,以其体系的一个片断,而且是极具特色的一个片断的特点概括为基础。因此艾耶尔(在1936年的《语言、真理与逻辑》一书中)根据对问题的明确理解提出:"任何一门语言的完整的哲学阐释,其一,是要列举该语言中所使用的句子类型,其二,是要描写在不同类型的句子之间起作用的等价关系"[Ayer 1980,83]。虽然关于什么是"同一类型的句子"的概念在这里提出来过于仓促,并且现在不具有任何旨趣,但是总的来说该定义大体上还是正确的,尽管有点含混不清。

现在,语言哲学的一个主要任务指的就是这一点,但是不言而喻,在马克思主义中语言的哲学阐释在整体上不能归结为这一点。

在1940年的《探究》中没有继续研究摹状词问题,但是在略有不同的其他方面出现另一个问题。如前所述,由于罗素认为"惟一现象-事件的专名"是基本名词,所以在其语言层次中,特别是在前一种"对象语言"中,出现一个独特的现象,即"**名称缺失**"。

这里必须插几句题外话。不管是在罗素的这类形式化中,还是在卡尔纳普的"状态描写"中,或是辛提卡"可能世界"的描写中,"名称缺失"都是形式化语言中的一个普遍问题。后者甚至直接看到卡尔纳普描写的不完善性就在于这种描写要求万物的任何元素都要给出名称,这却是不可能的[参见:Хинтикка 1980,44](以及参见:IV,4;VI,3;VII,0)。

至于罗素,在他看来,"名称缺失"的起因在于常常需要表达某种东西,这种东西不是说话人先前以现象-事件形式来感知的对象。于是这种东西或者获得摹状词的形式(并且会出现此前分析过的问题),或者通过带有变项的句子表达出来。按照罗素的构想,包含变项的句子通过是否可以化归为"证实者"(a verifier),即不带变项的句子,来证明为真或为假。句子-证实者就是可化归为其任何一个句子所指涉的东西。证实句的概念,一方面是新逻辑实证主义"关于经验的句子"、"记录式句子"这一概念的普遍变体,而另一方面则是在整体上整个句子的"指称"或"所指"概念形成的初级阶段(对于句子各个部分以及主词和谓词的相关概念,在此之前弗雷格就已经研究得很充分了)。

但是在罗素这里还没有彻底解决这个问题。因为根据罗素的观点,就连"我热"这样的句子都可以借助于变项来分析。罗素断言,假设我对我自己身体的感知是 a,我对你身体的感知是 b,我的"热"是 h,我所感知到的 a 和 h 的关系是 H(也就是说"我热"就是"aHh")。这时"你热"这个句子具有我无法说出来的逻辑形式"bHh'",因为在我的语言里没有 h'的名称。

罗素这样总结其研究结果:"在'你热'的情况下,如果我的词汇是足够的,我还可以造出不带变项的句子,它可以用证实我的现实句的同一个现象-事件来证实。要知道我没有用于这一目的的专名,这只是一个纯粹的经验事实。在'人不免一死'这种情况下,就是另外一回事了。无法想象会有不借助于变项就可以表达这个意思的词汇。与前一种情况的区别在于,对于'你热'这个句子,单个的现象-事件就是完整的证实者,而在后一种情况下为了证实一般性句子需要很多现象……我们看到,意见(信念)或句子与它所指涉东西的关系,也即与其证实者(如果存在)的关系,常常是某种间接的因果联系。我们还发现,尽管'知道'证实者就意味着感知到它,但除非把'知道'概念淡化到最小程度,否则我们还应该知道许多句子的真值,其证实者是我们无法感知的。但是,如果我们的感知能力足够广泛,那么这样的句子在可以放置证实者名称的地方总是包含着某个变项"[Russell 1980,224—225]。继拉普拉斯慨叹"关于概率只有对于无所不能的造物主来说才是确切知道的"之后,罗素在另一处指出:"一般性句子的外延解释是不可能的,只是对于造物主才是可能的,它拥有万物的名称"[同上,203页]。

如果用物理学的术语来说,那么按照罗素的观点,可以说我们对一些连续不断的时空间隔给出专名,例如苏格拉底、法国、月球。以前会说,专名是我们赋予实体或者实体集合的,但是如今需要寻找另外一个表达式来表示专名的对象。罗素立刻把专名定义为几个构成一系列现象-事件的名称。专名与这些事件有关系,不是一个一个分开地,而是共同地(collectively, not severally)[同上,33页]。比方说,专名"凯撒"表示整整一系列连续的现象-事件,某一瞬间和某一地点的凯撒,下一个瞬间和与下一个瞬间相对应的地方的凯撒等等。单个的现象-事件是专名所表示的对象的一部分,但不是该对象的样本[这就是专名与通名(class name)的区别所在,后者的对象是类的单个样本]。当我们说"凯撒死了",按照罗素的这一观点,我们说的是,构成凯撒的一系列现象-事件当中的一个现象-事件成为死这一类的元素。这一新的现象-事件就叫做"凯撒之死"。应该料想到,罗素更不会把通名看作是"事物的名称"。因此实际上他把它们称为"归纳的浓缩结果"。

由此可以清楚,在罗素的语言论和认识论中,在经验中具有相同感知性质的两种"事物"是一个事物。主导的原理是"不可区分之物即是同一的"(indiscernibles are identical)。罗素本人认为该原理是其理论的最大价值("我所描写的理论的最大价值在于,该理论使不可区分之物的同一性成为分析性真理"[同上,第Ⅳ章],也即这样的论断,其谓词作为主词的特征已经包含在主词概念之中)。

乍看起来本身并不是如此重要的这一原则,的确有助于将罗素的理论列入到语言的哲学问题这一背景中去。一方面罗素的这一论题与莱布尼茨和维特根斯坦(还有其他许多人)的原理直接相对立,根据他们的原理,两个存在的对象彼此有别在于其内在所固有的属性不同,而不仅仅是其时空位置的不同。莱布尼茨使用两个不同的术语,"感知上不可区分的"(法语,indiscernable)和"内在属性上不可区分的"(法语,indistinguable),并且只承认后者是不存在的,也即内在属性上不可区分的就是相同的,不能作为可区分之物而存在的。罗素借助于第一个术语定义其原理——"indiscernibles are identical",并在此表现为一个彻底的经验主义者。在《人类理智新论》中(II,第27章,§1)莱布尼茨引用特奥菲洛的话说:"虽然存在很多同一个种的事物,但是任何时候也不会有完全相同的事物。这样一来,尽管我们可以用时间和空间(也即与外部世界的关系)来区分那些我们自己难以辨别出来的事物,但是事物自身依然是不同的(distinguables)。可见,同一性和差异性的实质(leprécis)不在于时间和空间,虽然事实上事物的差异性伴随着时空的不同,因为它们可以引起对同一个事物的不同感觉"[Лейбниц 1980,230](以及比较:《单子论》,8—9论纲[Лейбниц 1982,414])。

罗素正是针对"名称和实体哲学"发起主要攻击:把他所认为的"不可区分之物即是同一的"这一论点归结为分析性真理时,罗素指出:"顺便我们把时空关系的某些属性归并到经验主义层面,这些属性有成为先验综合普遍真理的危险"[Russell 1980,103]。和所有逻辑实证主义的支持者一样,罗素正是在此看到来自前一时期哲学的威胁,即该哲学承认先验综合真理。尤其是,正因为如此该哲学被他们当作是"形而上学"而不屑一顾(关于综合性句子和分析性句子的概念详见VII,1)。

另一方面,罗素的论题似乎事先就与后来的,当时还只是隐隐约约感觉到的语用原理相对立,根据该原理,时空位置本身由说话主体与"我"的关系来决定。这样一来,他的理论就是纯语义理论(名称哲学)与后一时期承认"我"这一坐标的作用的语用或语用-语义理论(例如,那些诸如"蒙塔古语法"的理论)的过渡环节。

谓词概念 谓词解释的某种独特性也是根据对名称的独特理解而得出的。"对于认识论重要的是",罗素说道,"知道哪一种对象能够具有名称,假设名称存在的话,会产生一种把'这是红的'(This is red)看作是主词—谓词命题的诱惑力。但是如果我们这样做,就会得出结论,'这'将成为实体,某种不可知的东西,谓词是它内在固有的,但是这些谓词的总和又与它不是同一的。就实体概念而言这种观点通常招致反对(罗素本人和逻辑实证主义追随者的反对,前面已经指出过—作者注)。但是该观点在时空方面具有某种优越性。如果'这是红的'是一个赋予某种实体某一性质的命题,并且如果实体不能用其谓词的总和来定义,那么这时'这'和'那'即使不是同一的,也可以具有完全相同的一些谓词。这种情形可以是实质性的,如果我们想要说,正如我们通常想说的那样,纽约的埃菲尔铁塔(如果这样的塔在那里建成的话)和巴黎的埃菲尔铁塔不是同一的。

我的处理方法是,'这是红的'不是主词—谓词命题,而是具有'红在这里'这一结构,这里'红的'不是谓词,而是名词,并且是通常被称为'事物'的东西,不是别的,正是共现的性质簇,诸如红、硬等等。然而,如果该观点被接受,那么不可区分之物的同一性就成为分析性真理,而假设的纽约埃菲尔铁塔就正好与巴黎埃菲尔铁塔是同一的,如果它们实际上是不可区分的"[Russell 1980,97](试比较前面莱布尼茨相反的原则)。

反过来,这将罗素引向时空关系的分析上来,因为它们现在只是用来区分在性质-谓词上重合的对象。对于这种分析,罗素引入一个非常好的术语"egocentric particulars",这是一个很难翻译的术语,字面上就是"自我中心特称词"或"自我中心小品词"。罗素把"这个"、"那个"、"我"、"你"、"这里"、"那里"、"此时"、"那时"、"过去"、"现在"、"将来"这样的词都归入其中。但是,引入这一后来对语用理论非常有用的新词后,罗素又马上将它从其自身的理论中剔除掉了。他通过相当牵强的推理得出一个结论,即"我是……"这类表达式可以化归为"这是……"这类表达式,例如"这是红的",而后者,如前所示,可化归为"红在这里"这类性质论断。鉴于此,整类"自我中心特称词"就可化归为关于感觉的判断,并且归根结底被排除掉:"自我中心特称词……对于任何一部分世界的描写都不是必需的,不管是物理世界,还是心理世界"[同上,115页]。这样一来,罗素就给自己关上了语用学之门。在命题态度方面,关于语用学的问题再次出现在他面前,并且在这里罗素再一次关上语用学之门,提出一种独特的处理问题的方法,该方法多年来确定了对语用学问题的研究方法,实质上是一种迂说的方法,不是语用的,而是语义的(参见后面)。

回到谓词概念上来。实质上,被罗素用这一名称称谓的只有一组谓词,就是表示"红"、"黄"、"蓝"、"硬"等等的语词,并且在这种情况下,他把"这是红的"这类句子化归为"红在这里"这类句子。这些谓词,当他在其体系内根据特定的角度分析它们时,即针对于它们与经验材料的关系,这时它们就是"名称"。有点不合逻辑的是,用普遍的逻辑形式,也即借助于命题函项概念来分析这一问题时,罗素保留了"名称"这一术语或多或少的通常用法。他本人是这样解释的,之所以不合逻辑,是因为"红"、"硬"等等这类词是"句法意义上的"名称[同上,95页]。"……在……前面"、"……给(谁什么)……"这类二元谓词或多元谓词在他那里不是被称作谓词,而是被称作关系。关系问题作为某种有别于谓词本身的东西在《探究》中几乎没有涉及到。

相反,他打算在1924年的《逻辑原子主义》中更详细地、更饶有趣味地加以阐明(参见前面罗素对谓词的解释,IV,1)。

罗素1940年在《探究》中仍然使用"事实"的概念(正如我们所说,事实"用"得不错),但是他对其这样解释道:"在语言之外没有'圆的方'或'蓝色线条中的红色线条'这样的事实。没有'事情是如此这般,这般'的事实。这是感知的结果,通过分析我们从中推导出命题'事情是如此这般,这般'。一旦我们明白这一点,那么我们把感知(percepts)的结果叫做'事实'也就没什么坏处了"[同上,153—154]。

语言层次 按照罗素的观点,语言是以关于世界的命题形式实现的,无论是物理世界,还是心理世界(关于物理世界和关于心理世界,都是一样的)。命题具有不同的形式,与其相对应的是其深层的内在差异:

(1)"玫瑰是红的","x是红的",一般形式为 $R_1(x)$,就是谓词关系或单一关系;

(2)"汽车在房子前",一般形式为 $R_2(x,y)$,不是谓词关系,而是二元关系;

(3)"玛丽给约翰一本书",一般形式为 $R_3(x,y,z)$,即三元关系等等,可能是 $R_n(x_1,x_2,x_3\cdots x_n)$,即 n 元关系;

(4)"〈玫瑰是红的〉是真的",一般形式为"$f R(x)$ 对于某些 R 来说是真的";

(5)"约翰认为玫瑰是红的",一般形式为"A 认为 $R(x)$"。

罗素认为(1)、(2)、(3)类命题是"原子句",与经验材料最为接近(无直接命题)。它们构成"第一性语言"(primary language),或逻辑意义上的"对象语言",也就是说,被理解为模式,近似于自然语言的相应片断。断言另一个命题是真或是假的(4)类命题,属于更高层次的语言,即"第二性语言"(secondary language)。(5)类命题由一类十分特殊的表达式构成。罗素称其为命题态度(propositional attitudes)。它们也构成比第一种语言更高层次的语言,或许与前一类一起进入到第二种语言当中,又或许,应该把它们作为还要更高一级的语言、第三种语言划分出来(这里罗素没有分析层次问题)。

一阶语言,即"第一性"语言或"对象"语言。它由直接表示可观察到的性质的对象语词构成,如"红"、"硬"、"热"等等,它们是谓词,但是也可以看作是句法意义上的"名称"。其中还有一些像"凯撒"、"布鲁特斯"这样的专名。可以在命题函项之外独立使用,这些语词直接断定可感觉对象或这些对象集合中的一个对象是否存在。

按照罗素的观点,对象语词可以在逻辑上予以定义,它们是具有意义的语词,甚至可以独立地、孤立地提取出来。它们还可以在心理上予以定义,是预先不知道其他语词也可以独立学会的语词。罗素指出,这两个定义在严格意义上不是等价的,并且如果两者发生冲突,应当优先选择逻辑定义。

重要的是要注意,还是在第一性语言层面的推理中就出现了现实无穷性和潜在无穷性的问题,它们后来在建立结构数学时开始发挥重要作用。"两个定义可以是等价的",罗素指出,"如果我们有权假设我们的感知可能性可以无限扩大的话。实际上,我们肉眼无法感知到千边形,但是能够非常轻松地把它想象出来。另一方面,很明显的是,某人从理解'或者'这个词开始学会语言是不可能的,尽管并非通过形式化定义来掌握该词的意义。这样一来,作为现实的对象语词类的补充就要加上可能的对象语词类。就许多用途而言,现实和可能的对象语词类比现实的对象语词类重要得多"[同上,66页](以及参见 VI,2)。

"对象"语言或"第一性"语言不包含"真"、"假"这样的词,以及诸如否定词"并非"、"或者"、"某些"、"全部"这样的逻辑语词。

"第一性语言"中的所有句子都是原子句。从形式上看,原子句具有(1),(2),(3)形式(见前面),而从对经验、对感觉材料的关系上来看,它们的特点在于构成了经验物理事实的主体。后者可以用原子句或者与其相矛盾的句子来描写。在罗素撰写该论著的时代,人们假设所有其他物理论断都可以化归为这样的基本原子句,即"证实者"。这是"实物或对象语言"构想的时代,所有的科学句子都可以化归为这种语言。没有一个这样的构想获得成功,罗素的构想也不例外。(参见 IV,4)

关于罗素通过语言层次观念的棱镜对自然语言的描写,必须还要提到一个特别的批判性意见,艾耶尔于1936年在前面提到的论著中对此加以详细表述。罗素对逻辑-语言悖论现象过于重视,他认为关于任何一种语言的结构在该语言自身框架内什么也不能说,否则就有出现悖论的危险,为此需要另外一种更高层次的语言。艾耶尔认为卡尔纳普写完《语言的逻辑句法》之后,就在经验上推翻了这一论点[Ayer 1980,95]。然而,我们认为,罗素的担忧仍然存在,尽管这不是语言层次的真正根据,即便是罗素所理解的语言层次[参见:Степанов 1981,гл. XII]。

然而罗素的"第一性语言"仍然是成功的语言特定层级的建模样本,或许是最成功的,逻辑实证主义的支持者试图借助于"实物语言"建立该语言的模式。

第二性语言 罗素在其层次中引入第二层级时,其依据是利沃夫-华沙逻辑学派的代表人物塔尔斯基的《形式化语言中"真"这个概念》一文(第一版用波兰语于1933年出版,做了重要补充的德文译本《Der wahrheitsbegriff in den formalisierten Sprachen》于1936年出版)。塔尔斯基论证了这样一个论点,就是"真"和"假"这两个词运用于某种语言的句子中时,为了恰如其分地对其进行解释,总是需要另外一种更高阶的语言。这并不意味着,在"对象语言"中句子不为真或不为假,而是意味着"该(对象语言的)句子为真(假)"这类句子不是属于对象语言,而是属于二阶语言(参见例4)。

显然,"真"和"假"这两个词本身只能在二阶语言中出现。一般说来,用来叫做某种语言语词的语词都是属于下一个阶的语言。因此,"对象语词"这个术语本身就属于"第二性语言"。因为"或者"、"某些"、"全部"等等这些逻辑语词属于"第二性语言",所以"逻辑语词"属于三阶语言,"第三性"语言,等等。

接着,否定句属于"第二性语言"。罗素精辟地指出,否定句在某种意义上与"该断定句为假"这一论断类似。"这是黄油"和"这不是干酪"实际上属于不同的层面,因为前者可以依赖于直接感觉到的感知材料,而后者却不能[Russell 1980,73]。

此外可见,与否定句类似,还可以解释带"全部"或"某些"这些词的句子也属于"第二性语言"。

以"我——此时——这里"为基础的"自我中心特称词"在这一层面也不包含在语言中。罗素经常提及:"在发达的语言中,那些诸如'热'、'红'、'平的'等等的对象语词不是自我中心词"[同上,127页]。

但是必须指出,与此同时说话人("我")不起任何作用的"对象语言"原则,由于"第二性语言"的引入已被违反。实际上,究竟谁是对象语言句子为真或为假的命题的主体?显然,不是使用"对象语言"的人自己,而正是作为另一种语言的使用者而与之相对立的某个人,无论如何都只能是这种或那种语言的使用者自身,因为这两种语言的使用者不可能是同一个人。因此"我"的原则,后来的语用原则,已经隐性地引入进来(以及参见 VI,2)。

由于(5)("约翰认为……")这类命题的讨论,这在罗素那里已经非常清楚,正因为如此,尽管罗素直接对此只字未提,但按照其推理逻辑,应该把它们归入到下一阶,也即第三阶语言中去。

三阶语言即"第三性语言"。在该框架内出现了"约翰认为下雨了"这类句子和其他一些类似"希望"、"期望"等等这样的表达式,后面接着带连接词"что"的表达式。罗素首次对它们进行详细研究,并且在他那里把它们称作命题态度。(我不知道罗素是否在什么地方说过,命题态度的原形就是弗雷格关于间接句子中的语义[Frege 1892,28],反正在《探究》中对此只字未提)

为了讨论这些句子,罗素早就已经区分了句子指涉(在卡尔纳普那里获得句子的"外延"这一名称,而在某些语言学观点中,特别是今天的观点中,被称为句子的"所指"或"指称")和句子表达(在卡尔纳普那里被叫做句子的"内涵",而在一些已经提到过的语言学观点中称为句子的"意谓"或"含义")。后者是对句子含义或内涵概念的最初描写之一,还不是十分清晰的。

罗素通过很长的推理(我们省略其技术细节)得出这样一个结论,在"A 认为 p"这种形式的句子中,p 是"对象语言"的句子,在连接词"что"之后,意见或信念的对象一般不是整体上的句子 p,而从其外延和内涵的角度来看,只是该句子的内涵。假设存在原子句 p"所有两足无羽的生物都是人",其真是由人的"这是两足无羽的生物"这一定义来保证的。把定义代入到句子 p 就会产生分类学。现在假设带有命题态度的句子是存在的:"A 认为存在不是人的,没有羽毛的两足生物",由此无论如何也不能得出"A 认为人不是人"。这里外延上相同的表达式的替换会导致假论断的出现。因而,这类语言,也即带有命题态度的语言,不是外延语言。

罗素本人在这方面是否特别关心外延性(这种语言是外延语言吗?)和原子性(这类命题是原子命题吗?)原则呢?他得出结论,外延性原则不是假的,只是需要正确运用。至于原子性原则,在他看来该问题还不是很清楚。

然而,我们注意到另外一些问题,在我们看来如今更为重要。

谁是意见的承担者?罗素清楚地表明,如果句子 p 属于"对象语言",那么句子"A 认为 p"就属于更高层次的语言。然而看来,他对该问题并未予以特别关注,他认为这都是同一个第二性语言。但是,综上所述可以清楚,"约翰认为下雨了"这个句子只是表面上看起来属于这种语言,因为约翰本人不过是说"下雨了",而"约翰认为下雨了"这个表达式属于某一个讨论约翰的人,比如玛丽。但是关于"约翰认为下雨了"这个句子是真还是假,外延的还是内涵的讨论不可能属于玛丽。它可能属于罗素(或其他处在他的位置上的人)。一般情况下它属于三阶语言(莫里斯在 1938 年的论著中认为,在一个自然语言内可以解释所有相似类型的合并,然而在我们看来,是通过极其混淆的方式来解释的)[Моррис 1983,76]。

这样一来,所有与命题态度相关联的一系列问题的解释,在罗素那里不过是表示同一种语义处理方法,似乎只是在语言层次列表上移动得越来越高,该处理方法的基础是罗素本人的类型论。

罗素没有注意到包含在语言自身之中的一个全新的根据,即说话人的坐标系统"我—这里—此时"是在自然语言中构建的,并且在特定的阶段应该被归入到语言层次列表中。罗素为自己及其追随者关上了这道门,把"自我中心词"这个开放的类作为"对于世界或语言的任何一个片断的描写都是多余的类"而排除出去。

由于该原则的引入,语言层次就不再与罗素的类型层次一致了,在类型层次中区分出三个基本类型,或层次、语言,即低级语言—主要是语义的;更高级的语言—语义的和句法的;三者当中最高级的语言即三阶语言,是语义的、句法的和语用的。但是在纯粹的逻辑层面上,这一问题只是在更晚一些时候,直到今天,随着逻辑新领域、模态逻辑和内涵逻辑的出现才得以阐明。这实质上意味着过渡到新的语言—逻辑范式,即自我中心词哲学。但是在那个年代和罗素一样就这一主题进行写作的卡尔纳普在其语言层次中就已经为此奠定了基础。在他之后,命题态度在分析哲学中获得一个全新的解释(详见:1983;然而与杰古吉斯不同,我们并不认为这一不同的处理方法是更让人满意的)。

4. 从卡尔纳普的"两种语言"范式到语言学结构主义

萌发于经院哲学时代中世纪语法学家学说中的"两种语言"观(参见 II, 3)断言,在社会中至少存在两种语言,一种是日常的、每一个民族单独的、种族的或民族的,属于"日常用法"的、不合乎逻辑的、独特的语言,另一种是合乎逻辑的、严格的、对所有民族都是一样的、普遍的或者通用的、不是直接表达出来的,而是作为隐性层次存在于原初语言的内部,并且是在逻辑描写的人工形式中可以显现出来的语言。通过复杂的媒介,其中一部分媒介前面提到过(III,1),这种观念一直延续到20世纪中期。

该观念在20世纪历经以下阶段:1)"实物语言"观,与之对立的是"元语言"或"一般的科学语言",也即包含一般科学术语的语言。这是逻辑实证主义的追随者以及罗素的共同观点,它在不同的构想当中都有体现,其中最为著名的当属卡尔纳普的观点。这些构想的特点在于两种语言的关系通过一般科学术语和"实物语言"术语之间的"对应规则"来确立;2)"语言分析"观,由英国哲学家(赖尔、约翰·威斯顿姆等)在1930年代初提出来,与逻辑实证主义的构想同时并行,但是接下来,在后者衰落之后,在1950年代的"还原法"观点(在后期的维特根斯坦、赖尔、斯特劳森那里发展起来,所有这些观点的共同特点是,两种语言表现在同一个日常语言之中,其中一部分应该化归为或"还原为"其另一部分,即"现实的"术语。这里处于对应规则位置的是"迁说规则"。3)转换语法观,其后不久,典型的就是1960年代的"生成"语法观。与前面提到过的英国学派的概念相比较,其特点在于,迁说规则是用非常抽象的形式来研究的——这就是语法转换公式,同时也是从词库中抽象出来的(类似的参见"转换逻辑"[Брутян 1983])。

从第一类观点到第二类观点,以及从第二类到现在第三类观点的整个发展,经过半个世纪,还有一条路线比较明显,即从卡尔纳普和其他逻辑实证主义追随者的静态定义"对应"到英国分析学派的定义"转换",以及最后到生成语法学家的动态定义"生成规则"。在这一发展过程中,数学里与制定算法程序相关的结构主义学派日益增长的影响无疑起到了作用。因此所提到的这三类逻辑-语言学观至少根据该特征可以合并在一起,放在结构主义这一名称下。"结构主义"这一术语不是该语言学流派的自称(但在数学里是这样),然而它是必要的。如果仅仅以某些科学流派的自称(和自我描述)为基础,我们能否建立关于科学发展过程的普遍认识?例如,根据自称和自我描述,马尔院士的理论应当被看作是"关于语言的新学说",甚至是"关于语言的新马克思主义学说"。相反,物理中的"牛顿范式"之所以没有资格获得这一名称,其原因在于,无论是牛顿,还是牛顿同时代的人及其志同道合者,都没用过这一叫法。当然,把前面提到的三个流派统一在一个名称之下,在一定程度上削弱了每一个流派的独特性,但这是实际状况所要求的,这些状况在半个世纪后看得越来越清楚。

这三条路线的另一个共同特点就是,如前所述,倾向于还原法,即倾向于把一些语言表达式化归为另一些语言表达式。根据这两种倾向,即还原法和结构主义,我们基于某些细节来分析每一个流派。

卡尔纳普的"实物或'对象'"语言(thing-language, object-language)这一术语

本身形成于 1930 年代末。在 1938 年的《国际统一科学百科全书》第一卷里的№1 和№2 中,该术语就已作为一个公认的术语被用于不同的词条中。但是卡尔纳普给出其严格定义的论著才是整个一系列构想的完成阶段,这一系列构想中最早的当属 1920 年代末的维也纳小组成员的观点,并且在那时被称为"现象学语言",也即描写直接可观察到的东西、描写现象的语言。这个"原始语言"的构想因其主观性(直接可观察到的东西只是个体的私产)很快就被新实证主义者推翻。紧随其后的是"记录式语言",接下来是"物理主义语言"以及许多其他构想[其简史参见:Мудрагей 1975]。

卡尔纳普的"实物"或"对象"语言也是"物理主义语言",意思是说,在这种语言中表示对象的术语的最初定义应该这样引入,就像在物理学中通过物理参数的定量指标,如温度、压力等,引入定义那样。但是卡尔纳普把这种语言扩展开来,允许其包括"热"、"冷"、"重"等等这类观察结果的术语,对它们的说明不需要复杂的技术手段,并且包括被称为"特性谓词"的术语,诸如"可溶解的"、"有弹性的"、"有展性的"等等[Carnap 1938;Лахути 1962]。

任何一个重新引入的术语必须通过严格的程序化归为原始术语,该程序就是通过已有术语,通过将其化归、还原为已有术语来解释该术语。用于该术语的全部还原法构成它的"限定"。实质上这两个概念是术语使用条件形式上的等同物,是"意义"概念的等同物。"如果知道在哪些条件下我们可以在各个具体情况中使用该术语,以及在哪种情况下不能使用该术语",卡尔纳普在《科学统一的逻辑基础》一文中写道,"我们就能够知道术语的意义"[Carnap 1938,44]。

根据卡尔纳普和其他逻辑实证主义代表的观点(莫里斯在其符号学理论中总结了这一观点,该理论刊登在同一卷的第二期中[参见:Моррис 1983]),"实物语言"可以成为"统一科学"的基础。换句话说,他们认为通过还原法和限定法可以把生物学、心理学、社会学等等这些一般科学的所有术语和论断都化归为"实物语言"。

建立纯"对象语言"的构想中,没有一个构想以成功告结。卡尔纳普本人于 1957 年在其《旧逻辑与新逻辑》(1930—1931)一文中的附注里写道:"科学概念向感觉材料或直接可观察属性的还原是不可能的。因此科学语言的句子一般情况下不能改成某个基本类型的句子。它们之间的关系是相当复杂的。因而,表达科学论断的句子(a scientific sentence)不能简单地判断其为真或为假。它可以基于观察材料在某种程度上得到证实。这样一来,原来最初由维特根斯坦提出的'可证实性原则'就被替换为更低一些的'可确证性'要求"[Carnap 1959,146]。

这一任务是不可能完成的,这是逻辑实证主义作为"科学哲学"失败的主要原因之一。然而至于"实物语言"这一想法本身,应该说,卡尔纳普的构想并没有那么糟糕,一般说来,距其实现也并没有那么的遥远。失败的原因不过是其构想中过多的"物理性"("物理主义"),要求把一切东西都化归为可用物理方法来定义的术语,换句话说,就是其"语言学性"不够充分。正如 1970—1980 年代的语言—逻辑研究情况所表明的那样,特别是维日彼茨卡的研究,自然语言的语词和表达式,是从其广泛的日常使用中提取出来的,完全可以化归为一小部分原始的不可定义的术语。不过这些术语不应该用物理方法引入,其适当的定义应该是语言学上的。在维日彼茨卡的体系中大约有 10—12 个这样的语义"原始词"(如她所称),这些术语是"想"、"不想"(否定词与内容丰富的原始词是分不开的)、"考虑"、"想象"、"说"、"成为"、"是……的部分"、"某种东西"、"我"、"你"、"世界"、"这个"。它们是不可再分的,因而也是不能定义的(因为定义是意义元素的组合),而且它们是自然的,也即不是物理语言的术语,而是自然语言、日常语言和人类思维经验的语义实体。此外,这也是"语义原始词"非常重要的特点,这些原始词不是从自然语言的词汇中提取出来的,而是自然语言的一些命题元素,不一定可以和单个的词联想在一起(试比较"不想")。

借助于这些"原始词",维日彼茨卡成功地分析了日常语言中相当复杂的命题,也即把它们化归为"原始词"成分。例如,用这种方法使得解释"多"这个词的意义成为可能,如下:У этого ребенка *много* игрушек =《Этот ребенок имеет больше игрушек, чем любой ребенок, об игрушках которого *ты* мог бы *подумать*, желая *представить себе* игрушки этого ребенка》(这个孩子有很多玩具 ="在想要想象这个孩子的玩具时,这个孩子的玩具比其他你能想象到的任何一个孩子的玩具都多")[Wierzbicka 1972,74](用斜体标出的解释成分同时就是"语义原始词",而所有其他成分都可以合情合理地化归为这一组的术语。不言而喻,在这里我们对还原法忽略不计。维日彼茨卡的体系在《思想的语言》[Wierzbicka 1980]这一著作中最完整地阐述出来。在此不难看出,正如作者本人所言,这是对莱布尼茨一些思想的发展)。

卡尔纳普某些与其"实物语言"构想相关的个别想法是非常有益的。例如,特性谓词概念是自然语言特殊现象的类似物,这种现象就是一些动词在表示属性时十分确定地隐含其主体和客体。这样,俄语动词 посыпаться(散落)在其本义中隐含着作为形式主体的对象变项的类,变项的辖域规定为离散物质的特性或微小事物的复合体,如 посыпались(散落)、песчинки(沙粒)、орехи(核桃)、камни(石头)、книги(书籍),但不能是 лошади(马)、скалы(悬崖)、дома(房屋)。在同一个动词的转义用法中,在表示事件时其主体的分离性、离散型特征已经包含在其中,就像在表示特性时,用分离的、重复的(离散—重复的,如语言学家所说)事件对这些事件的类加以限制,因此可以说:посыпались(纷至沓来)、сообщения(报道)、новости

(新闻)、огорчения(伤心)、награды(奖赏)、мелкие радости(小快乐)等等,但是不能说:пасыпались(纷至沓来)надежды(希望)、страдания(痛苦)、кризисы(危机) [Телия 1981,40](尽管译成汉语时,有些表达式或正确或不正确—译者注)。正如捷利娅所指出的那样,像"特性谓词"这些概念阐明了研究甚少而又与语词意义相关的自然语言现象。

卡尔纳普的语言层次 和罗素一样,因为语言的逻辑,卡尔纳普自然会触及到语言层次这一问题。在把"实物语言"与一般科学语言(或者每一门单独科学的语言)作为两种不同类型的语言来研究其相互关系时,该问题就以最简单的形式出现了,也即作为关于不同的语言层次之间的转换这一问题而立刻出现了。一种类型的语言向另一种类型的语言转换这种观点,当然与罗素的层次有关联,但是看来,罗素对此并没有特别重视,而且也没有扼要地把这个问题提出来。卡尔纳普做到了这一点。换句话说,他实现了在特定的语言层次框架内由一种语言向另一种语言转换的形式化这一尝试[参见:Carnap 1959a,第一卷,B部分]。

卡尔纳普提出关于形式化的问题,意思是根据层次中每一种语言的句子真假问题来确立这条线上不同语言之间的联系。该层次中较低类型的语言是代码,例如通常的电码。在该系统中,可以形成有限数量的句子,也即代码符号与其"译文"的对应关系,因为每一个句子都以给定其真值条件为依据。

而如果在系统中可以形成无限数量的句子,那么卡尔纳普就把这些系统称为语言语义系统,也就是语言。

系统 S_1 有 7 个符号:三个是事物常项 A_1,A_2,A_3,两个是谓词 B_1,B_2,以及")"、"("这两个括号形符号。该系统是"客观语言"的类似物。其中真值条件是这样定义的:

(1) 如果芝加哥是大城市,则 $B_1(A_1)$ 为真。
(2) 如果纽约是大城市,则 $B_1(A_2)$ 为真。
(3) 如果卡梅尔是大城市,则 $B_1(A_3)$ 为真。
(4) 如果芝加哥有港口,则 $B_2(A_1)$ 为真。
(5) 如果纽约有港口,则 $B_2(A_2)$ 为真。
(6) 如果卡梅尔有港口,则 $B_2(A_3)$ 为真。

由该系统可以转换为另一种更复杂类型的语言等同物,即系统 S_2,相对于 S_1,它更具概括性。5 个单独的表示规则和一个用于真值条件的总规则可以用来表述 S_2 的构建:

(1) A_1 表示芝加哥。
(2) A_2 表示纽约。
(3) A_3 表示卡梅尔。

（4）B_1 表示作为大城市的属性。

（5）B_2 表示有港口的属性。

（6）$B_1(A_1)$ 为真,当且仅当 A_1 的指派就是 B_1 的指派(也就是说,通过 A_1 所表示的对象具有通过 B_1 所表示的属性)。

由系统 S_2 可以转换为更为复杂的系统 S_3。为此在新系统中引入行为符号、初始常项的新符号 a,b,c 和初始谓词 P 和 Q,以及真值条件新的定义。由系统 S_3 可以转换为更为复杂的系统 S_4 等等。

如此一来,层次中每一个更高的系统在卡尔纳普那里就是前一个层次的语言的元语言。层次的这一解释,在我们看来,在语用学研究开始后具有不利的影响(参见 VI,2)。

还要注意到卡尔纳普层次的另一个特点,即每一种语言描述世界或多个世界的可能性。实质上,这些可能性不是别的,正是组合造句的可能性。在所列举的片断里这一点在系统 S_1 中表现得最为清楚。其中有三个对象常项,即 A_1,A_2 和 A_3,以及两个谓词,即 B_1 和 B_2(语言 S_1 在世界中只捕捉到三个对象和两个属性),并且借助于它们可以形成的句子数量与每一个对象常项和每一个谓词的组合数量相等,也即 6 个。S_1 语言能够建立的世界图式与一套完整的句子相对应,即 $A_1(B_1)$,$A_2(B_2)$……等等,直到 $A_n(B_m)$,这里 n = 3,而 m = 2。由六个句子构成的一整套句子在前面完整地列举出来。

然而这一套句子只是呈现出全部六个组合,即六个句子为真的情形。因此这与用常项命名的每一个对象都具有用谓词命名的每一个属性相符合。

如果容许否定,那么语言 S_1 的可能性就会扩大,它也就能够描写这些情形(世界图式),即一个,或几个,或者所有对象都具有某种属性,几个属性,或者甚至全部属性。例如,在前面列举过的六个真的、肯定的句子中可以这样来改变句子(1),使之读作 $A_1(\sim B_1)$,这里波形号表示否定,也即谓词 B_1 不属于常项 A_1 所表示的对象,亦即芝加哥不是大城市。[具有类似结果的同一个句子可以变成另一个样子,保留其原来的记法 $A_1(B_1)$,但是指它为假,也即如果芝加哥是大城市,则 $A_1(B_1)$ 为假。这一简单的例子表明"真"和"肯定"这两个概念与"假"和"否定"这两个概念之间在整个语言中具有紧密联系。]

对于(1—6)的每一个句子,都可以或者单独,或者几个句子一起,或者全部句子一起,用同样的方法来操作。由六个句子构成的这些成套的句子在每一种情形下所描写的世界图式都可以被叫做同一个世界的多个图式,或者同一个世界的多个"事态",或者,此外还可以叫做不同的世界。在刚刚分析过的例子里,句(1)是否定的或假的,而所有其余的句子都是肯定的或真的,"事态"最自然地被叫做特殊世界。因为如果芝加哥不是大城市,那么它或者是某个别的国家,而不是美国,或者是美国,但却是在遥远的过去。卡尔纳普本人更愿意使用"状态描写"(state description)这一术语。

如果把这些情形相加,也即把关于世界的所有句子都是肯定的情形,其中一个是否定的情形,其中两个是否定的情形……等等,直到全部句子是否定的情形加起来,这样得到的图式在该语言中就会是"状态的完整描写"。在所分析的包含三个个体符号(A_1,A_2,A_3)和两个谓词(B_1,B_2)的 S_1 语言中,就会得到 $2^{2 \cdot 3} = 2^6$ 系统(亦即状态)。

而如果我们不容许出现所有谓词在状态描写中都是否定的这种情形,那么可能状态的数量就会等于 $2^{6-1} = 2^5$。一般说来,对于 n 个谓词和 m 个个体而言,在第一种情形下状态的数量等于 $2^{m \cdot n}$,而在第二种情形下则等于 $2^{m \cdot n - 1}$。

"状态的完整描写"具有非常大的普遍性。它适用于不同的目的(例如,玻尔兹曼在物理学中用它来描写理想的气体)。我们早就注意到在语言学中它对于描写语言结构很适用[Степанов 1966,85—86]。现在必须指出,它还适用于可能世界这一概念。"状态的完整描写"将是对该语言能够描写的所有可能世界的描写。这一整套描写中每一个单独的状态都与一个可能世界相符合。

被我们称为谓词哲学的那个逻辑-哲学范式的框架内的一系列重大成就都与这一概念相关联。但是在新范式中,在自我中心词哲学中,由于模态逻辑和内涵逻辑的研究而暴露出缺陷,特别是"名称缺失"问题,以及"状态的完整描写"的难以适用性,因此曾尝试对该方法进行重大调整[Хинтикка 1980,43](以及参见:VI,3 和第三部分 I,2)。

鉴于本书的主题,让人尤为感兴趣的是"名称缺失"这一问题,亦即在"状态的完整描写"中某种语言能够囊括的谓词数量和属性数量这个问题。看来,卡尔纳普对这一问题并未予以重视,实际上对于建立适当的世界图式,该问题的重要性并不小于,或许大于可能状态的数量这一问题(以及参见:VII,0)。

"语言分析"观下的世界图式 在这一自称下,较为著名的是英国学派的观点,由维特根斯坦的观点而产生,在赖尔、约翰·威斯顿姆、斯特劳森等人的著作中发展起来的。其基础是把语言表达式的意义理解为表达式的日常用法,笼统地说,也就是"意义就是用法"。这样,某一个语词的意义,特别是普通名词或抽象术语的意义,就是其用法的总和。

这一论题本身具有现实的语言基础,表现为一种分布现象。语言要素的分布是指围绕着该要素的所有其他要素所构成的环境,由有可能出现在该语言的语句和文本中的其他要素(该要素所在的层次或类型)所构成。由于在分布的定义中包括"可能"这一表达式,因此该定义只是对语言潜在可能性的断定。而实际分布以言语的观察结果为基础,用归纳的方式确立起来,因此应该这样来定义它,确切地说,就是"在言语中遭遇到该要素的现实环境"。1950年代的语言学家,尤其是美国的语言学家,对通过分布来确立意义予以很大的关注。为此他们制定了严格的研究方法规则,并且建立了不同的分布类型(补充分布、对立分布、自由变体分布[参见 Степанов 1975,232—235;分布方法适用于意义分析的实际结果参见:Апресян 1967])。

这些论著的结果表明,分布能够显现出所谓的意义区分性要素,也即区分该要素的那些意义成分,例如把一个语词同其他语词区分开,——这是在最好的情况下。在许多情况下,该分析揭示出的区分性特征只是"精确到组群",也即只是某些类语词的特征,这些语词被提取出来作为一个整体,而且虽然这些类可能非常小,比如只包括3—4个要素,但是用这些方法也不能捕捉到单独的每一个要素的意义及其"词核"。下面这个分布可以作为一个例子,尽管有些拙劣,因为在这里很难做到对某一分布的完整描写:Я быстро……домой(我快……回家)。这些要素构成某一类语词的分布,该类的要素可以在省略号的位置呈现出来,一个一个地,而不是一下子全部。不难看出,在俄语中这一类语词由 иду(走)、бегу(跑)、еду(乘坐)、спешу(急忙)、лечу(飞)、пробираюсь(溜)这些词构成,或许还有一些别的[也可以笼统地把它们记作不定式:идти(走)、бежать(跑)、ехать(乘坐)……;ходить(走,非定向)、бегать(跑,非定向)、ездить(乘坐,非定向)等等]。然而,显而易见,所列举的分布只展现该类全部词具有的共性,而不展现它们的个体特点。这些共同要素的数量可以依次减少,也即通过扩大分布使个体性明显起来。因此 Я быстро……домой на велосипеде(我快……骑自行车回家)这一分布把 иду(走)、бегу(跑)、лечу(飞)、пробираюсь(溜)这些要素从该类排除出去,而剩下来的要素 еду(乘)、спешу(急忙)就获得新的特征,也即更加确切的定义。其他某种分布能够将类压缩得更小,甚至只有一个要素。然而,由于分布性分析总是可以确定类,哪怕只是由一个要素构成,所以词核,即语词和表达式的本义、个体意义,通常依旧无法显示出来。

因此借助于语词的使用规则(而它们,不言而喻,以分布为根据,尽管在这种情况下也并非明确表述出来)还不足以描写语词的意义,无论是哪一种语言的语词。(重要的是要注意到,像 C. I. 刘易斯这样富有远见的逻辑学家早就预见到这一负面结果,参见后面,VI,2)"语言分析"哲学家自己也清楚地意识到这一现象,并且在继续坚持"意义就是用法"时,开始探求更适当的方式来揭示意义,但却依旧没有跳出语言系统的框框,也没有诉诸于外部世界。

他们在迂说(俄语起初在这一意义上使用术语"改说",源于"改说"这一动词,而现在使用"迂说",源于"迂说法")现象中找到这种方法。这一发现比现代语言逻辑方面的著作领先很多年。"迂说"概念早在约翰·威斯顿姆的《夸示》(Ostentation)一文中就有表述。目前迂说运用得非常广泛。比如,所谓的句子深层语义结构就是迂说的个别情形,而具体实例就是前面列举过的维日彼茨卡体系中对"多(много)"一词的描写。

博戈莫洛夫就威斯顿姆的这篇文章指出,"分析步骤就是句子 S 的改句,使其同义异说 S'更清楚地揭示出所划定的事实结构。然而'改句'的实际目的,如接下来所示,就是把抽象概念转换成那些最简单的概念,这些抽象正是由它们产生出来……但是在这种情况下……'寻找共同语义的指称',和威斯顿姆的'迂说'一起,都只不过是证实原则的语义-语言学变体(新实证主义——作者注),证实要求把任一抽象化归(还原)为经验的直接行为或者表达这些行为的'纪录式句子'"[Богомолов 1973, 266]。逻辑实证主义的追随者把不可证实的、"形而上的"句子和概念(像"实体"概念)从哲学领域排除出去(是的,实际上在他们看来,哲学本身与形而上学是同一的),然而与他们不同,"语言分析"哲学家则力求在其语言研究分析的基础上重新理解形而上学的概念。

加以重新理解的还有一些语言事实,基于这些事实产生了罗素的命题态度概念和卡尔纳普语言层次中的相关概念。"X 认为 P"这类命题(这里"认为"也可以替换成"以为"、"相信"等等)开始被视作与"X 说:'P'"这样的命题等价(维日彼茨卡在其《思想的语言》中也做出类似的解释)。这一重新理解伴随着对谓词和意义的全新理解。不把谓词看作是表示对象的词项,而是用单称词项和相关变项表示(命名)的分类对象的词项。不把意义看作是类似于数的"柏拉图的实体",语言符号不过是用来表示这一实体的,而是将其看作是符号的语言学功能。后一个断定可以与"意义就是用法"这一更为普遍和著名的论点相提并论[关于此详见:Дегутис 1983]。在展望该思想的后续发展时可以看到,最近一些语言哲学家重新开始倾向于把意义(内涵)理解为类似于数的"柏拉图的实体"[参见:Семиотика 1983, 292, 296, 611]。

20 世纪 60 年代的生成观 其客观语言基础是前面描述过的分布概念。可以相对容易地看到分布性分析逐步变化,先是变成根据"直接构成"的句子分析,随后又成为"经过综合的分析",通过句子各个阶段的生成,由符号 S 转向直接构成的名词部分和动词部分,再转向它们的分支[参见:Новое в лингвистике 1962, 391—411]。

另一个生成主义的来源是维特根斯坦的思想,当时尚未被其追随者充分意识到,现在已经很清楚了。他在《逻辑哲学论》中写道:"句子的结构具有内在的相互关系(5.2)。我们可以在我们的表达方式中着重指出这些内在关系,就是把句子描述为一种运算的结果,这种运算就是由其他的句子(运算基础[Base])形成这个句子(5.21)。运算是运算结果的结构和运算基础的结构之间关系的表现(5.22)。运算是句子必然会碰到的,以便由它形成其他句子的东西(5.23)"[Витгенштейн 1958]。

尤为重要的是,需要着重指出生成主义发展史中没有充分注意到的一个方面,即当时如何从分布思想走向单独提取的一个句子的内在生成(扩展)思想?如何从句子通过运算(在维特根斯坦那里)联系在一起的思想转向一些句子是由另一些句子生成的这一观点的呢?当这两条路子结合在一起时,生成主义就形成了。

第三个特定的影响源于数学中的结构主义总体思想,尤其是计算过程和算法的研究。对系统动态呈现的探究立即在语言学中得到响应,因为从古印度的帕尼尼直至今天,这种探究在语言学的整个历史中一次又一次地出现[Кубрякова 1980]。

马尔科夫于1950年代以算法理论概念的具体形式所表达出来的数学结构主义思想,几年后在苏联关于生成语法的语言学著作中几乎被整个采用过来。

马尔科夫指出:"算法在数学里通常指计算过程,根据准确的指令来完成,并且从能够变形的初始数据导出所求结果"[Марков 1951,176]。接下来引入抽象字母和具体字母、抽象语词和具体语词的概念(而且在这里具体的字母和语词指进入文本中相关抽象单位的使用)。马尔科夫还写道:"我们将要说到,我们将字母用于语词P,如果从这一语词出发,并且运用算法,我们最终会得到某个语词,计算到此也就中断。关于这一语词,我们在算法将语词P算成它时还会涉及到"(同上,180—181页)。高度发展起来的生成语法不仅可以生成语言的表达式或句子,而且与简单的计算过程不同,它还得以将其进行语法上的分类,也即在供描写该语言所采用的范畴系统中对其进行描写。因此借助于生成语法所取得的成果(此后人们几乎不再研究这些语法)仍会影响到语言学的其他领域研究(在生成语义学、范畴语法和蒙塔古语法中)。

试比较捷米扬科夫对"生成"这一概念做出的总结性定义:"语法指的就是,如果借助于语法可以罗列这些表达式的所有集合,以及如果任何一个表达式借助于语法都可以归入到或不归入到该集合,为其确定一个或更多的派生物,那么它就可以生成许多句子、配列等等"[Демьянков 1979,термин 441]。

语言学中结构主义的总体思想是卓有成效的。目前看来,确切地说,应该把它们和"语言结构体"联系起来。卡拉乌洛夫就这一问题写道:"语言结构体不是工程语言学,工程语言学处理的是语言的机器加工及其机器应用中十分确定的具体问题,然而工程语言学的一些处理也要通过语言结构体来实现。语言结构体是一些综合方法的复合体,包括'问题处理方法样本'的编纂和组合方法,在语言学不同领域中已有的和所获得的现成的理论和实践结果的外推法,及其在克服困难和处理在构建新的语言学对象时在某些领域中出现的问题时,这些方法的直接运用或启发式运用……语言结构体的主要原则就是'如何做出'某一个对象,只是乍看起来在其内容上是纯技术性的"[Караулов 1981,17]。

卡拉乌洛夫本人关于算法上的词汇结构体的论著可以作为俄罗斯运用语言学结构主义思想的实例。而大量关于"生成语义学"、"相对语法"等等的论著（与产生这些研究方向的"生成语法"类似）可以作为美国语言学和语言哲学中运用结构主义思想的实例。

最后还应该讲一讲这一时期的一个重要结果，与语言哲学直接相关。当人们开始哲学式地理解生成语法的成果时，这一结果才开始清楚起来，但是实质上它不只是这一理解的结果，而似乎是逐渐积聚起来的，始于卡尔纳普的论著以及1920年代对"两种语言"的认识，或许还要更早一些。我们是指意识到语言描写可以同时既是自然科学的，又是人文科学的。

在谈论"两种语言"时，这恰好出现在1920至1930年代逻辑实证主义支持者的论著中，或多或少可以清楚地看到，"高级的"、抽象的、逻辑上有序的语言作为自然科学的对象加以描写，而"低级的"日常语言是人文知识的对象（当然，"高级的"和"低级的"在这里不具有任何类似于"好"和"坏"这样的评价色彩，而只不过是表示抽象的程度）。但是当一种语言向另一种语言转换的方式被加以研究和形式化时（参见1930—1940年代末卡尔纳普的著作），这种清晰性反而消失。像卡尔纳普那样的形式化是否意味着日常的自然语言会变成自然科学的对象（一些语文学家认为这是胡闹）？或者反之，科学的语言也同样表现出其神秘的和深层的"人文"特点（如符号学认为的那样）？这一费解在我们所描述的这一阶段结束时消失不见了。

我们终于在布雷金娜那里找到清晰的表述："在共时描写语法中所定义的规则不是自然科学所依赖的演绎-推理法则这样的解释，而多半是概念分析，是对这些规则隐含知识的阐释（为研究者所掌握，因为他不过是懂得自己的语言罢了——作者注），更确切地说，是语言学描写中定义好的、与理论规则相对应的前理论规则的知识，或者按照彼什科夫斯基的说法，是'直觉向理性形式的转换'"[Булыгина 1980，130]。

布雷金娜在这方面提到布弗雷斯（法国哲学家，研究现代语言学概念的方法论的归纳概括）的一段话，是关于生成语法中的解释，这多半是在卡尔纳普的阐释（explication）这一术语意义上的解释。它主要是用准确的、形式上可表达出来的概念，即阐释项（explicatum）来替换某一个相当模糊不清的直觉概念，即被阐释项（explicandum）。"显然，在语言学中"，布雷金娜总结道，"讨论假说（相应的可确定性等）是有意义的，这不是针对语法本身（也不是针对某一个具体的语法规则），而是针对元语法，也即针对断定某一类语法……可以表现出关于语言的可能（语言学上重要的）概括的最大数量（为真或为假）这一理论"[同上，131页]。

"元语法"或元语言在语言层次中可以占据不同的层次。这在前面分析过的卡尔纳普的三个系统中可以看得很清楚。如果系统S是"对象语言"，那么其规则只是某种程度上形式上的迂说使用规则,该语言的所有使用者在直觉上知道这些规则(当然,如果这样的使用者存在)。系统 S_2 相对于 S_1 是元语言,是一种形式上可表达的理论,容许证实、确认等等。但是由于在其真值规则中还提到现实对象,尽管是间接的、以"指派"的形式出现,所以逻辑证实在这里受到约束。系统 S_3 相对于 S_2 是元语言,而相对于 S_1 是元-元语言,更加近似于数学这样的系统,近似于逻辑系统等等。正是在这种层次的意义上,在语言描写中人文知识的特点逐渐减少,而自然科学这类知识的特点增加。

但是在这一切背后仍然可以看到同一个根本区别:S_1 这样的系统,即自然语言,拥有天生的使用者,并且使用者只是"知道"自己的语言,在某种意义上可以说,"语言把某种知识放进他们的理性之中";而其他系统,像 S_2、S_3 等等,只是拥有描述者,并且"他们把自己的理解(术语和规则)放进这些语言中"。

这一问题使语言哲学家激动不已,它一次又一次地出现,表现为尝试根据理性的程度来区分理性本身及其使用者,如同在卡尔纳普和乌耶莫夫那里(参见 Ⅵ,2),或者区分"强意义上的"知识和"弱意义上的"知识,即"知道—熟悉"(德语 wissen 和 kennen),如同在辛提卡那里。

5. "谓词诗学"或"句法诗学"

5.0 引言——形式诗学与内容诗学

"句法"一词在本世纪初经常出现在艺术流派的特性描述和特性自我描述之中,而且没有受到符号学研究的任何影响。目前在符号学研究中,艺术现象通常用语言方面的术语来描写。

俄国立体未来主义诗人在其 1914 年的宣言(《评判者园地》,11)中几乎开宗明义地骄傲宣告:"我们粉碎了句法"[Литературные манифесты 1929,79]。

如果康定斯基的抽象可以被称为绘画的"语义学"或者甚至是"纯语义学",那么艺术理论家就可以十分恰当地把绘画中的立体主义叫做"句法"(参见展览材料:《Москва — Париж. 1900—1930》. М.: Сов. Художник, 1981, с. 58)。

同一时期的俄国意象派诗人也宣告立体主义是诗学基础,该立体主义是他们按照自己的方式所理解的:"语法立体主义是三维语词的要求"。"平面的语词借助于形象加以说明,如今逐渐开始三维化。语词的长、宽、高用语词的形象、含义和声音来测量。与此同时,其中含义这个尺度是逻辑上的常项,而另外两个尺度是可变换的(变项—作者注),并且声音在表面上是可变换的,而形象在本质上是可变换的。声音的变化取决于语法形式,而形象的变化触及到语法错乱形式"[Литературные манифесты 1929,106]。由此可见,在意象派诗人看来,语法错乱形式就是诸如"Доброй утра！"，或"Доброй утры！"，或"Он хожу！"这类不合语法规范的现象。

看来，我们在这里发现了关于语言三维性的一个最初论断（应该承认，我只是在自己论著的结尾处才发现这一点）。"逻辑常项、含义"在这里就是语义；"两个可变尺度、声音和形象"就是句法；"语法错乱形式"就是在个人主义上所理解的语用，作为诗人自"我"的随心所欲。因此意象派诗人，至少是在理论上，认为第三个成素具有决定性意义，所以应该把他们的诗学归入到"自我中心词范式"之中（VI, 4）。

在上述几点上，不仅未来主义者和意象派诗人彼此近似，而且象征主义者也与其近似。从时间上来看，最后一位法国象征主义者保罗·克洛岱尔在其《诗的艺术》（1903）中写道：

"有一次在日本，从日光市飞往另外一个地方，我看见，虽然实际上距离很远，但是枫树和清一色的松树彼此贴近，靠在一起，我的视线将它们连成了一条线。我将在接下来的几页里评论这种森林话语（ce texte forestier），由于是六月天，在我面前展开了一幅绿色的、枝繁叶茂的语句（l'énonciation arborescente），这是世界的新诗学（源于希腊词 ποιεῖν 'делать'）艺术、新逻辑。

旧逻辑以三段论作为其工具，而新逻辑则把隐喻、新词、演算作为其工具，由两种不同事物的并列共存而产生。前一种逻辑以普遍和绝对论断为出发点，赋予主体以特征或属性，并且是彻底的。无需具体说明地点和时间，太阳在照耀，三角形各角之和等于两个直角。这种逻辑通过定义来创造抽象个体，并在它们之间建立固定的序列关系。其操作方式就是命名、称名。当所有这些术语都被确立以后，按照种和属在其清单序列中进行分类，一个接着一个进行分析，新逻辑使这些术语适用于任何一个给定的内容。我将这种逻辑与前一种逻辑在语法部分上进行比较，在该部分不同语词的属性和功能得以确定。后一种逻辑作为句法被归入到前一种逻辑中"。[Michaud 1969, 738]

象征主义把语义学推至前台，未来主义把句法学推至前台，而意象派把语用学推至前台。但是如同他们全部将自身艺术的语言规律性推至前台一样，他们有时也作为形式主义者被合并在一起[试比较：例如：Мясников 1975, 339]。然而这是艺术和诗学中的三个不同流派。在本节中我们只涉及到其中的未来主义，它把句法学作为重点。

在上述清晰可见的意义上，未来主义的诗学或许从最开始就被称为形式主义，全然不顾一些细节的可能诠释。

但是就其与语言哲学的关系，这种诗学并不仅仅表现出其形式上的特点。毋庸置疑，例如，印象派艺术家力求刻画出事物在给定时刻变化不定的、稍纵即逝的状态；那些哲学家、"谓词哲学家"也从对世界的这种理解出发，他们否认事物具有固定不变的"本质",把事物看作是"属性簇",或者"谓词簇",在该意义上,印象派诗学表现出同谓词哲学一样的内容特点,尽管两者不同,一个是艺术语言的叫法,一个是哲学语言的叫法,但指的却是一回事。

下面我们来分析一种(或许,有人能够找到另外一些)这样的诗学,它是谓词哲学在内容上的等同物,它就是"无个性之人"诗学观。

显然,句法诗学中最重要的诗学就包含在俄国的形式主义学说中。但是它被更普遍的、更重要的论点所遮蔽,这些论点构成俄国形式主义学派的艺术理论,以至于如果单独地谈论诗学,就如同研究该学派的艺术理论一样,而在本书的框架范围内,当然没有任何可能。我们在此来分析一种更为朴素的诗学,即未来主义和韦·赫列勃尼科夫的诗学,可以将其放在内容诗学及下面的形式诗学之间。

5.1 "无个性之人"的诗学:陀思妥耶夫斯基和易卜生

如果事物只是共现属性的总和("簇"),那么人不过是属性簇而已。早在罗素及其同时代的其他哲学家根据这两个相互联系的论点给前者下定义之前,伟大的语词艺术家就已研究后者。我们指的是两部几乎同时出现的作品——陀思妥耶夫斯基的《地下室手记》(1864)和易卜生《培尔·金特》(1866)(1863年巴黎的"落选者沙龙"标志着印象派艺术家的出现,他们是绘画中这一原则的创始人)。他们在时间、空间和思想观念的内涵世界中的联系绝非偶然。两人均出现在强大的伦理-道德运动的地区,即俄国和挪威-丹麦地区。正如我们后面所见,二者都与存在主义的第一次冲击相关。就在此前不久,"存在主义哲学家"索·祁克果1813—1855)才刚刚在丹麦逝世,而陀思妥耶夫斯基的中篇小说后来被认为是该哲学的一部主要作品。此外,两部作品都是新诗学,即"无个性之人的"诗学试作。看来,这两部作品在某种程度上都是试验性的。尽管陀思妥耶夫斯基的小说比易卜生的诗剧早两年问世,但合理地说,是从后者开始,因为如果解决问题的明亮之扇由易卜生打开,那么一个主要问题的根本解决则是由陀思妥耶夫斯基完成的。

培尔·金特是一个农村青年,是一个有趣的、放荡不羁的、机灵的、爱幻想的人,度过了几经波折的不同寻常的一生:爱自己的未婚妻,却错过了她;在婚礼上拐走了别人的新娘,带到山里,又抛弃了她,与山妖为伍,又从那里跑掉,离开家乡;去美国淘金;贩卖黑奴;变成富翁后,由于他所拥有的那艘船发生爆炸,顷刻间失掉了一切财富;结交了来自世界各地的朋友,也在失去财富的同时都一并失去了。一个人流落到沙漠中,机缘巧合地活了下来,成为东方国家酋长的宝藏掌管人;是一个有名的先知,过着酋长-先知的日子。受到妃嫔的宠爱,又失去一切,成为考古学者,被关进疯人院,从里面逃脱出来,坐船经海路返乡,在风暴中遭遇海难,快淹死了,又被救起来,最终回到家乡的小村子时,几乎成老头了,那里等待他的是那个多年前他好不容易看上眼的姑娘——毫无希望地,永远地,并且似乎超越了时间的力量……

　　培尔的生活作为这些一连串不同寻常而同时又很典型的事件呈现出来。其中每一个事件都表现出培尔的另外一种性格特点,其内心的某种品质往往与前一种相矛盾,并且在显露以后又立刻衰颓起来,不再存在,以便让位给新的品质。这一过程会持续多长时间呢？培尔失去的是否只是其"外壳"和看得见的个性,因此在这种情况下他依旧是"他本人"？抑或他失去他"本我"的个性,最后就变成了"什么也不是"？

　　这是从最开始就困扰培尔的问题,走得越远,问题就越严重,并且在给出答案时,诗剧也结束了。如同易卜生的作品中经常出现的那样,不是主人公冒险和生活经历的结束,而是把主要问题展开到底,对它的回答标志着戏剧的结束。

　　我们来详细研究一下戏剧的情节波折,将它们与祁克果在《非科学的最后附言①》的一些论点相对比。先从在不同的国家,最后在全世界范围内的旅行,经营企业,活动开始,这对于培尔·金特来说,是体验整个存在,展开自我存在的所有可能的手段。但是同时,尽管还是很低的调子,也听得出丧失性质的旋律:培尔·金特是哪国人？连他自己也不知道:

> Вы—норвежец?
>
> Да, по рождению. По духу ж я
>
> Вселенский гражданин. Своей фортуной
>
> Америке обязан; образцовой
>
> Своей библиотекой—юным школам
>
> Германии; из Франции же вывез
>
> Манеры, остроумие, жилеты;
>
> Работать в Англии я научился
>
> И там же к собственному интересу
>
> Чутье повышенное приобрел.
>
> У иудеев выучился ждать,
>
> В Италии же к dolce far niente②
>
> Расположеньем легким заразился,
>
> А дни свои продлил я шведской сталью.

---

① 对比的不是文本,而是易卜生和祁克果的思想。前者引自：Пер Гюнт: драматическая поэма / Пер. А. и П. Ганзен. -В кн.: Ибсен Г. Собр. Соч. М.: Искусство, 1956, т. 2;后者根据参考文献中指定的版本[参见: Kierkegaard 1949]。原丹麦语版本于 1846 年出版,作者叫约翰尼斯·克里马库斯(Йоханнес Климакус),而祁克果只是作为出版者。

② "幸福地什么事也不做"(意大利语)。

$(IV, c.504)$

（您是挪威人,对吗?

对。我生在挪威,但是论气质,

是个世界公民。

我得感谢美国,它叫我尝到了富有的滋味。

德国最新式的学者提供给我这样丰富的藏书。

我从法国学到对衣着样式的讲究,以及我的仪表和机智的谈吐。

英国培养了我的勤奋习惯以及对个人利益的敏感。

我从犹太人那里学会了忍耐。

在意大利住了没多久,就养成了舒舒服服的游手好闲。

我一度陷入困境,可是瑞典的钢铁救了我一命。）

祁克果也说过类似的话:"……我不停地强调,我们的时代忘记了什么是存在,什么是'内在'。这个时代不再相信内在可以丰富表面上贫乏的内容,而同时外部的变化只是散射的手段,它被生活的腻烦和空虚抓着不放。这就是为什么人们藐视因存在而产生的义务。人们同时也记住了什么是信念,并且认为他们知道。接着就奔向思辨哲学,开始在全部科学和生活的所有领域四处游荡,但不是活着。诗人,仅仅只是为了取悦读者,时而在非洲,时而在美国,鬼知道在哪里,在特拉布宗城,在鲁昂（影射一部当代戏剧—作者注）,并且很快又需要开辟一块新大陆,以便诗歌不会变得死气沉沉。为什么呢? 因为失去了越来越多的内在"[Kierkegaard 1949, 192]。

在这些游历和轰轰烈烈的活动中,培尔·金特的性格特点展现出来,随后又消失不见,这些性格特点往往是矛盾的,那么可见,一般说来一切都是相对的。

这就是他,一个商人,但是同时做着两种事,适合神意的和违背神意的:

Вот и придумал я такой исход:

Второе предприятие затеял,

Что б коррективом первому служило;

Ввозил в Китай весною я божков,

А осенью туда ж-миссионеров.

……………………………

На каждого там сбытого божка

Новокрещеный кули приходился,

И вред нейтрализован был вполне.

$(IV, c.501)$

（我想出个办法。

很快我就在中国安排了旁的生意。
每年春天我仍旧往中国运偶像,
可是一到秋天,我就送一批传教士,
……………………………………………
每逢出售一尊偶像,
他们就替一个苦力施洗礼。
这样就互相抵消了。)
这就是他,美国黑奴的贩卖者:

Купив на юге землю, я себе
Последний транспорт с неграми оставил;
Товар как на подбор был первосортный,
И у меня все прижились отлично,
Толстели, лоснились от жиру—мне
Да и себе на радость...
                    (IV, c. 502)

(我在美国南方买了地。
我把最后一批黑奴(都是头等货色)保留下来,
把他们安顿在种植园里。
他们很快就长胖了,健壮了。
这对他们和我自己都很光彩……)

这是他在船上,在回家的路上。暴风雨开始了,船和船上的一切都陷入危险之中,而培尔鄙视地对担忧自己性命的水手评论道:

Иметь ораву ребятишек, жить,
Как будто жизнь есть радость, а не бред...
                    (V, c. 568)

(那象话吗?有种的,就应该想法去搭救他们!)
看到水手在船舷旁,又立刻对水手说:

Об этом ли раздумывать теперь?
Вы люди или нет? Спасайте ближник!
Иль шкуры подмочить свои боитесь?...
                    (V, c. 569)

(现在还犹豫什么?
你们还是不是人?先救近一点的!
身上淋湿算得了什么?……)

培尔自己清醒地评价内心状态的这种矛盾：

　　До крайности дошедший уместь глупость;

　　И расцветает трусости бутон

　　В цветок жестокости махровый. Правда—

　　Преувеличенная лишь изнанка

　　Ученья мудрого...

　　　　　　　　　　　（IV, c.532）

（过多的知识会造成愚昧，

怯懦的幼苗会开出残酷的花。

真理倘若走了极端，

就等于让智慧……）

并在关于"黄金中道"的论题中进行归纳总结：

　　Лишь крайность—худобы или дородства

　　Иль юности иль старости—способна

　　Ударить в голову, а середина

　　Лишь вызвать тошноту способна…

　　　　　　　　　　　（IV, c.527）

（明媒正娶的总有点缺陷：

倘若她不是太胖，就是骨瘦如柴；

倘若她不是年纪太小，就是已经土埋半截儿；

倘若她的年纪适中了，她也许是个白痴。

不，正常的总是平凡单调，令人生厌。）

这也正是祁克果的特点，对此曾被公允地指出"他本质上接受不了黄金中道，在两个极端之间来回摇摆，如果将其想法进行到底，要么是偏向基督一方，要么是偏向魔鬼一方"[Тиандер，стб. 804]。祁克果的主要作品叫做《或此或彼》(1843)。

但是在培尔·金特的话里，这一普遍论题是相对的，并且反之亦可：

　　И, в сущности, ведь что всего дороже,

　　Милее? Золотая середина!

　　　　　　　　　　　（IV, c.540）

（还有比这更好的吗？

这才是生活的正路。）

因此读者不知不觉地会产生这样一种想法：在这里祁克果是否像他的反对者黑格尔一直嘲笑那样，也在嘲笑着什么？非洲片断充满了培尔对某些哲学论著、他读过的书中的引文、歌德作品中的话语等等杂乱无章的回忆，并且突然冒出幽默的诗句：

"该死！我上这条战船有什么鬼事干啊"（莫里哀《司卡班的诡计》，II，11 中的名句："可他上那条战船有什么鬼事干啊"）。所有这些可笑的胡言乱语的极致，就是疯人院院长贝葛利芬费尔特的对答（他那讽刺性的姓氏，字面意思就是"概念场"）：

  Сегодня в ночь, в двенадцатом часу,
  Скончался абсолютный разум.
  （昨天晚上十一点，
    绝对理性寿终正寝了。）

  这一对答和其他一些讽刺性模拟对答作为对黑格尔的攻击，甚至在方式上也与祁克果的攻击性演说相似，就像下面这样："黑格尔的'逻辑'以及所有对他的评论都会引起一种可笑的感觉，仿佛某人从天上拿出一封信给大家看，而信上露出一张证明其世俗出身的吸墨纸一样。"[Kierkegaard 1949，223]

  但是把培尔·金特引至揭示绝对理智终结的疯人院的不是偶然性，而是其性格中的逻辑，要知道在此之前，在他成为先知以后，他曾试图通过历史理解生命的本质。这是什么？又是对黑格尔的讽刺性模拟吗（绝对精神经由历史各阶段）？或者，和前面那些一样，是祁克果严肃思想的并行物？问题是悬而未决的，又或许，两者皆是。但是在祁克果那里有相似的观点，在这部著作中，有整整一章论述这一观点，这就是第四章《哲学问题：永恒的幸福如何可以基于历史知识》（尽管谈论的是宗教史）。

  无论如何，过程仍在继续，培尔·金特的个性一个接着一个地浮现，又消失不见，表明其矛盾性与相对性，并且由于其完全的相对性，就像在祁克果那里一样，最终产生怀疑，他们是谁创造的，上帝还是魔鬼？在最后一幕，几近结束时，似乎做出了直接的回答：魔鬼。它由使徒契斯基里希和胡多夏沃基之口表述出来：

  Двояким образом ведь можно быть
  《Самим собой》: навыворот и прямо.
  Вы знаете, изобретен в Париже
  Недавно способ новый—делать снимки
  Посредством солнечных лучей, причем
  Изображенья могут получаться
  Прямые иль обратные, иль, — как
  Зовут их, — негативы, на которых
  Обратно все выходит—свет и тени.
  ………………………
  Так если в бытии своем земном
  Душа дала лишь негативный снимок,
  Последний не бракуют как негодный,

Но поручают мне, а я его
Дальнейшей обработке подвергаю,
И с ним, при помощи известных средств,
Прямое превращенье происходит.
Окуриваю серными парами...
     (V, c. 628)

(记住,一个人可以有两种方式
保持自己的真正面目——有正确的,也有错误的。
也许你知道最近巴黎
有人发明利用阳光给人照相。
要么是直接拿到照片,
要么是拿到所谓底片——
就是把光与暗都颠倒过来。
....

在生活的过程中,
如果有个灵魂把自己拍成底片,
这张底片并不会给丢掉,
而是送到我这儿来。
我负责底下的过程,使它变形。
我把它浸到药水里,
用众所周知的方法来蒸它……
直到它现了原形。)

但是早先培尔·金特本人就已悟出类似的观点。第一处是在走向家乡的村子时,他看到一个老乡的葬礼,并且听见牧师对着新墓说:

Теперь, когда душа на суд предстала,
А прах лежит, как шелуха пустая,
В гробу, — поговорим, друзья мои,
О странствии покойника земном...
     (V, c. 583)

(如今,既然他的灵魂去见上帝了,
既然他的躯壳—
一堆尘土—躺在这里,
亲爱的朋友们,让我谈谈死者在人间的这段旅程吧……)

培尔冒出了一个关于外壳的念头,该念头正好也符合其本人的心境,稍后就是

他关于外壳和洋葱皮这一象征的著名独白。培尔拿着一个洋葱,开始一层一层地剥洋葱皮,一边剥一边说:

> Вот внешней оболочки лоскутки —
> Крушенье потерпевший и на берег
> Волнами выкинуты нищий Пер.
> Вот оболочка пассажира, правда,
> Тонка, жидка она, но от нее
> Еще попахивает Пером Гюнтом.
> Вот золотоискателя листочки...

(这是外头一层皮,全蹭破了,裂口啦,
这是一个快淹死的人在抓住沉船,
底下一层是瘦得像根稻草的乘客。
尝尝看,还有点培尔·金特的味道。
里头这层就是淘金的"我"了。)

全部剥完以后,把残屑一扔:

> ...Черту разве
> Тут впору разобраться...
>
> (V, c. 596)

(让思想见鬼去吧……)

看来,培尔得出结论,在表皮和外壳下什么也没有,"自我"在外在属性之外不存在,它就是外壳本身。同时作为对这一结论的回应:

> Я ввысь хочу. На самую крутую,
> Высокую вершину. Я увидеть
> Еще раз солнечный восход хочу
> И насмотреться до изнеможенья
> Хочу на обетованную землю!
> А там-пусть погребет меня лавина;
> Над ней напишут:《здесь никто схоронен》.
> Затем же... после... будь со мной, что будет.

(我要攀登顶峰的顶峰,
我要再一次看看日出,
我要把上帝许下的那块福地看个饱,
看到眼睛疲倦了为止。
然后,让雪把我埋起来,

在我的坟墓上写着:"这里没有埋葬什么人"。
然后—喏,随它去。)

于是此刻在清晨耀眼的阳光下,培尔的同村人沿着林间小路走向教堂,吟唱着清晨和世界之美的颂歌:

Утро великое, благословенное,
Дивный таинственный миг...
(V, c. 631)

(愉快无比的清晨,
天国散下的光芒……)

在清晨的一片和谐之中,在戏剧诗的最后几行,正如我们所知,产生对培尔是否具有"自我",人是否具有"自我"这一问题的另一个回答,就在索尔维格的话里:培尔在她的心里从来就是,现在也是他自己,"他本人"。

读者-观众现在可以按照自己的意思判定,易卜生本人是如何看待这一切的。然而索尔维格在戏剧结尾时说的话,与格里格高尚的音乐一起,是对戏剧最好的诠释,引发人思考,易卜生是同意培尔·金特的观点还是索尔维格的观点。外在属性无法穷尽人的本质,因此易卜生赞美自己的主人公。

我认为,这样的戏剧不可能不是试验性的。剧本的一处就直接说出这一点。在第五幕,在暴风雨中,船上出现一位神秘的乘客,不知从何而来,也不知是何许人。他是谁,是什么人物?培尔的灵魂?作者?在某个时刻他表现得像作者:

Пер Гюнт

Я не желаю умирать. Мне надо
На берег выбраться.

Пассажир

... На этот счет
Не беспокойтесь. В середине акта—
Хотя б и пятого—герой не гибнет!
(V, c.583)

(培尔·金特

我死不了。
我会登上陆地的。

陌生人

这一点您用不着担心。
戏的最后一幕还没终场,
演员是不会中途死掉的。)

这里紧接着就是易卜生的旁白:"逐渐消失"。

但是如果哪怕只是在某一个时刻人物与作者同一,那么在我们面前就是戏剧的一种新类型,一般文艺作品的新类型。这一原则是祁克果的基本手法,并且在他那里具有详尽的论证。

祁克果本人所有的主要作品都以笔名形式出版,每次都用不同的名字。他这样解释其"多名性"(我们注意到,就像培尔·金特在其不同身份中的多名性一样):

"我的笔名或者多种署名不以我的身份作为偶然的原因(因此,不言而喻,不是因为害怕承担法律责任……)。其实质性理由在于文艺产品的自身特点,这种产品要求答话、个体的心理多样性,同时还要求对善与恶、严肃与轻浮、失望与自满、痛苦与快乐等等,表现出诗歌意义上的无动于衷。这种无动于衷在心理上只局限于假想的世界(idéalement),而在现实世界中没有一个人在这种现实的道德框架内敢于并能够这样做。如此一来,东西确是我写,但仅仅是限于我假托现实诗人之口,因为诗人能够创造文本,创造生命观,这一生命观可以通过其诗句予以清晰地表现。与诗人的态度相比,我对作品的态度更含糊不清,诗人创造了自己的人物,同时又是序言的作者。我的的确确是无个性的,或者只是作为第三者而存在,这个第三者在诗学意义上创造了作者,而作者反过来又是其序言,甚至是其名字的作者。这样一来,在用笔名写作的书中没有一个词出自我口。我对它们的意见是第三者的意见。我对其意义的认识是读者的认识,并且我与它们没有任何个人关系,而且也不可能在规定的内容双重异化的条件下具有什么关系。由我本人并以我个人的名义说出来的仅此一句话,就如同对整个系统造成破坏的(impertinent)我的'自我'的遗忘一样,仅此就可以产生一个结果,从辩证的观点来看,是对笔名自身本质的消除"[Kierkegaard 1949,424]。

我认为,易卜生对待其作品《培尔·金特》的态度具有同样的性质,正如第五幕中的乘客不是作者本人,而是祁克果意义上作者的笔名。

在祁克果的作品中多次出现"试验"、"试验性的"这些词。其中一段最意味深长的话是在结尾,恰恰是虚构的作者(笔名)约翰尼斯·克里马库斯就其身份问题向读者进行解释("整篇论著,以试验的方式,一直围绕着我本身,仅仅只是围绕着我自己。我,约翰尼斯·克里马库斯,现在三十出头……"等等)。试验和笔名是相互联系的。但是那时,作者本人在某种意义上难道不也是"无个性的人"吗?(C. A. 伊萨耶夫也做出类似的结论:"根据祁克果的观点,作者应该'不再是存在者',以其本来面目保留他对真的态度;叙述的笔名形式确保了这一点"[Исаев 1979,27])。

在祁克果、易卜生和陀思妥耶夫斯基之后,作者和人物之间扑朔迷离和错综复杂的关系成为文艺理论的一个主要问题。

陀思妥耶夫斯基也抱着试验的态度思考自己的中篇小说,以及小说中自己与读者的关系。在期刊上的最初版本中甚至没有被叫做中篇小说,这一副标题被认为只是属于第二部分(第一部分——地下室,第二部分——关于雨雪霏霏)。然而在期刊中,第一部分都伴有陀思妥耶夫斯基的附注:"手记的作者与《手记》本身当然都是虚构的。然而像作者这样的人,在我们的社会中不仅可能存在,而且还一定存在……下一个片断(就是第二部分——作者注)才是此人的真正《手记》,记叙他生平中的几件事——费奥多尔·陀思妥耶夫斯基注"[这里及以下引自:Достоевский Ф. М. Собр. соч. : В 10-ти т. М. : ГИХЛ, 1956, т. 4, с. 133]。

对作者—叙述者—主人公和读者之间关系的思考一直到作品结尾:"在任何人的回忆录中总有这样一些东西,除了自己的朋友外,他不愿意向所有的人公开。还有这样一些东西,他对朋友也不愿意公开,除非对他自己,而且还要保密。但是此外还有这样一些东西,这人连对他自己也害怕公开,可是这样的东西,任何一个正派的人都蓄积了很多很多……而我把这个写出来纯粹是为了我自己,并且我要铁板钉钉地申明,如果我把这个写出来似乎是写给读者看的,那也仅仅是为了行文方便,因为我这样写要容易些。这不过是形式,一个空洞的形式,因为我是永远不会有读者的。我已经申明过这一点了"[ч. I, XI, с. 166]。

并且在最末尾处变得清晰起来,就是该形式在语词旧的含义上,与"手记"、"中篇小说"、"长篇小说"形式一样,以及对其的一贯说辞,也即在新的、试验性意义上的形式,与主人公相关联:"要知道,比如说,讲一些冗长的故事,描写我怎样独处一隅,因道德败坏,环境缺陷,在地下室里脱离活的生活以及追求虚荣和愤世嫉俗因而蹉跎了一生。说真的,这也太没意思了;小说里应当有英雄,可这里却故意收集了反英雄的所有特点,而主要是这一切将给人以非常不快的印象,因为我们大家都脱离生活……甚至脱离生活到这样的程度,有时候对真正的'活的生活'反而感到某种厌恶……"[II, X, с. 243]。

在这里,似乎是第一次,在欧洲文学中出现"反英雄"这一术语,而且陀思妥耶夫斯基的这个反英雄是实存的人。这是"无外在个性的"人,甚至整个就"没有个性"。

他,作为"无个性的人",意思不是说绝对不在外部显现自己,而是在易卜生的意义上,在培尔·金特的意义上:一旦某种属性被提到并显现出来,那么马上紧接着就是对其的反驳。

正常状态——病态:"但是我依旧坚信,不仅过多的意识,甚至任何意识都是一种病态。我坚持这种看法。我们先暂时撇开这一话题不谈。请你们先告诉我:为什么在那时候,是的,在那时候,即在我最能意识到像我们从前所说的一切'美与崇高'的所有微妙之处的时候,偏偏会发生这样的情况,即我已经不是去意识,而是去做这样一些不登大雅之堂的事呢……"[c.137]。

痛苦——乐趣："……以致发展到这样一种状态：常常,在某个极其恶劣的彼得堡之夜,我回到自己的栖身之地,强烈地意识到,瞧,我今天又干了一件卑劣的事,而且既然做了,也就无法挽回了。这时候我竟会感到一种隐蔽的、不正常的、卑鄙的、莫大的乐趣,然而内心里,秘密地,又会用牙齿为此而咬噬自己,拼命地咬,用锯锯,慢慢地折磨自己,以致这痛苦终于变成一种可耻而又可诅咒的甜蜜,最后又变成一种显而易见的极大乐趣！是的,变成乐趣！变成乐趣！"[c.138]。

愚蠢——美："对于这样的人我十分嫉妒,嫉妒到肝火上升,不能自己。这样的人很愚蠢,对此我无意同你们争论,但是,也许,一个正常人就应当是愚蠢的,你凭什么说不呢？这甚至太美了也说不定"[c.140]。

真诚——谎言："甚至,最好是这样：这就是：如果我自己能够多少相信一些我现在所写的东西就好了。诸位,我敢向你们发誓,在我刚才写的东西中,我连一句话也不信,连一小句话也不信！也就是说,我信倒是信的,不过与此同时,又不知道为什么,我总感觉和怀疑,我像鞋匠一样在撒谎"[c.164]。

正派——懦夫和奴才："当代任何一个正派人都是而且应该是一个懦夫和奴才。这才是他的常态。我对此深信不疑。他就是这么被制造出来,也是这么被安排好了的。而且不仅在当代,由于某种偶然的环境使然,而且在任何时代,一个正派人都必定是个懦夫和奴才。这是人世间一切正派人的自然规律"[c.169]。

英雄自己意识到,他就是一个无个性的人："噢,如果我什么事也不做只是因为懒惰就好啦。主啊,那我会多么尊重我自己啊。我之所以尊重,正是因为至少我还能够在自己身上拥有懒惰；我身上至少还有一个特点似乎是确定的,是我自己对它有把握的"(c.147)。

于是随着所有的特点,好的,不好的,可憎的,狠毒的,不管是什么样的,它们一个接着一个地浮现又消失,如同人在单薄的雨衣下面缩成一团,冰冷的雨水顺着雨衣往下流,只剩下一种不变的,未加雕琢润色的,不恶也不善的感觉,即我存在。这就是一切。但这就是存在的感觉。

易卜生将培尔·金特(及其本人)引向这种感觉,到达最后一层外壳,又立刻洞察到更远的地方,并且使其表现出来,就在索尔维格的心里,于是这种感觉散发着光彩,是清晨般的,乐观的,基督教的。

陀思妥耶夫斯基洞察到最本质的东西,但却不是清晨般的,乐观的,基督教的。作为一种感觉,它最近似于湿雪的感觉："今天在下雪,几乎是湿雪,又黄又浑浊。昨天也在下,这几天都在下。我觉得正是因为这雨雪霏霏,我才浮想联翩,想起我现在挥之不去的那件意外的故事。总之就把这故事叫做《雨雪霏霏》吧"[c.164]。

小说充满存在主义的主题(也即那些成为二十世纪存在主义文学的主题)。

生活——"污泥浊水"：(试比较让-保罗·萨特的作品，小说题为《恶心》[La nausée])："主要是，他自己，他自己硬要认为自己是一只耗子；谁也没有请他非做耗子不可；而这一点十分重要……这个不幸的耗子除了自己起先的卑劣以外，又在自己周围以问题和疑虑的形式制造了一大堆其他的卑劣；它给每一个问题又加上了许许多多没有解决的问题，不由得在它周围积聚了一大片要命的、腐烂发臭的污泥浊水，即由它的疑虑，不安，……此外还有吐沫构成的污泥浊水"[c. 140]。

人——臭虫：(后来成为弗·卡夫卡的《变形记》中的主题)："我不仅不会变成一个心怀歹毒的人，甚至也不会变成任何人：既成不了坏人，也成不了好人，既成不了小人，也成不了君子，既成不了英雄，也成不了臭虫"[c. 135]；"诸位，现在我要告诉你们(不管你们是否愿意听)，为什么我甚至不会变成一只臭虫。我要郑重其事地告诉你们，有多少次我曾经想变成一只臭虫。但是连这也办不到"[c. 136]；"鬼才知道我愿意出多少钱，如果能够当真地……比较合乎规范地吵一架的话！这家伙对我就像对付一只苍蝇一样"[c. 173]。

在人的面前——墙(后来成为萨特的小说《墙》的题目和主题)："自然界是不会向您请示的；它才不管您的什么愿望……既然是墙，那它就是墙……自然，我用脑门是撞不穿这样的墙的，即使我当真无力撞穿它，但是我也绝不与它善罢甘休，其原因无非是我碰上了一堵石墙，而我又势单力薄，无能为力"[c. 142]。

无目的无原因的行为(法国存在主义者的 acte gratuit)："请诸位想一想：方才我讲到报复(你们大概没有领会)。我说，一个人之所以要报复，是因为他认为这样做是对的。可见，他各方面都十分心安理得，因此他报复起来也就十分从容，十分成功，因为他坚信他正在做一件光明磊落而又十分正义的事。而我却看不出这里有什么正义性，也找不到这里有任何高尚的品德，因此如果要报复，那就只能出于一种愤恨。当然，愤恨足以战胜一切，足以战胜我的所有疑惑，可见正因为愤恨并不是原因，所以它能够顺顺当当地完全取代那个初始的原因。但是如果我连愤恨都没有，那怎么办呢……"[c. 146]。

意愿——违背理性(陀思妥耶夫斯基主要正是在这一点上与车尔尼雪夫斯基的社会理论相对立，而后来这一点成为法国存在主义者、作家、哲学家的"社会参与"[engagement]这一概念的重要成分。参见：о Р. Барте，гл. V. 3)："纯粹属于他自己的随心所欲的愿望，纯粹属于他自己的哪怕最刁钻古怪的恣意妄为，有时被刺激得甚至近乎疯狂的他自己的幻想—这就是那个被忽略了的(在'社会利益'理论家那里，影射车尔尼雪夫斯基——作者注)，与之的最大利益，也就是那个无法归入任何一类，一切体系和理论经常因它灰飞烟灭见鬼去的最有利的利益"[c. 153]。

意愿不仅与社会福利理论相对立，而且还与自然界规律相对立，它们是敌对的,愚笨的:"主啊,上帝,要是我由于某种原因根本就不喜欢这些自然规律和二二得四,这些自然规律和算术跟我又有什么关系呢?"[c. 142]。

最后,由于本书中不止一次出现人的定义这一主题,与"人是两足无羽的"(a featherless biped)定义等等一系列定义一道,可以再加上陀思妥耶夫斯基的定义:"我甚至认为,人的最好定义——这就是:忘恩负义的两脚动物"[c. 156]。

陀思妥耶夫斯基再次回到存在主义这一主题,并且几乎是逐字逐句地重复它们,这是在插入的片断中,即在《白痴》中的《警察局长的自白》里[参见:Степанов 1973]。

在二十世纪,"无个性的人"这一主题被奥地利作家罗伯特·穆齐尔借用,并且成为其整个小说诗的基础(参见 VI, 4.1)。

《手记》中的一处似乎是谓词哲学的一个重要问题在文艺作品方面的例证,就是重言式和矛盾式问题。重言式被定义为在任何事态中都为真的句子,而矛盾式是在任何事态中都为假的句子。陀思妥耶夫斯基给出作为"整个世界史"主体的定义,并且表明,从"手记"主人公的角度来看,他可以同任何谓词相匹配。这无疑是存在主义框架内的论断。但重要的是对其逻辑形式的思考:这是重言式,还是在所定义的意义上为真的矛盾式?这就是他的定义:

"诸位不妨浏览一下人类史;嗯,你们看见什么了?雄伟壮观吗?大概是吧,尽管很壮观;不如说,单凭罗得岛上的那座巨像就值得大书特书!……五彩缤纷?大概是吧,尽管五彩缤纷;只要看看各个时代和各民族军官与文官的礼服就行了——单凭这个就值得大书特书,而文官制服就足以眼花缭乱,疲惫不堪。任何一个历史学家都会对此感到头疼。单调吗?嗯,也许吧,的确显得很单调:打过来,打过去,现在打仗,过去打仗,今后还要打仗——你们得承认,这甚至于太单调了。总之,一切都可以用来形容这一整个世界史,即最紊乱的想象力能够想到的一切。只有一句话没法拿来形容—即合乎理性。刚说头一句话你们就被人噎了回去"[c. 157]。

5.2 俄国未来主义诗学和赫列勃尼科夫的诗学

维克多,或者如他自称的那样,韦利米尔·赫列勃尼科夫(1885—1922),是最卓越的俄国立体未来主义理论家。总之,谈论未来主义诗学时,必须根据其最高成就——赫列勃尼科夫的诗学来评判。

在诗学语言领域,未来主义者从哪里开始,就在哪里结束?或者中止?这就是象征主义者。在西方,兰波的"自在语词"手法(参见 I, 6.2)为未来主义者马里内蒂所采用。而在俄国,赫列勃尼科夫在其创作之初就以维·伊万诺夫的主题和论题为依据。伊万诺夫的《美的游牧者》(参见 I, 6.1)和赫列勃尼科夫的长诗《摆脱枷锁的我》(1920)作为一个组诗的变体,可以视这两部作品为同一个主题,即亚洲主题—这绝非偶然。试比较后者的一些诗句:

О, Азия! Себя тобою мучу.
Как девы брови я постигаю тучу,
Как шею нежного здоровья —
Твои ночные вечеровья.
Где тот, кто день свободных ласк предрек?
О, если б волосами синих рек
Мне Азия обвила бы колени.
И дева прошептала бы таинственные пени...
А ты бы грудой светлых деньг
Мне не ноги рассыпала бы косы.
— Учитель, — ласково шепча, —
Не правда ли, сегодня
Мы будем сообща
Искать путей свободней?

啊，亚洲！我因你而烦忧。
就像碰到愁眉不展的少女，
就像柔嫩的颈部——
你的夜晚，
那个预言有自由爱抚的一天的人在哪里？
啊，如果是用蓝色的河水，
亚洲就会用抱紧我的膝盖。
少女就会低吟出神奇的泡沫……
而你就会把大堆尘世的钱币
用发辫洒向我的脚边。
——导师，——温柔地低声说道，——
今天我们将宣布寻找更为自由的道路，
不是吗？

（古俄语中的 аз——"我"在赫列勃尼科夫那里表示获得自由的我，表示认清自己、摆脱了奴隶制枷锁的人）[Дуганов 1976, 428]。这样一来，在赫列勃尼科夫看来，Азия（亚洲）这个词就可以译成编码 Аз 和 Я（我和我）。今天这已成为一本名著的书名，其中提出类似的问题：Сулейменов О. Аз и Я: Книга благонамеренного читателя. Алма-Ата, 1975）。

赫列勃尼科夫的前四个诗行就谈到了原则上新的诗学态度，即打破司空见惯的语词搭配，可见就是句法的处理。维·伊万诺夫认为语言的语义是天赋的，力求以此为基础实现向实体的上升,而赫列勃尼科夫破坏天赋的语义,力求以句法为基础建立新的语义,建立其自我世界的语义。但这不是本质世界。赫列勃尼科夫的诗学世界是怎样的?得益于一系列著作,现在它基本上是可以理解的[Дуганов 1974;1976;Степанов Н. Л., 1975 и др.]①。很能说明问题的是,与某种主题的形成无关,而且在赫列勃尼科夫那里主题是彼此混合且相互渗透的,其诗歌内容归根结底是史诗般的世界状态,意义之间纯粹的相互关联性。杜加诺夫认为,整体来说黑格尔对古希腊早期哲学长诗作出的评判,对赫列勃尼科夫也适用:"诗的内容是变化无常的个别特殊现象与永恒不变的太一之间的对立。个别特殊的东西不能满足心灵的要求,心灵要追求真理,要用思维的意识去掌握真理的抽象的统一和完满"(Гегель. Эстетика. М., 1971, т. 3, с. 424)[Дуганов 1976, 439;1974, 425]。在该意义上也可以把赫列勃尼科夫的诗学称为象征主义诗学和"名称诗学"。

但是根据达到目的的方式(文本和语言的处理),这完全是另外一种诗学,即句法诗学,是赫列勃尼科夫和其他未来主义者共同的诗学。并且总的来说,俄国未来主义作为象征主义的敌对者而出现。与象征主义者一样,从同样的"两种语言"观出发,即日常语言和诗学语言,赫列勃尼科夫走得更远,并且是在另外一个方向上。在《我们的论据》这篇文章中,他写道:"语词分为纯粹的和日常的。可以这样想,语词里隐藏着夜晚星星般的理智和白昼阳光般的理智。这是因为语词的某种日常意义也会遮蔽其所有其他意义,有如在白天所有星空中的天体都消失不见。但是对于天体学家而言,太阳和所有其他星星一样,也不过是尘屑而已。因此我们就处于这个太阳附近,这是朴素的日常生活,是一个偶然事件(就像象征主义者的偶然性—作者注)。而太阳和其他星星没有什么区别。自编的(也就是诗学的,赫列勃尼科夫的术语—作者注)语词从日常语言中分离出来,与日常理解的太阳围绕地球旋转没有什么分别。自编的语词摆脱了对这种日常环境的主观幻想,并且取代不证自明的谎言,创造了星空暮色。这样,'зиры'一词既表示星星,也表示眼睛;'зень'一词既是眼睛也是地球。但是星星和地球之间又有什么共同点呢?这意味着,该词不是表示人的眼睛,不是表示人类居住的地球,而是表示某个第三者。而这个第三者隐没在语词的日常意义之中,一个可能的意义之中,但又是最接近于人的意义之中……可以说,日常语言是伟大的纯粹语词规律落在崎岖不平的表面上的影子"[Хлебников 1933, 229—230]。

有趣的是,赫列勃尼科夫把"纯粹语词"和"日常语词"这两种语言对立起来,如同"客观可视性"或"貌似性"(也可能是错觉和谎言)与实在的现实相对立一样:比如说,太阳围绕地球旋转是"客观可视性",而实际上是地球围绕太阳旋转[试比较,

---

① 在本书印刷时,格里戈里耶夫(В. П. Григорьев)关于赫列勃尼科夫的专著[Григорьев 1983]出版了,并且许多国外的著作在此已不能考虑在内。

例如：Спиркин 1960，255]。而在赫列勃尼科夫看来，现存的语言是可能语言的个别情形，因此也就是假想语言的个别情形，如同欧几里得的几何可以被看作是罗巴切夫斯基"假想几何"的个别情形一样："因此如果人民大众使用的活生生的实在的语言不能与欧几里得几何相比，那么俄国人民就不能够使自己得到其他民族得不到的奢侈吗？即建立一种语言，它类似于反映其他世界影子的罗巴切夫斯基几何"[Хлебников 1940，323]。

可能语言以最纯粹的形式体现在"概念语言"中："……除了语词语言以外，还有由智力单位构成的概念的沉默语言（操纵前者的概念内容）。这样，语词 Италия（意大利），Таврида（塔夫里达），Волынь（沃里尼亚，耕牛之地之意——译者注），作为不同的由词汇表示的生命体与把影子投射到方言和国家表面的理智意义上的生命体，实质都一样。[Хлебников 1933，188]。赫列勃尼科夫的这一思想与莱布尼茨关于概念的普遍语言的思想十分相似（参见 II,1）。

除了这种"普遍"语言，或"星星般的"语言，即理智语言之外，赫列勃尼科夫与所有未来主义者一样，研究另外一种诗学语言的形式，即"理智之外的"语言。未来主义者认为民间文学、各种各样的咒语、信徒说的方言、儿童数数的儿歌，就是"理智之外的语言"的来源和例证。在"理智之外的语言"中语词的声音被公认可以直接表达情感。借助于"理智之外的语言"，赫列勃尼科夫试图，比方说，翻译"鸟语"（莺叫、燕雀叫等等）。

但是赫列勃尼科夫还考虑把理智语言和"理智之外的语言"结合起来，并且将它想象成这样一种形式，比如说："如果把一个语词拿出来，比方说，чашка（茶杯），那么我们不知道每一个单独的音对于整个语词具有怎样的意义。但是如果收集一下所有第一个音为 Ч 的语词（чаша，череп，чан，чулок 等等），那么所有其他的音就会彼此消除，并且这些语词所具有的共同意义就是 Ч 的意义。比较一下这些发 Ч 的语词，我们就会看到，它们全部都表示一个物体在另一个物体的外壳下；Ч 就表示外壳。因此这样一来理智之外的语言就不再处于理智之外了。它就变成一种我们所意识到的字母游戏，即新艺术，我们正站在新艺术的门槛上"[Хлебников 1933，235]。

在赫列勃尼科夫的尝试中，未来主义者的一般声明和宣言就这样具体化了，例如，就像他们给《评判者园地》文集所写的序言(1914)：

"我们首次提出新的创作原则，为了清楚可见，这些原则如下：

1. 我们不再按照语法规范来研究词语构造和词语发音，开始认为字母只是言语的先导。我们消除句法。

2. 我们开始赋予语词以其画法特性和声音特性上的内容。

3. 我们意识到前缀和后缀的作用。

4. 为了获得个别情况下的自由我们否定正字法。

8. 我们摧毁韵律。赫列勃尼科夫提出诗学韵律,这是活的口头语言的韵律。我们不再在教科书里寻找韵律,任何运动都会为诗人诞生自由的韵律。

9. 前韵(大卫·布尔柳克)、中韵和反韵(马雅可夫斯基)是我们发明的。

10. 诗人的词汇财富就是其辩护理由。

11. 我们认为语词是世界的创造者,语词死了,就诞生神话,反之亦然。

12. 我们受制于新主题:不必要,无意义,权力无效的秘密,这些是我们歌颂的。

13. 我们藐视荣誉;我们知道那些在我们之前不存在的感觉。

我们是新生活的新人类"。签名:布尔柳克、古罗、马雅可夫斯基、尼仁、赫列勃尼科夫、利夫希茨、克鲁乔内赫[Литературные манифесты 1929, 79]。

或许,以基尔萨诺夫的《诗人的史诗》(1939—1966)中的一首诗歌来做总结是很恰当的,其中可以感受到未来主义的传统:

Тебетанье
Ты боярышня моярышня
мне щебечешь—я твоярышня
но сказала—ни за что
не рассказывать товарищам

убежала как змея
или ящерица
ты не ты и не моя
ты не настоящерица

ты щебечешь я тебечу
я земляк воробичу
птиц летящих нам навстречу
тебетанью обучу.

为你
你是我的公主
你对我喊喊喳喳地说——我是你的
但是回答说—绝对
不会告诉同伴。

逃跑了,像蛇一样
或者像蜥蜴一样
你不是你,也不是我的
你不是真正的

你喊喊喳喳地说,我对你也是
我作为同乡也像麻雀似的喊喊喳喳地说
飞鸟向我们迎面飞来
我将教会你。

可以把弗·普洛普的理论诗学作为句法诗学的一种形式变体来研究[详见:Семиотика 1983]。目前内容诗学和形式诗学的手法通常结合起来。

第五章 现象学下语言中的哲学问题
（跨范式时期）

0. 普遍特点

现象学贯穿于整个二十世纪并对哲学产生影响：通过其内核，即胡塞尔(1859—1938)的学说，该学说在其生前就已广为人知(他的第一部现象学论著《逻辑研究》于 1900—1901 年间在德国出版)；通过其过世后出版的遗作(荷兰自 1950 年起出版《Husserliana》，共 12 卷)；通过他的学生及追随者的著作(例如，我国的施佩特)；此外，还有基于现象学独立发展起来的观点(例如，法国的梅洛-庞蒂)。

现象学，一方面是一个非常独特的哲学流派，另一方面其自身反映出资产阶级哲学的整整一系列趋向：从二十世纪初对逻辑中的心理主义的普遍批判开始，历经 1920—1940 年间逻辑实证主义的并行发展[参见：Мотрошилова 1978，280]，直到 1940—1950 年间与存在主义的紧密相关联，乃至结合在一起。语言哲学中的现象学原理相应地表现为：一方面，它是名称哲学经哲学到自我中心词哲学的"桥梁"(其意义我们最初就已讲过)；另一方面，它提出一系列自己关于语言的独特论点，甚至申明自己主要是语言哲学。但是现象学的这一申明迄今为止还只是一个十分有趣的构想，不是一个完整的观点，而只是几个单独论点的总和(其中一些论点我们接下来会谈到)。

1. 胡塞尔现象学中一些与语言有关的概念

胡塞尔的语言观体系在先前与后来截然不同，之所以如此，正是因为它们是两种语言范式之间的"桥梁"。在初期的《逻辑研究》第四研究(第二卷)中，胡塞尔提出一个全新的处理语言的现象学方法。代之依赖于抽象的传统语法，他建议以语言的形式为依据。他认为一般说来形式就是对象的实体，但不是传统哲学意义上的实体(比如经院哲学中的实体)，而是感觉上可感知事物的不变量，它在一系列的变化中保持不变，并且可以直接了解，也即依靠现象学的直觉、"本质直观"(Wesenschau)，就可以"看出来"。基于形式的语言描写是语言的"意象"，是一般语言所必需的、固定于意义形式之上的普遍语法。对于这样描写的理想语言,任何一个单独的、具体的语言都是理想语言的实现,然而是"草图式"的实现,是理想语言的"草图"。

一方面,这里隐约可听见"两种语言"观的模糊声音,即"神的"语言和"尘世的"语言,它们以其最古老的形式表现出来,比如说,就像在尼古拉斯·库萨那里见到的那样(参见 I,4)。另一方面,在人类自身上探求深层的、无法表达的起因,以及与语言相关的起因,这一新的冲动已经清晰可见。接下来,这种思想在存在主义者那里以各种各样的形式不断重复,像海德格尔的"原本的",即内部的、说不出来的语言和"非原本的",即外部语言的区别,像梅洛-庞蒂的"沉默的"、内部的语言和口头的、外部的语言的区别。

具体来说,这些观点在前面提到的胡塞尔的论文集中以如下方式发展起来。首先,按照他那个时代相当流行的语言观,即区分独立的范畴性语言形式和非独立的非范畴性语言形式(例如在胡塞尔时代,可以在语言学家安东·马尔蒂那里见到,但却发端于经院哲学家),胡塞尔也建议区分独立意义和非独立意义。例如,在"丈夫和妻子"这一表达式中"丈夫"和"妻子"这两个词的意义是独立的,而连接词"和"的意义是非独立的(论文本身就叫做《独立意义与非独立意义的区别和纯粹语法观》)。在胡塞尔看来,句子是初始表达式,这是非常现代的见解。在句子中应该分离出独立意义的纯粹形式或"原始形式"(primitive Formen),也即句子本身的形式,接下来把句子内在切分的形式分离出来,即主词形式、谓词形式、联结形式和变体形式;这些形式只是指涉实际成分变化的界限、范围,也即"切分"的界限、句子的界限[Husserl 1922,II,329—331]。

胡塞尔的全部观点如下:关于语言实体的不变量,它可以通过直接观察到的变体来了解;关于独立于物质实体的理想语言,具体语言相对它而言就是物质化的"草图"等等。这些观点与哥本哈根语言学派的思想十分近似,特别是布龙达尔和叶尔姆斯列夫的思想。后者的论著《语言理论导论》(1943)[Ельмслев 1960]甚至可以被看作是胡塞尔构想的实现(当然实际上,"在历史上",叶尔姆斯列夫和胡塞尔没有任何关系)。纯粹语法描写某种意义空间,它一方面受无意义(zu vermeidenden Unsinn)的限制,而另一方面又受矛盾(zu vermeidenden Widerspruch)的限制,胡塞尔的这种思想要先于维特根斯坦和当代语言符号学的观点。[参见:Степанов 1981,228 和本书第三部分 III,5]

这一时期胡塞尔有一种非常独特的认识,即语言是意识的对象,也就是说,在思维中语言充当记忆和交流的辅助工具,这与其构想相符合。

与这种初期观点截然不同的是,在胡塞尔的后期著作中,特别是在《形式逻辑与先验逻辑》中,他认为语言是观察对象的方式,是"思想的身体"。这些观念与后来存在主义者海德格尔的论点"语言乃存在之家"(有时海德格尔说:"语言是精神存在之家")十分近似,有可能是其来源。但是这一时期胡塞尔在另外一个方向上发展这些观点,该方向正是整个语言哲学的发展方向:他力求建立一个"主体间性"的概念,即个体间关系和个体间交际的概念,作为个性的基础,以及作为语言中给定的"自我"的基础。后期语言现象学已经不再被定义为语言的"意象",在这样的框架内,每一种具体语言都应被认为是理想的、普遍语言的实现,并且定义为语言与说话主体之间关系的阐明,定义为"我与我所讲的语言之间的联系"[Merleau-Ponly 1965,84]。但是这已经是新范式中自我中心词哲学的问题。

现象学者们断言,在语言中似乎直接给出了现象学所有主要的概念和论题;语言自身已经是"现象学朴素的前提"[Hülsmann 1964,16]。该思想在胡塞尔最初的著作中就已形成,并且直到最后也是其兴趣所在。梅洛-庞蒂也同意这种思想:"显然,与任何其他问题相比,语言问题更迫使我们思考现象学与哲学或形而上学之间的关系。更为明显的是,与任何其他问题相比,该问题同时是专门性的问题,并且自身包含所有其他问题,包括哲学问题本身"[Merleau-Ponly 1965,102]。

现象学尝试用专门的科学问题来取代一般哲学问题,并且最后占据哲学本身的地位,这是站不住脚的(就像新实证主义的类似尝试一样)。甚至在资产阶级哲学中,现象学也只不过是一个流派而已。而且从马克思主义的观点来看,这些奢望明显是站不住脚的。至于语言现象学的那些专门概念,它们有一个客观的来源,并且作为符号学问题值得仔细研究。

意向性概念及其语言并行现象 其源头是经院哲学的概念"intentio"(张力,意识的专注,注意力)。经院哲学家区分出"第一意向"—意识对事物的专注,其中分为"第一形式意向"—意识的专注行为本身,和"第一客观意向",即意识对象,和"第二意向"—意识对思维活动的专注,也即专注于"第一意向";"第二意向"本身也分为形式意向、行为意向和客观意向、该行为的心理对象的意向,即关于思维行为的思维、关于思想对象的思维、思考对象的能力,思维对象在逻辑方面的定义。

德国心理学家家弗·布伦塔诺(《从经验的观点看心理学》,1874)借用了经院哲学的这一概念,并以如下方式对其进行发展。按照布伦塔诺的观点,每一种心理现象都有自己的对象,而且以不同的方式与其发生关系:在表象中仿佛总有某物被表象,在判断中仿佛总有某物被肯定或否定,在爱或恨中仿佛总有某物被爱或恨,等等。不同心理行为的这一普遍特点在他那里被称为"对象的意向内存性"(在心理行为内部)。

以布伦塔诺的概念为基础,胡塞尔认为尤其重要的是,意识与对象的关系可以采取不同的形式,这种形式已经不取决于对象,而是取决于意识类型:感知、判断(形成判断)、恨、爱,等等,可以是同一个客体,然而在这些关系中却变成不同的对象。这些意识类型可以在意识自身的范围内加以区分。它们用一个共同的术语"意向性"来命名,并且在形式或方式上彼此有别。它们的第一份清单,当然是在另外一个名称下,由笛卡尔给出(参见 II, 1)。从语言学的观点可以说,胡塞尔实际上把"意义的主观模式"归入到这一名称下,这些方式是"意义的客观模式"的某种类似物。后面这些方式在"意义的模式"这一名称下,尽管还是经院哲学家引入的(在他们那里——modi significandi),在现代逻辑的背景下由 C. I. 刘易斯于 1943 年对其进行描写(参见 VI, 2),但比胡塞尔的这一论著要晚得多。

其中有意思的是语言表达式的一种特殊类别,在该类别中"意向性方式"是主要内容,并且只能由该类别的形式特殊地表达出来。这里是指"状态"谓词。"状态"这一术语是相当不确定的,指不同的表达式,但我们只是指与主体"我"相关联的"状态"谓词。在俄语里它们用特别的述谓词的形式表达出来(述谓词,有时也被称作"状态范畴"):Мне холодно(我冷)、жарко(热)、весело(愉快)、радостно(高兴)、грустно(悲伤)、жалко(遗憾)、необходимо(必须)、боязно(害怕)、тревожно(担忧),以及 спится(睡眠,消极行为)、думается(想,消极行为)、кажется(似乎)、приходится(不得不),等等。在其他语言中,与它们相对应的是另外一些词,但是在大多数情况下也是特殊形式。Мне холодно(我冷)应该被描写为"我感到冷",但是有一个条件,就是"我感到"和"冷"在这里是分不开的。因此分析性描写"我感到冷",就像英语里的 I feel cold(还有一个简单的说法 I am cold),只不过是近似的描写。简单表达式 Мне холодно 的含义,就像英语的 I am cold,法语的 J'ai froid,等等,不能完全归结于分析性描写记录。这就是布伦塔诺概念的重要性所在。但是与胡塞尔不同,布伦塔诺似乎并没有谈到这些语言表达式与第一人称、与说话人"我"之间的联系。而问题的实质就在于此。

Ивану холодно(伊万感到冷)这类表达式完全不能够像 Мне холодно(我感到冷)这样来描写。因为谈论这个的不是伊万,而是我,那么分析性描写在这里就是这样的形式:"我认为+伊万感到冷",而这显然和"我感到冷"完全不是一回事。为了显示这两种描写的对称性,后者最终可以表现为"我认为+我感到冷",但是"我认为我感到……"可以归并为一个意识活动,而"我认为伊万感到……",不言而喻,不能归并在一起。

显然,意向活动问题瞬时就将我们引向"伊万认为……"这类模态描写问题。后者冠以"命题态度"这一名称,成为现代语言哲学图式的一个主要方面(参见 IV, 3 和 VI, 2)。然而在论题的这一全新转折上,两类表达式,也不仅仅是表达式,而且是意义和含意之间的现象学区别丧失了。与此同时胡塞尔相当准确地指出:心理上的东西不像某种外部的东西与认识活动之间的关系那样,可以靠感知来认识,它可以被体验到,并且同时就是这种体验。"心理上的东西在经验上是不可认识的,作为一种呈现的东西:它就是体验,是反思中在意识上易被理解的体验"[Гуссерль 1911,26];"在心理领域,换句话说,现象和存在没有任何区别"[同上,25页]。

我们向那些对此怀疑的读者提出这个问题:读者,如果你害怕什么,那么对于你,"我害怕"和"我感到害怕"之间有区别吗?而如果你爱上了,那么这是什么?——"我爱上了"还是"我认为我爱上了"?尽管或许在后一种情况下有某种区别。

意义概念 胡塞尔断言,不仅语言表达式,而且任何一种认识"体验"(感知、显现对象)本身都包含"意义"、"含义"。意义可以定义为,把针对对象的态度放进"体验"中。其实,胡塞尔的这一断定在完整意义上说并不是他的发现:与他同时做出这一断定的还有生物学家和动物行为学家(研究动物行为的专家),他们研究动物的感知,例如德国的生物学家魏克斯库尔著有《动物的周遭世界和内心世界》(1909)。我们同样认为,把对象作为意义来感知是一个主要的一般符号学规律[参见:Степанов 1971,27 и след.;以及关于魏克斯库尔的论著]。

但是,只涉及到人的胡塞尔理解观很特别,可以用奈瑟尔有趣的心理学类似观点对其阐释说明。关于对象表象问题的提出,这位美国著者写道,看来与胡塞尔无关,"假设,感知的功能在于只是把事物作为单纯的对象来告诉我们:也即作为地理上和物理上定量的物质,不管我们看不看它们,它们都是那个样子(我们觉得,罗素在论断'事物'这一概念时,其观点便是如此—作者注)。这是真理,但还远不是全部真理。在正常环境下,大多数可被感知到的对象和事件都具有意义。它们为行为提供各种各样的可能性……这些意义能够被感知到,而且实际上也确实被感知到。我们看到,这种面部表情是一种厚颜无耻的讪笑,或者桌子上的物品就是笔,或者那边'出口'的标记下面就是门……这些感知方面对心理学而言早就是理论上的绊脚石了。似乎显而易见,刺激因素本身不能具有意义,因为它们并不比光、声音或压力这些形态强。意义进入到感知者那里,应该是在记录刺激因素之后……"[Найссер 1981,90]。接下来奈瑟尔又推翻这一观点:"光流的不变特性明确说明,地板是可以在上面走的,笔是可以用来写字的,等等。光流结构的这些方面与那些明确说明位置、形状或运动等特点的方面不同,但它们同样也是客观的,而且无论如何都不是由别的东西派生出来的。与该定义相关的难题在于对象所提供的可能性,或者换个说法,对象的意义取决于是谁感知它"[同上,90—92页](《意义和范畴化》这章的标题本身就很能说明问题)。

与意义概念相关的还有另一个重要的现象学概念,即"生活世界"(Lebenswelt)概念。由于现象学上的意向性和客体化的结果并不产生实在的客观对象,而是产生对意识具有意义的"对象现象",所以世界作为现象学的对象总的看来也由这些"对象现象"构成。这样一来,世界在现象学中就作为特殊的"生活世界",

由对世界的意见(doxa)构成的世界而展现出来。

因而胡塞尔自己建立起一个类似于他那个时代不同取向的语言学家开始谈论的观点,从德国洪堡特和魏斯格贝尔的追随者,从新洪堡学派到美国的沃尔夫和萨丕尔,这就是"中间世界"(Zwischenwelt),它由语言的意义构成,并且处于人的意识与客观世界之间。

主体间性、"自我"、"他我"的概念 这或许是胡塞尔最鲜明、最独特的创新。它甚至先于现代语言哲学范式,即"自我中心特称词"范式(同时例如,在主体间性的概念中,如前所述,新范式的主题只有在细心分析下才会展现出来)。

在一系列论著中胡塞尔把在现象学中论证"我"("自我")范畴和"他我"(另一个"我")范畴作为自己的任务,从1907年的《现象学的观念》,接着特别是1913年的《纯粹现象学和现象学哲学的观念》(第1卷),到最后1931年的《笛卡尔式的沉思》。胡塞尔把笛卡尔的"我"是一个思维的东西这一原则作为出发点,对"自我"范畴加以逐次地、分阶段地现象学还原。第一阶段—"形式还原",把意识的所有实在形成物"放在括号里",现象学者停止关于实在世界的任何判断,将意向性集中在这样的意识中;世界现在不是作为存在的东西,而是作为一种"存在现象"而呈现。在这种情况下,"我"作为世界的参与者,体验到自己与世界的关系,但是我把这种关系切断后,"放在括号里",于是我的具体的"自我"就被还原了。这一还原阶段也用希腊语术语"εποχή"("悬搁,中止;停止判断")表示。

然而,还剩下"我"的另外一个层次,另一个"我",也就是实现还原的"我",停止的"我",等等,这就是"纯粹自我",这样一来"εποχή"就是上升至"纯粹自我"的通用方法。对"纯粹自我"的加工构成第二阶段,就是现象学的还原,或者"先验还原"。借助于这种还原,"纯粹自我"作为对于自身显明的我而出现,是必然存在的("必然为真的")。不过这种方法只保证信心(存在"我"的必然性),但不能确定其内容。胡塞尔把这两个概念的混淆归咎于笛卡尔:的确,在笛卡尔那里,我被定义为"思维的东西"(res cogitans)。至于胡塞尔的"纯粹自我",不是事物,不是像赋予事物那样自我赋予的。

胡塞尔以此为基础过渡到对"另外的我"("他我")的现象学论证上来。其他人的"我"并非像事物那样赋予我意识:"他我"对于其本身而言是"我",并且从现象学观点来看,其统一不是在我的意识中加以论证,虽然在显现事物时是这样,而是在其自身,在这个"他我"上加以论证。换句话说,和"纯粹自我"一样,"他我"不需要任何东西就可以存在;它也是绝对存在的,如同"本我"对于我的存在一样。

与"本我"相似的"他我"的这种绝对存在,后来为萨特的小说和哲学论著提供了悲观存在主义的主题。但是胡塞尔研究另一个问题:用那些论证"我的纯粹自我"的原则论证"他我"如何可能?

胡塞尔直到最后也未能解决这一问题。批评者们公允地指出,为此胡塞尔不得不遵循自己的前提,承认纯粹"主体间性"的某种领域,或者某个"绝对自我",对于后者而言,"本我"和"他我"都是同样的个别情形[Lyotard 1967,36]。在我们看来,卡尔纳普对"语用学领域"的理解在其形式化语言观下是"纯粹主体间性的领域"相当完整的形式上的等同物(参见 VI,2)。胡塞尔没有沿着这条道路走下去,他倾向于主观唯心主义,试图根据"我的纯粹自我"范畴来解决问题。

后一时期的现象学者,特别是梅洛-庞蒂(以及心理学家保·纪尧姆,瓦隆等等),在这一论题中找出语言根据,并且正是在该方向上继续发展这一问题,比如说,梅洛-庞蒂于 1950—1951 年间在《儿童与他人的关系》讲义中的观点(出版得晚一些:《Bulletin de Psychologie》,1964 年 11 月)。

胡塞尔的主体间性这一概念的客观的语言等同物是什么?我们认为,对于该问题可以这样回答:语言中存在着"自我中心特称词",诸如"我"、"这里"、"此时"、"这个"这些词,而且每个人都可能根据自己的考虑在任何一个言话行为中使用它们。在某个言语行为中被表示为"你"、"他"等等的任何人,在其自身行为中都是不变地作为"我"出现。因此,根据这一相互关系就可以判定出"这里"、"此时"以及所有类似词的意义了(参见 VI,1).

"符号透明性"概念 在最简单的情况下,这一概念可以通过看画来解释明白。在最初的瞬间,我们认为我们面前是一幅涂满了五彩缤纷色点的图画,但是随后我们开始看见树木、天空、人,而且不是它们作为色点而显现出来的手指般大小的形象,而是正常个头的人,在正常的树木之间,等等。我们的目光所能够穿透的图画材料表面似乎是"透明的"。

当然,在辨别颜料层的厚度、画笔的痕迹、一个个画笔毛的痕迹、下笔的走向时,我们的目光可以停留在上面,也就是彩色的画面上,但是此刻我们看见的不再是风景和人。我们不再把注意力集中在材料上,就又看到它们了。这就是"透明性"的另外一个特点:我们感知到图画的内容,也即符号的意义,只是不再感知到图画的材料或者符号本身。

"符号的透明性"观念在胡塞尔那里在不同的场合,以不同的化身出现,适用于不同的心理生活和生理生活;在该意义上"符号的透明性"这一术语本身是一个约定的符号,因为在其后面不仅有符号的特点,还有许多别的东西的特点。实际上,胡塞尔以这种方式展现出一条普遍的心理规律。比方说,早在《逻辑研究》第二卷中他就指出:"……当外部对象(房子)被感知的时候,在这一感知中存在的感觉不是被感知到,而是被体验到……而如果接下来我们把注意力转向这些内容(也即感觉)时……并且只不过是把它们抽取出来,就像它们实质上那样,那么不言而喻,我们就会感知到它们,但是在这种情况下不是通过外部对象感知到的"[Яковенко

1913,144]。

在后来发展起来的关于主体间性的学说中也存在透明性概念,但是在这里它不是与符号有关,也不是与对象的感知有关,而是与我的"自我"体验有关。与对象的体验和符号不同—但却正是与它们相类似—"我"才是"不透明的",而且正是借助于这一性质,胡塞尔得以成功地说明,如何可以把"他我"理解成和对象不同的东西。为了不把"他我"理解成事物,而恰恰是另一个人的"我",我应该把作为主体的"本我"特有的自身现象学体验投射在他上面;但是这些体验本身,我无法如同体验事物那样来体验它们,因为我无法从旁观者的角度来观察它们。这样一来,如果对事物的体验,如同我们刚刚在涉及房子的例子中见到的那样,是"透明的",类似于符号和图画,那么我自身对我的"自我"的体验不能使我的现象学意向从外面穿越我自己,而是将其滞留在自身之中,它们是"不透明的"。

最后应该再一次强调,胡塞尔的现象学是通往新的语言哲学范式的"桥梁",因为虽然没有建立完整的语言观,但是为新范式增加了几个对其重要而又精细加工过的概念。

2. 梅洛-庞蒂和 1950 至 1960 年间的法国符号学

法国哲学家莫里斯·梅洛-庞蒂(1908—1961)"最终的语言观"比现象学的鼻祖胡塞尔本人表达得还要完整。梅洛-庞蒂是一位"存在主义现象学者",并且他的观点是将现象学与存在主义结合起来的一种尝试。除此以外,正如斯柳萨列夫所指出的那样[1975,165],其观点中的第三个组成部分也相当重要,这就是力求放弃新实证主义对语言的形式化分析,这种分析的对象是科学语言,而把主要注意力投向言语,这是人的深层个体存在的表达。梅洛-庞蒂在一系列文章中对语言问题进行阐释,这些文章收录在论文集《哲学赞词》(《Eloge de la philosophie et autres essays》,1965)和《符号》(《Signes》,1960)中。我们要详细地讲一下《论语言现象学》这篇短论(《Sur la phénoménologie du langage》,1951),两部论文集都将其纳入其中[接下来引自:Merleau-Ponty 1965]。

梅洛-庞蒂从瑞士和法国的语言学流派关于语言"二分法"的著名论题开始,该论题是由索绪尔表述的:语言作为一个系统,或者作为一种语言编码(langue),与运用中的语言,即言语(parole)相对立,而语言在时间上的存在、历时性与语言在各个别时刻的存在、共时性相对立。梅洛-庞蒂说,如果把现象学理解为言语心理学,那么它对语言观的贡献是微不足道的,其重要性不会超过将数学教学心理学引入到数学中。然而情况并非如此。语言现象学作为一种辩证法,总的看来与"关于语言的客观科学"相对立。基于对现象学的这种理解,梅洛-庞蒂反对索绪尔的二分法。并且应该承认这是正确的。

梅洛-庞蒂公允地断言,在历时性上,语言系统不是全面地运动和发展,总的来看:其中存在张力区、稳定区和弱稳定区,而且后者会首先改变。在语言的共时性上,就是作为系统而言,系统也不是全面存在,其中存在较小系统性的区域、空白区,它们也会首先在时间上、在历时性上发生改变。历时性和共时性并不是像索绪尔认为的那样相互对立。(这些观念在理论语言学中不止一次出现[参见,例如:Бенвенист 1974,419,以及我们对它的评论])。

按照梅洛-庞蒂的观点,随着二分法原则的消除,含义也就丧失,并且普遍的理想语言的概念也随之丧失,对此观点不敢苟同;语言形式不是由它们彼此之间的理想关系而确定,而只是由它们的使用方式而确定。

梅洛-庞蒂认为,基于此(而实际上置其于不顾,因为否则的话它们就不可能是正确的),他形成整整一系列新的论点。这样,比乔姆斯基还要早 20 年,梅洛-庞蒂就已十分明确地确立关于儿童习得语言的论点:"儿童由于语言习得所具有的说话能力(la puissance parlante)不是词法、句法和词汇知识的总和:对于掌握语言来说,这些知识既不是必要的,也不是充分的,而言语行为一旦为人所掌握,就不需要在我想要表达的东西和我使用的表达式手段的概念结构之间进行任何比较。当我说话的时候,在我这里出现的为借助表达式完成我的意义意图(我的意义意向)所必需的语词和短语,只是由于洪堡特称之为'语言的内在形式'(而[某些——作者注]当代研究者称其为 Wortbegriff ['词的概念'])的东西,也就是说,是由于它们所属的并以此为根据来组织的言语生产的某种方式,而且我没有必要想象它们。存在着某种'普遍语言的意义'(une signification 'langagière'),它是整个语言所固有的,在我暂时还是无声的意向和语词之间,它起中介作用,而且以这样的方式实现,即说出来的语词可以让我自己大吃一惊,并且向我展现我原本的想法。组织好的符号有其内在含义,它不受'我思'原则的支配,而受'我能'原则的支配。这是语言所固有的远距离行为……是身体意向性的一个鲜明例子"[Merleau-Ponty 1965,92]。

但如果是这样,语言符号的身体性和恒常性就只是假象,而它们的意义也不是它们永远固有的,而只是它们暗示的某种东西,因此永远也不会整个地包含在语言符号中,而且说话时,我总是"留在后面"(这一论点处于 20 年后法国符号学关注的中心)。

因此,"所指在语言符号中的主位化不是在言语行为之前,而是言语行为的结果"[同上,96 页]。梅洛-庞蒂给出极好的实例予以说明:我们开始阅读某个哲学家的著作时,赋予其语词以"普通的"含义,但是逐渐地,通过最初难以觉察的转变,我们所感知到的言语开始控制寓于其之上的语言,而且其中所使用的语词获得新的含义;从这一刻起,我们理解了哲学家的东西,而其语词的意义在我们这里也确立起来。"当我可以把意义注入到起初并不是供其所用的言语机制中的时候,我就掌握了意义"[同上,99页]。"意义产品(Nachvollzug)终于挣脱言语运用(Vollzug)的藩篱,形成了沉降(sédimentation),因此我能想得比意义还远"[100页]。关于"语义沉降"的论点是梅洛-庞蒂的一个最为独特的观点。

在《间接的语言与沉默的声音》(《Le langage indirect et les voix du silence》,1952年,引自:[Merleau-Ponty 1960])这篇短论中,梅洛-庞蒂发展了前一篇短论的某些思想。他似乎是从反驳新实证主义者所沉湎的"指称对象的探求"开始的。"说话",梅洛-庞蒂断言,"不是把语词放在每一个事物中。如果是这样,那么永远也不能说出任何东西,我们就不会感到生活在语言中,我们将仍然在沉默中,符号就会在意义面前消失不见,而思想只会与思想相遇:思想想要在表达式中找到的东西和表达思想的东西,就会是公开明确的。相反,我们常常会产生这种感觉,说出思想时,我们没有用言语符号来代替它,而总之是它自己在语词中体现出来(变成'身体')"[同上,55页]。

梅洛-庞蒂提出区分语言的经验性使用和创造性使用,而且前者只是后者的结果。创造性言语是真正的言语(试比较海德格尔的"原本"语言这一概念,它与人的真正存在、"实存"相对应;两位哲学家都把"原本"语言和"非原本语言"对立起来)。原本的言语是不受单独寓于语词上的含义束缚的,实际上原本的言语就是沉默。如果原本的言语是沉默,并且表示物质世界或思想中的某种东西、事物或概念,那么这只不过是其内在生命派生出来的第二种可能性[同上,56页]。

因此言语的创造者、作家和画家的活动实质上是彼此相似的。作家不是寻找现成意义的符号,"语言摸索着溜到符号意向的周围"[同上,58页]。所有这一切自然会导致"把绘画视作语言"[同上,94页]。最后梅洛-庞蒂阐述了一个初期观点,即政治思想在某种意义上也是语言,如同绘画可以被看作是语言一样。

梅洛-庞蒂的"语言的存在主义现象学"论点是某些观念的哲学体现,这些观念实际上以另外一种形式搅扰着法国文艺批评者、政论家、艺术理论家、戏剧活动家们;很快,这另一个形式获得"符号学科"这个名称,或者换个说法,"符号学"。

在所引用的梅洛-庞蒂的短论出版两年后,文学艺术批评家罗兰·巴特发表散文《写作的零度》(《Le degreé zéro de l'écriture》),这是法国符号学的第一部论著。分析文艺作品的不同语言,如古典主义语言、浪漫主义语言、批判现实主义语言以及政治语言(他把每一种语言都称为"写作"),巴特也以和梅洛-庞蒂一样的一些思想为基础,并且他的许多术语也和梅洛-庞蒂的一样。

按照巴特的观点,资产阶级意识形态的统一性产生了一种独特的写作,即古典的和浪漫主义的。但是在1850年前后,在1848年革命失败后,出现了转折,"作家不再是普遍真理的代言人,而是变成了不幸意识的承载者……这样古典主义写作就彻底破裂了,并且从福楼拜到我们所处的时代,整个(法国—作者注)文学都变成了一种语言的问题"[Барт 1983,307]。"文学今后不再被看作是社会上具有优先性的交流方式,而被看作是一种硬化的、深刻和充满隐秘的语词,它使人感觉到同时既是梦幻,又是威胁。"

整个十九世纪见证了这种硬化形式的戏剧性过程(试比较梅洛-庞蒂的"沉降"概念—作者注)。对夏多布里昂而言,它还只是一种微弱的沉积(也是同一概念—作者注),一种轻微的语言欣快感,一种自恋现象,在其中写作几乎与其工具性功能分离,写作仅被看成是其本来面目。福楼拜(在这里只指出这一过程的一些典型因素)建立了一种写作的劳动价值观,最终把文学变成对象:形式成为"生产"的最终产品,犹如一件陶器或珠宝一样(这意味着,生产行为本身就是"所指",换句话说,它首先被表现为景象,被强加于读者)。最后,马拉美通过一切客体化的最终行为—谋杀,完成了文学-对象的建构过程:我们知道,马拉美的全部努力都旨在破坏语词,仿佛文学本应当成为语词的僵尸。"(科西科夫译)[同上,308 页]。

巴特此书中的一节《写作与沉默》,和梅洛-庞蒂的一样,也是在"沉默"这一标题下,论述传统文学语言在兰波和马拉美这样的(我们还要加上赫列勃尼科夫)现代派作家那里遭到破坏。

这些观念接下来的转变,无论成功,还是失败,在当今论著中都曾被相当广泛地探讨过,并且仍在探讨中,我们也提请读者参看这些论著[首先是:Семиотика 1983,其中也包括前面提到的巴特随笔的译本]。

在这里我们还要强调一下,上述观念把语言哲学家的注意力由科学语言和日常生活语言转向文艺作品的语言。这些观念需要在诗学领域中自然发展。

3. 英伽登的现象学诗学

我们不是指符合关于世界的现象学认识的诗学和文艺创作,这类例子有时是非常突出的,可以在国外的文学和绘画艺术中找到很多(例如,马·普鲁斯特的小说),而只是指直接或间接符合关于语言的现象学概念的诗学。这是诗学中一块非常小的领域。我们把波兰现象学者罗曼·英伽登(1893—1970)的作品归入到其中,而或许形成这块领域也只有它们而已。在俄文译本中,它们被汇编成《美学研究》一书[Ингарден 1962]。

英伽登的主要论点是文艺作品的多层次性,无论是文学作品,还是绘画和音乐作品:a) 某种语言的构成物,首先就是语词的声音;b) 语词的意义或某种高层次语言单位的含义—句子、段落的含义;c) 作品中谈论的东西—作品里整个或单独某个部分描绘的对象;d) 某种形式,描绘的对象以这种看得见的形式出现在我们面前(如果指的是文艺作品或绘画)[同上,24页];在音乐作品中分为听觉对象和听觉形式[同上,413页]。

在这方面与绘画不同,文艺作品在两个维度上展开:在一个维度上我们碰到的是相互交替的部分和相位(我们称之为组合体系的类似物)的连续性,而在另一个维度上碰到的则是共同出现的上述组成部分的集合(我们称之为聚合体系的类似物,在某种程度上的语义学的类似物)[同上,23页]。这两个维度的区分使我们得以把英伽登的诗学归入到"组合诗学"这一类,俄国的形式主义也属于这一类(不过,英伽登本人把其诗学与形式主义十分鲜明地对立起来)。

英伽登观点的最独特部分是关于"形式"的概念,与胡塞尔的形式一致,例如,就绘画而言,英伽登指出,通过画面上事物的组合,这些事物呈现出来的形式也组合在一起,并且形式的组合也属于画面布局。"同一个人",例如,在一个缩写(形式)中可能是"非常好的",在另一个缩写中却是"讨厌的";在一个缩写中是"亲近的",在另一个缩写中却是"陌生的"。

相似的思想由普鲁斯特在异常鲜明的和有机的艺术观框架内表达出来,因为该观点的作者不是理论家,而是艺术家、创作者。

第六章 语用范式
(语言语用方式所表述的"自我中心词哲学")

0. 普遍特点

语言哲学的新范式与前两个范式相比具有根本的区别：1) 整个语言与使用语言的主体、与"我"相关联；2) 用于语言描写的所有基本概念都被相对化：名称、谓词、句子，这一切现在都被视为函项（尽管当然是不同种类的函项）。前一个区别最初出现在人文领域，后一个出现在逻辑中，但实际上这只不过是同一个东西的两个方面而已。

然而这却给新范式的命名造成极大的困难。当然，它可以叫做"语言学函项哲学"，并且这将会相当准确。但是反对的意见在于其他方面。在我们区分出来的三个范式中，第一个范式"名称哲学"是自称，我们也使用过；第二个范式"谓词哲学"，尽管不是其自称，我们这样称谓也是出于名称哲学已经规定好的命名逻辑，即语言哲学的命名根据该语言的基本概念进行，这个概念在这种语言哲学中被认为是决定性的。根据这种逻辑，新范式就应该被叫做"'我'哲学"，但是这会导致与某种唯心主义体系联想在一起。如果不放弃这种常规原则，就可以这样来命名它，从作为新范式基础的自身包含"我"一词的整个语词类出发，即从自我中心词类别出发。我们来讲一讲这个命名，即"自我中心词哲学"。

如果名称哲学可以被看作是语义学的巅峰，而谓词哲学是句法学的巅峰，那么新范式就是语用学的巅峰。然而"语用学"这一术语，对于表示在这种情况下所指的整个领域，远不是最恰当的。因此我们不得不用别的东西来取代它，并且对这种取代进行论证（在 0.1 节）。在此之前（有时也是之后，或是平行）我们将继续使用"语用学"这一术语。

自我中心词是以"自我"，以说话主体为指向的语词：首先就是"我"，接下来是所有以我为基础的语词，"这里"、"此时"、"这个"，等等。

名称哲学总是忽视它们的存在；谓词哲学注意到它们，甚至赋予它们以准确的命名"自我中心特称词"——这是罗素的术语——但却对它们引起的问题置之不理。罗素本人错误地认为，所有自我中心词都能够通过"这个"一词来确定（实际上，该词远不是把指涉外部对象与对"我"的依托组合在一起的基本词),并且更加错误地总结道:"……综上所述表明,对于世界的任何一部分描写,不管是物理世界,还是心理世界,这些词都不是必需的"[Russell 1980, 115]。

相反,新范式把坐标"我"置于注意力的中心,把它看作是所有其他东西的必要基础。基于坐标"我"来分析对于这一范式更普遍的,而且同样重要的主体概念。

"主体"一词本身,众所周知,具有两个基本意义:第一,"有认识和实践能力的人,与作为认识和改造对象的外部世界相对立";第二,"主语,句子的主体"。在文学和艺术符号学中我们碰到的首先是前者:作家本人就是语词这一意义上的创作主体;在符号学和语言哲学中,首先是后者;在具体语言学分析中,则首先是语句主词-谓词结构的分析。前者和后者之间的鸿沟是巨大的,而且是难以填平的。但是主体问题在当代语言哲学中的特点正是力求克服这种脱节。下面我们试图概括性地表明,符号学家们如何沿着两条不同的路走到主体这两个概念的结合点上来:一条路是从文艺作品开始,另一条路是从语句的语言学分析开始。我们同时也试图勾勒出这些研究的环境—时代的精神氛围,尽管是用一些最笼统的线条。

说到运动始于文艺作品,而不是始于"文艺作品的分析",我们不容许有任何保留条件。相反,我们想再次强调我们不变的论点:在艺术符号学中,新的流派不是始于新的理论,甚至也不是始于对旧事实的全新分析,而是始于艺术本身之中新东西的出现。新的艺术在新的符号学之前。新的艺术产生出这种艺术的符号学家。

对语句全新的语用学诠释的一条基本线就是说话人"我"的"分化",分成作为句子主语的"我",作为言语主体的"我",最后,作为控制主体本身的内在"自我"的"我"。并且与此同时,语用学本身也分出层次:分化成基本部分,即"我"在时空中的"定位",略微复杂的部分,即"我"针对说话行为的"定位"(已经是作为言语主体的复杂化的"我"),最后,高阶"定位"(已经不应该被简单地称之为定位了)——说话人"我"与其内在"自我"的关系,这个"自我"知道说话人的目的,及此人说谎话或说真话的意图等等。但是这些观念源于何处?就是艺术。

新时期的欧洲文学(如在前面第IV章易卜生、陀思妥耶夫斯基、祁克果的例子中所见),尤其是欧洲长篇小说逐渐推动着把作者"我"分化成主人公,主人公的叙述者,叙述者的作者—陈述者这些层次,有时还要继续分下去。在普鲁斯特的著名长篇小说中,这种推动看来达到极点,因为普鲁斯特的小说成为对作者的一个内在"我"的叙述,这个"我"甚至并不总是与其身体上体现出来的"我"融合在一起。"难道我的思想",普鲁斯特写道,"不也是一张皮囊吗?甚至当我在外面看着正在发生的事情时,我也感到自己寓于其中。当我看到某种外在事物时,我看见它的这种意识似乎就处于我和它之间,并且用薄薄的精神外壳包裹着它,这个外壳使我永远无法直接触及到它的质料;这种质料似乎在我与它接触之前就瞬间蒸发了,仿佛接触到湿润表面的炽热身体,永远不能接触到湿气本身一样,因为在它们之间总是隔着一块蒸发区域"[M. Proust. A la recherché du temps perdu. T. 1. Du côté de chez Swann,I,11]。

正如我们所指出的那样,"定位"的"分化",特别是时间上的分化,与"我"的分化同步,因此普鲁斯特的长篇小说《追忆逝水年华》的出现并非偶然,这也是叙述不同的,但又是同时并存的时间层—当下,瞬之前的当下,稍微从前的当下,过去的近期,过去的远期,最后,永远消逝的过去。但是一旦我们进入到"分层时间"区域,就会在托马斯·曼的作品(《魔山》、《福斯图斯大夫》、《约瑟夫和他的兄弟们》)和卡夫卡的短篇小说中发现这种类似的时间观念。

然而,我们还是要回到"不同的'我'"上面来。这里普鲁斯特在其文艺分析中所做的,与这一时期胡塞尔在其哲学体系中在"还原"或"悬搁"的名称下所做的一样。在《纯粹现象学概论》(1913)和《笛卡尔式的沉思》(1931)中,胡塞尔断言,甚至在认识的直接自明之理中,如笛卡尔的"我思故我在",实际上至少也有两个主体,两个"我"。一个是思维的东西,或者如普鲁斯特所言,感知世界的东西,这是"经验的"、"具体的""我";另一个是似乎让人说"我思"或"我感知世界"的东西。前一个经验的"我"本身属于世界,而且按照胡塞尔的观点,应该从理论推理中消除。这时就会产生"现象学的还原",实现"悬搁",而剩下的,"后一个""我"作为哲学分析的可靠基础(参见 V, 1)。

米·普里什文留下了关于其艺术历程饶有趣味的证据:

"我的第一位读者就是我自己;过了一段时间之后,我就会变成自己的评判者。不止一次,'忘我地'写着什么的前一个我心满意足地走来走去,直到成为'自我',于是读完写过的东西之后,就会把手稿撕成碎片,丢在垃圾桶内。同一个人在创作中就会分裂为两个人—作家和读者。前一个我是幻想家-作家,后一个我或者自我,就是读者和主人。

同样的事情随后也会在交际中发生:我依旧是我,是作家,而且逐渐地被确定为交际中的'你',我的读者,或者,我习惯称之为'我的朋友',意思是说,他似乎是离开我单独存在的另一个'我',他有权对我的事情做出评判。

这是两个人:作家和读者,我和我的朋友,他们是创作的主要施事者"(Дневники 1951, г., 15 июня—М. Пришвин. Собр. соч. М., 1957, т. 6, с. 442)。

推动语言哲学在语用学这一共同方向上发展的,而且更强大的和政治上积极的刺激因素是源于布莱希特的戏剧。"一战以后的前十五年",布莱希特写道,"在一些德国剧院曾试用一种相对较新的演员表演体系,由于该体系具有明显的摘要性和叙述性,而且采用注释性的合唱和屏幕,因此获得史诗性体系这一名称。通过不太简单的技术,演员在自己与其塑造的人物之间制造距离,而且每一个单独的情节都是这样表演的,即演员应该成为观众评论的对象……史诗性戏剧得以呈现处于因果联系中的社会进程"(《买铜——街头场景》)[Брехт,1965,5(2),318]。恰好在布莱希特的剧作中出现"塑造者"和"被塑造者"这些术语并非偶然,它们运用于演员及其扮演的人物上,这完全是符号学上的类似于术语"所指"-"能指"。布莱希特与斯坦尼斯拉夫斯基相对立的一个基本论点是:"不要产生塑造者与被塑造者仿佛是同一的这种幻想"[同上,327页];"与扮演者的这种行为一并,应该显示另一种行为的可能性,这样以便使选择成为可能,也即使评论成为可能"(《论斯坦尼斯拉夫斯基的体系》)[同上,133页]。

关于"所指"和"能指"的同一性以及它们之间存在"自然"联系的相应错觉,在语言符号学中很快就消除了。不过,另一种幻想,理论上的,则坚持了相当长的时间,似乎这种同一性和自然性的错误认识早在索绪尔的体系中就已消除。实际上,索绪尔肯定符号中能指和所指之间的任意性关系,而且更肯定符号及其所指对象之间的任意性关系。但是大家忘记了,与此同时索绪尔还断言语言符号对于每个单独的说话人和听话人而言具有绝对的约束性,对于他们,必须无条件接受给定的所指和能指之间的联系,而不是别的联系。布莱希特把这一点也消除了,起初是运用在戏剧中"被塑造者"和"塑造者"之间的关系上,而随后也用在语言哲学和关于语言符号的符号学上。

运用于艺术,而接着又运用于艺术理论的相对化具有并行物,就是名称概念和逻辑中谓词概念的相对化,本章就是由此开始。但是首先,对"语用学"这一术语提出几点意见。

0.1 论术语"语用学"及术语"指示学"对其的替换

在古希腊语中,形容词 πραγματικός (pragmatikys)表示:1. 通晓国家事务的,政治上富有经验的;2. 对上帝有益的,有用的,强壮的,健壮的,精力充沛的;3. 理智的,实干的;4. 以事实和人类的事务为依据的。形式及其所有意义都是由名词 πράγμα "完成的事务;买卖交易;行为;国家事务"派生出来的。

形容词的第一个意义和最后一个意义特别紧密地联系着;它们在古希腊的论著—波利比奥斯(公元前210和205年之间—大约公元前125年)的《历史》中就是这样使用的。其中在不同的地方提到,这是"实用的历史"— ή πραγματική ίστορία 或阐述历史的"实用方式"— ό πραγματικός τρύπος。波利比奥斯的论著是一个媒介,得益于该媒介,古希腊的术语才进入到新时期的哲学中来。

1798年康德著《实用人类学》,并且给出如下定义:"一种系统地把握与人的意义相关的学说(人类学),只能要么从生理学的角度着眼,要么从实用的角度着眼。生理学的人类知识研究的是自然从人身上产生的东西,而实用的人类知识研究的是人作为自由行动的生物,由自身产生出的东西,或是能够并应该产生出的东西……只有当它(人类学—作者注)把人作为世界公民来研究时,它才会变成实用的。—因此甚至作为自然力创造的人种的意义也还不算是实用的世界知识,而只算是理论的世界知识。"[Кант 1966a,351—352]

康德的定义同样也直接符合语言语用学,语言语用学可以被简单地看作是一般实用人类学的一个特殊领域。康德"实用的"与"理论的"对立在当时特别具有前瞻性:语言语用学应该与语言的抽象(逻辑)理论相对。

但遗憾的是,术语的意义并没有停留在这些框架内。早在谢林的《先验唯心主义体系》(1800)中术语就出现位移(早在先前就已初步形成):"任何其他不具有普遍性的历史,都只能是实用的,也即按照古人就已提出的这一概念,就是追求某种实用目的的。并且相反,世界史的实用性自身与这一概念相矛盾"[Шеллинг 1936,341]。这里"实用的"在意义上近似于"对于在社会中达到某种目的实际的、有用的"。

在古代第二条线索也初步形成。在逍遥派的术语中,"实用"与"逻辑"相对。当论断从共相出发,并且力求确立适用于众多对象的普遍真理时,论断就是合乎逻辑的。反之,如果论断以该事物的特殊属性、πραγμα 为依据,论断就是实用的[Lalande 1972,1269]。

19世纪70年代,在美国哲学家皮尔斯的学说里,这两条线索在术语"实用主义"中独特地结合在一起。皮尔斯最初的任务,看来是通过心理成分把逻辑与关于符号的普遍理论联系起来。他在这一联系中阐述其著名论点:"请考虑一下,你的概念的对象可能有些什么样的可想象的具有实际意义的效果,这样,你关于所有这些效果的概念就是你关于这个对象的全部概念"[Peirce 1905,171]。

19世纪末,皮尔斯草拟的原理在威廉·詹姆士和随后约翰·杜威的学说中获得单方面的发展。在詹姆士看来,理论不是"谜语的答案",而是工作的计划和工具。真理的标准是"有益"和"成效"。语句的真在于它是"有用的"、"有成效的"、"能带来满足感"。术语"实用主义"成为这一哲学流派的名称。

皮尔斯试图在自己的术语与实用主义之间划清界限,并且因此在一篇专门的文章中将其学说的名称改为"实效主义"(pragmaticism)[Peirce 1905,167;1905a]。

显然,由于"实用"这一术语与实用主义之间的联系,所以几乎不太适合表示目前它所指的逻辑-语言学问题。并且在运用于艺术语言学问题时,该术语在其基本内涵上就直接成为相反的术语。如果在某种程度上还可以把欧·亨利的艺术及其成功和幸福结尾的中心思想—使人物的任何生活变故都合情合理"happy end"—与美国的实用主义联系在一起,并称其为"实用的",那么就未必找得到比阿赫玛托娃的抒情诗和普鲁斯特的长篇小说更有别于"实用主义"的东西了。实际上,由于该艺术而产生的语言学问题目前恰恰也应该被称为"语用主义的",因为在该艺术中一切都与说话人、诗人、他的"我"相关联。

在抽象平面综合地分析问题时,术语和事物本质的矛盾就变得引人注目起来。哲学家柏格森这样来定义普鲁斯特这类艺术家:不时地"凑巧诞生了这样一些人,他们在自身的感觉和意识上较少地依附于生命。自然界似乎忘记了把他们的感知能力与行动能力联系在一起。当他们观察事物的时候,他们不是为了行动而感知,而是为了感知而感知,只是为了满足"[Bergson 1946, 149]。这样就不得不把普鲁斯特、阿赫玛托娃这样的艺术家和杜威这样的哲学家也叫做"实用主义的",对于他们而言,"一切思维活动都归结为手段和方式的选择,以便最有成效地解决情境问题,以便把情境变成确定性的情境"[Мельвиль 1967, 337]。

如果回到"实用"这一术语在逍遥派的论断和皮尔斯的最初构想中所规定的逻辑路线上来,那么应该说,这条路线在新实证主义者的论著中转向一个特别的方向,并且语用学开始被定义为"符号学的一个领域,研究符号系统的使用者与符号本身之间的关系"[Философская энциклопедия 1967, 338],也就是说,仿佛"符号系统本身"无论如何也不能确定"说话人的态度"。但是如前所见,语用学的这一定义(与相应的语义学和句法学的定义一样)恰好不符合逻辑-语言学问题的实质:"说话人与符号系统的关系"在这一系统自身的框架内——在自然语言中——表现出来[详见 VI, 2,再比较 Булыгина 1981]。

这样一来,无论从哪一个角度着眼,"语用学"、"实用的"这些术语对于我们所分析的问题都是不适合的。用什么可以替换一下呢?又到哪里去寻找这个术语呢?

这里需要注意到,几乎在哲学的每一种语言观中(参见 VI, 1)都有用来命名与"我—这里—此时"这一坐标相关联的语词类的术语,但是它们无论如何也不能被概括起来。从中不能提取出任何一个共同的术语来替换"语用学"这一术语,以便命名整个"语用坐标"以及语言的这一维度。其中每一个都表示该语词类的某一种属性,与它在语言"语用"坐标上的位置相关的一种属性。但是总的来说用什么可以定义坐标呢?

如果注意到另外两个坐标,它们的名称是完全可以接受的,那么就不难看出,它们之所以可以接受,就是出于其共性,就是因为命名的不是坐标的某种属性,而是坐标的功能。"语义学"通过其意义(源于希腊语 $\sigma\eta\mu\alpha\iota\nu\omega$ "表示")指涉符号与对象的关系,而且是这样的,以便看得出这种关系是怎样的,这种关系就是"确定性表达"。"句法学"(源于希腊语 $\sigma\upsilon\nu\tau\alpha\tau\tau\omega$ "构成", $\sigma\upsilon\tau\alpha\kappa\tau o\varsigma$ "构成的")指涉符号与符号的关系,而且也是如此,以便看得出这种关系的实质,即"构成、连接"。

如果在这一方向上寻找用于语用学的术语，那么首先就应该提出这样一个问题：这个坐标规定了怎样的一种关系？按照定义，就是符号与语言使用者之间的关系。但却不是简单地针对普遍的、毫无个人特征的使用者，而是针对说话人、作为"我"来呈现自己的使用者。这种关系的实质在于，说话人通过把自己确定为"我"这一行为本身，在说话时刻赋予允许有可变指称对象的名称"我"，用来表示自己，并且也仅仅是自己，同时赋予自己以整个语言，在其上面叠加他说话时刻的坐标，也即说话的当下，他说话的地点，也即讲话的地点，并使听话人接受这些坐标，并根据这些坐标来理解。反过来听话人变成说话人时，也完成同样的赋予程序。

一切都促使在语言这一坐标的名称里反映出其主要属性，语言对说话人的态度，这种态度寓于说话时刻的语言自我赋予之中。适合这一目的的就是希腊语动词 δέχομαι（接受，在自己心中接受，感知）；和由其派生的形容词 δεκτικός（能在心中容纳的，或接受的；容易感知的）。这样一来，整个坐标的名称，语言的这一维度就将被叫做"指示学"。

1. "自我中心词"概念

如前所述，自我中心词是以"自我"、说话人的"我"为指向的那些语词和表达式。首先，是"我"这个词本身，随后是"这里"和"此时"。接下来我们看到，这一类还应该包括其他一些表达式，但是暂时仅限于这些基本的表达式。

"指向性的语词"指的是什么？就是指那些只有通过某种方式指涉说话的那个人的"我"才能被理解的语词。比方说，有人说：五年前我还是一个不好的运动员。我指涉谁？显然，同时指涉两个人，一个是此时正在说话的人，意思是"我$_1$ 说：五年前……"，和这个"我$_1$"在五年前的样子，即"我$_2$"。

语句应该改说为："那个此时同你说话的我（我$_1$），五年前是另一个我（我$_2$），而我$_2$ 是一个不好的运动员"。换句话说，我$_2$ 就是"五年前的我$_1$"。

由此至少可以清楚，"我"能够分成两个、三个、四个等等，并且在"我"作为自我中心词，作为整类词的基础的定义里，我们应该考虑的只是一个"我"，就是"此时的我"。

但是"此时"指的是什么？显然，这是指说话时刻，并且这句话有多长，此时就有多长时间。在说话人的整句话中，不管它有多长，"我"作为自我中心词，就是说话的那个人的"我"，并且他说话的整段时间就是"此时"。所有其他的"我"都应该根据与这个"我"和这个时刻的关系来定义，而且，如果他们偏离这个"我"和这个时刻，他们就应该被定义为其他语词，更准确地说，就是具有其他意义的语词。

"这里"指"'我'此时说话的地点"（不管它有多小，或者相反，不管它有多大）。最后一个规定似乎是多余的。难道我所处的"地点"与我身体的界限不一致吗？不一致。"难道我的思想",普鲁斯特写道,"不也是一张皮囊吗?甚至当我在外面看着正在发生的事情时,我也感到自己寓于其中。"(参见Ⅵ,0)。这个处所可能会比身体占据的地方大得多。心理学家肯定地指出,"每个人都把自己作为一个对象放进其象征性的环境内部",并且把自己想象成一个远不总是囿于自己身体界限之内的对象:一位母亲,因自己的孩子在人们面前表现得不好而羞得面红耳赤,就仿佛她自己做了什么可耻的事似的;一个人,经过长期的努力刚刚买了辆汽车车,可能会因偶然的擦伤而痛苦得就像自己的身体受了伤一样。例子可以很容易地成倍增加[Шибутани 1969,182]。

综上所述,是不是可以得出,我此时说话的地点有时是"想象中的地点",有时是"与我的汽车相重合的地点",有时是"我们—我和我的孩子—所处的人群之中的地点",等等?我们认为,是的,是这样。但是由此应该得出的只是:确定"我说话的地点",以及我们认为在某种意义上是泛泛的任何一个地点,这比确定说话时刻还要困难得多。

罗素把"这个"当作是主要的自我中心词,他认为,可以直观地把它确定为"在语词使用时刻处于注意力中心的东西"[Рассел 1957,126]。但是实际上,罗素这样确定的是某种更为复杂的东西—使用"这个"一词的行为,在该行为中,对象的指涉与该对象针对于"我"的定位(这种关系本身就具有"注意力中心")结合在一起。显而易见,因此首先应该确定"我"自己。这也是我们前面一直试图要做的。

然而"这个"一词,当然也是自我中心词,因为在其意义中,或者通过该词的指涉,而这也就是其意义,包含"我"的定位,即坐标"我"。可以找到更多这样的语词和表达式。例如,在说"还有半桶"和"已经有半桶"时,我们可以说的是同一个事物,而且是同样的数量,但是在前一种情况下会把它们与先前倒出水这个行为联系起来,而在后一种情况下,会把它们与先前倒进水这个行为联系起来,可见,间接地就把它们与自己、与自己对待事态的观点、最终与自己身体所处的位置联系起来。与说话人的这种关联性存在于俄语的 Разве? 与 Неужели? 这类问题的区别中,以及许多其他情形中[参见:Булыгина,Шмелев 1982]。这些表达式的意义被称作"语用"意义,而且更准确些,如同前面所指出的那样,应当把它们叫做"指示"意义:说话人赋予自己以不变的表达意义,同时把补充成分掺杂进去。

与言语使用情形不同,言语使用情形的数量可以是无穷的,为了在词库中划出这类常性表达式的边界,也即永远(尽管永远,当然是相对的)"内装"、包含坐标"我"的表达式,首先采用常性对立的标准是适宜的。用这种方式可以先确立"你"一词。

法国语言学家本维尼斯特把注意力投向该问题离不开现象学对其的影响。他在《语言中的主体性》(1958)一文中成功地用语言学的概念表述这一问题。这里谈到的"主体性"就是说话人将自己看成"主体"的一种能力。"我们断言",本维尼斯特写道,"这个'主体性',无论从现象学的角度,还是从心理学的角度来分析,不管怎样分析,都不是别的,而正是在人身上所体现的语言的一个基本属性。'自我'就是指说出'自我'的这个人……对自我的意识只有在对立中才是可能的。只有在对某人说话,而此人在我的称呼中被称为你时,我才能使用'我'……语言之所以是可能的,就是因为每个说话人都把自己作为主体来呈现,并且在自己的言语中用'我'来指涉自己本人。由于这个我,一个对于我的'我'而言是绝对外在的另一个人形成了,成为我的回声,我对回声说'你',回声对我说'你'……而且这种极性是非常独特的,它是一种特殊的对立,在语言之外的其他任何地方都没有类似现象。它表示的不是平等,也不是对称:'自我'相对于'你'而言总是占据超验地位,但是没有一个术语是我们不考虑另一个术语而想象出来的;它们处于互补关系之中,但是由于'内-外'对立,它们又同时处于互逆关系中。寻找这些关系的并行物是无济于事的,因为根本就不存在。人在语言中的地位是独一无二的"[Бенвенист 1974, 294]。

在本维尼斯特所说的"我"与"你"的对立中,除了对立以外还隐含着一个原则。实际上,对立只是要求两个对象在它们的一个共同基础上进行比较,以及意识到居于这种基础之上的东西是两个不同的特征,更准确地说,是同一个特征,对一个对象适用的是带着＋标记的,对另一个对象适用的则是带着－标记的。对立的典型情形(基于该情形的该概念确实是概括性的)是音位对立。这样,俄语的"п"和"б"既有共同的基础—两个音位都是唇音和闭塞音,又有区别—"п"是清音,"б"是浊音。区别可以重新以一个共同特征的形式呈现出来,比方说"清音性",那么"п"的特征有标记＋,而"б"有标记－,也即"浊音性"就是"带负标记的清音性"。(当然,区别的这一定义是相对的;同样也可以这样赋予"б"以正标记作为"带正标记的浊音性",这样,"п"的相应特征就会是"带负标记的浊音性"。康德在语词的意义上采用的就是这种方法,参见 II,1)

类似地,在该意义上对立也存在于"我"—"你"之中。在这里共同基础就是"从事说话行为",因此这两个语词表示那两个人,而且永远就是那两个人,他们在说话时刻可以直接交换话轮。比方说,可以这样来定义区别:"你"是带负标记的"我","你"等于"非我"。

当然,一般说来这种描写在语言学上是可以接受的,但却不能令我们十分满意;直觉上我们在"我"和"你"的对立中感觉到某种更为密切的东西。这个"某种更为密切的东西"不过是这样一个事实,即"我"总是某个专名的同义词,比方说,在我说话的该行为中"我"就是 Ю. C. 斯捷潘诺夫这一名称的同义词。而读者,在你关于我述说的东西所想象到的答话中,"我"则是你的专名的同义词,等等。而专名表示的总是某种个别实体,即你、我、任何一个人。至于与"你"相对的"我",则是在这种关系中抽取出来的东西,它表示说话的可变方位标,即"此时说话的人",并且该方位标可以从一个专名所表示的实体转移到另一个专名所表示的实体上去;而在该说话行为中留下的不用"我"指谓的实体,就会在这一行为发生的时刻获得"你"这个指谓,这是相对于此时起作用的方位标——说话人的"我"。这样一来,"你"就是"在我的说话行为结束后,紧接着自己也有权称'我',但是不具有我的实体的那个人"。如何命名语词之间的这种关系——从语词"我"向另一个只能在一种非实体方面成为"我"的实体的转移——在这一关系中,什么会在说话行为中占据我的位置?

首先想到的是与纸牌游戏的类比。在纸牌游戏中,"出牌的人","有王牌的人","桥牌",等等,在构成游戏规则的关系系统中,总是有同一处位置(好似"我"在说话中总是处于说话人的位置一样),但是在游戏过程的任何一个新状态中——在"马"或"一局牌"中,占据这一位置的可以是不同的玩牌者——来自于游戏之外,来自于实体世界的各种各样的实体。(在这里可以清楚地看到所研究的关系与简单对立之间的区别。音位,例如俄语里的"п"和"б",正好可以基于它们的共同特征归并到系统内一个更为共同的位置,某些语言学家把这一更为共同的东西称为"音位对立",在这种情况下就是"П"。除此以外,在语言对立中大多数情况下常常是这样,与每一个成分对应的是其实体,并且该实体不能用别的东西替换:在这种情况下,充当"п"或"П"角色的是特定的质料构成的声音或声音类型,并且该角色不能由质料上的其他声音来充当。在对立系统的功能作用下,在言语中出现这样的情形,即某些特征不出现,那么就会产生一个问题:如何称谓该实体呢?例如,在发音为[дуп]的дуб一词的末尾,在我们面前的是音位"п"还是"б"?语音学家对此争论不休,甚至以此为由分成两个不同的学派——莫斯科学派和列宁格勒学派。)

语言哲学常常会碰到游戏的类比,但是我们觉得,在这种情况下可以绕开它。在我们前面分析过的"我"与"你"这两个词的关系之中,没有什么独特的东西,在语言里的其他情形下也经常遇到这种关系,这就是隐喻关系。的确,在隐喻中我们碰到的正是命名从一个对象向另一个对象(从一个实体向另一个实体)的转移,所以同名实体因而彼此相似,但却依旧被看成是不同的实体。Дождь идет(雨在走[下]),Солнце встает(太阳站[升]起来),就像人在走,在站起来一样;就像人处在雨或太阳这些对象的位置上所做的一样。隐喻是语言的基本特点,例如,其基本程度并不比语言要素之间的对立要小。通过隐喻,说话人(显然是任何人)可以合乎逻辑地根据"我—这里—此时"这些坐标所确定的世界,根据与其身体毗邻且与其说话时刻相吻合的狭小范围,计算出其他世界。在一些语言中,这种计算过程按照阶段被印刻下来。例如,在拉丁语中说话人的范围由 Ego—hic—nunc(我—这里—此时)这些词来确定;与说话人最近的、对话人的范围,由 tu—istic—tunc(你—你近旁的这里—此时或不久之前的那个时候)这些词来确定;远离说话人的、第三人称的范围由 ille—illic—tum(他—那里—那时)这些词来确定。尽管表达的语言技术不同(例如,俄语里没有特殊的词来表示"你"①的近旁位置和与这个"你"所说的东西相对应的时间),关系本身是共相的,是以"我"为中心的说话人范围的同三个坐标向离开说话人较远的范围的投射:

我—这里—此时

你—你近旁的这里—现在

他—那里—那时

(这些关系应该被看作是自然语言的语法基础,库里洛维奇等人对此论述过[参见:Степанов 1975,139]。)

应该注意到一个极其重要的情形,即在某些关系中,离说话人最远的范围(他—那里—那时)与罗素的"命题态度"概念重合。提醒一下,这一术语在狭义上指说话人针对他接下来想说的东西的立场的表达;例如,约翰认为……是命题态度,而约翰展现出来的作为其意见对象的东西,例如:……玛丽没说过类似的话就是命题以及态度的对象。

我们想要强调一下,包含某种命题态度的命题实际上与某个由"他——那里——那时"这些坐标所确定的世界有关。态度后面的命题与这些坐标所确定的世界其实是同一个世界,只不过是用不同的词语描述出来。的确,要知道对于说话人的"第一范围"世界而言,无法理性地使用命题态度,不能说什么类似于"我认为,我此时说和我在这里"这样的话。

在连接词 что 之后的命题态度的表达式中,不应该提及用"我—这里—此时"这些坐标所描写的世界(当然,如果指的不是说话人的人格二重分裂或某种隐喻,但是如果指的是这个,那么同时我们就会和"第三范围"打交道,只不过"第三范围"用表面上的另一种形式表达出来,即第一人称形式;这样的情况我们在这里不予分析)。

因此命题态度在刚刚描述过的广义上(也就是包括紧跟在态度本身表达式后的命题)就是所有应当归入到自我中心词和表达式这一类的表达式。

这样一来,我们就得出一个结论,在远离说话人的现实世界,"他—那里—那时"的世界(例如,在离我们很远的航行中的船上)与只是想象中的、"意向的"世界没有不可逾越的界限;确切地说,问题在于远近程度。

对于与"我—这里—此时"相关的这一类语词和表达式的命名(尽管,对到底什么包含在其中的理解是不同的),在每一个庞大的"语言哲学"和逻辑体系中都出现了专门的术语,在不同的体系中是不同的:皮尔斯的"指示符号"或"符号—标志"

---

① 但是,例如,三个不同的"这个"在塞尔维亚—克罗地亚的语句中保留了下来:ево мени,ето теби,ено? ему "это мне,это тебе,это ему";可见,俄语的"这个"最初表示的是"你近旁的这个"。

(indexical symbols);罗素的"自我中心小品词"或"自我中心特称词"(egocentric particulars);海德格尔的"此在式存在的指示词"(Dasein-designatoren);在叶斯帕森《语言论》(1922)和《语法哲学》(1924,俄译本——1958年)中的"转换词"(shifters),该术语后来为雅可布森所用;本维尼斯特的"自指词"(mots auto-référentiels);赖辛巴赫(Рейхенбах)的"符号—反身词"(token-reflexive words);古德曼的"标指词或指示词"(indexicals);奎因的"非永恒句"("场合句",occasion sentences,与 eternal s.,standing s. 相对);巴尔·希勒尔的"索引词"(indexical expressions),等等。

蒙塔古在提到最后一个术语时说,逻辑语用学、自然语言语用学的逻辑等价物,可以被定义为"研究指示语,也即只有在知道它们所使用的情境时才能确定其意义的那些语词和表达式";例子就是"我"、"这里"这些词,以及包含句子说出时刻所参照的那些句子。[Монтегю 1981,255]

指示语一般可以描写为函项。函项概念贯穿于当代所有语义学和"语用学"(当我们用"指示学"代替这一术语时,我们现在经常使用这一术语并加上引号,在这种情况下,引号具有维诺格拉多夫院士所说的意义,即当我们想要脱卸使用某一语词的责任时,我们就在语词加上引号)的体系。

因此,例如,蒙塔古把对自然语言"语用学"的描写当作自己的任务,并且像"模型理论"那样在语义学中以如下方式来完成这一任务。他先建立一种特殊的形式化语言,把该语言称为"语用学语言 L",接着对其进行解释,而该解释需要或多或少地与自然语言的"语用学"一致。他说:"在解释语用学语言 L 时,我们将对可能的使用情境予以注意。没有必要对它们进行全面复杂的分析;我们只需要将我们的注意力集中在那些对所使用表达式的意义具有影响的特点上。这样,只提出与问题有关的所有意味着可能使用情境各方面的复合体就足以了。我们可以把这些复合体叫做指示语,或……关联点"[Монтегю 1981a,257]。例如,如果时间算子是形式化语言中唯一的指示语,那么就把语句时刻作为关联点。而如果这种语言,就像下面蒙塔古的例子中那样,还包含人称代词"我",那么使用情境的两个方面——说话人和说话时间,就成为重要因素,而这时自然就会选择由"我"和说出语句的时刻构成的有序成对体作为关联点。

如果通过 I 表示用于解释的所有关联点的集合,通过 U 表示可能对象(可能个体)的集合,而通过 i 表示关联点,那么就可以给出如下定义(对形式化不感兴趣的读者,可以沉着冷静地略过,只要记住一点:这整个定义基于函数和源自函数的函数概念):"对于语用学语言 L 的可能解释是 I,U,F 三个有序排列,即:(1) I,U 是集合,(2) F 是具有辖域 L 的函数,(3) 对于 L 的任一符号 A,F_A 是具有辖域 I 的函数,(4) 如果 P 是 L 内的 n 元谓词,而 i 属于 I,则 $F_P(i)$ 就是 U 中的 n 元关系

(也即有序的 n 个 U 成员的集合),(5) 如果 A 是 L 的 n 元函数符号,而 i 属于 I,则 $F_A(i)$ 就是 U 中的 n+1 元关系,即对于属于 U 的所有 $x_0,\cdots,x_{n-1}$,在集合 U 中肯定存在这样一个对象,即 <$x_0,\cdots,x_{n-1},y$> 属于 $F_A(i)$,(6) 如果 N 是 L 的 n 元算子,而 i 属于 I,则 $F_N(i)$ 是 I 所有子集合的集合中的 n 元关系……我同样用 'F_P' 和 'F(P)' 来表示函数的意义;如同在前面列举的情形中,当函数的意义本身就是函数时比较方便。"[Монтегю 1981a,259]

换句话说,比如,谓词可以理解成对象集合中两个、三个、n 个成分之间的关系,而且如果这一集合相当大,或者乃至是无穷的,那么这种关系自然地就由函数来规定,等等。

当然,"函数"概念本身在这里不是本世纪初数学里的东西,而后者在中学课程的有些地方仍然保留了下来,例如,在描写各种各样的程序中,在对辩证唯物主义原理的基本阐述中,等等。

在这一方面援引当代著名数学家李特尔伍德的一段表述是很有意思的:"何谓函数?为了考虑初学者,我抽象出来(指的是特定的目的)和采用弗西斯的《多复变量的函数理论》一书中的一些引文(弗西斯的书早在 1983 年,在它尚在撰写之时,就已过时,但是我们这一代人不得不经常碰到这样的论点)。多复变量的函数的规律性立即得到解释这一事实,只是加深了总体上噩梦般的感觉,而我不想使读者失去某种智力上的享受(我们列举的只是李特尔伍德所写的弗西斯的部分引文,不过,既没有体会到噩梦般的感觉,也没有体会到特别的享受。——作者注)。泛函观念的产生起初与实数变量相关,那时这一观念与关系式的观念是一个意思。这样,如果 X 的意义取决于 x 的意义,而且与其他任何可变数值都无关,那么通常 X 就被看作是 x 的函数;在这种情况下,通常还意味着,X 借助于一系列算子可以由 x 推导得出"。援引一段更长的摘录时,李特尔伍德说:"在我们这个时代,当然,函数 y=y(x) 表示有一类 x 的'主目',并且每一个 x 都与 y 的 1 个'意义',并且只与 1 个意义相一致。在一些毫无价值的解释说明后(或许,可以没有它们?)我们就敢于说,函项只不过是成对体(x,y)(考虑到括号中的顺序)的类 C,(只)服从一个条件,即 x 在不同的成对体中应该是不同的(于是 x 和 y 之间存在关系式 R 的断言只是表示'类的提出',它可以是有序成对体的任何类。)。在我们这个时代,除此以外,x 可以表示任何属性的要素,就像 y 一样(例如,类或语句)……这就是全部。这种亘古之光的明晰性现在被认为是理所当然的,但是它却取代了午夜的黑暗。(当然,不幸在于摆脱不掉函项的意义'应该'借助于'一系列演算'由主目得出的念头[Литлвуд 1978,64—67]。)"

函数概念的概括,亦即首先撇开函数就是一系列演算、程序的认识,由俄国的罗巴切夫斯基和后来西方的狄利克雷(在 1837 年)予以实现。但是丘奇说,弗雷格的功绩在于迈出了两大步(在 1879 年的《概念文字》和后来的论著中):1)把变量的概念作为一种特殊的符号来替换含混不清的可变数量的概念;2)提出有任意辖域的函数的假设,以及摒弃好像只有数才可以是函数的主目和意义的观点。1879年,弗雷格引入命题函项的概念[Черч 1960,29]。但是,正如李特尔伍德指出的那样,对于命题函项来说,只是在 1920 年代才获得完全平等。

因此,所有在现代逻辑和内涵逻辑中形成的对语言的认识,都由各种各样的函项贯穿在一起,而且函项概念是这些认识的系统性基础所在。

与函项一起,语言意义的相对性概念最终也被确立起来。但是,如前所见,相对性概念不是和函项概念一起提出的,而是由语言本身规定的:其雏形在于说话行为中"我"和"你"的关系。问题的整个历史现在可以在逻辑上"重写":可以逆向解读,并且说,最"纯粹的"、概括性的函项概念就是命题函项,而且它的雏形由语言以说话行为中"我"和"你"的关系这一形式来规定,在这一关系中,"我"和"你"的方位标下所隐藏的(个体)实体经常变换(意思不是指每一个实体的变化,而是指一个实体占据另一个实体的位置),同时方位标本身构成纯粹的关系框架,是固定不变的。

在这一复杂的全新图式中——看来,该图式具有变成语言语义学中的一切全面相对化的图式的倾向——会出现丧失方位标的危险。谈论各种"危险"的通常是反对者,而不是某种观点的拥护者(常常说,例如,结构主义的批判者论述结构主义的"危险"),与这样的情形不同,这里遇到困难的看来是新图式的缔造者本人。这表明,新论著恒常和普遍的主题就变成探求"刚性指示词",即专名,它们在一系列函项中以及从一个可能世界向另一个可能世界的过渡中是不变的。从另一个观点来看,这一主题似乎完全是个人化的。这一主题我们会在后面(VI,3)详细论及。

但是在这里,我想暂定地说出一种想法,或许是"异端"的:个体的专名是这一个体的直接表示,并且是另一个体——表示前者的"我"——的间接表示。在这种情况下,专名同样也应该归入到自我中心词这一类之中。

在这里说出的只是某些观点,或许,由它们可以进一步形成专名理论的逻辑部分。

首先,专名是个体数量的函项,应该把所谈到的个体从这些个体中分离出来。这可以在欧洲的人名中看出来,尽管命名方式不同,但是这些人名在某种意义上具有同一种结构。个体在自己家庭的小范围内,在说话人的"第一范围"内,通常用一个名字来表示,即奥尔加、迪马、彼得、让、等等,而且这个名字是父母给起的。同一个体在更广的范围内,比如,学校、办公场所、车间,称谓的时候要加上第二个名称:在俄语里是父称(奥尔加·尼古拉耶夫娜),英语、法语、西班牙语等则同时加上姓。然而在这里重要的不是俄语里加上一个特殊的指涉父亲的词(通常在专门研究俄语名字时这个特点会将注意力从主要方面移开),而是在于专名是二元的,与英语、法语等的日常使用完全一样。假定可以用一个名字将个体从中区分出来的"第一(家庭)范围"的平均构成为 10 人,这样,在第二个位置上增加一个名称就得以从 10×10,从 100 个人中区分出个体,而这大概正好是需要从学校、车间等处区分出个体的数量。再加上第三个位置,使专名变成三元的,就可以在 10×10×10＝1000 人的个体数量中区分出个体,因此三元专名通常对于在一个广大集体中的使用是足够的。我认为,专名的这一结构规律可以用对数函数非常令人满意地表现出来:lgN,N 是人的数量,从中要区分出个别个体,而(十进位的)对数本身表示名称结构中位置的数量。这样,为了把个体从 1000 个人中区分出来,(lg1000＝3)三元专名是必需的。这一规律在经验上看得出来,或许,当然,对于非欧洲类型的集体,函项实质上是另外一个样子,但看起来总是可以确立某个函项。

为了把个体从百万人中区分出来——在实践中通常是司法身份识别,比如,在一个现代化的大城市中——需要六元专名。为此在欧洲国家中通常采用出生年月作为命名的第四栏,工作地点作为第五栏,地址作为第六栏:(1)奥尔加(2)尼古拉耶夫娜(3)伊万诺娃(4)1935 年出生(5)莫斯科大学教师(6)居住在……第五栏和第六栏,取决于法律事实,可以更换地点,或者如果多余,即可省略。除此以外,当然,作为个体在空间中的准确定位,地点的指明对于某些目的来说已经足够[例如在警方搜寻中——搜寻"(某个)居住在……的奥尔加"],而这时其他栏目就是多余的。但是专名不变的结构保留下来。在数以百万人口的国家范围内全面的身份识别还需要一个或者甚至不止一个栏目,例如,指明出生地点(奥尔加·尼古拉耶夫娜·伊万诺娃,1935 年出生于莫斯科州拉门卡村的女人……等等)。

专名中的位置越多,可见,这个名称就越正式,位置的填充项就越普遍:带有较大序号的位置,第 4、第 5、第 6,等等,在不同国家的填充是类似的。但是越靠近名称的中心,民族特点和传统所起的作用就越大。

最后,名称中最密切的一环就是其第一个位置,个人的名字,其填充受家庭传统、对某位亲人纪念的影响,受父母亲的爱好甚至情绪的影响。

上述内容足以让人明白在何种意义上我们说专名是函项,是命名者本人的间接表示,即母亲、父亲、国家的间接表示,以及为什么专名应该被归入到自我中心词这一类。

2. 20 世纪 50 年代刘易斯和卡尔纳普论著中的新概念

可以肯定地说,新的观念通过一条狭窄的小桥进入到语言的逻辑观中,即通过罗素的一个关于命题态度的概念,通过"意见或信念"(belief)态度。与其最直接相关的是内涵概念。我们首先来分析的也正是这两个概念,就按照它们在 C. I. 刘易斯(1883—1964)和卡尔纳普(1891—1970)的论著中出现的形式。

在我们看来,这些著者的观点是彼此交织地发展的,而不是平行地发展的:卡尔纳普,确切地说,完成了前一个范式,而刘易斯开创了一个新的范式。他们的观点在一段时间内交织在一起,而我们倾向于将这一时刻判定为新范式的开端。

新的语义学方法在刘易斯的《意义形式》(或《意义模式》—The Modes of Meanng,1943)[Семиотика 1983]一文中明确地表达出来。代替语义概念的"三角"(参见 I,1),刘易斯提出以下四点:1) 词项的外延—该词项能够被应用于其上的所有现实事物的类;2) 词项的概念内容(俄语有时译为"广延"),就是能够被正确地应用于其上的所有可以无矛盾地想象的事物的总类(不一定是现实存在的);例如,"方"这一词项囊括了所有想象的现实存在的方形,但是不包括圆的方;3) 词项的内涵,即正确的定义;刘易斯强调,传统术语"实体",作为 essentia,与内涵相对应;4) 词项的意谓,就是使该词项得以正确命名的、对于事物而言非常重要的特征总和;该总和可能与构成内涵的特征总和不一致;例如,对于把某个东西正确命名为"蔬菜",在俄语里重要的就是这些植物和果实要和盐一起食用的潜在可能性(水果不能和盐一起吃),但是该特征并没有进入到俄语蔬菜一词的内涵当中。

基于上述内容,刘易斯提出区分两种意义形式。语言学或语言意义(linguistic meaning),这是由该表达式与该语言中所有其他表达式之间的关系所建立的内涵。例如,一个按照书本来学习法语,并且想要知道某个语词意义的人,应该会求助于词典,并且先根据辞典里的定义来查明意义,接着以同样的方式查明所有进入到该定义中的所有语词的意义,等等。刘易斯颇有远见地指出,如果这一过程是可以完成的(而实际上是无休止的),那么结果此人就会知道该语词与该语言中所有其他语词的关系,但依旧不知道该语词及所有其他语词的本义;他所知道的东西,就是语言意义[蒙塔古的类似思想参见:Семиотика 1983,285]。

在刘易斯的这一例子中所包含的洞见(以及批判)的确先于后来一段时期在美国和苏联所进行的通过语词的分布,也即相互搭配,来揭示语词意义的语言学研究[Апресян 1967 一书就是这一研究的优秀实例]。正如这些论著的结果所示,语词语义的实质部分,即它的词核,用这种方式是捕捉不到的。刘易斯的论点也是对赖尔、约翰·威斯顿姆、奥斯汀等英国"语言分析"哲学流派观点的批判(试比较:Богомолов 1973,262 и след.)。在我国文献中有时把刘易斯称作"新实用主义者";这对于其论著的逻辑语言学意义来说是正确的,因为这些论著为语言语用学奠定了基础,但是,至少根据这里所阐述的论著,看不出来他是哲学意义上的实用主义者。

含义的意义(sense meaning)以想象活动为基础(按照刘易斯的说法,而更确切地从辩证逻辑的观点应该说,基于思维的预测功能;某些苏联著者把类似的思维过程叫做"超前反映")。在逻辑意义上,这就是由想象中的标准建立起来的内涵,借助于该标准,人类能够将该词项施用于或拒绝施用于它所呈现出来的事物上(用它或不用它来命名这种事物。继康德之后,这一意义方式被理解为图式,也即规定表达式施用于对象以及依靠想象而预先想到的该过程的结果的规则。刘易斯说,如果唯名论者在百余年来抵制含义的意义这一概念,并且把意义只归并到语言意义中去,那么他们在这种情况下就会推托无法想象出"一般的猫"或"千边形"。但是并不需要这样。有意识活动图式就足够了,例如,多边形各边的计算过程,而千条边只不过是该过程可预测到的、想象中的结果。按照刘易斯的观点,想象中的实验,包括对于"概念内容"这个概念所必需的那种用来判定想象到的事物并不矛盾的实验,也是一种含义的意义。这样一来,含义的意义这一概念作为根据逻辑得出的图式就是皮亚杰、奈瑟尔等人心理学中"图式"的逻辑对应物[参见:Степанов 1981,235]。尤其是奈瑟尔指出:"如果心中的形象实质是知觉的期待,那么视觉形象的描写就应该是对人即将看到的东西的描写"[Найссер 1981,181]。

由于含义的意义与认识过程相关联,因此关于含义的意义刘易斯还谈到:能够在任何一个可能发生的,亦即可以想像到的情形中这样来运用或拒绝运用语言表达式的人,就会充分理解含义的意义。借助于该定义,刘易斯的含义意义可以与后来引入到语义学中的"因果历史"概念联系起来(见后面)。

现在讲一讲 R. 卡尔纳普的《论几个语用学概念》(1955)[Carnap 1955]这篇简短的纲要性文章。卡尔纳普认为,语用学——他强调,该学科的时代开始了——最初应该只是作为供两、三个概念用的概念框架而建立,首先就是内涵和意见(也即信念态度,belief)这两个概念,接着延及到毗邻概念,扩展起来。卡尔纳普认为内涵当然就是指他自己的"卡尔纳普的内涵",如他定义的那样,特别是在其著名论著《意义与必然性》[Карнап 1959]中的定义。但是由于他是在与外延的对立中加以定义,也即在只由两个概念构成的体系中加以定义(而不是像刘易斯那样由四个构成),因此与刘易斯的概念相比,这一概念是更为粗略的。总之(当然,尽管这还要更粗略),它可以比作表达式的"含义"。

意见或信念概念,与罗素的信念这一命题态度相一致,卡尔纳普在这里对它的定义是相当宽松的。他从丘奇开始。在丘奇看来信念可以理解为人与命题的关系。按照丘奇观点,下面这个例子应该被记作:约翰认为(信念态度)+下雨了(命题)。但是按照卡尔纳普的观点,这不是语用学的解释,因此应该说的是人和句子(而不是命题)的关系——信念态度应该描述的不是事态或人,而是语言的使用。卡尔纳普认为丘奇的概念(通过 B 表示)可以用符号这样来表示:

$$B(X, t, p), \tag{1}$$

也就是说,X 这个人在某个 t 时刻认为 p。这一切可以在弱意义上加以理解,也即既不假定 X 创建其"认为"这一事实,认为某事怎样,也不假定他可以用语词把这个表达出来,口头说出来。(这个"弱意义",如前所述,与这样一种语言图式相符,其中语言的使用者,在这种情况下就是 X,像所有其他人一样,拥有的知识比外面的观察者要少,在这种情况下观察者就是卡尔纳普。)

卡尔纳普的信念概念,通过 T 来表示,可以用符号这样来表示:
$$T(X, t, S, L), \tag{2}$$
也就是说,X 这个人在 t 时刻认为语言 L 中的句子 S 为真(不管是否意识到这一点)。

此后内涵的语用概念得以确定,它成为 B 和 T 之间的联系纽带:
$$\text{Int}(p, S, L, X, T), \tag{3}$$
也就是说,命题 P 对于 X 这个人在 t 时刻是语言 L 中句子 S 的内涵。

卡尔纳普在其文章的末尾引入"语句"的概念,作为一个句子的样本(a token),而且是"正常"句的样本。这些概念,尽管刚刚初具规模,却先于 1960 年代的语言语用学,即"正常句子或标记句子"的问题等等。

实际上在卡尔纳普这里,一切如同丘奇所描绘的下面这幅图式。想象一下使用形式化语言的人,比如,使用书面的形式化语言,他们记录正确构建起来的该语言的公式,以及为那些构成一系列直接推论或者特别是一系列论证的公式排序。接下来想象这样一位观察者,他不仅不懂这种语言,而且根本就不相信这种语言的存在,也即不相信这些公式具有内涵。他了解到,比如,句法标准,据此公式被认定是正确构建起来的,以及这样一些标准,据此正确构建起来的公式的顺序被认定是直接推论或者论证,但是他认为,他所观察到的活动不过是一种游戏,类似于棋类游戏,棋类难题的解决或摆牌阵,而且游戏的目的是找出意料之外的定理或者一系列巧妙的结论,以及解决这类难题:是否可以证明,以及究竟如何论证某个公式或者根据其他给定的公式把它推导出来?

"对于这样的观察者,语言符号只具有通过游戏规则赋予其内涵,只是这样的一些内涵,例如,各种棋子所具有的内涵。对于观察者来说,公式类似于棋盘上的位置,只有在游戏的一个步法中才具有意义,根据规则该步法可以引出其他不同的步法。

当观察者继续把语言的使用看成不过是游戏时,对这样的观察者可以述说并且可以为他所理解的关于语言的一切东西,就构成语言的(理论)句法。另一方面,只要知道正确构建起来的公式具有本义上的内涵,也即某些公式表达判断,或者表示意义,或者以某种方式具有意义,那么可以明白的东西就属于语言的语义。这样一来,对语言的诠释作为诠释的研究就叫做语义学"[Черч 1960, 60]。

但是在丘奇那里,这正好就是数理逻辑中语义在其与句法的关系方面的定义;我们想通过这个来说明卡尔纳普正是像其逻辑句法那样来想像语用学,而且在该意义上他的观点属于语言哲学的旧范式。

在某种意义上语用学最初的确是沿着这条路走的,意思就是说两个所提到的概念——"内涵"和"意见,信念"——起特定的作用。但是看起来,实际上1980年代在辛提卡、蒙塔古、克里普克等人的论著中构建起来的语用学离卡尔纳普的意图甚远。按照现代观念,语用学内置于语言系统中,或许,就在其正中心处。应该这样来理解卡尔纳普看待语用学的观点(无论如何,他的观点就是这样被理解的):"语用学研究符号系统的使用者与符号系统本身之间的关系"[Философская энциклопедия 1967,338](不过,不是引用卡尔纳普的话)。在这种解释下,无论在卡尔纳普那里,还是在《哲学百科辞典》那里,语用学都是某种类似于元语言的东西,某个知识的承载者借助于它观察语言-对象及其使用者,而且假设后者拥有的知识比观察者少。所有这一切是一个虚构的图式。但是,我们认为这恰恰就是卡尔纳普所指的,他在这篇文章中写道:"我认为,语用学的基本概念最好不要理解成观察者语言中特征上确定的特性概念(disposition concepts),而是理解成理论语言学中的理论结构体,它们以假设为基础,通过对应规则(rules of correspondence)与观察者的语言对应起来"[Carnap 1955,90]。(代替"特性概念"的定义,这里在我们看来,在卡尔纳普的观点体系中该概念不是实质性的,但是却起着相当重要的作用,我们提请读者参见拉胡季的"特性谓词"这一词条[Философская энциклопедия 1962,20])。

正如我们所言,卡尔纳普相对于对象语言的元语言概念是某种智力实际不平等观念的抽象,即使用语言(对象语言)的人的智力和从元语言立场观察他们及该语言的人的智力不等:后者高于前者;而这种图式在我们看来是不足信的。根据该图式在人文领域(或者确切地说,在反人文领域)可以得出什么样的推论,乌耶莫夫的如下论断可以显示出来,该论断正好是他写给汤德尔有趣的后记中的一个结论:"作者(汤德尔—作者注)承认可能存在无法用语言表达出来的心理状态。与此同时,智力越发达,它和语言之间的联系就越紧密。因此产生了测定心理理性程度这样一个诱人的观念。这种观点无疑会招致反对,特别是来自语言学家的反对(我们前面所说的就可以被看作是这样的—作者注)。

然而,我们想要强调一下,区分语言与思维的联系这一思想本身适用于不同的心理状态……或许,相对于完全相符的语言表达可能性的最大化,理性的最大化是可移动的。这种可能性关系到,语言是人创造的,大多数人的心理,在理性的最高层面自然是找不到的。因此对于少数到达这一层面的人,可能简直就找不到完全足以呈现其心理状态的语言表达式"[Уемов 1975,452—453]。

再重复一遍,幸运的是,卡尔纳普的思想还处于语言哲学的旧范式内。

3. 20世纪80年代模态逻辑和内涵逻辑概念中的语言图式

尽管模态逻辑和内涵逻辑中的概念繁多,各种各样,但是从逻辑-哲学的观点来看,它们仍是一个相当统一的研究领域。这些书常常是不同作者的论文汇编,读起来就像是一本书的一个章节[试比较,例如:Семантика модальных и интенсиональных логик, 1981; Арутюнова 1982; Contemporary perspectives in the philosophy of langufge 1979],该性质也说明了这一点。(在最后一本书中有这些文章,像克里普克的《说话人的指称和语义指称》,唐纳兰的《说话人的指称、摹状词和回指》,卡茨的《新古典主义的指称理论》,帕蒂的《蒙塔古语法、心里的表象和现实》,奎因的《内涵概念的修订》等等)

我们正是把这些概念作为一个统一的领域来看待,首先从中划分出这些概念,它们是谓词哲学相应概念的雏形和 C.I.刘易斯和卡尔纳普某些概念的延续。(下一节在新范式的基本概念与罗素观点的相应概念的关系上构建起来,参见IV,3)。

名称概念. 实际上,在语言哲学中没有统一的名称概念。早在前一个范式中,这一概念就已分崩离析,受罗素观点的影响,它可以用摹状词和量词的不同组合来替代。甚至在罗素那里依旧保存下来的专名(单称词项、个体名称)概念也发生了极大的改变。现在,例如,像在辛提卡的观点中,普通个体的概念消失不见,并且与之相应的专名的位置也被个体化函项所占据。应该从语言哲学的观点扼要地描述一下所有这些变化的相互联系。

根据语言哲学新范式中的名称概念常常分析以下情境。假设,我断言:

(1)"这篇小说的作者是个天才"。这个句子的主体用罗素所说的限定摹状词来表示;整个句子可以用两种方式来解释:

(1a)"这篇小说的作者(不管他是谁,假设,我的确不知道他是谁,并且也不把某个特定的人与摹状词联系在一起)是个天才"。在这种情况下摹状词的使用是限定性的(从罗素的观点来看,这是一个指称为空名的摹状词);

(1b)"这篇小说的作者(就是他,我说的是一个唯一的人,我只是忘记了他的名字)是个天才"。在这种情况下摹状词的使用是指称性的,为了把一个唯一的人区分出来,并且把他指出来,摹状词在意义上接近于专名,而且是用于指涉功能的专名(罗素会说,这是"逻辑上的专名")。

这一区别,即摹状词的限定性使用和指称性使用,由唐纳兰在1966年提出[Доннеллан 1982]。但是很快其缺陷就暴露出来。假设,所谈论的情境变得复杂起来,而且就像在语言的实际运用中经常出现的那样:我依旧断言(1b),但是我所说的这个人,实际上并不是这篇小说的作者;我想说,这个人很有才华,他的确是个天才,但是我把他错误地说成是"这篇小说的作者"了,在这种形式下就得出断定(1c)。在这种情况下关于我这个语句的真值可以说些什么呢?罗素和弗雷格会说,或许,这没有意义。而如果小说的实际作者又正好是个平庸之辈,那么罗素和弗雷格就会说,我的断定(1c)为假。与此同时,我们的整个语言直觉和逻辑直觉告诉我们,不是这样的:我做出的我所指的这个人有才华这个断定(1c)为真;我只是把他叫错了(而且关于小说的实际作者,我其实什么也没说)。

这样分析情境之后,克里普克给出与唐纳兰不同的处理方法[Kripke 1979(初版于 1977 年)]。克里普克说,假设,而实际上也常常是这样,我的对话人非常清楚我指的是什么(就像我认为读者也明白我在前一段中所指的是什么一样)。为了合乎逻辑地描写这一情境,应该引入与唐纳兰不同的另外一种区分,确立以下两个概念:"语义指称"——限定摹状词根据其构分"作者"、"这个"、"小说"的含义而具有的指称,也即根据语言的语义而具有的指称;"说话人的指称"——说话人借助于该摹状词而确立的那个指称(克里普克的论文就是这样来命名的—*Speaker's Reference and Semantic Reference*)。克里普克表明,这一区分既不与唐纳兰的指称的限定性使用和指称性使用相符,也不与传统的(自古就有的)de dicto 和 de re 表达式的区分相符,尽管它们之间有交叉点和重合点。但是究竟如何可以合乎逻辑地描写我的断定(1c)呢?可以这样:"Ю. С. 斯捷潘诺夫认为+这篇小说的作者是个天才";大家都知道他所说的摹状词"这篇小说的作者"指的是谁,而且他是正确的。这样一来,笼统地,说话人的指称就可以合乎逻辑地描写为间接言语中、内涵语境中的摹状词,而后者既不是指称性的,也不是限定性的[试比较:同上,12 页,Donnellan 1979]。

这里为了对一般特点做出几点评论而暂停一下推理。尽管初看上去,似乎唐纳兰和克里普克的处理方法的区别只在于逻辑术语的不同,然而实际上看来,区别是更为深层的。唐纳兰的处理方法按照类型属于语言哲学的前一个范式,罗素范式(尽管唐纳兰主观上反对罗素):语言被看作是从使用情境中抽象出来的,特别是并不要求发送出带有摹状词语句的人就是听话人。细致地分析"该语句是什么意思"(the sentence means),但是没有考虑到"说话人指的是什么"(the speaker means)。实际上这两个问题的区别就是语言哲学这两个范式的区别的特点所在。

克里普克考虑到这两个问题,其处理方法正是建立在该区别之上。这样一来,他就在逻辑分析的背景中引入了"言语行为理论",其开创者是在这方面经常被提及的斯特劳森、格赖斯等人。然而确切地说,言语行为理论在此扮演的是材料来源和实际研究结果的角色;受语用观影响建立起来的这一理论,本身依旧是处于深层的哲学传统之外,而且离现代逻辑和语言哲学也很远。

回到名称概念上来。在这篇文章中[同上]引入了"限定摹状词"和"刚性限定摹状词"(rigid definite descriptions)之间的区别。前者在公式表示中引入了艾欧塔算子：Ⅰ x φ(x)，一般被定义为"柔性"：任何一个这样的摹状词在每一个可能世界中都可以找到唯一的对象，如果这样的对象存在，这种对象在客观世界中就会具有属性 φ (空摹状词在这种情况下不予分析)。例如，摹状词"行星的数量"在某个可能有八颗行星的世界里(这个世界不是现实世界)就会有数字 8 作为外延，而在这个世界的情境中，"行星的数量是偶数的"这个句子相对于该情境就为真。

采用克里普克提出的公式形式，"限定摹状词"以 i-算子的变形符号来表示：ι x φ(x)，在语义上通过以下契约形成：对于所有可能世界，让 ι x φ(x) 在这个现实世界具有属性 φ 的唯一的对象作为外延；在这种情况下，"行星的数量是奇数的"这个句子(因为在现实世界里有九颗行星)就表达必然真理。理论上两种摹状词都可以被引入到一种形式化语言的框架中去[同上，10 页]。

可以注意到克里普克的这些概念与刘易斯的概念有一定的联系。第一，克里普克的两类摹状词符合刘易斯的内涵概念；回想一下，后者，按照刘易斯的观点，仅限于词项的任何一个正确定义(见前面)。第二，两类摹状词均符合刘易斯对单称词项的定义：后者就是词项、内涵，不允许它应用于一个以上的现实事物上。最后，第三，看来似乎还没有人注意到，在克里普克的柔性摹状词与刘易斯的概念内容("包含")之间有联系：刘易斯把后一个术语定义为所有想象中不矛盾的事物的分类，词项可以正确地应用在这些事物上，与这些事物是否存在无关。但是这时在刚性摹状词和外延之间同样也会自然地产生联系，按照刘易斯的观点，外延就是所有现实的或存在的事物的类，词项可以正确地应用在这些事物上。

但是在这种情况下，当然就会产生一个关于把这样的一类从一个元素中分离出来的合理性问题，所以就产生导入"个体概念"、"个体观念"的必然性。正是后一个概念(与它和刘易斯的概念之间的联系无关)招致某些逻辑学者的强烈反对(这些异议正好是该范式的一个最重要的特征)，他们是语言观旧范式的拥护者。(特别是奎因强烈提出异议，把个体观念叫做"思想的有害产物"、"黑暗之卵"[Quine 1956])但是这一概念丝毫没有吓倒，比如，辛提卡，关于他我们在后面将会谈到。

综上所述已经可以看到，在整个这一问题中居于中心地位的是名称概念，或者更准确地说，"个体的命名"。同样，这种紧密联系还表现在下列概念之间：a)至少一分为二的概念——分为"柔性"与"刚性"摹状词，b)"内涵语境"概念，特别是 c)语境概念，或具有意见、信念意义的命题态度概念，d)"现实世界"和"可能世界"概念，对于它们可以确定个体的唯一性，以及相应地确定摹状词的刚性或柔性，e)最后，"语言层次"概念。但是在整个这一问题中，把所有其他问题都贯穿起来的决定性要点，就是名称作为函项的观点。

谓词概念 这一概念在新的语言哲学中不起任何特殊作用。甚至可以说,该概念在某种程度上与名称概念合并在一起。其依据早在谓词哲学中就已表现出来(尽管那时对此尚未予以很大的关注):谓词实质上就与命题函项一样,尽管后者以更为抽象的形式来定义(参见 IV,1)。于是名称概念现在也被看作是函项,当然,是在名称哲学之外。

在形式化语言中,按照弗雷格和丘奇的观点,长期以来名称的外延被看作是名称含义的函项。换句话说,如果给出含义,那么通过它就可以确定外延,尽管丘奇精辟地指出,后者也不一定对每一个知道含义的人就是已知的[Черч 1960,20,27]。这一论点在某种程度上对于自然语言也是正确的,特别是对于语言中明显的派生词,诸如这类,像俄语的 укладчик(包装的人或包装的东西),或者英语的 the speaker(说话的人)[参见 Степанов 1964]。摹状词也符合这一定义。由作为函项的名称派生出来的概念是两个更为个别的特殊概念:i-算子或摹状词算子 x A(x)——"那个具有属性 A 的 x"(见前面克里普克的使用),和 λ-算子 λx 或抽象算子,把置于名称中的函项本身抽象出来,这就是"那种被运用于名称 x 含义的函项赋予其外延"(再参见这里的 I,1)。

把名称和谓词作为函项的观点在某种程度上会导致视它们为同一,这种观点在所分析的范式中起着很大的作用。

语言层次 看来,在辛提卡的论著中,特别是在 1969 年的《命题态度的语义》一文中,对其阐述得最为详尽全面[Хинтикка 1980;以及 Садовский,Смирнов 1980]。

层次中最简单的一阶语言或一阶逻辑,通常由个体常项("名称")和谓词常项(谓词)构成。根据刚刚指出来的整个该范式的特点,两个常项都作为函项来理解,并且合并到一个"解释函项"φ 中去。换句话说,解释函项具有以下属性:

1) 对于任何一阶语言的个体常项 a,$\varphi(a)$ 是个体辖域 I 中的元素(域,一如既往,是该语言所谈论的对象总和);

2) 对于任何一个谓词常项 Q(比方说,n 元谓词),$\varphi(Q)$ 是长度为 n 的辖域 I 中的元素序列的某个集合。

辛提卡非常细心地注意到,对于一阶语言,意义就是指称(没有任何有别于单称词项和谓词常项的指称的其他意义)。因此,指称理论同时也就是意义理论[同上,68 页](在第 VII 章描写的我们的"语言-1"中存在类似的东西)。

在我们看来,如辛提卡所述,一阶语言不排除命题态度,它们也可以用一阶语言表达出来(尽管辛提卡似乎认为是相反的)。然而这就是丘奇所说的命题态度,在最"弱意义上的",如卡尔纳普对此所言(参见 VI,2):讲这种语言的说话人并不知道他在表达命题态度;他可以说:"我认为下雨了"或"约翰认为下雨了",但是对于他来说,这和"我看见下雨了","我听见音乐在演奏","约翰看见……"等等是同一类句子。

层次中(向上)的下一个语言就是具有命题态度的语言。这里是在"强意义上"来理解它们,说话人知道他在表达命题态度,并且在接下来的论断中不是指单纯的这一态度中的内容,而恰恰是指某人持此态度的事实。对于该语言的描述,辛提卡同时引入可能世界的概念。当我们在该语言中使用命题态度时,例如,说(a 是态度主体)"a 知道、认为、记得、希望、想 p"时,我们同时分析我们的世界在将来或在过去的几个可能状态。辛提卡指出,"较之谈论几个可能世界,谈论我们的'现实'世界的各种各样的可能状态在这里似乎更自然。然而从逻辑和语义分析的观点来看,前一个词组比后一个更恰当,尽管不得不承认它听起来有点奇怪,并且恐怕甚至倾向于假设这里谈论的是某个比它实际上更不熟悉和更不现实的东西。在我们的用词中,凡是过去为不止一个事件发展方向做准备的人,同时就会与几个'可能的事件发展方向'打交道,或者,换个说法,与'可能世界'打交道。"[同上,74 页]

与命题态度对某个人 a 的归属相关的,是要把所有的可能世界(通过该语言可区分开的)分为两类:一类是与该态度相符的可能世界,另一类是与它不相符的可能世界。例如,在"a 记得……"的情况下,与 a 记得的所有东西相符的可能世界就属于前一类。

每一个可能世界(μ)都包含某个个体集合 $I(\mu)$。现在对个体常项和谓词的解释就变成二元函项 $\varphi(a, \mu)$ 或 $\varphi(Q, \mu)$,该函项也取决于所谈论的世界 μ。

态度主体在该语言框架内所谈论的不同世界可以具有不同的态度。因此解释函项就成为可能世界的某个集合,即供选择的 μ 与该主体及该可能世界 μ 联想在一起的关系,就成为选择关系。如果通过 B 来表示态度,我们就会得到以下两个公式:

$B_a p$ 在某个可能世界 μ 为真,当且仅当 p 在所有可选择的 μ 中都为真,和第二个公式,在通过函项来表达的情况下:$B_a p$ 在 μ 中为真,当且仅当 p 在集合 $\varphi_B(a, \mu)$ 的每个元素里都为真。

辛提卡指出,在所有其余情况下,解释的实现与在一阶语言里完全一样,而且其语义规则仍是有效的,并且在这里,还包括量词规则,除了在量词起作用的领域碰到命题态度的表达式这种情况以外[同上,76 页]。但是这也表示,我们认为辛提卡的一阶语言已经隐性地包括命题态度,但只是特殊("弱")形式的命题态度:态度主体(a)不知道他在表达态度;在态度起作用的领域不应该碰到量词。或许,还有某些我们暂时还没有发现的限制。

从现实语言的语言学观点来看,在辛提卡的整个观点中仍然有大量的模糊性:如果在紧随一阶语言之后层次的语言中,"a 认为(记得、希望等等)……"这类语句是可能的,那么这些语句是谁说出来的呢?显然不是 a 自己。但是这就产生一个问题:说出这一语句的人(假设,辛提卡本人)是该语言的使用者呢,还是作为层次中的下一阶语言、元语言的使用者,从外对它分析呢?相对于元语言,所分析的语言就是对象语言。

所有这些问题在本书所涉及的罗素的语言层次方面就已经出现(参见 IV, 3)。但是在罗素那里清楚的是,可以用来讨论命题态度的语言本身,相对于命题态度所属的语言来说,是更高类型的语言。

然而从语言学的观点来看,也可以假设另外一种情形,即辛提卡实际上分析的是同一种语言的不同片断,但只是在一阶语言的名称下没有碰到命题态度的那个片断,而在第二种情况下,是另一个碰到命题态度的片断,而接下来的一节谈论的就是同一种语言的第三个片断:在这里辛提卡分析具有命题态度的语境中的单称词项和量化(这恰好是这一节的标题)。如果该假设是正确的,那么"片断"在这里就与"可能的使用情形"相一致:1)首先(一阶语言)分析最简单情形—没有命题态度的情形—的语言使用(然而,这种情形的可能性在该语言的整个机制中已经规定好);2)接着谈论的是这种语言在更复杂情形下的使用,在应该表达命题态度之时;3)最后,分析这种语言在最复杂情形下的使用,在具有命题态度的语境中遇到单称词项和量词之时。

第二种假设更近乎情理,以致于辛提卡的整个工作旨在确立似乎"贯彻始终的"—对于所有的以及更加复杂的情形—解释函项,结果就得到以"个体化函项"形式体现出来的概括(我们现在就回到这上面来)。

但是,由于难以决定两种假设中哪一种更正确,我倾向于前者,也即把辛提卡的三类情形看作是三种位于一定层次的不同语言;不过已经看得出来,这不是罗素式的层次。

第三语言和个体化函项的概念 第三语言(或者可以说,同一种语言的第三类使用),如前所述,这是一种可以在具有命题态度的语境中正确使用单称词项和量化的语言。语言的实际使用情况表明,这是一个现实的问题。试比较,在下面实际情境中使用单称词项的两种情况(克里普克在本书所提到的论著中所举的例子)。A 和 B 两个说话人看着某一对男女,讨论他对她多好,而且 A 认为,他是她丈夫,而 B 知道他不是,而且她真正的丈夫对她既粗暴又严厉:

第一段对话　　A. 她丈夫对她可真好。

　　　　　　　B. 不,他对她并不好。

　　　　　　　　你说的那个人不是她丈夫。

第二段对话　　A. 她丈夫对她可真好。

　　　　　　　B. 他对她是很好,不过他不是她丈夫。

在克里普克的观点中,情境应该这样来描写:B 在两种情况下都同样使用"她丈夫"这一表达式,也就是说,既作为语义指称,同样也作为说话人 A 的指称,在第一段对话中,B 同意 A 的意见,但是,他知道自己使用"她丈夫"这一表达式只是作为语义指称,而为了指称 A 所谈论的这个人,他需要另外一个表达式,即"你说的那个人"。在第二段对话中,B 立刻使用说话人 A 的指称,并且同意他的意见,但是知道这不是语义指称,因此使用代词"他"。

在我们看来,这种情境也可以换个方式来描写:说话人 A 讲着自己的方言(个人习语),除了某些细节,这种方言与说话人 B 所讲的方言完全一样;这样,较之 B 的方言,"她丈夫"这一表达式在他那里表示另外一个人。还可以有第三种描写:在两个个体的对话中,A 和 B 是同一个人,那个此时和这个女人在一起的男人,叫法是不同的:在 A 那里是"她丈夫",在 B 那里是"他"。

我们觉得,辛提卡的观点最接近于第三种描写。的确,说话人 A 与 B 似乎是在不同的世界中议论着,在这些世界中起作用的是不同的命题态度:A 认为这个男人是这个女人的丈夫;B 知道这个男人不是这个女人的丈夫。为了不使情境的描写过于复杂化,我们可以认为,B 的态度是对 A 的态度的简单否定:B 认为这个男人不是这个女人的丈夫,而且 A 和 B 谈论的是同一个男人。

辛提卡也基本上解决了这一问题。他说,语义理论应该提供各种个体的"交叉同一"方式,也即回答属于不同可能世界的个体同一性问题[Хинтикка 1980,87]。尽管我们分析的只是一个使用单称词项的例子,但是辛提卡概念的主旨在于"赋予具有命题态度的语境的量化以含义"[同上,91 页]。

在"交叉同一"中引入函项集合 F,其中每一个元素 $f \in F$ 从每一个个别世界 μ 的个体域 $I(\mu)$ 中分离出不止一个个体。这时在一些情况下,集合 F 的元素实际上可以被看作是名称或个体常项,它们可以在所有可能世界中区分出同一个个体,也即具有同一个指称。在另一些情况下,使用函项 $f \in F$ 本身更适宜,因为单称词项的意义与其说是由其偶然具有的指称对象来决定,不如说是由确立这一指称对象的方式来决定。这样,确立指称对象的方式(确定的函项)就成为一个独立的语义实体,许多人会说,成为一种特殊内涵。因而产生整整一系列重要的逻辑-哲学问题。

第一,正如辛提卡指出的那样,函项这一概念的使用"很好地强调了我们一个重要的、非同寻常的先天概念化技能,这就是在不同的情况中,在事件发展的不同方向上识别个体同一性的能力。"[同上,89 页]

第二,"F 的元素本身不是可能世界的元素;它们不是我们对这个世界的'内容'的认识的一部分。它们应该'发生',或许甚至'存在',它们无疑是'客观的',但是却起不到任何本体论的作用。"[同上,94 页]

会出现一种把这些函项解释为特殊的"个体观念"类的诱惑,但是这两类并不吻合:个体化函项或同一性函项规定"个体化方式",但是不一定找得到确定的个体;另一方面,在所分析的域 I(μ) 中,可以分离出某个个体、也即普通个体,不是每一个派生出来的单称词项都可以与 F 类中的函项处在一起[同上,95 页]。

现在可以回到前面提到的问题上来:辛提卡的体系是不是一种语言层次,或者是对不同语言使用情境的概括?基于上述内容,对我们来说答案是不明确的。

蒙塔古的体系在这方面构建得更加透明。蒙塔古的三个坐标,正如捷米扬科夫对它们的概括[Демьянков 1982, термины 2569—2571],在我们看来,基本上与本书所谈论的三个维度相一致:1)"指派坐标"(assignment coordinate),也即"对象的无穷序列,它可以被看作是'x 高'或'A 是 B 的儿子'这类表达式中变项的指定意义",这是语义坐标;2)"语境坐标"(contextual coordinate),实际上是"几个坐标:时间、地点、说话人、听众、指定对象、前一个语篇",这是广义上理解的句法坐标;至少"前一个语篇坐标"肯定属于句法;3)"可能世界坐标"(possible world coordinate),其中"包括相对于具体可能世界的真假因素",这是语用坐标。

在蒙塔古那里,他所谓的语用语言 L 是相对于自然语言的形式化元语言,尽管在解释语言 L 时"首先我们应该确定所有可能使用情境的集合"[Монтегю 1981a,226](以及参见前面 VI,1)。蒙塔古的语言层次是逻辑元语言的层次,其中每一种逻辑元语言描写相应的使用情境集合。借助于自然系统来增加这些元语言力度的手段有:1)狭义的模态逻辑,也就是只包含个体词项和逻辑算子(必然性)的模态逻辑;2)包含任意的逻辑之外的命题算子(一元或多元,但是不与变项相关联)的语用学;3)广义的语用学,它包括与变项相关联的任意算子;4)二阶系统,其轮廓由蒙塔古本人勾画出来;5)照此构建的高阶系统[Семантика модальных и интенсиональных логик 1981, 316]。

蒙塔古的体系在层次方面更为明晰:这里指的是元语言的层次。但是从语言—逻辑观点来看,不如辛提卡的体系有意思。

因果史的概念(causal history) 这是以语用学为导向的新语义学的一个概念。实际上,首先这一概念是刚性指派者或个体化函项的形式概念的非形式等同物。如果说话人(在更笼统的情况下,任何一个语言的使用者)应该能够在不同的可能世界中识别出同一个个体—而我们已经在前面见到,这一概念描写语言使用的某些十分普通的情形—那么说话人就应该能够把一个名称和一个个体的不同转换联系起来,并且相反,把与不同情境和世界相对应的不同名称和同一个个体联系起来。前者的例子可以是,比方说这样的情境:我们问道:А как теперь Ванечка?[瓦涅奇卡现在怎么样?]并且得到回答:Спасибо, он уже Иван Иванович, женился, сам имеет сына, кстати тоже Ванечку[谢谢,他已经是伊万·伊万诺维奇了,结婚了,自己都有儿子了,恰巧也叫瓦涅奇卡]。尽管有出现混乱的可能,但是鉴于知道 Ванечка[瓦涅奇卡]这一名称在他们个人习语中的历史,无论是说话人,还是答话人,都非常明白彼此的话。更为复杂的情况是动物种和属的名称。为什么 кит(鲸)这一名称在我们这个时代所联想到的动物与我们的先辈在远古时代联想到的动物是一样的? 显然,这是因为有某种传递名称的不间断历史—"因果史"。并且尽管我们的先辈,多半是把 кит(鲸)放到另外一个想象世界中(在某些语言中,比方说在英语和俄语里,它直接与鱼联系在一起,俄语的 рыба-кит,英语的 whale-fish),但我们却坚定地知道它是哺乳动物,然而我们还是把这一名称用在这种动物上,因为主要是,我们相信这是同一种动物。

　　第二种情境的例子可以是这样的情形,就是在我们把有时被叫做 Иван Иванович[伊万·伊万诺维奇],有时被叫做 отец Ванечки[瓦涅奇卡的父亲],有时被叫做 завотдел[系主任],有时被叫做 наш толстяк[我们的胖子]等等的这个人识别为同一个个体的时候。还可能碰到另外一种情形,就是当语言的使用者应该能够区分具有柔性摹状词这样的同一个名称的不同个体,ее муж—Она каждый раз приходила на Новый год со своим мужем[她丈夫——她每次都带着自己的丈夫来过新年](但是她丈夫每次都是不同的男人)。

　　当然,现在被称为名称因果史的这种现象,对于语义研究者来说并不是什么新的东西。它在特定的情况下就已经作为波捷布尼亚观点中的"语词的内在形式",作为"词源",作为"语词的语义史"等等而为人所知。它的直接原形就是罗素观点中的"摹状词进入话语的次序"(参见 IV,3)。这一新概念中的创新就是它把因果史与名称的语义结构联系起来,而后者,比方说,较之波捷布尼亚那个时代,现在用实质上完全不同的方式加以阐明。尤其是,下面这个问题既重要又有趣。如果接受名称意义结构中最细致的观点,即 C. I. 刘易斯的观点,其中区分出四种"意义模式"(参见 IV,2),那么在整个历史中名称的确立与哪一种模式相关联,外延? 内涵? 概念内容? 还是含义? 如前所见,早在经院哲学家时代名称的稳定性就—并且总的来说,公允地—与其意义相关联。但是现在,在这一语义概念近旁又出现两个概念:"内涵"和"概念内容",难道不应该明确地阐释一下这个论断吗? 在我们看来,当然应该。在新范式的框架内,该问题在整整一系列论著当中[参见,例如: Холл Парти 1983, там же библиография]一直被讨论着,暂时还没有最终结果。

　　大概,这就是在本书范围内就新范式来说我们能够谈到的全部。

　　是否产生这样一种印象,在语言的哲学问题方面逐渐又回到那些遗留问题上来,首先就是语义学,而且甚至是名称的语义学问题上来? 是的。我们觉得,这种印象不是虚假的,而是反映出问题的本质所在。在完成了语用学描写之后,或者在语用学描写即将完成之时,语用学开始新的螺旋,从语义学的描写开始,紧接着想必就是句法学的描写,但已经是被语用学丰富后的句法学,最后,又再是新的、更高层面上的语用学描写。

例如,什么意味着将"语用学"考虑在内的新句法学描写开始了?这一句法学描写可以想象成是怎样的?看来,在描写中应该考虑到更长的话语序列,不仅有句子,而且还有句群、段落,并且不仅有段落,而且还有段落群,等等。并且与此同时,语言的使用情境将会得以深刻的阐明。随着话语长度的增加,作者的个性、其受话人的性格、对世界的某种认识等等,都会越来越清楚。所有这一切就会成为语言统一的、整齐划一的、严格描写的对象。(但是当然,"语用学"一词,在引入"指示学"这一术语之后,无论如何不带引号就不应该再使用了)

为了转向这一新范式的诗学,——它们特别是与不同可能世界中的个体概念联系在一起—我们要再一次回到已经分析过的情境上来。假设,她每次都带着自己的丈夫来过年(但是她的丈夫每次都是不同的男人)。属于将来的这一情境的变体就会是这样的,例:我在找能为我维修的油漆工;但是这时在一种情况下,我可以寻找一个我已经认识,而只是暂时还找不到的个体;在另一种情况下,是一个我还不认识的个体,它应该满足唯一的特征,就是"他将给我维修";许多语言都有借助于不同的冠词或"式"可以轻松区分这两种情况的手段,俄语也是如此——Я ищу маляра, который будет делать…(我在找将给我干活的油漆工);Я ищу маляра, который сделал бы…(我在找能给我干这个活的那个油漆工)。

但是在一般情况下,也即在逻辑上,当个体和世界的数量无限增加时,描写这些区别是一项复杂的任务。辛提卡下面的这段语句可以归入到这些情境中:"问题在于,在 B 这类(也就是意见、信念—作者注)命题态度的某个算子起作用的域中,碰到的个体常项不能从所有个体的集合中区分出某个唯一的个体。确切地说,它在我们不得不分析的可能世界中根据每一个个体来区分。即使你尝试用个体变项来替换这一常项,你也不能描写这种替换的结果,甚至使用这一变项所掠过的所有个体也不能。因此我认为,在这种情境下根本就不存在确定无疑的个体"[Хинтикка 1980, 82]。

类似的逻辑问题是"自我中心词诗学"某些主要论点的类似物。

4. 自我中心词诗学

4.0. 导语

诗学和语言哲学的对应关系可以是内容上和方法上(后者我们称为形式上的)的对应,无须在此细说(已经在 IV, 5 中说过)。不言而喻,从形式方面来看,在我们用来结束上一节的辛提卡的论点和下面莱蒙托夫的诗歌之间没有什么共同点,但是在内容方面却有很大的相似性。在逻辑上可能的世界中,个体可以"裂变",即与一个名称相符合的、与现实世界不同的个体,或者是几个个体,而在现实世界中却只是一个个体。难道莱蒙托夫的诗歌(1841?)说的不正是类似的东西吗?诗歌以海涅的诗为题词(而且也是对海涅作品的自由翻译):

Sie liebten sich beide, doch keiner
Wollt' es dem andern gestehn.

Heine

Они любили друг друга так долго и нежно,
С тоской глубокой и страстью безумно—мятежной!
Но как враги избегали признанья и встречи,
И были пусты и хладны их краткие речи.

Они расстались в безмолвном и гордом страданье,
И милый образ во сне лишь порою видали.
И смерть пришла: наступило за гробом свиданье...
Но в мире новом друг друга они не узнали.

他们彼此相爱如此长久和温柔,
带着深切的思念和极度不安的激情!
但是就像敌人一样避免示爱和见面,
他们的只言片语也是如此空洞和冰冷。

他们在无言而骄傲的痛苦中分离,
只是偶尔在梦中见到心上人。
于是死亡降临:死后开始幽会
但是在新的世界里他们形同陌路。

  最后一行(我们标记出来的)——我们认为,整首诗歌就是为它而写——在划分为两个相互对立世界的现实世界中,包含着对新的、现实的和悲剧性的人类问题的预感,以及对新的、美好诗学的预感。
  自我中心词的内容(不同)诗学——不过,全部都在某种程度上与语言形式领域内的探求相联系——这就是穆齐尔的诗歌、普鲁斯特的诗歌和高尔基在其自传体三部曲以及长篇小说《克里姆·萨姆金的一生》中的部分诗歌。这里还应包括布莱希特的部分戏剧理论。

自我中心词的形式诗学就是20世纪许多作者和文学流派—从俄国的印象派到法国的"新长篇小说"—各种各样的"小型"试验性诗歌。形式诗学也在一定程度上与新内容的探求相联系,但是与前一类诗歌相比,新内容在其中所占的空间要小得多。实际上,"形式的"在这里表示"在作品语言上进行试验的",然而却是在"自我中心坐标"这一特殊方向上进行试验的。

与艺术意识的进展并行,"艺术语言的理论"也飞快发展起来。早在沃罗辛诺夫的《马克思主义与语言哲学》(1929)一书中,整个第三部分《论语言结构中语句形式的历史》就是论述一个问题,即几个世纪以来塑造人物的语言如何逐渐重新定位,从直接答话,或者所谓的间接言语,转向新的坐标、作者的"我",由此产生"非纯粹的直接言语"的不同形式。在20世纪,新的形式被提升到文艺作品的中心地位,于是这就意味着与这些新的形式一起,与之相应的新诗学跃居前台。如同后者研究言语问题一样,作为形式诗学者,他们必须要研究这一问题,这是新的言语关系的属性本身所决定的。"别人的言语",沃罗辛诺夫写道,"这是言语中的言语,语句中的语句,但同时这也是关于言语的言语,关于语句的语句"[Волошинов 1929,136](第三部分,III,2)。这一理论原理的雏形,我们在高尔基的诗歌中会看到(见后面)。

同一时期维诺格拉多夫院士的艺术语言观(1971)向自我中心词(在我们的术语意义上)方向快速演变:"作者形象"。利哈乔夫院士写道,"作为研究对象,并且在更大程度上作为一个特殊的领域,其中呈现出对文艺作品语言不同修辞层次的统一性解释,对于维诺格拉多夫建立的有关文艺作品语言的那种新科学尤为重要。"[Лихачев 1971, 212]但是"作者形象",另一位维诺格拉多夫观点的研究者指出,"作为'语言意识'的孩子而产生,起初几乎难以与父母区分开;和'语言意识'一样,它在阿赫玛托娃、叶赛宁、涅克拉索夫、安年斯基、弗·索洛维约夫、象征主义者等对抒情诗的思考中获得其最初的、最笼统的轮廓。但是如今在诗歌分析中,维诺格拉多夫坚决地从'符号系统'转向'主体性'"[Чудаков 1980, 310]。而这种转向本身也与另外一种非"句法的"一般语言哲学相关联。丘达科夫指出:"对于维诺格拉多夫……形式化方法,不管怎样是他熟悉的,不能排除对其反击现象学方法的内在吸引力(对于诗歌语言研究协会的成员是不可能的)。这两种方法论的可能性之间的张力,造成20世纪初其科学观点的独特性"。[同上,312页]。

然而考虑到"艺术言语理论"的试验,我们下面会力求更直接地探究到某些新的语言哲学,以及一系列往往先于它且超过它的诗学的类似现象,它们大部分尚未被任何人注意到。

4.1 20世纪罗·穆齐尔"无个性之人"的诗学

"走进罗伯特·穆齐尔(1880—1942)",卡列里斯基写道,"这位20世纪著名的用德语写作的奥地利作家的世界,不是一件简单的事。穆齐尔展示了现代人的意识世界,甚至我们宁愿说,不是一个,而是多个不同的'可能的内涵世界',并且在其作品中发生的事情,严格说来,都是在这个意识里面的;通过意识折射出外部世界的所有事物和人,意识按照重要性对它们进行选择和处置,对它们进行解释"[Карельский 1980,3]。在 20 世纪的所有语词艺术家中,大概穆齐尔通过其诗学最直接地创造出可能世界逻辑观的类似物。

我们只提一提穆齐尔的三卷本小说《无个性之人》(Der mann ohne Eigenschaften,1930—1943),这部小说的标题和主题显然与易卜生和陀思妥耶夫斯基的"无个性的人"(IV,5.1)有关联。穆齐尔依照自己的方式合情合理地走到这一主题上来,把"个性"概念从过于具体的现实特征中净化出来。短篇小说《通卡》(1923)起初应该被叫做《无感觉之人》;后来穆齐尔写了短篇小说《无性格之人》,此外,同时还有《无个性之人》。感觉—性格特点—个性,从个别上升到一般的连续阶段就是这样。

"要知道国家的每一位居民",穆齐尔在《无个性之人》中写道,"至少具有 9 种性质:职业的,民族的,国家的,阶级的,地理的,性别的,可意识到的,未意识到的,以及想必把所有这些性质都统一于一身的个性,但是这些性质把个性侵蚀掉了,而实际上个性不是别的,正是被许多溪水淹没掉的小凹地";第 10 个性质,也即最后一个性质,与所有其他性质相对立:"它使人无所不能,除了一样:认真地感知这 9 种性质"[Musil 1980,380]。大概,这种观点与易卜生的《培尔·金特》最为接近。但是在穆齐尔的长篇小说里"无个性之人"已经是 20 世纪的产物。

在小说中有一章题为"如果有现实性意义,就应该有可能性意义"。这一章以这些话开头:

"如果有人想成功地走过一扇敞开的门,他就应该考虑到一个事实,门有坚固的门框:这条老教授一生所遵循的原则只不过是根据现实性意义推导出的要求而已。但是如果有现实性意义,并且没有人对它拥有权现实地存在提出异议,那么就应该有某种可以被称为可能性意义的东西。

谁拥有它,谁就永远也不会说,例如:'这里发生过什么——什么,会发生什么——什么,应该发生什么——什么';他确定:'这里可能或应该发生什么-什么',而如果有人对其予以解释,事情就是像它目前这个样子,他想:'而有可能是另外一种样子'。于是可能性意义就可以被定义为想象所有可能具有与发生过的一切相同概率的事情的能力,而不认为现在的事情就比没发生的事情更重要。"[同上,131页]

小说的主人公乌尔里希说:"在无边无际的时间里,神创造的不只是我们现在所过的这一种生活,它绝不是真的,它只是许多尝试中的一种,而且希望是有理性的尝试;对于我们,对于那些不受该瞬间迷惑的人,他并没有把任何必然性放在这种生活里"[同上,13页]。当然,这就是为什么我们要在可能世界和自我中心词的哲学背景下来研究穆齐尔的诗学。

可能世界,"另一种状态"(der andere Zustand),这就是其小说中的世界,或者更准确地说,是多个世界,而与之相符的自然就是主人公,他不具有一劳永逸地被赋予的该客观现实世界的个性。穆齐尔不满足于豪普特曼和易卜生的心理主义,因为在他们那里,性格是由客观世界的状况在心理上决定的(当然,除了培尔·金特以外)。而穆齐尔想要在伦理上决定性格,也即由"可能世界"的可能状况,并且由所有可能状况来决定[试比较:Карельский 1980, 19]。

看来,正是应该在第二个意义上来理解陀思妥耶夫斯基对自己的评论:"我不是心理学家,而是最高意义上的现实主义者"[Биография, письма, заметки из записной книжки Ф. М. Достоевского. СПб., 1883, с. 373]。作为"最高意义上的"现实主义作家,就意味着不是把人物的行为举止描写成心理上决定的东西,或是由具体客观实际的情况(环境等等)所决定的东西,而是描写成由对伦理应该的世界的认识所决定的行为举止,相应地还有作者,这个世界相对于客观实际来说,只是可能世界。

4.2 俄国意象派——"自我中心词小诗学"

1920年代的俄国意象派诗人主要是些理论家:舍尔舍涅维奇、马里恩戈夫、伊甫涅夫,他们主要是在理论上创造了意象派(源于法语的 image"形象")诗学。意象派是一个薄弱的文学流派,但是他们宣称诗学几乎成为第一个"自我中心词诗学"(这一名称,当然不是意象派诗人命名的,而是我们在本书中给起的)。一般来说,所有现代派诗学—形式主义者、未来主义者、意象派诗人、后来的结构主义者,甚至还有象征主义者的诗学,在某些特点上彼此近似,尽管是在较小的程度上,特别是在"语词操作"上。对于部分诗学而言,即对于形式主义者和象征主义者的诗学而言,这一事实已被发现[Мясников 1975]。就更为近似的语词而言,现在我们来看一下它们的区别。

像未来主义者一样,特别是赫列伯尼科夫,意象派诗人以语词的深层形象为目标:"必须永远记住语词的原初形象,忘记意义。当你听见'деревня(村庄)'时,除了意象派诗人以外,谁会想象到,如果是 деревня(村庄),那就意味着房子都由дерево(木材)建成,而且 деревня(村庄),较之 село(村庄),当然与 древесный(树木的)更接近。因为 город(城市)就是 огороженное (用围墙围起来的)某个东西,копыто копающее(蹄-挖掘的),река(河)和 речь(言语)也像 уста(嘴、口)和 устье(河口)一样相似"(В. Шершеневич. Ломать грамматику, 1920 г. [Литературные манифесты 1929, 103])。

就像兰波与象征主义者一样,特别是就像维·伊万诺夫一样,意象派诗人认为名词是基本词:"名词是那种可以把诗歌做出来的原料。动词甚至不是一个可悲的必需性,它只不过是我们言语中的疾病,是诗歌的阑尾而已。因此开始了一场轰轰烈烈的反对动词的斗争;马里恩戈夫(《玛格达林娜》、《太阳们的糖果店》)、舍尔舍涅维奇(《语词的熔炉》)等人的许多尝试直观鲜明地论证了动词的偶然性和毫无用处。动词是语法的硬音符号(也就是字母ъ,在那个时代几乎已经能够从俄国正字法中清除出去了—作者注):它只是在某些地方需要,但是即便在这些地方也可以不用它……因此碰到每一个不规则的语法,每一个语法错乱现象,都是如此令人高兴。

    Где дикий крик безумной одноколки,
    Где дикий крик безумного меня"

    (那里有疯狂的双人马车狂暴的马蹄声
    那里有发狂的我的咆哮声)

              [同上,107页]

"名词是该事物所有特征的总和,形容词只是一个特征……形容词就是畸形的名词"[同上,109页]。

"拉长一连串名词,马里内蒂在这方面是正确的(指意大利的未来主义者—作者注)……马里内蒂不知何时丢下过这样一句话:'诗歌就是一系列连续不断的形象,否则它只是萎黄病',这个句子是所有意象派诗人都应该贴在额头上的,就像题词一样,它已经要求毁灭语法"[同上]。

"我们想要歌颂非句法形式。我们对 доброе утро(早上好),он ходит(他走)……这些词句的意义感到厌倦。доброй утра! 或者 доброй утры! 或者 он хожу 这些非句法形式以其形象性和无意义性让我们感到亲切"[同上,112页]。

类似地,舍尔舍涅维奇研究所有词类,从名词到前置词,按照语法错乱的程度把它们归入到各层次中。这时他们与未来主义者的区别——对于意象派诗人是如此重要——就一目了然了:"诗歌材料不是莫名其妙的语词,而是形象化的语词"[同上,110页];"赫列伯尼科夫曾经尝试找到语词的内在变格。他论证道,'бок(侧面)'是'бык(牛)'的四格,因为 бок 是打击的目标,而 бык 是打击的来源。Лес(森林)是有毛发的地方,而лыс(秃头)是没有毛发的地方。他想要证明不可能的东西,因为形象不仅不依附于语法,而且还用各种方式与之作斗争,要把语法驱逐出去"[同上,106页]。

在其"反语法形式"的要求方面,俄国意象派诗人是诗学中未来法国结构主义的先驱者。

虽然一带而过,但还是应该提一下意象派的社会立场。1927 年,意象派群体瓦解了,而在 1928 年舍尔舍涅维奇就已经写道:"现在没有意象派了,无论是作为流派,还是作为学派。

和文学史中的所有东西一样,意象派产生和消亡的原因是有规律可循的。

意象派作为与未来主义对立的东西而出现。未来主义是自然主义的复兴。自然主义与浪漫主义自古以来的斗争应该会推举出未来主义的敌对者,而这个敌对者就是意象派。

斗争是猛烈的,致命的"[同上,127 页]。

看来,这个自我评价基本上是正确的。但是在确立新标准时,意象派不可能不与其浪漫主义的本质发生矛盾,也不可能不破裂。这比"理论上的意象派诗人"叶赛宁从前的预言还要早很长时间。

早在 1920 年叶赛宁就写道:"他们想要用可恶的、天生就不结果的无花果树来束缚我们;我们应该呼喊,所有这些无产阶级文化还依然是那些旧式的人类创作的树条。在他们还没有来得及砍掉我们新时代的小小身躯之前,我们就应该从他们凶残的双手中把它夺下来。我们应该这样说,就像哈姆雷特对皇室撒谎者吉尔登斯泰恩所说的那样:'见鬼去吧,你!你认为玩弄我们比吹横笛还容易吗?把我们随便叫成某种乐器,你可以让我们伤心,但不能玩弄我们'。人的内心过于复杂,不能把它束缚在某一种生命的旋律或奏鸣曲的固定声音之中。它发出各种喧嚣的声音,就像磨坊里的水能够滴穿堤坝一样,那些想将这些水圈住的人,必将遭受煎熬……这样在这条路上它扫除了君主制,就这样消散了古典主义、颓废主义、印象派、未来主义的圈子,就这样扫除并消散了许多圈子,这些圈子在前面就已经为之所准备扫除"(《玛利亚的钥匙》)[同上,119 页]。

反对诗歌中一切束缚性的标准,这些话也击败了意象派。

最后只需说,幸运的是,意象派诗歌实践的最好范本,也即叶赛宁本人在其"意象派时期"的诗歌,与他们的理论诗学几乎没有任何共同之处。

4.3 高尔基自传体三部曲和《克里姆·萨姆金的一生》中的"旁观者诗学"

把"社会主义现实主义"的杰出辩护者和现代派作家统一起来,哪怕只是在某个方面,这是否合适?高尔基本人对此予以许可。据格鲁兹杰夫讲述,高尔基说,"我说明一下,如果自命本人为'典型的',那么我认为这个称号同时也属于我过去的朋友:安德烈耶夫、阿尔齐巴夫舍夫、布宁、库普林,还有许多人。是时候指出在我们所有人当中确实具有的某种共同点了,当然不是意识形态上的,而是情感上的。是我让评论家们猜到这究竟是什么"。高尔基对"还有许多人"这句话做了注解:"韦列萨耶夫除外,因为在我们所有人当中,他一个人最坚定地坚守着'纯粹'文艺工作者的阵地"[И. Груздев. Мои встречи и переписка с Горьким. — Звезда,

1961，No1，c. 159]。

在注解中高尔基至少指出了构成"情感上的共同点"的那些特点中的一个特点，即没有留在"纯粹"文艺工作者的阵地上。但是要知道韦列萨耶夫在社会上和政治上也不是一个"象牙塔"里的"纯粹"文艺工作者。显然，高尔基是指文学作品的性质本身。

我们认为，高尔基本人在三部曲和《克里姆·萨姆金》中的创新诗学是一种旁观者诗学(特别是它在这一点上与韦列萨耶夫的诗学相对立，韦列萨耶夫的诗学按照"文学性"的标准而创作)。"旁观者诗学"有助于理解某些研究者指出的高尔基诗学鲜明独特的特点，并且把这些特点汇集在一起。

对"我"的态度 正如我们(还不是第一个)所指出的那样，新时期的欧洲小说，特别是，或许从斯泰恩开始，在其形式上始终如一地划分出不同的"我"——作为人物的"我"、作为人物叙述者的"我"，而且本身也是人物的讲述人，作为叙述者的陈述者的"我"、作为描写叙述者的作者的"我"，以及其他。而高尔基具有一种非凡的力量来呈现作者本身不同的"我"——"我"的分化转移到作者个人内部。关于其本人的叙述形式、自传体形式，对此是再合适不过了。我们看一下《童年》[这里和以后引自：М. Горький. Собр. соч. в 30-ти т. М.：ГИХЛ，1951，т. 13]，当阿廖沙用刀刺向继父时，他和母亲对话的情节：

"我告诉她，我要杀了继父，然后杀我自己。我说得信誓旦旦，一丝不敬，完全是不容置疑的！我想，我将做到这一点，无论如何都要试一下。甚至直到今天，我还能看见那只沿着裤筒有一条鲜明的花饰的令人厌恶的腿，看见它踢向一个女人的胸脯！

回忆旧日俄罗斯生活中这些铅一样沉重的声面，我经常自问：值得说这些吗？于是，带着重新振作起来的信心回答自己：值得……"[185 页]

盖伊指出，这里我们分明可以区分出两个声音，属于作者-叙述者这个统一的"我"的声音，即人物的声音(过去的阿廖沙)和叙述者的声音。"于是这两个声音的碰撞就成为高尔基的叙述结构。第一个声音：'我告诉她，我说得信誓旦旦，一丝不敬，完全是不容置疑的！'等等，第二个声音：'回忆旧日俄罗斯生活中这些铅一样沉重的声面，我经常自问……'"[Гей 1977，411]。

这是对的，但是"我"的分化走得更深远。在"第一个声音"里已经有两个"我"，一个"我"是在事件发生时刻毫无疑义的真正的阿廖沙："我要杀了继父，然后杀我自己"，另一个"我"在连接词 что 前，"我告诉她，我说得信誓旦旦……"这是作为命题态度的主体的"我"，是逻辑学家的典型研究对象。但是从叙述的角度来看，谁是这个我？这既不是事件的阿廖沙，也不是那个喊着"我要杀"的阿廖沙，而且这也不是睿智的作者马克西姆·高尔基，他在几行之后说："回忆……这些铅一样沉重的声面",这是仿佛以旁观者的姿态意识到自己的阿廖沙的"我"。然而是什么时候的"我"?这个意识到自我的阿廖沙多大年纪?对这些问题的回答是不可能的,而且它们也不需要准确回答。他既不是年轻的,也不是年老的,他在小孩子和作家两者之间。这就是那个阿廖沙,所援引段落的中间几行"我想,我将做到这一点⋯⋯甚至直到今天,我还能看见⋯⋯令人厌恶的腿⋯⋯"就属于他;当然,是现在的作者看见,但也是那时的阿廖沙看见,没有差别:"我看见这条腿(那时)和看见它(现在)"。

"我"的分化自然与时间平面的分层相关联。从这个角度着眼,《童年》的第一场就已经吸引了读者和研究者的注意力。

"昏暗窄小的房间里,我的父亲躺在窗户下面的地板上。他穿着一身白衣裳,看起来非常长,光着脚的脚趾奇怪地叉开着,温柔的手指平静地放在胸前,也是打着弯儿。他快乐的眼睛紧紧地闭住了,成了两个黑洞⋯⋯

母亲半裸着,穿着红裙子,跪在他旁边,用那把我曾喜欢用来锯西瓜皮的黑色小梳子,梳理着父亲长长的、柔软的头发,从前额到后脑勺⋯⋯

我的手被姥姥握着,她胖胖的,头很大,有一双大眼睛和可笑的软塌塌的鼻子⋯⋯"[9 页]。

说这些话的人多大年纪?是小男孩儿还是作家?两者都是,一个是在这个句子里("⋯⋯躺着⋯⋯脚趾叉开着⋯⋯"),另一个是在那个句子里("⋯⋯用那把我曾喜欢用来锯西瓜皮的黑色小梳子⋯⋯")。为什么不是"喜欢锯",而是"曾喜欢"?因为这已经是那个时候的观点。

而且,交织在一起的不仅仅是两个时间平面和两个语法时["⋯⋯лежит(躺着)⋯⋯любил(我曾喜欢)⋯⋯"],而且还是两种观察方式。盖伊准确地表述道:"孩子的目光,然而是作家的话⋯⋯确定这些细节的语词、表达式,是根据另外的时间平面,而不是根据画面本身",这是"这两个统一体的复杂层次,在文学中其背后始终有发声语词和书面语词层次。高尔基在很多方面把散文体的文学语言恢复为自然会话现象、叙述现象;而高尔基的讲述既不是民间故事,也不是由 19 世纪文学产生出来又在 20 世纪的散文中获得特殊发展的书面叙述的风格模拟形式,有时伴随着口话语体,有时是刻意强调的形式(在列斯科夫那里,特别是在列米佐夫那里)"[Гей 1977,412]。我们也把这个称为旁观叙述者的叙述。

盖伊总结道,"与事实、现象、事件的直接再创作一起,高尔基似乎把叙述、生活动态的语词等价物变成了作品的平等对象。对高尔基而言,叙述不仅仅是叙述的组织手段(但是首先仍然是这些手段——作者注),而且在某种意义上还是一种特殊的'人物'。讲述由叙述技巧和作品内容的组织手段变成一种艺术思维方式"[同上,413 页];在《克里姆·萨姆金的一生》中,盖伊的另外一种深刻正确的观察,也即叙述形式本身、叙述,"成为纪实时刻"。

高尔基的文本,尤其是在《克里姆·萨姆金》中,尽管这在《童年》和三部曲其他部分的某些地方就已经看得出来,服从的是纪实原则,开始像报刊文本一样,没有表面的外部联系,而是把不同生活领域,甚至不同国家的事实和事件进行对照,除了那种极其强烈的联系以外,也就是说所有这一切都与今天有关,并且在今天非常重要。

"不管是从何处冒出来的"这一讲述童话的原则在三部曲的第一部中起着主导作用,它在那里自然是以孩子的回忆特点为理据的:"……我生病的时候——我清楚地记得——父亲快乐地为我忙前忙后,然后他突然不见了,而代替他的是姥姥,一个奇怪的人。——你从哪儿来啊?——我问她"[10页]。"然后他突然消失,而取代他的是姥姥",是《童年》的世界人物浮现和消失的典型形式。但是这种方式也在《克里姆·萨姆金的一生》中保留了下来。人物出现的理由、因果联系,或者可以按照逻辑上类似的说法,同一个人物不同次出现的"因果史"退居后台,这里的理据是叙述本身的要求:为了讲述得有条理,就需要这样。

此后每一次人物出场都是以某种程度上的新人全新地呈现出来,其中的变化发生在阿廖沙和讲述人之外,而且是突然发生的,"不管是从何处冒出来的",新出现的人物本身就具有某种新世界的东西,每一次他都是新世界的人物。在《童年》中,在母亲的多次出现和变化中,以及在姥爷的唯一一次而又是决定性的一次变化中特别明显。

在小说开头,母亲"衣着干净平整,人高马大;她骨头坚硬,手劲儿特别大"[10页];"她身材高大而且挺拔,面孔铁青,辫子粗大,盘在头顶上,像王冠似的——她整个人都很强壮、刚毅……"[17页]

在中间:"……我望着他们的背影,关上门,但是当我走进空无一人的厨房时,隔壁突然传来母亲有力的声音,一句清晰的话……她站在屋子中间,俯下身来给我脱了衣服,把我转来转去,跟皮球似的。她那高个子被暖和、柔软的红大衣包裹得严严实实,大衣宽宽松松的,像男人的长襟外衣……她的脸看起来比以前小了,小了,而且白了,而眼睛更大了,更深邃了,头发也更黄了……她的身上散发着一种清新的、好闻的味道……和母亲相比,周围的一切都很渺小、可怜、破旧……"[127页]。

稍稍往后一点,也是突然地:"刚回来的时候,她行动敏捷,充满朝气。可是她眼圈发黑,头发蓬乱,好些天不梳不洗了。穿着皱皱的外衣,也不扣紧上衣,这破坏了她的形象,也让我感很难受,她应该永远漂亮、端庄、衣着整洁,比任何人都好!"[136页]。

再往后一点,在再婚之前:"母亲很少来顶楼看我,和我待的时间也不长,说话很着急。她变得越来越漂亮了,穿的也越来越好,但是在她身上,就像在姥姥身上一样,我感觉到某种藏起来不让我发现的新东西,我感觉到了,也猜到了"[163页]。

而在最后,又是突然地:"母亲在姥爷搬到地下室后很快就出现了,苍白的、瘦削的,一双大大的眼睛,里面闪烁着炽热的、惊恐的目光。她不知怎么地仔细地看着,好像第一次见到她父亲、母亲和她儿子似的……"[174页];"我跑到干草垛上,坐在那里的柴禾上,因惊奇而发愣:母亲的确换了一个人,她已经完全不是从前的那个母亲了……"[175页]。

同样的手法已经常常作用于《克里姆·萨姆金的一生》这部小说的整个广阔空间,而且没有叙述人的回忆作为某种理据。赫拉普琴科[1982,372]注意到这部小说的另外一个特点是其多个情节的独立性,这显然与所分析的手法有关。

"克里姆已经三年多没看见索莫娃了;这段时间她已经由一个没有生气的、笨手笨脚的半大孩子变成了一个穿着农村印花布的少女……伊诺科夫像一个傻头傻脑的农村牧羊人。他身上也一点也没有留下克里姆所记起来的中学生的影子"[т.19, с.271]。人物突然出现(尽管表面上以克里姆来到这样的境况为理由),而且是以认不出来的面目出现的,因为他们处于独立疏远且互不交织的世界中。

在第一部分结束之际,人物的具体生活境况作为人物出现的理由就不再起作用了,并且相反,他们在艺术叙述的框架内出现的内在必需性增加了,他们作为克里姆与其他人以及与他本人的无止境对话的支点是必需的。下面是一个景物叙述风格的片断(它可以用"超时间的当下"来加以改写):"为了迎接年轻的沙皇,莫斯科用鲜明的亚洲风格来装扮自己,把自己过于丑陋的皱纹都涂盖上……成千上百的油漆工匆匆忙忙地用大长刷子粉饰大楼的外墙……马拉库耶夫,蹩脚地装成不信所说的事情,**告诉大家**(黑体是我们加上去的;我们注意到使用的是'表象的'未完成体动词—作者注):克里姆林宫的彩灯都是由科博泽夫承包的……科博泽夫……在加冕礼那天会把克里姆林宫炸掉。"

当然,这就像童话一样,马拉库耶夫说道(говорил),冷笑着,但是用信徒的眼神看着大家,以致于童话也可以变成现实。马拉库耶夫已经从景物描写中突显出来;实际上,应该说"……马拉库耶夫说过了(сказал)",因为他突显出来了,而且"说过了(сказал)"一次;(但是这个一次性动词和前一处描写连在一起过于刺耳。但是下一个没有停顿的句子,就带有一次性动词—作者注)。利季娅生气地警告他说:

"别打算在赫里桑夫叔叔面前多嘴多舌。

赫里桑夫叔叔虚有其表……"[439页]。

这就是全部。谁也没去过任何地方,也没有来过,也没有相遇,人物只不过是从景物中,从背景中突显出来,于是就开始说话;场景就开始了。

在霍登卡情节中,在第一部末尾,人物之间的会面一个接着一个,以致于无法用现实的环境来解释:成千上万受到创伤、受到惊吓的人们在莫斯科四散开来。(我们能否在大城市,在人群中接二连三地碰到几个自己认识的人?)其实:

"—我再也不能,—他(和马卡罗夫说着胡话的克里姆—作者注)边说边走进院子。在大门后停下来,摘掉眼镜……马卡罗夫在大门后,惊讶地(见面的突然性!—作者注),疑惑地喊道:

—站住,你去哪儿?

随后他把没戴帽子、头发凌乱的马拉库耶夫推进院子……"[453页]。

一个小时后,或者大约一个小时后,从公寓里出来,"他们走着,突然从某个小巷窜出来个马车夫,马车里坐着头发凌乱的瓦尔瓦拉……"[459页]。

这些出乎意料的,几乎不可能的相遇加深了现实的霍登卡世界那种启示录般混乱的感觉。

在小说的最后一部,这里已经不分章节,特别是在法国场景中,人物在克里姆视野中的突然出现和消失,开始说明的已经不是事件的极其特殊性,而是克里姆意识中所出现的乱象频生的生活。

关于言语的叙述在高尔基的作品中还没有成为"关于言语的言语"。在他的作品中碰不到人物直截了当的言语,或是"加入"到作者言语中的言语,从"旁观者的立场"也会料想如此,但是他经常讲述关于人物的言语。高尔基的这种手法广为人知,因此我们只是提醒一下,我们指的是:"她说话(姥姥—作者注),特别是唱歌般说出的话,它们在我的记忆里容易巩固下来,就像那些温和的、鲜明的、鲜艳的颜色一样"[т. 13, с. 15];"萨沙·雅科夫匆匆忙忙地说,低声地,说得快喘不过气来,并且总是神秘地环顾四周,好像打算跑到什么地方躲起来似的"[同上,25页];"很难明白父亲(克里姆—作者注)在说什么,他说的那么多,又那么快,以致于他的话相互挤在一起,而整个所说的话让人想起啤酒或者克瓦斯从瓶颈往上冒泡泡。瓦拉芙卡话说得不多,但却字字重要,就像是招牌上的字一样"[т. 19, с. 18]。

言语产生的感觉对言语含义的替代在《克里姆·萨姆金的一生》中随着小说开头之后的推进而开始起着越来越大的作用,这也符合克里姆和小说本身的自我中心主义:叙述者-作者似乎可以与克里姆视为同一。那种人的说话,比方说,"发出咕嘟声"或"冒泡",在克里姆看来有时比她报道出来的东西重要:"起初她(玛丽娜——作者注)的感叹让克里姆觉得是惊奇或委屈的感叹。她背对着他站着,他看不见她的脸,但是几秒钟后他便明白,她是忘我地在说……"[同上,225页]克里姆所听到的言语含义不再起着特定的作用,它消失在感知世界的其他要素中,而这又加强了莫名其妙的感觉,以及对所发生的一切感到一团糟的感觉,这种感觉由小说的其他要素造成,诸如人们在克里姆的视野中突然出现或消失等等。

在莫斯科马雅可夫斯基剧院舞台上演的小说的改编剧本中,人物的言语有时似乎被分成单独的、显明的答话,而且用另一种方式重新分配给不同人物(并不总是答话在小说里所归属的那些人);但是这对改编的剧本并没有造成负面影响(也就是说,如果有什么负面影响的话,也不是它造成的);看来这种"解读"的可能在某种程度上植根于小说诗学。

如果比较一下关于《高尔基自传体三部曲的词汇》[вып.2. Л., 1977]和《普希金的语言词汇》[т.1. M., 1956]之中的"说"这个词的文章,那么映入眼帘的便是,在高尔基那里这个动词被大量的副词和其他一些描述性语词所包围,而在普希金那里这个动词经常简短地出现,和高尔基的话相比就是光秃秃的。

4.4 普鲁斯特的自我中心诗学

巨著《追忆似水年华》的作者马塞尔·普鲁斯特(1871—1922)在法国,在其民族文学中被公认为伟大杰作的创作者和新诗学的创始人。当然,在这里绝不可能勾勒出这一诗学的所有复杂性和矛盾性。我们只能讲一讲它的几个与所分析的范式直接相关的特点,讲一讲它的"自我中心主义"。(我们在这里将部分地重复一下我们对小说第二卷的评论[Степанов 1982]。小说引自法语版全三卷本:Proust M. A la recherche du temps perdu. T. 1-3. P., 1954. 括号中的罗马数字表示卷,阿拉伯数字表示页码;自译)

继柏格森之后,普鲁斯特认为其"自己身体的形象"是自我世界的物质中心。柏格森写道:"在所有形象中有一种形象处于优先地位;这个形象在自己的深处感知自己,而不只是从表面上;它是情绪的贮藏地,同时也是行动的发源地;我正是把该形象当作是自我世界的中心,而且是我的个性的生理基础"[Bergson 1954, 21]。整个小说就是从对这一形象的感知开始:有一次,夜里醒来,"在乍醒过来的那一瞬间,连自己是谁都弄不清了;当时只有最原始的一种存在感,可能一切生灵在冥冥中都萌动着这种感觉;我就像穴居时代的人类,简单而又无遮无掩"[I, 5]。

但是接下来在不同的情境中,不是接连不断的,但却是始终一贯的,褪除肉体层,剩下一个内在的"我",而这个我本身又分成写作的"我"、回忆者的"我"、被回忆者的"我"、童年的马塞尔等等,直到剩下深处的、临界的"我"——"自我"。因此实际上这里谈的是这个"自我"的波折变化。他才是小说真正的主人公。而且他总是处于当下,对他而言没有过去。过去的事情,似乎应该是"过去的我",在普鲁斯特看来已经是另一个"我"。"我开始明白,死亡,这并不是什么新鲜玩意儿,相反,自童年起,我就已经死了许多次了。如果拿最远的时间来讲,那么难道我把阿尔贝蒂娜看的不是比生命还重要吗?难道那时如果我停止对阿尔贝蒂娜的爱,我就能够把自己想象成活着的人吗?这样,如果我不再爱她,我也就不再是爱她的那个人了,我就成为另外一个不爱她的人了。当我成为另外一个人时,我就不再爱她了。而这样,我就不为自己不再爱阿尔贝蒂娜而痛苦。因此,当然在一个美好的日子里不具有肉体之外的东西,这无论如何也不会让我看起来像是某个奇怪的东西,就像我曾经认为的那样,如果我不再爱阿尔贝蒂娜的话,我就会成为一个奇怪的东西。而现在,我不再爱她对我也无所谓。这些一个接着一个发生的死亡,我的'自我'曾经因为它们会杀死'自我'而那么惧怕它们,它们发生了,而那个曾经如此害怕它们的人已经不再存在了,并且他感觉不到它们的时候,死亡就变成无关紧要的,一点也不残酷的事情了。"[III,1038]

因此,如果人的一个难题就是摆脱对死亡的恐惧和有尊严地面对死亡,那么普鲁斯特解决了这个难题:"如果关于死亡的想法从前使我的爱黯然失色,那么关于爱的回忆长期以来已经开始帮助我不要惧怕死亡。"——紧接着就是前面引用的地方。

作者的"我"与小说中人物的关系与一般公认的关系相反。通常要求任何一位现实主义作家都能够让他的人物在小说中发展起来,但是作者的"我"是否发展起来,这谁也不关心。在普鲁斯特的小说里,一切正相反,人物时而是静止的,像雕像一样,时而浮现又消失,然后又重新浮现出来,但已经是作为新的人物出现,这些人物的变换是在艺术家可看见的世界之外的某个地方发生的(就像在高尔基的《童年》里一样),然而作者的"我"不停地移动着、生存着、震动着、发展着。

自然,对于我作为他的世界中生命的中心而言,人物每次在小说页面消失以后,也应该以新人物的形式出现。在高尔基那里作为所采用叙述方式的简洁明了的结果而出现的东西,在普鲁斯特那里被提升为美学原则。在这种变换中最鲜明的就是艺术家埃尔斯蒂尔,在他身上可以看到雷诺阿,甚至雷诺阿、莫奈和高更,而或许,还有杜飞,看到他们整个在一起。在小说的第一部《在斯万家那边》中,他作为某个"比什先生"极其频繁地出现在上流社会的圈子里,是一个经常遭人嘲笑的不重要的人物。然后他就从小说的页面上消失了,突然,在第二部《在少女花影下》中,令读者和作者本人惊奇的是,他又重新出现了,而且作者在如今著名的艺术家埃尔斯蒂尔身上认出他来。可以说,个性的这种转换就是小说原则。但是普鲁斯特还把它投射到现实生活中去。

他认为,人的个性能够无穷尽地展现出来,同时也表现为取之不尽的创造财富。因此它可以被当作是一个新的个性,这取决于它在哪一个时刻呈现在观察者面前。普鲁斯特这样描写他本人对当军官的朋友罗贝尔·德·圣卢的看法:"有时我的想法是在圣卢身上发现某个更加普遍的人,而不是贵族的他,这个普遍的人就像内在的精神一样,靠四肢驱动,用行为举止支配。在这样的时刻,尽管和他在一起,我也是独自一人,就像展现在我面前的风景一样,我还不能领悟到其和谐

(I，736)。"

因此普鲁斯特本人对个性的质料，对身体的观察就以这样的原则为基础。这就是他，自己还是一个青年，与熟悉的姑娘们一起在巴尔贝克的草地上，在树林里愉快地消磨着时光："这些姑娘们脸上绯红的青春霞光早已从我的脸上褪去，因为我比她们年长，这片红霞的光芒淹没了她们周围的一切，就像在某些年老的意大利大师的画中，在金色的背景下突显出他们生活中最不起眼的细节。这些姑娘的脸庞，其中大部分似乎被这些淹没一切的金色霞光洗刷了一遍，而她们真正的线条还没有显露出来"；它们显露出来，之后便会凝固住，随着年龄的增长很快就会这样："当然，当女人开始注意我们时，如果我们爱她，从她旁边经过的时光就会染上新的魅力。但是在我们面前她并不是每次都呈现为一个新的女人。她的快乐在她已经永远不变的面庞上就成为某种表面上的东西"(I，905)。

像高尔基一样，在普鲁斯特的作品中关于人的讲述伴有关于他们言语的讲述。小说中有些地方，整整一页都是关于言语的言语。普鲁斯特喜欢的、抱有好感的人物几乎从不直接说话，作者替他们说，而且他们的话和作者的话融合在一起。但是当人物说话的时候，这就意味着他们和作者疏远起来，这时他们的言语几乎总是会激起讽刺的态度，而且会产生轻微的喜剧性，似乎是一种讽刺性模拟效果。这种效果往往延及到包围着人物转述话语的作者本人的话语上，与它融合在一起，这就会产生出一种特殊的文学模仿体裁，即"拼贴"。普鲁斯特作为这种模仿的著名大师来表现自己，并且出版了整整一本书《拼贴与混合》(《Pastiches et Mélanges》，1913)。

虽然出于类似的起点，即"自我中心主义"，但是在高尔基和普鲁斯特的作品中产生出两种不同的体裁和两种不同的诗学。在高尔基的作品中"旁观者的叙述"引向纪实性和作者积极的政论态度。在普鲁斯特的作品中则引向对所发生事情的深刻沉思，最终深入到自己内在的"自我"，而且在这条路上，似乎与从"自我"向世界的最初运动相反，早先丢下的"自我"的外壳又重新冒出来，把作者同这些外壳之上的日常生活隔离得愈来愈远。

这里普鲁斯特和柏格森的态度又一致起来。柏格森把作家看成是一个大自然忘记其把感知能力和行动能力结合在一起的人，而普鲁斯特完全符合这种认识。(柏格森的话在 IV，0.1 中被引用)

但是实际上普鲁斯特似乎直接反对这一点(在给出版商里维埃的信中)："不，如果我没有精神上的信念，如果我只是想回忆……，那么作为这样的一个病人，就不会拿起笔杆子写了。但是我想要的不是抽象地分析这种想法的演变，而是重建这种想法，并迫使它留存下去"[M. Proust et J. Rivière. Correspondance. P.：Plon，1955，p. 3]。而他也做到了这一点。

最后应该指出,普鲁斯特是一位细心的普遍语言观察者和语言逻辑观察者,例如,他有一个著名的小发现会为"深层语义结构"的追随者所赞赏,就是连接词 несмотря на то что(尽管)"自身隐含着"помому что(因为):"我的母亲赞叹他(侯爵、外交家——作者注)虽百事缠身,却又如此守时;虽被上流社会宠溺,却还如此殷勤客气;她没有想到这些"虽然"其实正是"因为",只是她未识别罢了,她没有想到(如同人们对老者的高龄、国王的不拘礼节、外省人的灵通信息感到吃惊一样)德·诺布瓦先生正是出于同一种习惯才能够既日理万机又复信迅速,既取悦于社交界又对我们和蔼可亲"(I,438)。

4.5 布莱希特戏剧中的自我中心美学要素

问题的实质在于,布莱希特的戏剧不承认社会契约赋予和固定下来的名称与事物的联系、事物的表象与其本质的联系、对事物的日常评价与其真正的价值之间的联系是一劳永逸的。在资产阶级社会里,"母亲"就是生育"儿子"(或"女儿")的那个女人,但是在高尔基的长篇小说《母亲》中,其深处还隐藏着其他相互关系,于是布莱希特在把高尔基的小说改编成剧本时,公然展现出这一点:"母亲"是一位肉体上生育了"儿子",精神上却能够从儿子那里诞生出来的女人。(类似的感觉是不是祭拜圣女玛利亚的基础呢?)

布莱希特在每一场演出中都重新调整所提到的这类关系,就像社会上活跃的艺术家对待它们一样,因此在该意义上"自我中心主义"原则就寓于其戏剧美学之中。

正如我们所指(VI,0),在20世纪中期,关于说话人在"符号面前"没有自由,符号的实体,即所指、能指、对象,似乎是靠无条件的社会法则联系在一起的这种认识,被说话人有某种自由,说话人能够在某些范围内改变这种联系的认识所取代。由此到社会价值的改变只剩下一步。某种类似的事情已经在历史上发生过:在"法国大革命"时期,革命的思想就由思想革命作铺垫。

拒斥被塑造者和塑造者之间的"自然"联系时,布莱希特同样也追求深刻的社会目的。在舞台上所塑造人物的行为和所塑造生活的"自然性"、"统一性"同时也被这种脱节颠覆了,他的另一种行为的可能性以及最终重建生活的可能性显露出来了。

在理论著作(《买铜·第二夜》)中,布莱希特借用哲学家的话说:"记不记得,我们在一个黑暗的年代聚集在一起,那时人与人之间的关系特别糟糕,而某些群体的罪恶勾当几乎被无法穿透的帷幕所遮蔽。因此为了揭示真正的社会关系,就需要特别多的考虑和努力。骇人听闻的人对人的压迫和剥削,军国主义的屠杀和各种各样的'和平'侮辱,充斥着整个地球,几乎成为某种日常现象……很多人认为战争如此得不可避免,就像地震一样,好像战争的背后不是人,而只是自然界的自然力量,在它们面前人类是无能为力的"[Брехт 1965,311]。

随后布莱希特立即转向对新戏剧原则的解释。他认为它的雏形是街头场景,比如说,当某个不幸事件的旁观者向一群人演示事件是如何发生的。旁观者—叙述者模仿着司机和受害者的行为,以便没有目睹现场的人们能够对发生的事件形成一个完整的认识,并做出自己的判断。

"我们的叙述者",布莱希特继续写道,"整体上只是根据当事人的行为来刻画性格,模仿他们,这样一来他就使人能够做出结论。戏剧在这方面仿效其示例,与日常戏剧所熟悉的行为理由,也即性格,彻底决裂,而且行为通过这样的日常戏剧而免遭批判,因为这些行为根据自然规律由人物的性格,由他们所做的事情造成。对于我们的街头叙述者,所塑造人物的性格是其不能而且也不应该全面确定的尺度。它在已知的界限范围内可能是这样,也可能是那样,这没有任何意义。叙述者感兴趣的是那些可以促成或者本能够阻止不幸事件发生的特征"[同上,322页]。在想象的世界中,性格的唯一确定性这就是布莱希特所说的东西,也正是它把穆齐尔和普鲁斯特合并在一起。

为了描述演员—"塑造者"和人物—"被塑造者"(这些术语与描述语言符号两方面所采用的"能指"和"所指"类似)之间的新型关系,布莱希特提出一个新的术语——"疏离"。布莱希特的术语 Verfremdung ——"疏离"与政治经济术语 Entfremdung ——"异化"不同,在某种程度上我们可以把它同俄国形式主义流派的术语"陌生化"相提并论;在英语文学中固定的翻译是 alienation, alienation effect 或"A—effect"。

后来的符号学家,特别是法国的符号学家,没能抓住布莱希特戏剧提供给语言哲学和诗学的可能性。布莱希特的戏剧对罗兰·巴特符号学的形成产生直接的影响。巴特本人早在 1956 年就已经写道:"应该承认,布莱希特的戏剧艺术、其史诗性戏剧的理论、'疏离'理论和'柏林剧团'的整个戏剧实践,在布景和服装方面提出了一个明显的符号学问题。因为布莱希特的所有戏剧活动原则至少直到今天还在奏效:与其说戏剧艺术应该表达现实,毋宁说应该表示、意谓现实。因此必须使所指和能指之间存在某种距离:革命艺术应该接受符号的某种派生性……布莱希特的思想……与基于现实的'自然'表达的美学是敌对的。"[Barthes 1964,87—88]

巴特的一篇早期符号学散文在准确度和格言使用上被认为是当代语用学的典范(它只有 3 页),它就是关于布莱希特根据高尔基的小说《母亲》所改编的剧本[同上,143 页]。大家知道,高尔基小说的一个思想就是在革命宣传的影响下唤醒群众的思想,布莱希特在自己的戏剧中以独特的形式发展了这一思想,以全新的方式呈现出"母亲—儿子"的关系。

这样一来,从 1950 年代起,关于"所指"和"能指"作为符号的两个方面—物质方面和心理方面—没有自然联系,以及符号整体上(由所指和能指构成)与对象之间也没有这种联系的论题,就成为延及至诗学的新范式的基础。而且,这一论题还加上了三个实体之间没有任何"无条件"的社会联系这个论点。这些论点注定要起到重要作用,主要是奠基性的作用,但是对该范式日后的发展也起到某种负面的作用。

可以这么说,符号学的分析近年来沿着两条路线进行,这取决于决定性意义所具有的"缝隙"是什么样的,即能指和所指之间的"缝隙"或符号和对象之间的"缝隙"。在第一种情况下,重点转移到能指和所指之间的心理联想分析和它们在个体创作中的重新调整上来。这样的分析有,例如,巴特关于巴尔扎克的短篇小说《萨拉西纳》的著名随笔《S/Z》(1970)。在这条路线上的符号学研究导致符号学同心理主义联结,而且联结点正好就是主体问题。我们只提及一点,对我们而言是相当重要的细节,它导致必须发展话语语言学[试比较:Барт 1978]。

这一切的发展结果就是这一论题:每一个命题行为都应该被看作是一种变换和更新意义(语义)的实践;意义和主体同时在话语的"动态变化"中,在"语篇"中产生。

那么,语言哲学的新范式给人文领域带来了什么新东西呢?

它摧毁了语词拜物教,特别是印刷品拜物教。它把人"在符号面前"的相对自由灌输到人的脑子里。它确立了"人是事件的作者"这一原则,但是立刻又对其进行约束,"至少是言说中的事件"。这是一个有失体面的约束,毫无疑问,那些像高尔基或者布莱希特这样的伟大艺术实践家就是因此而离开舞台的。重点转移到"艺术理论"上来,而且是其简化版的"符号学"。

对于笛卡尔来说,"Cogito"——"我思故我在"表示对人作为一个通过其思想来思维的东西的断定。于是这就成为新哲学的开始。与其不同,"Loquor"——"我说故我在"成为新的原则。因此在阅读许多语言哲学方面的当代论著时,不能摆脱"说就是他们会做的事情的全部"这种感觉。

第七章 语言认识阶段(范式)的普遍语言图式：三种模式

0. 导语

我们用"名称哲学"、"谓词哲学"、"自我中心词哲学"这三种范式的形式阐述了三种最普遍的语言处理方法。每一个范式在一定程度上都是一个完整的逻辑体系。但是它们的区别只是某种主观上的区别吗？也就是说，只是在语言观上的区别吗？正如我们竭力要表明的那样，不是的。每一个系统都是以某个客观的语言参数为基础，但却只是把它看成是起主导作用的。

三种不同的语言图式是否可以构成一个完整的图式呢？想象一下，运用一个模式就可以做到这点，该模式可以首先给那些作为每种范式基础的客观语言参数建模。但是接下来模式应该这样来构建，以便展示(建模)这些语言参数的抽象和实在如何一个接着一个地迫使观察者以一定的方式从外部观察语言，迫使其接受某种观点，以及另一个参数的引入又是如何使观察者转向另一种观点。我们认为，这最好用三个不同的模式来解释，其中第一个引出第二个，第二个又引出第三个。

现在我们来讲一讲几个技术性问题。逻辑学家不止一次地产生在一种自然语言中用某种方式把不同逻辑类型的语言结合在一起的想法。如果我们没错的话，那么第一位阐述该观点的人就是罗素，而且他的类型逻辑论就始于这项研究，随后才是他的其他观点[参见，例如：Russell 1980]。辛提卡把类似的想法作为其"可能世界"观的一个基础，尤其是当他为了语义的原始分析把"一阶"语言分离出来时，后来他又以特殊的方式对它们进行了扩展[Хинтикка 1980, 69 и след.]。而为此把一阶语言分离出来可以看作是类似于把"狭义谓词演算"或"纯粹的一阶函项演算"作为数理逻辑的特殊部分而分离出来[参见，例如：Черч 1960]。但是相对于自然语言而言，这已经是更久远的并行现象了。

罗素和辛提卡在自然语言的内部发现不同的"语言"，并且为它们构建不同的逻辑等同物，与此相关联的就是命题态度概念，也即意见、信念等表达式(像"约翰认为……")。

一方面，先从纯粹的语言学研究结果出发，我们早已认为自然语言的语法，特别是像古希腊语、俄语或英语那种发达语言的语法，可能最自然地就是将其描写成一个系统内不同"层次"、"层"、"语言"的结合。这种想法，实际上已经是在一个更合乎逻辑的方面抽取出来的，也是下面提出的三个语言模式的基础。我们认为，它们让人可以用最自然的方式，至少从语言学的观点来看是最自然的方式，既展现出一种语言系统中"语言"的差别，又展现出这些语言的结合方式（正是后者在罗素和辛提卡的概念中不太明晰）。所以尤其是，我们认为用某种语言表达命题态度的可能性作为区分一种更为发达的语言和另一种更为原始的语言（而且两者结合在一个系统中）的标准，作为一个相当复杂的标准，就是基于某种更为简单的根据。在自然语言中对其进行所建议的模型化时，后者恰好也可以表现出来。命题态度的可能性以某种方式与可以囊括该语言句子的名词（个体变项）数量相关联，也即与该语言命题函项的元相关联。例如，如果这种语言中只有 1 元句子是可能的，像"Клубника（草莓）—красная（是红色的）"，那么在这种语言中命题态度不可能出现。

下面呈现出来的三种模式，即语言-1、语言-2 和语言-3，也允许以自然语言为材料为其他一些重要的逻辑概念建模，这些概念传统上也在哲学中进行分析。除此以外，这些模式也允许引入某些诗学概念。

如前所述，语言的三个维度是语义学、句法学和语用学，其初步定义在序言中已经给定。下面将通过语言的这三种模式用更完整的和更自然的方式对这些概念加以解释。我们会看到，语义学并非直接归结于符号与对象的关系之中，而是归结于这些关系如何通过句法和语用来呈现；句法学并非直接归结于符号与符号的关系之中，而是归结于这些关系如何通过语义和语用来呈现；而语用学也并非直接归结于符号与符号使用者的关系之中，而是归结于这些关系如何通过语义和句法来呈现。（为了能够简洁明了地阐述这些定义，我们使用"符号"一词，但是当然实际上各处指的既是语言符号，也是它的其他要素，例如句子以及整个语言。）这些定义我们早在其他论著中就已经给出［Степанов 1981］，但是在这里我们用更为广义和直观的方式将它们引入，也即采用一种可以被叫做"罗巴切夫斯基原则"的方法。

罗巴切夫斯基认为几何学的基本概念应该直接从经验中借用，而不是"被编成"，也即不是抽象概念结合起来的结果。为了从经验中借用，罗巴切夫斯基勾画出一条准确的路径。他建议把物体当作是几何学的基本对象，而它们的接触是物体之间的基本关系。所有其他基本概念，像"面"、"线"、"点"、"直线"、"平面"等等，应该通过"物体"这个基本对象概念和"接触"这个基本关系概念来定义。这种关系的本质在于运动，"接触"在运动中实现，因此概念的相应定义通过指出"接触"的产生方式而形成。实际上，罗巴切夫斯基用这种方式引入了几何学概念生成的一般原则。这样，在《泛几何学》（1855）这部论著中罗巴切夫斯基写道："按照一般的做法,几何学从直线和平面开始,我却认为从球面和圆开始更好,其定义不会遭到指责其不完善的诘难,因为在这些定义中包含着这些值产生的方式。然后我把平面定义为在两个固定点的旁边被外切的相同球面所相交的面。最后,我把直线定义为相同的圆在平面上的相交,这些圆在两个固定点的旁边被外切于该平面上"[Лобачевский 1956,138]。

我们在这里也照此操作。选择语句这一经验中直接给定的语言现象作为基础,把其抽象基础命题态度分离出来,随后构建自然语言的三个模式,从最简单的开始,就是语言-1、语言-2和语言-3,它们首先在各自的语句上彼此有别,继而在命题态度上有所不同;最后在从语言-1转换为语言-2,接着转换为语言-3时,引入几个基本的语义学、句法学和语用学问题。模式,其次是模式向模式的转换,这一转换的动态本身使得基本概念的引入要比它们看起来的样子言简意赅,同时以整个语言的全部材料或某种抽象材料为基础来论证。

语言学家可能要问,这些模式是不是历时的,也即它们对语言的历史也进行模式化吗?不是。进行模式化的是连续出现的一些语言特点,是共存于当下的,也即共时的。

1. 语言-1(只具有语义)

语言-1指的是这样一种自然语言,其所有基本指标都用数字1来描述:该语言只能够产生一元,产生一级语句;该语言的名词只能归入到一类,谓词也只能归入到一类。当然,这种语言只能是十分约定地被叫做自然语言,因此最好这样说:这是一种非常贫乏的自然语言。

乍看起来,在不同的指标上数字1的纠结重复似乎要么是偶然的,要么是神秘主义的。实际上两者皆否。既然元是谓词中词项的数量,那么一元就以一定的方式只与一类名词相关联。这两个单位与"一"级相关联,当然不是以如此明显的方式,而是以更为间接的方式。随着进一步阐述还可以看到,语言-1的这些特点与它具有语义,但却几乎没有句法,并且根本就没有语用这个特点之间存在怎样的联系。

一元表示在语句中只有一个词项或题元:当然,在这种情况下该词项就是主体。因而谓词在这种语言里从来就没有客体,并且如果谓词是动词,那么该动词总是不及物动词:Кошка сыта(猫吃饱了);Кошка мурлычет(猫低声打呼噜)是这种语言的典型语句。Кошка лижет лапу(猫舔爪子)这个语句用这种语言表达已经不可能。

一级①(或阶)表示,无论名称的谓词,还是语句的谓词,都不能通过转换归结为另外某个更简单的表达式:它们自己就是最简单的一级表达式;Сытость кошки(猫吃饱的程度)或 В доме с кошкой—уют(在有猫的房子里——舒适),用这种语言表达是不可能的:前者是因为 сытость 是 сыт 的转换,后者是因为 уют 一词是 уютно 一词的置换,也就是二级(阶)谓词。

这种语言的名称只能归入到一类;这就表示:如果我们接受完全自然的契约,即名称的类与自然对象的类相符合,那么在这种语言里可以谈论的只是一类对象,例如,关于某些动物的属——猫、狗、獾、狐、熊、鸡、鹅、乌鸦,等等。"猫"、"狗"、"獾"等等就是这种语言的名称。用这种语言谈论动物根本不可能:由于"动物"一词是类的名称,而不是类成员的名称,所以在这种语言中不存在。类的名称与类成员的名称之间的关系构成我们在这一模式中所碰到的第一个基本的语义问题(1)(在本书中该问题没有专门涉及到[参见:Степанов 1981, 59 и след., 85 и след])。

这种语言的谓词同样只能归入到一类,就是那种包含对象特征的符号的类,这些对象用这种语言的名称来命名(动词在这里同样也表示特征):"мяукает(喵喵叫)"、"лает(汪汪叫)"、"кудахчет(咯咯叫)"、"хрюкает([猪]哼哼叫)"、"умывается(洗脸)"、"сидит(坐着)"、"бежит(跑)"、"спит(睡)"、"ест(吃)"、"сыт(吃饱)"、"болен(病着)"、"красив(漂亮的)"、"зол(凶恶的)"、"лохмат(长毛蓬松的)"等等。因此谓词在这里是特征的表示符号。谓词与名称的区别同特征与事物的区别相关联,这是第二个基本的语义问题(2),乃至整个语言哲学的问题。它被看作是与名称的概念相关(I, 1, 2; V, 1),与谓词的概念相关(IV, 1, 3),并且会在其他节中涉及到。

当然还要接受另外一个条件,即在这里特征指的是客观特征,与说话人的意见或心理感受无关(关于说话人暂时根本还没有谈论到),因此,"красив(漂亮的)"和"зол(凶恶的)"在这里就是像"лохмат(长毛蓬松的)"或"ест(吃)"那样的客观特征;说话人在这里总是肯定地知道,这个动物是否"漂亮",就像他知道它是否"长毛蓬松"一样。但是实际上,由于还是会存在区分客观特征(像"长毛蓬松")和主观特征("漂亮的"、"讨人喜爱的")的问题,所以在这里隐含着新的语义问题(3)。本书只是顺便涉及到该问题,这是因为与命题态度概念相联系,也即与意见或信念态度(IV, 3; VI, 3 及其他)相联系。一般来说,这是一个最重要的自然语言的语义问题,与其相关联的有关于"语言的世界图式"的各种假设,关于语法范畴的问题和许多其他问题。实际上,例如可以想象一种语言,在这种语言中客观性质表现在一个

---

① 级或阶,在我们所说的意义上就是在一系列转换"步骤"中的那个"步骤",在这一步骤上该表达式由初始的、基本的东西而得出。

语法范畴里,主观性质表现在另一个语法范畴里,而这一想象离现实语言并不遥远。这时我们便处于该问题的核心了。整个模态,尤其是"事物模态"(de re)与"语句模态"(de dicto)的区别,显然同样也属于这一系列问题。

现在我们逐步接近语句的实质所在,即名称(词项、题元)与谓词的搭配。在语言-1里显而易见,名称与谓词的搭配以对象与其特征之间的客观联系为基础。而这一客观基础在该语言中仅仅只有在语句形成时才会被考虑到。换句话说,语言-1是一种外延语言,在其表达式的构成中,特别是语句构成中,名称和谓词是可以替换的,且只需遵循一个条件,即保持名称与对象、谓词与特征的同一种关系。因此在这种语言中起作用的是普通同义词、外延同义词的原则。(当语言变得复杂起来时,这一原则—同等替换原则—就不再起作用了,也即语言不再是外延语言了,这时在同义替换方面就会出现新的语义问题,但是暂时在这里还没有问题。)

名称与谓词的搭配及其结果的实质就是述谓关系或命题①。这样,述谓关系的本质,正如我们所理解的那样,就在于述谓化,也即语句构成中谓词对名称的归属,基于名称的对象实际上具有谓词所表达的特征。由此产生两个重要结果:

第一,述谓关系应该具有直接令人信服的理性力量。皮尔斯首次发现这一特点,并把它叫做"直接令人信服的理性力量"[Пирс 1983б 167]。语言-1模式让人看到这一特点从何而来:如果名称的类与语言使用者已知对象的类相符合,而谓词的类与这些语言使用者已知对象的特征相符合,那么名称与谓词的这种搭配就包含着听话人根据语言和客观现实的知识就可以知道的某种东西;新的东西对听话人来说只是说话人从众多可能中选择这一搭配的事实。由于语言使用者总是知道这种语言的名称和谓词的意义,并且总是拥有关于世界的某种知识,所以述谓关系对他而言总是会具有令人信服的理性力量。但是这种说服力的直接程度随着语言的复杂化会逐渐降低:囊括语言的对象和特征的类越多,就越难以了解它们,关于世界的知识就越来越多地处于语言知识之外;世界呈现在直接或间接经验的有限范围内,而语言远远跳出了这个范围;在理解名称和谓词的搭配时,听话人还是要很费劲地才能信服它们和客观现实的一致关系。这又是语言问题(4)。但是再强调一遍,这种一致关系在某种程度上始终存在,这是由语言机制本身造成的:没有一种语言会这样构建,就是使其名称命名某些对象,而其谓词命名的却完全是另外一些对象的特征。

第二个结果涉及到分析性句子与综合性句子的区别。(众所周知,存在对真理或假设的"分析性"—"综合性"的两种基本解释,即莱布尼茨的解释和康德的解释。下面这些术语是按照康德的解释:"分析判断在谓项里说出的只是在主项概念中

---

① 在完全自然的语言中这只是述谓关系的第一阶段;第二阶段在于肯定或否定关于客观现实的述谓关系(为真或为假)。

已经确实想象到的东西,尽管还不是那么明晰,也不是带着那样的意识"[Кант 1965,80];综合判断在谓项中包含着某种在主项的概念里还没有想象到的东西。除此以外,从现代观点来看,分析判断与综合判断的划分只能在某个固定的语义系统内进行。而从这样的系统之外拿出来的命题,问它是分析性的还是综合性的,是没有意义的[Смирнова 1962,358]。这些术语之间重要的细微差别,或许甚至是"第三种解释",是由皮尔斯加进去的[1960,155,188],他把综合判断叫做"外展",也即"扩展性的"。莱布尼茨和皮尔斯的解释,看来,也可以在这里被模式化。)

在语言-1中,所有句子同时既是分析性的,也是综合性的。这一点在前面所述之中就已经清楚了。句子在于特征对对象的述谓化,而且无论是特征,还是对象,都作为独立的实体而存在(鉴于语言-1的第一个特点,该语言的名称和谓词描写是不可相互归并的客观实体),因此语言-1的句子在该意义上是综合性的。但是同时它们也是分析性的,因为它们具有最大限度的直接令人信服的理性力量:该语言的使用者知道该谓词必须要与该名称搭配在一起,因此在该语言中除了必须的句子,没有其他别的句子。分析性句子与综合性句子的区别出现在语言-1之外,并且随着语言的复杂程度而加大。这样一来,在语言-1中分析与综合的这种解释(5),即"某个判断是分析的,还是综合的,只是相对于该语言系统而言",就可以直观地被模式化[Смирнова 1962б 362]。

随着语言模式在我们刚才说过的方向上的复杂化,它同时也开始对深层结构与表层结构的区别进行模式化,其中包括深层分析性句子与表层分析性句子(重言式)的区别。实际上,只要语言-1的使用者还可以直接查验表示对象的符号和表示对象特征的符号(名称和谓词)是否与实际对象和实际的对象特征相符合,也即从说出来的句子直接就可以看出来这一点,那么在该句子中使用者同时既具有深层结构,也具有表层结构(两者没有区别)。而如果该句子是重言式,那么这同时既是表层重言式,也是深层重言式。由于如我们所见,在语言-1中实际上每一个句子同时既是分析性的,又是综合性的,所以在语言-1中某一小部分句子就可以叫做狭义上的分析性重言式,在这样的句子中,听话人出于某种原因,例如,两个人离得很近,实际上处于一个空间点上,就连说话人说出来的名称与谓词搭配的事实本身也预先就已知道。但是随着语言开始囊括越来越多的对象及其特征(而且这两个过程不一定要平行发展,不平行的例子参见卡尔纳普的语言层次,IV,4),分析性与综合性的特征不再重合在一起,并且分开得越来越远,与此同时狭义上的分析性句子,以前同时既是表层结构也是深层结构的重言式,表层上就不再是重言式,而只是深层上的重言式。

一阶逻辑可以作为该过程某个阶段的类似物,辛提卡就一阶逻辑指出,在一阶逻辑中,所有正确的逻辑推论都应该是深层重言式,但它们并非全部都是表层重言式。根据类似的事实辛提卡做出结论:"这样,结果看来,我们第一次获得十分确定的、直觉上清楚明晰的信息概念(在辛提卡的意义上——作者注),该概念表明,正确的逻辑或数学论断不是重言式,但却可能增加我们所掌握的信息"[Хинтикка 1980,59]。

因此在语言-1中,所有的句子同时既是分析性的,也是综合性的;句子结构同时既是表层结构,也是深层结构;可以想象一种更为狭隘的狭义上的分析性句子,同时既是表层重言式也是深层重言式的类;随着语言-1的扩展(也即将其变成某种别的语言,在我们这里也就是语言-2),这些成对相同的且构成平行对的特征便开始分道扬镳。

在语言-1中没有"或"、"某些"、"所有"这样的逻辑词,它们的引入构成一个特殊的问题。但是这样一来,在语言-1中也不可能有否定词。可以这样来想象一下,说话人用这种语言不能谈论不存在的东西,他们谈论的永远都只能是存在的东西。这又是一个问题(6),该问题在前面罗素的语言层次方面(IV,3)已经分析过。当然,马上会出现另一个问题:在这种情况下,也即在不能谈论不存在的东西的情况下,说话人能不能用语言-1撒谎?这些特征与述谓关系以及句子的另外一些特征在引入说话人这一坐标之后才变得清晰起来。

在语言-1中说话人只是作为"谈论什么的人"而存在,他不能谈论他自己:他的名称—"我"在对象的名称中不存在。因而在某种意义上他在这种语言中根本就不存在。用这种语言说出来的所有的话,都与他话中谈论的事实本身相符合:当说话人说话的时候,他同时也就把自己规定为存在的(尽管对此无法述说),规定了自己所处的时间和地点。在这种情况下,时间自然永远是说话时间,而地点永远是说话人所处的位置。坐标"我—这里—此时"在这种语言中是由用这种语言说话的事实规定的,而不是表达出来的,而且没有任何手段可以用这种语言表达,也即述说。说话人坐标在语词完整的意义上是由于坐标的对比而出现:"我—这里—此时","我—那里—那时","你—那里—那时","他—那里—那时"等等。但这已经是另外一种语言了(在我们的模式里就是语言-3),而说话人坐标和自我中心词的引入是语用学现象的一个新问题(7)(在第 VI 章对它有所分析)。

然而,用这种语言表达的述谓关系是存在的,而且其存在的可能性在没有说话人坐标的情况下阐明了其重要特点。如果在说话人坐标之外分析述谓关系,那么述谓关系本身,与其结果、命题态度一样,既不为"真",也不为"假",只有在说话人这个坐标上才能成为两者之一。但是作为由名称和谓词的客观基础预先决定的可能性,述谓关系表达的是真(不可能的东西就不是真的)。上述又构成一个基本的语义问题(8)(在 IV,2,3;VI,2,3中涉及到)。

因而说话人坐标——他的"我"、时间、地点、以及模态和相关范畴,与述谓关系和命题的本质无关,这些坐标是通过这两个层次的结合形成语句时叠加在命题之上的。

然而,用语言-1述说过去的事是可能的,只不过说话人不会知道这是"过去","过去"只有对某个外来的观察者来说才是那样的(如果找得到那样的观察者)。对于讲语言-1 的说话人而言,过去不应表现为与在"当下"一样的、只是属于其他时间的谓项与主项的搭配,而应表现为主项与其他谓项的搭配。如果在具有时间坐标的语言中,同一个特征(谓项)可以在不同的时间被想象到,那么在语言-1 中被想象成相同的就是时间本身,永远是说话时间,而特征(谓项)是变化的。例如,为了表达 Собака лохмата(狗是长毛蓬松的)与 Собака была лохмата(狗曾是长毛蓬松的)的区别,在语言-1 中不是一个特征"ломатый(长毛蓬松的)",而应该是两个特征:"ломатый$_1$"——"在说话时刻是长毛蓬松的",和"ломатый$_2$"——"曾经是长毛蓬松的"。

当然,实际上对特征这一区别的描写应该还要复杂一些,因为时间概念,也就是变化,即"现在"和"以前",不能用这种语言表达出来。"ломатый$_2$"特征可以略微准确地这样来描写:"那个长毛蓬松的东西,但却不是在谈论这个的时候是这样"。但是由于讲语言-1 的人不能谈论不存在的东西,所以在这种情况下应该想像成是长毛蓬松在说话时刻的某些印记。自然语言的某些事实可以产生关于这一可想像到的模态区别的认识。这样,在一种美洲印第安语中区分出 hani·l"房子"和 hani·pïl"过去的房子",也就是"曾经是房子的东西,而现在不再是了",但毫无疑问,"过去曾经是房子的东西"应该在说话时刻不存在,而以某种别的形式存在(和我们模式中的"长毛蓬松的印记"十分类似);在某些印欧语言中,事件旁观者的式和非旁观者的式是相对立的。

名称是对象的名称,谓词是该对象特征的表示,两者都是语义概念,因此名称与谓词的搭配也是语义概念。我们称其为"语义的冗长成分",它表示与该客观特征对该对象的归属性相符的客观现实要素。

语义的冗长成分在语句中的存在是毋庸置疑的,但它们的分类,也即称名,即对存在于给定的具体语句中的那个成分的描述,是一个难题。它与最普遍的语义范畴的呈现相对应,该范畴比单独的名称范畴和谓词范畴还要普遍。在比语言-1 更为复杂的语言中,发现某些冗长成分的差别至少要相对容易些。例如,比较俄语的两个语句时:Человек стоит [有个人站着] 和 Дерево стоит (有棵树[站着]),不难发现,前者当中是冗长的语义成分"有生命的,主动的",而后者当中则是"无生命的,非主动的"。这些成分(范畴)部分地可能重合,表现在语句形式上和内容上的重合,例如在列举过的成对体中;而它们部分地又大相径庭,表现在语句形式上和内容上的不一致 Человек встал [人站起来了]— * Дерево встало([树站起来了]不可能)。不一致的事实正好说明我们面对的是两个不同的范畴。

冗长成分-语义范畴的区别很难适用于不太发达的语言-1,要知道它们全部属于名称和谓词的同一个类,并且难以表现出对照。然而这个十分重要的句法问题同时也是语义问题一直存留下来(9)。在本书中对此没有涉及,但是在另一本书中有详细研究[Степанов 1981,IX]。

这样一来,语言-1 这种发展得很不和谐的语言主要是体现在语义方面,在这种语言中句法几乎整个从属于语义,而语用根本就不存在。

是否可以想象用这种语言表达的艺术呢?由于用这种语言不能谈论"我"这个语用学中的主要成分,所以用这种语言表达抒情诗显然是不可能的,假设存在直接言语以及"我"和"你"对话的戏剧,也同样是不可能的。在某些保留条件下,可以把"史诗"想象成关于被这种语言的名称所包围的现实对象的叙述。但是这样的"史诗"也应该是十分枯燥的:它叙述的只是没有它在实践中也会知道的东西,以及讲这种语言的人在日常实际说话中所谈论的东西。而且没有说话人坐标(它们只出现在语言-3 里),"史诗"也无法与实际说话区别开。

但是,仍然认为用这种语言表达的语词艺术是可能的,而且不管有多么奇怪,都应该从最开始就接受一种十分微妙的(从现代的观点来看)特点:这种艺术或者是象征性的,或者是形式的。(由于在这种情况下在艺术中可以不只想象出一种路线,所以路线之间的纷争是可能的,因此一种路线可以被视为是进步的,而另一种则是反动的,等等。一切就如同在现实中一样,模式是起作用的。)语言的使用者既不具有谈论"我"的可能,也不具有赋予名称隐喻意义的可能(这和建立新的对象的类是同等意义的),它应该满足于通过某些新的方式把相同的符号组合搭配起来而获得的享受。但是由于这时句法的位移是被禁止的,或者总之是受到限制的,所以组合搭配涉及到的应该只是形式,首先就是符号本身的声音形式。如果在实际讲话中这种语言允许其使用者进行名称和谓词之间的所有组合搭配,那么在诗歌语言中使用者就应该满足于选择,比方说,有辅音韵的(或者相反,在声音上形成对比的)名称和谓词。例如,如果在实际讲话中语言容许 Кот ежится(猫蜷缩着);Барсук катится(獾滚动着);Ёж барахтается(刺猬使劲挣扎着)这些搭配,那么 Кот катится(猫滚动着)(或者,在通俗的俄语中更富有表达力的:кóтится);Ёж ежится;Барсук барахтается;这些搭配就成为"诗歌"的语言。像任何一个音韵一样,这种内在的音韵强调了语言的原始语义所没有规定的特征与主体之间更为牢固的关系。这种语言的诗学理论家们(如果他们存在的话)可以在这里找到"艺术认识作用"的证据,并且完全有理由断言,像 Ёж ежится(刺猬蜷缩着)这样的"诗歌的"、"艺术的"语句表现出刺猬的新特征,这在实际讲话中不易觉察到。这就是象征艺术(10)。(我们在前面看到,在 I,6.4 里,与象征相比,类比未必会在更大的程度上表现出真正的历史象征主义的实质。)

这种语言的诗歌也可以接受另外一种形式化的路线,比如"句法排比"和"语义排比"形式。"举个最简单的例子,"雅可布森在谈到现实主义诗歌中的这些手法时写道,"在科拉半岛的拉普人漫长的旅途歌曲和渔歌中,两个相邻的人完成相同的动作,并且似乎成为把那些有独立意义的成对语句无意识地、无情节地串连起来的线轴。"

Я[①] Катерина Васильевна, ты

Кат ерина Семеновна;

У меня кошелек с деньгами, у тебя кошелек с деньгами;

У меня сорока узорчатая, у тебя сорока узорчатая;

У меня сарафан с хазами, у тебя сарафан с хазами

(我是卡捷琳娜·瓦西里耶夫娜,你是卡捷琳娜·谢苗诺夫娜;

我有一个装着钱的钱包,你有一个装着钱的钱包;

我有一个带着图案的头饰,你有一个带着图案的头饰;

我有一件带有饰缀的无袖长衫,你有一件带有饰缀的无袖长衫;)

等等。在关于福马和叶列马的俄语小说和歌曲里:

Ерему в шею, а фому в толчки!

Ерема ушел, а Фома убежал,

Ерема в овни, а Фома под овни,

Ерему сыскали, а фому нашли,

Ерему били, а фоме не спустили,

Ерема ушел в березник, а Фома в дубник.

叶列马的脖子被击打,而福马的身体被推搡!

叶列马走了,而福马跑了,

叶列马去了烤干房,而福马躲在烤干房下面,

叶列马被搜到了,而福马被找到了,

叶列马被打了,而福马也没有被放过,

叶列马跑往白桦林,而福马去了橡树林。

两兄弟这段相互对比的讲话之间的区别没有什么重要性,省略句 Фома в дубник(福马去橡树林)重复着完整句 Ерема ушел в березник(叶列马去白桦林),两个主人公同样都跑进森林,并且如果一个人喜欢白桦林,而另一个人喜欢橡树林,那么也只是因为 Ерема(叶列马)和 березник(白桦林)都是抑扬抑格,而 Фома

[①] 在这里语词"我"、"你"的出现,当然对于缺少它们的模式而言是不重要的,这用来举例说明的语词。

(福马)和 дубник(橡树林)都是抑扬格(试比较前面讲过的名称和谓词的辅音韵——作者注)[Якобсон 1983, 466]。对这种民间诗歌的特点更为详细的研究表明, 后者完全可以进一步按照语言-1 模式的精神进行变形。Фома(福马)和 Ерема(叶列马)的语言特征的重复通过使用下列手段而获得:

1) 同义词:
   Ерема кричит, Фома верещит;
   Ерему сыскали, Фому нашли;
   叶列马喊叫着, 福马叫喊着;
   叶列马被搜到了, 福马被找到了;

2) 同种(对于该情境而言)事物的名称:
   У Еремы были гусли, у Фомы орган;
   У Еремы деревня, у Фомы сельцо;
   На Ереме зипун, на Фоме кафтан и т. д.;
   叶列马有古斯里琴, 福马有管风琴;
   叶列马有村庄, 福马有小村落;
   叶列马穿着一件短上衣, 福马穿着长袍等等;

3) 部分和整体或整体和部分:
   У Еремы клеть, у Фомы изба;
   Ерема вошел в церковь, Фома в алтарь и т. д.;
   叶列马有仓库, 福马有木屋;
   叶列马走进教堂里, 福马走进圣坛, 等等;

4) 对称事物的名称:
   Ерема встал на крылос, Фома на другой.
   叶列马站在唱诗班席上, 福马站在另一个唱诗班席上。

列帕欣这样总结道:"福马是叶列马的语言影子"[Лепахин 1981, 68;试比较: Лихачев, Панченко 1976, 51]。同一位研究者继续对《不幸之山的故事》进行类似的研究, 他指出, 例如人的行为与动物的行为的语言重复、排比、比喻, 发展为后者的拟人, 变成主要人物孪生物的创造。"过程不是从形象到语言手段、到语言体现, 而是相反, 从语言实践, 从固定的语言形式到它们的拟人和对偶的形成"[Лепахин 1981, 72]。在这种情况下, 在同义排比这个术语之中, 不单单是描写主要人物, 比如福马和叶列马兄弟, 而是描写围绕在他们周围的一切: Одна уточка белешенька, а другая-то что снег (一只小鸭子白白的, 另一只像一团雪似的)[Якобсон 1983, 465—466]。

如果可以把所有类似的例子概括性地叫做语义排比, 那么开头所举的例子(我有一个装着钱的钱包,你有一个装着钱的钱包),确切地说就是句法排比。但是如何把这种整体上的形式艺术命名为语义艺术(注意到,这种艺术是在语义上做文章,而不诉诸于外部世界)? 或句法艺术呢(鉴于手段的基础在于句法结构的排比性)? 大概还是语义艺术,因为艺术家的注意力在语义排比上,进行加工和变形的正是语义,而句法是不变的,不发生变形的基础(要知道在语言-1 中不允许发生任何结构变化);这一句法-基础在这里未经艺术家的有意参与而不由自主地表现出来。要公允地注意到,在语言中通过其形式本身表现出来的东西,在某种意义上,对于语言使用者而言,是绝对表达不出来的[Витгенштейн 1958]。

不仅仅语义排比,而且模式中出现的声音排比,在古代印欧诗歌的语言当中也能找到现实的对应物,因此这也证明了象征路线和形式化路线不仅可以相互斗争,也可以彼此融合。

索绪尔对语言符号的声音形式问题研究颇多(尽管大部分是为了自己的研究,而不是为了发表),他得出结论,应该从诗歌的辅音韵(头韵、各种韵律)中把完全是另外一种类型的辅音韵分离出来,其用途是为了强调语词之间的神圣联系,特别是神的名称、被歌颂人的名称、死者的名称,等等。他将其称为易位书写,而他发现在古代印欧诗歌和祭祀用语中到处都可以见到它们。在大胡子西庇阿的墓志铭上有这样一首诗:

Taurasia Cisauna Samnio Cēpit,

译成古典拉丁语散文,也即 Taurasiam, Cisaunam, Samnium cepit"他占领了(地名)塔乌拉西亚、齐萨乌那、萨谟",索绪尔发现了西庇阿的名称 scipio 按照字母 s-c-i-p-i-o 被分散地加密了。

索绪尔写道:"如果……承认,所有音节都可以参与到声音的对称之中,那么这时由此可以得出,这样的声音组合无论如何也不会依赖于诗行及其韵律,并且该诗歌形式由诗行的韵律格局与独立于其的第二原则的结合而形成。为了满足 car-men 形式(拉丁语,起初是'有节奏的咒语',后来是'歌曲、诗歌')的第二个条件,该条件完全独立于停顿的构成和重音的分布,我确实断言道(而且接下来这就是我的初始假设),诗人完全沉湎于语词的声音分析,这就成了他平常的营生:这种关于语词发音形式的科学从最古老的印欧时期就是印度词 kavis、拉丁词 vates 等具有优越性和特殊品性的原因"[Соссюр 1977, 639]。[另一个印度词 kavi"智者,诗人"(这里用复数);拉丁语 vates"先知、圣哲、诗人";预言通常用有节奏的形式说出来。]"形式诗歌"的问题(II)前面已有详述(IV, 5)。

不过,不仅语言-1 的诗歌,而且一般说来整个语言-1 都颇为符合用历史-比较方法复原的原始印欧语的一个片断。这一片断如下:

语言-1 的现实等同物 前面我们不止一次确信语言的某个模式不是使整个自

然语言模式化，而只是使其一个片断模式化，但是在这种情况下模式本身具有完整语言的面貌。特别是罗素和卡尔纳普的语言层次中的每一种语言（模式）的情况都是如此。正是在该意义上我们在该情形下谈论模式的现实等同物：它是不是自然的原始印欧语的一个片断？

  早在1901年，在《印欧语格系统中的施事者和受事者》一文中，乌伦贝克就提出一个论点，在历史上已证明的由8个格（主格、呼格、宾格、属格、夺格或离格、与格、位格、工具格）构成的系统之前，在原始印欧语中就存在另外一个只有两个基本格的系统。它们被叫做主动格和被动格。主动格是发出行为的人，是施事者的格，也就是及物动词存在时的主格：它的特点是标志-s。被动格是受事者的格，也即是人是物无关紧要，对此没什么可说的，但是不能赋予其以主动、及物的行为。如此一来，这就是及物动词存在时的宾格和不及物动词存在时的主格，而且后者还是其决定性的角色。受事格的特点就是没有特别的标志，充当它的是纯粹的词根，而且只有词根以-o结尾时它才具有标志-m[Уленбек 1950]。

  由上述理论可以直接得出这样的论点（不是由乌伦贝克本人表述的）：在原始印欧语中存在3种不同类型的句子，也即3种类型的名词-主词与动词-谓词的组合：1) 主动主词（人或类似于人的）+及物动词（主词的标志为-s），2) 非主动主词（事物或类似于事物的）+不及物动词（主词的标志为"零"或词根以-o,-m结尾；3) 主动主词+及物动词+非主动宾词（主词的标志为-s，宾词的标志为"零"或-m）。第三种类型明显是复合的，由前两种类型派生出来。前两种类型中的任何一个类型如果单独拿出来，都可以被看做是语言-1的等同物。第一类句子的主词是主动事物的类，在原始印欧语中主动发出行为的成年人、神、积极的自然力量、天体、果树等等都归入到这一类。这一类接下来又分成两个语法上的性：阳性和阴性。第二类句子的主词构成了另一个类：非主动事物的类，结果转变为语法上的中性：非主动的人，首先是孩子、果实（"果树的孩子"）、事物。每一类主词都有自己的一类谓词—动词与之相对应，尽管详细地确定它们比确定主词—名词类要困难得多。然而这两类句子的确凿痕迹在现代印欧语中保留了下来：在英语中：1) The man raises something "人举起某个东西"，但是 2) The wind rises "风刮了起来"；在立陶宛语里也是这样：1) Vyras kelia kažką，但是在 2) Vėjas kyla① 中，动词词根发生变化。

  根据名称和动词的相应划分，在所谓的主动结构的语言中，特别是在许多印第安语中，划分类似的两类句子更为合情合理。有意思的是，在这些语言中正好真实地见证了我们的模式所规定的时间范畴的缺失。根据沃尔夫的论据，例如在霍皮

---

① 在现代立陶宛语言中 Vėjas Keliasi 这一形式也是可以的。

语中,可以区分出来的只是:a)说话人视野中正在发生的行为(与俄语中相对应的,例如 Он бежит [他在跑]);b)已经从说话人视野消失不见,但对他而言仍旧是事实的行为(俄语 Он бежал [他跑了]),在霍皮语中同样的形式和 a)情形下一样;c)说话人根据记忆可以复原的行为(俄语 Он бежал [他跑了],也是这个形式),在霍皮语中是一种特殊的形式;d)可以预料到的行为(俄语 Он будет бежать [他将要跑]),在霍皮语中是一种特殊的形式;e)作为规律、规则的行为(俄语 Он бегает [他经常跑]),在霍皮语中是一种特殊的形式。

印欧语的实际等同物表明,如何可以进一步发展这种语言:在言语链中通过简单的并置,在谓词之后放上第二个名称(除了主体名称以外)就足了,以便这一名称或者用来表示工具,即超越主体之外的行为通过它来完成,或者表示行为所达到的对象。看来印欧语实际上也是这样发展起来的。在抽象概念中与之相对应的是二级语句的出现,并且这一特点将在下面的语言-2 里被模式化。

2. 语言-2(具有语义和句法)

语言-2 指的是这样一种自然语言,其所有基本指标都用数字 2 来描述。正如我们下面所见,与语言-1 相比,这种改变是因为在语言-2 中出现了比语言-1 中更为发达的句法。

二元在语句中表示除了主体项以外,还应该有一个项,即客体。(在下面的论断中"客体"指的是与"主体"相对立的"项",而不是"外部世界的对象"、"事物";后者既与"主体"相对应,同样也与"客体"相对应。)Кошка ловит мышь(猫捉老鼠),Кошка ест мышь(猫吃老鼠)是这种语言的典型语句。因为其中所有的谓词都是二元的,所以在这里所有动词都是及物的。

与主体项不同的客体项的存在,自然地与这种语言的另一个典型特点相符合:这种语言的名称分为两类,表示两个现实对象的集合;第一类提供主体项,而第二类提供客体项。很自然地会把区别它们的对立特征与现实中事物的区别联系起来,例如把事物的主动性和第一类的个体联系起来,把相对立的事物的非主动性和第二类的个体联系起来。这样一来,主体和客体在这种语言中的区别就是语义特征(同时当然也是句法特征)。猫具有捉老鼠、吃老鼠的属性(特征),但是老鼠不具有捉猫、吃猫的特征;老鼠在这种语言里属于第二类事物。

现在可以提出一个关于谓词的问题。在这种语言中应该有多少类谓词?有一类谓词的存在是注定的:就是用来表示第一类(主动)名称所表示的那些对象的特征的谓词。所有这些谓词都表示主动特征,与俄语或英语这样的语言中的及物动词"捉"、"吃"等等相对应。但是关于第二类(非主动的)特征可以说些什么呢?不得不承认在语言-2中这类对象或者丧失了特征,但是这离自然语言太远,或者其特点就是派生的特征,也即依赖于第一类对象,是第一类谓词的变形;例如,如果"捉"是第一类谓词中的谓词,用来描述第一类对象中的对象"Кошка ловит［猫捉（鼠）］；способна ловить［能捉（鼠）］",那么"ловиться［被捕捉］"就是第二类谓词（Мышь ловится［鼠被捉］；способна быть ловимой［可以被捉］）。这种认识与自然语言有点接近,我们接受这种认识,并在后面对其进行详细分析。(实际上在自然语言中,在"从语言-1到语言-2"这样的发展过程中,只要所有语言-1的类都保留下来,难题就能够得到解决。在北美印第安语这种所谓的主动语言中,主动类的名称有自己的谓词,非主动类的名称也有自己的谓词,也就是像在语言-1中一样,但是在向称名结构方向、ivana 及物谓词发展时,原始的类并没有消失。)

回到语言-2名称的类上面来。显而易见,拿来用以说明的特征过于零碎细小,它会符合这样的客观事态,在该事态下前面分析过的语言-1会这样发展,以致于用这种语言可以谈论的唯一的一类谓词(动物)变成更为细小的类(猫、鼠、獾等等);同时除了动物类,在这种语言中不会出现任何动物类之外的其他事物的类。这条发展路线在现实的历史中是存在的,但是如果假设只有这一条路线存在,那么这当然是语言发展的反常方式。更为正常的是首先假设,在一个类(例如,动物类)的旁边出现了其他类,非常庞大的对象类,它们开始囊括这种语言,例如植物类,这在现实中究竟如何发生。因此为了用实例说明语言-2,我们采用下面两个对象类:"动物"类(在语言-1中已经存在)和第二个新的"植物"类。在语言-2的语句中第一类名称总是只充当主体,而第二类名称只是充当客体。因而典型的语句就是这样的:Гусь ест траву（鹅吃草）；Кошка не ест траву（猫不吃草）；Свинья подрывает дерево（猪拱树）；Синица обклёвывает рябину（山雀啄花楸树）等等。(在这里为了使论断不要过于复杂化,我们倾向于认为否定词已经以某种方式被引入到模式中,尽管正如我们在前一节所见,这是一个特殊的可以明确地表述出来的问题。)

第二类名称(客体)和第二类谓词(对象的特征)的出现改变了在语言-1中就已经指出的语义问题(1—11),并且提出新问题。

类名称与类成员名称之间的关系 这一问题表现出独特的渐进(递归)复杂化的趋势,但是这种趋势包含着解决办法的萌芽。在语言-1中没有"动物"这样整个表示名称的类的名称。该名称只有在元语言中、在某个外来观察者的语言中才可以想象得到,外来观察者把语言-1名称的类作为一个整体来描写,并以此为目的。至于语言-2,相对立的第二类名称"植物"的出现在这种语言自身的范围内制造出类的对比。尽管名称"动物"和"植物"在语言-2中依旧不存在,但是这些词项的位置已经由这种语言本身所决定;因此完全可以用模式的精神想象这样一种情形,语言-2的使用者感受到这种对比,并且可以赋予F其名称,例如"动物"和"植物"。这样一来,语言-2 就孕育着普通词项的产生,因而也就孕育着向语言-3 的转变。该过程在一定限度内具有递归性。

历史上对该过程的第一个表述就是"波菲利之树"(下面这一层级的分支用破折号分开,而级与级之间用引号分开;读者可以轻松地转换为图标方式的描写):

0.实体;1.无形的 — 2.有形的(物体);2.1.非生命体的 — 2.2.生命体的(有生命的);2.2.1.无感觉的(植物)— 2.2.2.有感觉的(动物);2.2.2.1.无理性的 — 2.2.2.2.有理性的(人)。

"波菲利之树"作为对亚里士多德范畴中的第一个范畴—实体范畴的描写而创造出来。该过程的范围以自然语言为限,这由波菲利的图解很好地反映出来。上限就是"实体"概念,在自然语言中已经不具有自然的表达式。下限就是人这一领域之中的"个体"概念,在自然语言中具有无以计数的表达式集合。这两个概念从古希腊起就是语言哲学的对象,尤其在中世纪时期;总的来说,"类名称"和"通名"的意义在新时期被很多人研究过(参见 I,1;IV,3)。

类名称"动物"充当主体,而类名称"植物"在语言-2 中充当句子的客体。因此如前所述,在这里典型的语句就是 Гусь ест траву(鹅吃草);Свинья подрывает дерево(猪拱树)这样的句子。在同一谓词下逆向使用词项的语句,也即那些"植物"类词项成为主体,而"动物"类词项成为客体的语句是不可能的。因而,* Трава ест гуся(草吃鹅); * Трава не ест кошку(草不吃猫); * Дерево подрывает свинью(树拱猪); * Рябина обклевывает синицу(花楸树啄山雀)等等,这些语句是不可能的。

这种禁止由先前接受的(对于语言-1 而言)契约造成:谓词表达的特征与事物类的客观特征相符合。这样一来,对于语言-1 就已经给定的述谓关系的主要特点在语言-2 中保留了下来。

然而在语言 2 中没有什么会影响客体项在谓词转换的条件下成为主体项;这正好也符合语言 2 中准许二级(或二阶)语句的这一特点。转换与迂说问题(12)在本书中没有涉及到[关于此参见:Степанов 1981]。

二级(阶)表示在这种语言中某些语句可以由更为简单原始的一级语句得出(或者反之,二级语句可以还原为一级语句)。例如,二级语句 Дерево подрывается свиньей(树被猪拱)可以由一级语句 Свинья подрывает дерево(猪拱树)得出。这里具有根据说话人的主观选择以两种逻辑上等价的方式(Свинья подрывает дерево — Дерево подрывается свиньей)来呈现事物与特征之间同一种关系的可能。这种语言特点接下来在外延与内涵的区别中有所反映。该问题(13)在前面分析过(IV,4;IV,2)。

说话人坐标在语言-2 中依旧不存在。它们出现在语言-3 中,其中在名称的类中产生出一种特殊的类,即"我",并且这一名称可以交替地赋予每一个语言使用者自身。

语言-2 的一个重要的新特点就是搭配性。当然,任何一个句子都是主词与谓词的搭配,但是在语言-1 中这只是句子的一个伴随特点。

在具有两类名称和谓词的语言-2 中,没有任何规则会禁止说话者违反原始的搭配性,也不会禁止界定第二类主词的一类谓词与主词的搭配。因为在这种情况下谓词从不作为主词最初定义的类中选择出来,所以这样得到的句子在语言-2 系统中已经不是分析性的,而只是综合性的。

如此一来,在语言-2 中似乎和在语言-1 中一样,存在同时既是分析性句子,又是综合性句子的句子,也就是那些基于主词与"自己"类别谓词的"旧"搭配的句子和基于主词与"非自己"类别谓词的"新"搭配的综合性句子。然而若要同意这一点,那么只能是在下面这种情形下:如果语言-2 具有某种形式化手段来区分"旧"搭配和"新"搭配。例如,"旧"搭配的主词和谓词具有一种形态标志,而"新"搭配具有另一种标志;可以作为例证的就是俄语句子中性的一致关系,也就是标志-a 的有无:берез-а стар-а(白桦树老了)—Дуб- стар-(橡树老了);(阳性下的一致关系在旧的正字法中表现得很直观:Дуб-ъ стар-ъ);另一个例证就是谓词中语气词-ся 的有无;-ся 的缺失证明"旧"搭配(Синица обклевывает рябину[山雀啄花楸树]),而其存在证明"新"搭配(Рябина обклевывается[花楸树被啄])。但是如果这种形式特点未被规定,那么综合性句子这类句子的出现在形式上与同时既是分析性句子也是综合性句子的句子就没有什么不同了,整个图式就混乱起来,并且在语言-2 的使用者面前出现一个问题,类似于自然语言的使用者想要把分析性句子与综合性句子区分开时所试图解决的问题。(问题依旧存在,我们现在就将其深入下去:在新条件下纯粹的分析性句子在语言-2 中是否可能?)

根据语言的定义,每一个主词最初的类都表示现实世界的某些事物,它们在现实中具有那些构成其谓词类的特征;在主词类与谓词类之间存在联系,该联系由现实世界决定。现在,当搭配性扩大,并且一类主词获得与非自己类别的谓词相搭配的可能时,这种联系的自然理据,也即由现实世界所决定的理据,就被破坏掉。那么"新"句子又表达什么呢?

每一个新句子都表达不受该语言规则禁止的(也就是说逻辑上正确的)意义组合,但是,该组合或许不能定义语言-2 在其"旧的"句子所描写的世界中的任何一种现实对象。这是不以对象来"圆场"的理性的语言表达。它们自然地被叫做内涵。与内涵不同,语言-2 表达式所描写的现实对象就被叫做外延。

如果前面描写的"新"搭配在语言-2 中是被准许的,那么语言-2 就不再是外延语言,而是变成内涵语言。这两类语言的区别(14)在本书的命题态度方面有所提及(IV,3,4)。

在语言-2中名称和谓词的区别问题以一种新的方式呈现出来。根据定义,名称在语言中与现实中的事物相对应,而谓词与现实中事物的特征相对应。但是"事物"与"特征"在现实本身当中的区分标准何在?为什么这个被认为是"事物",而那个被认为是事物的"特征",而不是刚好相反?

语言-1让人把这一区别看成是由该语言本身的性质所产生的约定性。的确,在只具有一类对象和与之相对应的一类特征的语言-1中,一般说来,对象是否通过其特征来呈现,或者特征通过其对象来呈现,这无关紧要。可以把猫定义为"那个会喵喵叫的东西",或者反之,把"喵喵叫"定义为"猫的特征"。换句话说,在语言-1中起作用的完全是"外延原则",即特征定义类,而类可以由其特征呈现出来,并在某种意义上归结为特征。

因为在语言-1中只存在一类名称,而与之相对立的一类语词就是谓词的类,所以一般说来,甚至从纯语言学的观点来看,第二个类也可以被叫做名称的类,但只是在句法意义上。实际上,谓词在该语言中似乎可以命名事物的特征,但与事物名称不同,它在句子的构成中做到这一点。罗素几乎格言式地表述了类似的论点:"像'红的'、'蓝的'、'硬的'、'软的'等等这些词,在我看来,都是句法意义上的名称"[Russell 1980, 95][这个语义问题(15)还请参见 IV, 3 和 I, 1]。某些研究语言问题的逻辑,把这一特点作为制作一般语言模式的基础[Карнап 1959]。但是语言打开了无比复杂的图式和完全不同途径的可能。甚至简单地,想当然地把对象与其特征的同一性这一"外延原则"运用在语言-2上似乎是不可能的。

在语言-2中所有名称依旧确定对象的类。至于谓词,与"旧"搭配相对应的谓词,同样也依旧确定对象的类(在这两种情况下指的都是在给定世界中实际存在的对象的类);但是与"新"搭配相对应的谓词不再在该意义上确定对象的类,它们既确定现实的、实存的对象,也确定只是可能存在于世界上的某些实体。换言之,谓词现在即确定外延,也确定内涵,而后者不一定是以对象来"圆场的"。如果在语言-1中"喵喵叫"总是确定"猫"的类,那么在语言-2中这个谓词就确定"喵喵叫的实体"的类。既包括猫,也包括某些别的可以具有"喵喵叫"的特征,但却不是猫的事物(它们在术语新的广义上也可以被叫做对象)。定义"X喵喵叫"指向"喵喵叫的对象",其中首先包括"猫"(而对于一般的说话人而言,在实际说话中也不过就是指"猫")。"猫发出鸣声"这一定义指向"是猫的对象",这个类与"喵喵叫的对象"这一类相互交叉,但是也可以用其他特征来描述(比如,猫有尾巴)。如果"猫"客观上以个体的集合形式存在(在这种情况下,即猫的属),那么"喵喵叫的对象",或者尤其是"有尾巴的对象"就不是作为单一的个体类而存在,而只是作为靠人类理智的抽象活动聚集在一起的复合体而存在。

鉴于这一特点在语言-2 的框架内产生了与现实的外延世界不同的内涵世界或可能世界这一概念。这是因为内涵居于语言表达式与语言外客观世界的事物之间的中间位置。不过共有 3 种实体存在：1) 语言表达式，2) 内涵，3) 现实事物。但是这时"存在"当然应该在 3 个不同的意义上来理解。这就是百余年来语言哲学的主题(参见第 1、2、3、4 章)。罗素(在《哲学问题》[Рассел 1914]中，也即在他还没有因"实体"的"形而上性"而拒斥这一概念时)恰当地用三种不同的说法总结了古代传统：一般的存在(它的所有形式)用"存在"(英语 being)这一术语表示；现实事物和语言表达式(作为感觉上可感知的符号，也即第 3 和第 1 存在形式)是"实存"(英语的 exist，源于拉丁语的 existentia)；而内涵(第 2 存在形式)是"逻辑上的存在"(英语的 subsist，源于拉丁语的 subsistentia)。逻辑上的和数学上的真、数(根据柏拉图的解释)也是"逻辑上的存在"。在"存在"方面，在 I，6，6.5 中分析过这一问题(16)，而在"可能世界"方面，特别是在 IV，3 中分析过。

为了便于直观，不是从语言-2，而是从彻底的自然语言中，借用 3 种表达式来代替猫的例子，它们是：1) Победитель при Ваграме (瓦格朗母的胜利者)，2) Тот, кто победил при Ваграме (在瓦格朗母打胜仗的那个人)，3) Побежденный при Ватерлоо (滑铁卢战役的战败者)。这 3 个表达式确定现实世界中的同一个个体，即拿破仑(外延)；它们在外延上是相同的。在这种情况下 1) 和 2) 具有同一个内涵(含义)，它们在内涵上是相同的，而 3) 具有不同的内涵。

在通常没有较长话语和语境的实际说话中(为了举例说明，我们还是在语言-2 的框架之外，在自然语言中)，外延上的意义起决定性作用，而有时一般只有它起作用。我们在谈话中想要暗指拿破仑的某个单独的句子中，我们说瓦格朗母的胜利者还是滑铁卢的战败者都无所谓。语境在这里起着重要作用。与此同时内涵的作用也加大。

此外，在较长语境的地方，语篇就是整个报道本身，例如，在文艺作品的语言中，在小说中，内涵概念跃居前台，而这时外延概念可能起着很微不足道的作用。例如，某个简述拿破仑一生中一段特定时期的长篇小说可能与拿破仑这一现实个体的关系十分遥远，但是内涵"瓦格朗母的胜利者"将是该名称具有的特殊意义，而把这一表达式替换成"滑铁卢的战败者"就会变得毫无意义。[但是在兰波的《彩画集》中(参见 I，2.6)，两个不同世界的人物基于其在现实世界中是同一个人而"粘合在一起"。]

这样一来，个体名称的每一个内涵都可以确定在某个可能世界但不一定是现实存在的世界的某个个体。一般说来，每一个内涵都确定可能世界的某个实体、"事物"，虽然不一定是现实世界的。

可能世界本身是一个由与某种语言的内涵相对应的事物、个体、实体构成的世界。可能世界是通过语言创造出来的。例如,如果在自然语言中(描写现实世界的语言)与前面所举的3种不同表达式相对应的是一个外延,即拿破仑,那么在一个借助于自然语言创造出来的可能世界中,其中每一个内涵都将被赋予单独的与之相对应的个体,那么就不会有"一个拿破仑"了,而是会出现与"瓦格朗母的胜利者"相对应的某个个体,以及与"滑铁卢的战败者"相对应的某个其他个体。在有关语言的其他契约下,这个想象出来的世界可以被分成两个新的,同样也是想象出来的世界,在其中的一个世界中只存在与第一个内涵相对应的个体,而在另一个世界中只存在与第二个内涵相对应的个体。可能世界是根据逻辑规律构建的,它在内部上是合理的,合乎逻辑的,但是其内涵不是以外延来完结,对于其内涵而言找不到现实世界中存在的事物。以上所述对语言-2也是有效的。

用语言-2来创作美丽而内容丰富的诗歌是可能的。它的主要表达手段在于主词与谓词的新搭配,宽泛一点说,在于取消搭配限制。其内容就是"意义"的内涵世界,它根据逻辑规律而构建起来,但不一定以现实对象来"完结"。

该意义上的诗歌符合其两个极好的定义:洛尔卡的定义和普希金的定义。

洛尔卡:"有一天别人问我,什么是诗歌?我想起了我一个朋友的话,回答说:'诗歌?就是两个词的搭配,关于这两个词,没有谁会怀疑它们能够搭配在一起,并且每一次它们都向我们公开一个新的秘密,我们如何把它们一起说出来?'例如,如果想起我的这位朋友,那么诗歌就是这样的:'他是一头受伤的鹿'"[F. García Lorca. Prosa. Prosía. Teatro. M.: Progreso, 1979]。搭配的个别结果就是隐喻,就是语言的新特征。(Г. В. 斯捷潘诺夫认为这是洛尔卡本人诗歌的主要特性[Степанов Г. В., 1979, 16],并且在某种程度上这也是一般语词艺术的特性[Храпченко 1983]。)

普希金:"美学自康德和莱辛起发展得如此明晰且包罗万象,与此同时我们却仍然停留在老学究戈特谢德的概念上;我们仍然在重复美的东西是对优美的大自然的模仿,艺术的主要价值就是效用……在假想的情形下激情的真,感觉的真,这就是我们剧作家的头脑所需要的"[Пушкин 1949, XI, 177]。普希金的"假想情形",尽管其中居于主导地位的是"真",即使是"激情的真",也是诗歌的"可能世界",即内涵世界。

普希金指出了传统所在,即康德和莱辛,对此他表示赞同。康德在《判断力批判·美的分析》这一章中把美(作为艺术的对象)定义为"美是一个对象的无目的的合目的性的形式"[Кант 1966, 240]。"对象的合目的性"与现实世界的客观规律性相符,"对象合目的性的形式"就是对象在世界逻辑图式中的位置,而"无目的的合目的性的形式",如果用我们论断中的术语,它不是别的,正是内涵。康德的论点隐含着两个深刻的真理:它说明了世界上客观规律性的存在,以及艺术作品中存在内在逻辑规律的必然性。内在不合逻辑的艺术作品不能反映世界的"客观逻辑"。

康德和普希金的定义说明了内涵世界的普遍特性。现在回到其"小手法"语词搭配上来,首先就是谓词和主词的搭配。如果在语言-2世界中诗歌的实质本身是名称和谓词的"新"搭配,那么其结果、其产品就是属于诗歌内涵世界的新句子,因为它们已经实现了(某个人用语言-2把它们说出来了),所以它们可以被描写成类,进而分成子类,这样在语言-2的想象世界中就得出关于现有的名称与谓词的诗歌搭配的学说,也即关于"恒常情节"的学说。这样一来,语言-2就对前面详细分析过的句法诗学的一些特点进行模式化(IV,5,再比较 V,3)。

像语言-1一样,语言-2在原始印欧语中也找得到现实的等同物。名称的一个类可以与事物的名称相同,这些事物被描述为"施事者、主动方",另一类被描述为"受事者、非主动方"(参见前面)。但是与语言-1等同物的探求不同,这里需要的不是选择一个类,而是要接受它们的同时存在。因此,按照乌伦贝克的理论,下面两类句子的同时存在是可以接受的:1)伴有主动主词和及物动词,2)伴有非主动主词和不及物动词。但是在这种情况下把第三种类型与它们的并存作为一个必然结果,在第三类中及物动词的后面跟着客体(受事的,受事者)。

由语言-2模式所规定的二级(阶)句子的产生,也即转换的产生,同样也得到现实等同物,例如被动句,其原形就是 2 这类双成分的句子,就像俄语的 Ветер поднимался [起风了],以及 Человек рождается [人出生],Дом строится [盖房子],Лес рубится [伐木]等等。但是由于与这类被动句一道已经存在带有两个词项的二元句,其中第二个词项表示"伴随客体",所以很快就会自然地出现 3 个成分的被动句,像俄语的 Человек рождается женщиной [人为女人所生];Дом строится рабочими [房子为工人所建];Лес рубится лесорубами [森林由伐木工人采伐]。

3. 语言-3(具有语义、句法和语用)

按照"罗巴切夫斯基的原理",也即找出初始状态的动态变化,并将在前一个模式中缺失而在其运动的自由延续中应该会出现的元素引入下一个模式,我们进一步使模式复杂化。第三个模式语言-3与前一个模式的不同在于存在"我"这一元素。看来,谢林在其《先验唯心论体系》中引入"我"这一元素时,和罗巴切夫斯基运用的是同一个原理,这绝非巧合,他甚至还用几乎相同的话来说明这一点:"如果哲学的原理是一个公设,那么公设的对象在这里就是内在感觉最原始的构造,也就是说,这一公设的对象不是那个具有某种定义的'我',而是作为自我产物的一般的'我'……这一产物离开构造就没有任何作用了,它之所以一般地存在,只是因为它是被构造成的,和几何学家的线一样,脱离了构造就什么也不是了……正因为如此,'我'到底是什么这个问题和线是什么一样,都是不能证明的;人们只能描述'我'借以产生的活动"[Шеллинг 1936, 54]。但是,让我们按照顺序来分析这一切。

语言-3 是这样一种自然语言,其所有基本指标都用 3 或 3 以上的数字来描述。

三元表明在该语言中谓词是三元谓词(或者整个就是 n 元,n 大于或等于 3)。Петр купил машину у Ивана[彼得从伊万那里买了一辆车],(1) Иван продал машину Петру[伊万卖给彼得一辆车],(2) Машина продана Иваном Петру[车是伊万卖给彼得的],(3) Машина куплена Петром у Ивана[车是彼得从伊万那里买的],(4) Машина куплена у Ивана по государственной цене[车是从伊万那里以国家价格购买的],(5) — 该语言的典型语句。

三(或三以上)级(阶)说明在该语言里存在 3 个步骤,更为复杂的语句转换,从简单到复杂,者反过来亦如此。比如,下面趋于简化的转换(5)—(4)—(1)是可能的,在这种情况下,这里的每一个步骤语句都是三元的,不会越过 3 这一界限。而如果假设(这是完全自然的)转换可以越过这一界限,那么它们的序列就会与我们在自然语言中碰到的十分类似:Машина куплена Петром у Ивана по государственной цене[车是彼得从伊万那里以国家价格购买的]→ Машина куплена Петром у Ивана[车是彼得从伊万那里买的]→ Петр купил машину у Ивана[彼得从伊万那里买了一辆车]→ Петр купил машину[彼得买了一辆车]。最后一个语句是对于另一个模式语言 2 很典型的二元语句。所有列举出来的转换都是迂说。

因而很自然地就会接受语言-3 本身包括语言-2 这种观点。还可以假设,语言-3 本身还包括语言-1。这样,例如,在现实中的印欧语言中产生了像 Старик пишет письмо[老人在写信]这类带有及物动词的转换时,像 Карандаш пишет[铅笔能写(字)]这类带有不及物动词的句子并不会丧失;大概,在北美印第安人的"主动"语言的发展中也出现了某种类似的现象。但是这个假设并不是一定的;同样如此也可以在先前假定,语言-2 本身包括语言-1,这也不是一定的,因此我们没有这样做。

但是现在为了避免构造冗长的中间模式的序列,可以接受的正是这个不一定的条件:语言-3 本身包括语言-2 和语言-1。这就意味着,语言-2 和语言-1 所具有的语句、名称的类和谓词的类,同样也存在于语言-3 中。然而语言-3 的实质正是与其自身的特点相关联,即存在三元或三级语句。

但是这时级(阶)的概念以及与之相关的转换概念分别是不同种类的,确切地说,它们变成了把某些不同性质的现象归入到它们下面的共同标题。因为所有这一切都是自然建模过程的结果,所以不得不同意这一点,并且把"级(阶)"、"转换"这些术语仍作为标题词(下位词),不是试图对它们,而是对隶属于它们的更为个别的语言现象进行更准确的定义。

转换就是对象的项(题元)结构保持不动,并且其中对象位置的数量保持不变的变形;在转换更为严格的定义下(我们在大多数情况下所遵循的,包括在这里)还可以要求保留用来填充相应位置的具体名称。转换可以避免谓词的出现。转换的典型例子是主动变被动:Петр покупает машину［彼得在买车］→ Машина покупается Петром［车被彼得购买］。触及到谓词题元结构的变形,首先改变题元位置的变形将被称为迂说［参见：Степанов 1981］。

具有如此发达的各种变形系统的语言无疑合乎某种合理性。自然可以发现其合理性就在于说话人的需求,在于每一位说话人的需求,即依照交际目的以某种主观的方式来呈现客观情境。因此必须假设这种语言以某种特殊的方式也把说话人本人突显出来,而这种方式不为语言-2 和语言-1 所具有。在自然语言中基本上有两种这样的方式,第一,说话人的特殊名称,即"我",把他和所有其他语言使用者分开,并且可以在说话时段赋予其中每一个人;第二,说话人的特殊坐标,说话人将自己的言语与之对应起来。这两个特点使语言-3 与前两个模式在本质上区别开来。

说话人的名称"我",同时是由三个坐标"我—这里—此时"构成的序列中的说话人的第一个坐标。但是什么是语词"我"本身的语义?外部世界的实质是怎样的?语义的特殊问题(17)以这些问题为标志,在 V,1 和第 IV 章有详细分析。

言语的所有其他坐标根据它们在说话时刻和说话地点与说话人的这三个坐标的关系来确定;"我—这里—此时"是"我—那里—那时","你—那里—那时","他—那里—那时"这些坐标的基础。

坐标的引入使语言中的命名问题变得简单多了。代替"庞大的"名称和谓词的类,在这些类中客观上同一个事物或其特征被多次呈现出来［例如,像语言-1 中的"лохматый$_1$（长毛蓬松的$_1$）"和"лохматый$_2$（长毛蓬松的$_2$）",对于说话人而言,这些类是不同的,现在建立起"压缩"类,而差别用同一个名称或同一个谓词(而且首先是谓词)上不同坐标的叠加来表示。例如,不是两个"лохматый(长毛蓬松的)"谓词,而是一个谓词,不是像"дом сейчас（现在的房子）"和"дом в прошлом（过去的房子）"这样不同的名称,而是一个名称"дом（房子）",它可以用于现在和过去两个坐标上。］

当然,在这样的语言中,如同在该语言中,说话人具有可变的名称"我",他也会有固定的名称：瓦尼亚、卡佳、约翰等等。这样一来,在语言-3 中就又出现名称的一个特殊类：该语言使用者的名字。［在语言-1 和语言-2 中应该想象这样一种情境,语言使用者作为明显给定的、感觉上可感知的对象,但却是无名的对象而相互区别,就如同听—说行为直接在经验中给定,但却不可能用语言手段来表示一样。这里可以假设一种更为复杂的情境,语言使用者用某种方式把自己比作在其语言中具有名称的那些对象,也即把彼此叫做 Большой Бобр（大海狸）,Белая Кукушка（白色的布谷鸟）等等。但这却是一个特殊的问题。］

于是在语言-3 中具有出现命题态度的一切必要条件。实际上,为了可以说"约翰认为……"(比如说,"约翰认为下雨了"),那么说这句话的语言使用者就必须能够把约翰作为和"雨"这个对象相同的对象区分开。当然,该语言使用者也应该愿意听到某种关于自己的类似的话语,也即知道他可以被命名为单独的对象,就像约翰、雨、猫,等等。但是恰恰该过程以可变名称"我"的形式来规定。

随着现象学家的专门研究,尤其是该流派的鼻祖胡塞尔的研究,许多语言哲学家认为这一过程,即"主体间性"过程,在所有提到的问题中是主要问题。该问题(18)在 V, 1 中有所分析。

但是对于"命题态度",除了"主体间性",应该假设还存在一个必要基础,即每一个语言使用者从旁观者的角度观察其他使用者说话和交际的可能,这就是萌芽状态的元语言现象,它与"命题态度"和整个"语用学"相关联。在卡尔纳普及他那个时代其他著者的论著中,"语用学"在本质上正是与理性一方某个"观察者"的存在相关联(19),参见 IV, 4 和 IV, 2。

但是在语言-3 中(也即前在完全的自然语言中)是否可以想象得到具有永恒不变的、以"我"出现的形式出现的说话人本人?或者坐标改变的原则也延及至他身上,也即引入某些"绝对坐标",并且说话人可以(或者应该)把自己看作是"此时的我"、"那时的我"等等?如果假定前者即是"我"的不变性,那么就会出现某些悖论。例如 Я ошибочно считал, что……[我曾错误地认为……](过去)这一语句是理性的(正确的),而 * Я ошибочно считаю, что……[我错误地认为……](现在)这个语句就失去了意义(不正确),而 Иван ошибочно считал, что……[伊万曾错误地认为……]和 Иван ошибочно считает, что……[伊万错误地认为……],也即在适用于"非我"时,都是正确的。这些语义问题(20)只是在最近才成为分析的对象,这已经是在它们成为艺术的对象之后,不过也是在不久之前(参见 IV, 0.1 и далее)。

用语言-3 表达的艺术是什么样的呢?与迂说的无限可能和说话人坐标的引入这两个语言的新特性相对应的,将是语词艺术的哪些新特点?看来,这里要想象很多不同的诗学。

似乎是直接驳斥洛尔卡给出的与语言-2 十分相符的诗歌定义(见前面),俄国意象派诗人舍尔舍涅维奇在 1920 年根据语言-3 可能性的精神表述了"自我中心诗歌"的原则。定位在坐标"我"与诗人的个人主义和随心所欲之上,舍尔舍涅维奇写道:"诗歌主要而又伟大的法则就在于'没有任何法则'。实际上:'诗歌就是优美语词的崇高搭配,而且这些词是这样搭配在一起的,重读的和非重读的语词和谐地依次交替着',高尚的诗学之祖罗蒙诺索夫这样写道(而这与洛尔卡所说的近似——作者注):"在这一激昂的定义中什么得以保全下来了呢?"("摧毁语法")[Литературные манифесты 1929, 103]。舍尔舍涅维奇当然想要说的是:没什么,他看到诗歌的理想在于毁掉诗歌语词的语法。

他清楚地了解到,从自我中心主义的立场来看,主要的攻击应该是针对谓词:"语词总是孕育着形象,总是准备着分娩。为什么我们意象派诗人(源于法语的 image'形象'—作者注),乍看起来如此奇怪地在现代诗学的腹中叫喊起来:打倒动词!名词万岁!动词是语法乐队的主要指挥。这就是词源指挥棒,如同谓语是句法的指挥棒一样"[同上,106 页]。"自我中心诗学"的这些特点和另外一些特点(21)在第 VI 章里详述。

但是可以想象一种完全不同的诗学。如果在语言-2 中说话人具有构造内涵这一想象世界的元素的可能,那么在语言-3 中说话人可以在整体上构建起这个世界,把该世界的元素混合到整个图式中去,并且对此进行论断。艺术家具有把自己的世界同他人的世界区分开的手段。如果两个内涵世界具有某种共同的基础,那么它们就可以被理解成是一个对另一个的迂说。因而,该语言所表达的艺术形式特征就是迂说的存在,或者至少是迂说的可能。最具说服力的例子,大概就是迂说-模仿:

Спи, младенец мой прекрасный,

Баюшки—баю.

Тихо смотрит месяц ясный

В колыбель твою.

Лермонтов. 《Казачья колыбельная песня》

睡吧,我漂亮的宝贝,

睡觉觉吧,睡觉觉。

明亮的月亮在静静地注视着

你的摇篮。

莱蒙托夫《哥萨克摇篮曲》

和同义异说①:

Спи, пострел, пока безвредный!

Баюшки—баю.

Тускло смотрит месяц медный

В колыбель твою.

Некрасов. 《Колыбельная песня (Подражание Лермонтову)》

睡吧,你这个可爱的小家伙!

睡觉觉吧,睡觉觉。

铜色的月亮在暗淡地注视着

你的摇篮里。

---

① 在文学和音乐中不是用"迂说"这个术语,而经常使用的是类似的术语"同义异说"。

涅克拉索夫《摇篮曲（仿莱蒙托夫）》

迂说中所包含的排比与下面语言-1 中的排比有何不同？

  Ерему в шею, а Фому в толчки!

  Ерема ушел, а Фома убежал

  叶列马的脖子被击打，而福马的身体被推搡！

  叶列马走了，而福马跑了。

  在语言-1 中，关于不同的对象（关于福马和叶列马）可以得的一样的谈论，而在语言-3 中可以用不同的方式来谈论同一个对象。莱蒙托夫的月亮和涅克拉索夫的月亮是同一个对象，但是在莱蒙托夫的世界里，它是"宁静的、明亮的"，而在涅克拉索夫的世界里它是"暗淡的"、"铜色的"。内涵世界是通过语言创造出来的。

  用语言-3 创作的艺术与通过语言-2 创造出来的艺术不同，后者有"诗歌主题"作为与可变特征（一般说来指题元）相适合的常性谓词，也有"诗歌情节"作为主题的线性序列（参见 IV, 4）。如果变项、题元的位置由某个常项来填充，那么"情节"就会变成具体的寓言（波捷布尼亚就是用这种形式来描写寓言的[1905, 314 и след.]）。但是一般说来，讲语言-2 的人、讲述寓言的人和听寓言的人不具备把它与实际讲话，也即关于现实中正在发生的事情的报道，区分开的形式上的可能。实际的报道"有一回上帝赏给这只乌鸦这块乳酪干……"与关于叙述想象世界的"诗歌"报道"有一回上帝赏给一只乌鸦一块乳酪干……"，直到出现"这个"的外部记号时，就像与"этот（这个）"不同的语词"некий（某个，一个）"，它们才得以在形式上区分开。如果"这个"使发生的事情与"这里—此时"坐标相对应，那么"一个，某个"就使发生的事情与"那里—那时"坐标相对应，而且是在想象世界之中。这一可能只是在语言-3 里才出现，并且这种语言寓言的文本应该与语言-2 寓言的文本不同。语言-3 寓言的文本可以像著名的克雷洛夫的寓言那样：

  Вороне где-то бог послал кусочек сыру;

  На ель Ворона взгромоздясь,

  Позавтракать было совсем уж собралась,

  Да призадумалась, а сыр во рту держала.

  На ту беду Лиса близехонько бежала...

  （有一回上帝赏给一只乌鸦一块乳酪干，

  乌鸦嚼着它扑腾腾飞上云杉，

  本来已经准备好享用这顿早餐，

  沉醉其中，她把乳酪含在嘴巴慢慢品玩。

  真是不幸：狐狸恰巧路过附近……）

语词"где-то(在某处)"使发生的事情也可以与现实的、但却处于实际的说话情境之外的世界相对应。至于было(本来)和 на беду(不幸)这些词,它们不指涉现实世界中的任何对象,它们表示说话人与他所描写的内涵世界之间的关系:Позавтракать было совсем уж собралась(本来已经准备好吃早餐)与 Позавтракать собралась(准备好了吃早餐)不同,它不是表示现实行为,而是表示叙述者的知识:不是乌鸦,而是叙述者知道早餐注定不会顺利地完成;不是乌鸦,而是叙述者知道会发生不幸的事情,并且狐狸的出现预告了这一点。与创作者一样,说话人把自己的内涵世界看成是一个完整的整体,知道事件的开始和结局,并且有可能借助于特殊的语词对它们予以表述。

说话人能够以任一对象的人称来谈论,不管是有生命的还是无生命的,而无须担心听话人是否会把他与这个对象混淆起来。抒情诗的可能性出现了。而且,诗人自己也完全合乎该词的古老意义,拉丁语的 vātēs 和古印度语的 kavi 就是这样的人,不具有语言天赋的其他东西,事物、植物、动物以及如果他们愿意的话,还有神,借他之口来说话。无声的自然界和天性谦逊的人的世界,不会自我叙述,而注定要永远沉默,除非不时地出现这样的诗人,人们借他之口来谈论,他随时准备让自己灭亡,以便完成自己的使命。下面这一切就是伟大的诗人们所讲的:

  Многое еще, наверно, хочет

  Быть воспетым голосом моим:

  То, что, бессловесное, грохочет,

  Иль во тьме подземный камень точит,

  Или пробивается сквозь дым.

  У меня не выяснены счеты

  С пламенем, и ветром, и водой⋯

  Оттого-то мне мои дремоты

  Вдруг такие распахнут ворота

  И ведут за утренней звездой.

      Ахматова. Из цикла 《Тайны ремесла》

  他或许想要很多

  成为我的颂扬之音:

  不会说话的东西隆隆地叫着,

  或者在黑暗中地下的石头在摩擦,

  或者穿透烟雾。

  我还没有弄清楚

与火焰、风和水一道……
因此我要打个盹儿
突然那些大门打开了
并随着晨星引导向前。
阿赫玛托娃，选自诗集《手艺的秘密》

О, знал бы я, что так бывает,
Когда пускался не дебют,
Что строчки с кровью—убивают,
Нахлынут горлом и убьют!
Пастернак.《О, знал бы я , что так бывает》

啊，当发表的不是处女作时
假如我知道会这样，
就是带血的诗句会杀人，
喉咙热血一涌，就会杀掉！
帕斯捷尔纳克《啊，假如我知道会这样》

普鲁斯特："……骤然间，我心中充满了深深的幸福。自童年起，我几乎不曾体会过这种幸福感……在路的一侧，在我们的马车所走的低洼地上，我看见了三株树木，大概是一条林荫道的入口；它们构成的图案对我来说似乎很熟悉，是我见过的。我无法回忆起把这些树木移到此处的那个地方，但是我感到从前对这个地方很熟悉。因此，我的头脑在某一遥远的年代与当前的时刻之间跌跌撞撞，景物摇曳不定，我觉得整个这次马车上的闲逛就是一场幻觉；我们经过的地方就是我想像的结果；我的同伴就是小说中的一个人物，而这三株老树，就是我要回到的现实，如同我们从正在阅读的书籍上面抬起双眼来时重新回到的现实。它向我们描绘出一个假想的世界，在阅读时人们会以为自己确实置身于这个世界之中了。

我凝望着这三株树，我看得清清楚楚。但是我的意识感觉到它们掩盖着我的意识抓不住的某种东西……它们像昔日的幽灵一般，似乎请求我将它们带走，要求我将它们还给人世。从它们用树枝简单幼稚又十分起劲的比比划划中，我看出一个心爱的人失去说话能力的那种痛苦。他感到无法将他要说的话告诉我们，而我们也猜不明白他的意思。

马车摇晃了一下，在路的转弯处抛下了这几株树。马车将我带走，使我远离了我以为是真实的事物，远离了可能使我真正感到幸福的事物。马车与我的生活十分相像。

我看见那些树木绝望地挥动着手臂远去,似乎在对我说:'你今天没有从我们这儿得悉的事情,你永远也不会知道。我们从小路的中间极力向你攀去,如果你又把我们扔在这小路的中间,我们给你带来的你自己的一部分,就要整个永远堕入虚无……'"[M. Proust. A l'ombre des jeunes filles en fleurs. M. : Πporpecc, 1982, c. 315-317]。

语言-3 所具有的特点及引入其中的维度,通常被叫做"语用"。显然,诗学和语词艺术与前面所勾勒的类似的东西,无论如何也不能被叫做"语用的"。实际上它们正是以语言的这一特性为基础。"语用学"这一术语从最开始就是不恰当的,随着与相应概念有关的问题的范围不断扩大,该术语就越来越不适用了。我们建议用术语"指示学"将其取而代之(第 VI 章)。

现在回到用以描述语言的数字上来。如果模式不用 3,而是用 4 来描述,那么模式中会发生哪些变化?要是用 5 呢?要是用随便一个更大的数 n 呢?

首先,在无穷增长的 n 的情况下,n 元谓词只不过就会变成一个由确定的(有序的)序列中所抽取的任何性质的 n 个要素构成的组合;它就不再反映确立在自然语言谓词中具有特殊性质的关系,自然语言之中的元很少会超过 5。(为什么自然语言选择和确立下来的只是那些现实的特征呢?一般来说,与它们相对应的不会超过 5 元谓词,语言学家还有待澄清这一问题。)n 元谓词就会变成"n 个",就像二元谓词变成"两个",三元变成"三个",四元变成"四个",等等,但却是与它们不同的,是丧失述谓语义的"n 个"。它是一种特殊的函项。

但是在这种情况下,这种特殊的函项就是那些靠谓词来调整的元素(项、题元、个体)。确定谓词的函项和确定个体或名称的函项在这一过程中就会成为某一意义上同一种类型的函项。名称和谓词的区别在某种意义上消失了。这个非常有趣的问题(22)在本书中只是一带而过(在第 VI 章中)。

在这方面发达的语言—模式,比方说语言-n,就会成为对自然语言谓词的过高的(按照我们的观点)抽象,然而(按照一般的观点)会变成可能世界、内涵世界、模态逻辑等等建模的方便工具[这一问题(23)在第 VI 章中也涉及到]。

这 20 个左右的问题就是这样的(在前面的阐述中用数字 1—23 予以编号的,但不是很严格的),其产生过程在"三种语言"的模式上可以直接观察得到。它们是语义问题、句法问题、语用问题,总的看来,证明了语言的三维性,并且可以作为本书中所分析的所有语言哲学和诗学问题的总结。

还应该指出,大多数的参注都在第 I,IV 和 VI 章,在这些章中分析了三个主要的语言范式,而相反,我们几乎没有必要提及"跨范式的章节"中的问题。这一点又一次证实,与跨范式时期的观点相比,范式具有更重要的作用。

第二部分 系统与文本——"新唯实论"

序 言

符号学与语言哲学对象的第三种划分是：系统与文本。它是本书第二部分结构的基础。

本书第二部分研究两个对象。其一是非常普遍的"哲学思辨的精神空间"。

有关语言的哲学思辨常常满足于具有很大程度概括性的问题，用电影工作者的话来说，即为"全景镜头"。（这似乎是法国哲学的惯用风格，比如在后面第Ⅴ，1中提到的德里达的短评）。在此我们也无法回避该"镜头"（特别是"空间"、"世界"这样的概念将在这里多次出现）。而另一个对象是"特写镜头"（如电影中单个人的脸），它不受重视的程度就相当于第一个对象物所吸引的哲学研究关注的普遍程度，这种研究非常接近于语言的细节研究，由它可以扩展为共性问题。可以说本书这一部分研究的是作为大量问题存在根源的细枝末节。

第一个这样的问题是有关符号划分本身的语言基础问题（也包括在本书前面所使用的"全景镜头"）。

目前，符号学对象物和语言哲学对象物都允许体现了其结构的不同划分，这是众所周知的（甚至是毫无新意的），但却很少被注意到。根据不同的划分，我们建立的是同一个对象物非常重要的不同图式，其中包括不同的"哲学思考空间"。我们使用了"所指"—"能指"划分和"语义"—"句法"—"语用"划分，同时我们还想使用符号对象物的第三种划分—"系统"与"文本"。如在其他两种情况下一样，这种划分具有相应的"聚合体"及"组合体"，或"代码"及"报道"那样的"语核"。这个对立使用了计算机领域的更为狭义和专门的名称"off line（离线）"，即"系统"，"on line（在线）"，即"文本"。

划分的选择本身是符号学问题。我们将研究简单的、纯语言的例子。构成某种语言音位对立的系统，如俄语，可以用3至4种主要划分进行描写，通过人类言语机制中3至4个产生音位的不同参数（或音型，在此这种区别对于我们而言不重要）。描写要有区分，看我们如何设置参数的顺序，何时起我们将它作为支配的以及将它们作为从属的，这之后我们将如何继续。例如：

1) 根据读法（塞音、擦音、塞擦音、半元音）；*т*，*д*；*с*，*з*；*ц*；*н*，*м*，*р* 等；而接下来，在以这种方式建立的分类中将依次进行其他划分；

2) 根据位置（后颚音、齿音、唇音）：*к*，*г*；*т*，*д*；*ф*，*в* 等；也就是说，这个阶段区分出的后颚音（*к*，*г*）后来被分为清辅音与浊辅音，之后又被分为软音—硬音；

3) 根据发音器官的参与程度（清辅音、浊辅音）：*т—д*；*к—г*；*п—б* 等；

4) 根据软化的存在与否（软辅音和硬辅音；前元音或后元音）：*ть—т*；*дь—д*；*нь—н*；*бь—б* 等。

在这种情况下，刚才（在语言学上仅是粗糙的）所表述的划分次序中，根据读法进行的第一种划分是主要的，其余则是从属于它的。但是也可以想象一个完全不同的次序，在这种次序中根据软—硬进行的划分是主要的（事实上，在语言学中也描述了这种划分，请参看后面第Ⅲ，1）。每种划分次序都有其根据，我们在此以第一种为例。其中根据构成位置不同而造成的音位区别是它们最稳定、最古老的参数之一，它在印欧共同语中就已经存在。相反，软—硬对立在历史上是比较新的，正如音韵学所说的那样，它在俄语系统中是"最年轻的"[尽管它本身也是非常古老的，并且它在印欧语中被反映为"k 类语言（кентумный）"和"s 类语言（сатэмный）"的划分]。作为前景的"根据位置"划分也可能有完全不同的意义：古印度语法学家对本国梵语的辅音音位进行了分类，由喉音开始，后来"推进"至后颚音、舌面音、齿音，并最终达到了最前部的唇音。这种分类既自然，又非常合理，目前仍在现代梵语—俄语及梵语—英语等词典中使用。

在本书的该部分中，我们将使用对象"系统"和"文本"的新（意思是它还没有被用于依次描写符号学及语言哲学）的划分。它也是最"年轻的"，因为近来出现的最现实的语言哲学问题正是与它相关。而且这里也隐含了其"细节问题"：当"来自系统"叙述的方法要求系统本身为已知时（包括所列举的所有音位划分的方法要求、音位的选择及其系统是已知的，或是以某种方式预先确定的），"系统"和"文本"划分本身可能仅要求预先已知最普遍、最明显的特征，例如，连贯报道的文本当然与其中所使用符号的选择不同。但是这种符号的选择到底是什么，它是如何建立的之类问题是研究的任务。有专门的部分对这个问题进行研究——第Ⅲ，1 及 2。

但是，无论语言哲学为自己选择了怎样重要的参数—"系统"或者"文本"，为了随后上升为更加抽象的对象，上升为其特有系统的根据（连贯哲学思考系统），在任何情况下它都始于对语言的某些具体观察，要么让"系统"要么让"文本"作为符号意义。下一部分，即第Ⅰ章，将提出这种由一个层面上升到另一个层面，由"观察"上升到"逻辑哲学认识"的一些问题。

第一章 从"观察"(自然语言)上升到"逻辑—哲学认识"(例证)的手段

0. 例证引论

本章标题中所称的上升手段,即方式和方法,是多种多样的,未必可以将其准确地简化为某一种手段。但是,我们希望下面所举的例子完全能够说明问题,即使不能概括出某种方法,起码也能总体上概括出通往某些普遍原则的不同途径。

至少有一个原则,或许也是语言哲学的一个主要原则,在初始阶段就可以形成:看起来对于每一个主要的(基本的)逻辑—哲学观点而言,无论它属于哪个系统(亚里士多德、笛卡尔、罗素等),都能够在某一种自然语言中指明其原型。关于这一点我们很早就以其为基础进行了研究(其中包括与该原则相一致的本书的第一部分—《符号学》)的原则,近来又从逻辑学家那里获得了确定的同类情况,我们比较一下:"在句法及语义方面得到了清楚描写的自然语言片段为我们提供了一些逻辑语言"[Садовский, Смирнов 1980, 24]。

我们大胆地将另一个原则并入,其实用我们特有的与第一种不同的材料的论据是不那么充分的:看起来每个基本的(即构成系统的)逻辑—哲学观点可能与在语言学类型转换链上的其他理论的相关基本观点是可以进行对比的,也就是说,一个基本观点以自然语言中语句或系统的转换方式变成了另一种观点(或者本身就是由其他基本观点转变而来的)。(例如,一个句子或一个音位系统在何处充当了其他转换的结果,即是对前者的改造。)下面的第一个例子,也即例1,将说明这个原则。所有例子整体上阐明上述两个原则。

还要就"例证"本身,即有关例证的原则谈一谈。早在20世纪40—50年代的逻辑—哲学概念中,它就已经明显出现了,我们也以下列方式将此问题回放至15年前[Степанов 1981, 23—25]。

例证常常只被理解为事态简单本质,也即举例的"学术表达",认为举例说明就是"举出例证"(与此类似的是,用"验证"代替"实证")。在符号学理论[1]中这并不

---

[1] 1981年我们这样命名自己的语言哲学观点。

是同义的。举例的目的可以是为了任何的说明,而传统观点恰恰也是在对诸如"格"、"补语"等似乎已经是完全被证实了的理论概念进行某些通常是少数例子的举证上受到了限制。

目前在语言哲学中,例子是什么也不证明的。概念仅是论证的形式。"只有其科学的系统才能够成为存在真值的真值形式"[Гегель 1959,3]。例证是在系统确定的、足够完整并足以达到形式化的框架下才举出的。换言之,例证就是对个别的,但实际上是重要情况的抽象的手段予以排除。

但是从逻辑学的观点出发,有关例证的情况并非如此简单。比如,卡尔纳普主张,"只有为其他情况得以解释而借助初始谓词时,才需要经验中的例证",旨在说明属性与类别[Карнап 1959,54]。换言之,如果所说的是关于形式化的语言,那么"举例证明"(英语"is exemplified")这种表达的意义是:"存在该谓词得以满足的客体"和"存在具有该属性的客体"(卡尔纳普所说的仅是关于这种语言的句子)。

但在更加复杂的表达,比如由更为简单的表达构成的句子中,情况是怎样的呢?能否为它举出"例子",即满足这个句子的现实客体?什么可能成为这样的客体,是语境吗?或者只能是与事实的一致性,即"真值"或"假值"?卡尔纳普摇摆不定,他的摇摆反映了逻辑和符号理论在这个问题上的不确定性。有时卡尔纳普倾向于允许语言对此予以表达(他使用"能指"),只有当它具有例证的情况下,可以初始性地表达意义(他使用"内涵")。但是如果给出了具有初始意义(内涵)的这些表达的话,那么我们就能够由它们构成复杂的表达,在这些表达中将有复杂的生成意义(内涵)。卡尔纳普认为,对于后一种情况,我们已无需为了理解意义而进行例证,因为复杂表达的意义是通过所构成的表达意义及这些表达的结合方式,由系统的语义规则确立的[Карнап 1959,69]。总之,这种观点得出了正确的论题,即句子不"反映语境",也就是说,句子不确定其成分与语境成分之间的相互单纯的一致:名称、客体、述谓、客体之间的关系。

那么句子—命题是如何与语境产生关联的呢?与弗雷格一样,卡尔纳普倾向于认为,"真值"或"假值"是句子的例证(即句子—命题与语境的关联是,对于语境而言它要么为真,要么为假)。我们也认为这个观点是正确的。

但是在句子(及所有由初始构成的复杂表达)无需例证的情况下,该如何理解卡尔纳普的上述观点呢?我们认为,它们与其他所有表达一样需要例证,因此句子的本质不仅在其"含义"(смысл)中,而且在其"意义"(значение)中,即与现实相对应的真值条件与假值条件中。但同时我们也看到,用这种方法确定例证是个复杂的问题。方法论问题转变为了理论内涵问题。这使我们重新回到了那个理论问题:关于符号学语法与逻辑学及数学的一致关系。

自完成了前面所提出的作品起(1982年),有关例证的问题不仅没有消失,反而这个概念本身变成了形式化的客体。亨迪卡在一系列作品中对它予以完善(例如,请参看[Хинтикка 1980,163];[Садовский,Смирнов 1980,20])。辛提卡的观点将在后面进行研究(在例2中),在此我们只说明事情的本质。正如我们所知道的,一阶逻辑的形式化语言是"无法解决的",也就是说缺乏能够确定其无矛盾性(或反之,存在矛盾性)的有效(即现实执行的分析)程序。辛提卡推荐这样的形式化系统(所谓的"分布准则形式"),其中的例证和例子的举出(辛提卡更愿意称为设计例子)似乎是简化程序(由于"无效性",它的长度事先是未知的)。因此,例证是用综合法揭示整个结构相应特性的重要步骤。("因此设计例子是综合的重要特征。辛提卡深入研究的对于分析和综合的这种理解,使他在人类认识中建立了对分析与综合相互关系的独到观点"[Садовский,Смирнов 1980,20])。

常常大量地举出不同的设计出来的例子(我们将在例6中遇到),这是近十年来以语言的逻辑和概念分析作品的现代文体的典型特征。上述关于在形式化方面的例证可以被认为是从逻辑方面对该现象的说明,即在语言学中对这个"自然—研究"过程的逻辑分析。

当然,只有当所有推论是在一个系统中得出的条件下,例证才可以发挥这种作用。在辛提卡严格形式化的系统中,这是毫无疑问的。在追求形式化严格性的各种现代逻辑—语言分析的情况下,尽管这尚未被证实,但至少是用推论(属于同一个作者的)方法本身论证过的(可以说是"隐性论证")。在此我们却将例证(我们将举出例子1,2,3……等等)应用于完全不同著者的逻辑—语言分析的不同情况中。这是否合理呢?

当然,这里首先只是一些问题的叙述方法。但是它也被证明是完全系统性的(尽管还不是形式化的),而证实它的假设是:所有构造完好的逻辑—语言(逻辑—语言—哲学)系统可能都表现为一个统一的系统—语言本身的内在逻辑,这个系统比每个子系统具有更高的等级。

在特殊情况下也是这样定义的。"现代逻辑学中'多元论的'事态并非证明了不存在唯一、通用的逻辑,而仅证明了研究者暂时掌握的只是未被结合为一个整体的通用逻辑的单独、分散的片段。"[Петров,Переверзев 1993,22]。

对于我们而言,在更为概括的情况下,这不过是我们哲学世界观的结果:认识系统(也包括认识的"聚合体")并非以完全偶然的次序相互更迭,而是遵循进化的顺序,它近似于人类认识世界的信息捕捉。

1. 例1.言语链中的时间从"克威埃斯考斯基模型"到波斯特机

该部分的研究对象不是"作为语言范畴的时间"(在语法、词汇中,等等),也不是"历史中的时间"(语言及社会历史中的),而是作为语言体系本身的参数,作为在言语链中的时间以及研究者和"语言哲学家"对它的认识。

所研究的客体与理论上被想象为抽象客体之间的相互关系,不仅能够描述语言学,也能够描述任何一门现代科学。因此,在谈到时间概念时,牛顿早就在物理学中对它进行了明确:"绝对的、真值的数学时间本身及就其实质而言与某些外在事物没有任何关系,它是匀速连续流淌的,或称之为持续性。被感知的或日常的相对时间是准确的、变化的、遭遇了情感的、外在的,在日常生活的持续运动测量中,用于替代真正的数学时间,如:时、日、月、年"(牛顿的《自然哲学的数学原理》,克雷洛夫译[Ньютон 1915—16,30])。牛顿此处的"日常时间"与观察层面相关,而"绝对或真正的时间"则与认识的抽象层面相关。

没有运用具体观察的几何图形,例如用粉笔在黑板上画出点和线,而运用抽象图形的几何学,也能够为区别层提供很好的分析。因此,以下几何学家所举的例子提供了关于几何观点的准确认识。借助尺子我们画出一个长1分米的线段 a_0。我们把该线段10等分,并取出其中一段。把等于1厘米的这一段称为 a_1。再将这一段10等分。现在我们就得到了长度为1毫米=0.01分米的线段 a_2。如果我们试图继续这个等分过程的话,那么我们将很快因为可见空间的难以分辨性而终止:粉笔的线条互相连在了一起。但是在我们的想象空间中继续这个过程是没有任何障碍的:在此我们可以无限次地重复。每一个 a_0 之后的线段 a_1,a_2……将位于前一个线段内。这些线段的长度将越来越小(例如,在100次等分之后,我们将得到长度为 10^{-100} 分米、毫无踪影的微小线段 a_{100};需要用小数点之后带有99个零的小数来表示这个数字)。通过重复这个等分过程,我们似乎得出了"空间中的位置是没有延伸的"这样的"观点",而这个观点正是对所有线段 a_0,a_1……的概括。"但是转入观念形式的过程不仅是在抽象过程中舍弃,即通过审查而排除所理解客体不存在的属性,它还带有另一个完全相反的趋势:为所理解的客体补充某些新的属性……对于直接趋势而言,这种补充是在'小宇宙'方向上进行的:线段在多次重复等分之后被理解为由无数个点组成的连续统"[Неванлинна 1966:19—20]。

现代语言学在语言中区分出观察层面与想象或抽象层面也完全是这样的。因此,属于语言学中抽象层面的概念不是仅仅通过排除来自某些关于具体观察现象的概念的特征而产生的,而且也包括一些后者所不具备的新特征。语言学中的抽象层面概念,例如各种"不变量"概念:音位、词素、涵义,大体上包括与变化性特征、变体的特征、所观察语言现象的"自然变化"特征相对立的规律性特征、特殊的有序性特征、相对的不变性特征。

观察客体与想象客体之间的类似关系在诗学这样的语文学科中也存在。在抽象层面上,不同的诗格可能作为同一个诗格的变体而等同。

这里我们首先注意到克维亚特科夫斯基(1888—1967)的诗歌分析系统。该系统经历了两个时期,相应地由两部分构成。在20世纪30年代研究的第一部分中,克维亚特科夫斯基分析了诗歌与音乐的关系,并深入研究了音乐记谱法。在由他的近些年作品内容编辑而成的第二部分中,作者着重关注了新的抽象记谱法。由于与本章的主题相关,它们对于我们是非常重要的。

克维亚特科夫斯基将自己的系统与发源于特列季阿科夫斯基改革的"古典"诗学系统进行了比较。后者诗歌格律分析的原始的、最小的韵律是音步,而在克维亚特科夫斯基的系统中则是另一个单位:韵步。为了便于相互比较,应该拿三音节诗格做例子,因为音步与韵步只有在分析三音节诗格和三音节诗格幅度时才是一致的。正如我们所知,在古典的"音步"系统中它们的主要变体有三个:长短短格,短长短格,短短长格。在克维亚特科夫斯基的系统中,它们也是三种,即三种"三音节诗格":第1,2,3。此外,在克维亚特科夫斯基的系统中,需要考虑实际情况下诗歌中不发音的、但却在抽象格律数列中实际存在的节拍,它们的记号是——∧(参看下文)。两种记谱法的关系可以从以下例子看出:短长短格(莱蒙托夫的《三棵棕榈》),第一行是古典"音步"记谱法中的短长短格,第二行是克维亚特科夫斯基记谱法中的"第二种三音节诗格":

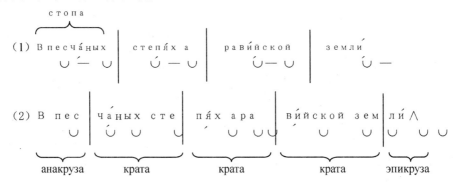

前添音节是在第一个格律重音之前的诗歌的无重音、前节拍,后添音节是诗歌的后节拍,后节拍表示的意思是在最后一个完整的韵步之后。克维亚特科夫斯基系统中的后添音节始于节拍格律圆周句中的最后一个重音(克维亚特科夫斯基认为,圆周句在抽象系统中代表诗歌);有节拍的圆周句由前添音节开始、以后添音节结束。

克维亚特科夫斯基的方法使他在下列统一的系统中提出了俄语诗歌的三音节诗格幅度:

第一种三音节诗格	○́○○	—— 长短短格,无前添音节的,基础形式
第二种三音节诗格	○ ○́○	—— 短长短格
第三种三音节诗格	○○ ○́	—— 短短长格

克维亚特科夫斯基的图表为对各种模型的认识提供了良好的基础。其中包括由上一个图表直接表明的,可以将俄罗斯诗歌的这三种诗格的关系作为由任何一行诗开始,并通过重音移动而得到的其共同产物来研究。反之,也可以将其产物作为实际发声的词围绕一个保持不动的基础("抽象的")重音的运动来研究。

至于直接谈到的本章主题——现实的与想象的时间,那么它们的相互关系正是由克维亚特科夫斯基以所谓"控制列"的形式被模型化了。

"控制列是节拍格律圆周句的空间模型,在其范围内产生了现实诗歌的规范。任何一个确定类型的规范圆周句由相同的韵律重音分解为大小相等的部分,这些部分划分出在圆周句中有限次重复的元素组(краты)……控制列的韵律结构是由相同的模型网孔(节拍)构成的,诗歌的音响及休止成分是它们的正像填充"〔Квятковский 1966:203〕。控制列不仅是描述方式或"结构体"等的程式化结构,它始终象征着现时言语链的现实时间,因此控制列的某些网孔可能未被音节填满,但是没有任何一个网孔可能与时间的现实节拍不一致(当这个网孔中没有音节时,用∧符号标出)。下面两节诗是同一个控制列(按照克维亚特科夫斯基的术语,是"三重的第三种三音节诗格"),但在第一种情况下所观察的言语链中,任何一个音节都与它的每个网格相符,而在第二种情况下一些网格仅由无声的延时——休止(一拍休止的符号是∧)予以填充。

Я те / бе ниче / го не ска / жу
И те / бя не встре / вожу ни / чуть,
И о / том, что я / молча твержу,
Не ре / шусь ни за / что намек / нуть.
　　　　　　(А. Фет.)

Я по / кинул ро / димый ∧ */ дом.*
Голу / бую о / ставил ∧ */ Русь.*
В три звёз / ды берез / няк над пру / дом
Теплит / матери / старой ∧ */ грусть.*
　　　　　　(С. Есенин.)

仍未被给予足够评价的言语链流经时间的模型("克维亚特科夫斯基模型")可

以在进一步的研究中得到广泛的使用。

应该指出一个亚·帕·克维亚特科夫斯基没有发现,但对进一步的理论分析是非常重要的情况:前添音节与后添音节的紧密结合提供了完整的韵步(参看上述列举的第一个图表)。因此,完整形式的节拍格律圆周句可以被想象成一个环,或者无休止运动的传送带,其内部结构由于在它的某个网格(节拍)中运动的停顿而获得不同的形式。在此我们得到了根据波斯特机的图式,进而可能根据图灵机的图式而继续进行形式化的基础[参看:Степанов 1990]。

波斯特机 我们首先想象一个计算模型:计算者固定地站在一个很长栅栏的其中一根木杆前,请他算出所有木杆的数量。在这种基础运算中将包括计算者如何能够看到在他远处的计算对象(在我们的例子中是栅栏的木杆),它们都处于他的直接视线之外,一种情况是在他的"右边",另一种则在他的"左边"。

也可以根据这个思路想象以下抽象法来研究这种运算:在增量的有限计算中,计算者根本无法"接触"或"看到"计算对象。因为后一种情况可以被放置到距离计算者直接观察对象的任意远、"无穷远"。作为这种抽象法,我们推荐研究所谓的"波斯特机"。

在此,我们以不太严格的形式来讲述乌斯宾斯基(1988)同名作品的一些地方。波斯特机与它的近亲图灵机一样,是思维结构(尽管"在制造中"原则上可以将其具体化)。波斯特机由传送带和滑架—运算端和记录端构成。传送带是无限长的,并被分为长短相等的段;这些段的放置方法与所有数的方法相同(为了明显起见,我们将它与一个常见的米尺相比较)。滑架可以沿着传送带向右或向左移动。可以将滑架想象为从传送带上截取的、空的一段,它的任务是机器的运算"眼",为此在机器停止运行时滑架应该与传送带的任何一段完全吻合。机器所做的工作是根据某个确定程序进行的,其中的一个程序就决定了所谓的"增量的任务",如果在机器的传送带上有数字 n(n 是任意数)这个标记的话,即获取的得数为 n+1。

在完成这个程序,更确切地说,是在编辑它时,出现了一系列任务,包括像机器"状态"、"状态类别"、"一类状态列入另一类状态"、"类别的合并"等等概念,即许多最为重要的数学概念。在此,算法概念是对运算这个基础概念的总结。所以"有关增量的任务"引出了一系列的算法问题。

我们将波斯特机的原则用于另一个客体——"克维亚特科夫斯基模型"。以上述第二个图表为例(长短短格,短长短格,短短长格),现在想象一下机器的滑架不是空的,而是带有重音的,重音在移动时妨碍它进入俄语单词的一个网格中(可以研究音节作为这种网格的最简单情况)。于是,波斯特机将因为程序的不同而生成俄语的诗歌模型,在前面所举的例子中,所称的三种诗格也成为克维亚特科夫斯基模型的形式化对应物。

但是这里出现了一个普遍的问题。"编辑由原始数得出合成数程序的任务(在我们这种情况下,它可能是在词的音节串中与音节号相对照的一作者注)(如果不存在合成数时,也不会得出任何结果),当且仅当具有某种普遍的方法,即如果不存在合成数时,它就可以根据任意原始数写出合成数,且不给出任何结果"。这个论点被称为波斯特判断或公设[Успенский 1988,63]。当然,在这种相对简单的情况下,如长短短格,短长短格,短短长格的"克维亚特科夫斯基模型",是不需要如此复杂的计算。但是这里所说的是原则。(而且,如果我们试图将其他整体上是所有俄语诗的格概括为这个模型的话,在这种情况下可能是需要计算的。)

作为原则的波斯特公设非常重要,使波斯特机的功能从是否可以计算,到建立计算其程序并使其得以确定,都发挥了启发性的作用。"它为波斯特机计算功能的数学理论赋予了哲学意义(我们可以说是语言—哲学意义—作者注),将它变为计算功能的普遍理论……:'得到了与人工智能数学化能力相关的具有重大意义的发现'"[Успенский 1988,77]。

既然,正如我们在最前面说过的(Ⅰ,0),我们将研究全部在此所举的源于假定的"例子",它们可能是某种统一的、尽管尚未发现的《语言的逻辑》的片段,所以波斯特公设的语言—哲学意义非常重大。它可以区分出,如果应用于该《语言的逻辑》的不是其两个重要特征的话(其实,可能应该说的正在于此),那么在任何情况下都有两种研究策略(可以说是它的"发现"):发现与无效程序不同的有效程序。我们在下面的例 2 中将遇到这个问题。(要提醒的是,"功能的可计算性"是"程序效率"的部分情况。)

研究波斯特机的这一方面可以将其归入相应的章节(即例 2)。但是它可能也有其他更为主要的属性:在波斯特机的程序中,指令的位置应该与指令号一致,因此波斯特机使得时间序列及提到它的地点模型化(例如,与前面序言中作为例子的音位的超时间划分不同)—正是在此谈到了时间。

2. 例 2. 从卡尔纳普的"状态描写"到辛提卡的"分布准则形式"——康德、卡尔纳普、维特根斯坦的一些类似研究的对比

在本章(Ⅰ,0)前面我们已经注意到,近十年来例证问题所走过的历程。

从写下那里所举的段落起(1981 年),有关例证的问题不仅没有消失,反而其本身成为了逻辑—哲学形式化的对象。与辛提卡定义相关的最新概念是分配准则形式。通过这种形式,逻辑一阶语言(例如,狭义的谓词演算)结构的描写比该一阶语言句子总体结构的描写更为精确。作者本人正是这样表述自己的基础概念的。

首先我们编写了所有个体的可能类型清单,这些个体可以在所研究的语言中所指的谓词及相关变元的术语中得以确定。它们出现了下列表达式(复合谓词):

$$(\pm)P_1(x) \& (\pm)P_2(x) \& \cdots \& (\pm)P_K(x)$$

这些表达式被称为卡尔纳普的 Q-谓词。它们应该是 $2k=K$ 的类型。假设我们对它稍作调整,形成尽可能的 Q-谓词及其每个得数(问题的答案)的清单,它是否能够完成:

$$Ct1(x), Ct2(x), \cdots, Ctk(x)$$

由这些个体类型可以转入可能世界的类型,我们根据可能的 Q-谓词及其每个得数(问题的答案)的调整清单的持续运动(依次运动)确定这些类型;它是否能够完成。作为对这些"可能世界类型"的描写,可能提出这样的表达式:

$$(\pm)(\exists x)Ct1(x) \& (\pm)(\exists x)Ct2(x) \& \cdots \& (\pm)(\exists x)Ctk(x)$$

辛提卡将这些命题称为结构项。它们可以被赋予更加明晰的形式。因此,前面的表达式可以写成:

$$(\exists x)Ct1(x) \& (\exists x)Ct2(x) \& \cdots \& (\exists x)Cti(x)$$
$$\& (x)[Ct1(x) \lor Ct2(x) \lor \cdots Cti(x)],$$

$\{Cti1(x), Cti2(x) \cdots Cti(x)\}$ 这里有尽可能的 Q-谓词集合的一些子集(文章《表层信息与深层信息》[Хинтикка 1980, 187])。

该子集的合成概念作为逻辑积的结构项,也是分布准则形式—"语核"。在此我们停止转述辛提卡的话,而转向自然语言中他的原型,就像我们一直尝试这样做一样。

来看我们已经知道的现象是(前面的Ⅰ,0):每个音位都与另外一个对立(~是对立符号,它可以读做:"……—非……"):

[а]~[о],[у],[е],[и],[п],[б],[д]……等
[о]~[а],[у],[е],[и],[п],[б],[д]……等
· · · · · · · · · · · · · · · ·
[ф]~[а],[о],[у],[е],[и],[п],[б],[д]……等

正如我们所知道的那样,音位之间适当地对立不是无形的、漫射的,而是有着明显的独立特征。我们注意到,为描写任何语言的音位系统的 12 种特征是足够的(根据研究[Якобсон и Халле 1962]得出的结论);并且每一种特征可以出现,也可以不出现(这种情况下,用带有~符号的字母对其进行表示):

1) 元音—非元音 V —~V
2) 辅音—非辅音 C —~C
3) 紧凑—非紧凑(漫射的)K —~K 等等,共 12 对。

客体的总和在数学中被称为集合(用大括号表示)。在这种情况下我们得到了

一个包括 12 个客体的集合{V,C,K…等等}。暂时我们仅限于前两种特征。于是俄语中的任何一个音位都能够填入下列图表中的相应位置：X1 对应的是具有 V 和 ~C 属性的音位；X_2, X_3, X_4 对应的是具有 ~V 和 C 特征的音位（见下图）。

V	X_1	
~V		$X_2 X_3 X_4$
	~C	C

具有特征的词和符号在数理逻辑学中被称为谓词。有关对象的命题需要借助这样的系词构成，例如：

"не"	它的符号	~
"и"	，，，，	&
"или"	，，，，	∨
"если…, то…"	，，，，	⊃
"если и только если"	，，，，	≡

（这些命题的组成及变换规则在数理逻辑中是普通的）。

与前面所举图表类似的图表被称为特征空间。这个空间的每个格都被称为元素，在该情况中有四个元素。

下列命题对于音位 X_1 是正确的：

$$VX_1 \& \sim CX_1,$$

而对于音位 X_2, X_3, X_4 的命题是：

$$VX_2 \& \sim CX_2; \sim VX_3 \& CX_3; \sim VX_4 \& CX_4.$$

此处我们使用了两个谓词（两个特征），并通过它们将 1 个音位与其他 3 个音位进行了对比。但是，这其他 3 个音位之间并非互相对立。我们想到，为进行充分的描写，必须有 12 个谓词（特征）。以概括的形式，如果有 n 个特征，那么空间将是 n-量度的。其中将有 2^n 个元素格。

为了描写音位 n，运用了构成{V1, C2, K3……等直到12}集合的 12 个特征，所以空间将是 12 量度的，而其中的元素是 $2^{12} = 4096$ 个。每个元素都是一个特征与含有 12 个成分的集合中选出的其他一些特征的确定搭配。由其他集合的成分构成的任何一个集合都被称为上一个集合的子集。在这种情况下，一个集合的 12 个成分可以通过 4096 种不同方式互相结合，并构成了等量的子集。因为每个子集（在该情况下是空间元素）也是音位特征的确定搭配，那么可能有多少子集，就可能有多少不同的音位。这个例子表明，以此为基础如何对确定的音位进行分类及描写。

相同的方法可以用来描述已经确定的音位成分的内部结构。

我们回到前面所列举过的图表。但是,现在想象一下,$X_1, X_2, X_3, X_4, \ldots\ldots,$ X_k 表示的不是音位,而是不同的、独立的语音(可以用区分音位的那 12 个特征来区分它们,如前所述,在图表中我们仅限于 12 个特征中的 2 个)。对于语音的存在而言,足以使语音之间划分开来,即能够将语音区分出来。换言之,每个语音是不依赖所有其他语音而存在的。

因此,如果 $X_1, X_2, X_3, X_4, \ldots\ldots, X_k$ 构成了该语言的语音系统,那么关于每个语音的命题,例如 X_1 具有特征 V,是无法通过演绎法由关于其他语音的命题推导出来的。这种现象被称为状态的独立性。如果 X_1 这个语音具有特征 V,即为 VX_1,而所有其余的语音都应该满足一个唯一的条件:不与 X_1 这个语音相混合,那么它们可以填在下表所画的空间中除 X_1 这个点之外的任何点上,也就是说在这个空间中可以有 2^{2k-1} 种不同的定位方法。于是 X_1 这个语音与其他语音的对立采取了这样的形式:$VX_1 \equiv VX_1$ + 其余 2^{2k-1} 个语音的任何状态,从而是($\vee$ 是表示"或"的符号):

$$VX_1 = (VX_1 \& CX_1 \& VX_2 \& CX_2 \& \cdots \& VX_k \& CX_k) \quad z_1$$
$$\vee (VX_1 \& CX_1 \& VX_2 \& CX_2 \& \cdots \& VX_k \& CX_k) \quad z_2$$
$$\vee \ldots \text{ит. д.}$$
$$\vee (VX_1 \& \sim CX_1 \& VX_2 \& \sim CX_2 \& \cdots \& \sim VX_k \& \sim CX_k) \quad z_1^{2k-1}$$

ПолНое описаНис аНиесосТОяНий

在这种情况下,"状态的完全描写"建立了反映音位及语素限定,并能够得到音位聚合系统完全描写的基础。

总之,"状态的完全描写"(state description)具有很大的概括性。例如,它类似于物理学家波尔兹曼用于描述"理想气体"的系统[Больцман 1953,352,公式(90)]。(俄语术语"описание состояний",其中状态是复数形式,它对应的英语 state description 比"описание состояний"更为贴切,后者与一个完全确定的状态——"世界"相对应,即"状态"总和—可能世界的一次现实化)。

我们回到辛提卡的系统。接下来,正如辛提卡所展示的那样,可以通过树型结构("树型")来描写所研究的该一阶语言总体的结构;它的分支通常是无穷多的,而每个节点,即发出分支的地方,是术语在前面确定的意义中的结构项。每个结构项(在该情况下是节点)位于确定的深度,它本身从属于上级结构项(节点),并支配("覆盖")下级结构项(节点)(《信息,演绎及先验》[Хинтикка 1980,161])。

在此也出现了辛提卡的"有效性"概念。为确定矛盾性,或者相反,为确定这个系统的不矛盾性,必须发现存在其中的矛盾结构项。但是,正如辛提卡所言,由于一阶逻辑的无法解决性,总体上无法有效地(机械地)实施。在与称为树型结构有关的专门术语中,这种观点可以用另外的方式表达:一阶逻辑的无法解决性与不可能预先推测出矛盾结构项,以及与所有从属于它的矛盾结构项通常出现的深度有关[同上,第163页]。

在此,作为有效结构的一种替换,例子的设计发挥了作用,这种研究方法的重要作用在前面已经提到过[I,0]。

说到这里也想提到另外一种情况,它是勃利诺夫和彼得罗夫在他们的《语言的行为逻辑》,即《行为逻辑》中所说的:"由上述为我们的行为语言公式而建立真值表的描写方法可以得出,存在一个有效程序(正是计算相应真值表的程序),对于所研究语言的任意公式 Ф,它都回答了 Ф 是否是行为重言式这个问题。"[Блинов, Петров 1991,25]。(关于计算程序在他们那本书的第21—25页进行了阐述)。

在对与本书主题相关的辛提卡的系统进行了简短的说明之后,应该说,正如我们所见及所进行的概述,辛提卡是彻底的实在论者,因为在他看来,本体论的客体仅在他的逻辑语言系统中被描述了(也可以说"被展现出来了"),而并非由该系统"产生了"。另一方面,辛提卡的俄罗斯解释者坚持认为:"辛提卡所有作品的精神实质以及主要目的在于,扩大对能够给予我们关于世界更加准确理解的人类认识活动进行逻辑分析的可能性,这无疑证明了他忠实于唯实论的哲学方向"[Садовский, Смирнов 1980,31]。

(关于"状态描写"的进一步研究,参看后面第4章第2节。)

因为在前面所举的论断中出现了关于建立真值表的问题,我们也可以说明与句子形式有关的这些逻辑结构的另一个语核(其实,可以仅将它作为前面已描写过的另外的部分来研究)。

首先,我们要提醒的是,形式化问题归根结底是应该形式化的语句的真值问题。

我们首先介绍原子句,或者称为最小句、基础句的概念。就我们而言(即在能够使这个概念与本书第2章所谈的亚里士多德的系统相协调的意义上),原子句是由句法分类(即带有亚里士多德10个范畴之一的谓词)的谓词之一,以及词汇分类(即带有"事物"、"植物"、"动物"、"人"这些组中的单称词项)的单称词项之一,作为主体构成的句子。可以简单地认为,不允许元符号("总和"、"集合"、"过程"等类型),分类名称("事物"、"植物"、"动物"、"人")以及是词汇转换结果的名称(如来自"бежать"或"бегать"的"бег";来自"бел"的"белизна";来自"ближе"或"приближать"的"приближение"等)作为原子句的主体。原子句不是其他句子的转换或迂说。从"属性"这个词的广义上来说,它们表达的是对象的属性。在此,对它没有什么精神的理解,如意识中某物的形象或反映,而应该是客观的理解,如事物本身具有什么。Снег бел(雪是白的);Я учусь(我学习);Москва больше Ленинграда(莫斯科比列宁格勒大);Кошка спит(猫在睡觉);Петя нарисовал кошку(别佳画了一只猫);

Снег спит(雪在睡眠);Кошка бела(猫是白的);Кошка больше Ленинграда(猫比列宁格勒大);Москва больше снега(莫斯科比雪大),等等,都是原子句。

尤其要指出,尽管原子句可能有很多,甚至很多原子句都是一个类型的:许多单称词项与一个谓词的搭配,但这并没有使原子句变为可变函项句。如果谓词允许名称集合作为其主体(总的说来作为其项),那么它仍然是可变函项句。但是每个原子句是没有什么变化的,是固定的。

可以将以下定义用于该种理解的原子句:"由后接个体常量符号 n 的 n 级谓词构成的句子被称为原子句";"由后接个体常量谓词构成的原子句,当且仅当个体常量所属的个体具有谓词所表达的属性"[Карнап,1959,32—331]。"后接"这些词在这些定义中应该如同在自然语言中一样理解,是在句子的逻辑记录中的运用。当然,谓词与单称词项的排列顺序由句子的结构模式确定。上述观点也是以符号规则为前提的,它们在前面的丘奇系统的术语中(在许多其他著作中也能够找到类似的规则)就已经被提到[例如,可参看,Войшвилло 1967]。

每个原子句都能够区分,为真或为假。假设有一个原子句"P",那么将产生真值表 1。

表 1

P
И
Л

对于一个原子句所进行的描述都具有可能性真值表。因此,语句 Снег бел(雪是白的)具有两种真值可能,实现第一种,则句子为真。

上述说法要求,在原始系统,即谓词与名称的搭配中,我们只接受除元名称、转换及一些其他限制之外的最弱的限制。在这些弱的限制下,句子 Снег бел(雪是白的)可能被认为是真值的,而句子 Снег чёрен(雪是黑的)则是假值的。这些条件确定了某些"可能世界",它们可能是与自然语言中所反映的世俗世界相同的各种世界,因为用于自然语言的那些名称和谓词,也参与到描述这些可能世界的句子之中,但是仍然有很多种可能世界,这是因为,所有的单称词项都可以与所有的原始谓词搭配。这些世界是没有语义限制的。

也可以想象另外一种系统,初始观点认为,仅有一些名称与谓词的搭配在语义上是允许的,并通过某种方式禁止其他搭配。在这第二种系统中,句子 Снег бел(雪是白的)将被认为是真值的,句子 Снег чёрен(雪是黑的)是假值的,而句子 Снег спит(雪在睡眠)则被认为是语义规则不允许的,或是无意义的。这种系统或许同样描述了可能世界,但这个世界与真实世界是非常接近的。为进一步推演逻辑可能性,没有必要设置预先的强限制,采用一开始得出的最弱的形式就足够了。

如前所述,原子句是独立的,也就是说不是其他原子句的转换形式或迂说[比较:Витгенштейн 1958,5.134]。所以,如果给出两个原子句"p"和"q",其中的每一个句子要么为真,要么为假,那么它们的并存将产生真值表2。

表 2

p	q
И	И
Л	И
И	Л
Л	Л

3个独立原子句的并存将产生真值表3(在下一页)。

现在我们来介绍非原子句的概念。我们只把它们理解为依赖原子句存在的句子,暂时不提它们的特殊形式(它们也可能是原子句组合成的一个复合句,简单地说,这个句子仅在语义方面从属于它们)。非原子句"是与基础句真值可能性的一致或不一致的表达"[同上,第4.4]。

所以,如果将下列真值表3中所列的第3个句子"r",作为句子"p"和"q"的从属句,即为非原子句,那么它的真值情况的确定只是表3的一部分,也就是表4。

表 3

p	q	r
И	И	И
Л	И	И
И	Л	И
И	И	Л
Л	Л	И
Л	И	Л
И	Л	Л
Л	Л	Л

表 4

p	q	r
И	И	И
Л	И	И
И	Л	Л
Л	Л	И

如果我们将表中的最后一列写成一行的话,那么非原子句的命题标记是"(ИИЛИ)(p,q)"[同上,4.442]。这也是句子"r"出现在两个原子句"p"和"q"系统中的真值条件。

对于n个基础句具有真值的可能条件L_n,即为与n个基础句真值可能性的一致或不一致关系的L_n个可能情况:

$$\sum_{k=0} \binom{K_n}{k} = L_n$$

真值表 3 表明了来自 3 个事实上和逻辑上独立的原子句系统可能情况的完整集合。表 4 描写了在只有 3 个句子出现的情况下对于我们这个世界的可能性的有效集合。最后的公式描写的是最后的情况，但是在不局限于 3 个句子的数量的情况下，它可能是任何数：n。在上述维特根斯坦的论断中，莱布尼茨关于可能及真实世界的著名观点也被现实化。莱布尼茨认为，除了逻辑必然之外，不存在任何其他的必然，并且除了以矛盾为前提的可能性之外，不存在任何其他的可能性。只有与之相反并引起了矛盾才是必然的，所有自身是不矛盾的都是可能的。莱布尼茨可能性的完整集合与宗教理念相关，而完整集合与实现可能性之间的关系，根据库丘尔的恰当表述，是这样的："所有可能的东西都不可能一下子实现，因为可能的东西不是共同可能的，也就是说，不可能是互相重叠的。因此对于可能性的选择不取决于宗教理念，也就是说，逻辑规律不取决于永恒真理，但它们取决于其意志以及神的仁慈。它无所不及（不矛盾的），但却希望更好（来自同样的可能世界）"[Couturat 1901, 219]。在莱布尼茨看来，存在的世界是可能世界中最好的世界。

在莱布尼茨的观点中，还有一个没有引起后来研究者重视的，但却非常值得关注的思想。如果可能性的完整集合仅仅局限于绝对矛盾，也即矛盾的是不可能的，那么可能的也未必能够是共同可能的，也即未必在同一时间是可能的，但是可能的可以在不同的时间点持续可能。因此，在推演莱布尼茨以及后来维特根斯坦的可能性理论时，都隐含了诸如显著可能性连续实现的进化思想。

维特根斯坦自身对"可能性的描写"在卡尔纳普的系统中也可以找到对应物。卡尔纳普旨在建立"逻辑系统"，即在最小程度上建立与语义相联系的形式化系统（在语义框架下理解符号与物质世界、语言外世界成分的系统表达的相互关系）。根据其意图，卡尔纳普改变了维特根斯坦研究方法中的几个方面。他用"肯定"、"否定"代替了"真"、"假"（И，Л）概念（我们注意到了一个非常重要的情况：自然地出现了"真"与"肯定"概念的结合，另一方面，"假"与"否定"相结合。似乎这里有一条通往认识语言中否定结构图式特点的道路，而正如我们前面所看到的那样，暂时这些结构在分类中还是未被系统化的）。

维特根斯坦的"可能性描写"变为了卡尔纳普的"状态描写"。在根据维特根斯坦的观点对可能性进行描写的同时，他还介绍了作为它们与事实的一致或不一致关系的真值和假值的描写。在卡尔纳普的"状态描写"中真值概念分裂为逻辑真值描写（L-истинность）和事实真值描写（F-истинность）。第一种描写与语义的内涵方面相一致，第二种描写与外延方面一致（关于后一种描写可以参看本书前面的内容）。

我们回到维特根斯坦的系统。维特根斯坦将所说的"逻辑可能性描写"称为"逻辑空间"，或"逻辑自由空间"（der logische Spielraum）。以上所谈到的已经很清楚地表明,这个空间是有界限的:"真值条件确定了句子保存事实的范围"[Витгенштейн 1958,4.463]。但是维特根斯坦在此如何理解"句子"?它不是别的什么,而正是"基础"或原子句。下面的说法是很清楚的:"句子是与基础句的真值可能性一致或不一致的表达"[同上,4.4]。因此,这个论断中的"句子"不是最初形态的基本句子,而是终结性句子。终结性句子本身可以有两种解释。或者可以看作由两个或更多基础句通过逻辑系词,如连接词 и —— 合取词,构成的复合句。这些由基础或原子句构成的句子自然地被称为"分子句",而且这个术语确实被使用了[Тондл 1975,122]。但是在维特根斯坦自己的系统中,似乎没有理由这样局限地理解终结性句子。或者,当不作为独立句(这归根结底产生了可能性或状态的完整描写),而是从属于所有存在的句子来研究时,基础及原子句本身就可以是终结性句子(或根据维特根斯坦的术语,与他的"基础句"不同的"句子")。实际上在表4中也是这样做的。所以,"句子"或"终结性句子"这个术语是被约定了的,只表示我们在从属于其他句子(尽管不是在由其他句子直接导出、转换或迂说这个意义上)的网络中所研究的句子(其中也包括原子句)。这在本质上与汤德尔"分子句"的理解也不矛盾。

而这些观点在我们早期所接受的术语中的说法是不同的:原始谓词及建立在其基础之上的句子是原子句;所有这些句子都可以作为相互独立的句子来研究;在原子句基础上形成的转换、迂说以及复合句是终结性句子;终结性句子表现的是不同类型之间的等价、同义关系;因此在带有终结性句子的共同系统中所研究的原子句也不再是独立的。我们认为,正是对句法系统的这种理解与维特根斯坦的完整系统是相同的。

此后,不难看出"逻辑自由空间及其界限的语言学解释"。在研究了逻辑空间的界限后,维特根斯坦将它们简化为真值条件,他将这些真值条件表述为"可以归整为一列"。这种调整为列的例子已经举过:对于表4的句子"r"是(ИИЛИ)(p,q)。在同样的小系统框架下解释真值条件可以发现两种极限情况:1.(ИИИИ)(p,q);2.(ЛЛЛЛ)(p,q)。第一种情况说明的是在任何真值条件下都为真的句子,第二种是在任何真值条件下都为假的句子。第一种句子是重言式,第二种是矛盾句。

维特根斯坦将这些研究概括为以下形式:"属于某些基础句真值可能性的真值条件组可以被调整为一列"[4.442]。"在真值的可能条件中,有两种极限情况。在第一种情况下,对于基础句的所有真值可能性来说,句子都为真。我们说,真值条件是重言的。在第二种情况下对于所有真值可能性而言,句子都为假。真值条件是矛盾的。在第一种情况下我们将句子称为重言式,在第二种情况下则称为矛盾句"[4.46]。"重言式与矛盾句是不具有意义的……"[4.461]。"但重言式与矛盾句并不是无意义的,它们是符号的一部分,与'0'是数学符号的一部分类似"[4.

4511]。"真值条件确定了句子保存事实的范围[4.463]"[Витгенштейн 1958]。

因此,句子的语义范围可以被描述为连续统或数列的形式,一方面我们称之为纯形式的、失去了所有内涵的重言式,另一方面我们称之为纯内涵的、失去了所有限制的,从而失去了形式的矛盾句是它的界限。(下面我们将看到,这种区分与词典分类中的某些基本区分完全一致。)因此,句子确定的语义范围是在词的符号意义上的句子的普遍形式。

转换和迂说与句法的语义连续统在其依下列顺序相互限制的极之间协调一致:重言式—转换—迂说法—矛盾句。

这个序列也是词的符号意义上句子形式的总的定义。转换的本质一方面是重言式所限定的原子句的改造和变体,另一方面是迂说所限定的原子句的改造和变体。换言之,重言式是作为根据所指而进行的变体的转换限度。Рабочие строят дом(工人建造了房子)— Дом строится рабочими(房子由工人建造)是转换,但是 Дом строится рабочими(房子由工人建造)从能指的普遍内涵观点出发,与 Рабочие строят дом(工人建造房子)是相同的。重言式在自然语言中并不是偶然现象,而且常常是内涵丰富的。迂说是作为所指变体的转换的界限,涉及意义的结构部分及能指,因为正如上面我们所看到的,能指的区别与所表达情境的结构中的某些区别一致(尽管在最小程度上改变了说话人的移情)。所以,Рабочие строят дом — Дом строится рабочими 是转换,而 Дом строится рабочими 是说话人在房子方向上的移情,因而这个情境可以在语义等价上由这个句子来描述:"所说的是有个房子,由工人们建造"。但是最后一个句子已经是两个原始句子的迂说形式了。

迂说的本质一方面是受转换限制的另一类变换或原子句的变体,另一方面是矛盾句(即为矛盾的句子)。转换是根据意义而进行变体迂说的一个界限。这一情况是,当迂说局限于最小程度的改变,该改变在语法层面仅与句子态的特征改变或仅与其中词序等的改变相一致。例如,句子 Дом куплен Иваном(房子为伊万所买)可以被认为是对句子 Дом купил Иван(买房子的是伊万)的迂说,以及对 Иван купил Дом(伊万买了房子)的转换。关于同一个情境的矛盾句是迂说的对立界限,也就是说,其中之一包含了另一个的否定意义,如:Иван купил дом и вроде бы не купил его(伊万买了房子又似乎没买);Речка движется и не движется(小河流淌又不流淌);Ненавижу и люблю(我恨并爱),等等。在自然语言中这些语句屡见不鲜。在纯逻辑意义理解中,它们是矛盾的(参看前面关于反义词的内容)。

分析句处于重言式的边缘。例如,这样的句子是分析句:"Каждое А, которое не есть В, не есть В"(每一个不是 В 的 А 就不是 В);"Каждый мужчина, который не женат, не женат"(每一个男人未婚就是未婚);"Каждый холостяк не женат"(每一个单身就是未婚)。每一个逻辑重言式或每一个允许在语言中的重言代换,以及每一个借助该语言实际的句法约定而简化为上述句子的句子,是句法意义上(与语义上的不同)的分析句。句法约定或公约规定,可以使用确定术语来代替任何表达[参看 Айдукевич 1958,277]。

由合取词连接的综合句,也即带有列举成分的句子,处于矛盾句的边缘,例如:"Речка движется, и не движется"(小河流淌又不流淌)等等。总的说来,在一个综合句的谓词中,所有词汇都能够这样被列举出来。其内涵看起来是极端丰富的,但至少在其谓词不可能同时为真这个意义上,它是矛盾的。在一些明显的意义上,这些句子也失去了形式。

在词汇的分类中,概念的符号学形式定义与该句子的符号学形式定义是一致的。首先指出,为描述这种对应,在维特根斯坦的句子分类中的重言式和矛盾句与在此方面追随了康德的卡尔波夫的概念分类中,将这两个范畴之间看成是完全类似的。概念外延越大,其内涵就越小,反之,内涵越大,外延就越小。根据这种关系,卡尔波夫将"向上"和"向下"两个过程在逻辑上进行了延伸。"当处于抽象的最高程度并且内涵可能为零时,可能发生的事情就有可能变为本体论的概念"[Карпов 1856,97]。因此,卡尔波夫在本体论的概念中理解其内涵等于零,并等于与"纯外延"相同的纯形式。卡尔波夫的本体论概念与维特根斯坦的重言式是一致的。

将"向下"的过程进行延伸,卡尔波夫得到了对立点,在这个点上,外延等于零,而其内涵变为特征的无限列举的无限总和——是个体或是"不可分割的"。卡尔波夫的个体概念与维特根斯坦的矛盾句概念是一致的。

因为任何外延与内涵概念的定义都应该在确定的系统中予以呈现,所以我们将卡尔波夫的思想应用于词典的符号学分类系统中。将卡尔波夫的界限用于分类的中心部分"波菲利树形图"谱系之后,我们可以说"非指物性元符号"上限与"纯外延"是一致的,也与句法意义上的重言相同。在词典的相应部分,这些语义本质通过语言词汇系统的调整是内在的,并且在词典中用作词汇定义首先出现的词(Коллектив — совокупность…"集体是总和";Стамеска — инструмент…"凿子是工具";Куча — множества"成堆是大量"…等等)。

词典谱系的下限,如个体—人("я"),与"纯内涵"一致,并与句法意义上的矛盾句相同。

如果用句法形式"A есть A"(A 是 A)作为最自然的重言式表达的话,那么其对立点,也即矛盾句将表达为"A есть не A"(A 是非 A)的形式。任何名称在主体和谓词位置上重复,都会造成重言现象——"Я есть Я"(我是我);"Учитель есть учитель"(教师是教师);"Кошка есть кошка"(猫是猫)①。而任何一个在主体位置

---

① 现实使用中这些句子都产生附加意义,在现实中它们已经不是重言式了,如:Ты знаешь Петю: Петя — это Петя! 等。

上是肯定的,而在谓词位置上带有否定重复的名称,都会造成矛盾句的出现:"Я есть не-Я"(我是非我);"Учитель не есть учитель"(教师是非教师)和"Учитель —это не учитель"(教师—这不是教师);"Кошка не есть кошка"(猫不是猫)和"Кошка — это не кошка"(猫—这不是猫)。

在这两极之间形成了大量的静词句或部分同一句(并因此产生了部分矛盾句):Я — учитель(我—教师);Кошка — животное(猫—动物);Это животное — кошка(该动物—猫)。下面我们将看到,两个名称通过动词建立了同一关系的动词句,可以归为上述情况:Я стал учителем(我成为了教师);Кошка принадлежит к животным(猫属于动物);Это животное кажется кошкой(该动物似乎是猫)。此外,许多其他例如带有及物动词和客体的动词句本身就分布着上述句子的属性:句子 Мальчик читает книгу(小男孩在读书)通过动词中介建立了"книга"(书)和"мальчик"(小男孩)的部分同一关系:"читать"(读)是男孩的属性,"быть читаемой"(被读)是书的属性。(不太重要的是,在这种情况下句子的主体是"男孩",这个属性是暂时的,而对于客体"书"来说是固定的:书本身就是用来读的。在其他情况下,暂时情况与固定本质的关系可能是相反的:主体具有某个固定的特征,而客体的这个特征则是暂时的,例如 Земля здесь родит сорок центнеров на гектар—这里的土地每公顷产 40 公担)因此,Мальчик читает книгу(小男孩在读书)类型的动词句也是部分重言式和部分矛盾句。我们把与纯重言式和纯矛盾句不同的这些属性结合的任何方法,称为语义协调关系。这些句子的总的属性将在专门的章节中进行研究。

前面已经说过,维特根斯坦的系统是对莱布尼茨某些思想的发展,而卡尔纳普的系统本身是对维特根斯坦观点的发展。现在可以介绍一下在 1976 年沃伊施维罗的作品中对卡尔纳普系统特有的延续。作者在"统计信息"(比如根据香农)与"语义信息"(根据卡尔纳普)概念之间建立了联系。语义信息是以下列方式被确定的:存在原始抽象可能性的有限集合,例如句子集合,其中的每一个句子都对一个可能的"事态"在"现实"或"可能"的世界中予以确定;每一个句子都以某种方式被附加了确定的概率;选取其中之一,我们称之为句子 A,就排除了某些可能性;那么剩余(对于 A 是可能的)可能性的概率数作为句子 A 的概率 p(A)来研究;A 中包含的信息为 i(A):

$$i(A) = -\log p(A).$$

"沃伊施维拉指出,这种关系可以扩展到任何不依赖于其实现方式,而有可能确定语句 A 的概率的情况。与信息统计理论中使用概率的频率概念的信息评定不同,这里指的是逻辑概率。但是这个区别不是主要的。例如,如果存在一个 P(a)类的(关于谓词 a 具有一个属性 P)简单句,能够在 a 所属的类别中确定 P 出现的相对频率,而同样也确定了该对象出现该属性的概率,那么它就应该与该语句的逻辑概率相符"[Войшвилло 1976,168]。

如果任何的状态描写(来自可能的状态描写)都不包含某个句子,同时也不包含它的否定形式(即逻辑否定规律及排除第三方的逻辑规律发生作用),那么沃伊施维拉认为,在这种状态描写中确定的信息是外延的:我们事先接受了这样的观点,在现实中不可能有句子或其否定形式描述的矛盾状态,即在这种情况下描写的是"真实的世界"。

但是,可能出现沃伊施维拉接下来提出的情况,改变状态描写概念使得在其定义中事先不接受任何的信息(我们或许可能说,保留"最大限度的可能性")。根据沃伊施维拉的观点,这种情况下确定的信息状态描写将是内涵的。为此,"其实,完全能够先验地否定这样的假设,即在现实中起作用的是矛盾定律及排中律。只有这些定律本身,它们的合取及由它们所推导出的,是关于现实的肯定,因为它们是我们语言的公式。其余表达的都是公式之间的关系"[同上,第176页]。在这种状态描写中,句子可能是同时被附加上了诸如"真"和"假"的意义。以这种方式描述的世界,我们可能说,是带有最大限度可能性的"可能世界"。但是,我们要再次强调,与之相应的描写归根结底是根据"现实世界"的外延信息描写的范式而建立的。

(整体上,以上述观点为基础,接下来无疑应该对"转换"和"迂说"概念进行形式化,而且一个将在语义的外延范围内,而另一个则在内涵范围内。目前,还没有对它们进行形式化,但可以参看有关"迂说"的著作[Martin 1978];[Степанов 1981, гл. Ⅴ, Ⅵ]。)

在某种程度上作为其基础的第三章第5节的材料(关于词与概念的形式),与本章材料直接地结合起来。

3. 例3. "神是爱","爱是神"。同一关系及语言哲学分析的两种方法:历史—哲学法与逻辑法

我们在本章中将在某种程度上归纳之前所谈论的关于从所研究的语言事实到它们的逻辑表象的"逻辑上升"。我们同时试图举例说明("例证"),而因此也论证了在本章(Ⅰ,0)开头所提出的两个原则:针对基本的逻辑—哲学状态可以指出它们历史的语言原型(即每种情况下它们的"语核"),这些状态本身也可以在语言类型的逻辑转换中建成。(前面所举的各种例子[例2],从"卡尔纳普的状态描写"到"辛提卡的标准分布形式"等,都属于这样的论断。)

术语"同一关系"仅仅是对现实中存在的相当不同的关系的整个类别,以及对在每个自然语言的某个整体中存在的句子类型的整个类别的假设名称。虽然是假

设的,但这个名称也并非是偶然的,因为它反映了关系,反映句子以及它们所表达的某些真正本质上的东西。

在最不相似的学科中,开放的关系也列入了同一关系类别中,或者更确切地说,是"同一类的关系":数学中的同一关系具有最直接的意义("等于"符号——"="); 相等和相等类关系;存在公共尺度(公因数及其他)、比例的关系;两条直线的平行关系;方程及在解方程时的每个步骤;相似、对称、全等关系等。在生物学中,在分类、种、属、纲中确定个体,总的说来就是分类。在语言学中,在音位中确定音类及音位变体,总之是将个别音位的变体与整个音位变体等同起来;形态学及语法学中的相应程序。在逻辑学中,不同种的定义;等价表达等等。现代逻辑学、理论语言学和哲学的这个最重要的问题,如同分析与综合问题一样,与同一问题具有直接的关系,此外,在某种意义上可以作为后者的分支来研究。这也是本章的主旨所在。

在 C. A. 雅诺夫斯卡娅 1936 年的著作中[Яновская 1936]可以找到属于该类的某些数学概念在哲学背景中的概述。而谈到同一句的类别,在阿鲁玖诺娃的著作中[Арутюнова 1990]描述了它在俄语中的应用。

同一关系在道德和伦理(全部的关于道德的科学)中产生了尤其重要的作用。同一句,其中也包括我们文章标题所列举的句子,常常作为某个道德准则的形式,概括起来就是作为某个真理的肯定形式。

在所谓的 1910 年俄罗斯文艺复兴时期,它们在俄罗斯文化历史中的组合是明显的实例,是同一问题、真理问题、分析和综合知识与伦理问题相结合及综合的时期,这是十分明显的实例。安德烈·别雷结合了象征主义主题的一系列作品就是对此的表达。别雷在《意义的标志学》中所论述的弗莱堡(巴登)学派,确定了作为其理论根据之一的"真的东西是有价值的"("真理是价值")。通过这一论断,其实能够得出"真的东西是有价值的"这两个论断合并为一:"真的东西是应有的","应有的东西是有价值的"。但是,别雷继续讲道,"首先,在所列举的论断中哪个是主体,哪个是谓词?也可以反过来理解这个论断:有价值的是真的。第二,所列举的论断是否是康德意义上的综合或分析的论断?⋯⋯"等等[Белый 1994,67]。接下来别雷借助这样的评论,详细描述了象征主义的自身概念。当然,别雷的论断不是逻辑分析,但不能否认的是,独创的哲学—伦理—美学主义出现在了"伪逻辑"理论的特有形式中。

在同一类关系或只是"同一"的纯形式中,当然,只有重言式"A есть A"(A 是 A)。因此,一些作者没有把同一现象视为引人注意的研究对象,尤其是维特根斯坦:"此外:说两个对象,它们是形同的,这是没有意义的,而说一个对象,它与自身相同,这等于什么也没有说⋯⋯"[Витгенштейн 1958,5.553]。但是这种观点只能出现在与维特根斯坦的系统完全"同步的"(在结构主义意义上)系统中。如果系统包含动态、"历时性"、过程、程序(尤其是发现及证明的程序),那么同一就是某个之前发生过的一系列关系及表达它们操作的最后阶段。在这个意义上,较之研究所必须的对象,同一现象是最引人注意的。

这些关系及操作的历史"巅峰"与莱布尼茨的理论以及与我们的主题,即关于同一现象有关的,被列入莱布尼茨的关于伦理(被称为"片段")的《论自由》的论断之中,并以这样的文字开始:"很久以前,人类就为如何将自由和偶然性与从属原因链和神结合起来而苦恼。信奉基督教的作者关于旨在拯救人类的神的正义的研究更增加了这个问题的难度"[Лейбниц 1982,312]。简言之,莱布尼茨的解决方法如下:在任何真值论断中,即在表达必然(逻辑)真理和事实真理(属于个体事物)的论断中,在主体中提前出现谓词,因此任何的真值论断都提供了分割形式的主体及与之相应的谓词,即是分析性的。(严格地说,在莱布尼茨的系统中完全不存在本来意义上的综合论断。)"当我更加集中思想,不让它徘徊在困难的迷雾中时,我想到了真理与比例之间特有的类推法,它放射出耀眼的光芒,以令人惊讶的方式将所有的一切解释清楚。如同在所有的数量比例中,更大的数量包含更小的数量,或者说等同的数量包括等同的数量,同样在所有的真理中谓词都在主体中出现……同样在对真理进行分析时,在一个项的位置上总是要放一个它的同义项予以支撑,因此谓词被分解为包含在主体中的那些部分。但是正如在比例中一样,在某个时候分析过程总会被用尽,并达到一个普遍的程度,它用自身的重复就完全确定了比例的两个项,但有时分析过程可以无限延续下去,就像在比较有理数与虚数或正方形的边和对角线时,与此类似的真理有时常常是可以证明的,即是必然的,而有时则是任意的或偶然的,使用任何分析方法,也就是说哪怕在普遍程度上,都不能使它们达到同一"[同上,316]。

因此,在莱布尼茨系统中可以称为综合推论的,同时也是分析推论,但只有带有这种分析,它才是分解的无穷级数,并永远不可能是完整的。

比莱布尼茨明确说出对同一问题及分析论断问题的解决方法晚得多,几乎是过了200年之后,才同时出现了文化与形而上学的事实,这些问题,也包括莱布尼茨的解决方法,成为了哲学逻辑学的对象。在此它们很快地经历了几个阶段。首先是库丘尔及其他一些20世纪初的作者,他们在逻辑系统的框架下进行讨论(关于这些可以参看,尤其是 П. С. 波波夫[Попов 1960,11]的经典论述)。后来,讨论的中心向"语义系统"转移,并与语言问题及形而上学问题产生了联系—参看 Е. Д. 斯米尔诺娃对整个时期所进行的总结性著作[Смирнова 1962,13]。最后,由于整个时期的"科学范式"主题,这些问题现在又重新出现—参看 В. Н. 卡塔索诺夫在书中的论述[Катасонов 1993,4,9,26 及 138]。

与"语义系统"相关的一系列问题尤其有意思。斯米尔诺娃的结论指出:"取自某个语义系统外的论断,问它是分析的还是综合的,这是没有意义的"[362]。语义系统是什么样的?对于莱布尼茨(其中没有综合论断)和康德的系统(其中对分析和综合论断进行的划分是非常合乎逻辑的,其中还分离出了一个基本类别"先验综合判断";康德认为,哲学作为科学是以后者为基础的)也会提出这个问题。对于那些能够作为语义系统来研究的,同时对其中"增义法则"(卡拉乌洛夫的术语)发生作用的普通词典的研究,为这个问题的解决带来了一线希望。这个法则是,为了描写构成词典的词,必须有比构成词典的词的数量更多的词。因此增添了不包含在所描写的词典中的新的意义。"词汇的开放性,它与现实无限性的直接联系也是词典产生补充意义的起因,这个补充意义在词汇使用时反映出来,并没有列入原始意义之中"[Караулов 1976,85(《增义法则》部分)]。

而考虑到篇幅的限制,我们在此必须将这个问题先放在一边,而仅说明它是多么重要,多么有新意。

作为"文化常项"的同一主题表现出了上述观点。其概貌是历史和文化史中的逻辑结论。所说的不是像任何学科一样,逻辑学也具有自己的历史,也并非存在一种关于文化史的学科—文化学。"常项"的概貌并非是在学科的框架下提出的,而是以另外的、还只是少量现象研究的形式提出的:几乎任何一次,当逻辑学(作为学科)中产生了某个问题,实际上,这个问题已经出现了,但当然不是以逻辑的形式出现的—在现实生活中,在文化历史中,常常在遥远的过去,而有时则在某个时刻出现在了文化中,这个时刻仅是未来在逻辑学中出现了相应的发现之后才产生的。所说的是关于文化—逻辑平行主义,而这个平行主义不是同时的,可能完全不是处于时间层面的,而是超时间的,或是泛时的。

语核 我们回到在它们外在表达中同一关系的最古老的顶点。对此我们已经用我们标题的两个句子予以说明,并在文化—逻辑平行主义中也对它们进行了更为详细的研究—首先作为在文化文本中表达的语言和文化的事实,而后作为在不同作者的逻辑系统中表达的逻辑学事实。

1. 玛丽·博伊斯在其关于祆教徒的书的开头写到:"古印度伊朗人景仰这样一些'抽象'的神,他们倾向于成为我们现在所称的、并认为他们是强大无比的、无处不在的神的化身。代之以用'神是爱'这类格言来确定神与人的不同,印度伊朗人由'爱是神'开始自己的信仰,并在这种认识的基础上逐步创造出了神。出现'抽象的神'的特点及神话过程所经历的时间,取决于这个神在多大程度上与人的生活及宗教仪式相关,并因此他能够在多大程度上得以普及"[Бойс 1987,17—18]。密特拉可以作为一个例子,他一开始是契约、契约关系的化身,由于他来源于印欧词根和俄语的мир,后来将他作为正义战争之神、伟大的评判者来景仰,并具有了太阳的外表等等。

玛丽·博伊斯在这里所谈的不仅仅是印度伊朗文化的特点,而是所有印欧文化的特点,只是敏感地出现在了印度伊朗人中。安托万·梅耶问道:"印欧的'小神'是什么?"他这样回答:"这是具有特殊意义的自然或社会现象。神,这不是一个被赋予特殊意义的人物,这本身是一种现象,是这种现象的本质,以及内在力量"[Meillet 1948,30]。波捷布尼亚也在其《关于命运及与其相似物》(p511.3)[Потебня 1865]作品中很清楚地说明了这一点。一些印欧语言和文化表明,这个过程可以持续多么久远。因此古拉丁人仅在一种形式的劳作—耕地中,就尊崇了近20个神:第一耙土神(Ueruactor),第二耙土神(Reparator),第三及最后耙土神(Imporcitor),播种神(Insitor),播种后的掩土神(Obarator),等等[Usener 1896, 76]。

当然,这里将神的功能实在化,并将其看做是本质,这是众所周知的。但对于我们的主题而言,实在化的原则是非常重要的,而这同时也是命名原则,或等同原则。播种神—这是"播种者"="播上种子的人";掩土神—这是"掩土者"="把土掩上的人",等等,或者换言之,"播种者播种","掩土者掩土"等等。总的看来:神的固定名称及其本质是:除了一个唯一能够被区分及命名的特征本身之外,神的本质没有其他的特征。下面我们将在科学中看到这个论断的原则—中世纪的经院哲学家所认为的"Разум разумеет(理智理解)","Воля хочет","волит"(意志想要,决定),"Зрение зрит"(视力注视),"Любовь любит"(爱情在爱),等等。(我们在普遍的形式上分析这个原则,参看后面的第三章第2节。)

在发达的多神教文化中,关于"伟大的"、"主观的"神的情况是不同的。所以,比如与附加给其各种功能的阿波罗相对应的,可以是"阻止不幸的人"、"阻止作恶的人"、"保护者"、"能治病的人"、"监护人"等等。在此起作用的完全是另一个符号学原理:功能。谓词和名称(以往这3个元素是一致的)已经不能解决神的本质问题:本质似乎是更加普遍的、不可认识的,有时甚至是未知的。(古罗马人这样称呼他们的一些神:"无论你是什么样的,男人或女人……")对于本质,所谓的特征仅仅是伴随而来的,"不是实质的"。名称也是这样的:在这种情况下的所有名称仅仅命名了神的一个方面,它自身无法归纳为自己的谓词,如果总体上予以命名的话,只能叫做自身的"主观"名称。(后面我们将看到,罗素正是为了反对"本质"的这种理解,已经在科学框架下进行了激烈的探讨。)我们也在东正教中看到了这些观点的反映,东正教中有各种圣徒,每一个圣徒都具有其功能,并且其中的圣母本身既是"上路的祝福者"也是"养育者"(哺乳者),等等。

因此,神的名称充当了文化中的等同模型。现在我们转向一些其他具体的表现形式,即这个模型的运用。

伊斯兰教中有《99个神的名称》的典范清单（阿拉伯语）：
1. al-Rahmān —— 同情者
2. al-Rahīm —— 仁慈
3. al-Malik —— 皇帝
4. al-Quddūs —— 神圣的
5. al-Salām —— 世界之源
......
47. al-Wadūd —— 恋人，多情的人
......
93. al-Nūr —— 光明
......
99. al-Sabūr —— 忍耐的。

这个名单一方面是"封闭的"，因为其中只有 99 个谓词（其中有两个在不同的伊斯兰教的传统中是有不同说法的，但是我们现在不研究这个细节），而另一方面该名单就思想所能引起的、并在某个方面无法搜罗无遗而言，它是足够丰富的。但是，在哪个方面呢？神的名单如何与其本质对应起来呢？这个首先是属于逻辑学的问题，在历史上确实是神学研究的对象。"（伊斯兰教）真主的质（本质属性）及与其本质的关系问题引起了 8 至 12 世纪的主要争论"[Ислам 1991, 19]。

现在我们来看基督教，看一看在什么语境中，更确切地说，是在什么样的文本中，出现了这个定义："神是爱"。众所周知，是在《约翰一书》中。

"论到从起初原有的生命之道，就是我们所听见所看见的，亲眼看过，亲手摸过的。这生命已经显现出来，我们也看见过，现在又作见证，将原与父同在，且显现与我们那永远的生命，传给你们。我们将所看见，所听见的，传给你们，使你们与我们相交。我们乃是与父并他儿子耶稣基督相交的。我们将这些话写给你们，使你们的喜乐充足。神就是光，在他毫无黑暗。这是我们从主所听见，又报给你们的信息"[约翰一书，第 1 章，1—5]。

接下来："亲爱的弟兄啊，我们应该彼此相爱，因为爱是从神来的。凡有爱心的都是由神而生，并且认识神。没有爱心的就不认识神，因为神就是爱"[同上，7—8]。

最后："神爱我们的心，我们也知道，也信，神就是爱。住在爱里面的，就住在神里面"[同上，16]。

整个这个文本似乎由谓词贯穿，这里的"听到"、"看见"、"摸到"、"活在世间"，以及最后的"爱"。从所有的谓词中分离出了两个神——"神是光"和"神是爱"。第 4 章的第 7 及 16 节诗表现了神和人通过这些谓词而产生的联系：神是光，人进入了

这个光,就存在于神之中;神是爱,人经历了爱就与神同在,并且神与他同在。因此,这里被实在化的谓词,似乎包含了神和人,但是这个谓词的来源是神。就其在这种情况中的应用,可以很明显看出莱布尼茨观点的真值性:一切判断都是分析的。谓词"爱"预先属于了作为主体的神,所以句子"神是爱"是分析性的。如果人作为"生活在爱中"而被确定,那么句子"生活在爱中是与神同在"同样是分析性的,已经有了"人"这个主体定语。

2. 现在让我们回想一下能够达到这样结果的整个逻辑链,即在前面的章节中提到的这些概念。当然,我们总是不应该忽视"结果"(这是文本的文化学分析所证明无误的文化事实,而有时也直接由同时是"链条或过程"的古文本来证明),这是"逻辑的",而非"历史的",这是思想的构拟、"设计"。这个链条是这样的:

(1) Бог любит(神在爱)→(2) Бог есть любящее(神是爱的)→(3) Бог есть любовь(神是爱)→(4) Любовь есть Бог(爱是神)。

在这个序列中出现了"神"这个概念。没有必要说,这个最复杂的概念在任何情况下都不是直观的(不允许直示定义)。所以,我们下一步要建立我们的设计——"链条":用"我"这个表示更加清楚意义的词来替换这里的"神"这个词;句子的顺序及所有结构都保持不变:

(1а) Я люблю(我爱)→(2а) Я есть любящее(我是爱的)→(3а) Я есть (есмь) любовь(我是爱)→(4а) Любовь — это Я(爱是我)。

最后,再将"我"替换为"这是",而"爱"替换为"使变红,呈现出红色"(意思是:"某些红色的东西"出现在人的视野中,就像俄语中所说的,看呀,草地上有些红色的东西)之后,我们将又朝着直观的方向迈进一步。其实,没有什么能够阻止我们想象"这个"作为对任何具体现象的指示,例如在指示绿草地上变红了的草莓果时,该指示是"我(мне)— 这里(здесь)— 此时(сейчас)"。链条采取了这样的形式:

(1б) Это краснеет(ся)(这在发红)→(2б) Это есть краснеющее(ся)或(что то же) Это есть красное(这是发红的或这是红的)→(3б) Это есть краснота(这是红色)→(4б) Краснота есть это 或(может быть) Краснота есть здесь и сейчас(这是红色,或者也可能是现在这里是红色)。

写下这些表达式,我们发现,在思想的现实历史中,首先是在逻辑学与哲学中,尽管只在"当时",但每个环节都是分析的对象。所以,现实的文化历史的事实(例如,关于对神的认识)和逻辑—哲学问题构成了两个平行式,这本身已经足以引起人们的兴趣。现在我们来研究这些表达式中的第二个—逻辑—哲学式。(当然,我们必须只指出某个哲学概念,而不能"由内"将它分析清楚,即将概念用做"整体"。)

3. 使(1)类句子和(2)类句子结合起来的等价,即这些类型句子的同一,首先是在亚里士多德的逻辑学中被确定的,其中将"Я иду(我走)"作为"Я есть идущее

(我是走着的)"的同一句进行了研究。说到这里,我们研究一下出自他的《形而上学》中的一个非常重要的地方(第 5 册,第 7 章,117a22—31):

"存在本身附加了通过范畴句的形式所表达的所有意义,因为这些语句有多少实现手段,存在就表示多少种意义。而因为一些语句表示的是事物的本质(сущность)(在该版本中不够准确:'суть'—作者注),其他的表示的是性质,有的是数量,有的是关系,有的是主动行为或被动行为,有的是'哪里',有的是'何时',那么与它们每个相应的存在也具有这样的意义。或者这样说是没有任何区别的:'человек есть здоровый(人是健康的)'或'человек здоров(人健康)','человек есть идущий...(人是在走着的......)'或'человек идёт...(人在走......)'也是如此;在所有其他情况下也是同样的"[Аристотель т. 1, 1976, 156]。

"范畴句"在此表示的是语句谓词为亚里士多德所确定的范畴之一的句子。在这里所列举的清单中,即在《形而上学》系统中,它们是 8 个,在亚里士多德的其他作品中,它们的数量是 9 个或 10 个。亚里士多德在此使之对等,并认为它们是等同的一对表达,在与他同时期的希腊语中,这样的表达相应地由一个形动词和一个动词来表示[例如,"Человек ссть здоровый(人是健康的)"包含了希腊语形动词 hygiainón,而"Человек здоров(人健康)"中包含了希腊语动词 hygiainei]。

4.(2)和(3)类句子"Бог есть любящее(神是爱的)"和"Бог есть любовь(神是爱)"的等价,以及类似的组对不仅成为了研究的对象,而且是笛卡尔与霍布斯之间直接争论的对象,也即出现在亚里士多德之后的 1000 年。

这是"第二次反驳(对第二次'关于人类精神本质的思考')"的内容。笛卡尔主张"思考",而霍布斯"反驳"。后者这样开始自己的"反驳":"'我是善于思考的'(这是笛卡尔的论题—作者注)。这是正确的;正是由于我思考,无论真正地还是在梦中想象的这个事实,得出了我是思考的,要知道句子'我思考'(Я мыслю)和'我是思考之物'(Я— мыслящая вещь)的意义是相同的(这也还是从亚里士多德的系统中得出的结论—作者注)。由'我是某个思考之物'得出了'我存在',因为我思考,并非什么都不是。但是当笛卡尔继续说,这即是精神,或心灵,或思维,或理性,我产生了疑问。因为未必能够认为这样的推论是正确的:我是某个思考之物,从而说我是思考,或者我是某个理解之物,因而说我是理智。因为这样的话我或许可以说:我是某个散步之物,因而可以说我是散步"[Гоббс, 1965б, 414]。

笛卡尔在那里的"回答"表现了天才的所有优势。笛卡尔也展现了"古典主义"的修养及思维的广博;他的回答也像是对伊斯兰教神学家在谈到真主(见前文)时的争论,以及亚里士多德对有关"本质"的准确概括。"因为我们无法直接从其自身来认识实体,而能这样做,只能以它是确定性活动的主体为基础,那么那个通用的方法是完全合乎逻辑的,该方法与我们将其作为明显不同的活动的主体来认识的实体是一致的,因此我们赋予它们不同的名称,而后再检验,这些不同的名称是否表示不同的事物或是同一个事物"[同上,416—418]。后来笛卡尔也坚持了自己对两种实体的区分——"身体"及"精神、理性"。

5. (3)和(4)类句子的等价成为了罗素在其所谓的1940年"威廉·詹姆斯哈佛大学讲座"中广泛研究的对象。(后来他们编辑了《对意义和真理探索》这本书,而我们的问题在这本书的第4章中,参看[Russell 1980])。其实,罗素只研究了(3б)和(4б)类的句子,因为他的主要任务是推翻本质的概念(在拉丁语文本中,其中包括前面所列举的笛卡尔的引文中,应该理解为"本质"的"实体",这个词与此一致),但他的论断也为所有其他的环节带来了光明,即对(3a)和(4a),(3)和(4)。

让我们想象一下,罗素在上述的第4章中说到,在美国也建造了一座艾菲尔铁塔,与巴黎的完全一样。我们是否应该把这两座塔看作两个"事物",还是"一个事物"? 对于那些认清了隐藏在所观察质之中的"本质"的人来说,的确这是两个不同的事物。而对于那些人,如罗素本人,在"英国经验主义"的传统中没有认清任何的"本质",并认为"事物"就是所观察的东西,即"此时此地存在的特征的总和",这两座塔就是"同一个事物"。当然,罗素也补充说,在"特征"中需要包括这样的时间和地点坐标,这些坐标如所有其他特征一样,确实是所观察的事实的。如果证实了(即"观察到")两座塔具有不同的坐标系统,那么在它们所有的一致中,我们将承认它们是"两个事物"。

罗素由这个论断做出了语言—哲学决定性的结论:"不可区分的就是同一的"("Indiscernibles are identical"),而这个观点本身就是一个分析真理。("I should claim it as the principal merit of the theory I am advocating that it makes the identity of indiscernible analytic"[Russell 1980,103]。)罗素的这个观点与先验地综合判断的存在(罗素否定的)相对立,如康德用道德以及作为科学的形而上学本身的存在来论证时空范畴和范畴的绝对命令。

在此,我们到达了我们论断中最重要、最关键的一点,就是:我们已经知道(在我们这个时代这是非常普遍的情况),就认识或真理而言,"综合"和"分析"概念不能在语言系统外在思想中呈现,即它们与语言系统是相互关联的,并且在不同的系统中是不同的(关于这个问题参看提到过的Е. Д. Смирнова的作品)。因此,罗素论述其观点的语言系统和亚里士多德、笛卡尔以及莱布尼茨的语言系统是完全不同的。

但同时,这些伟大的作者都是用同样的印欧语言思考和写作的,此外运用这些语言的形式来帮助自己进行认识论的分析。这该如何解释——是真正的,还是表面的矛盾呢?

以上所列举的同一关系及同一句的概述表明,其中自然语言(在该情况下指印欧语)是元语言(逻辑,形而上学)系统产生的自然媒介,并且是非常不同的元语言系统,像是具有"本质"概念的系统,以及没有这种概念的系统;像是具有综合判断,甚至"先验综合判断"的系统,以及其他只要求具有不同类型的分析判断,包括"无法区分的同一"情况是分析真理的系统。

在所有这些根本不同的说法中,在其框架下构成这些说法的自然语言本身并没有得到任何根本的变革,而只是在不同的使用中"轻微变形"。

6. 我们再次回到罗素的例子。在研究"Это — красное"(英语是"This is red")(这是红的)一类的句子时,他说:"这不是主体－谓词句,而是'Краснота есть здесь'('Redness is here')(红色在这里)形式的句子;'красное'('red')(红色)这是名称,不是谓词;而那些通常被称为'事物'的不是别的,正是像'红色'、'硬度'等并存的性质束。"[Russell 1980]。此处问题的实质在于,罗素认为"Это — красное"(这是红的)一类的句子变为了"Краснота есть здесь"(红色在这里)一类的句子。但要知道,这本身也是在"文化事实"的逻辑链中得以改变的(见上文)。

而且印欧语言的历史表明,正是这种简化——但只能在逻辑逆序中,出现在了历史的现实中。在古拉丁语的这种情况下,例如当问到关于某个条文或规定"Что это?(这是什么)"时,回答不是"Это — закон(这是法律)",而是意义为"Это есть закон,Это — закон(这是法律)"的存在句"Закон существует, закон есть(法规存在,法规在)"(用"Quid est?"—"Lex est"代替"Id est lex"[Draeger 1881,2,184—185])。现在我们来更加详细地研究有关事实。

安娜·撒切尔在法语中找出了这样一组事实,并进行了精辟的分析[Hatcher 1948]。

正如撒切尔所认为的,在古法语的"ce est il"—"这是他"一类句子中,il 是主体,而 ce 是谓词。在现代法语中则相反,ce 是主体(对应的主语),而 il(lui)是谓词(谓语):C'est lui——"这是他"。根据这一点,在古法语中我们找到了操现代语言的说话人认为的问题与回答的特殊的关联:"Qui est che la",— fait ele,—"Dieu?"Et dist Perchevaus li gentieus:"Pucele, je suis Perchevaus"。"谁在这里——她问道,— 上帝吗?"贵族佩尔塞瓦里回答道:"姑娘,我是佩尔塞瓦里"[安娜·撒切尔的例子]。

在这个方面,现代俄语与现代法语相同,与古法语却有着很大的区别。用"Я(есмь) Иван(我是伊万)"这样的声明来回答"Кто это(这是谁)?"这个问题,我们觉得是不合逻辑的,我们所期待的回答是"Это — я, Иван(是我,伊万)"。在古法语中,谈话者破坏了问题与回答的逻辑连贯性,用"我"这个词来代换在问题中出现的、并在回答时应该作为主语的"这个"—ce,并将"我"作为主语。

但是,无论我们觉得这个回答是多么的没有逻辑性,它并非是偶然性,而是普遍规则的体现。无论说话人多么清晰地觉得必须将"我"这个词—ce 作为谓词(相应的谓语),而将"这个"—ce 作为主体(相应的主语),但在目前为止的语言中这种情况是不可能出现的,因为不是所有的词都能够成为句子的主语。

继续进行与安娜·撒切尔相似的、我们感兴趣的研究。我们可以断定,"这个"成为主语的障碍不仅仅在于这个代词的抽象性质。在古代文献中我们就已经找到了作为主语的 ce(这个):Ceo fut granz duels qued il en demenerent(Alexis)。——"这是他们所遭受的巨大痛苦";Ceo fut damages et pechies(Gormund)。——"这是损害与罪过",等等。

将这组例子与"ce suis je"类型的例子相比,可以看出,ce(这个)不能成为句子主语的原因并不在于这个词的绝对抽象性(因为它与其他任何代词性的词一样,在一定的限度内可以根据语境改变其内容),而在于它较之表现出与 ce(这个)这个词之间联系的 je(我)、il(他)这些词的相对抽象性。在第二组例子中,ce(这个)这个词表现出与抽象名词之间的联系,它的相对抽象性减弱,而它就具备了成为句子主语的能力。

希望得到与其他句子成分相比,尤其与拉丁语和古法语特有的谓语相比,主语更大程度的确定性,我们提前称之为"主语规则"。

我们来看拉丁语中等同、证同的语言程式。很明显,这些程式不是别的什么,而是对"Quid est(这是什么?)"或"Quis est(这是谁?)"问题回答的所有可能形式。

如果发生的是与第一人称,即问话人本人进行等同的情况,那么回答的程式将是"ego sum"(1),它与古法语中的"je suis Perchevaus"一样是不合逻辑的,因为拉丁语句子的基本意义是"я есть, я существую"(我在,我存在);但在该情境中这个句子具有了完全不同的意义"это — я(这是我)"。试比较:Quis est qui me vocat? — Erus atque alumnus tuos sum(Plautus. Captivi)。——"叫我的那个人是谁? — 我是你的主人和信徒(代替了:我、你的主人和信徒)"。

如果发生的是与第三人称的人进行等同,那么程式仅改变了代词的人称形式。如果与某个物品进行等同,那么可能有两个程式。一个最常见的是与上述程式一致的:"Quid est? — Lex est. (这是什么?)—(是法规。)"(2)。另一个较为少见的是:"Id est Iex. (这是法规。)"(3)。

句子(3)常常具有其他意义,该意义似乎与其第一个意义是同义的。第二个意义是问题"Quid est lex?"(什么是法规?)的回答——"这是法规"(逻辑重音在"这是"上)。但我们对这个意义不感兴趣,我们不研究它。我们注重的是第一个意义。

我们再举一些同类的例子(A. Дрэрер 的例子):id tranquillitas erit(Sen., Tranqu.);tu istud paupertatem voca(Sen., Tranqu.);sive cura illud sive inquisitio erat(Tac., Agr.)。在所有这些情况下可以发现某些共同的东西,可以解释为

什么在回答"这是什么"这个问题时,在一些情况下使用"Lex est"类的句子,而其他情况下则使用"Id est lex"。在上述例子中,中性代词处处与抽象名词连用,正因为此它有可能称为主语。我们在此发现了,与带有一些区别的古法语一样,在拉丁语中它还没有成为规则,仍被排除在规则之外的倾向。规则本身是,在回答"这是什么"这个问题时,等同于对象的名称用作主语,其中不含有任何中性的代词,因此根据回答的逻辑性,名词就应该成为谓语。

如果现在将所有刚刚分析过的、是等同的语言形式的句子情况进行分类的话,那么我们就得到了下列表达同类判断的句子:

1. Ego sum — это я(这是我);
2. Lex est — это закон(这是法律);
3. Id est lex — это закон(这是法律)。

在这三种句子中,只有第 3 种句子(在拉丁语中最不常见的)与现代法语和俄语是相似的,前两种则完全是不相似的。在古法语中,我们发现了拉丁语与现代法语之间的过渡层:中性代词已经被归入了 1 和 2 类,但仍然是谓语,而动词也还与更加具体的 je,il 保持一致。

现代法语在一个语言程式中综合了所有上述 3 类句子:1. C'est moi;2. C'est la loi;3. C'est la loi. 判断的普遍形式在此也获得了共同的语言表达。

在比较拉丁语的例子时我们看到,其中判断的普遍形式每次得到的不是共同的,而是特殊的语言表达。因此,使用意义是"这是我"的句子 Ego sum 来回答"这是谁"这个问题,在此该句子的主要意义不是别的,正是:"我是,我存在。"

因此,"主语规则"(如我们提前定义的那样)指出:1)在确定充当主语的两个名称时(包括代词),更愿意选择它们中更为个体化的(或者如我们所述,更具体的);2)个体性与具体化之间的界限在历史上是易变化的,它沿着与转换类句子的发展相关的现代化的方向扩展[Степанов 1957;1961]。乔·安·克利莫夫认为,可以在定义有关在普遍类型学层面的主语进化的情况时,使用这些结论[Климов 1973,170]。此外,"主语规则"还可能补充一种情况:3)含有单称词项的证同判断,及存在判断("X существует"—"X 存在")在语言中是联系紧密的;在历史上它们常常表现为同一种类型的句子,正如我们看到的拉丁语的例子,Lex est"是法律"具有两种意义:"法规存在"和"这是法规"。这就有理由认为,句法中的证同功能(同一句)只能是在存在功能(存在句)的基础上逐渐形成的。

本节最后可以总结如下:根据相互之间"具体性"/"抽象性"的程度,说明了将两个名称(或代词)分配为句子的主体和谓词的方法,这是"平衡分量法"。

但是,在逻辑史中我们也知道另一种确定名称级别的方法(在语言学中,不仅是"名称"这个术语的本义,也包括代词),用以确定它们"是主体"或"是谓词",不对它们进行"相互衡量",而针对的是不取决于它们之间相互关系的某种绝对的衡量尺度。亚里士多德(在《前分析篇》中)已经指出,范畴作为最高层次的概括不能成为语句的主体,而单称词项(在现代"语言哲学"中的英语术语是"singular term")作为最低层次的概括不能成为语句的谓词。(我们关于这些问题的进一步探讨将在与亚里士多德系统密切相关的情况下继续,—第二章第2节)。

4. 例4. "原因"概念以及对语言进行语言—哲学分析的两种方法——逻辑方法及次逻辑方法(符号学)

1. 欧洲语言逻辑分析的历史发端于亚里士多德和斯多葛派的作品。在这几个世纪中"原因"和"目的"概念一直是研究者们经久不衰、引人入胜的研究中心。在对直到20世纪50年代的这些研究进行了简短的总结后,弗拉基米尔·克拉耶夫斯基建议根据能够确定这种关系的项对原因概念进行分类[Краевский 1967]。语言学家很容易发现,当每个项(词)本身的内容通过其环境得以确定时,这种方法与描写语言学中的分布分析相似。因此就出现了下列主要概念:

(1) 事物是事物的原因——亚里士多德
(2) 事物是事件的原因——亚里士多德、托马斯·阿奎那
(3) 属性是事件的原因——伽里略、牛顿
(4) 属性是属性的原因——霍布斯、洛克
(5) 状态是状态的原因——现代物理学家拉普拉斯
(6) 事件是事件的原因——现代哲学家休谟

根据克拉耶夫斯基的观点,我们举几个例子。概念(1)是亚里士多德主张的(《形而上学》,第五章第2节),将一个事物看作另一个事物的原因:父亲是孩子的原因;雕塑家是雕塑品的原因等等。在这个概念下也可以得出亚里士多德指出的另一类原因:事物所包含的内容及制造它的原料,如铜是雕塑品的原因,银是碗的原料。亚里士多德还指出了两类原因—关于物质的形式和目的的原因(后面我们将提到)。"人"作为亚里士多德在普遍的概念—"事物"中所区分出的某个事物的原因,在原因概念随后的历史发展中恰恰没有被认为是原因的典型类型。但在亚里士多德的理解中"人作为原因"包含了重要的概念成分—"有效原因"。这个成分在后来的中世纪经院哲学中被区分出来,并直到今天以某种形式一直保留在原因概念中。

概念(2)"事物是事件的原因"在古希腊、罗马时期已经探讨过,其中包括亚里士多德。我们也在托马斯·阿奎那、霍尔巴哈、黑格尔、赫尔巴特、西格瓦特、文德尔班等许多其他人的作品中看到了有关的解释。一些德国哲学家从词源学论证这

个概念,即以现代观点看,通过的是语言的概念分析方法:他们指出,德语词 Ursache(原因)字面意义为"原始对象"、"原始事物",而 Wirkung 同时既表示"后果、结果",也表示"作用"。

概念(5)"状态是状态的原因"以经典的形式出现在 П. С. 拉普拉斯的宇宙进化理论中,他在其《概率理论的哲学探索》中写道,宇宙现在的状态是以前状态的结果,是以后状态的原因。但是当今,正如许多研究者所指出的那样,关于"状态的原因"这个问题本身就似乎有些奇怪,它既与口语的习惯相悖,也与科学的语言不相符。与物理学家一样,我们更愿意询问有关状态改变的原因,也就是事件的原因,而不是关于状态本身的原因。可以理解的是,概念(6)"事件是事件的原因"在物理学和哲学中都占据首要位置。它拥有以休谟为首的古典代表,而当今冯·赖特对它进行了发展。其中,后者成功地在整个逻辑—哲学概念的范围内将带有目的论的因果解释,即"原因"概念,与"目的原因"概念结合起来("该事件的发生就是为了该事件的发生")[Вригт 1986,5,70,116 及以下]。

尽管所举的是简短的论述,也显示出关于"原因"这个概念理解的清晰的演化过程:1)能够确定此关系的"异名"范畴被"同名"范畴取代,2)静态方法被动态方法取代:"事件"概念占据了首要位置。

2. 语言的现代逻辑分析达到了最细微之处,其中尤其可能是在对原因范畴的理解上。在各种情况交汇在一起的情况下,当出版了上面提到的克拉耶夫斯基的俄语总结性著作的那一年(1967),美国也出版了标志着新阶段的万德勒[Vendler 1967]的学术著作(рус. пер. [Вендлер 1986])。在已知的程度上,万德勒的著作是对 Д. 戴维森同名著作[Davidson 1967]的回答。

但如果戴维森还是认为事件就是具有原因,那么在万德勒的概念中,原因范畴是与"事实"概念相结合的,并且分析也转向了后者:

(7)事实是事件的原因。

我们发现了概念(7)"事实是事件的原因"的一些特点:1)首先,从"同名"项又变为了"异名"或"不对称"项。根据万德勒的巧妙定义,原因关系就是内容充实的事件与枯燥事实之间的某种"门不当户不对的结合"。2)第二,目前分析不局限于其中包含"原因"关系的两项范围的研究;万德勒的真正改革是他从对具有原因情况的分析转向了"原因"本身。

新的观点听起来像一句格言:原因—这是事实,而非事件。万德勒巧妙地指出,如果原因类似于结果,是事件的话,那么为什么甚至不能想象原因"发生了"或"产生了";它们"在确定的时刻开始,经过一段时间,然后突然结束";不能"观察"或"倾听"它们,不能用录音机录下来";它们常常既不"慢"也不"快",既不是"突然的"也不是"持续的",等等?应该注意一种情况,如果不能将它解释清楚,就可能成为误解的原因。万德勒在一个地方提出了这样的论断:在审判中,供词是证人的,意见是法官的,判决是陪审员的,但是审判案件的事实是不属于任何人的,它们发生在所有类似的意见之前。因此,根据这个论断,在万德勒的理论中,事实"不在语言中,而在世界中"。在此万德勒追随了罗素。罗素写道:"宇宙中的一切,我都称之为'事实'。太阳是事实;恺撒越过鲁比肯河是事实;如果我牙疼,那么我的牙疼就是事实。如果我断言某事,则我的断言行为是事实,如果我的断言为真,那么就存在由于该事实而断言为真的事实,但如果断言为假,则不存在该事实……事实使断言为真或为假"[9,177]。但是需要记住的是,在罗素的概念论断中,"事实"似乎已经由语言网络附加于世界之上而提前决定了。所以"事实"范畴在某种意义上与"真值命题"范畴一致。事实同时既属于世界,也属于语言。(关于此问题在后面的专门章节—第五章第 3 节进行了更为详细的研究。)

总之,不同研究者的共同努力(其中应该特别指出阿鲁玖诺娃的著作[Арутюнова 1988])表明,"事实(其意义)是分析现实事件的方法,这种分析具有自己的目的,要在文本语义观点认为它们是关联的那些方面加以区分"[同上 162 页];"'理解事实的关键'应该不是在依赖于语言的现实中寻找,不是在事态或事件中寻找,而是在有关现实的判断中寻找"[同上 157 页]。

既然事实范畴本身只能在某种语言中呈现,那么原因概念在观点的新系统中也是作为相对化的概念出现的。但是原因概念现在不仅对于观察或实验系统是相对化的,—在本体论意义上的这种因果关系范畴的相对化很早就已经出现在了现代物理学中,而且对于语言系统也是相对化的。现在应该说,原因是在该语言正确使用情况下将事实与事件结合起来的关系。(更加严格的表述是:事实是在保证它们指称透明性的情况下指称上的真值命题;这些条件是由某种语言或自然语言的"支语言"的确定系统构成的。这个定义是万德勒 1967 年定义的变体[Вендлер 1986,272—273]。)不存在该语言外的原因概念。

由于"原因"概念与相对于语言的"事实"概念之间的对比关系,也发生了"分析判断"与"综合判断"概念之间发生的情况:与康德的方法不同,我们现在了解到,关于取自某个确定的语义系统外的语句,它是分析的还是综合的这个问题是没有意义的[Смирнова 1962,358]。

同样,问这样的问题也是没有意义的,在某个语言的范围之外,某个东西是否是该事件的原因,"在保证指称透明性的情况下",在语言范畴中保留了(陈述原因的)事实的相关性,表示的是一束"指称上等价的真值命题"。这种方法消除了此类矛盾,如奥狄浦斯悲剧的原因是什么:(1)"是奥狄浦斯娶了伊俄卡斯忒"还是(2)"奥狄浦斯娶了自己的母亲"?

在"奥狄浦斯的世界"中(相应地在描写这个世界的语言中)原因是(1),同时如命题(2)一样在这个世界和这种语言中完全失去了意义。相反,在"索福克勒斯的世界"(悲剧的作者)和"我们的世界"中,它们用于该情境是完全熟悉的世界时,奥狄浦斯悲剧的原因是(2)。在奥狄浦斯突然从一个世界转向另一个世界的那个时刻,奥狄浦斯悲剧爆发了。(参看后面的第四章第3节。)

3. "次逻辑"分析,就是符号学分析,或者更确切地说是后者的早期名称。这个名称是叶尔姆斯列夫在其著作《格范畴》(1935—1937)[Hjelmslev 1935—1937]中提出的。后来它为本维尼斯特所用,他将其关于拉丁语中的前置词系统的文章如此定名[Benveniste 1949]。

在编辑了这些文章的 1974 年俄语版的译文后[Бенвенист 1974],我将"次逻辑"这个术语替换为"逻辑"这个术语,原因是前者可能需要很长的注解,也因为在俄语译文出版之际,本维尼斯特本人也已经不再使用这个术语,他使用公认的"符号学的"这个术语来代替。列科姆采夫[Лекомцев 1962]也使用"次逻辑"这个术语。我们在本书中重新使用"次逻辑分析"这个术语,因为首先它可以使我们追根溯源,其次这类分析明显与"逻辑"分析发生了联系,同时在总体范围内与它们形成对比。我们认为,某种综合应该是最主要的目的。

在叶尔姆斯列夫的语符学中,或者更广泛一些,在哥本哈根学派中(因为布龙达尔在其奠基之作《前置词理论》[Brøndal 1950]中也发展了相同的论点),选取了在自然语言的现实中存在的典型的神人告感或神人告感对立作为语言本质对立的基本类型。它与总体上表现为 A / 非 A 的矛盾的逻辑对立不同(斜线是对立的符号)。与后者不同,神人告感对立被描写为 A / A + 非 A 的形式。不同语言中"女人"/"人"这两个词素的对立可以作为这种对立的例子。逻辑对立可以继续分为 1)相反的,其中发生对立的是不含否定的完全相反的术语,例如"黑"/"白"(根据叶尔姆斯列夫,它们表示为 a/b),和 2)含有否定的矛盾的,例如"黑"/"非黑"(叶尔姆斯列夫认为,其中某个确定的术语与和它相反的术语+中立的术语是对立的;它们表示为 a/b + c)。

(我们认为,叶尔姆斯列夫的最后一个全面的描写,与其说不属于更为简单的矛盾关系,不如说属于相反关系。在基础层面上对所有这些对立类型的研究仍然是不足的。参看后面有关 Н. А. 瓦西里耶夫的逻辑研究。)

语符学中的神人告感对立也同样可以继续分为 1)简单的神人告感(a / a + b + c),2)相反的神人告感(a + b + c / a + b + c)(区分出了对立成分中的基本术语),3)矛盾句的神人告感(a + b + c / a + b + c)[Лекомцев 1962, 93—94]。此外,在语符学中也采用了这样 3 个"语义区"概念——积极的,中立的,消极的。例如,叶尔姆斯列夫在分析格的意义时,将这些区域相应地解释为"接近"(积极的)——"静止"(中立的)——"远离"(消极的)。将这些区域置于神人告感的类型之上,就能够在一个统一的概念网络中描写存在于自然语言的词汇和语法中的不同语义对立。

后者尤其重要,因为如果"逻辑"分析运用了语句和至少是词位材料,那么"次逻辑"分析首先就转向了语法中的语义。由于这个原因,也同样因为神人告感可能是逻辑关系的基质("存在于它们之中的"),所以使用了术语"次逻辑的"。在现代逻辑学中,一些非常重要的变革可以说是沿着"叶尔姆斯列夫"方向发展的。早在1910年瓦西里耶夫就指出,在对判断进行描写时(指的是典型图表"逻辑正方形"),正好可以消除矛盾关系,并且所有判断之间的关系(借助逻辑正方形所描写的)可以归结为对立性关系。而这正是在叶尔姆斯列夫理论中最"强"的那种关系。瓦西里耶夫还进一步指出,用逻辑正方形所描写的4类判断—A:E::I:O(A和E是对立关系,而I从属于A,同样O从属于E),I和O类的判断在本质上是同类的。因此,在瓦西里耶夫图表中如果正方形的两个下面的顶点相连的话,就得到了三角形。瓦西里耶夫称之为"逻辑三角形"。"充足理由律"规则与逻辑三角形相一致,同时正如"排中律"规则与逻辑正方形一致一样。所以,瓦西里耶夫其实是为他称为假想逻辑或非亚里士多德逻辑的新逻辑奠定了基础。

瓦西里耶夫以此为基础转向了对判断的研究。"判断分为有关概念(规则)的判断和有关事实的判断。这些类型的判断都具有各自特别的形式化逻辑。所以,对于有关概念的判断产生影响的是对立三角形和充足理由律规则,对于有关实事的判断,则是对立正方形和排中律规则"[Васильев 1989,52]。

"假设逻辑就是逻辑,不受矛盾规律的限制"[同上 59 页],瓦西里耶夫继续说道,矛盾规律体现了肯定与否定的不相容性:A 不可能是非-A。"但是当我们自问,什么是否定时,我们只能这样来确定它:否定就是与肯定不相容的"。所以,我们将红色称为蓝色的否定,我们说"红的东西—不是蓝的",因为红的与蓝的是不相容的。如果不存在不相容,那么就不可能存在否定。当我们想到非红时,那么我们就想到了蓝的、白的、黄的等所有与红的不相容的,但不会想到干的。因为干的不是红的否定[同上]。

瓦西里耶夫在此说出了在语言研究的逻辑中没有得到发展的非常深远的思想。其实,对否定的合理运用(即二分法原则)只可能在某些同类的语义域中进行,例如在颜色域中,在独立的语音域中,在音位域中,等等。正是由于这种限制,肯定判断与否定判断是不相容的("这是红的"和"这不是红的"),而带有来自不同域的谓词的判断是没有意义的("这不是红的,是干的")。

瓦西里耶夫继续谈道:"因为矛盾规律是否定定义的结果,那么建立不受矛盾规律限制的逻辑,就意味着建立一种逻辑,其中不存在会造成不相容性的我们的否定"[同上 62 页]。

在此为避免与瓦西里耶夫的假设逻辑过于相似的表述,而说"逻辑中不存在会造成不相容性的我们的否定"是非常粗浅的,这也是带有其基本对立 A／A ＋ 非 A 的叶尔姆斯列夫的逻辑。

当然,认为在瓦西里耶夫所假设的基础上有一些甚至是许多合理性可能更为准确。瓦西里耶夫在一个方向上发展自己的逻辑,叶尔姆斯列夫则在另一个方向上(完全不知道瓦西里耶夫的逻辑)。斯米尔诺夫指出,Л. 布劳埃尔关于排中律的不可靠的著作在 1908 年几乎与瓦西里耶夫的作品同时问世,以及 Я. 卢卡塞维奇产生了许多合理想法的著作于 1910 年问世,而瓦西里耶夫的第一篇文章也在同年发表,他们都是非古典逻辑的先驱 [Смирнов 1989]。

我们在此提到的不同学术著作所表述的及形成了明显综合体的所有思想,都某种程度地被用于下面所说的原因概念分析中。

谈到"逻辑正方形",它对于语言学而言也是非常有效的图式化,参看我们的作品关于这个问题的专门章节[Степанов 1975, § 5];关于该图表用于"认识"和"意见"范畴的逻辑分析,参看 М. А. 德米特罗夫斯卡娅的著作[Дмитровская 1988, 16]。

4. "次逻辑"方法非常成功地用于前面提到的本维尼斯特的文章中,即表达原因的拉丁语前置词的分析(下面我们将引用它的俄语译本[Бенвенист 1974])。

本维尼斯特确认了不同研究者在解释前置词 prae 的意义时的不得当。这个前置词在空间意义上表示"在……前面"。如果认为(如卡尔·布鲁格曼所做的那样[Brugmann 1906—1911, § 692])这个词的原因意义由更加具体的空间意义而产生,那么正如本维尼斯特所认为的那样,我们就得到了一个明显的悖论。prae laetitia lacrimae prosiliunt mihi(Plaut. Stich. 446)"от радости слёзы выступают(因为快乐而流泪)…"就真的应该是字面意义。"перед радостью слёзы выступают(在快乐前流泪)…",即"快乐不是流泪的原因",而是相反,"眼泪是快乐的原因"。在确认存在悖论后,本维尼斯特摈弃了布鲁格曼的所有论断,并在其他研究方法中建立了自己的分析—叶尔姆斯列夫认为的"次逻辑"的方法。

本维尼斯特扼要地叙述了 prae 和 pro 这两个在意义与形式上都很接近的前置词的一些使用"范围"。后来,他又确定了这两个前置词共同的语义及它们的区分特征。共同点是"在前面,在某个空间的前部";pro 的区分特征是"与该空间的其他部分脱离",也就是说相当于"перед",prae 的区分特征是"与该空间的其他部分没有脱离(对象物理解为连续不断的)",即"在这个空间的边缘或顶点上"。正是这个意义也解释了所有 prae laetitia"от радости(因为快乐)","на пределе радости(在快乐的范围内)"之类的情况,以及所有恺撒所说的话的类型的比较意义(之前似乎是例外情况):Gallis prae magnitudine corporum suorum brevitas nostra contemptui est (B. G. Ⅱ, 30, 4)"у галлов（по причине）по сравнению с их высоким станом наш маленький рост вызывает презрение"（因为与他们高大的体态相比我们的小个头引来了蔑视）。而且在比较时，前置词 prae 也加入了两个词中与另一个相比表达某个更高程度的词之中。比较：prae te pithecium est"по сравнению с тобой（она）— обезьяна（和你相比，她是丑八怪）"。

因此，本维尼斯特认为，前置词 prae 的原因意义的确是其原始意义的抽象，但是与布鲁格曼的解释相比，原始意义及抽象都是另一种属性。这个前置词的原因用法受到了严格条件的制约：1) 在使用表原因的 prae 时，总是要出现表示某种感觉的词（高兴，害怕，恐惧，伤心，疲劳），也就是说，来自空间意义的抽象首先发生在感觉领域，并在该领域产生了原因意义；2) 这种感觉总是影响了动词行为的主体，即原因与结果都包含在同一个人—主体之中，这样就保持了本质上的空间意义的"连续性"特征；3) 前置词 prae 在这些条件下总是表达感觉的"终极原因及限度"（也具有空间意义）；4) 由此自然产生了比较范围的抽象，而且在有前置词的情况下，也要有对象名称，或者也要有两个相比较的量中相应较大特征的名称。

本维尼斯特同样注意到了前置词 prae 在原因意义中的一个重要特点：它仅在感觉范围内表示原因。但是本维尼斯特没有指出该前置词的另一个同样重要的特点：它总是表示阻止的原因，并因此通常被用于否定句中（关于这个问题请参看萨博列夫斯基的著作［Соболевский 1948,§627］）。

因此，如果考虑到原因前置词，那么我们就有了下列拉丁语中的原因场：

1) prae：处于感觉范围内并且是阻止原因的原因（带有否定的谓词）：prae lacrimis loqui non possum "因为眼泪而说不出话"；

2) pro：只有在 propter 结构中［pro + p(e)+ter］,pe 是加强语气词,ter 是副词—前置词的后缀；原因可以既属于物质，也可以属于精神领域：propter frigora frumenta in agris matūra non erant"由于寒冷地里的庄稼没有成熟"；propter tuum in me amorem confidit "由于你的爱，他相信了我"；

3) ob：直译是"在……面前"，在有限的搭配中表示原因意义—ob metum "由于恐惧",ob eam rem"由于这个原因",ob eam causam "那个"；有时具有"目的原因"意义（相当于俄语的 ради"为了"）—ob rem"为了事业，为了事业的利益"，也就是说在物质上原因还不存在，但在心智世界中，在预见中存在；

4) causā：在不同的领域，因为词本身表示"原因"，并因此保持了明显的内在形式；也作为"目的原因"—commodi sui causā"为了自己的利益"；

5) gratiā：是目的原因意义；既然词本身表示"仁慈"，那么使用范围通常是"人"或是抽象的道德概念；与 causā 相交叉：commodi sui gratiā(causā)；

6) ergō：通常用于抽象道德概念领域，因此是原因及"目的原因"的整体意义：

nominis ergō"为了(美)名",victoriae ergō"为了胜利";自然与 causā 和 gratiā 相交叉;

7) ab:原始意义是起点,后来表示积极的力量,动词行为的施事者;最后在消极短语中引入施事者;下面三组例子总体上与 ab 意义的这种随时间变化的层次相一致:① doleo ab animo,doleo ab oculis,doleo ab aegritudine(Plant. Ci. 60)"我遭受着心里的痛苦(直译为'由于内心')、眼泪和疾病的折磨";② calescit(anima) primum ab ipso spiritu(Cic. Nat. dror. 2,138)"空气最初从气息中就热了起来";③ superamur a bestiis(Cic. Fi. 2,111)"我们被动物超越了"。

因此,"次逻辑"分析得出了以下结论。在拉丁语中,为一些前置词服务的"原因场"分解为几个几乎不相交的语义范围,自然可以将它们比作事物的域或确定原因功能的域;总体上,其中的每个域都服务于某个自然可以比作表达原因功能的方法或函子的前置词。

(应该将前置词 causā, gratiā, ergō 在同一个事物域中同义、有效的部分在语义上看作一个前置词的三种不同词汇形式。)

在此,分解是一个值得注意的事实,似乎原因的整个域分解为了几个事物域。该研究出人意料的结果是,语言学家所认识的原因范畴似乎是沿着下列抽象的顺序发展的:"空间(位置)"→"时间"→"原因"与该语言是不相符的。可以肯定的是(至少对于拉丁语的历史而言),通过在每个这些域中不同类型的抽象,原因范畴出现(可能,同时和平行的)在一些不同的事物域中。(我们看到,前置词 prae 取得原因意义的抽象是多么复杂,多么独特。)

这个现象自然可以与在"逻辑"分析方法中得到的结果相对照:原因—不是事件,而是事实,并非与所有的语言共性相关,而是每次与局限于逻辑—语言条件的某个部分(支语言)相关(见上文)。所以,至少在用于原因概念时,产生了"逻辑"与"次逻辑"方法的综合。但是在所有其他情况下这种综合似乎也是可能的、适当的。

5. 例 5."施里曼找到了特洛伊。"——弗雷格语义三角的"旋转"

我们在本节中继续探讨在《符号学》一书中开始的符号学问题(参看本书第一部分,第三章)。

要讨论的是,在通常带有名称直接用法的自然语言中,什么时候名称具有可能是间接的所指物"事物",什么时候在它的直接用法中名称的意义(内涵,概念)成为了名称的所指物。既然在通常的使用中名称的语义结构用顶点相应是"名称"——"名称的概念(内涵)"——"事物,对象物(所指物)"这样的语义三角表示,那么名称间接使用的图示可以被称为三角"旋转"的结果。

下面我们将评述丘奇［Черч 1960］对其观点进行转述(本书的后面将指出)的

弗雷格观点。丘奇是这样表述弗雷格观点的:

"例如,在句子'司各特是《城堡风云》的作者'中,名称'司各特','《城堡风云》'以及'《城堡风云》的作者'都是直接使用的。在句子'乔治四世想知道,司各特是否是《城堡风云》的作者'中,这些名称是间接使用的(而'乔治四世'是直接的)。接下来,在句子'施里曼寻找特洛伊的位置'中,名称'特洛伊'和'特洛伊的位置'是间接使用的,因为是寻找特洛伊的位置,这不是寻找由其他概念确定的另一个城市的位置,即使这两个城市也具有同样的位置(可能寻找者也不知道)。

根据我们所遵循的弗雷格专名内容的理论,句子'施里曼寻找特洛伊的位置'确定了某种关系并不是存在于施里曼与特洛伊的位置之间(如'名称的对象','所指物'。—作者注)(因为在特洛伊只是传说中的城市,它的位置是永远不存在的这种情况下,施里曼也可以寻找特洛伊的位置),而是在施里曼与确定的概念之间,这正是表达了'特洛伊的位置'这个名称的概念。但是这并不表示,句子'施里曼寻找特洛伊的位置'也确定了施里曼寻找了表达'特洛伊的位置'名称的概念。相反,第一个句子确认了施里曼与'表达特洛伊的位置'名称的概念之间存在确定的关系,这个句子为真;第二个句子确认了施里曼与表达'由特洛伊的位置名称所表达的概念'的名称之间存在的这种关系,这种句子想必为假。在施里曼与由'特洛伊的位置'名称所表达的概念之间存在的关系不能由动词 искать(寻找)传达,这个动词的使用可能产生误解"[第 345 页]。

丘奇有远见地将关于名称间接使用的逻辑问题与该情况下的语义动词"искать(寻找)"联系起来。这也将是我们评述的起点,像在前面已经研究过的"例子"的其他相应情况一样,可以给它加上标题——该逻辑问题的语核。

其实,丘奇这本书的俄文译本出版者在这里将动词"искать(寻找)"变为了斜体,即像俄语的词一样,应该转变为引号中的行字体,如同俄语和英语这两种(至少)语言中的某些词(这个词相应的英语词是 seek,丘奇在他的原稿中使用了它。)这样,所说的"искать(寻找)"如同俄语、英语以及所有印欧语言中的词都是一样的,因为所有这些语言在该情况下对应的都是具体民族的词的形式,其表达的内容是相同的。其实,所谈论的就是关于"искать(寻找)"的概念。

我们可以发现其中的两个概念,或两个根本不同的意义:

(1) 俄语 Ищу учительницу пения "我寻找声乐教师"(我们说的是,当我在教学楼溜达,寻找我女儿的声乐教师的场景);

(2) 俄语 Ищу учительницу пения "我寻找声乐教师"(我们说的是,在有关招聘的广告文本中;这种情况的迂说法是: Ищу учительницу пения для своей дочери 我为自己的女儿寻找声乐教师)。

具有冠词的语言通过冠词来表达这种区别:

(3) 西班牙语 Busco a la maestra de canto;

(4) 西班牙语 Busco maestra de canto(或者：una maestra…)。

总的说来,现代印欧(欧洲)语还能够用其他方法表达第二种意义：

(5) 英语 A singing-master wanted;

(6) 俄语 Требуется учительница пения;

(7) 西班牙语 Se busca maestra de canto。

最后,在现实性与可能性有规律对比的语言中,使用像西班牙语中的虚拟式(Subjuntivo)来表达第二种意义可能更为准确：

(8) 西班牙语 Se busca un pedagogo que sea maestro de canto——"找一个当过声乐教师的教师"。

因此,在所有列举的分组例子中对人的两种职业符号进行了比较：

a) 已知是具有该种职业的人,

b) 可以用"具有该种职业的人"来描述的人。第二种意义"b"也可以有其他的解释：与"a"组例子中现实特点不同的虚拟特点。但是虚拟特点也不是别的什么,而是名称所指物(事物)对立中的"名称概念"。这一点在句子"施里曼寻找特洛伊的位置"中也能够得到确认。

但是,所指出的区别在印欧语中也有更加充分的历史原因,上述情况也是这些原因的变化形式。正如本维尼斯特所指出的,在印欧语中历来有两种不同的表示"行动者"的后缀——不带重音的 * -tor 及带重音的 * -tér。第一种表现了以他所进行的"活动"、"行为"为基础的"创造者"的特点,这种有某个动词参与的表示类型是某种类似"完成了某事"的情况。第二种则相反,表示作为"代表"的人,作为在天性、能力或必须完成某个行为的基础上施事特质的承载者；这种符号常常表现为与未来、意图或爱好有关的谓词[Benveniste 1975：62]。在古希腊语中也有这种类型的明显对立：例如,名词"врач(医生)"有两种对应：ἰατωρ"完成过一次治愈行为的人(相当于俄语的исцелитель)或进行这种活动的人",相反 ἰατωρ 是"使命及职业是治病的人,医生"(相当于俄语的врач Божьей милостью)。

在亚里士多德的逻辑—语言概念中,我们发现了对这些区别进行形式化的第一次并且是非常精致的尝试(参看下面第二章第 3 节)。

6. 例 6."我当着彼得的面对伊万说,不应该因为他考试不及格而责备自己。"——间接语境中的复杂指称

"间接语境"是由连词 что 或通过其他方式引导的,指明了该部分不是说话人直接话语的复合句的一部分(总之,是文本的一部分)(例如,俄语中通过"插入语"：

по словам"根据谁的话"，по мнению"根据谁的观点"，по убеждению такого-то"根据某人的信念"……)。因此，常常很难将语言表达"我"、"自己"、"他"与该场景中的具体个体等同起来，即指称困难。它们既是为自然语言的现实承载者而存在的（试比较，标题中所举的完全非单义的例子），也更是为试图将应用于类似情况的指称规则形式化或者予以清楚描写的研究者而存在的。

在戴维森与克里普克一系列作品中，所采取的尝试之一就是将专名和与它们类似的单称词项（singular terms）用于逻辑－语言形式化中。在此出现了著名的对立概念"刚性能指或硬性能指"（rigid designator），它能够透过所有相互联系的世界单一地确定个体，以及"柔性能指"，它在穿越原始界限时失去了这种力量。

在此我们沿着另一条线索来讨论这个普遍的问题，即它是如何出现在"符号学"中的（本书第一部分），在这个方面研究当使用"我"、"自己"、"他（его，ему 等）"表达时所形成的指称的主要困难（更准确的是：解释指称），即归根结底要搞清楚，谁是"事件的制造者"，所说的是关于什么，以及谁是关于该事件的"命题制造者"。关于英语中这种情况下指称规则最为完整的描写之一出现在 Дж. P. 罗斯于 1960 年末所写的目前仍具有意义的著名作品《论宣示性语句》（*on Declarative Sentences*）中（这里根据的是[Ross 1970]的版本）（关于这篇文章作为"寻找主体"问题的重要阶段，参看下文第四章第 3 节）。罗斯的作品包含了大量美式英语的例子（作者用了大约 120 个例子组成了文章的大部分），例如：

（1）That the paper would have to be written by Ann and Tom was obvious to {a) Tom，b) him，c) Tom himself，d) himself}

"论文应该由安和汤姆来写这一点，{a) 汤姆，b) 他，c) 汤姆自己，d) 他自己是很清楚的}"。

在这种情况下全面探讨了何种变体是可以接受的问题（整体上或在某种程度上），在英语原文中可以接受的是 'a' 和 'c' 这两种形式。此后，罗斯为这类情况设置了下列规则："如果照应代词出现在强调的反身代词之前，（英语语法中的 emphatic reflexive ——himself——作者注），那么如果前者是由与之产生照应关系的 NP 中心支配的话，它是可以省略的（即在深层转换图式—句子'树形图'中由'x говорит, что…'结构体支配。—作者注)"[同上，第 227 页]。

总之，罗斯得出的最普遍的规则指出，存在最高层次的"我"（尽管没有在文本中明显地表达），以实行这个规则为基础就消除了所有深层结构中的表层含混（第 236 页，2.1.8 点）。但在这种情况下所有的宣告句应该被看作是本质上的语言行为句"我说……"，也即根据其参数之一的类似的"纯"语言行为：Клянусь（我发誓）；Обещаю（我许诺）；Нарекаю вас мужем и женой（我将你们称为丈夫与妻子）；等等。"所有出现在可能存在第一人称代词语境中的宣告句，都是由含有一个且只有一个最高等级语言行为句的深层结构派生的(转换的),语言行为句的主要动词是话语动词"[第252页]。

因此,罗斯事实上(似乎他本人并未意识到)为英语建立了"间接言语语法",它与古代传统语言(尤其是拉丁语)的"Oratio obliqua(间接言语语法)"语法完全类似。我们接下来将把古代传统语言的语法作为罗斯概念类型中逻辑-语言概念的语核来研究。

此外,需要指出的是,罗斯采取了与"原因"范畴研究者使用的、前面我们已经介绍过的方法(例3)完全类似的研究方法,就是将所考察的语境划分为各种语义域,或是"定义域"(罗斯的术语—"facets",它们有7个):

1) 主要的是—"嵌入句"(比较法语的术语是"phrase enchassée")(俄语为что句);

2) as for-clause(俄语为"Что касается того, что…");

3) picture- clause(俄语为"на картине","в статье","в рассказе"等);

4) according to- clause(俄语"插入语":"по мнению, по словам, по мысли 和такого-то");

5) lurk- clause("假装情境",俄语的例子是 Я притворился, что…);

6) be damned if- clause[例如:I must be damned if I'll have anything to do with her(如果我要和她发生任何关系的话,我真是该死)];

7) 特殊情境的其他表达[例如:Tom wigwagged that Ann could swim, but nobody believed him(汤姆做手势表示安娜会游泳,但是没有人相信他)]。

所研究问题的语核是"间接言语语法"(间接引语),是语言的子系统,在古代传统语言拉丁语和古希腊语中发展得最快,并得到最深入的研究。(根据普遍的符号学原则,"语法"这个术语既是客观存在的现象—语言的这个子系统,也是语法学家对其进行的描写。)在现代通行的立陶宛语中,对这个子系统进行了大量的介绍,该种语言的基础是通过形动词,也就是借助形动词的句子的谓词迂说形式来表达间接言语。(参看专门的学术著作[Ambrazas 1979],俄语版是[Грамматика литов. яз. 1985,§1059])。这种方法,即 conjugatio periphrastica("迂说变位法"),同样用于拉丁语和古希腊语中,与立陶宛语一样,后两种语言中同样存在着十分特殊的间接言语的句法子系统,Oratio obliqua 在词的原义上不是形动词,而是"带有不定式的第四格"结构,Accusativus cum infinitivo 是它的核心。我们现在也着重研究拉丁语中的这个系统,在预先的说明中区分出它的一些特点作为"规则"。[我们说"预先说明"用于现在所谈的逻辑—语言系统中,而在通常的(教学的)语法中阐述的"规则"不是这样的,在其他系统中,其实就是其他的规则了。]

规则 1. 主体具有代词 se 的形式

如果主体是第三人称的话,那么拉丁语的第三人称反身代词"se"在其形式及意义上除了指明句子的主体外,不包含其他任何意义。但是著名的拉丁语语法规则指出,"se"并非指明出现在语句中的任何一个主体,而是指明基本主体,主要是主语。无论周期有多长,无论"se"与主语距离多远,无论作为主体的其他实体或人有多少个名称,也无论在句子中主语之间是否放置了代词"se",这个"se"就像指南针的指针一样永远只指向间接言语的主体,也就是离它最近的主体(如果该言语置于带有自身主体的其他言语内)。从现代语言的观点出发,这种效果在间接言语中尤其惊人(Gic. Verr. Act. 1,14,40): Cum praesertim planum facere multis testibus possim, C. Verrem in Sicilia multis audientibus saepe dixisse: se habere hominem potentem, cuius fiducia provinciam spoliaret, neque sibi soli pecuniam quaerere, sed ita triennium illud praeturae Siciliensis distributum habere, ut secum praeclare agi diceret, si unius anni quaestum in rem suam converteret. (德莱格尔[A. Дрэгер][Draeger 1878,72]的例子;参看[Степанов 1961]。)"在大量证人面前,我真的该如何供述(第一个'我'是所有其余句子的主体),韦尔雷斯在西西里岛当着众多听众的面不止一次地声明(韦尔雷斯——第二个'我'是第一个也是主要的嵌入间接言语的主体,同时,也是第二个间接言语的主体,它嵌入第一个嵌入言语之中;所有后面的主体符号通过'se'指明了他,也即韦尔雷斯): он — человек могущественный, чье управление выжало средства из [вверенной ему] провинции, и не себе одному он искал денег, но так распределил трёхгодичный доход с управления среди Сицилийцев, что может сказать, что с ним самим поступлено весьма благородно, если он на свои собственные нужды обратил доход одного [только] года"。

规则 2. 在复杂指称的情况下更愿意使用被动形式

在拉丁语中追求长期或短期保持基本主体的明确方向,这一点我们在其他情况中也发现了。研究者发现,在拉丁语中"试图保持复合句中主语的一致性常常使用被动结构: Tantis excitatis praerniis et sua sponte multi in disciplinam conveniunt et a parentibus proipinquisque inittuntur (Caes. B. G. 1,6,14)"[Яниш 1954,12]"因为那么多次的承诺,再加上冲动,很多人激动万分地参了军,或是被父母和亲友送到了军队"。

规则 3. 在指称不定人称主体时更愿意使用被动形式

我们已经知道了下列拉丁语的句法规则:在出现命令、禁止等动词时,不说出命令的受话人，那么 Acc. Cum Inf. 就具有了"被动"形式。萨博列夫斯基指出，"但是，它在下列情况下也可以具有被动形式，如果命令或禁止对象的意义来自言语联系，如果命令或禁止不是针对确定的人（在文本中被指明的—作者注），而是所有的人（因而是不确定的人—作者注）[Соболевский 1948, §1029]"。萨博列夫斯基对比了两个例子：Receptui canere jussit(Liv. 29,7,6)"他命令鸣号撤退(意思是：命令号手鸣号)"，但是：Caesar receptui cani jussit(Caes. B. G. 7,47,1)—具有不定人称意义的"被动"态不定式："命令鸣号撤退"。在已知的程度上"被动"不定式的这种使用，可以与俄语被动形动词形式的使用相比较，被动形动词的意义主要不是消极化，而是排除主语的确定性：Про батарею Тушина было забыто(关于图申炮团已经被遗忘了)（Л. Толстой）；Свистнуто, не спорю, — снисходительно заметил Коровьев, — действительно свистнуто, но··· свистнуто очень средне(科洛维约夫宽容地说："发出了哨声，无可争辩，确实发出了哨声，不过发出的哨声小了点")（М. Булгаков）。

再比较下列情况：Germani vinum ad se importari non sinunt(Caes. B. G. 2, 15,4)字面意思是"德国人不允许进口酒"。这样的结构不应该完全按照俄语译文逐字地理解，而应该理解为带有可由情境得知的某个意义的主体，但是人这个集合的数量及性质特征是不确定的，应该理解为可能作为被动动词主体的"某些人"，这里就是那些进口酒的人："德国人不允许[某些人]进口酒"。这种理解的语法根据是存在带-ri 的不定式，它的目标是带有不定人称意义的-tur 形式—不是 vita vivitur"生活在继续"类的被动态，而是 vitam vivitur 类的说法"（他们，某人）继续生活"。

这些情况下带-ri 不定式的短语（也就是与不定人称-tur 对应的），可以被称为是主体指向的，是某种主体的变位法。

与上述情况相反的是带有-ndu-的短语可以被称为客体指向的，是一种客体变位法。这个特点首先表现在著名的"用动名词替换动名词"的规则中[Соболевский 1948, §1112 及以下]。总之，这种替换的本质可以在于，一旦动名词得到了第四格客体，那么动名词就应该被替换为与客体一致的动名词。所以，我们说 consilium capiendi urbem"意在占领城市"就变为了 consilium urbis capiendae。的确，不能说与客体保持一致的趋势是这种转换的唯一原因。就像句法变换是如此常见，但也不是一个原因作用的结果一样：在这种情况下，倾向于所谓的表示部分的结构是第二个因素[详见 Степанов 1959]。而且作为拉丁语句法强大趋势的动词的客体定位是结果[统计资料参看 Соболевский 1948,339,脚注]。

把罗斯在上述作品中所谈到的一个英语规则[Ross 1970,233]与拉丁语的规则 2 进行比较是很有意思的："如果深层结构 NP 的主体与同一个深层结构中的某些其他 NP 是同指,那么第一个 NP 的主体不能使用被动形式";例如：a) Max expected Sue to wash him"马克思希望苏来为他擦洗";b) * Sue was expected by Max to wash him"苏被马克思希望来为他擦洗",——"b"是不符合语法的(不正确的)。看起来,英语规则表层与拉丁语规则深层的对立恰好是相同的：努力保持主体的一致,避免"增加主体"。可与英语规则更直接地进行比较的是众所周知的确定了不符合语法(不正确性)的俄语规则,如"Глядя на это, у меня возникла мысль (照此,我有了一个想法)","Подъезжая к станции, у меня слетела шляпа(走到车站,我的帽子飞了)"之类的说法。

总结性的规则 4,与其说是明确的规则,不如说是趋势：通过这样或那样的方法避免主体与客体混淆。这种趋势在古拉丁语中[Степанов 1987]就在带-tur 的单数第三人称形式的不定人称结构中得以表现。我们知道,这里的 itur"走",后来带有目的式的 factum itur"走,打算做",在此可以使用第四格,如：ea factum itur"去(打算)做这件事";vitam vivitur"继续(自己的)生活",都是历史上的初始形式。就是在这种结构中有可能轻松地转化为纯被动的说法,用第一格替换第四格是足够的：vitam vivitur ＞ vita vivitur"生活在继续"。但是实际上在拉丁语中这种可能性是很晚才得以实现的[Wackernagel 1926, 113 及后]。因此,这种说法很长时间都是用来定位主体的,而且这个主体是不定人称的、集合的、甚至是在句子中未表达出来的。当这种说法变成了被动形式,那么由先前主体(vita)转化而来的新主体的被动性质被保留了下来。句子表示："某些人(不确定的、未指明的,但是知道的、有意义的)继续自己的生活(以某种方式)",比较法语的句子 On vit sa vie。

在间接言语句 Accusatives cum infinitivo 中重新确定客体的可能性自然要比独立句更大一些,因为客体和主体都同样具有第四格形式。但是在此也明确保留了对主体的定位,因为这里的主体总是"某些人",如德语的 man,法语的 on,而客体可能是各种各样的人[Соболевский 1948, § 1130]。

许多著者[Линдсей 1948, 97; Эрну 1950, § 319]对此讨论了卡托夫翻译格利乌斯的一个句子：atque evenit ita, Quirites, uti in hac contumelia, quae mihi per huiusce petulantiam factum itur, rei quoque publicae medius fidius miserear, Quirites(N. A. X, 14)"遭遇了这样的厄运,奎利底斯们要对我使坏,我……"等。这里的第一格代词 quae 代替 quam 已经是根据"新的"规则,就像我们所说的,vita vivitur 代替了古老的 vitam,但是 factum 仍然与它不一致,整个句子都带有过渡的、混合的性质。在已知的程度上,根据客体与谓词之间的不一致性,可以将它与俄语 Надо землю пахать(应该耕地)的说法进行比较[Степанов 1984]。

将这种说法翻译为间接言语时，一些作者保留了它的特点，如特伦修斯的作品（Теренций）（Ad. 694）：

Quid? Credebas, dormienti haec tibi confecturos deos?
Et illam sine tua opera in cubiculum iri deductum domum?
怎么了？你以为你将沉睡，而这是神灵使然？
将她（姑娘）轻而易举地带回家？
Как? Ты думал, что ты будешь спать, а тебе это сделают боги?
И введут её（девушку）в дом без твоих стараний?
〔Публий Теренций. 1954, ср. :Эрну, 1950. § 319〕

尽管在此可能有其他一些 illa 是主语，是动名词客体等的说法，但是保留目的式＋iri 的说法不是为了定位客体（illa），而是定位真实有效的主体。其实，这里的语义中心不存在于目的式中，而在不定人称（"被动的"）不定式中。

在新印欧语（现代欧洲语言）中，这个间接言语系统仅以大多数无系统的残留形式被保留下来。很大程度上在西班牙语中仍然可能有带有两个"嵌入"间接言语的说法，如 Me esctrañó verles beber（H. de Cisneros《Cambio de rumbo》）字面意思是"我很吃惊 a）看见他们，б）他们喝酒"，也就是"Я удивился, видя их пьющими"〔在十九世纪的古俄语中，这里可以说成带有第四格的形式："Я удивился, видя их пьющих（看见喝酒的他们，我很吃惊）"。〕更为准确的表达是，在此我们不是与两个"间接言语"发生了关系，而是与两个"间接情境"联系在一起："Я вижу（我看见）"＋"кого-то（某个人）"＋"делающим что-то（做某事）"。与拉丁语相比较 Video fratrem ＋ Frater venit ? Video fratrem venire"Вижу брата（我看见弟弟）"＋"Брат приходит（弟弟来了）"？字面意思是看见弟弟来了（"带不定式的第四格"）。在现代西班牙语和法语中，这些仍然是通行的结构：西班牙语 Veo venir al hermano；法语 Je vois venir mon frère。试比较同样在一个"以穿过方式"经过的主体中的情况：西班牙语 Creo no poder venir 字面意思是"我以为不能通过"，法语 Je crois ne pouvoir venir，也是这个意思。俄语中保留了先前广阔系统中更为少见的一些情况，如格里鲍耶多夫写道（在《聪明误》中第三幕，第 5 场）：Я полагала вас далеко от Москвы（我以为你们远离莫斯科）＝"Я полагала вас быть（Вин. с инф.）далеко от Москвы（我以为你们待在远离莫斯科的地方）"。

这种建立在词法和句法特有规则基础之上的间接言语的古老系统，在现代语言中被两种新的系统所取代——直接引用系统和"自由间接言语"系统（法语是 style indirect libre，英语是 free indirect discourse）。后者有时也被称为"非纯粹的直接言语"，但是这两个术语有时被看作是属于不同系统的："自由间接言语"是叙述类分类的类型之一,而"非纯粹的直接言语"是用于该种类型的语言形式分类的类型之一。对于这些现象的研究始于欧洲的查尔斯·巴利和我国的 B. H. 沃洛申诺夫[Волошинов 1930](参看[Падучева 1996,335—361])。

但是这些如它们的名称所展示的一样不受系统词法限制的新系统,对于研究作为我们本章对象的"间接"言语的形式手段,是无关紧要的。

第二章　系统从系统到"系统之外"的唯实论
——亚里士多德第一语言哲学

0. 引论

我们在此定义的唯实论是很宽泛的（并有意排除了过于明显的限制），有如语言哲学发展的历程一样，清晰地认识存在于语言表达中的某些客观（不是心理上的）实体—事物、概念、逻辑真值（而在某些特殊情况下也包括伦理真值）。对于唯实论最重要的是，客观实体不是从语言中抽取的，也不是以它为基础建立的，尽管语言也对其发现并认识提供了途径（这正是本章的主旨）。因此，由刚刚谈到的观点可以看出，唯实论这个术语是在相互关联的术语系统（范围）中被说明的（在此用斜体字标出）。对于我们而言，重要的首先是唯实论与唯名论的基本对立。

在这样理解的唯实论中，一些内在的细微区别是不明显的，这是非常自然的（因为我们必须用几个世纪去触及它的普遍特征）：亚里士多德的观念论（在中世纪学说中所研究的某个狭义唯实论与唯名论之间的中间观点），还有柏拉图的观念论（尤其是非结构及非直觉流派的现代数学家的柏拉图主义）都同样是这个意义上的唯实论。而且，我们把亚里士多德的逻辑－语言概念看作词的完全意义上的唯实论（根据逻辑－语言论点的"力量"，只让步于东正教教父的三位一体的神学）。唯实论的"细微"区别及其他定义将在后面的第五章谈及。

1. 亚里士多德谓词的第一分类（基本分类法）
——范畴语义的非对比层

正如已经说过的，我们将亚里士多德的概念看作历史上在各个方面都得到充分发展的唯实论的第一系统。在本书的《在语言的三维空间中》第二部分关于《语义、句法、语用》的划分中谈到了一些理由。在此我们在另一方面对亚里士多德的概念进行研究，也即在《系统—文本》的划分中。

本章的中心思想如下：在亚里士多德的概念中正是"系统"（范畴化，聚合学）得以发展，同时"文本"如何在那个（不大的）程度上被总体涉及，并将它看作某种由

"系统"派生的东西,也就是说主要被视为某些普遍范畴特征的总和。

范畴、基础谓词　在亚里士多德的不同作品中,范畴表呈现为不同的形式,其中最为详细的范畴表(Категория,Ⅳ,1b;Топика,Ⅸ,103b)包含下列十个范畴(为了以后的研究,在此指出,俄语术语较之希腊语而言,更接近拉丁语是非常重要的):

1. 'Ουσία Substantia 实体
2. Ποσόν Quantitas 数量
3. Ποιόν Qualitas 性质
4. Πρός τί Relatio 关系
5. Πο τὸ τί ἤν εἴναι 地点
6. Πότε Quando 时间
7. Κεῖσθαι Situs 姿态
8. Ἔχειν Habitus 具有
9. Ποιεῖν Actio 主动(活动)
10. Πάσχειν Passio 被动(遭受)

亚里士多德认为,这些范畴是客观存在的最高实体。但是认识论的问题也是非常重要的:如何确定这些实体?研究者早就指出,亚里士多德的范畴与语言紧密联系在一起。根据这个观点而进行的详细研究表明,在古希腊语简单句中,能够遇到的所有谓词的形式,都以亚里士多德按照确定次序排列的范畴形式被列举出来。术语 χατεγορία 本身在狭义上是表示动词 χατεγορεῖν(指示,说出,表明)的谓词;这个意义与自古确定的拉丁语翻译是一致的:范畴—praedicamentum(谓词)。

亚里士多德在范畴表之前说道:"语言的形式或者是简单的,或者是复合的。后者如:人奔跑,人获胜;前者如:人,牛,奔跑,获胜"(Категория Ⅱ,1a);"每一个不是复合的用语,或者表示实体,或者表示性质……"(Категория,Ⅳ,1b)。接下来应该是上面的列举表[Аристотель 1939,3—4]。因此,范畴列表实际上是已经从它们的直接现实形式句子—语句中,并同样地从它们抽象化及概括化的现实中抽取的谓词—谓语清单。仔细观察亚里士多德的这个抽象化形式,我们就能够将其系统中的其他一些重要特点了解清楚,同时也能搞明白谓词总的分类。

1. 第一范畴—"何物"或"实体",是用带有这个意义的名词来命名的:ουσία,并且这是通过该方法命名的唯一范畴。它的名称是由动词"存在"的形动词词干 ὀύ,ὑποκείμενον(存在的,有的)(ont-s-ia > ousia)构成的抽象名词。在《论题篇》中又用"这是什么"这一问题重复了这一名称:τίεστίν 字面意思是"这是什么"。

接下来的命名方法改变了。范畴 2—4 是以所谓的不定代词形容词形式命名的,除重音外这些词与疑问形容词完全一致,如:ποσόν(某个数量)—不定形容词和 πόσον"数量是多少?是这么多吗?"—疑问形容词。

2. "在某个数量上";代词形容词 ποσόν 的意思是"在某个数量上"。

3. "某种性质";代词形容词 ποιόν 的直义是"某种"。

4. "在某种关系中";带有前置词的代词 πρός τί 的直义为"在某种关系中",这里的这种形式与范畴 1 中的一样,(除重音外)与疑问形式一致;在这两种情况中可以将范畴名称的形式看作间接疑问的形式,直义是"在什么关系中?";亚里士多德在这里举的例子是——表示不同程度的形容词:διπλάσιον(两倍的,多一倍的),ημισυ(一半的),μεϊξον(更多的)。

下面命名方法又一次改变了,范畴 5—6 是以问题形式被命名的,它们自身已经不是它们所指称的东西,也即不是副词和表示状语的词。

5. "何地?";代词性副词 πού 在看不出重音的疑问形式中。

6. "何时?";代词性副词或者是疑问形式 πότε(例如,在拉朗德词典中[Lalande 1972,125]给出了同样的形式),或者是不确定形式 ποτε 直义为"某个时候"(1831 年柏林的版本给出了同样的形式);与范畴 1 和范畴 4 的情况都一样,在间接疑问的特殊形式中,这两种形式的区别中和了,因此各种版本之间的摇摆也被消除了;但是,既然这个第 6 范畴构成了第 5 范畴自然的分组,而在第 5 范畴中提供了直接疑问的明确形式,那么最好也应该将该范畴转变为我们在此已经用过的那种形式。

最后,范畴 7—10 的命名方法再一次改变了,使用被命名词类别中词的代表来命名范畴。

7. "以(某种)姿势";中性态不定式动词 κεϊσθαι 直义为"处于,保持某种姿势"。

8. "处于(某种)状况";不定式动词 έχειν 直义为"处于某种状况;具有,有";例子是单数第三人称完成时中性态动词 ποδδεται(穿着鞋的)ώπλισται(武装的)。

9. "做,行动";不定式动词 ποιεῖν(做);例子是单数第三人称现在时主动态动词 τέμνει(切开),καίει(点燃)。

10. "遭受,受到影响";不定式动词 πάσχειν(遭受,经受);例子是第三人称现在时被动态动词:τέμνεται(他被切开),καίεται(他自焚)。

就这个意义而言,亚里士多德系统中后来的范畴都不具有专门的普遍名称。因此,范畴表是作为特有的、依次渐进的学说出现的,其中的第一范畴"实体,本体是"具有名词形式的专有普遍名称(提醒一下,亚里士多德认为,只有名词才是概念的同一形式),而其余所有范畴获得的是远离"实体"命名的名称,并且它们离范畴表的起点越远,名称就越多。通过疑问对范畴进行命名的方法(范畴 2—6)是值得专门研究的(还没有人从事这样的研究);其实,这甚至不是命名,因为疑问不是"名称"。看来,这种情况与范畴高于语义中的对比层是紧密联系的,而名称是在语义中形成的(见后文)。近来什维多娃以疑问代词的形式重新使用了这种方法,为她整个概括的语义系统提供了根据[参看 Шведова,Белоусова 1995]。

"实体"范畴需要进行补充说明。问题在于,亚里士多德认为,实体被分为"第一",或者第一性的和"第二",第二性的:"所谈到的实体,首先常常是那个既不可以用来述说一个主体,又不存在于一个主体里面的东西,例如某一个别的人或某匹马。但是在第二性的意义之下,作为属而包含着第一性实体的那些东西,也被称为实体(也就是第一实体—作者注),还有那些作为种而包含着属的东西也被称为实体。例如,个别的人是被包含在'人'这个属里面的,而'动物'又是这个属所隶属的种;因此这些东西,也即'人'这个属和'动物'这个种,就被称为第二性实体"[Аристотель 1939,7]。在这之前,亚里士多德阐明了存在或不存在于一个主体里面的意义:"所谓'存在于一个主体里面',我的意思不是指像部分存在于整体中那样的存在,而是指离开了所说的主体,便不能存在……某种白色可以存在于一个物体里面(因为颜色需要物质基础)"[同上,第 4 页]。

"第一性"实体在语言中是以名词形式出现的,首先是专名,然后是其他的个体名称(它们本身可以是各种形式)。"第二性"实体是"人、动物、城市"类的概括名词。

在此可以总结一下范畴命名的困难。既然范畴作为高于该语言形式的某种东西,从而是符号的符号,元符号的符号,那么它们应该拥有与该语言的符号无论如何也不相同的名称。既然名称是借助该语言而出现的,那么范畴就不可避免地用该语言的词来命名。这是能够引起误解的巨大困境(如我们下面将看到一样,当约翰·斯图尔特·密尔抨击亚里士多德的系统时,它的确造成了他的误解)。用前面讲到的方法来命名范畴,亚里士多德找到了巧妙的摆脱困境的出路。但是他的方法也有一些缺陷。如果用自然语言两个词的组合(例如,俄语和英语的)——категория сущности, category of essence(实体范畴)来命名范畴的话,或许可以避免这些缺陷。

但是在此又出现了新的不良后果:归属指示的模糊性(俄语第二格和英语的介词 of)。在使用这种方法的很多情况下我们都很难判断,指的是范畴本身还是从属于范畴的东西。由于同样的原因卡尔纳普指出,因为希望得到简短的说明,并且"свойство человек"(the property human)(属性—人)和"класс человек"(the class human)(类—人)这类词的组合不符合英语语法,同时常常是模棱两可的,他在自己早期的作品中使用双重引号,例如"свойство'человек'"(属性—人)。但是引号的这种用法是不同于其通常用法的。所以在后期作品中,卡尔纳普更愿意使用大写字母来表示,不仅在"属性"、"类",而且在表示如"关系"、"功能"、"概念"、"个体"等对象的这些词中也采用了大写的方式。他也保留了第二格的方法(带介词 of 的形式)。换言之,按照卡尔纳普的表示方法,"свойство Человек"("Скотт имеет свойство Человек"司各特具有人类的属性),"понятие эквивалентности"(the concept of equivalence)(等值概念),"понятие Эквивалентность"(the concept of Equivalence)(等值类概念)是等同的。

接下来我们主要将 категория сущности(实体范畴)和 категория "Сущность"("实体"范畴)或 категория Сущность(实体—范畴,不带引号)这两类表达法等同使用。

说到范畴的次序,勿庸置疑的是,范畴表展现了与希腊语系统的完全一致:由名词形式到动词形式,同时由较为独立的形式到比较依赖的形式:范畴1是名词;2、3、4是形容词;5、6是副词和副词意义的名词;7、8、9、10是动词,其中7和8是古希腊语特有的动词范畴(正如我们下面将要看到的,它们与其他语言不存在完全的对应,这也解释了由于亚里士多德的范畴所造成的难以理解的部分)。很明显的是,亚里士多德将这些并且只有这些形式看作是以后应该进行逻辑加工的谓词的自然范畴化。

在转到这个逻辑的同时也是语言的加工问题之前,对关于亚里士多德范畴化的抨击做些让步是恰当的。我们以密尔的观点作为这些抨击的例子。密尔的《逻辑体系》这本书于1841年完成。一般说来,在任何一个例子中表现出亚里士多德的系统是如何被抨击的,对于我们的任务而言已经足够了。但是密尔的抨击有两个有意思的原因。首先,密尔选择了在此方面最好的抨击方法,即通过建立一个完全不同于它的另外一个系统来表现所抨击系统的不足(在他看来),密尔也提供他自己的系统。其次,密尔的系统"对于19—20世纪经验主义所认为的范畴理论是经典的"[Лосев 1962,475]。经验主义,尤其是英国的经验主义,倾向于唯名主义,而亚里士多德的思想则是在唯实主义—概念论中孕育的。

密尔强烈反对亚里士多德的范畴。他写到:"这个表只与日常言语所确定的事物之间的那些粗略差别相一致,其中没有(或几乎没有)试图通过哲学分析去洞察这些差别的合理根据"[Милль 1914,40]。但是我们也即刻看到,密尔没有发现亚里士多德范畴中所包含的那个真正合理的语言自身所赋予的根据。因此我们就能够想到,范畴7和8引起了密尔的最大误解(我们将在后面进行详细研究)。密尔写道:"不能认为,如果像'关系'这样的范畴中不包含行动、遭受和姿势的话,就能够正确地理解它。它也属于quando(时间状态)和ubi(空间状态)范畴,因为后两种范畴与'状态'(situs)范畴之间的差别仅仅是词语上的……另一方面,在表中只提到了实体及本质属性,那么应该将感觉或其他情感及情绪归入哪个范畴,例如,希望、高兴、恐惧;听觉、嗅觉、味觉;快乐与痛苦;想法、判断以及概念等等?或许,亚里士多德的方法是将所有这些归入actio(行动)或passio(遭受,经受)范畴中。这可能正确地表现出了与它们客体的主动态关系,以及与它们原因的被动态关系,但是情感或情绪都有自身的特点,这样确定它们是完全不正确的。情感或情绪当然应该归入现实中,但是它们既不能被归入实体栏中,也不能被归入属性栏中"[Милль 1914,40]。

由于密尔在这方面的抨击,应该指出的是,范畴 7 中的"姿态"不同于其余所有的"状态"(其中包括表示"何地"及"何时"范畴的状态);这是没有超出主体自身范围的地位或行为状态,不是"坐在某处",而只是"坐"、"躺"以及"出生"等等。谈到"情绪",那么这是范畴 8,也只能是它的特殊内容。的确,可以在一点上指责亚里士多德,他对于情绪与身体状态在词语上进行的区分是不够准确的,他将两者归入了一个范畴,即范畴 8。但是这种指责只能是针对词语解释的,而其实从古希腊语的观点看,"быть обутым(穿着鞋)"和"быть разбуждённым, бодрствовать(醒着的,不眠)"是空间中不依赖主体状态的(他的身体或精神)同一个状态;而这个"同一"也是由同样的形式,即完成时形式(ὑποδέδεται, ἐγρέγορα)来表达的。拉丁语翻译者与评论者对此的翻译是完全准确的:拉丁语 habitus 一下子表达了所有的意义:"位置,姿势,状态,行为方式,姿态,外表,外观,服装"。相反,范畴 7 中的"姿态"是空间中的身体位置("坐","躺"),它不构成主体所属(主体不具有这种属性),也不转到客体,总之不超出主体的范围。下面我们回到面对指责用来证明亚里士多德正确性的这些范畴的细微差别。

密尔将自己的系统归纳为下列形式,"这样,作为分析的结果,我们就得到了下面所有能够具有名称的事物的表,或是分类:

1. 情感或意识状态。

2. 体验这些意识状态的精神实体。

3. 唤起某些意识状态的物体或外在对象,以及物体唤起这些状态的那些力量或特性。

4. (最后一个)。意识状态之间的连贯性与共存,相同与不同。尽管承认这些关系是存在于事物之间的,但实际上它们是存在于那些事物所激起的(如果是物体)或有时激起,有时是被体验的意识状态中的(如果是精神)"[Милль 1914,66]。

总之,密尔的范畴化与亚里士多德范畴化的区别在于下面几个方面。首先,密尔提高了"情绪"范畴的等级(如前所述,他没有注意到这个范畴是包含在亚里士多德系统中的,只不过并列从属于其他范畴)。当然,这种操作与其说是出于事实的考虑,不如说是出于观念的考虑。作为休谟之后英国经验主义的忠实追随者,密尔认为,由于对外在事物或物体的意识产生影响的"情绪",没有涉及任何关于这些事物或物体的状态。他特意提到(在关于范畴的章节末):"所有客观事实都是建立在相应主观事实基础之上的,并且对于我们的意义来说,仅仅是作为引起该主观或心理事实的某个未知或不可知过程的名称"[Милль 1914,67]。亚里士多德认为,在语句中相结合的词的形式同时表达关于事物的思想(在此也是"情绪"),也表达事物自身的本质。因此亚里士多德的范畴也是密尔的范畴无论如何也不能成为的"最高种类的存在"。无疑,亚里士多德的观点比密尔更接近真理。

第二,密尔在与其思想方针没有直接联系的著作的专门部分(这个部分可能符合任何思想方针),再次根据英国哲学的先前传统由名称分析开始,为的是后来转向整个语句的分析。而正如我们前面所看到的,亚里士多德则由判断—语句的本质分析开始,并不超出这个范围。在这个方面亚里士多德也比密尔更有优势。

用恩格斯关于古希腊哲学所说的话更能准确地表达这一意思:……亚里士多德在局部遭到失败的情况下,保持了整体上的优势。

第三(这就是密尔战胜亚里士多德的部分),密尔详细研究了语句部分之间的语义一致关系。这也是完全自然的:因为密尔是从单个名称的语义分析开始的,他应该在第二阶段阐明这些名称是如何构成语句这个问题。尽管早在密尔之前这个问题就已经出现在哲学中了(如康德关于综合和分析判断的理论),而正是密尔给予其最大程度的重视。我们将在后面不止一次地回到有关语义一致关系的问题上。

在密尔的范畴化中,一些语义悖论隐约出现,而作者本人并未意识到。悖论蕴含在密尔确定的"情绪及意识"状态中。一方面,"意识状态"建立在密尔所理解的所有范畴和语句—句子的基础上,另一方面,"意识状态"是特殊的、单独的范畴。类似的悖论也出现在现代语义描写中:一方面,同一个语义范畴、义素与其他范畴之间具有密不可分的联系,并因此不能独立存在,另一方面它又根据自身的特点出现在特殊的形式中。可以使用这样的例子以最简单的方式予以说明。义素"终点"与义素"空间"(边际,绳索的末端)或"时间"(晚上,冬季季末)之间具有密不可分的联系,因此大概可以说两个义素:"空间的终点","时间的终点",或者也可以说一个义素:"时空的终点"。但是,从另一方面来看,义素"终点"具有独立的表达形式,从而可以将其评定为独立的,也就是作为独立的义素(如果它只用在搭配的情况下,则更自然地把所有搭配评定为义素)。换言之,自然语言在其自身的一个部分(在"终点"这个词中)上成为了其他部分的元语言(在"边际","晚上"这些词以及"绳索的末端"等相应表达中)。

在逻辑学和哲学的历史中,有人不止一次地试图概括亚里士多德的范畴,确定它们的分级。首先是亚里士多德本人对自己的范畴进行了概括。在《形而上学》(第ⅩⅣ,第2章)中他只谈到了3个范畴:"在一些情况下是实体,另一些则是状态,第三类是关系"。这一点不解释是无法理解的。

毫无疑问,亚里士多德在此确定了范畴的分级,在某种意义上使这3个范畴成为最概括的。但是否需要认为它们构成了最基本的属,而所有其他范畴都是从属于它们的亚属呢?当洛谢夫说不是因为这一点,而是因为基本列表的原因时,大概需要这样理解他"表中的后面6个范畴也仅是关系的亚属"[Лосев 1962,472]。但未必是这样的:要知道种、属的归纳,可能与作为基于传统的"种+属差"形式而产生的非确定性概念的所有情况中的非确定性概念的范畴的本质相矛盾。乔治·克劳斯公正地指出,"在某些情况下,也就是在研究亚里士多德所谓的'范畴'概念时,确定的传统形式完全是不中用的,首先常常出现没有最接近的种的情况。例如,利用传统形式无法确定'存在'这个概念,因为在此没有最接近的种。当然,一系列相同类型的其他概念也是如此"[Клаус 1960,233]。正像帕茨希[Patzig 1959,16—17]表明的那样,在对概念种—属并列从属关系进行三段论分析是非常重要的情况下,亚里士多德仔细地将种—属并列从属关系从范畴和个体概念之间的关系中区分出来,因为后者不是种—属概念,在某种意义上范畴和个体概念根本不是概念。看起来,洛谢夫在此遵循的多半是斯多葛派路线。

斯多葛派的逻辑中区分了四个范畴:1)主语,或基质,2)性质,3)状态,4)关系,并且根据斯多葛派的解释,这四个范畴是彼此相关的,前一个范畴都包含在后一个范畴中,并通过前一个范畴对前一个范畴进行更加准确的定义[Mates 1961,18]。但这已经不是与逻辑相关了,而是与纯粹的哲学相关。此外还谈到了斯多葛派的所有这些范畴都被囊括在第五个最高的范畴中——"不确定的东西"(τὸ τί)。

亚里士多德的观点不同于此。希腊文本也与这种"属"、"种"的理解相矛盾。亚里士多德命名了这三个范畴:1)ουσία,2)πάθη,3)πρός τι。第一个词与范畴1的名称对应:"实体",第三个与范畴4对应:"关系",尽管在翻译后者时有困难:最新版本的俄语译者相当成功地将它译为"相关的"[Аристотель 1976,356;1978,66]。说到第二个概括名称,它不对应于任何一个范畴名称。它最接近于范畴10的名称:πάσχειν(遭受),πάθη(经受),它是那个词根的词。但是,译者仍然很难翻译它:在最新的《形而上学》俄语译本中是这样翻译的:"ведь одно сущее — это сущности, другое — свойства, третье — соотнесённое(要知道一种存在是实体,另一种是属性,第三种是相关)"[Аристотель 1976,356]。但是,似乎库比茨基[Аристотель 1934,244]、阿赫马诺夫[Ахманов 1960,161]和洛谢夫[Лосев 1962,472]翻译的更为准确,不是"属性",而是"状态"。但在亚里士多德的详表中已经出现了使用其他术语表示的"具有"范畴:ἔχειν(拉丁语是 habitus,俄语是 обладание)。因此,总的看来,亚里士多德明显未将状态的概括意义归入表中范畴8"具有",也没有把表中任何一个范畴作为种下面的属或属下面的"亚属"归入其他范畴。

我们认为,用另一种方法来解释这种概括更为准确。要知道亚里士多德整个范畴化的基础是区分典型谓词。看起来,在概括范畴时,他也采用了这种方式,就是区分出三个他认为更重要、更本质、更典型的谓词。根据我们的观点,这三个概括范畴与三个基本谓词类型相对应:

1)"实体"范畴,与同一句中的谓词相对应:Сократ — человек(苏格拉底是人);Лошадь — животное(马是动物);Человек есть справедливое(人是公正)等;

2)"具有"范畴:与这些句子中的一位谓词对应:Сократ сидит(苏格拉底坐

着）；Человек мыслит(人思考)；Человек одет(人穿着衣服)；Человек пробудился (人醒了)；Лошадь больна（马生病了）；Цветок увядает（花凋谢）；Сосуд раскололся(器皿碎了)；Мама — в саду(妈妈在花园)；Снег бел(雪是白的)；Свадьба завтра(婚礼在明天)等；

3)"关系"范畴：与这些句子中的双位谓词对应：Человек убил оленя(人猎杀了鹿)；Снег покрывает землю(雪覆盖大地)；Эта палка длиннее той(这个木棍比那个长)等。

亚里士多德似乎将更为复杂的三位、四位等谓词的情况作为更为简单的情况进行了研究。

因此，在总结亚里士多德范畴化的研究时，应该说亚里士多德得以在对他所处时代的希腊语进行分析的基础上，确定了同时是语言及思想范畴的三个基本范畴："实体"、"具有"、"关系"；发现了一整套从属于它们的范畴（如"时间、地点"等）；不是将基本范畴与从属范畴之间的关系作为种—属关系，而是作为相应判断句谓词的关系。

下面我们将看到亚里士多德的系统仅需要一些修正，它为以后的逻辑—语言范畴化提供了可靠的根据，也是现代逻辑学家所赞同的观点。

置于表前面的范畴(1)"实体",(3)"性质"和(4)"关系"，从逻辑的观点出发是基本的。可以说它们是对应于形式逻辑3个部分的基础：1) 研究它的基本判断类型是"S 是 P"的"类逻辑", S 和 P 是类别(外延); (2) 研究它的基本判断类型是 P(x)(X 具有 P 的性质)的"性质逻辑"（我们假设指的是以性质和类别相同为基础的逻辑系统，例如卡尔纳普的系统）；(3) "关系逻辑"，它是以基本类型 aRb"a 处于 R 对 b 的关系中"来研究判断的。

可以用各种语言的句子类型来说明这十种基础谓词，这表示这些类型都可以归入基础谓词之中。下面我们选取俄语例子予以说明。

(1)"实体"。广泛的、各种我们称为（有条件的，在此不作详细说明的）"条件同一句"的句子群被列入了该范畴：Земля — это третья от Солнца планета(地球是太阳系的第三大行星); Третья от Солнца планета — это Земля(太阳系的第三大行星是地球); Мой брат — учитель(我的兄弟是教师); Его мечта — летать(他的梦想是飞翔); Учиться — необходимость(学习是必须的)等。

(2)"数量"。俄语带有数量谓词的表是很特殊的：Миллионы — вас(你们有千百万人), Нас — тьмы, и тьмы, и тьмы(我们的人很多，很多，很多), Нас пятеро(我们五个人)……但至少部分的这些类型可以在其他语言中找到完全的等价表达，如法语 Combien êtes-vous? "你们有多少人？"—Nous sommes cinq"我们有五个人"，直译为"我们是五个人"。

（3）"性质"。大概这是比前面的谓词更加重要、更为通用的谓词：Снег бел(雪是白的)；Трава — зелёная(草是绿的)；Ребёнок послушный(孩子是听话的)。带有长尾形容词的形式 Трава — зелёная 在现代俄语中语义是模糊的。可以把它们看作短尾形容词形式,也可以看作性质的纯粹形式(Снег бел；Трава зелёна)；另一方面,可以把它们看作"实体"范畴形式,也就是省略了第二个名称,归入了类的形式：Трава зелёная"(Эта) трава — зелёная（трава)"(这种草是绿草)。在此总结了用于形式逻辑的属性与类相同的自然语言根据。

（4）"关系"("相关")。Москва больше Ленинграда(莫斯科比列宁格勒大)；Оля ему ближе Пети(对他而言,奥莉娅比别佳更亲近)；Петя Оле не брат(别佳不是奥莉娅的兄弟)这类结构属于此范畴。构成这种结构的主要成分是形容词、副词比较级以及带有关系意义的名词"兄弟"、"父亲"、"母亲"、"亲戚"、"邻居"(如,他是我们的邻居),等等。

在现代逻辑学中,这类句子实际上是迫使重新审视传统的亚里士多德的判断"S(是)P"的形式材料中的一些片段。其实,在"莫斯科比列宁格勒大"或"A 点位于 B 点与 C 点之间"这些句子中,第一项名称不是整个主体,所有项才是主体：莫斯科和列宁格勒,A 点、B 点和 C 点。只能通过十分生硬的变形操作将这类判断转化为判断的传统形式："莫斯科是比列宁格勒更大的地方"或"A 点是处于 B 点与 C 点之间的点"。

可以继续用某种语言的具体形式对亚里士多德的通用谓词进行这样的对比（因为本书的篇幅限制无法做到这一点）。但是我们着重研究在它们的通用性方面引起评论者最大疑问的两个范畴。

范畴(7)"姿态"在原稿中是用动词的中性态不定式形式 κεῖσθαι "位于,处于某个状态"命名的。中性态是古希腊语及古印欧语最重要的范畴,比起产生于其中的被动态而言,它更加重要。很多动词只有中性态形式："роджаться 出生"、"умирать 死亡"、"лежать 躺"、"сидеть 坐"、"наслаждаться 享受"、"испытывать душевное волнение 感到心情激动"、"говорить 说",等等。很容易概括出它们的意义：在所有中性态的动词中表示的是用主体范围封闭的、不超出主体界限之外的行为。因此典型的、原始的、未变形的带有中性态动词的句子是"他坐着"之类的带有一位谓词的句子。(我们在前面已看到,亚里士多德没有忽略这个属性,并且对它进行了很好的总结。)

主动态与中性态的对比最为明显(我们已经说过,被动态是在中性态的基础上较晚才出现的)。可以在中性态的语义对立中确定具有主动态形式的动词的语义范围—作为不需要封闭在主体中的行为。带有主动态形式动词的典型句子是"Он убивает оленя(他猎杀了鹿)"之类的带有两位谓词的句子。亚里士多德以范畴9

"行动"的形式将主动态区分出来。但是在亚里士多德的表中,与"姿态"范畴直接相关的不是"行动",而是"具有"。

范畴(8)"具有"在原稿中由不定式形式的动词ἔχειν命名,将它译为"обладание"这个俄语词是十分不准确的。希腊语动词不仅表示"具有",还表示"有",直译为"处于某种外部状态"。例如ἔχω"持有,具有某物",而κακἔχω"处于不好的状况,自我感觉不好",直译为"有不好的情况"。因此拉丁语术语 habitus 是比俄语 обладание 更加准确的对应。关于这个范畴,本维尼斯特精辟地指出:"使我们一开始就险入困境的这个范畴的某个特别之处,经由例子解释清楚了:ὑποδέδεται(穿着鞋的)ὥπλισται(武装的)……解释的关键就在于这些动词形式的本质:它们是完成时形式"[Бенвенист 1974,109]。在此应该补充的是,典型情况中的完成时,在原始的未变形的印欧语句子中,特别是在古希腊语中,始终与一位谓词相对应。在这些语言中,完成时与中性态紧密结合,构成了复杂而又足够完整的系统。

所以,亚里士多德拥有充分的而且是在语言中总结出的根据,将两个范畴区分为第7、8,它们是不同的,但又互相关联,它们构成了系统并与范畴9和10的系统相对立。范畴"姿态"和"具有"总体上构成了"主体状态"范畴,而且第一个是"主体的外在状态"(它在空间中的位置,完全是物质的位置),而第二个是"主体的内在状态"(情绪)。

在如此论证之后便出现了这样的问题:代表了这些远不是通用的形式,如印欧语的中性态和完成时的范畴,是如何成为通用的呢?的确,如果所说的是关于词法的形式,那么许多语言是看不到这种形式的中性态,完成时即便在印欧语中也是在历史进程中形成的,并几乎完全消失在研究者的眼前。但是词法仅仅是具有民族特点,并随着历史反复变化的工具,是形成语句—句子通用特征的工具。亚里士多德的这个开放的、共同的范畴,以及在它两个变体中的范畴,原来确实是在最不同的语言中以及在所有语言中所代表的通用符号范畴。

在不同语族和不同系统的格鲁吉亚语中,有3组动词—感性知觉动词(verba sentiendi)、情感动词(verba affectuum)及拥有动词(verba habendi)合并为统一的一组"倒装动词"。这组动词具有共同的形式标记:主体第三格,主体和客体标记的倒置,仅在现在时序列中拥有特殊形式。及物动词、"行为动词"在一种情况下与倒装动词一致,并发生在所谓的"第三级语法时间中",在表示结果的时间级中,此处行为动词表达的不是行为本身,而是它的结果,即"具有状态",并获得了与倒装动词结构相一致的"句子情感结构"。(在第一级时间—现在时中,行为及物动词具有句子的称名结构,而在第二级动词简单过去完成时中,具有句子的唯被动结构)[Кортава 1978])。

许多美洲印第安人的语言,一些高加索语言及其他语言是相似的,其中每一种语言都具有表达状态的"静态"动词群,并与行为的"主动"动词群相对立;名称与句子的双重形式与动词的这种对立是一致的。И. И. 麦夏尼诺夫写道:"最近对高加索雅弗语更为零散的持续研究结果表明,上面提到的句子两个结构的一些对立(也就是主动或唯被动的结构与静态的或绝对的结构)变得更为广泛了。可以出现甚至是不及物的任何行为与任何状态表达的对立,这种表达不仅是以静词谓语,而且是以动词为代表的。因此行为动词被区分出来,主语也能在出现不及物动词的情况下是主格形式。状态句中主语的绝对格还与这里状态动词中带有词语的名词谓语更为接近。客体的存在与否已不是根本的了,而与状态对立的所有行为的句子的含义才是根本"[Мещанинов 1948,86; Климов 1977,4]。

超谓词 如果基础谓词是在简单句范围内发生作用的话(并且因此科里的定义"谓词将名词变为了句子"在已知的意义上是正确的),那么"超谓词"就存在于复合句的范围内。"复合句"在此被理解为"由简单(基础的)句构成的"。因此可以说,超谓词将简单句变为了复合句。

首先,属于超谓词的是量词,也就是其各种语言表达的深层语义对应于全称("所有")和存在("存在某个 X……")逻辑量词。存在量词没有消除变元,而或许只是将它隐藏起来,将它从"不受约束的变元"变成了"受约束的变元"。所以在这些量词中包含了名词的某些不确定性。克劳斯对这种情况进行了清楚的描写[Клаус 1960,73]。俄语带有存在量词的句子常常以 есть(有,存在)这个词开始:

Есть речи — значенье

Темно иль ничтожно! —

Но им без волненья

Внимать невозможно.

(Лермонтов)

(有些言语,其意义

混沌不清,或微不足道! —

但若没有激情

便无法深入其中。)

不能把这类句子与表层类似的句子混为一谈。在表层类似的句子中,简单句框架下的存在是作为属性或性质被确定的(也就是说,这里的深层语义是另一个"该 X 存在"):

Чему бы жизнь нас ни учила,

Но сердце верит в чудеса:

Есть нескудеющая сила,

Есть и нетленная краса.

(Тютчев)

（无论生活教会了我们什么，
但心灵还是相信奇迹：
有一种并非贫乏的力量，
也有一种永恒的美好。）

在表层结构中,量词也可以采用实际上是复合的简单句形式,这种情况通常出现在量词"все"(所有)中。

否定属于超谓词。尽管完全是系统的,但相当出人意料的结果是,也需要将肯定列入超谓词。换言之,在这个系统中应该将所有不包含否定的句子看作具有除基础谓词之外的、以及含有超谓词"Верно, что…(正确的是……)"或"Истинно, что…(真的是……)"的句子。也可以说,每个在其深层语义概念中的肯定句都具有"Верно, что"+ 基础句的形式。例如,В Арктике живут белые медведи(在北极生活着白熊)就可以被描写为"Верно, что(正确的是)"+"В Арктике живут белые медведи(在北极生活着白熊)"[Слинин 1970]。

"только"(只有),"даже"(甚至),"тоже"(也),"также"(以及)等这类词也是超谓词。

最后,也可以将连词和(至少是一些)连接词归入超谓词："потому, что"(因为……),"для того, чтобы"(为了……),"не…, а…"(不是……,而是……)。

如果谓词的普遍思想如范畴一样起源于亚里士多德,那么在斯多葛派的逻辑中发现了刚才命名方法的普遍思想(见下文)。20世纪70年代末期,在我国俄语语料中出现了这种方法(用的是不同的术语)(参看[Крейдлин 1979；Богуславский 1979])。近来研究了在文本中具有行为"冗长"域的部分类型(和所有的词)(参看[Богуславский 1996])。其中一些在本书第五章所说的这个术语的意义上,能够"建立心智世界";它们是"世界产生的"(参看[Богуславский 1996])。(关于语句"冗长成分"更为普遍的概念参看本书第Ⅲ章,1, 2, 3。)

如果是这样的话,也就是说如果需要将原因、行为、目的、时间等连接词都归入"超谓词"和"冗长谓词",那么带有前置词这些词的自然类似结构就迫使将前置词,至少是一些前置词,也归入这些谓词中。

这是相当出人意料的分类结果。但是它是完全系统化的,因为由前置词和名词构成的表达在很多情况下自然地被看作句子的称名,但不是简单句的称名,而是复合句的称名。因此 Они отказались от поездки из-за мороза 的意思是"他们放弃外出是因为天气寒冷"；Они опоздали из-за трамвая 的意思是"他们迟到是因为电车迟到了"或是"因为没有电车；电车出事故了"等等。

超谓词列表不断得到补充,因为一切在深层语义和句法分析中为这类词找到根据的新的语言现象不断出现。

我们将提到一些与建立谓词的通用分类及构成现代语义学和句法学的"集中方面"有关的逻辑—语言问题。

谓词是不称名的。或者在任何情况下说"谓词称名"表示的是在特殊意义上使用动词来"命名"。在前面带有"教师"这个词的例子中我们已经看到,称名是作为主体的名词,或者是现实的对象。这也是"称名"这个词的通常意义。作为谓词的名称,即使是"同一个名称"也已经不再表示对象,而表示某种概念。所以,如果它也"称名"了什么的话,那么它是"称名了概念"。实际上,这是动词"称名"的特殊用法,它造成了误解和特殊的逻辑悖论。对这个问题进行了详细研究的沃伊施维洛建议使用一个恰当的表达:"呈现",也就是说谓词没有称名,而是呈现了自身的内涵[Войшвилло 1947,49]。

要继续这方面的探讨,应该介绍两个术语—将"谓词"置于在此出现的概念实体之后,也就是说谓词也是其自身的内涵,谓词是语义的现象;为了表示这个内涵的语言形式,需要引入某个不同的术语,如"述语(предикатор)"。关于这个术语的讨论,沃伊施维洛没有过多涉及,但它具有这样的形式:предикатор представляет свой предикат(述语呈现其谓词)。科里对一系列术语类似的必要重叠进行了细致的研究[1969,63]。

在本章范围内,我们在各处所理解的谓词正是其本质上通用的语义实体。我们特意没有研究在每种具体语言中是用不同的具体词来表达它的方式—述语。我们努力论证的关于述语的统一观点可归结为:主要述语总是句子的类型(或是命题函项的类型)。

亚里士多德基础表的语义谓词之间的关系。总的说来,基础表谓词之间不应该存在任何关系。这个观点的来源是,这个表的谓词是范畴,因此它们是元素,因而它们是无法确定的。是无法确定的也就表示是不可分的。如果不可分,这个表中的谓词就不能转化为任何其他的成分,这表示它们相互是不可转化的。基础表中的谓词不能由某个类似"成分分析"的方法得以充分地描写。例如,无法证明"男人"在语义上可以归结为"人"+"阳性"+"成年人"这些成分,同样也无法证明,基础谓词能够通过某种类似的方法归结为由其他基础谓词构成的成分:"地点"不能被归结为"时间",等等。但甚至是在严格逻辑分析的实践中,有些初看起来与这种分析方法相同的情况,至少是亚里士多德表中的前三类谓词,也不断地被使用。"实体"、"性质"和"关系"常常互相表达对方。在某些形式化系统"语言"中,所谓的"容量原则"也就是性质与实体的等同发挥着作用。众所周知,卡尔纳普甚至是在消除"名称重叠"现象时(消除"属性名称"和"类名称")看到了其方法的主要功绩。

但是在此出现的操作(不总是在明显的表达中)是相当独特的。我们认为,斯托尔将其表述得最为恰当:"任何一个 P(x) 形式都借助条件确定某个 A 的集合,与此

相应的是这些对象 a 都准确地是集合 A 中的成员，P(a)是真值句……可以说，该对象 a 是否是集合{x | P(x)}的成员这个问题的答案是 a 是否具有某种确定的性质这个问题的答案……在这种情况下……每个性质都确定了某个集合"[Столл 1968，16—17]。换言之，在从谓词"性质"到谓词"实体"或相反的转化中，研究者超越了语言的界限，并根据客观的语言外情境确定了谓词的等价。其实，当说话人用地点表述代替时间表述时，常常也会发生这样的情况，例如，Мы позавтракаем в поезде（我们会在火车上用早餐）代替 Мы позавтракаем в 12 часов（我们会在 12 点用早餐）（如果知道"12 点钟我们会在火车上"的话）。

不从简单句中选取基础谓词的可能性。为了通过将范畴（基础谓词）从简单句中而不是复合句中抽象出来从而予以确定，确实没有任何特别的逻辑根据。在这种情况下基础谓词发挥了"超谓词"的作用。实际上，这也是斯多葛派所确立的，因此他们的系统其实是对亚里士多德系统的补充（在分布意义上）。也正是由于这个原因，逻辑历史学家马科维里斯基写道："……斯多葛派在其逻辑学的开端建立了一个假定的命题（假定性句子）。他们将符号确定为正确的前提，这个前提是在假设的三段论中产生结论的假定句的先前部分。在这个定义中，符号及其意义之间的关系用假设命题'Если P, то Q'（如果 P，那么 Q）的形式表达。如果具有这种关系，那么 P 就有表达 Q 的符号。根据斯多葛派的理论，这种符号与它们所表达的对象之间的关系是所有论断的本质。'если это, то и то'（如果是这样，那么也那样）这种情况是论断的基础，它来源于斯多葛派系统更为普遍的情况，因此在本质上一切都处于相互联系之中，一切都是确定的，到处都由严格的规律性主宰"[Маковельский 1967，186]。也可以参看[Степанова 1995，130]。

将文本中简单句所形成的联系看作基础"超谓词"的可能性，明显与经受了生成过程的现代文本语言学的目的相一致，这种可能性也是当前需要研究的。

综上所述得出了一个结论：不应该只通过对立的成分分析来研究作为范畴及与整个句子结构相关的谓词。谓词语义分析的结果是"意义的非对比理论"。

众所周知，还有另外一种思想，即"意义的对比理论"，是在语言的实证主义其中包括艾耶尔的框架下概括出来的。根据这一理论，语言单位，例如词，具有意义仅仅是由于与其他词的对立（试比较索绪尔的类似思想"语言的纯对立本质"）。至于范畴，根据这些观点它们属于"抽象的禁忌层面"，在这些层面上对立原则失去了作用。所以，包括处于"语义非对立层面"上的范畴项，例如"普遍存在（бытие вообще, существование вообще）"等都被看作失去意义，"导致迷茫"，甚至是"心智怪物"。

建立谓词的通用分类得出了另外的结论。在不得不承认"语义的非对立层面"（基本谓词的语义也是这样的）的同时，也不得不承认范畴的理性及对它们的存在和精神客观现象中的概括，这也构成了唯实论的实质。

在从语言中提取的概念是唯名论原则的同时，这种提取因为词的对立（也在这个基础上确立了语义对立)也是可能的,与此相反的是语义非对立层的存在本身就是证明唯实论的有利论据(参看后面第三章和第五章)。

2. 亚里士多德思想中有关"短篇文本"结构的理论元素

"波菲利树形图"中简单句的主体和谓词及此项理论的"语核"

我们所理解的本章这个题目的中心思想,在亚里士多德的"实体"(或是后来使用的"本体"这个术语)分类之间是相互协调的。一方面,句中相应名词的角色,也就是说它们能够或者成为主体,或者成为谓词。在前面的第一章例 2 中,从作为句子组成中实体(相应的是它们的名词)相关"分量"的句子出发,我们研究了这些"角色"的能力。这是对以下问题的回答:句中两个联系在一起的实体中,哪一个充当的是"更重要"、"更有分量"的主体呢?实体(及其名词)的"角色分量"是由与其他实体的相互关系确定的。在此我们为这个问题提供另一种回答:从某种绝对的方法出发,这可能用于所有的句子(尽管后者也出现在亚里士多德对于这种方法的发现中)。这种方法就是包含在亚里士多德系统中的、由亚里士多德的解释者波菲利［Порфирий 1939］以"波菲利树形图"的形式解释清楚的实体(及它们的名词)分类(参看图表1)。

我们在此所说的关于"协调"的概述如下:名词越接近树的顶端,它成为句子主体的能力就越弱,它成为谓词的能力就越强。反之,如果名词越接近树的底端,它成为主体的能力就越强,成为谓词的能力就越弱。范围是:在典型的句子中,范畴(任何范畴)只能是谓词,个体名词只能是主体。

表 1
波菲利树形图

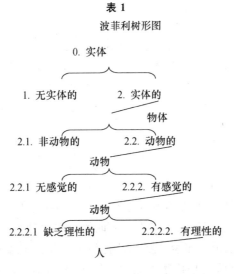

用于逻辑—语言目标,波菲利树形图可以变化。变化首先是消除"物体"、"有生命的"、"动物的"这些层级之间的过渡名称。问题在于,如果包含在层级中的名词是所分析语言的名词,那么层级的名称就在波菲利树形图中,这就是元语言的名词。这些问题本身构成了十分复杂的问题,我们在此不予研究。清楚的只是分类中的元名词应该尽可能的少,层级之间的名词是多余的。但是完全消除元名词是不可能的,尤其是它们应该保留在名称栏中。此处奇数栏中(左栏)的元名词"无生命的"、"非动物的"、"非人的"在语言学中通常是语法的名称表。但是可以使用术语所描写语言本身的、概括意义的名词来代替这些元名词,这是非常值得关注的情况:例如俄语的 вещи(事物)、растения(植物)、животные(动物)。谈到作为偶数(右边)栏中名称的元名词,那么为它们挑选自然语言中的对应名词更困难。但是,因为除了最后一个,每个右栏都得到了进一步的划分,与相应左栏中的名称相比,其名称(元名词)在某种意义上是不那么必要的,一般说来,是不存在的("排除抽象"程序)。在表中这种能力用方括号得以表示(见表 2)。

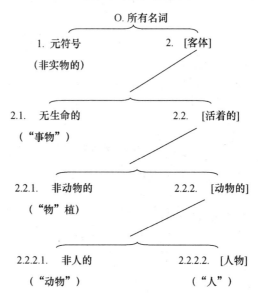

表 2
名词的符号学分类
(变化了的波菲利树形图)

变化了的波菲利树形图是自然语言名词的分类(它们的逻辑—语言学分类)。它至少具有下列 4 个显著特点。1)作为名词的分类,它同时也反映了客体自然的,即本质上的这种分类,分为事物、植物、动物和人。分类也强调了,如中世纪的论题中所宣称的,"名词本质上是事物的结果"(Nomina sunt consequentia rerum)。2)

它是根据种属原则建立的,而且每个偶数栏都允许根据二分法的原则继续划分,在由种到属划分的同时,每个奇数栏在已知意义上都是死胡同,不允许根据同样的原则继续划分。奇数越小,该栏的否定属性就越强。"事物"栏在第二阶段已经退出了分类,并可以预料,根据上述划分原则它是完全不同于下一类的(实际上我们现在也看到了)。3) 因为所有"事物"类下的栏都服从种属原则,并同时是"有生命的"范畴类,那么可以为语言的语义定义一个基本的原则:分类(无论何种)的种属原则是生物界中种、属关系的抽象法。由此,为什么"事物"按照惯例没有进入种属分类就是可以理解的了。4) 所举分类的栏恰好也是那些不同的"系统",关于它们的可能性我们前面已提到过,并且其中个体与集合的关系也是通过完全不同的方式决定的。总体上:类的顺序号码越大,它就为进入它的名词提供(和要求)了更大程度的个体性。回到属性 3,这种状态也可以换种说法:语言分类中的个体概念是生物界中"个体"范畴的抽象,它由于后者的类型而多种多样。植物界个体与动物界个体的不同在于个体性的程度和性质。

在变化的波菲利树形图中,语言分类发现了各种运用的可能性,但根据本章的主题,我们只研究其中的一种:名词的个体性与分类法中不同类的对应方法。

事物 首先应该说,按照惯例,事物名词是被排除在语言个体化过程之外的:стамеска(凿子)、молоток(锤子)、шкаф(柜子)、стол(桌子)、стул(椅子)、пальто(大衣)、кухня(厨房)、дача(别墅)等词同时既是类别名词,又是该类别的个体名词。只有在特殊的情况下它们才表现出个体特征,这常常通过拟人方式实现,也就是以另一栏的"人"为基础。在中世纪宝剑拥有了人的名字(Дюрандаль —— меч Роланда)。一旦将个体名词赋予事物,它立刻就受到概括类别倾向的影响:гарнитур "Светлана"、туалетный крем "Наташа"("娜塔莎"牌雪花膏)、автомобиль "Лада"("拉达"牌汽车)等,它们是类别名称,而不是个体名称。

在表意词典—词库中,对于词汇系统化经验的研究为我们提供了大量的材料。在此清楚的是,对进入该词典的所有词的集合都实行了根据波菲利树形图原则的二分法。(参看[Морковкин 1976, 183],尽管作者没有指出他所使用的图表只是变化了的波菲利树形图。相反,Р. И. 罗津娜在我们提到的著作[Розина 1982]中断言,在全部词的集合中实现波菲利树形图是不可能的。这些观点的区别最可能由第一个作者带有的是概念语义的划分,而第二个作者带有的是词汇划分来解释。)但是,我们特别感兴趣的与其说是这些事实本身(可以预料的),不如说是下列可能更难预见的显著区别。在词的原义上可以看作"事物"名称,也即物质客体的词的类,是人建立的或与人具有直接关系的,如各种仪器、工具、房子、职业、社会地位、社会事件、日常物品等的名称,这个类不从属于内部的(即在类的范围内)根据种属原则的调整。这些词构成了特殊的,多半是所谓的"指物"分类,并需要其他原则上的内在调整:根据部分与整体;实际目的;物质基础;制造方法;使用方法;影响人机体,其身体及感觉器官的方法等[Караулов 1976, 132 及后],[Толикина 1976,

50及后]。

值得注意的是,在专业的词典—词库中,如在语言学总词库中,可以发现类似的区别。这种词典单位之间的关系或"功能""可以根据它们所表达的信息的类型被分为两大类。第一类是同义词,对应体,种属关系是包含和等同的普遍逻辑关系。第二个功能类带来了有关总词库中所描写的具体领域的信息[Никитина 1978,44]"。

所有这些词汇研究都是将"事物"类从"有生命的"类中正确区分的独立证明。

植物 植物、菌类、水果、蔬菜的证同通常是"精确到属的"。Рыжик(亚麻荠)、боровик(牛肝菌)、ромашка(母菊)、антоновка(安东苹果)、морковь(胡萝卜)等表示的既是这个类,又是这个类的任何一个个体(参看[Арутюнова 1976,307])。[在最好的情况下对立的不是个体与类别,而是单个物体与多个物体:морковка(一根胡萝卜)— морковь(胡萝卜)、картофелина(一个土豆)— картофель(土豆)等]由于语言中这些现象的个体化,至少产生了两个有意思的问题。

第一个问题是:个体性弱的程度是否以人需要在该范围内区分个体相应的弱的程度为前提,也就是说是主观的,还是具有客观理由的?毫无疑问,两者兼而有之。黑格尔和歌德道出了有关这个问题的深邃思想。注意到了植物界中个体性的弱客观程度,他们将其与另一个个体的轻微对立结合了起来,尤其有意思的是,与一个个体机体范围内部分的轻微对立结合起来。实际上,如果根据外表的人的个体化首先是通过他身体部分的区别与对立进行的话(身高、体型、鼻子的形状、眼眶的形状、眼睛的颜色、唇形等等),那么在单个植物的机体中,它的部分本身不足以相互对立。"植物作为自身第一存在着的直接主体是存在的,但是只是弱小的萌芽阶段的生命,是还没有提升到自身具有差别的生命……植物界中最常见的生长也因此是作为形式变化的自身的增长;相反,动物的生长只是大小的变化,其中形象仍然保持不变……植物的生长……这并非是以个体的形式获得自身,而是个体的繁殖;因此,统一的个性仅是许多个体的表层一致"[Гегель 1975,399]。试比较歌德与之类似的思想:"存在物越是高级,它的部分之间就越不相像"[同上,667]。

第二个问题是在这个范围内确定类。确实,如果我们不能在语言学上足够个体化地确定个体,那么至少我们能否在语言学上确定类呢?而且从语言学的观点出发,什么才是这里的类呢?就是在当下似乎也应该承认,这个问题是无法解决的。首先应该指出,这个范围内的"类"概念通常在其大致的植物学对应中与概念"种"相一致。对于大多数野生动物的名称而言,这也是正确的。但是正像维尔彼茨卡展示的那样,在语言系统框架中这些名词意义的逻辑定义始终未被完成,而且基本上也是无法完成的:定义通常局限于指明最接近的种,继而指明一些通常不多的、属个体特征的清单。这也与详解词典的通常做法相一致。我们来比较:

"Кулик — небольшая болотная птица с длинными ногами"(鹬是不大的、带有长脚的、短耳的鸟)(Словарь С. И. Ожегова)。这些词意义的完整定义需要的不是词汇的释义,而是包罗万象的知识。维尔彼茨卡正确地认为,像"猫"、"玫瑰"、"苹果"等这些词,根据其自身的语义结构与伊万、约翰、伦敦这样的专名是类似的。与约翰本质上表示的只是"被称为约翰的人"类似,猫这个词同样表示的只是"在该语言中被称为猫的动物"。因此,在严格的推理之后,双语词典中对这些词的翻译在语义上具有这样的形式:"俄语的 кошка(猫)是'在俄语中被称为 кошка 的动物'与英语的 cat(猫)'在英语中被称为 a cat 的动物'是一致的"。反之,可以在通常词典的语义释义的基础上来翻译"凿子"、"螺丝刀"之类的词,因为释义后存在指称的明显同一。

动物 许多动物,尤其是野生动物,表现出了与植物,以及在此出现的语言学问题,是相同程度的个体化。但是,与人类本质相似的程度在此发挥了作用。小的变温动物占据了这个类的上限,它们通常甚至退出种的分类,因为不是动物学专家的普通人不能抓住它们的有性差异。所以,如俄语中的一些词—букашка(小昆虫)、черепаха(乌龟)、змея(蛇)等总是阴性的,其他的—червяк(蠕虫)、жук(甲虫)、комар(蚊虫)等总是阳性的,但这种事物名称中类似于种的区别是没有明显逻辑根据的。在为了某些特殊目的而必须使它们个体化时,首先使用借助相应词的并列式予以补充的性的区别:змея-самец(雄性蛇)、самка комара(雌蚊子)等等。斯捷潘诺娃指出,在因为匀整的种的分类而与上述情况不同的西班牙语中,类似的特征很容易在口语中用于人的个体化,由表示职业的概括名词称呼人。例如,asistente-hembra"女助手"、asistente-macho"男助手",直译就是"女性助手"、"男性助手",与 gusano-hembra,gusano-macho 表示"雌蠕虫"、"雄蠕虫"一样。家畜是借助类似于人的专名的名字个体化的。在此前面提到的与人的类似性同样发挥了作用:一般情况下,狗的个体化情况多于猫,猫多于山羊,山羊多于鸡,鸡多于鸽子等[Степанова],详见下文。

人 当然,人是在最大程度上表现出个体化特征的,这种情况也造成了一个特殊的语言问题。

问题是:语言系统中是否存在某种按类型分定的、固定的方法来区分"人"这一栏中的个体?

对这个问题的解答有很多种,我们只提到在这一方面对我们是特别重要的4种。

古人对此问题的回答大概是否定的。波菲利写道:"本体就这样处于最顶端,因为之前它什么都不是,它是最大限度内的种,而人是属,在这个属中已经不存在其他的属或别的什么能够继续划分为属的东西,但是已经有某些个体事物跟随着这个属（因为某个个体的事物是苏格拉底，是柏拉图，或就是这个白色的物体），它仅仅只是种，或者如我们所说的，最大限度内的种"[Порфирий 1939，57]。如果认为，"人"一栏中只有人的专名的话，那么这种解答与波菲利是相同的。

但是对于自然语言中名词分类的研究还得出了另外的第二种解答。

语言（尤其是西班牙语，见下文）带来的解决方法是很普遍的，而在这个方面语言之间的区别不是本质上的，而只是同一个解决方法合理性的程度。我们来比较俄语中人的名称及人的活动对象的名称：расклеиватель（黏合剂）、крошитель（粉碎机）、загуститель（增稠剂）、расщепитель（分解器）、уплотнитель（压实器）、черпатель（灌水器）、рыхлитель（耕耘机）、посыпатель（抛洒机）、силосователь（青贮器）、известкователь（施石灰机）等。因此，第二种解决方法是"人"这一栏的个体化，除专名之外，也常常是在命名事物的原则上以同样的形式化手段进行的，也就是说，在这一点上语言的自然分类法从人的分栏转到了事物的分栏，并因此发现了人的个体化的无限可能性。

第三种解决方法是维尔彼茨卡提供的。根据这位波兰女研究者的观点，名词"人"以及相应从属于它的个体名词，包括人的专名，含有两个不同的语义本质。其一可以描写为"人的身体"，而另一个，如果现在要避免过于复杂的解释的话，可以仅仅描写为是与第一个本质相对立的，但不能把它归结为"精神"（第二个语义本质多半是同时指"人的身体和精神"）。两个本质之间的区别可以通过代换表现出来。这样的话，句子 Адам лежит на кровати（亚当躺在床上）在语义上等同于"Тело Адама лежит на кровати（亚当的身体躺在床上）"。反之，句子 Адам получил диплом о высшем образовании（亚当得到了高等教育的毕业证书）在语义上不能被描写为"Тело Адама получило диплом о высшем образовании（亚当的身体得到了高等教育的毕业证书）"。因此在第二种情况下，另一个语义本质是隐藏在亚当这个人的名称中的[Wierzbicka 1969]。

我们所能提供的非常普遍的、在任何情况下都能够解释自然语言的许多语义及语法现象的第四种解决方法，是为了将包含在带有其等价物的"人"的名称中的语义本质划分为两个类或"属"。"我"属于第一类，是说话人的标记；其余的属于第二类。这种划分与其说对名词分类尤为重要，不如说对动词及其他谓词的分类更为重要，在这些动词及谓词中，与它们相关的个体性因此在名词表达句中间接地显现出来。确实，只有谓词的一部分可以被认为是在其基本意中的人称"我"。例如，这些所谓的"语言行为动词"—"клянусь（我发誓）"、"обещаю（我许诺）"、"обязуюсь（我承担）"等等。只有当由人称"我"说出时，它们才是发誓、许诺、承担责任等行为。第三人称"他发誓"类的表达表示的完全是另外的意义："他说了某些话，他所说的话听起来像发誓"。

一些谓词在其基本的、非转义中不能被认为是人称"我"。这些动词有"плавиться（熔化）"、"литься（流淌）"、"течь（流动）"、"трескаться（爆裂）"、"раскалываться（劈碎）"、"лопаться（胀破）"、"лущиться（外皮脱落）"、"ломаться（断）"等等。有这样一些语言，如立陶宛语（可能还有原始印欧语也是这样的），它们中类似动词的区别是特殊变位的词法形式。

模态动词也正是根据这个原则来区分的。"主观模态"可以是人称"我"，并在该谓词中被表达。相反，"客观模态"闯入了谓词之外的"模态框架"，实际上它不表示模态，而表示假象。我们来比较："主观"模态—Я могу прийти в любую минуту（我可以随时来）= "У меня есть возможность, я в силах прийти в любую минуту（我存在能够随时来的可能性）"；"客观"模态— Он может прийти в любую минуту（他可以随时来）= "Может быть（модальная рамка）, он придёт сейчас или в любую следующую за тем минуту（他可能[模态框]现在或者是在随后的任何时刻来）"；还有这些表述的"客观"模态如 Дождь может начаться очень скоро（很快可能开始下雨）= "Может быть（модальная рамка）, дождь начнётся очень скоро（可能[模态框]，很快将下雨）"。

语言系统隐藏在"人"这个名词中的个体性是有极的，最高程度的个体性是说话人本身的"我"，语言也常常使用这个极作为名词、句子主体及它们相应谓词的个体性程度。

［下面有关名词（能指）的"个体性"与"功能"相互关系的逻辑问题参看与文本有关的第四章第2节。］

从现代语言学角度看亚里士多德系统的"语核"。其实，在前面我们已经强调了现代语言分析在理解亚里士多德系统的意义中所起到的作用。在此我们仅仅划分出两个问题：亚里士多德认为的句子和文本中有关名词分级之间以及名词角色之间的"协调一致"。这个从前面的论述中已经很清楚的问题是与另一个问题—名词个体性的程度紧密联系在一起的。近些年来关于这两个问题的研究得到了一些有意思的事实。

聚合体（在系统或代码中）的名词个体化问题　如前所述，问题是这样的："个体"概念能否获得某个足够普遍的逻辑定义？科里指出："术语'个体'表示的是如果将它在该系统的逻辑中进行研究的话，不是集合的对象"[Карри 1969，41]。

这个定义对于语言学也适用。但是从语言学的观点看，我们在下面试图展示的问题在于，自然语言在其词汇中具有一些系统，在其中的每个系统中个体与集合相互关系都是以不同的方式得以解决的。

在分类层面，名词个体化问题总体上是与世界语言中的名词分类问题紧密相关的。对于我们来说，上述普遍的解决方法是与根据个体性程度发现语言和名词几乎理想化的渐变排列联系在一起的。西班牙语就是这样的。在研究了西班牙语的性范畴之后,斯捷潘诺娃指出:"从性范畴的观点出发描写西班牙语的词汇—语义系统,是作为词的一些词汇—语义种类的总和而出现的。所有这些种类都被建立在同一个基础的表义对立周围,但在每一类中都带有成分的标记—非标记关系以及主要基本对立的附加语义负担……建立在性范畴周围的西班牙语的词汇—语义类别可以进行下列分类:所有的名词:(1)无生命的(事物、行为名称,抽象名词)—有生命的;(2)非动物的(植物)—动物的;(3)非人的(动物的)—人;(4)非职业(亲属关系、专名、姓)—(5)职业(专业、活动种类、课业)"[Степанова 1972,13]。

所提到的西班牙语的名词分类连续性的特殊性由该种语言中性范畴的特殊结构来解释。问题是在拉丁语历史上一定的相对较晚的时期,由印欧语言自身状态的词干继承而来的名词后缀的性的类别开始衰退,其中的后缀区别逐渐消失,与形容词的一致关系作为性的标记代替了后者。在晚期的民众拉丁语中,与其说是词法标记—名词后缀,不如说是与形容词相一致的词尾表现出了名词的性。在一般情况下,所有与带-um > u(西班牙语中是-o)的形容词一致的名词都是阳性名词,所有与带-a(西班牙语中是-a)形容词一致的名词是阴性名词(中性消失了)。这种趋势出现在了所有罗曼语系的语言中,但西班牙语将它表现的尤为彻底。最终,西班牙语中标记-o和-a的区别开始确定名词词位本身的性的区别,并且大量具有类似于形容词的普遍词干,并只能通过-o/-a(或零位/-a)标记区分的对别名词得以发展。例如,hermano/hemana"兄弟"/"姐妹";maestro/maestra"教师"/"女教师";obrero/obrera"工人"/"女工人"(也就是女性工人);trabajador/trabajadora"劳动者"/"女劳动者"(即女性劳动者)。一般说来,在其他语言的这种情况下,具有词干的区别,例如俄语,брат—сестра(兄弟—姐妹),或完全不同的后缀,如俄语的учитель—учительница(教师—女教师)。这种情况也保证了西班牙语词汇中的分类连续性,从而也为二分分类中的后续连续性提供了想象,参看下面有关法语的内容。

之后更为清楚的是,表现为二分形式的这种西班牙语的自然分类,完全与解释者波菲利所提供的"波菲利树形图"形式的亚里士多德的本体或实体分类一致(参看图表1)。

具有如此大规模的、自然的以及形式化地表达名词分类的西班牙语直接或在"人"这个名词下不仅包含了人的专名,而且包含了根据它而建立的职业名称。在这种语言中,下列对立是相同而且平衡的:"брат—сестра(兄弟—姐妹)"、"учитель—учительница(教师—女教师)"、"мужичина-филолог—женщина-филолог(男语文学家—女语文学家)"、"птичник(лицо)—птичница(养禽员—女养禽员)"、"молочник(лицо)—молочница(乳制品职工—乳制品女职工)"等:

hermano —hermana, maestro —maestra, filólogo —filóloga, gallinero —gallinera, lechero —lechera 等等,以及人的专名:Claudio —Claudia, Emilio — Emilia, Nicolás — Nicolasa, Pablo — Pabla, Manuel —Manuela 等等。但是在职业情况中,对别名词中的其一,有时也可能是两者,同样可以作为相应事物—仪器、工具、处所等的名称:молочник 既可指人,又可指容器,птичник 既可指人,又可指处所(比较前面俄语的例子)。但是,法语却不具有这样的分类,在法语中作为专名或职业名称的阳性和阴性名词常常在词根、词缀及词干上都是区别很大的。比较"兄弟——姐妹":西班牙语是 hermano —hermana,但法语是 frère—sœur;"教师—女教师":西班牙语 maestro —maestra,但法语是 instituteur —institutrice;专名:西班牙语 Pablo — Pabla,而法语为 Paul — Paulette,等等。历史上尽人皆知的事实是:当思想自由的女作家乔治桑在保留女性性别的情况下,想要为自己取一个笔名 Georges,她不得不采取妥协的办法,并将它清楚地表示出来—特别不带"s"的形式:George[Степанов 1972]。

文本中的"个体性程度"问题("报道"中,语句中)

在后生成时期的美国语言学中,同步的"句法—语义策略"占据了优势。在其框架下提出了一些解决上述问题的观点。在基南的观点中,确立了主体特征分级—在这个分级中特征的地位越高,具有这个特征的名词类就更有理由占据主体的位置(符号>表示"大于")。分级是这样的:代码属性(句中的位置 > 格的标记 > 动词一致关系)>"操控"属性(降低,移动,代替格的属性,控制指称交叉的属性等等)> 语义属性(施事性,自主存在,选择限制等等)。基南认为,如果在非基础句中,名词的类具有任意三个分级中指明的属性的话,那么它也具有更高类的全部属性。在弗里和范瓦林的观点中确立了简单句(其中也包括构成复合句的句子)至少有一个在指称性特征的分级中被确定的"指称顶点":说话人 > 听话人 > 确定的人 > 普遍的人 > 生命体 > 非生命体。"指称顶点"与句子的主体是等同的([Keenan 1976],[Foley, Van Valin 1977])。

从上述例子已经能够看出这个策略的特殊性:非动物性、动物性、个性等这样的词汇单位的词位特征,以及句子中说话人、言语受话人等名词类的特征,都排列为主体特征的一个序列、一个分级。这种不同特征的序列观点看起来是非常不足的,似乎可以由美国传统中多少有些缺乏的词汇发展理论和词汇学来解释。

对于欧洲和俄罗斯的语言学家而言,另一种历史比较的策略是具有代表性的。它建立在对各种类型的句子及"介入"其中的各类词位进行历史比较研究的基础上。在此很清楚的是,在一些句法观点中禁止一些类型词位的趋势是阻碍所有(在句法意义上简单的)类型一致实现的主要规律。这种趋势首先表现为禁止"抽象"主体与"具体"谓词或客体的搭配(参看前面Ⅰ,2)。在某些部分,趋势带有通用的性质,而在另外的部分它是印欧语所特有的。根据它在印欧语句子中能够充当主体的能力,名词形成了以下分级(根据这种能力的递减):表示人/所有人/有生命的/植物/事物/抽象客体("必然"类)的词位。在此,分级历史性地被扩充了:在古印欧语中它局限在左边部分,随着时间的推移向右边推进了。早在1961年我们就注意到了这个规律(参看本书第一章,3[例3])。现在可以明确地将它与由积极结构的印欧语变形联系起来,该种积极结构的特点是主格—宾格结构中积极存在(首先是人)与消极存在(首先是事物)之间的明显对立,在主格—宾格结构中同时也是主体地位限制的这些对立消失了。在上述方法中,建立了合乎逻辑的名词、词汇分级。

非常有意思的结果提供了另一种方法:将名词与代词的介入予以共同研究并对它们进行共同分级。原先这种方法完全没有与词汇进入问题联系起来,并将其作为代词的历史问题来研究。据我们所知,1984年印欧语语言学家萨夫琴科第一次明确地提出了这种方法:在原始印欧语(在它发展的确定阶段)的变格法中,代词和名词是建立在完全不同原则基础上的两个不同的系统:代词的变格法在多数情况下是由两种具有直接和间接格意义的不同词干构成的(表现为主格—宾格结构特点的系统);名词的"变格法"不是以格的对立,而是以积极和消极形式为基础的(表现为积极结构特点的系统)[Савченко 1984]。萨夫琴科将这种印欧语的特点与其他语系语言的类似特点联系起来,并因此展示出它在类型上重复的,也可能是通用的性质。

1977年西尔韦尔斯坦更早用非印欧语语料在这种方法的发展方向上进行了研究[Silverstein 1977]。所谓的"断裂作格分析法"(split ergativity)现象是澳大利亚语言学家研究的材料,这种现象就是一些句法结构是根据主格类型形成的,而在同一种语言中,另一些则是根据宾格类型形成的(美洲印第安的奇奴克语,澳洲迪尔巴尔族土著语,类似的现象也出现在格鲁吉亚语、普仕图语及许多其他的语言中)。西尔韦尔斯坦不接受"语法的,即词法的主语(surface subject)"概念,因为这个概念不是固定的,而是根据句中某个名词部分的结构而变化的(比较苏联语言学中类似的不接受[Степанов 1979,337])。他将行为的潜在主体在统一的分级中进行排列,不仅将现实的客体名词,而且将言语行为参与者的标记、相应的代词也列入分级中。分级是这样的(从左到右;+或者是—这两个符号表示的是该语义特征相应的存在或不存在:+ tu / —tu / + ego / — ego / + 专名 / — 专名 / + 表示人的概括名词 / — 表示人的概括名词 / + 动物的 / — 动物的……等等。西尔韦尔斯坦认为,分级是从tu[拉丁语表示"你"的符号]开始的),既然这个最有限的概念只能在言语行为中建立,那么像ego("我")这样的表达是发生在言语行为之前的。将这种分级应用于其材料中之后,作者得出了非常重要的结论:分级顶端的名词部分揭示了格的主格—宾格标记（这个结论与后来萨夫琴科得出的结论是一致的），同时分级下层部分的名词部分揭示了主动—自足的系统。而主格—与格结构常常占据了分级的中间部分。

所有这些资料对于原始印欧语句子中关于特有的词汇和代词进入的概念进行了重要的补充。此外，从积累的研究中能够找出一个重要的系统性原则。既然分级是变化的，而印欧语中主体进入它的界限是被扩展了的，前面所确定的句子的主要类型在不同的历史时期是与不同的词汇填充一起出现的（顺便说一下，它们的扩大、交叉，总的来说是迂说形式都是如此），总的说来，甚至在逻辑—语言分析时也需要预先的历史描述。

回到亚里士多德，我们应该说在句子中名词分级（"波菲利树形图"）与名词作用之间的总体协调中，在"系统"占首要地位的基础上，在历史上产生了解决这个逻辑—语言问题的首次尝试。亚里士多德自己的解决方法是关于"语核"的协调——他的诗歌的希腊语。（有关"语核"这点的一个补充将在后面的第3节中予以说明。）

3. 亚里士多德观点中关于建立"长篇文本"的理论元素

作为"言语行为"的文本，作为语义整体的文本，作为"语篇"的文本，后者关于"本质的"和"偶性的"概念的分析。谓词的第二分类法——谓项类"理论三段论"和"实践三段论"。

在亚里士多德的作品中，呈现了文本最详尽的、全面的观点。在《修辞学》中从雄辩艺术的观点出发，在演讲者的关系中—"言语发话人"对他的听众，"言语受话人"研究了文本。在《论题篇》及《解释篇》的论文中，主要是争论、辩论、学术讨论等，就好像我们现在所称的"对话言语行为"。《解析篇》中是科学的推论。然而亚里士多德对于判断的真值与其假值之间的各种关系问题的兴趣贯穿于始终。我们在此选择这个专业化的路线为了使本章简短、"准确"，在"简短"文本中，也即所选取的简单句中予以仔细研究，但这些简单句针对的却是其自身之外存在的更广泛的系统。

但是从现代观点看，什么是"文本"（一个作者，一个"发话人"）？首先它是一个报道了某些新的、甚至是未知情况的言语作品。但是正如我们在前面章节中所看到的，亚里士多德的系统并非建立在"新的、仍是未知的"和"已知的"概念中，而是建立在另一个完全不同的系统中—"本质的、必然的（逻辑意义上）"相对"偶然的、不重要的、非本质的"。因此，要回答所提出的问题，就意味着确定这两个概念系统之间的相互关系。本章预先的简短概要就是这样的。

为了进入"主题",我们从一个几乎是不大可信的例子开始。阿布哈兹语,高加索语的一种,它具有与某些"合成语"结构相似的特殊谓词结构:直接客体,如"种茶",以确定的形式包含(合并)在动词合成体的构成中,而客体的表达失去了独立性。但需要表达非习惯的种植客体,如用棉花和玉米来代替茶时,阿布哈兹语突然不再使用这些结构(赫鲁晓夫所实行的唯意志论命令)。在已知程度上与此类似的是法语常常表达的带有"零位划分"(也就是不带冠词)的习惯性客体,但如果客体稍稍超出了习惯的范围,那么就要恢复冠词:faire escale"降落(飞机)"或"中断(航行,旅行时)",但要说 faire une escale d'urgence"迫降(被迫中断等)"。

在俄语中这样的区别仅是语义上的,而不是语法上的:принять меры(="反应","行动"),但 принять экстраординарные меры(采取异乎寻常的手段),незаконные меры(采取非法的手段),等等(似乎在后一种情况中很难选出一个词形式的同义替换)。

可以将在"文本"中提到的这些客体的对立归入哪些普遍的范畴?它们是如何被范畴化的?"新的"是如何与"老的"相对立?或"标准化的"如何与"非标准化的"相对立?或"常见的"如何与"罕见的"相对立?所有这些范畴化在文本分析中都得以运用。

但亚里士多德采用了另一种"本质"与"非本质,偶性的"对立贯穿其整个系统。

亚里士多德系统中有两种语言表达的分类(即,首先是名词,然后是根据它们与名词接近程度的动词与复合词组):Ⅰ. 范畴,Ⅱ. 谓项类。严格地说,范畴不是语言的范畴,它们是存在的种类,同时也是对于存在种类所获得的语言表达的类型。(本书前面详细地研究了亚里士多德的系统:这里的第 1 节,以及《语言的三维空间》中第二部分第一章,第 2 节)。

谓项类(其系统主要在《论题篇》中进行了论述)是对于连贯言语、文本的语言表达,也即首先正是根据它们的属性确定某个主语是合适的(或不合适的),它要么是主语的"限定性谓语"的类别,或者是被述谓化的类别(参看 З. Н. Микеладзе Комментарии[Микеладзе 1978,1978a,646 及后]中对此非常好的论述)。谓项类总的系统是这样的。参看图表:

图表 3

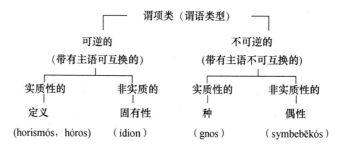

基于范畴和谓项类的分类是相互独立的,但也是相互关联的。同时根据这种或那种分类都能够说明每个谓语。在宾位分类中存在着以事物实体(语法主语)为根据的谓语的某种内在次序。但是实体,本质的东西同时也是主语所表达的事物的稳定特征。仅有"偶性"这一栏(拉丁语是 accidens, accidentalis)在此占据着非常特殊的地位。亚里士多德认为,这种谓语表示的是在该情境的语境中(由文本的这个句子所描写的情境)物体(事物)的偶性特征。有趣的是,像拉郎德这样权威性的哲学词典这样定义这个术语:"Accidentel:a)属于偶性(акциденс),不属于本质(эссенция)(总之'эссенция'在西欧哲学传统中替代了'实体'这个术语,尽管在本质上与它并不相符,参看本书第二部分—作者注)……;b)根据偶合情况(d'une manière contingente ou fortuite)而偶然发生的、与必然是对立的。所以,在日常语言中就是'不常发生的'"[Lalande 1972,13—14]。因此,我们前面所举的所有范畴的可能性实际上在此是同时使用的。(在作品[Зубов 1963,85—94]中清楚地研究了亚里士多德有关"偶性"的主要问题。)

亚里士多德本人对"偶性"给出了这样的定义,更准确的说是两个定义:"偶性尽管不是前面所说的某一个,它不是定义,不是原有的,也不是种,但是事物固有的,或者可能是同一个事物固有的和非固有的,例如,坐着的对于同一个事物而言,可以是本质上的,也可以不是本质上的。苍白也同样如此。因为什么也不妨碍一个人有时是苍白的,而有时则不是。上面关于偶性的定义第二种更好一些。的确,当产生第一定义时,为了理解它必须预先知道,什么是定义,什么是原有的,什么是种。第二种是认识所说的事情本身是什么的独立的定义"[Аристотель 1978б,354(=102b,4)]。因此,亚里士多德在此强调了"偶性"与言语、文本直接现实之间的联系。

想要指出的是,在这里所说的可能已经是有关完全的偶性,因为表达绝对必然归属古印欧语的一个范畴其实是这个概念的"语核"。问题在于,"坐着的",这是一个仅仅表示"间性"特征(medium tantum)行为的动词。表达的是发生在主体内部的,但却不具有主动态"过渡"行为形式的对应表达。相反,仅仅表示"间性"特征行为的动词与系统中表达积极行为的动词是相对立的,后者本质上是主体作为它们的不可分割属性的、"仅仅是积极"类型的动词(activum tantum)。根据这些改造,在古印欧语中,属于原始印欧语的是:"'жить','идти','ползти','дуть','течь','гореть и жечь'等;也就是说'风'是'刮的'、'水'是'流淌的'、'火'是'燃烧、点燃的'、'蛇'是(直译是'ползущая')'爬行的'、'有生命的'就是'活着的'"。

因此,在这里,亚里士多德需要选择一个"偶性的"例子的地方,他似乎受到了某种对于他而言是必然逻辑的影响,仍然不知不觉地选择了某个"必然的、本质的"东西,尽管也是为客体的有限范围选择的。

根据亚里士多德所有的例子,总体上可以说,亚里士多德似乎将文本"理想化"了,也就是说将它的属性归为客体"本质"与"偶性"特征,该特征在描写曾经发生的事件、人物、行为的文本中被谈及;当寓言被用于文本部分时,主体是"最高意义上的主体",是某个人,"意识、道德问题状态"的承载者,这个人也试图借助被述谓化的寓言使这种状态变得明显。(从另一个起点出发的著作[Падучева 1984]中同样出现了类似的问题。)

在《修辞学》中,亚里士多德本人将寓言作为了对象[Аристотель 1978б,104及后;1393 a 及以下]。但他在此分析的主要路线是本质的:他用"例证"、"格言"和"省略三段论"的概念来研究寓言:"省略推理的本质是三段论;<……>如果除去它的三段论形式,可以说,省略三段论的结论和前提是格言",例如:

Из мужей нет ни одного, который был бы свободен.
(没有一个丈夫是自由的。)

这是一个格言。但如果将下列句子与它连接的话,它就成为了省略三段论:

Один богатства раб, а тот — судьбы (Риторика, 1394 b 5).
(财富的奴隶不过是命运的奴隶。)

说到三段论,那么范畴的(绝对的)三段论是以"必然"概念为基础的。帕茨希对亚里士多德著名的《前分析篇的第一本书》分析之后,指出在亚里士多德的三段论中这个概念是多么重要,多么的详实和细致[Patzig 1959, Kap. Ⅱ]。帕茨希也指出,这个亚里士多德的三段论只有在概念这种系统中才是有效的(不矛盾的),即每个概念(对应的是三段论的术语)具有在分级中的两个对比概念:一个是较高等级的、支配的,另一个是较低等级的、从属的,也就是说与"波菲利树形图"系统中的情况一样(参看前面的第二节)。在这个系统中(不过,也与自然语言中一样)不可能存在带有范畴作主体(但只能是作为谓词的)的句子(观点),相反,只存在带有个体(独特的)术语作谓词(但只能作为主体的)的句子(观点)。

当然,如果研究语篇,哪怕是在其现代理解中,但也是《前分析篇的第一本书》精神实质中的科学语篇所说的话,那么我们得出的奇怪结论是任何一个足够长的文本、语篇(也即具有自己的对象)所表达的事物之间必然的关系,即本质的属性。当然,事实并非如此:语篇可以表达随便什么东西,而不仅仅关于言语客体的本质属性。

要摆脱这种初看起来是异常的情境,就要考虑到以下两种情况:

第一,应该有另一个对范畴三段论进行补充的系统。亚里士多德本人已经为它奠定了基础,因为《前分析篇》的大量篇幅都是对含有盖然(可能的)及或然(必然的)前提的模态三段论的分析。现代层面上这个系统的变体是巴赫季亚罗夫所发展的"模态三段论",并因此出现了更加概括的形式化系统—"逻辑观点的三段论"

(在[Бахтияров 1996]中)。"语义观点与可能世界的语义在这一方面是相同的,借助可能世界'真值'('假值')评价可以分解为具体评价的集合:'i 观点的真值','j 观点的真值'等。因此为三段论的说法建立了一些语句的逻辑真值—功能说明的类似物"。所以"语句 Vx 从 i 观点看为真,当且仅当从 i 观察的某个 j 观点出发,x 为真时"[Бахтияров 1996,6—7]。

第二,这也是对于语言哲学尤其重要的,必须考虑"理论(理想化的)"与"应用三段论"的现代区别,也即乔治·亨利克·冯·赖特所研究的区别。

"应用三段论"概念本身作为通往行为的结论(同时"理论三段论"带来的是新的认识)已经存在于亚里士多德的《尼各马可伦理学》中(7,5;1147a)(在下面的引文中,我们略去该版本俄语翻译的特点—大括号、希腊术语补充等):"此外,与刚刚命名的方法相比,赋予了人们获得知识的另外一种方法。实际上在没有应用而是掌握知识时,我们看到的已经是完全不同的来源,因为在某种意义上人们掌握了知识,而在另一种意义上则没有掌握,就像我们所说的、睡着的、着迷的、喝醉的。……如果说出来源于认识的判断,这绝不意味着掌握了它,……刚上学的学生甚至都能够流畅地议论,但他仍然缺乏完整的认识。因为代表了毫无节制生活的人们的语句应该类似于演员(表演者—作者注)的言语。最后,还可以从自然科学的角度来看待毫无节制的原因。一种观点,也就是前提与总体相关,另一种则与部分相关,这也是众所周知的决定情感的。当这两个前提形成了一个观点时,那么在理论前提中必须使人说出结论,而在与行为相关的前提中,使得该前提在行动中予以实现"[Аристотель 1984,197]。

冯·赖特似乎根据这个起点直接进行了进一步的研究:"我认为,安斯科姆(在冯·赖特之前研究这个问题的女研究者。—作者注)正确地认为,应用三段论不是论证法的形式,这类论断在性质上与论证的三段论是不同的。尤其是它的属性和与理论论断的关系是复杂的,并且直到目前仍是不清楚的。应用三段论对于解释和理解行为具有重大的意义"。它"是解释的这种模式,在关于人的科学方法论中它很长时间都不存在,并且它是超越规律的解释的真正可供选择的模式。

与引入的模式是因果解释及自然科学中的解释一样,应用三段论是历史及社会科学中目的论解释的模式"[Вригт 1986,64]。

(在此补充,最近在勃利诺夫和彼得罗夫的《行为逻辑要素》中对这类问题进行了阐述[Блинов, Петров 1991])。

第三章 文本从文本到"文本中的提取"的唯名论
——亚里士多德第二语言哲学

0. 引论

语言哲学唯名论的实质是,不认为本体论的客体在任何语言之外以及在任何语言中是本质的(如在唯实论中),而是以某种方式从语言中提取的,或是以它为基础建立的。在此始终认为名词(拉丁语是 nomen,术语 номинализм 也是由它而来)是主要的语言核心。但是,我们想要说明的是,在这种观点中抽取程序本身也是由语言预先指定的。这个在研究唯名论基础时从未被注意的问题也将在本章第一节进行研究。根据上述所有的原因(也即因为这个主题是生疏的,而且这里所研究的语言核心与语言十分细微的细节很接近,电影工作者称之为"特写"),可以想象的是,这一节对于"语言哲学家"来说是枯燥无味的,是超出了他们所能承受的阅读限度的。我们仍然认为,语言哲学不能只建立在忽略了语言事实本身、常常是非常"细微的"概括的意见之上。

下面的预先概述或许能够减少阅读的困难:现实说出的语句是某个在时间上展开的整体;根据这个整体的某种划分观察研究者能够确定系统的单位,因此它们是:a)预先没有给出的,b)取决于分割整体所采用的程序。其实,这也是在不要求给出研究者所说出的语句及其划分的任何其他单位的条件下(它本身包含在划分的事物中)唯名论的语言基础。

1. 表达层面:长语音成分;语音概念取决于言语音节的自然划分

适合于各种不同音位理论的某些部分改变的、最普遍的音位定义,就是词或词素的音位对立中最短的部分或单位。因此确定的音位可以与所研究的言语链中不同长度的音段相符——言语的最短音,言语的非最短音:双元音或塞擦音,最后是音节。自然,在这一系列概念中认为音位概念依赖于音节概念的观点是没有意义的。我们想要提出的问题完全是另外一种情况。

众所周知,同一种语言的语音系统在同一时刻常常允许一些不同的"解决方法"。可能这些音位解决方法本身已经不能在词或词素的音位对立术语中得以解释。在这种情况下产生了发现该客观基础的任务,在各种音位描写中它仍然是未被触及和不可改变的,它允许判断其中每个成分更大或更小的同一性。所提出问题的实质就在于此。

从标题就可以清楚地看出,我们试图用什么方法来寻求这一问题的解决:我们认为,语言的音节组织是该客观的基础。如果最小的,同时也是抽象单位的音位,言语流边界分节的产物是音位分析结果的话,那么在可能对同一种语言进行一些不同的语言分析时,我们应该跨越音位系统的限制,研究比音位更加具体,并在多数情况下更长的音节系统,研究言语流非边界分解的结果。

所提供的解决问题的方法是纯理论的。实际上也可能。但在实际中多数情况下其实是研究者了解的音节系统比音位系统要差一些。但是这在原则上并未改变事情的本质——有根据的假定,正是音节系统客观地确定了音位的解决方法,而不是相反。我们的任务是展示它们之间原则性的依赖关系,而且是单向的依赖关系,并根据可能性发现这种依赖关系的程度,而完全不是坚持应用于某种个别语言的某种解决方法。在这本书的后面我们将从我们所知道的在所有讨论的情况下音节划分和音节系统原则的假设(不过每次都或多或少的是有根据的)出发。我们将从体现了两种描写原则区别——边界(离散的)和非边界的(连续的)分解这个问题的简要历史开始。

Ⅰ. 在近十年的语言学中,占统治地位的观点是,语言描写的最好方式是将基础的、边界的实体作为基础,通过演绎的方法,通过组合、对立或者转换由它们可以推导出所有其他实体。这种观点走得如此之远,以至于认为可以在音位术语中描写音节、发音和超音段特征现象。例如,叶尔姆斯列夫认为,为了建立总的抽象理论,重音与音节之间的关系应该要"彻底改变":应该将"重音"(accent)和"变调"看作第一范畴,而把音节看作是由重音派生的,就像表现为重音特征的那种最小的语节一样①。叶尔姆斯列夫系统中"重音"是抽象层的边界单位,如同音位一样。特鲁别茨科伊研究了所有的超音段特征,包括作为音位对立类型之一的音节划分。与叶尔姆斯列夫系统一样,它是作为由更加抽象的音位概念——对立概念或元音概念("音节自身在任何情况下都不能作为确定元音的基础")所派生的,它确定了音节②。

---

① L. Hjelmslev, accent, intonation, quantité, 《Studi baltici》, 6, 1936—1937, 第 7, 19 页。

② Н. С. Трубецкой, Основы фонологии, М., 1960, стр, 210. 这个流派中最新的研究请参看很有意思的作品: В. И. Постовалова, Фонологическая структура слога (к методике описания). АКД, М., 1967, 但在此实际上研究的不是音节, 而是音节的抽象模型。

但另一方面,近五年来出现并越来越为人所知的相反趋势——拒绝将边界的、离散的和抽象的单位作为语言描写的基础。例如在根据构拟进行的研究中,语言学家常常更愿意使用比音位更加具体的概念"音型"①。正如我们所知,这个概念开始在所谓的"生成音位学"中被接受,它运用的不是"音位",而是在二分法特征中所描述的"音型"(元音的、辅音的、紧凑的、弥漫的、升调的等等)。对于不属于边界最小单位范围内的超音段质特征现象的关注加强了②。也尝试将这个实际的事态理解为语言描写总的"连续原则"的体现。早在40年代美国语言学流派的哈里斯③的基本形式中就已经注意到了这个原则,但随后似乎被放弃了。接下来,这个更加普遍的原则由弗莱④在日内瓦学派中提出。作为普遍的语音原则,它在英国语言学弗斯、罗宾斯、帕尔默(Ф. Палмер)等⑤的著作中得到了发展。在苏联语言学中,连续原则不仅由马丁诺夫⑥应用于构拟,也在其他方面得到了发展⑦。

也应该指出特殊的、似乎是中间的趋势:认为成分比边界音位单位更为重要,但同时认为这些非边界单位说明的是音位;因此出现了"组合音位"概念⑧。

Ⅱ. 从总的连续性原则的观点看,我们将音节视为基本的、具体的人类语音的单位,并且不依赖于音位概念予以确定,在人类中心论中,是从说话人的立场出发的。音节是最小的单位,可以用停顿将言语划分为音节。音节是言语过程中建立

---

① 比较如:И. Г. Милославский, История правил сочетаемости согласных звуков в русском языке. АКД, М., 1966。

② 一系列事实的有趣的超音段特征的说明请参看作品:С. Д. Кацнельсон, Сравнительная акцентология германских языков, М. -Л., 1966, стр. 84—85;213。

③ Z. S. Harris, Simultaneous components in phonology, *Language*, 20, 1944, стр. 181—205(后来被编入他的书中 *Methods in Structural Linguistics*, Chicago, 1951, стр. 132)。

④ H. Frei, Langue, parole et différenciation, 《Journal de psychologic normale et pathologique》, avril—juin, 1952, стр. 137—157(转载在 R. Godel 编辑的 *A Geneva School Reader in Linguistics*, Bloomington—London, 1969, стр. 278—300)。

⑤ 参看 сб. *Prosodic Analysis*, ed. by F. R. Palmer, London, 1970。

⑥ В. В. Мартынов, Славянская и индоевропейская аккомодация, Минск, 1968。

⑦ Ю. С. Степанов, Лексико-сематическая система языка в освещении недискретной лингвистики, 《Лексико-семантическая система языка и методы её исследования. Тезисы конференции, МГПИИЯ им. М. Тореза》, М., 1971; его же, Ударение и метатония в литовском глаголе, 《Baltistica. I Priedas》, 1972。

⑧ Р. И. Аванесов, Из истории русского вокализма. Знаки I и Y, 《Вестник МГУ》, 1947, 1, 转载在: А. А. Реформатский, Из истории отечественной фонологии, М., 1970, стр. 278—299; В. К. Журавлев, Развитие группового сингармонизма в праславянском языке。(第五届斯拉夫学家世界大会上的报告)。Минск, его же, Генезис группового сингармонизма в праславянском языке. АДД, М., 1965; его же, Группофонема как основная фонологическая единица, *Исследования по Фонологии*, М., 1966; 较新作品:J. B. Hosper, The syllable in phonological theory, *Language*, 48, 3, 1972; J. J. Spa, A propos du trait phonologique 《syllabique》, *Linguistics*, 103, 1973。

在对呼吸调整基础上的言语的自然划分①。但是音节划分从属于每种语言的特殊规则,因此即使在元音和辅音的同一个序列中,它在不同的语言中也是不同的。在我们的定义中,很容易发现不是从内部来确定音节的,而是从外部来确定的,就像停顿之间的段一样;其实确定的也不是音节,而是音节划分。为了本书所提出的目的,不需要任何其他的、更加"准确的"音节确定。(况且也不需要通过仪器数据来确定。在理论语言学中需要专门的仪器或者机器只是为了更加准确地确定,人类的耳朵在它能听见某种声音的地方实际上听见的是什么,例如音节划分的停顿。但是在正常人类的耳朵什么也听不到的地方,它们是完全不起作用的;在这些情况下仪器数据与语言学没有关系。)这种确定与实际中音位的表现是一致的:例如,在阿瓦涅索夫系统中,音节划分是在抑扬顿挫的发音中得以确定的。

像升半音(软化)或者降半音(舌背后部向软腭稍加提起而发出辅音)这些现象,无疑属于整体上的音节。在最简单的形式中,如直接现实,它们可以反映在开音节中:ki — 升半音的,ku — 降半音的。当在语言描写过程中,从音节转向更加抽象的离散单位—音位时,那么就出现了三种理论上的可能性。第一,升半音特征(或相应的降半音特征)可能同时归入元音,也可以归入辅音,可以在两个音位中复制它。但没有一个音位理论是这样的:描写变得明显多余了。第二,升半音特征(降半音特征)可以归入辅音,那么元音将既不依赖升半音,也不依赖降半音,在两种情况下是同样的。第三,升半音特征(降半音特征)可以归入元音,那么辅音就是同样无特征的(参看表1)。

表 1

音节	第一种方法:归为辅音的升半音和降半音特征	第二种方法:归为元音升半音和降半音特征
升半音的 ki	k'—i	k —i
降半音的 ku	kᵘ—i	k —iᵘ

*用 i 这个符号表示俄语词 мытьё 中的元音 /ы/ 或者是西班牙语词 muy 中的 [U],短的非唇化音 [и] 或者非常靠后的 [ы]。

两种介绍音位系统的方法在理论上同样是可能的。例如,现代俄语就表现出了这种可能性。总体上在莫斯科音位学派的术语中成功地对俄语音位进行了最普遍的描写。正如我们所知道的,在此区分了软、硬对别辅音的对应次序,元音没有对应次序(и, э, a, o, y)。[ы]音和[и]音被看作是同一个音位[и]的变体。这种描写是以上述第一种方法为基础的。

---

① 参看:Н. И. Жинкин. Механизмы речи, М., 1958, стр. 18 и др.; Л. В. Златоустова, Фонетические единицы русской речи (试验性研究). АДД, М., 1970.

维特索提供了以第二种方法为基础的现代俄语音位系统描写的有趣经验①。他区分出了一个辅音次序（硬音的），而在元音中确立了与前—后次序特征一致的两个对应次序：后面的是—a，и，o，y（或者重读音节中的ɨ），前面的是ä，ü，ö，i，e（或者是重读音节中的 e — é — ɛ ）。维特索的系统还存在一些矛盾之处，但与其说这些矛盾是这种音位概念的词法结果，不如说是音位概念本身。因此自然要把 гвоздь 的复数形式 гвозди 在这个系统中描写为[gvozdiy]，在此[j]是音位或单音位词素。但是这样的观点妨碍了这种概念：ji 组合，也就是 iy 组合在表层提供的是 польёт，оладьи 这样的组合，而不是 полёт，гвозди 组合。如果将 гвозди 这样的形式描写为[gvozdi]，那么我们就得到了两个不同的复数词素：一个是 гвоздь — гвозди 这种情况，另一个是 дрозд — дрозды，正如我们所知道的，这在词素层面是不合理的复杂情况。但是这样的矛盾在任何音位描写中都存在，而且维特索所提供的系统整体上完全证明了现代俄语这种概念的可能性。

"半软化"和"弱化程度降低"时期之前的古俄语（完全确定的是在11世纪之前）是另外一个语言系统，其中带有很大确定性的升半音—降半音的相关特征归入元音，而不是辅音。这种对于[и]，[ы]升半音原则的说明至少是被普遍接受的，因此这些音被看作这个时期的独立音位，而且作为音位子系统根据软—硬程度的辅音对应体是不存在的②。

根据回溯的这种斯拉夫系统发展的逻辑，我们应该在晚期的共同斯拉夫语中发现这个与第二种描写方法唯一对应的系统。众所周知，马列施也是这样做的。他得出的结论是，根据前—后音色而连续进行的区分形成了全部的（beze zbytku）两个元音序列—软腭音的和硬腭音的。因此，一方面出现了元音之间的确定关系，另一方面也出现了辅音与半元音之间的确定关系：其中那些根据构成物的位置是相同的（同位的），而同样在音位上（音色上）与元音是相似的，也就是软腭音及 i̯ 构成了一组，其余的为另一组。在这种同位关系中很容易实现同化，尤其当非元音音位的硬腭音序列没有被填满时。同化总是在特征化的方向上进行，也即硬腭化③。从这个系统来看，很容易解释第一和第二的硬腭化，但马列施认为同样也可以解释元音交替 o ＞ e(togo：jogo ＞ jego)。

---

① T. P. Вийтсо, Об одной возможности описания фонологии русского языка,《Уч. зап. [Тартусск. Гос. ун-та]》,139(《Труды по русской и славянской фонологии》, VI),1963,стр. 405—409.

② 参看：Р. И. Аванесов, указ. соч., стр. 284-291；Вал. Вас. Иванов, Историческая фонология русского языка, М., 1968, стр. 182, 328.

③ F. V. Mare, Vznik slovanského fonologického systemu a jeho vyvoj do konce obdobi slovanské jazykové jednoty,《Slavia》,25,4,1956,стр. 450-451. 早期 А. А. Шахматов(1915), Р. Якобсон(1929), Н. Ван-Вейк(1950)表达了与之相应的思想。进一步的发展参看提到过的 В. К. Журавлев 和 В. В. Мартынов 的作品。

Ⅲ．现在可以提出一个更加普遍的问题：在什么情况下应该使用第一种解决方法，什么情况下应该使用第二种方法呢？为什么（如果不认为拼写习惯是充足的原因）对于现代俄语更愿意使用第一种概念（升半音和降半音特征归为辅音），而对于原始斯拉夫语许多作者选择的却是第二种概念（那些特征是元音的）？

可以假设的是，存在不同一致程度的两个客观理由，而且它们都与所分析语言的音节系统组织相关。

第一个理由是该种语言中在音节范围内部分同化的程度。在部分同化中，我们大体上弄清楚了在言语链中相邻的元音与辅音之间相互的同化作用。在音节范围内带有弱部分同化的语言自然允许升半音（降半音）特征的分裂，在一些情况下确定地将其归入元音，其他情况下归入辅音。法语是带有弱部分同化语言的例子，它的升半音特征确定地属于元音。在这种语言中，可以确定两个元音的对应序列：

升半音序列：i, e(é), a(patte), ɔ, ø, ü

非升半音序列：—, ε(é), a(pate), o, œ, u。

法语中的辅音没有相关的次序。我们发现，既然我们根据的是元音和辅音的相互作用，那么在对分音位学中表达了各种内容的术语"低—高"，"紧凑—离散"，"降半音—升半音"，对于我们来说是同义词（即，例如"低"与"紧凑"和"降半音"是同义的）。总体上它们内容丰富地揭示出"部分同化"这个术语的意义。应该强调的是，所说的应该正是关于音节范围内的部分同化。因此，立陶宛语是一种总体上带有十分强的部分同化的语言，比较立陶宛语 Вингис，Vingis [вѝнг'ис]，同样的词在俄语中的发音为[вѝнг'ис]；俄语的 в Паланге [фпалаáнг'е]，在立陶宛语中的发音为[фпалаáн'г'е]。但是在音节范围内，立陶宛语的部分同化与俄语相比没有那么强，没有那么形式划一（立陶宛语图式的特点：它的形式划一掩盖了它）。例如：后腭音 kiu [k'ý] 是完全同化的；齿音 tiu [тиу] 是不完全同化的。滑音，唇音 piu [п'јy]——由于滑音转变为辅音而消除了同化；例如：kiùro "проходился"，tiùlis "тюль"，piuvenos "опилки"。

我们认为，立陶宛语部分同化的这些特点不能确定立陶宛语中软硬辅音音位连续的对应序列。这种情况正是那个决定其中两种不同音位解决方法可能性的总的原因。上述情况接下来首先针对的是带有强音节部分同化的语言。关于有多少情况可以用于带有弱部分同化的语言的这个问题，我们现在先把它搁置起来。

但是古俄罗斯、古斯拉夫、原始斯拉夫语无疑是带有强音节部分同化的语言，因此对于它们而言，在这两种可能性中更愿意选择第二种解决方法，而对于现代俄语而言，更愿意选择第一种解决方法。很明显，强部分同化决定的只是两种解决方法的可能性，而选择其中之一应该是由其他因素决定的。因而，必须找出更加特殊的第二个理由。

正如我们所认为的那样,要寻找的第二个理由可以用下列形式表达:对于带有闭音节倾向的部分同化语言而言,应该使用第一种方法(在元音的一个序列中的辅音相关的两个序列),对于带有开音节倾向的部分同化语言,应该使用第二种方法(在元音的两个相关序列中辅音的一个序列)。原始斯拉夫语几乎是独有的优势倾向于开音节的语言,古俄语是带有较强的开音节表达倾向的语言,但却带有明显的转变倾向,现代俄语已经是带有更强的闭音节倾向的语言。这些区别也应该能够解释对不同音位解决方法的选择。在部分同化的一般情况下,位于辅音之间的元音,即在闭音节中,处在不自由的位置上,它的特征是由辅音环境决定的,这解释了对第一种解决方法的选择。在开音节中,元音处于更加自由的位置,这解释了对第二种解决方法的选择。

理论上说,在此提供的实际上具有同样成效的两种解决方法,不仅在描写像拉克语这样的语言时被使用了,可能在同样程度上也被用于阿布哈兹语[1]。在所有的情况下,区分的或者是一个带有其基本变体(升半音或降半音的)的不确定元音,或者是3个元音音位。马丁内指出了共同斯拉夫语及法语在这个方面的类型平行现象[2]。根据埃德尔曼的资料,在克什米尔语中,除了未采取唇化的唇化辅音和未采取腭化的腭化辅音之外,三类辅音(简单的—腭化的—唇化的)包括了辅音的所有基本序列[3]。同时也可以看得出开音节的倾向。从而,可以假设对于克什米尔语两种音位概念的方法是等同的。因此,在辅音的一个序列中确定元音的两个相关序列—升半音和降半音,可以由两个不同的因素决定—要么是该语言具有弱音节部分同化(如现代法语),要么是语言具有强音节部分同化,但在此发生作用的是开音节的倾向(原始斯拉夫语是这种情况)。

Ⅳ. 前面我们只研究了两个音节特征——升半音和降半音(更准确地说,甚至一个特征——升半音,为简单起见我们将它与带有非升音的降半音等同起来,这仅仅允许出现在不准确的情况中)。现在应该同样在材料意义上扩展这个问题,并提出下列问题:在音位解决方法中还有哪些音节特征允许类似的双重解释?

首先,清楚的是在此应该将喉音化归入其各种具体的语言表现形式中(辅音的送气,元音的喉化,等等。)正如弗斯所指出的,作为我们理解中的升半音和降半音特征,送气允许超音段的解释。"送气"传送给音节的不同部分,甚至是整个词在客观上与此一致。例如,在东印度斯坦语中(精细发音)pêhyle,在西印度斯坦语中(快速发音)pəyhle,而在旁遮普语中 pêylle[4]。在英语俚俗语中,带有 wh-开头的词

---

[1] 参看讨论:М. А. Кумахов, Теория моновокализма и западнокавказские языки, ВЯ, 1973, 6。

[2] A. Martinet, Langues à syllables ouvertes: le vas du slave commun, ZfPh, 6, 1952。

[3] Д. И. Эдельман, К типологии индоевропейских гуттуральных, ИАН ОЛЯ, 1973, 6。

[4] J. R. Firth, Sounds and prosodies(1948),《Prosodic analysis》,стр. 16。

发音为[hw]可以成为这种过程的其他例子：where[hwεê]等,在古希腊语中也同样有送气的转移,例如 ταχ- / θαχ-(ταχ- / thàK-)∶ταχυς — θάττων。

接下来,应该将带有如此多不同部分表现形式的咽头化归入这里,这些表现形式如同"喉音结合"(glottal stop)及其他。

最后,似乎所有的半元音现象总体上允许这种带有发源于其双重音位解决方法可能性的超音段的音节解释。

预先弄清楚根据它可以评定升半音、降半音以及送气等的"中性音节"这个概念之后,我们试图在某个系统中说明这个材料。前面我们研究了作为与腭化相同的升半音现象,而作为与舌背后部向软腭稍加提起而发出辅音相同的降半音现象。因此,我们根据的是对于被认为是中性的某类音节的升半音和降半音本质上的评价。总体上这类音节的元音可能或被视为无应力的中值[a],如俄语中的сад,或是中间序列的任何元音∶英语的[ə],前面提到的[i]。我们将升半音和降半音看作是根据所有整体上被认为是中性的区域([a],[ə],[i])的上扬或下降。(这必须要指出,因为有时升半音和降半音被相应地评定为音节性质∶[ki]—[k i],俄语的[ки]—[кы],或者在它们相互关系中同样的[кю]—[кy]。)

但是不同类型的辅音倾向于这个区域内的不同部分∶/p i/是唇音的自然中性音节,/tə/是齿音的自然中性音节,/k a/是软腭音的自然中性音节。其原因是根据[p]与[i],[t]与[ə],[k]与[a]之间相互的固有频率①。这个说明对于更加全面的、可以用类型表的形式予以介绍的概念是必不可少的(参见表2)。

表 2

音节开头的离散音位	音节的非离散(超音段特征的)特征			
	中性	升半音（腭化）	降半音（舌背后部向软腭稍加提起而发出辅音）	喉化
唇音[p]	[i]pɨ	[i]¹pi	[u]¹pu	[h]¹ph
齿音[t]	[ə]tə	[i]²ti	[u]²tu	[h]²th
软腭音[k]	[a]ka	[i]³ki	[u]³ku	[h]³kh

与中性区域包括3个变体一样,这些区别应该相应地在升半音、降半音和喉化区中存在。它们在表中是由数字指数表示的。因此,例如送气可以采用三种不同

---

① 参看∶E. Fischer-Jørgensen. What can the new techniques of acoustic phonetics contribute to linguistics? (1958),*Psycholinguistics. A book of Readings*,ed. By Sol Saporta, New York, 1961, стр. 137; Р. Якобсон, Г. М. Фант, М. Халле, Введение в анализ речи,《Новое в лингвистике》,2, М. ,1962, стр. 192; Л. В. Златоустова, Фонетические единиц русской речи, стр. 10-11.

的形式：唇音的是 $ph^1 > pf > f$，齿音的是 $th^2 > t\theta > \theta$，喉音的是 $kh^3 > k\chi > \chi$。德语辅音的改变似乎也包括这 3 种变体①。

为了在完整的系统中介绍音节的超音段现象，就必须指出以下情况。颚化是造成整个音节升半音的超音段现象，但是也存在着以/j/的离散形式体现颚化性质的个别音位。正是与作为超音段现象的、造成音节降半音的舌背后部向软腭稍加提起而发出辅音一起，才可能出现离散的音位/u/（例如它在原始斯拉夫语和古俄语中是这样被描写的，比较立陶宛语的 ūdra—俄语的 выдра，俄语的交替 отец—вотчина，等等）。因此就出现了似乎是带有响辅音现象的问题。应该特别注意与喉音相关的第三个离散方面。一方面，喉音是与我们在这个系统中所研究的所有现象一样的超音段现象，在音位学中它既可以归为元音，也可以归为辅音（两种音位解决方法）；另一方面，可能存在一个单独离散的喉音音位（或者可能是一些喉音音位）。当然用实现喉音这三种不完全的界限能够部分地解释印欧语言学中喉音理论的混乱。

我们把可以用这种方式进行的咽音及其他半元音现象的分析留到其他情况下②。

Ⅴ. 从上述观点出发，得以在简单的形式中说明关于在原始印欧语中喉音及元音构拟的尽人皆知的争论性问题。有关这个问题的重要观点可以分为最普遍的两组假说：a）原始印欧语具有三个喉音 $ə_1, ə_2, ə_3$ 和一个元音，我们假设用 a^{21} 表示；b）原始印欧语具有一个喉音 ə 和三个元音—e, o, a。我们不在音位形式中而在音节形式中介绍每种假说的初始资料：

第一假说	第二假说
$ə_1$ a-	əe-
$ə_2$ a-	əa-
$ə_3$ a-	əo-

不难看出，在此我们与前面描写过的（参看表 1）那个情境的变体产生了联系。有 3 类带有喉音的普遍音节超音段特征的音节：一类是中性的—əa 或 $ə_2$a，一类是升半音的—əe 或 $ə_1$a，一类是降半音的—əo 或 $ə_3$o。在音位方面，每个音位都可以

---

① 早在比较语言学的"浪漫主义时期"，可以认为是 Я. Гримм 前辈的 Й. А. Ҝанне 就在德国创立了"送气"的这种分类，参看：J. A. Kanne, Ueber die Verwandschaft der griechischen und teutschen Sprache, Leipzig, Rein, 1804. 有关赫梯人的三个喉音与三个腭音-e(h—h·—h⁰；k—k·—kᵘ)的可能相关，请参看：Т. В. Гамкрелидзе, Хеттский язык и ларингальная теория，《Труды Ин-та языкознания〔АН ГрузССР〕》, Ⅲ. Серия восточных языков, 1960, стр. 89-90.

② 后来这部作品的确被完善了，参看：Ю. С. Степанов, Д. И. Эдельман, Семиологический принцип описания языка，《Принципы описания языков мира》, отв. Ред. Б. А. Серебренников, В. Н. Ярцева, М.: Наука, 1976。

用两种方法进行分解。在此,就像在斯拉夫语情境中一样,理论上两种方法中的任何一种都是可能的。但是,关于对原始印欧语音节特性的考虑为其中之一的方法提供了优势。我们将从印欧语是部分同化的语言出发①。如果这是带有倾向于闭音节的部分同化语言的话,应该首选第一种方法。如果在这种语言中具有倾向于开音节的特征,那么应该选择第二种方法更好。现在我们来看印欧语中音节的结构问题。

印欧语构拟的主要且稳固确立的范畴是词根(对应的是词干和词缀)—词法的单位。在构拟层面研究音节是很少见的。可以指出近十年来仅有的几部专门研究了这个问题的著作②。无论现有的材料多么贫乏,但是它们无疑可以断定,印欧词语的音节结构在印欧语的不同阶段(古印欧语、原始印欧语,共同印欧语)是变化的。根据词根的定义本身,任何一个时期的词根结构的数量都是固定的。因此,所有问题的中心是词根与音节结构的关系问题。

在词根与音节之间的这些互相矛盾的关系中,可以指出两种观点。我们先来看第一种。在印欧语的连续阶段上发生了其扩张方面的词的组成变化(非屈折词,然后是带有基本相同词根的屈折词,接下来是带有基本的复杂词缀的屈折词,等等)。基础音节的数量增加了,这造成了音节结构的某种移动,但是词的中心部分—词根却保持了稳定的音节结构,它似乎仅仅是"更加紧凑了",由于再分解,它包含了从词缀中脱离出来的成分。K. 博尔格斯特列姆在指定的作品(1954)中将这个观点发展得最为合理。由此可得出结论,可以像作为词法单位的词根单纯地构拟一样来单纯地构拟(公认的例外)词根的音节结构。K. 博尔格斯特列姆的构拟是这样的:原始印欧语早期的这些成分,对于后期而言可以分为词根和原始词干(带有限定成分的词根),它们是单音节词根;后来在某些情况下词素的补充造成了多音节词的出现。词根和原始词干具有 CVCC 或 CCVC 音节结构(可能还有 CCVCC);在音节数量增加时出现了 CVCVCV③……结构。由 K. 博尔格斯特列姆的构拟可以得出,早期的原始印欧语是带有闭音节倾向的语言,晚期则是带有开音节倾向的语言。但是,由于 K. 博尔格斯特列姆认为,词根的组成及其音节结构同样是稳定的,并且总体上是彼此相关的,因而同时存在与两种音节结构的基本类型相对应的两种基本类型的词根。

---

① 参看:В. В. Мартынов, Славянская и индоевропейская аккомодация,《Проблемы сравнительной грамматики индоевропейских языков [Тезисы докладов Научной сессии]》, М., 1964, стр. 80—82.

② K. Ammer, Studien zur indogermanischen Wurzelstniktur,《Die Sprache》, Ⅱ, 2, 1952; W. P. Lehmann, Proto-Indo-European phonology, Ausin (Texas), 1952; C. Hj. Borgström, Internal reconstruction of Pre-Indo-European word-forms, Word, X, 2—3, 1954; В. В. Мартынов, Славянская и индоевропейская аккомодация, Минск, 1968; 问题也涉及在一系列知名的 E. Куриловича 的著作中。

③ C. Hj. Borgström, 所指出的作品第 278—279, 282 页。

这种观点在很多方面都很新颖，并以梅耶的观点为基础的。梅耶认为，根据其定义本身，词根是数量单一的（这种观点至今也是正确的）。但是，梅耶把音节视为通用的单位。他写道："元音字母完全属于它所构成其中心的那个音节；相反，辅音字母常常在它所划分的两个音节之间被划分出来。除了每个元音字母只是被一个辅音字母与另一个元音字母分开的最简类型，一些语言不允许音节有其他形式。在印欧语中不是这样的。这里的辅音成分可以是复合的……"①。因此，根据梅耶的观点，其实音节整体上只有一种类型——闭合的（尽管闭合只局限于开始的阶段——后一个辅音的内爆破），语言之间的区别可以仅归结为有多少辅音，哪些辅音可以处于元音之间，也就是说音节划分的实质在于词法。如今这种观点是不被接受的。梅耶在此基础上大体确立了词根与其音节结构之间的单一关系。梅耶与 K. 博尔格斯特列姆观点的区别主要是对应于每种类型的不同音节被看作不同形式的词根。但 K. 博尔格斯特列姆观点中的词根与音节之间的关系仍然是固定的。在这种倾向于增加词中的音节数量的情况下，类型数量的增加得到了解释。

第二种在此对应我们的出发点而定义的观点，在一个部分里与第一种观点完全相反。词根仍然被认为是不变的词法单位，但整体上印欧语的词的音节结构以及词根的音节结构被认为是不断变化的。这种观点具有以下根据。第一，我们根据的是，作为人类中心范畴的音节划分也不是千篇一律的。不同语言中的音节划分甚至在言语链的对立结构中都是通过不同方法实现的。比较俄语的 а-ктёр（根据阿瓦涅索夫）和法语的 ac-teur（根据格拉蒙）。第二，我们根据的是，在印欧语中词的音节的数量是（统计上的）固定的②。可以将后一种根据看作印欧语构拟的基本观点之一。由此可以得出自然而然的结论。在两组因数之间存在客观的矛盾。一组因数是作为词法数量的词根恒定以及作为记入音节数量的统计恒定。另一组与第一组相矛盾的因数是音节类型与音节划分类型的变异。这个矛盾是由词的范围内的音节界限，进而是词根的不断分布来解决的。当然，在语言学意义上，应该把这种不间断性看作是允许根据阶段分析的离散现象。

因此，两种所提到的音位解决方法似乎都与构拟的各种时间前后阶段相一致。第一种假说（一个元音中的喉音三重序列）多半适应于原始印欧语的最古老阶段③。第二种假说（喉音序列的简化与元音数量的增加）适应于更晚的阶段。损失了腭化，或者损失了舌背后部向软腭稍加提起而发出辅音成分的腭音三重序列的

---

① 梅耶，Введение в сравнительное изучение индоевропейских языков，М. — Л.，1938，第 150 页。

② 参看：С. Г. Чебанов，О подчинении речевых укладов «индоевропейской» группы закону Пуассона，《Доклады Академии наук СССР》，55，2，1947.

③ 尽管也有其他的根据，在这方面我们同意 K. Аммер 的观点。但根据其他理由，叶尔姆斯列夫也采用了这种构拟（《Accent, intonation, quantité》，第 43—57 页）。

简化(腭化的—中间的—舌背后部向软腭稍加提起而发出辅音的),可以被看作是这个阶段的结束。

根据构拟"时空"统一的总原则,按照这个原则在不同时间的同一个地区中的差别与同一时间不同地区中的差别是相同的[①],可以推测出,上述两种方法中的每一种方法都与两个不同的印欧语方言区相对应,在其中的每一种方言中都具有开音节的倾向。

2. 内容层面:长语义要素依赖于语句切分的主体及谓词概念

预先说明。

本章的研究对象是句子中的静词及谓词之间的某些对应,比起单独摘取的词典单位及句法单位,这些对应可以揭示出更加普遍的本质。如果在最普遍的形式上来说,确定其途径是"一种穿梭式的过程"—从句法移动到词典,再反向移动,然后重复,直到所有范畴的范围显露无遗。

关于句子—语句的观点与交际主要单位的观点一样,自然要求将其看作语义一致的、完整的东西。如果在这个单位中分离出某些部分和词,那么应该将它们看作是为了从中看出同一个语义整体的反映。换言之,在此每个词中都能够看出与其他与之搭配的词在语义上的某些共同点。我们把这种现象称为语义一致关系。

语义一致关系的界限是由句子的形式指定的,从符号学的观点出发,这种形式不是别的什么,正是内容的表层部分(参看第一章,第 2 节)。一方面由重言式,另一方面由矛盾句限定了句子内容的句子形式,因此也确定了界限以及语义一致关系。其实,后一种情况是语义句中更为深入的部分,它是在形式上直接增加的,从而处于重言式与矛盾句之间的语义空间的部分。

不过,"语义一致关系"这个术语本身是不完全准确的:字面上被理解为词的语义一致性是预先存在的,在语句行为之前。而对于作为词汇单位的词来说,实际上情况正好相反,语义一致性是语句行为的本质,而单个词对某种搭配能力的倾向只是结果,是这个属性在词典范围内的表现,是聚合体系范围内句法属性的抽象。

在语言学和逻辑学的历史中,出现了研究这种属性的不同方法。

通过分析或者分解进行描写的分析法差不多是第一种方法。无论如何,在中世纪的教科书中,我们已经发现了根据这种观点对语言的单独片段进行得十分准确的描写。因此我们发现,不同本质所发出的音的整个类别,本质上可以被描写为

[①] 可以找到这个原则的明确定义,例如,在 Р. И. Аванесов 编辑的《Вопросы теории лингвистической географии》一书中,М.,1962,第 11 页。

语言一个音的符号,一个音,它附加的、特有的属性仅仅取决于它的承载主体,是主体的功能。因此,期望单独描写整个类别中的每个音,我们应该仅仅指明它的属性—这个音是什么,然后补充指出它是由什么样的主体发出的,例如:哑哑叫 = "声音" + "乌鸦"(在此乌鸦这个词作为属性的标记);嘎嘎叫 = "声音" + "鸭子"(在此鸭子同样是属性的符号)等等。我们完整地列出拉丁语的清单之一:

Cornix cornicatur	"乌鸦哑哑叫"
Agnus balas	"羊羔叫"
Cicada stridet	"螽斯叫"
Upupa dicit	"戴胜鸟叫"
Infans ejulat	"孩子哭"①
Ventus flat	"风吹"②
Anser gingrit	"鹅咯咯叫"
Os halat	"嘴吹气(声)"③
Mus mintrit	"老鼠吱吱叫"
Anas tetrinnit	"鸭子嘎嘎叫"
Lupus ululat	"狼嚎"
Ursus murmurat	"熊吼"

既然语义一致关系是事实,而与以上所举类似的句子—语句是(每一个)整体,那么总的说来,相反的处理是没有任何障碍的—将主体描写为其典型声音的功能。在这种情况下,乌鸦将被描写为"哑哑叫的动物",也即乌鸦 = "动物" + "哑哑叫"(在此"哑哑叫"作为确定特征或属性的名称);羊羔就是"咩咩叫的动物",即羊羔 = "动物" + "咩咩叫";螽斯是"哒哒叫的动物",即螽斯 = "动物" + "哒哒叫",等等。

这两种可能性对应了两种形式逻辑描写的方法:或者通过它的属性来描写类别,或者个别属性指定了类别。(这种方法的一些例子在文明史中确实被证明是正确的,例如根据其作用来给神命名,参看本书第Ⅰ,3。)

对于自然语言而言(尤其对于许多逻辑语言),更为自然的是将事物的类别看作是具有许多属性的原始的、客观的现实,将属性看作是由类别派生的更为抽象的概念。在前面关于词汇学的所指与能指范畴的章节中,我们已经看到,预先确定的是所指和能指实体词以及名词的类别,以便后来根据与之的搭配来确定所指和能指动词的类别,这样是更加容易的。

---

① 我们没有找到用于翻译的更为准确的词:这是当小孩子还不会说话,甚至不会笑时的那种哭,这种哭与笑和说是不矛盾的,更像是"啼叫"(但"啼叫"这个词是不能用的,因为它是更加概括的类概念)。

② 指的是微微吹动的声音,如果强风是"呼啸"的话,那么这种声音是轻风发出的。

③ 又一次指的是气息的声音,与微微吹动的声音相似。

与刚刚说明的方法一样,分析法也可以用于任何其他的搭配。关于带有适合副词搭配的"能力,最高级"意义的、带有适合动词与客体搭配的"实现"意义的主要语义成分的划分(使用的是法语语料),请参看[Степанов 1965,136—142]。这些主要的语义成分可以从该语言的大量词组中抽象出来,并被概括为"函数"或"语义参数"的形式[参看 Апресян 1974]。

综合法,或是通过综合的描写,在两个方向上发展:纯语文学方向及哲学方向。

谈到语文学方法,其基础是一个值得注意的观点,在本书的不同地方我们已多次强调了:在静词及谓词(包括动词)分类中存在某些相同和并行现象。在有关历史句法学的经典作品中已经确定,可以将静词和动词在同一个原则的基础上进行分类,并且因此,这些分类原则其实规定的不仅是关于静词或动词划分的类,而且是关于静词类与动词类的对应,或是关于它们在一个结构体范围内相互搭配的自然倾向。在古典语法中这种观点最准确的体现是"genera verbi"这个术语,意为"动词的性",它与"名词的性"(阳性、阴性、中性)相似。

在这方面,什维采尔在其《希腊语法》中写道,"genus verbi"这个通常在比较狭义的意义上用作"对位"(包括表积极的 актив,表中间的 медий,表消极的 пассив)的同义表达,建立在确定这些范畴与名词的性的平行的基础之上(актив 是阳性,пассив 是阴性,медий 是中性)。"genus verbi"这一表达在广义上作为"能够表达动词词根意义"更适合如"人"、"动物"、"植物"、"工具"、"地点标记"等名词的语义类[Schwyzer 1966,217]。有关"genera verbi"的概念同样与在古希腊语法中已经介绍过的古希腊术语"对位"相关(狄奥尼修斯·特拉克思和阿波罗纽斯·底斯克罗斯)。但是,如果"动词的性"主要被分为后缀类型,那么"对位"就是在区分一系列词尾的基础上建立的(积极的,中间的)。所提到的经典语法的观点蕴含了某些比仅仅指出静词和动词形式分类中的平行现象更丰富的内容:其实在此先是出现了结构体中静词与动词语义一致关系的观点,之后经历了所有"长要素"结构体的观点,同样也是结构体的语义分类的观点(词组和句子的"结构表")。但在最经典的语法范围内,这个观点的普遍意义并不清楚。

另一方面,综合法与出自洛克、霍布斯及密尔的哲学传统,与英国逻辑—语言学派的传统相关。总的来说,这方面的方法是首先研究静词意义,然后针对至少两个静词搭配来研究句子。"在看句子第一眼的时候就已经清楚,它是由两个静词的组合构成的"[Милль 1914,16]。组合的原因归根结底在于客观现实,句子在此所表示的复杂现象,或换言之,与构成句子的静词共同表示的(作为主体的静词与作为谓词的静词)并作为同样的现象,确保了两个静词组合的完全相同。"在允许研究现象组成的地方,大部分都很容易发现,在句子中确立的或者是一种现象与另一种的共存,或者是它们的接连出现。在我们发现一个现象的地方,可以预料能够发现另一个现象,尽管可能不存在第二个现象与第一个现象之间的反向联系"[同上88页]。

尽管看起来分析法和综合法可以同样用于同一种语言材料,但历史上的情况却是,上面指出的分析方法更多被用于分析词组,并且完全是不涉及整个句子的非必需谓词词组。而综合法恰恰是由将句子作为整体来研究的问题而产生的。密尔之后,包括维特根斯坦在内的一系列英国学派的代表人物发展了这些观点:"世界分解为诸事实"[11.21],"事态是对象(事物)的结合"[2.01],"图像是一种事实"[2.141],"图像的要素以一定的方式相互关联,这表明事物也是以同样的方式相互关联的"[2.15],"简单记号在命题记号中的配置,对应于对象在情况中的配置"[3.21],"命题必须用已有的表达式来传达新的意义"[4.03],"在命题中情况就像是用试验的方法组合起来的"[4.031],"一个名称代表一个事物,另一个名称代表另一个事物,而且它们是彼此组合起来的;这样它们整个地就像一幅活的画一样表现一个事态"[4.0311],"命题的可能性建立在对象以记号为其代表物这一原理的基础上"[4.0312],"在一个命题和它所表述的情况中,应该恰好具有同样多的可以区分开来的部分"[4.04][Витгенштейн 1958]。

如果现在说的不是关于逻辑学本身,而是关于这些逻辑观点在语言学中的应用,那么在此是沿着两个方向发展的。在一个学派中发展的是将句子看作反映,将情境符号看作特殊的性的符号的观点。这些想法可以称为句子的符号观点。因此,加克写到:"句子的句法结构不只是词在语法上的结合,而且是情境结构的整体反映,如它的发话人那样……像词一样,应该将句子(语句)作为特殊类型的语言学符号—静词来研究。语句与词之间的区别是,语句表达完整的情境片段,包括它的基本元素—过程,它直接与具体的情境对应,它所表达的内容客观上是语言系统方面的。词表示情境元素"[Гак 1968,11]。在特定的时期这种方法起到了非常好的作用。

但是后来另一个学派占据了上风,我们假设称它为"句子的思维观点",它的目标不同于其名称,不是研究情境的表现(从而研究所指对象,"意义"),而是研究构成句子"含义"的组合规律性。在根源上,它与假值和无意义之间的,也即破坏了语言和句子的语义系统的逻辑界限问题紧密相关。目前,在这种方法的框架下确定了大量足够明确的、在构成这个句子中所描写的语义一致关系的规则。因此,例如"主谓(更准确地说是命题的主体与谓词)的语义一致原则之一是建立在区分不同语义层面或层级的谓词基础之上的①:所以,第一级谓词只能与具体的实物主体搭

---

① 在这个引文中"谓词的层面"与"谓词的层级"这两个表达是作为同义词使用的。在本书中与许多逻辑理论,例如卡尔纳普、科里等相对应的理论,我们区分了这些术语(关于这个问题参看第五章第2节,以及名为《静词、谓词、句子》这本书的第七章)。

配,第二级谓词则与事件的主体搭配"[Арутюнова 1974,165]。例如,如果在所谓的系词句中,谓语是由事件名称表达的,那么语义一致关系就要求主体也被解释为事件名称,无论在语句中被叙述成了什么：разбитая чашка — твоя работа = "碗摔碎了是你干的事"[同上,166 页]。在研究"词汇意义结构"的规则时,也使用综合法[Апресян 1972]。

综合法总体上保留了它原始的特征—对于静词的认识在很大程度上是发生在句子分析之前的,也就是说,这种方法处于唯实论轨道上。

在语言学历史上还出现了非常有意思的、多半是处于唯名论轨道上的"第三个方向"。它与不久前语言学家重新公开的来自布罗斯的西班牙语法家桑切斯(1523—1601)的名字联系在一起。可以将他的方法称为语义补充法,但是在没有进行专门研究的情况下,很难说出可以在多大的范围内应用它。桑切斯本人使用它,为的是在一个连续的描写中将一位谓词与二位谓词结合起来,例如：Мальчик спит(男孩睡觉)和 Мальчик гоняет собак(男孩撵狗)。桑切斯断言(кн. Ⅳ,гл. Ⅲ),任何动词应该都是及物的并且具有补语,尽管补语是同一个词根的静词形式。因此,如果在语义上对动词进行补充的话,"男孩睡觉"这种表达可以转换为"男孩撵狗"这种表达的形式：Мальчик спит = "Мальчик спит сон"[Sánchez 1754,538]。当然,在此得到的语义描写相当不同寻常,但是需要指出的是,它们是以所谓的自然语言十分现实的句子(figura etymologica)为基础的。这类表达在印欧语中相当常见,并以残存的形式得以普遍保存：比较俄语的 думу думать(想之所想)、дело делать(做事)、горе горевать(忧之所忧)、беду бедовать(历经灾难)、зиму зимовать(过冬)、ночь(пере)ночевать(过夜)、(о)город городить(建筑城市),而同样非常现代的 песню петь(唱歌)、собрать собрание(召集会议)、нарисовать рисунок(绘画)等；拉丁语的 vitam vivere 直译为"жизнь жить 过日子";法语的 vivre sa vie "жить своей жизнью 过自己的日子";立陶宛语的 sapną sapnuoti "видеть сон 做梦",直译为"сон спать 睡梦"(试比较前面的这种描写)。

桑切斯的分析在这种情况下与唯名论者奥卡姆的分析几乎一字不差(参看后面 4)。我们首先正是像对待在这个完整句子范围内的语义一致关系一样来看待这个现象,而不是像对待静词的搭配或者结构那样。

语义一致关系,长语义要素与对立。

如果语义一致关系(或语义搭配)是所有非独词句的不可分割的特征,那么与之相一致的内容部分应该有名称。在符号学语法中,我们称之为长语义要素。

由前所述可以看出,长语义要素可以或者被看作是从搭配的词的类似语义特征中确立的(综合的观点),或者是从作为整体的句子中抽取的(分析的观点)。在此我们采用唯名论精神中的分析法。

作为开始我们不谈论有关长语义要素的内容,而只谈谈关于它存在的事实本身。为此我们利用句子的复杂形式—"关系"句就足够了,其逻辑结构为 aRb。以下现实的俄语句子可以作为例句:Каяк легко может разорвать хохлач"冠海豹能够轻松地划破爱斯基摩皮艇"〔Г. Кублицкий, Фритьоф Нансен. М.,1956,с. 115〕。如果不对谓词进行详细的分析,将它看作某个完整的 R,那么这个句子的结构就是:каяк R хохлач。我们想要选择一些俄语发话人可能不认识的词,以便将注意力集中在长要素的特点上。很明显,它指出了爱斯基摩皮艇和冠海豹这两个名词含义的某些语义一致性,这种一致性以它们所表示对象的客观关系为前提:"某种爱斯基摩皮艇能划破东西,而某种冠海豹受到这种作用,被划破了",或相反"某种冠海豹能划破东西,而某种爱斯基摩皮艇受到这种作用,被划破了"。

所研究的句子带有足够的普遍性质:长语义要素只指出了语义联系或某种关系中两种含义的一致性,它本身并没有预先决定它们在语句中的作用—是否其中一个将为主体,另一个则为客体或谓词。我们立刻看出这对于理解和解释句子来说是不够的。用没有预先决定 a、b 这两个成员作用的符号 R 予以表示是很清楚的。没有指明 a、b 成员的作用,或者没有详细说明 aRb 这个表达中 R 的关系,不是不能理解的。要对其进行解释就必须知道,哪个项作为主体,哪个项作为客体或谓词。

在总的情况下不可能从语境的观察中直接得到这个问题的答案。维特根斯坦也很好地理解了这一点:"每个命题必须已经具有一个意义:肯定并不能给命题以意义,因为所肯定的东西正好就是命题的意义。这一点同样也适用于否定,等等"〔Витгенштейн 1958,4.064〕;"一个命题的动词,并非如弗雷格所认为的,'为真'或者'为假'"〔同上,4.063〕。所以我们也不能在分析长要素时以上面提到句子的"符号法"为基础。在我们能理解句子为真或为假之前,我们应该确信,它是可以理解的。

为了得到上述问题的足够普遍形式上的答案,也即为了理解句子的含义,还必须了解某些情况,或者1)关于关系 R 连接的静词,或者2)关于建立 aRb 类句子的总的原则,也就是在该种语言中建立包含在 R 中的关系。从某种观点看,这些认识是等价的。

如果我们以认识静词为基础,那么我们应该了解,譬如,在该语言中静词至少分为两大类,其中一类包括同时带有其关系属性的静词,也就是说,在这一类中,从语言的观点出发,静词表现出与可能谓词来源的 aR 相像的特点,而另一类静词是在 R 这个关系之外对其予以表现,比如,仅是 b。那么清楚的是,在这个句子中主体将是该谓词 R 所依据的那个词。例如,如果该语言中爱斯基摩皮艇是能够划破事物的名称,那么它将是主体:爱斯基摩皮艇划破了某个东西;爱斯基摩皮艇划破了冠海豹。如果在该语言中冠海豹具有这种属性,也就是这个词属于上述类别的话,那么主体将是冠海豹,句子也将得到另一种解释。

如果我们不以预先了解静词为基础,而像我们最初建议的那样,以了解句子结构的符号为基础(或者以它分析的能力为基础),那么我们应该知道,根据该语言的符号,在什么地方可能出现长要素的中断。假设在该种语言中长要素可能在第二成分前中断,那么我们就得到了 aR 和 b 这样的切分,a 是主体,而 b 是客体或谓词。如果该种语言只允许在关系说明之前切分的话,那么我们得到的是 a 和 Rb(或 bR,它们是相同的,因为关系记录本质上是非线性的,其线性与关系的本质不相关),因此我们应该解释为主体成员 bR,也就是 b。例如,如果可能有"爱斯基摩皮艇能够划破"这样的搭配,那么爱斯基摩皮艇将是主体;如果可能有"冠海豹能够划破"这样的搭配,那么冠海豹将是主体。如果两种都可能出现或者不知道哪个是正确的(就像这个例子中的情况一样),那么只能进行可能的解释,或者借助语境以及各类预设。俄语的 Весло задело платье(桨碰到了连衣裙或连衣裙碰到了桨)是两种情况都可能出现的例子。

为了对上面所举句子进行初步的解释,我们发现,爱斯基摩皮艇是小艇,而冠海豹是一种海象类动物,这就是说,句子的解释应该是这样的:"冠海豹(动物)能够轻松地划破爱斯基摩皮艇(小艇)"。这种解释是以俄语中具有"动物类名词"为基础的,也就是动物性实体的名词,它们被看作某些谓词的来源,而"划破"类的积极作用谓词的来源,以及"非动物类名词",也就是非动物性实体名词对于上述谓词而言被认为是失去了这些谓词。下面我们将回到对这个例子的充分解释上来。

我们回到了长语义要素,继续对语句进行分析。前面我们看到,为了解释在 aRb 结构的句子中 a、b 成分的作用,需要知道这种句子是否可约为 aR 或 bR 结构,可约为一位谓词(在已知的意义上,这个程序与弗郎西斯科·桑切斯所提供的相反,见前面),其中哪种成分能够充当一位谓词的主体。我们倾向于将这个成分解释为"关系"句的主体。

但是需要了解,与一位谓词有关系的谓词的要求是很强的,没有它也勉强可以。在语言的现实系统中,了解长要素的作用在语句的哪个部分减弱就足够了。

现在我们将在非常接近语言的现实中研究语句,也就像在记录时某些线性的或者(在这种关系中是同样的)某些随时间展开的东西。可以保留 aRb 的记录,但是在此已经将它看作语句的现实序列的记录。例如,如果我们说爱斯基摩皮艇划破冠海豹,那么这个线性时间序列的记录将是 aRb,因而 a—爱斯基摩皮艇,R—划破,b—冠海豹。

我们确定,长语义成分不是以同样的程度在语句的范围内显现,它或者沿 a 到 b 方向减弱,或者沿 b 到 a 方向减弱。换言之,语句中占优势的要么是顺序中的第一成员,要么是最后一个成员。如果我们在此把关系 R 解释为"划破"或者"具有划破能力"的话,那么这个长要素的作用要么在成员 b——冠海豹中减弱,因此爱斯基摩皮艇就占据了优势,要么在成员 a——爱斯基摩皮艇中减弱,因此就是冠海豹占据了优势(不难发现,从另一个观点看,即如果从预先的了解和名词分类出发,这就等于说作为名词爱斯基摩皮艇或冠海豹的个别特征的"划破"类积极谓词是否被归入了该种语言中)。

在长语义要素属性的这种理解中,尽管可能在此以一些不同寻常的形式对其进行了介绍,但在本质上是没有什么特别的。这仅仅被称为语言组合对立普遍关系的个别情况。为了在外在形式上实现语句,构成其音位的充分对立是必须的(与聚合体——"聚合轴"中的音位对立相关)。为了在语义层面上实现语句,构成其含义的充分对立是必须的(与含义以及聚合体中表达语句的词的对立相关)。在语义层面上,例如重言式的语句是不合乎要求的:其部分的对立是不足的。

换言之,可以说,穿越所有语句的长语义要素总是从属于对立关系:它在语句的哪个部分减弱,这个部分就开始与其他部分形成对立,产生"主体"与"谓词"的雏形。

3. 康德的范畴
——作为根据语句—判断的"长成分"建立范畴的例证

康德与亚里士多德是对范畴问题持有完全相反观点的思想家。而且,他们两位对有关这个对象的学说都是从表达形式,即语言开始的。但他们对语言的态度则明显不同。对亚里士多德而言,语言形式(在他的母语希腊语中)表达的是某些现实,或者是世界的现实,或者是意识富有内涵的现实——"概念"。在哲学思考领域,康德似乎完全没有注意到自然语言,他的母语是德语,透过自然语言他看到的是判断和概念的"纯形式"。但是在他看来的"纯形式"仍然是"语言",是逻辑语言。

在这个问题上康德对亚里士多德进行了苛刻的攻击:"但因为他(范畴问题上的亚里士多德—作者注)没有任何原则,他接受了他遇到的一些范畴,并且一开始就选择了十个称之为范畴的概念……后来他似乎又找到了另外五个这样的概念,将它们命名为后范畴并补充到之前的范畴中。但是他的范畴表仍然不完整。此外,列入他范畴表中的还有一些纯感知模态(quando, ubi, situs,同样还有 prius, simul),甚至还有一个经验态(motus)也被列入其中,它们完全不属于这个谱系的常理,而且在他范畴表的初始概念中,还列举了一些派生的概念(actio, passio),但另一些初始概念却完全没有被指出"(纯粹理性批判)[Кант, 1964, 176](下面我们引用的也是这个版本的)。

康德本人觉得他是从某个总的原则出发。但是对于我们来说重要的是,这个康德的原则是判断的逻辑形式,也就是说归根结底也是"语言"。康德认为,"如果我们完全脱离所有判断的内容,而只关注判断的一个理性形式的话,那么我们将会发现其中的思维功能可以被划分为4类,其中每一类含有3个方面。它们可以清楚地表现在下表中"(见下表1)。

但是这里的"功能"是什么(思维或理性)?这不是别的什么,而是在判断活动中判断主体与谓词的联系,由此区分出了它们之间共同的东西——"在功能中,我理解将各种概念归入一个总的概念中的活动(理性—作者注)的同一性"[同上,第166页]。但是这也是前面我们所称的"冗长成分",它是语言的初始现实,既在表达层面上(在音节中),也在内容层面上(在语句的结构中)(参看前面第三章的第1、2节)。康德继续说道:"通过一个判断中的各种概念转达了统一体的那个功能,也宣告了在一个直觉中的统一体及概念的纯综合;这种在普遍形式上表达的统一体被称为纯理性概念[……]通过这种方法出现了多少先验性地属于普遍直觉对象的纯理性概念,在前面的表中就列举了多少所有可能判断的逻辑功能:理性完全是以这些功能而结束的,它能够完全地对其予以计算。根据亚里士多德的例子,我们称这些概念为范畴,因为我们的目标与他的目标完全一致,尽管在解决方法上我们与他是完全不同的"[同上,第174页]。

在康德的这个著名论断中,在逻辑学、语言学的历史上一方面第一次明确地指出了"判断的长语义要素"或"判断的形式"之间的联系(在这一部分中康德使用的术语后来具有了普遍性),另一方面还指出了范畴之间的联系。因此确立了组合体系和符号关系学的最高概括—"冗长成分"以及语义学的最高概括—"范畴"之间的联系。

现在我们来看康德的两个表。

表 1

判断中理性的逻辑功能

(判断的理性形式)

1. 判断的数量总的部分的单个的

2. 性质肯定否定无限　　　　　　　　　　　　3. 关系绝对的假设的选言的

4. 模态盖然的确断的必然的

表 2

范畴

1. 数量 单数 复数 集合

2. 性质 现实 否定 限定

3. 关系 本质与独立存在(substantia et accidens)因果关系与依从关系(原因与行为)联系(发出行为与承受行为之间的相互作用)

4. 模态 可能——不可能
存在——不存在
必然性——偶性

对于现代语言哲学非常重要的是,范畴表中包括了实体范畴的第 3 项。在康德观点的所有语境以及表 1、表 2 项之间的比较中,很清楚地看到,康德将实体范畴从判断的形式中提取出来,也即从绝对判断的形式中提取出来。这也是唯名论的原则。在此,我们看到了罗素观点的来源,"实体"概念是从语言派生的。这完全正确,但仅仅是在唯实论的语境中,在康德以及罗素的论断中。众所周知,对于罗素而言,这如果不是完全重要的,也是作为"致力于清除导致误解的虚构的和'空洞的''实体'概念"的一个理由。不过,应该提醒的是,无论是罗素,还是逻辑实证论者,都没能避开实体概念(或范畴),可能在他们本人观点的有限语境中就是关于这一方面的论述。

颇有意思地注意到,当康德的判断类型分类看起来似乎是成功的,并在当下被广泛使用的时候,他的范畴系统却在整体上是失败的,细节是矛盾的,整体上是低效率的,在实际研究中几乎不被使用。

除了上述情况之外,在康德关于范畴的理论中还有一个对我们非常重要的方面,它甚至可以称为康德"范畴建立"的第二原则——追求最完整、严格的系统性:康德不仅根据其内在结构来研究表 1 中的每个范畴,也就是将其作为判断的该种形式中主体与谓词之间的内在关系,而且根据的是这个范畴类与邻近形式的关系,而后是与其他类的标准关系。因此,康德的一个范畴对于另一个范畴是相对的、对比的。其实,在这两个表中所介绍的康德的系统是结构方法研究语义的起点。20 世纪在英国语义分析流派中提出了这种方法,并成为了所谓的"意义的对立理论"。它来源于这个原则:正是由于它的非对比性,非对比的范畴被列入其中,并应该从语义论断中予以排除。

相反,亚里士多德的范畴系统是灵活的,它表现的正是深入其中的语言。亚里士多德有时将一些由其他根据(谓项类)区分出来的范畴并入 10 个范畴中(康德也看出了),有时在 10 范畴中区分出"最主要的"范畴。这并非偶然。亚里士多德的范畴是非对比的,"数量"不与"性质"相对立,前者仅仅不同于后者;"地点"也不与

"时间"相对立,它也同样与之相区别,等等。因为范畴在任何一个理由下都不与另一个相对立!亚里士多德的系统带来了意义的非对立理论(参看第二章,第一节)。

4. 奥卡姆——新时代唯名论的第一位代表

从语言哲学的观点看,主要根据康德所采用的方法,应该将他归入唯名论:正如我们在本书前面的章节中看到的那样,他的范畴直接从判断的线性组织中,也即"话语"中提取(尽管是从话语的简短片段中)。说到范畴的内容,康德在此提出了直觉、论断、理性、理智。在这方面他不是经验论者。

而奥卡姆(1285—1349)既是唯名论者,也是经验论者,他不仅应该被看作是新时代唯名论的第一个重要人物,而且是英国经验主义的创始人。因为在英国哲学传统中,唯名论与经验论是紧密联系在一起的,而奥卡姆是 20 世纪英国语言哲学家的前辈,其中也包括罗素。

谈到方法,那么在此相反的是,就像当时典型的经院哲学家一样,奥卡姆采取的完全是传统的方法。也像所有的经院哲学家一样,对于奥卡姆来说十分重要的是关于指代的学说。现代观点认为,这个学说是在逻辑—哲学方面描写语言语义系统的本原形式。

拉丁语术语 suppositio 表示"代换",意思就是在语句成分中用一个词(项)代换另一个。术语 suppositio 本身对应的是希腊语ὑπόθεσις,甚至可能是直接翻译过来的,直译为同样表示"假说"和具有复杂概念史的"置换,代换"。有关指代的学说在亚里士多德之后开始发展,并在中世纪经院语言哲学以及整个哲学中占据了中心位置。在这个学说的框架下,正是通过代换以及从代换中抽取结果的方法,解决了普遍名词、个体名词与专有名词之间的相互关系问题,解决了不同类型名词的深层语义问题,等等。与此同时,这并没有涉及到符号关系学问题,但是所有这一切都缺少了关于语言的句法量度概念,而只是建立在一个语义学的基础之上。但是,这个学说大概不能被称为"残缺的",它更像是证明了:从语义出发可以在多大深度上深入到句法问题之中。在现代语言哲学一系列的兴趣范围内再次出现了指代,从形式句法出发,现代语言哲学完全开始研究语义。

此外,我们面前出现了有关指代的学说中元语言及元描写的第一个叙述。与术语"元逻辑"本身相比,术语"元语言"出现得更晚,它第一次出现在来自索尔兹伯里的约翰笔下,正是由于讨论种、属的现实性,也就是"唯实论"与"唯名论"的相互关系,而出现在 1159 年他的希腊语名为《Metalogicon》(拉丁语为《Metalogicus》)的著作中。

有关奥卡姆的指代学说与希思帕尼斯(1220—1277 之后)的对立。希思帕尼斯继续了亚里士多德被赋予隐晦的阿威罗伊主义的学说,在有关共相和范畴的问题上,他大体上是适度的唯实论者和概念论者。在某些方面他接近于拜占庭的传统。在指代的技术层面,两个作者有许多共同之处:遵循波菲利的模型,两者都叙述了二分法形式的指代。

但是,如果暂且不谈技术问题,那么实际上希思帕尼斯与奥卡姆的指代之间具有相当大的差别。希思帕尼斯将总的指代划分为"自然的"和"附带的",或"偶然的"。希思帕尼斯用术语"naturalis"—"accidentalis"予以命名,在希腊—拜占庭传统中,例如普塞罗斯认为,它们与术语 κατ ά φυσικ ή ν—συμβεβηκό ς对应,后者在亚里士多德的搭配中用来命名附加特征(参看前面第二部分,第 3 章)。问题在于,和普塞罗斯一样,希思帕尼斯采用了亚里士多德关于自然中种的现实存在的状态(为什么也是术语"自然界的","自然的"),关于作为实体直接表现的种的状态。相反,"附加的","偶然的"特征对于实体的表现来说是"非本质的","偶性的"。

当然,对于唯名论者奥卡姆而言,这种划分是完全不重要的,他抛开了这个分层。对于奥卡姆而言,现实的存在只属于单个实体,而所有其余亚里士多德的范畴除智慧与头脑外,在实际的现实中没有任何对应。奥卡姆渴望将几乎所有这 10 个范畴归为一个实体。而且,最后一个范畴不能理解为本体,而应该是实体,是与单个事物相对应的"第一实体"。因此,比如关于行为(Actio)他写道:"Hoc nomen actio supponit pro ipso agente, ita ut hatc sit vera:'actio est agens', vel …tails propositio est resolvenda in aliam propositionem, in qua ponitur verbum sine nomine tali, ut ista:'actio agentis est'acquivalet ista'agens agit'"(Summ. Log., Ⅰ, cap. 57)(行为这个名词被代换为行动,因为"行为就是行动"这个命题为真,或者……这个命题可以分解为[变换为]另一个命题,在这个命题中出现了不带名词的动词,就是下面[例如]这个:"行动属于动因"等同于"动因实施行为")。亚里士多德的范畴,除"第一实体"与"关系"外,对于奥卡姆而言都是智力运算的符号,或者就像用现代逻辑—语言学作品中的语言所说的,是语言转换的符号。

奥卡姆分析的这个例子与后来 16 世纪西班牙语法学家桑切斯提出的例子非常接近(见上文第二节)。

有关奥卡姆与希思帕尼斯的指代学说之间的上述区别,反映的主要不是学说的进程与发展(奥卡姆比希思帕尼斯研究晚得多),而是两种观点系统—唯名论与唯实论稳定的、几乎不受时间限制的发展。

在与当时的唯实论者和概念论者的争论中,尤其是在与邓思·司各特的争论中,奥卡姆反对的是像未归入"事物"以及现实存在的"实体"那样的共同点,但奥卡姆的这种反对意见被如此详细地分析了,其中包括了那些细微的对立与区别,以至于实际上成为了一个完整的概念,现代研究者认为这一概念在词的直接意义上是

"语言学概念"。其实,奥卡姆反对的"实体"在系统中成为可能,因为建立了整个系统—语言的哲学。早在本世纪初拉德洛夫就准确地论述了他的论题。奥卡姆认为,共相(意思是"实体")如同概念一样只存在于心灵之中,但它们不是简单的想象、虚构(fictiones)的产物,头脑中事物初始的直观概念(intentio prima)通过集中思想定向于作为客体(intentio secunda)的这些概念的第二性活动,使它们在意识中具体地存在。奥卡姆将这种第二性活动称为"第一次认知抽象"(prima cognitio abstractiva),而拉德洛夫成功论述的主要论题是"这个第一次的抽象认识已经具有了普遍性质,它充当了外在存在的符号,就像烟是火的符号,笑声是快乐的符号一样"[Радлов б. г. , стлб. 823]。在这里,从总的唯名论与奥卡姆唯名论上可以清楚地看出一点,正是对它并未给予特别的关注,并且其中隐含了其反驳的起始观点:概括的自然性。对于概括而言没有必要去努力,它存在于头脑中,是被预先注定的。(从唯实论的观点出发,这一点得到了很好的解释。)

有关奥卡姆的最新研究,在扩展我们对其系统、其系统的直接来源、隐含论战的细节、逻辑等,尤其是某些原则上新的内容的认识上,似乎都没有做出补充。现代作者论述的中心是关于外在现实"作为符号的概念"问题,它类似于在"智力"—"intellectio ipsamet"活动中(西班牙语的术语是"la intellección")表达现实的符号(参看具有特点的名称为《作为语言哲学的奥卡姆唯实论》的著作:[Еписк.]Teodoro de Andrés. El nominalismo de Guillermo de Ockham como filosofía del lenguaje. [Teodoro de Andrés 1969])。只能说在所有新的研究中,包括在前面提到的《作为语言哲学的奥卡姆唯实论》的一书中,奥卡姆的哲学路线越来越得以加强,并被提高了等级,这条路线与现实的"能指"相关,在隐含的"能指"与"名称、命名"问题的对立中,形成了俄语"名称哲学"的主旨。

英国研究者穆迪关于奥卡姆系统中逻辑与形而上学之间明显脱离的观点,把注意力从新的部分思想引向了自身,这个观点我们将在后面详细研究。(尽管我们认为,穆迪断言的"奥卡姆是逻辑学中的唯名论者,因为他是形而上学中的唯实论者"[Moody 1935]并不正确)。

在唯名论以及与之相关的康德思想的轨道上制定了细致的、系统的分析方法。根据其直接属于现代语言哲学的程度,其中的一些方法在前面第一章第 2 节(例 2)已经被提到了,可以看作是本节的直接延续。

5. 基于康德唯名论的系统中的词的概念与意义

卡尔波夫(1856 年)逻辑概念的相对性现代形式化的起源

本节的目的在于,在语言及语言哲学的有限片段中反映出一些唯名论路线的成果,并因此使读者对现代新唯实论(第五章)并不排除唯实和唯名观点的某些综合思想有所准备。本节材料与第一章第 2 节(例 2)的材料直接结合在一起。

语言中内容的形式与总的形式或表层形式是不相同的。后者归根结底是语句或词的语音形式。而内容形式是内容的一部分。直接与表层语音形式联想起来的那个内容部分是内容形式。搞清楚这些联想是一个很艰巨的语言学任务。例如,英语 breakfast 这个词表示"早饭",这也是其内容。但是这个词的直接语音序列表达的不是别的什么,正是 break-——带有"打破,中断"意义的词干和-fast—带有"斋戒"意义的词干,把它们加起来直译为"中止斋戒"(在自由的形式中,两个元素都在 to break one's fast"打破,结束某人的斋戒;开斋"这个表达中保留了)。从历史观点看,"打破斋戒"在英语中也有"早饭"这个内容(意义)形式。但是现在这个形式不为说话人所了解,并且在语言学上也不发挥作用。语言学家应该寻找更加现实的、同步的、有效的语义联系。

如果在词典中"早饭"被确定为"早晨进食,一天中的第一次进食"(区别于"午饭"—"白天进食,第二次进食","晚饭"—"晚上进食,第三次进食"),那么可以认为,对于现在的"早饭"这个词而言,语义特征"吃东西"其实是内容的有效形式。这样的语义联想可能完全不为说话人所了解:无意识性是内容形式的总属性。它们的划分是语言学的任务。

在继续讨论思维内容中的形式与物质之前,我们先稍稍偏离历史中这个问题的理论。对于俄罗斯语言学家而言,有关"内在形式"的理论无疑首先与波捷布尼亚的思想联系在一起,这在很大程度上也是正确的。波捷布尼亚建立了其框架下关于内在形式的正确的、但却没有完成的理论。在这个形式下,他领悟到了"在新词中认识先前内容的方法",如果所说的是单个词的话[Потебня 1926]。因此,在подснежник(雪莲花)这个词中表示的是确定种、属的花,也介绍了先前的内容,也就是其他一些词 снег(雪)、под(在什么下面)的内容,直译为"在雪下面的东西"。前面所列举的带有意为"早饭"这个英语单词的例子也是这样的。根据这个观点,内在形式是词的来源,但只是说话人清楚的词源。理解为非派生的词也因此失去了内在形式,例如:лев(狮子)、заяц(兔子)、плакать(哭泣)。

另一方面,波捷布尼亚将自己对内在形式的理解扩展到语言中"认识语言外内容的方法"。"针对该词而言是词源,针对上一个词而言(在言语中——作者注)是句法"[Потебня 1958,47]。在此波捷布尼亚想说的是,言语层面的句法与历史层面的词源一样,为说话人和受话人建立了先前的认识,但句法建立的仅仅是语句中直接发生在这个时刻之前的言语。在此波捷布尼亚非常接近语句活动中关于思维逻辑形式的学说,但看起来并没有将其发展下去。在这种情况下他又将另一种划分列入了内在形式的概念——分为"实体意义"与"语法形式"。从概念的这种扩展出发,语法形式的意义已经是内在形式了,例如,俄语中雪莲花这个词是阳性名词,换言之,它是属于阳性类的事物,而且这个语法意义建立了词的所有其他内容。因此,在波捷布尼亚的理论中,理解内在形式的所有方面都被标出,但它们之间并没有明显的联系。相反,康德关于思维形式与物质的理论得到了发展,直到今天人们还常常回到他的理论中。这个理论适用于词的语义,例如在[Кацнельсон 1965]的著作中。

我们在康德(在这方面的)的追随者、上世纪中期的俄罗斯逻辑学家卡尔波夫的《逻辑的系统性论述》[Карпов 1856]中,找到了对这个适合于词的内容与概念理论的研究,这种有关主体、谓词、所指和能指问题的研究对于我们来说是非常重要的。

在前面带有"早餐"这个词的例子中,我们看到,对于"早餐"这个词的内容而言,"吃东西"这个词已经作为其由"一天中的第一次"或"早晨的"特征限定的语义特征之一的形式,是它内容方面最直接的联想。似乎预见到了类似的研究,卡尔波夫写道:"如果任何理性概念都是在一个普遍特征之下思考的,并且由其他大致是个别的和特有的认识予以限定,那么这样它就在自己的概念中为我们指明了形式与物质。概念形式被称为意识的普遍特征,针对该特征这些意识与对被理解事物的意识相似,并且根据这一意识,事物在思想中得以呈现"[同上,第89页]。

以下例子阐明了概念的形式。比如,将对俄罗斯人的这个认识与有关德国人、法国人、意大利人①等的认识进行比较,在"欧洲人"这个特征下使用它们,因此就摆脱了概念等级上的认识范围,使它在"欧洲人"这个普遍特征下,在思想中得以呈现。在这种情况下,"欧洲人"的特征成为了"俄罗斯人"概念的形式。在这个方面描写同类认识集合的这种特征被称为外延。指出的特征在这个意义上表明了,正如卡尔波夫表述的那样,同时带有"俄罗斯人"概念的所有列举的认识(即德国人、法国人、意大利人)都处于"概念中"。这个特征也被称为概念的外在范围,quantitas extensiva(现在称为"外延")。

"那些属于其他类认识的特征曾经是普遍的,但现在属于比较的认识,它们是个别的,与个别特征一样,它们作为所理解的认识的限制或是特有的特征,这些特征是概念的物质。因此,例如俄罗斯人居住在波罗的海与东海之间,属于斯拉夫民族,信奉东正教等特征,需要看作关于他的概念的物质特征,因为它们并非来自俄罗斯人与德国人、法国人、意大利人等的相似,而是来自与其他种族的相似。因为类似的特征构成了概念,并且来自其外延中所有认识的类似特征都属于它的一个概念,那么通过它并在其中,概念获得了自己的内容,而对于那些它们保留了普遍

---

① 根据当时的拼写法,卡尔波夫在写国家名称时使用大写字母,并且按照自己独特的观点依次区分了认识的名称——不带引号,概念的名称——带引号。

特征意义的认识的种类,已经不是包含在概念中了,而是在概念之下。例如,俄罗斯人是斯拉夫人的这个特征,包含在俄罗斯人这个概念中,而为了接受斯拉夫人的特点与之相比较的保加利亚人、塞尔维亚人等,都是在'斯拉夫人'这个概念之下"[同上,第90页]。卡尔波夫将概念的物质或内容同样地称为概念的内在范围(quantitas intensiva,比较现代语言学中的"内涵")。

卡尔波夫关于概念的理论看起来似乎简单,其实非常复杂,它很好地适应了语言学任务的灵活系统(卡尔波夫本人并不是与语言学倾向格格不入的,他在其著作的其他地方提供了名词很有意思的语义分类)。在语言学上,这个理论的主要特点是概念定义的相对性,但相对性并非无限。前面我们已经看到,并且将在下面第6节专门研究这个问题:在不同的描写系统、不同的词典中,同一个词的意义(更准确地说,应为含义)可以在特征的同一个组成中并在某个不同的程度上被定义。区别将取决于特征的分级,或者是卡尔波夫所使用的术语,取决于概念的形式与物质的分布。因此,狮子可以被定义为:1)猛兽,2)身材非常高大,3)带有黄鬃,等等,或者是1)动物,2)哺乳,3)凶猛,或者最后就是:1)动物,2)凶猛,等等。

总的说来,种属区别的不同在已知的程度上是相对的:可以将属的区别解释为种的特征,而种的区别可以解释为属的区别。我们以黑马的定义为例:它是黑色毛的马(1)。语义上可以将它描写为(即展开和分析):"黑马是黑色的马"。如果将"黑色"这个特征作为类别来解释的话——这是完全普遍的,那么最终的分析将是:"黑马是属于黑色事物类别中的马。"然后可以在等级上改变包含在定义谓词中的概念,也就是将种解释为属的区别,而将后者解释为种:"黑马是黑色的事物,是马"(2)。但是在定义(1)与定义(2)之间有着非常重要的区别。当"马"客观上作为类别存在的同时——在自然界中,在人类的社会实践中,以及对应于词典的分类中(在"动物"类中),"黑色的事物"客观上只以复数形式出现——黑马、寒鸦、椋鸟、煤炭、黑眼睛、焦油,等等,但作为整体,作为类别在人类的实践中是不予区分的,并且在词典的分类中也不存在[参看:Клаус 1960,232]。在此恰好也体现出了总体上"定义的相对性"这种现象以及包括概念定义在内的相对性。

另外一些逻辑学家也多次强调了概念定义,从而将其看作积极因素的词的意义的相对性,但有时也将其绝对化。所以,比如维坚斯基强调了取决于观点的概念的必要性及充分性,也即重要特征的相对性[Введенский 1923,59—60]。如果在这个方面不将观点理解为个体—主观的话,那么完全可以同意上述意义中关于概念定义与词的意义相对性的论题,因为其中不同词典中的资料,我们说同一个普通或详解词典中的同一个概念项由于这个或那个学科的范围而获得了不同的定义,例如在《科学院俄语大词典》中:ванадий(钒)—1.化学中。属于磷类的化学元素。2.在冶金业中。在制造优质钢时使用的硬金属(参看后面第6节,《B》)。

因此,根据这个语言—哲学路线的讨论,我们得出了逻辑学家在自己那方面所得出的结论—否定"通用的事物范围"这个概念[参看:Бирюков 1963;Бессонов 1985]。

词的搭配属性通常首先与它语义特征分级的起始层和上层—与它语义内容的形式相联系。所以,例如俄语中"早饭"这个词的搭配主要与此相关:1)吃东西,2)第一次或早晨进食,或者在最小程度上与此相关,3)不包含汤的进食,等等。因此,对于语言学家而言,非常重要的是使作为词典单位而被描写的词的语义特征分级与它在句中的语义搭配对应起来。概念形式、内容和词义(含义)的区分以及对这种对立的相对性的理解对此恰恰可以有所帮助。

如果现在仅局限于主要的,那么可以说以语义特征分级形式进行说明的词的语义特性,在整体上应该符合这个词在词典分类中的位置。

既然能够存在词典分类的不同系统,包括移动同一个词典系统中的特征,同样还有各种表意词典,那么很清楚的是,概念的定义与词的意义的相对性将由这些区别确立。同时在这种方法中完全清楚的是,这个相对性与相对性的观点—认识的相对主义没有任何共同点。所说定义中相对性的界限是由语言本身的客观系统来确定的:定义的相对性是由该语言一般名词的集合和系统来限定的,而这是足够确定和有限的集合。在很大程度上难以进行直接研究的语言客观的词汇—语义系统本身将是分别处于词典—语义概念词典或同一个词典中的各种可变系统之后的不变式。

反对概念定义相对性的观点在某些时期得到了发展。沃伊施维洛的观点就是如此[Войшвилло 1967,149](我们完全同意他在其他方面的观点)。但是,似乎这些反对意见并非来自作者的主要论题,相反,以上述形式出现的概念以及定义的相对性观点与之是一致的。看起来问题在于,沃伊施维洛与卡尔波夫相比,不是这样看待外延的。对于后者而言,概念的外延是其外在范围,完全对应于 quantitas extensiva 这个术语的拉丁语意义"延伸的力量"(例如,对于"俄罗斯人"这个概念而言,同时带有限定特征的"欧洲人"的这个特征),首先是最接近的种;概念的内容是内在范围,对应于 quantitas intensiva 这个术语的拉丁语意义"拉紧的、聚拢的力量"。对于沃伊施维洛而言,外延似乎是内在的范围,尽管也是它的"极限"部分:"概括于其中的事物类别被称为概念的外延。这个类别中的单个事物(在概念中可以想到的事物,思维的对象)被称为类别的成分或者概念外延的部分"[Войшвилло 1967,164]。如果在将它归入各种更加普遍的范围以及种的可能性下考虑概念(如卡尔波夫)的话,那么当然可能有非常多的这种范围、种以及归纳,由此概念与其定义的相对性对于语言学而言是完全自然的情况,因为它总是将词及其意义视为某些更广泛系统的成分。如果(像 Войшвилло 那样)将概念看作是根据其自身本质而定对事物某种层级的反映,并排除对该层级之外的某种更加宽泛、普遍的态度,那么概念的相对观当然是不能接受的。在语言学中表达,可以说卡尔波夫所思考的概念更像是"作为整体的类"形式的,而沃伊施维洛则是"作为集合的类"形式(关于语言学中的这个区分,参看:[Степанов 1975,217—218])。沃伊施维洛表达的是在数理逻辑中非常常见的观点。

为什么我们愿意认为,与沃伊施维洛一样,在此外延的解释是否可以采用有关概念相对性的论题?这个问题的答案如下。"不难看出,概念的外延不是别的什么,而是作为表达这个概念的词的形式的述谓表达的真值集合"[Войшвилло 1967,165]。关于概念形式的多样性论题自然与这个观点相一致:"每个概念总是由某个普通的名称来描述的。但是同一个概念或许能够以不同的符号形式表达……我们并非将概念与某个确定的符号形式结合起来……总之,任何具有确定意义的地点谓词 A(x1 … xm),这里的 m ≥ 1,它都与(x1 … xm)A(x1 … xm)这个概念相一致[同上,173 页]",也即与由相应谓词或相应命题变元所描写的那个事物的概念一致。

但是,接受这两个论题也正好等于接受了有关概念相对性的观点以及在前面所论述的意义中对其的定义。要知道如果"同一个概念可能以不同的符号形式来表达",而这些形式是谓词表达的话,那么我们可以进一步提出问题:对于同一个概念而言,由什么可以区分出不同的表达,尤其是谓词表达?由什么能够区分出不同分类层次的概念表达,例如谓词形式中的个体、普遍的元名称?

卡尔纳普写道:"奎因曾多次指出这个重要的事实,即如果我们想要弄清楚一个人认定了哪些对象时,比起那些固定的、封闭的表达,我们应该更多地关注他所使用的变元。'所使用的语言要求人类所承载的本体论恰恰包含了那些进入其变元意义领域的对象'(奎因《关于存在与必然性》,刊登在《哲学杂志》1943 年第 40 期,第 118 页)。实际上我同意他的观点"[Карнап 1959,84]。卡尔纳普后来的表述表明,在某个特定的意义上,他与奎因是一致的,除了有关"变元意义领域"的现实性问题、语言与现实的关系问题以及保留动词"存在"的特殊意义—"存在的意思是成为变元的意义",也就是在该语言的自然或人工系统的范围之内。卡尔纳普将这个观点扩展到整个科学中:"在科学意义中存在,表示的是成为系统的成分"[同上]。但是奎因的观点对于自然语言来说应该认为是正确的。

关于这个问题,维特根斯坦也写道:"在我们谈论关于形式特征的方面,现在我们也能够谈论有关形式概念的问题。(我这样表达的目的是为了使贯穿于整个古老逻辑学中的形式概念与概念本身混合的原因更加清楚。)与它的对象一样,形式概念所带来的东西无法用判断表达,但在这个对象本身的符号中却可以显现出来。(名称说明的是,它表示的是对象;数字符号表示的是数,等等。)……形式概念的表达是命题变元,其中只有典型特征才是恒定的。这个命题变元表示的是形式概念,而它的意义表示的是符合这个概念的那些对象。每个变元都是形式概念的符号,因为每个变元都提供了一个其所有意义都具有的、可以将其理解为这些意义的形式特征的恒定形式。所以变元名称'X'是对象这个伪概念本身的符号。在总是正确使用'对象'这个词('предмет'、'вещь'等等)的地方,它总是通过可变名称在逻辑象征意义中得以表达……这也与'复合体'、'事实'、'功能'、'数'等有关。它们都表示的是形式概念,并且在逻辑象征意义中表现为变元,而不是功能或类别(如弗雷格与罗素所认为的那样)"[Витгенштейн 1958,4.126—4.1272]。(在此,由于维特根斯坦通常的过分自信,他认为他首先发现了"形式概念",事实上它直接发源于—逻辑意义上的"发源于"—康德及卡尔波夫逻辑学中的"概念形式"。在逻辑学意义上卡茨内尔松与沃伊施维洛不依赖于维特根斯坦论题的论断,尽管不是必须在历史意义上,而是建立在"概念形式"这个概念基础之上。)

既然在分类等级中更加概括的名称能够在特定的情况下充当变元,那么它们就是这些情况下为使下一级名称—概念从属于它们的形式概念。这些情况由判断的类型确定,在这些判断中使用了概括名称形式的相应变元,也即这些情况由判断的某些类型予以确定。因此,Человек смертен(人不免一死)类型的判断包含了作为变元的词"人",它可以由分类从属等级中的任何名称来替换—彼得、总务主任、演员,等等。相反,Человек — животное, обладающее речью(人是会说话的动物)这个判断则包含了表示整个类别的名称"人",所以后者在一般情况下不能由类别的任何代表(名称)来替换。在第三种情况 Васька — человек, а не кот(瓦西卡是人,而不是猫)中"人"这个词带有能指意义,在某个方面与特征的意义相同,也可能与元符号的意义相同。在第一种情况中,对于从属名称而言,"人"是"形式概念",而在其他两种情况中则不是。既然我们谈到了语言的分类,那么这里谈到的所有关于"形式概念",其中包括维特根斯坦的观点,都应该在语义学意义中予以理解。换言之,上述观点应该归为语义形式和语义正确性。而谈到逻辑正确性(维特根斯坦指出的),同样还有事实正确性,它们需要特别的、更为严谨的定义。

上述与概念的相对性有关的问题,也即与同一个概念的不同述谓表达区别相关的另外一个问题的结果,转变为了述谓表达的同义性问题。卡尔纳普对这个问题进行了专门的研究。引入了"内涵"(对应于"содержание"概念)与"外延"(对应于"объём"概念)概念,卡尔纳普指出:"两个谓词具有同样的外延,当且仅当它们是等价的。两个谓词具有同样的内涵,当且仅当它们在逻辑上是等价的"[Карнап 1959,51]。由此可以得出,如果两个述谓表达描写的是同一个外延,也就是说,它们是沃伊施维洛认为的同一个概念的不同表达,而卡尔纳普则认为它们是等价的,那么由此还不能得出,它们在逻辑上是等价的。换言之,严格地说,两个述谓要表达同一个概念,而且仅当它们在逻辑上是等价的。此外,存在这样一些述谓表达,它们是等价的,但在逻辑上并不相等;不应该把这些表达看作是同一个概念的表达,尽管这些概念很接近,但它们表达的是不同的概念。(沃伊施维洛似乎认为,在这个方面的等价与逻辑等价的概念是没有区别的。)在语言学中不同于"与……同义"的"概念意味"的表达有助于这一区分。

如果将述谓表达一至少是简单的、一位的和第一层的,看作某个客观"属性"的表达,这在逻辑学中完全是自然的和普遍的,那么这个表达单纯地指出了某个类别,但是在一般情况下相反的表达是不正确的:一些属性可以与同一个类别相对应,因此同一种语言中的一些述谓表达也与之相对应。这种确认是比上一段所说的更为简单的表达。卡尔纳普用自己的术语这样表示:"每个内涵都以唯一的方式确定外延,而不是相反"[Карнап 1959,173]。

但是,没有任何理由用一位谓词对属性的表达以及对概念的定义予以限制。相反,我们知道多位谓词是概念联系的最常见的形式,它们也是词的句法联系最常见的形式。自然也应该将多位谓词看作概念的表达形式,尽管是间接的。因为在多位谓词中有一些位置是词项的,那么每个词项在某种程度上都是通过自身进入谓词而得到确定,也就是通过与其中其他项的关系得到确定。这种逻辑方法自然与在确定程度上分析意义的分布方法一致(每个词的意义通过其搭配得到确定,在这种情况下是通过谓词框架下的搭配)。

还需要注意另一个定义谓词方法的语言学类似现象。所说的是,多位谓词中词项的位置总是与一些格相一致,如果是屈折语,如俄语,格是这个术语的直译,如果是非屈折语,如英语,格是深层语义中的意义(例如,菲尔墨意义上的)。由此,可以将每个词的格形式看作是独立的词。在这种情况下,不仅像 стол(桌子)、дом(房子)、человек(人)等单个的词汇单位,而且 столу,дому,человеку;стола,дома,человека 等变格形式也应该固定在词典中。当然,这种理论方法与我们对于词的直觉认识是很矛盾的。但是如果我们稍稍考虑一下词的意义和概念的话,这种矛盾也并非很大。在实践和理论上,语言词汇系统中的意义远远大于词的意义,这个事实很明显。但总的说来,一个名词的不同意义的区别是什么,又是如何以同样的方式先期进入述谓组合的?

因此,所提到的方法对于词汇学而言,并不是那么奇怪。同时,在任何情况下,它对于分析词汇系统中的概念也并不奇怪。要知道如前所述,概念的语义特征形成非常重要的区别取决于这个词—概念是否充当了主体或谓词。但是,作为名项的名词进入多位述谓表达的不同位置,也是这一区别的主要形式。从语言学研究出发,我们转向维特根斯坦从逻辑角度已经确定的"用命题变元来确定意义是句子的指称,变元是这些句子的普遍特征"[Витгенштейн 1958,3.317]。在分析格范畴时,这个原则无论如何都应该予以考虑。

我们归纳出关于形式与内容论断的一些结论。在目前语言学的内容中,通常可以理解以确定方式调整好的、被分了级的、适合于词的语义特征的总和以及述谓表达,或者述谓表达适合于语句的某个总和。在现代语言哲学精神中的内容形式下,自然可以理解直接与表达(形式是内容的一部分)联系起来的这些特征的某个部分。特征的这个部分在某个可能不同的系统中得以确定(对于词的语义概念词典—表意系统、谓词演算类的系统、卡尔纳普类的系统,或者对于命题它们的形式化程度更低的等价物等)。在语言—哲学的分类中,形式在两个轴上得以确定—在作为这个词在其中位置的分类等级系统中,以及在与其相对比的谓词表达中,在将词的主要句法—语义作用按类型分类的命题功能中。通过这种方法也可以确定不具有单个词语表达,也即在该种语言中没有以单个词素的形式予以介绍的语义实体。从内容方面出发,对于词的所有语义内容而言,处于分级起点的,更准确地说,在这个词分级位置之前的特征是内容的形式。

6. 唯名论富有成果的思想

一个语义客体的不同语义定义的可能性(现代语言学中的多元论)

本节标题中所提出的观点反映了现代语言学与语言哲学中实际的情况,属于同一个客体描写系统的多元论。这个观点本身以及作为被实现了的观点的实际情况,当然与唯实论的遗著相对立,我们所说的是包含了硬性范畴(在很大程度上也包括谓项类)的亚里士多德类型的唯实论遗著,不用说,它们也排除了建立在其基础之上的某种大量的描写系统。因此,在上述实际情况中应该看到唯名论的直接和积极的影响。

但是,我们在此要研究的语义描写多元论,是在被很清楚地确定并限定的比较窄的方面,就像是"词的词汇意义"语义定义的多元论。这个题目的集中表现是前面第5节所研究的对象,是康德唯名论那些具体思想的直接延续。

1. 作为不同语义描写系统客观基础的语言中的基本语义现象

在转向语言的客观语义系统与描写方法相互关系这个复杂的问题之前,应该哪怕是简短地回忆一下,从现代语言学的观点出发,这个客观的系统是如何被描述的。现代语义学存在两个最基本的派别,其中之一来源于群组、系统、词场的主要作用,并将所有其他问题看作是由它们派生的(其中关于单个词的词汇—语义变形问题就是派生出的)。另一个派别来源于单个词在它的词汇—语义变体中的主要作用,并将其他问题阐述为由第一个问题派生的(其中词汇—语义场问题将是派生的)。每个提及的著作都是对不同派别的综合,因此在对下列观点的初步概述中已经进行了选择,为的是不排除综合,而相反是减少其进一步的综合。

被称为"语义三角"的 3 个元素统一体是语义系统的基本要素:词的符号的外在元素(声音或图式符号的序列),即能指,首先与所表示的现实的事物,即所指物(所指对象,见下文)相结合,其次与这个事物在人类意识中的反映,即所指相结合。所指是对现实的社会认识的结果,通常等同于概念,有时等同于意识。"所指—所指物—能指"的三重关联是意义的范畴,是语义的基本要素。

在大量构成语言词汇成分的词和词组以及在语法变革的范围内,这三方面的组织彼此产生了有规律的和系统的关系。首先,系统的关系是这些组织根据自身 3 个元素的任意一个接连使用,根据所指,那么就产生了同义关系,根据能指,就出现了同音异义现象,根据所指物和所指对象,就出现了同义关系的特殊变体—转换和迂说。

主要的系统性方面最清楚地表现在词的相对不大的组的范围之中,就此而言,所提到的这些词由某一个关系(同义关系)连接在一起,或者是在别的关系(反义关系)中相对立。每种语言特有的这些分类是与语言的音位学与语法学中的对立系统类似(同构的和同形的)的对立结构系统。例如,俄语中的一类词 ехать(乘车)、идти(行走)、плыть(漂游)、лететь(飞行)是对立系统,因为所有这些词都是由"人移动"的特征予以连接,并由"在陆地—不在陆地","有辅助工具—没有辅助工具"这些特征而产生对立。在组的范围内,这些特征被描写为组元或语义因子。这些区分特征、组元或语义因子、每个单独的词的总和构成了其所指范围内结构的或者是形成结构的部分。这个部分在不同的描写系统中具有不同的名称,我们称之为所指。除了区分特征或所指的总和以外,在词的所指中还包含整合特征。在那个例子中,对于俄语的 плыть 而言,它由区分特征构成的所指是:"1)移动,2)不在陆地上,3)没有辅助工具";整合特征成分是:"1)沿水的表面或在水中,2)手和脚完全确定的运动",等等。整合特征与其他词直接对应的特征不形成对立,它们构成了这个词的所指中"唯一的"、"个别的"内容。区分特征清单是由该组词的共同结构限定的(尽管由于组的规模或结构而或长或短,在词库—表意类的词典中该清单常常是极长的,见下文)。整合特征清单原则上没有限制,其无限性符合唯一与个别的客观无限性质,它只可能被描写的实际意图所限制。

区分特征(所指)与整合特征的总和构成了词的词汇意义特征的完整内容,或是它的能指。因此,能指就具有了形成结构的部分,所指或多或少地具有了由整合特征所构成的开放部分。

能指总体上就是概念。这两个术语之间的区别主要不是由它们的内容确定的,而是由它们属于两个不同的描写系统所确定的:前者属于语言学,后者属于逻辑学。在这个意义上,用"понятие",有时也用"смысл","концепт"这两个术语。这两个术语与一般术语"понятие"主要的区别是,与它们产生联系的附加术语限制不是来源于总的逻辑特点,而是某个具体的逻辑系统。例如,可以说,当"концепт"在丘奇类的系统中理解时,就等于"понятие";当"смысл"在弗雷格类的系统中理解时,就等于"понятие",等等。

在能指的成分中,形成结构的部分的区分对于语言学特别重要。我们将这个部分称为所指。在索绪尔的系统中,总体上与此对应的是术语"valeur"—"抽象的涵义"。在场理论中,所指(或者用其他术语表示的相应概念)将与词的区分涵义相对应,就是与词的意义中由这个词与场的所有其他词的对立所确定的意义相一致。所指这个概念对于像语言符号、称名理论这样的狭义唯名论也非常重要。看起来,正是所指具有那样最少的区分特征,它对于使用这个词正确地,也即符合该语言规范地称名现实的客观事物(我们用 петух 这个词来称名公鸡,而不是称名猫)来说是必须的。因此,所指总体上与"称名所必须的最少的区分特征"概念相一致,它有时在其他观点体系中得到的是其他命名。

所提到的词的基本组自身能够在某个内容关系中互相结合,构成了专题组以及语义、词汇场。例如,在该语言中"应当"概念的所有表达方式构成了"责任的词汇—语义场"。对于这个意义的表达可能不是词汇上的,而是语法上的,例如在句子确定图式的谓词结构中予以表达。因此词汇—语义场可能也包括语法方式。这种扩展了的词汇—语义—语法场具有不同的称名,它常常被称为"功能场"。

基于这种方法对语言的词汇—语义系统进行充分描写的结果,就是建立了两种类型的词典—词汇大全词典(或者词汇大全的表意词典)和"词汇参数或功能语义概念词典"("因果关系"、"对应"、"编址"类,等等)。"词汇参数或功能语义概念词典"允许系统地描写这些迂说,如 Мы накопили большой материал(我们积累了大量的材料)— У нас накопился большой материал(在我们这里积累了大量的材料)。

相反的是,多义词的深入分析造成了其"词汇—语义变体"的分解,其中为每个变体提供了如同详解词典中所描写的、词的组成中单独的意义,以及与该单独意义相对应的语境类型。

在内容关系中,语言系统包括两个"极",或者两类词—日常通用词和专业词,其中科学术语—概念占据着最为重要的位置。语言语义组成的一般规律是,与科学概念具有相同特征的日常词汇的意义日益接近科学概念,并始终致力于将其作为自己的内容界限而与其融合起来。但这种渴望仍然只是发展的趋势,因为学术概念系统总是超越日常概念系统,并一直向前延伸。

占据了日常(或者称为"语言的"、"朴素的"等)概念与科学概念之间特别重要位置的是每个时期都不同的、所谓的文化关键术语,如 цивилизация(文明)、революция(革命)、демократия(民主)、наука(科学)、техника(技术)、личность(个性)、любовь(爱情)、машина(机器)等等。在它们的语义内容中兼有通俗词的意义和在思想社会中占优势的意义。因此,在古俄语中没有"个性"这个概念和词,而与之相应的特征被分散在不同的词中,如 человекъ, людинъ, лице, душа, соущество 等这些表示人的词。这与古俄语中没有自传体裁、关于自己的小说和个人肖像的情况是一致的。"个性"这个词的出现不早于 17 世纪下半叶,而它的内容仅仅在 19 世纪 20—30 年代的哲学和法律学说以及艺术实践的影响下才最终确定。

每一个在此提到的客观语义系统的特征都成为了某个语义研究系统中的根据(在此有时将其绝对化)。

2. 语义描写的对比系统

在将语义理论进行对比时,所指的当然不是它们的竞争(尽管常常会出现竞争和争论),而是将它们符合语言中的客观语义对立的理论根据进行对比。我们将遵循谢尔巴十分科学的传统来进行。众所周知,谢尔巴找到了在高度发展的词典学理论基础上的一些对立的基本类型:1)学院类词典与词典手册,2)百科知识词典与一般词典,3)语义概念词典与普通词典,4)普通词典与意念词典,5)详解词典与翻译词典,6)非历史词典与历史词典。谢尔巴的对比至今仍然有意义。但是,现代语言学因其任务的总扩展,从词典学实践与理论至建立语言的普遍语义理论,基本对立的性质也改变了。

目前就语义理论而言,应该讨论的主要不是关于词典类型的区别,而是关于意义描写类型的区别,以及更加具体的、关于意义定义类型("释义"类型)的区别。因此"意义定义"范畴的区别将作为本书区别语义理论的标准。考虑到这一点,我们认为可以区分出下列不同语义理论基础上(有时在或多或少的纯形式上,有时在与其他理论原则的配合中)的对立。

(1)第一对立:模糊定义—结构化定义,或者整合定义—区分定义。

这个对立的客观基础存在于词的符号所指之中,在这一能指的组成中明显或不明显地存在结构性部分—由这个词与其词汇—语义组的其他词的对立决定的所指,以及结构化程度比较低或者根本不具有某个结构的这个概念的独一无二的部分(见上文)。如果能指的结构化部分所指可以由对立的、同时又将这个词的所指与其所在的组中其他词的所指联系起来的区分特征清单予以确定的话,那么在能指剩余部分中的特征实际上不是区分的,而只是这个能指本质上的整合特征。根据这个观点,这个对立还可以称为"整合意义"与"区分定义"的对立。必须强调的是,在每个具体情况下的一组对立中,所说的是关于同一个词的意义定义,区别仅仅在于,在模糊或整合的定义中这个意义被描写为独一无二的,而在结构化或区分定义中,同样的意义被描写为由带有其普遍特征的许多词所构成的某个对立系统的部分、组织或元素。在后一种情况中,意义自然通过所指中包含的特征、区分的特征、带有遗漏或无需提到的整合特征的清单予以确定,而这些整合特征在第一种方法中必须一一列举。

我们来举一些例子。在定义的模糊系统中,描写的英语动词"说(to say)"看起来像某些个别的、但却彼此相关的意义的总和,这些意义在内部由它们的一些普遍特征连接起来。本质上只有这个动词的特征(既是它所有意义的总特征,又是只出现在其中一些意义中的特征)是整合的(参看任何一个英语详解词典中的描写)。那个在结构化系统中描写的动词(在这种情况下,在 Ю. К. 列科姆采夫的系统中[Лекомцев 1962]),看起来像某个出自四位数系统的片段。用 1 表示特征的存在,用 0 表示不存在,Ю. К. 列科姆采夫用下列方式来编译这个片段:第一个符号(1 或 0)是在直接引语中使用动词,第二个符号是在间接引语中使用动词,第三个符号是在出现确定语义性质的客体时使用动词(参看第 3.),第四个符号是在出现言语受话人名称时使用动词(尽管似乎英语语料能够被更准确地补充,我们仍然把它置于作者的形式中,因为对于我们而言,展示方法在此是非常重要的),见下表。

	VIII вск	XIII-XIV вск	XVII-XX вск
СКАЗАТЬ 1001	MAPELIAN	QUETHEN	TO SAY
ГОВОРИТЬ 0100	CWEPAN	SEYEN	TO TELL
РАССКАЗЫВАТЬ 0110	SECЗAN	TELLEN	
ГОВОРИТЬ (ПРОЦЕСС РЕЧИ) 0000	SPRECAN	SPEKEN	TO SPEAK

上述例子表明,区分特征不必是纯语义的,而可能像这种情况一样,是句法的或语义-句法的。与这个例子不同,在高度发达的系统中,描写通常沿两个独立的路线进行——沿构成词的词汇意义的语义特征路线以及构成其分布的词的搭配路线。这个区别将是下面"直接"定义与"间接"定义对立的对象。在此所说的主要是关于词的特殊语义特征(与其"直接"定义一致)。

从这个观点出发,意义的结构化定义原则在所谓的成分分析中得到了最充分的表达(参看 A. Кребер, Ф. Лаунсберь, У. Гудинаф, О. Н. Селиверстова 等的著作)。最新研究表明,这种相对较早出现的方法的可能性远远没有消失。语言学家在此基础上进行研究,根据的是在其结构化部分(所指)中意义是由区分特征或是由"性质对立"特征确定的,因此总是选择词的组来研究。根据初步研究,词的组的意义由普遍或对立的特征成分确定。在谢利维奥尔斯托娃在其著作中使用了这种方法,她指出,"分析结果证实了所提出的假设的正确性:尽管被分析词的意义不在于区分特征,但这些特征在其符号信息中发挥了重要的作用,而且在没有确定区分特征的情况下,不可能发现补充的、多余的特征(更准确地说是整合的—作者注)"[Селиверстова 1975,18]。

与上述方法对立的"意义模糊性"观点无论如何也不能被看作语言学中前结构主义时期的残存物。相反,它似乎宣告了对结构主义极端的特有反抗,并与我们多次陈述的"非离散"分析观点具有许多相同之处。什梅廖夫的著作对"意义模糊性"的原则进行了细致的分析。以俄语词 земля(土地、地球、土壤等等)为例来说明其研究,作者写到:"在 земля 这个词的语义结构中,区分主要的、'初始的'意义是困难的。在此实际上它的某个单独的意义不是词的核心,而那些对于词的所有意义来说是共同的语义元素才是核心。这种共同性依靠物质符号的同一性,在词的一系列似乎看不出相互转换的现实用法中,决定了联合意义的相互渗透……类似单个意义的'模糊性'没有对言语交际造成困难,也没有使语句变得模棱两可,因为多义词不同意义的位置制约性是与(同样是位置决定的)其在确定语境中一些'重合'的可能性相结合的"。

在总结了类似的研究之后,什梅廖夫说出了下列观点:"多义词意义的模糊性原则是确定其语义的决定因素。词典学描写不反映这一点(而且恰恰致力于将词条从'不确定例子'中解脱出来),在本质上歪曲了对所描写的词的语义结构(很明显,更好的说法是:系统。—作者注)的意识"[Шмелёв 1913,78—80]。

语义概念词典描写是结构化定义的另一种形式(除前面提到的之外)。在像 Ю. К. 列科姆采夫所举的例子或成分分析的纯结构概念中,词的意义主要根据那个组的其他词,从而在像"根据系统水平"一样的"一个层面"的特征中得以确定。相反,当建立这种语言所有词汇的完整词典时,在语义概念词典描写中,每个词的意义首先都是由包含在系统上层的、像"沿着垂直线"的说明予以确定的。例如,молотилка(脱谷机)这个词将始终包括在所有更为普遍的栏中:1)农业,2)集体生活,3)作为集体存在的人,4)人。这些定义实现了"通过最近的种加属差"定义的传统逻辑形式(详见下文)。但在一般的详解词典中(例如在 С. И. 奥热果夫词典中)молотилка 被定义为"用来脱粒的机器",也即仅仅局限在"农业"专题范围内,而在语义概念词典中,这个词将始终与1、2、3、4组对应,也正是在这个意义上,词的定义将是"深层的"。

从上述特点中已经可以看出,已知程度上的成分定义与语义概念词典定义是作为相互的补充而出现的。看起来,我们可以期待它们相结合的有趣结果。在弱结构化的词汇—语义组("场")与语义概念词典相结合基础之上所达到的结果一样有趣,可能甚至更加有趣[Морковкин 1970;Караулов 1976a;Mathiot 1967;

1968]。

（2）第二个对立：浅层定义—深层定义；作为通过列举特征的深入和结构化定义的临界情况的语义概念词典定义。

在意义的浅层定义下，我们理解了带有少量特征的定义；在深层定义下，我们理解了带有大量持续指示特征的定义（大概不需要特别强调，这里的"浅层"—"深层"完全没有任何评价性质，只是术语而已）。

很明显的是，在逻辑系统中每个词都可能同时包含在词的小组或更宽泛的组中，这是该区别的客观语言基础。语义概念词典、成分或其他的结构化定义的不同深度可以解释这一点。但是如此清楚的是，个别概念的特征也能够被指出，并伴随不同完整程度被一一列举，因此当词包含在词的组中并未发挥很大作用时，浅层与深层定义的差别也保留在了模糊方法之中。所以，这个对立不对应于结构化—模糊定义，而是与它们交叉。同时，下面还将提到深层定义对语义概念词典类定义的自然吸引。

对于意义特征的指示，通过其清单是直接的，通过指明其搭配（分布）是间接的。我们把第一种定义称为直接定义，把第二种称为间接定义。这个对立详见下文。这里，主要说的是关于直接定义，并且应该指出的是，浅层定义也可能是间接的，即分布的。

在各种类型的词典中，浅层定义或多或少都是相似的。相反，定义的加强尖锐地提出了区分描写类型的问题。至少可以区分出以下 3 类定义的加强。

包容性级别类 目前对其进行了最充分研究的是乌菲姆采娃。例如，英语词 eye"眼睛"有 3 个主要意义，即 3 个词汇—语义变体：Ⅰ 直接称名意义"活的人或动物的视力器官"，Ⅱ "视力"，"可视的能力"（用眼睛），Ⅲ "见识"，"理解能力"（用智慧）。"只有在其后的Ⅱ词汇—语义变体'视力'中，同时当Ⅲ词汇—语义变体'见识'不与Ⅰ的词汇—语义变体直接产生联系，而与Ⅱ直接联系，并与其一同具有'能够看见，理解'的能指，但已不对应Ⅰ、Ⅱ变体中的所指'眼睛'，而对应于'智慧'时，eye 这个词的直接称名意义（Ⅰ词汇—语义变体）是语义派生的基础"。指明词汇—语义聚合体、同义序列的特征将是在这个系统中描写（相应的是定义）词的语义的下一个层次，这个层次本身包含在语义范畴等层次中。乌菲姆采娃认为，以内含—层级方式确定的全部特征具有以下形式[Уфимцева 1974,67]：

Ⅰ．直接称名意义；

Ⅱ．派生称名意义；

Ⅲ．词汇—语义聚合体特征；

Ⅳ．语义次范畴特征；

Ⅴ．语义范畴特征；

Ⅵ. 语义等级特征；

Ⅶ. 语法特征。

因此,根据特征Ⅵ—语义等级特征,英语的"具体"名词被分为以下四组：1) 具体的非动物可数的(事物),2) 具体的非动物不可数的(物质),3) 具体的有生命的人(人的领域),4) 具体的有生命的非人类(动物界)。这些分组在很多情况下预先决定了语义搭配以及属于它的词的句法表现,因此在每个词的意义定义中这些分组是极其重要的。

从逻辑学的观点出发,这种定义类型表现出了有意思的、尚未被研究的特点。从形式方面看,它是根据"最近的种加属差"而建立。但是正如从上述 7 个层次的清单中可以看出的那样,这些特征不是概念—意义的特性,而是名称的特性(也就是语言学意义上的词)。所以,这个定义是称名的,但根据这个方法(通过种、属)在此建立的定义在逻辑学中通常是适应于越过事物特征的概念定义,也就是现实的定义。

在"词汇—语义变体"(例如,在上述研究中)系统中进行定义时,"包容性级别"类型的直接定义由指明分布以及每个词汇—语义变体的搭配,即间接定义予以补充。

对俄语词汇大量片段的持续描写可以建立在直接与间接定义方法相结合的基础上,即指明相应专题组的特征和指明分布的基础上[Новиков 1973；Селиверстова 1975]。这些作品不仅说明了两个定义系统结合的可能性,而且说明了这种结合更加适合于所描写的客体。

在"包容性级别系统"中,定义的加强能够通过第二种方法,即在每个程度范围内扩大特征的集合来补充主要的方法。(这种补充在现实中使用,并且发挥了非常重要的作用,如在乌菲姆采娃的系统中。)在此我们面对的是与其他类系统的组合。现在就对这个类别做更详细的研究。

自由—离散类 我们使用在其他方面已经提到过的、带有俄语 земля 一词的例子加以说明。根据 Д. Н. 乌沙科夫编辑的词典,земля 是：1. 我们所生活的行星；2. 转义,在神话及诗歌中与观念中的天空相对立的现实(文语、诗歌语、旧语)；3. 陆地(区别于水的空间)；4. 土地,我们行星的最外层。构成我们行星最外层的黑褐色松散易碎的物质(口语)；5. 我们行走和站立的坚硬的表面,土地；6. 地区、国家(旧语)。民族(古语)；7. 包括其中耕地的、构成了某人占用的、具有所有权的地域；8. 各种颜料的名称(专用语)。

根据 С. И. 奥热果夫的词典,земля 是：1. 自转并围绕太阳运转的太阳系第三大行星；2. 陆地,大地(区别于水下与空中的空间)；3. 土地,我们行星的最外层,表面；4. 构成我们行星外层的松散的、黑棕色物质；5. 地区,国家(崇高的)；6. 带有其中某人所占有、使用的耕地的地域。

哪怕是对总体上深度相同的这两个定义进行的比较都表明,在与所观察结构或语义概念词典的分类网络的特征没有联系的自由—离散类型中,定义的加强都可以导致非常重要的变形。

有赖于将"进一步"的特征归入波捷布尼亚的概念特征意义之中,即有赖于逐步转向科学概念的系统,定义得以深化。但是在此选择了这样一些科学概念,它们是通用的,或者至少对于有知识的人而言是众所周知的。同样利用了这种可能性,但上述两个词典在此却使用了不同的方法。在乌沙科夫编纂的词典中可以看出倾向于人文领域,倾向于"人类的世界"—比较第 2 个意义,同时在奥热果夫词典中却明显流露出对自然科学领域的接近—试比较在解释时使用了行星表层这样的术语词,试比较占有—使用的区别(为了与苏联集体土地使用的情况相对应,在这种情况下土地不属于集体农庄,而只是可以永久使用),试比较第 1 种解释。

可能包含科学概念不同程度和比例的定义,或者是人文领域的,或者是自然科学领域的,在极限情况下表现为"具体定义"与"抽象定义"的对立(详见下文)。

下面,对两个所举词典的词条进行比较,以此说明这个更加普遍的观点:在自由—离散类的定义中,在已知限度内,能够被提升至首位的要么是一个,要么是另一个特征。定义重要特征的转移等于整个定义的改变。在上述例子中,两个第 1 种解释可以说明这种可能性。乌沙科夫编纂的词典在第 1 种意义上这样解释земля"我们所生活的行星",从而给出的是人类中心论的定义。相反,奥热果夫的词典在同样第 1 种意义的解释中使用的是"земля"这个科学概念的主要特征——1)行星,2)围绕太阳转的,3)自转的。特征转移的可能性(不仅在自由—离散定义中,而且在结构化定义中也存在)将造成定义与固定特征—"浮动"特征的对立,下文中将对"浮动"特征进行更加详细的研究。

语义概念词典类 首先注意到表意或语义概念词典类的词典中释义与系统化之间明显联系的是巴利(1909 年)[Балли 1961,155]。目前由于在理论以及语义概念词典和表意词典实践中(参看前面提到的卡拉乌洛夫的作品)所取得的成就,这种联系也得到了十分充分的研究。尽管对语义概念词典类的每个词进行完全符合逻辑的定义自然要依靠该种语言完备的词汇—词典,但总的说来,对于建立有限深度的语义概念词典定义以及对于词汇的有限片段而言,这种词典的存在不是必须的。任何情况下都可以将语义概念词典定义看作是深层的结构化定义。但在完整的形式中,这种特性只属于那些与全面的成分分析结合起来的语义概念词典定义(比较提到的马蒂,马尔科夫金,卡拉乌洛夫的作品)。

马蒂所提供的相结合的经验由两部作品构成,其中之一(1967 年)包含了初步的论断(主要是关于词和词组的形式化状态),另一部(1968 年)对美洲印第安语巴巴哥语(犹他—阿兹特克语系)的语义进行了彻底的描写。与本维尼斯特、乌菲姆采娃等学者一样,马蒂也是从语言两个范围的划分出发的—作为系统的语言以及运行的、使用过程中的语言。但是作者把后一个范围继续分为了两种:1)为了传达消息、确定带有那些不是言语直接对象实际现象的指称而使用的语言系统,这是"言语行为"(speech behavior);2)为了划分现实的具体现象、确定带有总的现实现象指称的一般系统,这是"称名行为"(naming behavior)。"称名行为"与该种文化通俗概念的系统是一致的,区别于科学概念,在苏联及欧洲语言学中通常被称为"通俗概念"、"一般概念"、"语言概念"、"朴素概念"等等,马蒂本人将其称为"民间概念"(folk taxonomy)。这种划分总体上与前面提到的称名的两个方面相符合:1)作为实现语言系统所具有的那些分类原则的称名;2)作为发展语言分类原则的称名(创造新词的原则,以及总的构词原则)[Mathiot 1967,13]。

通过对立与成分分析的方法,不断揭示出巴巴哥语的"民间分类"类别,马蒂也得出了定义每个类别的总原则,这个类别原则就是所谓的"语言主题"(theme of the language)。"语言主题"的总和是该种语言语义的认识和认知内容。在语言外行为、该社会其他符号系统中表现出的分类原则是"文化主题"(theme of the culture)。在"语言主题"与"文化主题"之间,马蒂正确地看到了双方的相互作用。想要指明的是,正因为此可以将她的作品看作是对"萨丕尔—沃尔夫假说"的实际延续。作者写道:"对于萨丕尔—沃尔夫假说的一般解释来源于这样的假设,即语言的认知领域直接与文化相关,并在文化范围内影响人的行为。在所提出的方法中,这种假设可以转换为另一种假设,假设两个在不同程度上相互联系的'主题'系统。用间接层面的确定来取代它们之间的直接对应关系。这表明,语言与文化似乎只有在较高的抽象层面上才是相关的。这同样说明不能假设语言对于文化的确定作用"[Mathiot 1968,2]。

近来,卡拉乌洛夫独立地并从其他的原始观点出发得出了相同的结论。他指出:"在研究场的属性时,我们不得不与一些由否定特征形式来表达的规律相矛盾:……不能从更高抽象层面的'世界语言模式'转向纯粹语言方法基础上的'世界的概念模式'"[Караулов 1976,275]。

马蒂与卡拉乌洛夫既相互独立同时又相似的研究结果也证实了我们前面所说的有关所确立的文化符号学理论的界限与形态的观点。当提出在这个统一理论的框架下将语言材料与文化材料结合起来的任务时,看起来无法将语言模式转向文化的具体领域,相反,也不能将文化模式转向语言的具体领域。不如说应该制造出第三种更加普遍的概念工具,一方面可应用于语言学理论,另一方面可应用于文化理论[Степанов 1975,573—577]。

(3)第三个对立:带有固定特征的定义—带有"浮动"特征的定义。

这个语义学对立的意义似乎在理论语言学中并未提到过。事实上其重要性无论怎么估量都不为过。

下列现象就是这一对立的客观语言基础。在该语言(可能还有整个系统中的)语义系统的每个相对比较容易划分片段的范围内,可以确定语义成分的某个集合("成分"、"主题"、"因子"等)。这些成分的总和是每个词的意义(десигнат)的主要部分。例如,如果在俄语词汇的确定片段中存在"有生命的"、"理性的"、"阳性的"、"阴性的"、"成年的"、"未成年的"这些成分的话,那么:

"有生命的"+"理性的"= 人

"有生命的"+"理性的"+"阳性的"= 男人

"有生命的"+"理性的"+"阴性的"= 女人

"有生命的"+"理性的"+"阳性的"+"未成年的"=男孩

"有生命的"+"阳性的"+"成年的"= 雄性动物等

在这种形式中出现了一般的成分分析。但是在纯粹的成分分析中并未对那个最高程度的重要情况予以重视,即在每个单词的语义结构中,发挥很大作用的不仅仅是特征组成本身或特征的清单,还有其顺序和等级。已经在上述类型最简单的成分示例中提到了等级的作用。如:

"有生命的"+"理性的"= 人

"有生命的"+"理性的"+"阳性的"= "人"+"阳性"=男人

"有生命的"+"理性的"+"阳性的"+"未成年的"= "人"+"阳性"+"未成年的"=男孩

我们将由同样特征构成的、但带有特征顺序或等级区别的、并且这种区别不是本质的定义称为带有"浮动"特征的定义。例如,"小男孩"或者可以被定义为"男性"+"未成年的",或者"人"+"阳性"+"未成年的"。成分分析基础上的定义常常是带有"浮动"特征的定义。语义概念词典定义自然是带有固定特征的定义。

还有另一个非常重要的情况。由于语义特征的顺序或等级,在语言实际"观察的""表层"系统中,与来自同样特征的某种组合对应的是另一个词。目前在逻辑学以及与所谓的"预设"问题相关的语言学中详细地研究了类似的现象。但是在这个方面早期的,而且与定义问题具有直接关系形式的思想早在一百多年前就已经出现了。我们指的是前面(在第 5 节)所研究的卡尔波夫的作品,他的著作对概念的"形式"和"物质"(即"内容")进行了明确的分析。概念的形式是我们使之成为主要特征的那个特征,概念的"物质"是其余的特征。因此,如在"狮子"这个概念中,"1)动物,2)四足的,3)十分强健的,4)食肉的",等等。第一个特征是概念的形式,第二、三、四个特征是概念的"物质"或内容。卡尔波夫强调,将其放到其他例子中,同样的特征总和可能具有其他的形式,例如"四足的"可能被提升至第一位,还有"食肉的"特征也可能升至第一位,等等。

在这里的术语中,卡尔波夫著作的内容也多少受到了康德对"形式"与"物质"划分的逻辑著作的影响,但其实却带有批判性的修正,与其说应该涉及普遍的问题,不如说涉及的是直接列举的论断,可以将后者视为带有"浮动"特征定义的逻辑基础。卡尔波夫的这些思想对于现代语义学是非常重要的,并值得进一步发展。

带有固定特征的定义倾向于深层的结构化定义,与此同时带有"浮动"特征的定义则只有在模糊和浅层定义中才能完全实现,这是很自然的情况。因此,应该将带有"浮动"特征的定义看作所有直接语义描写确定的、非常重要的阶段——发生在系统固定之前的阶段。如果系统与语义概念类系统具有很少共同点,如详解或大同义词词典,那么带有"浮动"特征的定义常常出现在其中,这决定了其主要优点之一,即描写的柔性。

带有"浮动"特征的定义是对语言意义或概念"意味"这类描写的重要范畴的逻辑基础。如果它们是由同样的、但特征的顺序多少有些不同的特征集合予以确定的,或者一个意义或概念与另一个意义或概念的区别在于某个特征的存在与否(常常不是第一顺序的),那么在这个方面的两个意义或概念将是同样或不同"意味"的。例如,特征的总和是这样的:"1)动物,2)食肉的,3)四足的,等等"和"1)食肉的,2)动物,3)四足的,等等"。第一种情况下,总和是置于"动物"这个属之下的,第二种情况下,则是在"猛兽"下。从所定义的观点看,吃昆虫的植物也可以被称为"猛兽"。正如前面所说过的,语言中这些特征的不同总和可以与不同的同义词相对应。例如,可以将 воровать(盗窃)的特征总和定义为:"1)实施了罪行,2)侵占了他人的东西,3)借助隐蔽的、物主没有发现的行为"。可以这样定义 красть(偷窃):"1)侵占了他人的东西,2)借助隐蔽的、物主没有发现的行为,3)实施了罪行"。在序列的开始没有什么共同特征可以中和。因此可以说 Кот украл мясо(猫偷吃了肉),但通常不说 Кот своровал мясо(猫盗吃了肉)。

(4) 第四个对立:所指定义—能指定义。

这个对立的客观语言基础是语言中的语音词既与客体(所指)相关,也与有关客体的概念(能指)相关。这种双重联系至少在趋势或界限中决定了词的意义中的两个不同范围、同义关系以及同音异义现象的两种类型,等等。在此强调这种客观现象为语义学中非常关键的划分提供了基础是很重要的,这种划分的轮廓已经开始显现。早在1964年的那部著作中,我们就注意到了词的意义的两种不同定义的理论可能性—根据所指与能指[Степанов 1964]。在近来的一系列作品中,这个对立开始具有了更大的确定性,并被更多地真正用于建立语义描写的整个系统,参看[Войшвилло 1976]。

同样的区别也贯穿于乌菲姆采娃的著作中。其实应该指出的是,在这本书中被称为"所指"的,不是对象物以及对象物的类别,而是"关于对象物相应类别的分类概念",似乎与"识别特征的最小总和"相对应。但当作出了这个补充说明之后,乌菲姆采娃的进一步研究就显得十分清楚并完全适合。作者写道:"那些指称事物、现象的词的特征或者指明所指,或者同时指明能指和所指,历来被归结为承载所有符号功能的全称指称";"对于名词词素的语义确定而言,是在其符号意义中必须存在所指与能指,在同一个能指框架下它们相互关系的性质,以及在一些情况下所指优于能指的状态,而其他情况下则是能指优于所指的状态";"我们把带有所指及所指—能指意义的名词归为被称为具体词汇的名词类;我们认为,带有能指及能指—所指基础意义的词是抽象词汇"[Уфимцева 1974,42]。这些命题的总和说明,所指与能指定义的对立具有系统性质,其本身也作为了建立语义描写确定系统的基础。

最后,在卡拉乌洛夫最近的博士论文中,上述对立被扩展到了语义概念类的广泛语义系统之中,同时揭示出了其独特的悖论。我们将更加详细地研究这部著作。作者指出,在将词的组(场)归入某个栏的过程中,在"将场定位在某个超纵坐标"的过程中,研究者遇到了要求列出从属于它们以及包含在它们之中的成分的名词。这些名词或超纵坐标可以是两个对立类型的词。一方面,这可能是超纵坐标类的"服装"(裙子、衬衫、大衣、短袜这些词)与"家具"(桌子、凳子、柜子这些词),另一方面,如"移动"(乘车走、走、跑、爬)或"动物"(狼、狐狸、牛、狗、熊)。如果第一类带有明显的表达事物所指的性质,并要求列出它们的组成部分的话,那么第二类则具有所指(更准确的是:能指)的倾向,并反映出逻辑种—属的联系。因此,可以说"柜子"是"家具"的一部分,但不能说"乘车走"是"移动"的一部分。

"当种名词是核心时,在名词场所表示的所指部分之间的关系原则上与下义词之间的关系不同。种或超纵坐标的指示常常是包括在这个集合的成分之间,即下义词之间的确定语义联系的指示。所指名词固有的部分—整体的相互关系是确定情境的符号,而对这个情境成分的列举是主题的类别。下义词与超纵坐标的意义相同,其中的每一个下义词都具有独立的价值。在个别的形式中,每个下义词都能作为超纵坐标或整个种的代替物,因为它具有在整个集合中作为语义联系而被重复的主要属性。因此铃兰、百合、石竹是花,而燕鸻、欧石鸻、勺嘴鹬、反嘴鹬中的每一种都是鹬。当情境由名词场指定,那么它的成分意义是不同的……脚趾不能代替脚,而短袜也不能代替衬衫。构成主题类的所指正是在它的整体内部才具有独立性地位"[Караулов 1976,221 页及后]。

因此表意词典中的所指(主题的,情境的)群原则上无法消除。除了这些所指群之外,不能纳入任何所指群的词的大量存在决定了其必然性。

"主题群或情境性质场的结构与特征所指域的结构有 3 个特点上的不同。第一,具有称名情境的指称性质的名词通常没有同义词(比较:剧院、家具、邮局)。第二,这类名词的反义词非常特殊:如城市—乡村、剧院—电影院、头—脚。最后,在带有情境性质的名词场中,下义词之间的属关系中出现了对作为超纵坐标的这个名词组成部分的列举"。

已经在所有这方面所列举的材料中(也在乌菲姆采娃的直接确认中),能够看出所指类定义对具体词汇自然的依靠趋势,能指类定义对抽象词汇的依赖趋势。不过,可以将后者看作是特殊的对立。

(5)第五个对立:具体词汇定义—抽象词汇定义。

这种区分的客观语言基础,一方面是像"凳子"、"卖"这些词的明显不同,另一方面是像"可能性"这些词的不同。乍看起来似乎我们在此研究的不是定义的区别,而只是所表示对象的区别。但事实上,后一种区别是如此深入地确定了定义本身的对立,以至于这种对立超出了形式逻辑学的范围,并成为了最复杂的泛哲学问题。在此研究的所有对立不仅具有语言学的,而且也具有哲学的含义。但是,在这个意义上的这种对立似乎超越了所有其他的对立。

首先可能应该指出,它常常确定的不仅仅是学术观点,而归根结底确定的甚至是学者的生活态度。当然,在这些情况下我们与被嘲笑的极端发生了关系,但这些极端却很能说明问题。说到"具体定位"的拥护者,格劳尔写道:"可以想起一个是该学派代表的语言学家,他为了研究畜牧术语而迫使自己长时间地呆在羊圈,并不止一次地数月与牧羊人生活在一起。当然,他能够避免某些事实上的不足,但仍然出现了一个问题:这样做是否值得。我们决不打算推荐某个人建立关于他不熟悉的事物的理论,而且用数年去搞清楚某些最终是与科学的十分次要领域相关的细节,这大概是不适宜的"[Граур 1972,158]。格劳尔的例子属于本世纪前10年的产物。当今我们经常遇到的是类似于对俄语词 попрошайка(乞丐)和 побирушка(叫花子)进行深层语义分析的另一个极端。博戈莫洛夫写道:"约翰·奥斯汀(1911—1960)使这个倾向达到了逻辑终点,他承认自己的许多著作是对概念进行了非常仔细的详尽区分,这种区分引起了对有关没有必要的小节的争论(splitting a hair)。这个例子就是其身后出版的《泼墨的三种方式》一文:对'故意地'(intentionally)、'蓄意地'(deliberately)、'特意地'(on purpose)这些词的意义进行区分。或许这对于哲学家来说很有意思,但是哲学从这里所能汲取的东西却非常之少"[Богомолов 1973,267]。

现在我们回到问题的历史中去。在语言学中,具体与抽象词汇的区别产生了常常用德语术语命名的两种对立方法、两个流派:第一个是"词与事物"流派,"Wörter und Sachen",第二个是"文化关键术语"流派,"Schlüsselwörter"。"词与事物"流派于本世纪初出现在德国,并且直到今天仍以各种不同的变体形式存在。

"关键词"流派是现代欧洲语言学中广泛的派别,在今天发展为对"文化概念"的研究,并在一系列范围内与"民族精神史"(histoire des mentalités)相结合。亚伯关于各种语言,如关于俄语、英语等比较词汇学的著作,宣告了这个方向的研究。因此,在作品[Abel 1888]中,有关英语中"绅士"和俄语中"贵族"概念的篇章,以及与古罗马语相比较,有关俄语与波兰语中的"自由"这个概念,等等。

在具体与抽象的词汇之间存在着客观上的根本区别。属于第一类的词总是以个别对象或实际现象作为所指,可以通过列举其客观存在而不会造成疑问的对象特征来定义这些词。在最简单的情况下(在所谓的直示定义情况下),只能够指明所定义的对象。具体词汇是感性的、对现实的理解现象的名称(名词和动词),可以给出这些现象的直示定义(用手势指明)、最简单的操作定义(生理再现)、替换的操作定义(面部表情、象征性的形象手势、图形)。

属于抽象词汇的词是没有所指的,它可能存在于客观的、直接观察现实的单个对象的形式之中。这些词的所指定义总是具有对已经存在概念的这种或那种演算。

本世纪30年代,人文科学(我们暂时还没有谈到哲学本身)的代表人物已经清楚地了解到整个问题。因此,瓦列里于1936年写道:"我认为,一般的哲学词典具有这样的缺陷,它不可避免地接受了专业术语的假象,而事实上其中必然缺少真正准确的定义;或者如果这些定义不是工具性的(也即那些变为行动的,例如展示对象或作出演算),那么就没有了准确的定义。无法确信哪些唯一的、同样的、固定的意义与理性、宇宙、原因、物质、思想这些词相对应。由此常常可以得出,弄清楚相似词的意义的任何尝试都是以将思维的新对象引入那个名词之下而结束的,这个对象与先前的对象在它是新的这个程度上是对立的"[Valéry 1957,874]。

在比较严格的逻辑形式中,只是在本世纪中期的西欧及美国哲学中,在现代实证主义的不同派别中提出了该问题。应该强调的是,在此必须谈到的不是关于问题的解决,实证主义由于自身初始的哲学目标也无法予以解决,而是关于问题的提出。

在现代实证主义总的框架下,维特根斯坦在创作《逻辑哲学论》(1921年)时将意义理解为意义—客体,并在这条道路上寻求解决方法。进而,如果在我们感兴趣的问题上来解释的话,那么总体上他是从具体的词汇意义出发,为的是以后转向作为更加专业和派生情况的抽象词汇意义。正如我们所知,这条道路并没有获得成功。相反,晚些时候,在《哲学研究》(1953年在作者去世后出版[Wittgenstein 1953])时期,维特根斯坦从将意义理解为意义—使用出发,认为将所有的意义问题都视为来源于这个普遍原则是可能的。需要承认,新问题的提出具有确定性的进步。的确,在客观地理解意义时,只有具体词的意义能够不断地得以确定,同时在将意义理解为词在语言中的使用时,能够不断得到确定的不仅是具体词的意义,同样还有抽象词的意义。这个原则使得建立一个适合于语言的所有词汇理论描写的完整的意义理论成为可能。(下面将谈到这个理论也并非游离于我们所熟知的矛盾之外,同时它也没有解决目前逻辑学与语言学语义所面临的所有问题。)

语言学中的意义分布理论与这种逻辑方法完全类似。在这种理论的框架下,无论是具体的还是抽象的,每个词的意义,尤其是具有意义的每个语言成分的意义,有可能通过言语中词的共同出现频度(分布)的指示予以描写(或相应的其他意义成分的分布)。通过分布方法对意义描写所进行的大量工作(总体上普遍结束于60年代中期)实际上也证实了所提出的可能性是可以转变为现实的。

但是,正如我们所知道的那样,分布方法并不适合语义领域的研究者。我们认为,这个奇怪现象的原因可能在于两种情况。分布原则允许描写的只是带有确定的,并且相对不深程度的意义。分布方法可以揭示出意义的区分特征,但不能揭示出整合特征。而事实上,正如我们前面说过的那样,后一种特征是概念有关内容方面的"核心",并因此不仅在自然语言的语义中,而且在人工语言的很多情况下都发挥了最为重要的、常常是确定性的作用(比较作为区别与整合特征总和的"含义"范畴与作为识别、区分特征最小值的"意义"范畴之间大致相似的区别,例如在弗雷格的理论中)。1975年当分布分析方法出现时,其奠基者之一哈里斯就已经证明了语义中分布分析的弱"解决能力"。自然,分布分析的这种相反的特点应该最明显地表现在描写抽象词的意义上,以及描写其中的整合特征尤为重要的文化项上。因此在研究文化项时,实际上不采用分布分析方法。

这个缺陷也存在于那些更为复杂和完善的方法之中,近来这些方法以分布方法为基础出现在了像"迂说"这样的方法之中(见下文)。

在逻辑理论的框架下很早并很清楚地(顺便说一下,为什么我们后来可以看到,能够将相应的语言学修正和完善看作是逻辑学中已经取得的在语言学中的转向)意识到了这里所提到的语言内分析的局限性(在逻辑学中不称它为分布的)。我们知道,维特根斯坦在其整个活动过程中都保持着"简化原则",即要求将抽象概念简化为表达个体的"现实"项。在我们看来,维特根斯坦理论中的这个原则能够发挥更大的作用,它恰恰弥补了抽象概念整合特征在语言内"区别"定义中不可避免出现的缺陷。将其简化为"现实的"、客观的概念,意味着同时将其转化为了个别与特殊的所有内容资源。

这样我们就转入最后一个,也即第六个对立本质的直接与迂说定义问题的研究。

(6)第六个对立:直接定义—间接定义;作为深层和结构化间接定义临界情况的迂说定义。

前面(1)、(2)我们已经提到了关于直接与间接定义的区别。我们把由列举(清单)内容的特征来描写意义的定义称为直接定义。把通过这个词与另一些词的相互关系(在由一个或几个语言活动间接表示该相互关系的必要条件下)来描写意义的定义称为间接定义。因此，纯粹的成分分析不是间接定义，因为所分析的词与其他词之间的相互关系发生在言语活动内部，发生在聚合体之中。相反，通过词的搭配和分布来描写意义是间接定义的典型例子。但是，分布定义在此是模糊的：这其中是通过指明这个词共同出现频次的非结构化集合来描写意义的。通过转换来描写意义是结构化间接定义的例子。这类定义是由模糊间接定义，即分布定义发展而来的。在专业文献中，转换定义来自分布定义的发展历史，其理论得到很好的研究。

我们在本节中将研究间接定义的基本类型。近些年已经在模糊类间接定义及更弱的结构(转化)属的基础上对其进行了深入的研究，并且也是进一步的发展。这个类型是深层的、被很好地结构化了的间接定义—迂说定义。这正是与直接定义最明显的对立。

成为这一对立的客观语言的基础首先就是：在语言中存在一类特殊的称名现象—间接称名，也即不使用词这种专门的称名单位，而使用词组、命题句以及完整的全面描写(详见本书的其他章节)来称名对象物。但是间接称名是比较特殊的类型。

第二点，也是重要的一点，就是上述对立的客观基础是词的意义(能指)可能或者由特征清单予以描述(狮子："1. 动物，2. 四足的，3. 非常强壮的"，等等)，或者被描述为一个或几个命题的对应(毁灭："1. 某个人在进行毁灭，2. 某个人或某物被毁灭了")。在描写概念时也存在这种可能性。试比较"概念是判断的，也即思想的完整总和，其中确定了关于所研究客体的识别特征，关于最普遍的、同时是对该客体最重要特征的判断是其核心。因而，比如就像在逻辑学以及哲学著作中习惯认为的那样，概念不能简化为释义，也即不能简要说明概念中所反映的客体的一些重要特征。……可以这么说，我们对于概念的解释与这个带有判断的思维形式是等同的。判断是思维的形式，其中对于对象和现象、它们的属性、联系与关系进行了某些肯定或否定，并且这个形式具有表达真或假的属性。概念是思维的形式，其中同样必须对于对象和现象、它们的属性、联系与关系进行某些肯定，并且也具有表达真或假的属性。这在释义中已经得到了反映"[Кондаков 1971, 393]。

从上述定义可以看出作者个人关于其断然性的观点，同时还可以看出现代逻辑学家已经由于判断而研究概念定义本身的普遍倾向。

在以有关迂说定义理论形式出现的现代语言学中，也能够找到类似观点的反映。

我们称之为迂说或间接定义的是词义的这些定义,其中意义不是由特征清单来描写的,而是通过展开一个或几个命题的内容,也即带有谓词的词组来描写的。

我们来比较两个定义。直接的词汇定义:"благодарный(感谢的)—(直译)意识到或表达出感谢。Благодарность(感谢)—(直译)对于某人的善行、关心表示感谢的情感"。间接或迂说的定义:"X благодарен Y-у за Z(X 因为 Z 而感谢 Y)='认为 Y 对于 X 做出了善行 Z,X 觉得自己必须用口头赞扬或回报性的善行对 Z 进行补偿'"[Апресян 1974,107]。

由以上所述已经可以得出,在直接定义与间接定义之间应该存在确定的关系(比较这类新的探索[Новый объяснительный словарь 1997])。我们将更详细地研究这种关系是由什么决定的,表现为什么。

首先很清楚的是,带有"浮动"特征的直接定义或非深层的直接定义是不容易确定这些关系的。当然,尽管其中的任何一个定义都能够适应于某个判断,但是在此的关系系统是无法建立的。相反,直接定义,同时是深层定义并带有固定特征,也即包含特征的同一等级的定义,可以由于间接定义系统而被建立。因此,直接定义与间接定义紧密联系的条件是在直接定义上为一系列定义而存在的特征的深层和同一等级。

我们来看一看与间接定义接近的条件是什么。很明显,这些条件与直接定义所提出的条件是对称的:间接定义应该包括:1)根据某种范例而建立的命题,2)在每个语义定义的界限内这些命题的等级,即它们所遵循的同一顺序。

在定义的现实系统中实现所有这些条件(如近些年的实践所表明的那样)远不是容易的事情。乍一看似乎觉得,为了实现第一个条件,将语义谓词归结为某些基础谓词就足够了。例如,借助基础语义谓词"使役"(描摹事物="创造出第二个事物,使第一个事物与第二个事物之间具有最大的相似性";取决于:X 取决于 Y—a ="Y 能够使役 X—a 的属性或行为中的变化")来描写像 копировать что-л.(描摹什么)和 зависеть от чего-л.(取决于什么)这些不同动词的意义。但是,由构成命题的名词形式表达的不同补语和状语(带有客体、地点、工具等意义)的统一形成了很大的困难。很清楚的是,它们的统一与词狭义上谓词的统一是同一个过程的两个方面。

最后,如果前两个条件得以实现的话,那么第三个对于确定直接与间接语义定义之间关系的必要条件就很清晰地显现出来。这个条件在与这些定义相关的同时,也涉及到其他定义。我们用下列方式来定义它:一方面,应该是构成间接定义系统的命题主体之间的语义关系,另一方面,是构成直接定义系统的范畴特征之间的语义关系。换言之,在第一种情况中命题的主体应该从属于第二种情况中特征范畴的分类系统。

看来似乎只在3个系统中满足了要求(尽管看起来没有被明显地定义出来)——在马蒂、维日彼茨卡的系统中以及部分的标准语义概念词典系统中(例如瓦尔特堡－哈里克或卡拉乌洛夫的系统类型)。现实客体以及相应名词"人"—"非人"范畴的分类是重要的环节。这个重要的分类环节可以包含在更加广泛的分类系统中,如:1)"动物"—"非动物",2)"动物":"人"—"非人"。

因为实现了这个条件,上述直接描写系统以及间接描写系统能够处于充分的相互联系中。在本书的框架下不可能将这种联系做出那么详细的展示,我们只进行一般的描述。

正如卡拉乌洛夫所说明的那样,在建立语义概念词典时明显出现了两个互相不可归纳的词的分类:1)所指分类(反映词的实物联系,并最终反映在现实生活情境中事物的联系),2)能指分类(卡拉乌洛夫的术语是"所指的"),反映词的能指(概念)的逻辑(种—属及其他)联系。在维日彼茨卡系统的语义语言中,所指分类大体上与标准命题的主体相一致,而能指分类则与其谓词相一致。(当然,我们在此确认的这种关系只是在最普遍的形式中,因为缺少准备工作:维日彼茨卡和卡拉乌洛夫都没有提出将分类结合的目的。)

下列自然语言的特点是两个系统在上述关系中相一致的原因,是这种相一致的"语言核心":所指名词倾向于在自然语言中充当语句和主语句的主体,而能指名词则倾向于充当谓词。如同一般语言规律一样,我们在前面的亚里士多德系统的名项中已经详细研究了这个现象(第二章,第2节)。现在需要注意的是这个规律也以另外的形式出现了:在词汇单位的语义定义及词汇分类之中。这个普遍倾向来自于比较具体和积极组的名词占据的是主语的位置,来自比较抽象和非积极组的名词占据的是客体或对象的位置。

这种划分总体上与瓦尔特堡－哈里克系统中的语义概念词典分类相符[Hallig, Wartburg 1963](关于后者,根据卡拉乌洛夫的著作[Караулов 1976a, 1976]同样可以得到很好的介绍)。

这种划分总体上同样与维日彼茨卡语义记录在一系列标准语句中对主体的分布相一致:她在其系统中的记录是这样的:不能引起向其他客体的任何转化、任何因果关系,总的来说,任何"积极"的状态主体都是最终的结果;积极主体是初始的、过渡的。

因此,维日彼茨卡系统的间接语义定义最合乎逻辑,在这个系统中,没有再保留"直接客体"、"工具客体"、"作为基础谓词的因果关系"等概念。行为客体被解释为与其他情境有因果关系的情境主体。工具客体被解释为带有表达或不表达谓词语句的主体:Адам разбил окно молотком.(亚当用锤子打碎了窗户),Адам разбил окно ударом молотка.(亚当用锤子的敲击打碎了窗户),等等。基础谓词是形容词和带有状态意义的动词,因此因果关系本身并非被解释为基础谓词,而是连接基础谓词的连接词(亚当用锤子打碎了窗户＝窗户被打碎了,因为锤子与窗户进行了接触,因为锤子发生了运动,因为亚当的身体移动了,因为亚当希望他的身体移动,因为亚当希望窗户被打碎)。由于这种简化,维日彼茨卡成功地研究出用于语义描写的语句标准类型:"模态框架＋(主体＋谓词)",在形式记录中是"M,S 是 P";例如,Верно, что окно разбилось(的确,窗户被打碎了)[Wierzbicka 1969,74—77]。

我们研究了在直接与间接定义持续发展的系统之间十分协调一致的情况。在另一些情况中,当直接与间接描写的系统或者发展的不够持续,或者尽管是持续的,但仅仅是在词汇的某些片段中,它们之间的关系也总是可以确定的。但这里所说的已经是似乎在一种描写中将其两个部分结合在一个描写中,其中每一个部分都能在另一个系统中被完成。前面提及的谢利维奥尔斯托娃与诺维科夫的著作是结合的成功经验。这两部著作的特征并非通过确定聚合系统的对立来进行成分划分,而是通过确定结构体类别之间的对立,即语境中所使用的类型之间的对立来进行成分划分。比起"传统"方法中的成分分析,"成分分析"术语本身在此完全具有另外的意义。

索绪尔在"语言—言语"的区分上所取得突破是非常重要的方法论结果。事实上,这些类别是否是"语言"或"言语"的固有属性这个问题,对于"言语中使用的类别"而言失去了意义。两位作者都认识到了这种状况。谢利维奥尔斯托娃正确地指出,不能将这样理解的"变体"归为"言语",但是她倾向将它们看作是"语言"的:"……意义和意义的变体都属于语言。可以看作言语变体不符合第三级检验规则的语境信息和不稳定的转义用法"[Селиверстова 1975,36—38]。显然,这里表现出的不过是习惯性术语的影响在本质上已经被克服。

这种情况,尤其是如果将其与在上述关于成分与语义概念词典方法的著作中对萨丕尔—沃尔夫假说的关键性突破相比的话,又一次证实了这个真理:推翻与证实语言学的一般观点使用的不是概括的词语,而是具体的研究。

这里还要提出迂说描写方法的一个重要观点。如前所述,后一种描写方法由分布分析发展而来,后来经历了属于迂说方法的转换分析阶段。迂说描写弥补了分布分析上的一个重要缺陷。如前所述,在后一种方法中实际上仅仅确定了每个意义在该词汇片段语义系统中的位置,并最终确定了它在整个语言系统中的位置。这个位置描绘出该词与其他词搭配基础上的区分特征。这种方法没有描写出每个意义(涵义)个别的、非区别性的、"整合"的核心,而且使得它本身的存在也变得模糊不清。分布方法的这种负面特点在迂说方法中被一定程度地克服了,因为其中清楚地区分了词的词汇意义及其搭配。迂说描写的本意不是描写词的搭配,而是其词汇核心,完成了向语言独特的、个性本质的"词的刻画"的转变。

现在我们着重研究迂说方法的一些逻辑根据以及与其相关的限制。

"语言学分析"的逻辑理论是迂说方法在逻辑上的根据。由维特根斯坦的学说发展而来的英国哲学流派以最完整的形式对这个理论进行了深入的研究。在分析了这个流派的代表人物威斯顿姆的《夸示》(Ostentation)之后,博戈莫洛夫指出,这里的分析程序是以这样的方式来迂说句子 S,目的是使它的迂说形式 S'能够更加清楚地揭示出它所局限的事实的结构。"但是进一步可以得出,'迂说'的现实目的是将抽象概念转变成派生这些抽象概念所依赖的那些最简单的概念。……形式化分析与对于句子的整个类别来说都是唯一的功能相关。物质分析揭示了事物的状态。语言学(迂说)或哲学分析通过其'所指物',也即使其得以抽象的具体项表达了抽象的项"[Богомолов 1973,266]。

这种分析揭示了迂说方法十分重要的负面特点,即它的"简化原则"。简化原则最明显的负面后果是无法使方法与描写精神文化的抽象项协调一致。因此可以理解的是,为什么在使用迂说方法的著作中缺少像 свобода(自由)、правда(真理)、цивилизация(文明)、закон(法律)、любовь(爱情)等这些词直觉上可以接受的描写。

不过,由于前面提到的迂说描写与全面的成分定义之间的联系,这个特点也属于后者。

在所分析的迂说方法中,已经开始显现出以完整的形式出现在其逻辑学中类似情况的那些限制。博戈莫洛夫用下面这些话作为其论述的结语:"但在这种情况下语言学分析的'新'定义(在逻辑学中—作者注)与'普遍语义'的程序是一致的,这个语义是在'寻找所指物'这个名称之下而为人所知的肆无忌惮的现代实证主义,并通过它所表现出来的带有逻辑实证主义与新实证主义的验证的普遍原则。因为普遍语义的'寻找所指物',与威斯顿姆的'迂说'一道仅仅是验证原则的语义—语言学变体,它要求将任何抽象归结(简化)为经验的直接活动或对其表达为'如实照录的句子'"[同上]。

上述限制(某种限制为任何语义方法所固有)并不妨碍将迂说方法视为语义研究中向前迈出的一大步。目前,以此为基础确定了在维日彼茨卡"语义原始成分"的意义上,同样可能也在"功能或词汇参数"("因果关系"、"消除"、"夸大")等意义上,编写"语义成分的语义概念大词典"的任务。这种语义概念大词典可能与词—概念语义大词典类似。因此成熟的迂说方法可以被看作是当今建立在间接定义基础之上的、与语义概念词典方法或表意-语义概念词典方法类似的语义描写最多的概括,是建立在直接定义基础之上描写的最高概括。

在语义研究这两条线索的形式中,我们得到了语义描写类型分类的两个主要组。

3. 语义描写的类型。

综上所述,很清楚的是,我们将每个语义描写,也即定义词的意义的方法,作为语义描写分类的基础。前面在多大程度上已经证明了定义的主要方法处于对立的关系之中,那么可以将语义描写的类型作为任何对立的语言学系统而去建立该系统就变得有多么清楚了。因此,为了从研究中提取建立该系统的最好方法,我们应该转向已经研究得很好的对立系统。

前面已经研究过的任何语言的音位描写,都可以作为对立系统的例子(本书第二部分《序言》)。

必须在根据对立原则建立任何分类系统时解决类似的问题。在这种情况下,我们应该解决以下3个问题:1. 在前面章节所描写过的哪些对立特征可以被认为是对于语义定义的分类非常重要的对立特征?2. 是否可以采取特征的"浮动"或固定顺序基础之上的分类?3. 如果我们选择了固定顺序,那么哪些特征,也即我们所认为的哪些对立特征,对于说明现代语义描写是最重要的?哪些从属于前者并且是次要的呢?

很明显的是,在这种情况下,所有问题的解决只能以现实的看法为基础,以我们现在如何评判语义研究的客观状态为基础。

对当今语义著作进行仔细的概括表明,在我们看来,最明显的区别一方面贯穿于直接定义之间,其条件是这些定义被赋予十分结构化的形式,而且是非常深层的,这恰恰是"语义概念词典方法"的属性;另一方面,最明显的区别贯穿于间接定义之间,其条件同上,但这是"迂说方法"的属性。因此,"语义概念词典方法"(或编写表意和语义概念词典的方法)与"迂说方法"(或编写"词汇参数或功能语义概念词典"的方法)在分类中应该分属不同的类别。这种看法促使选择"直接定义"—"间接定义"特征作为分类的第一特征。

我们将第二的位置留给提供了分类第二个特征的"模糊定义"—"结构(或结构化)定义"之间的对立。换言之,被认为属于建立在其是否是直接或间接基础之上的两个不同组的定义,应该相应地在第一和第二组的范围内根据"模糊—结构"特征予以划分。正如我们所看到的,直接模糊定义是详解词典的一般定义,因此应该赋予其第二个名称:"详解定义"。相反,间接模糊定义通过的是分布的定义,可以被另称为"分布定义"。"成分"定义是直接结构化定义,而通过转换或"被转换"的定义则是间接结构化定义。

根据建立对立分类系统的普遍原则,应该指出,或许可以将"模糊—结构"特征提升至第一位。这表示我们认为这个对立在现代语义理论中是最重要的,而"间接—直接定义"对立却并非那么重要,在已知条件中能够被减弱。的确,在确定的目的中,特征的这种等级可能出现,因为在现代语义研究中,我们发现了一类非常重要的著作,其中表现出语言(其对应的描写)的模糊意义其实非常重要。我们指的是关于语义构拟的著作。在构拟时,研究者应该致力于发现所研究语言中的这些语句(句子),其中现代的各种意义以混合的形式被描述,它们互相并非对立,并且这种混合既属于话语中的搭配(分布),也属于词意义的"词汇"、聚合系统。如果我们的目标是历史符号学与同时期语义研究的对立的话,那么我们或许能够将"模糊—结构定义"特征提升至第一位。但是,我们的目标是同时期语义著作的分类,因此我们将这个特征仅列为第二位。

如前所述,浅层定义倾向于带有"浮动"特征的定义,同时深层定义通常则与特征的固定相一致。因此,这些对立中的任何一个对立都可以被看作是重要的。但是,因为前面提到的带有"浮动"特征的定义在语义学文献中的研究还不够充分,所以我们只研究一个第一对立,即"浅层定义—深层定义"对立,在我们的分类中居"模糊—结构"特征之后,位列第三。

总的说来,"模糊—结构"特征与"深层"特征可以换位。

我们将对应于"所指"和"能指"定义划分的特征置于分类表的最后。如前所述,最后的分类特征与第一个分类特征一道形成了主要的分类负担,因而我们赋予这一分类特征很大的重要性。能指定义在直接定义系统中,在其足够深度的条件下最好地实现了。但同时这也是与词相关的概念定义。相反,所指定义的最好实现发生在间接定义系统之中,同样是在其足够深度的条件下,主要是在迂说定义系统之中。但与此同时,这也是如同通过语言系统被描绘的那样的对象、现实现象或情境的定义。因此,语义描写的两个主要系统—直接系统和间接系统(尤其是在最后的位置与其在分类表中位置相符的成熟形式中),作为相互补充而出现。

尽管其中的每一个系统都是根据理论与目标不同而确定的科学流派,但似乎不能说是有关迂说系统与语义概念词典系统的简单结合。综合应该始于更早的阶段,并且是独立的研究类型。

在表中没有使用与具体和抽象词汇相对应的区分的对立。但如果使用的话,这一对立将处于分类表中最后位置上,在所指和能指划分之后。明显的是,将精神文明基本项意义上的抽象词汇包含在主要是深层能指的直接系统的定义之中,这样更好。同时,或许在间接系统中,在同样的结构化和足够深度条件下,对具体词汇进行描写,似乎更好。这是最后一个对立,可能是这种情况下最重要的对立。我们没有使用这一对立,只是因为我们认为相应的研究还没有完成:对语言抽象词汇,尤其是精神文明项以及词典专业方面的描写,总体上都是语义学领域中最重要的语言学任务。我们允许自己用表达希望的方式作为结束:希望在此提到的这个前瞻能够变为现实。

所说的内容在此以分类表的形式概括出来,基于被用作其意义定义分类的语义描写类型。

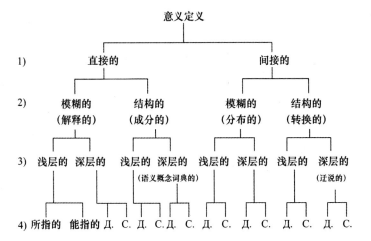

第四章　系统与文本之间的语篇

0. 引论

关于语言的新哲学思考
空间与世界是"新的"、"想象的"、"心智的"及其他

新哲学思考(在什么与什么"之间"的)的关键词是"空间"。现在它出现在我们面前,有两个相互关联的意义：1)作为总的哲学思考空间的语言哲学和 2)语言哲学中的"空间"概念。与它接近的同义词是"世界"这个概念。

与往常一样,我们首先采用文化学的方法,目的是将"空间"与"世界"这两个概念归入其自然的概念环境之中。

奇怪的是,这里我们已经发现了"空间"概念与"时间"概念产生了比较弱的疏远。其实,当哲学思考者试图从侧面看待这个问题时,这也引起了他们的兴趣："为什么是'空间',而不是'时间'？"

1. 在文化学研究中出现的"心智(想象的、可能的等等)世界"概念与"世界—宇宙"概念,通常无论如何也不会产生联系,并且作为两个不同的过程出现。目前它们是两个不同学科的对象,第一个是逻辑学的对象(试比较"可能世界"概念),而第二个是自然科学和技术的对象,也是天文学的历史对象。相反,我们想要说的是,在起点以及之后的很长时间里,这都是概念发展的同一个过程。关于这个问题自然出现在对"世界"概念的讨论之中,换言之,它是文化学从后者派生出来的。

对以上所述应该补充的是,"心智或想象的世界"概念也同样出现在艺术创作之中,并且其实还是第三个学科的对象—有关艺术的学科(无论它被称为什么：美学、有关某些争论的艺术史或艺术理论)。

现在我们由这个"序言"转入问题的本质。

在苏联时期的俄罗斯生活中,"世界"这个概念具有很多意义。需要"改造"的现实世界和根据它想象中的样子也应该进行改造的想象世界的概念,在某个时间会合在一起,并形成了特有的"苏联"概念的"新世界"。后来成为共产党党歌的《国际歌》中唱道：

旧世界打个落花流水,

奴隶们,起来,起来。

不要说我们一无所有,

我们要做新世界的主人!

根据这个口号的意义,"新世界"在思想中是作为"旧世界"的某种镜像反映和变革的反映呈现的,在此一切都将被描写为"相反的",就像镜子中的右边变为了左边一样:那些"一无所有"的人"将成为主人"。但这个对立更加复杂:它同时也是现实(旧的)仅仅与可能(将来的、新的)的对立。

在法律形式中,两个世界的这种奇异的对立反映在1923年的苏联《宪法》中(下面的引文来自1933的苏联《宪法》)。

"第一篇。苏维埃社会主义共和国联盟成立宣言。

自各苏维埃共和国成立以来,世界各国已分裂为两个阵营:资本主义阵营与社会主义阵营"[第8页]。

这里的"世界"得到了同义符号—"阵营"。但是它们仍然以奇异的方式对立:一方面,资本主义阵营完全是现实的,因为"建立"了资本主义,并且存在;另一方面,社会主义阵营仅仅在心智世界中存在,因为社会主义还只是面临着"建立"的问题。接下来《宪法》继续写道:

"在资本主义阵营里,充满了民族的仇视与不平等、殖民地的奴役与沙文主义、民族的压迫与蹂躏、帝国主义的野蛮和残酷战争。

在社会主义阵营里则是相互的信任与和平、民族的自由与平等、各族人民的和平共处与友爱合作。

资本主义世界(在此从'阵营'这个词又回到'世界'。—作者注)数十年来企图用各族人民自由发展与人剥削人制度并存的局面来解决民族问题的努力显然已属徒劳无益。……"等。

相反,"只有在苏维埃阵营之内,只有在无产阶级专政——它把大多数人民都团结到了自己周围——的条件下,才有可能彻底消灭民族压迫,建立起相互信任的环境而奠定各族人民友爱合作的基础"[第8—9页]。

苏联意识形态的革新在于,将作为现实、存在"阵营"的世界概念与作为"未来世界"的心智、想象的世界融合在一起。(在"社会主义文明"的概念中又一次地提到了同样将想象的未来看作现实的存在。)但"心智世界"这个概念本身在这以前的很长时间里就已经存在于俄国的精神文明中。世界(мир)这个词的复数(миры)也与之对应。(因为在相反的情况下,也就是将现实的、存在的世界应用于现实时,复数当然是不可能的。)普希金的诗歌中有这样的例子:

他为你塑造了一个新的世界,

你在其中看着、飞着，
重生并拥抱着少年时代曾被打碎的神像。

莱蒙托夫的诗(1841年的无名诗)：
他们彼此相爱如此长久和温柔，
带着深切的思念和极度不安的激情！
但是就像敌人一样避免示爱和见面，
他们的只言片语也是如此空洞和冰冷。
他们在无言而骄傲的痛苦中分离，
只是偶尔在梦中见到心上人。
于是死亡降临：死后开始幽会
但是在新的世界里他们形同陌路。

我们**标出**的最后一行诗（我们认为全诗都是为它而写）宣告了俄国及世界诗学中"另一个世界"的概念，不仅仅是"死后的"，而是另外存在的世界。其实，莱蒙托夫的诗是海涅诗的自由翻译（莱蒙托夫还摘选了他的卷首题词）。但海涅诗是以主人公的死亡为结局，而莱蒙托夫的诗则完全不同，主人公们转到了存在的另一个层面。

我们认为，莱蒙托夫的主题预示着俄国生活和文学未来的痛苦主题：将一个世界划分为"多个世界"（正如在1923年苏联《宪法》中所宣称的那样），在这些"世界"之间永久地划分爱情的实体，移居和流放的主题。

在莱蒙托夫的这些作品中，主题可能相互关联。在任何情况下，正如克德罗夫敏锐地发现的那样，"莱蒙托夫诗歌中的漂泊者都不知道回归的希望。他的道路是没有尽头的，而死亡也只是尘世道路的继续而已。他的心智世界是临别和回忆的世界……扩展至宇宙的无尽空间与容纳了永恒的无尽时间将他与所爱的人分离。漂泊者永远离开了自己的爱人，就像他永远地离开了故土一样"[莱蒙托夫百科全书，1981年，第295页]。

但是现在我们更加系统地来看待这个概念的形成。正如我们已经看到的，所说的是关于初期概念的精神扩展，也就是"作为居住地的世界"概念，以及"心智世界"与"世界—宇宙"这两个概念的同时形成。也正像在其他情况下经常出现的这个过程的雏形，其模式也正是由语言在其内在结构中所指定。

2. 关于这个过程之前所经过的历史语言资料，"语言核心"。

需要预先指出的是，研究了这些资料，我们将不仅将与语言结构中的两个子系统—语义和指称产生联系，也将与某个理论产生联系。语义理论研究的是语言表达的意义,这些意义如何在漫长的时间中形成并固定在语言系统之中。指称理论(英语是 to refer"认为是,确定与某个客体之间的关系,指的是某个客体")研究的是将语言表达应用于世界的客体,这些用法如何在现实的言语中形成,研究在语言系统中形成的表达"重返"此刻人在其言语中所说的现实。

在语义学中,关于我们想要谈到的征服世界的过程,在被称为"人称—无人称"范畴的语言范畴内得到了深入的研究。句子的主体表现出这一特点,并且该特点是,或者表现为与其周围环境明显的区别(这些句子被称为人称句),或者表现为不明显的区别(无人称句)。试比较俄语中的句子:В мешке у тебя ключи гремят(你口袋里的钥匙哗啦啦响)(人称句) — В мешке-то у тебя гремит(你口袋里哗啦啦响)(弱程度的无人称句) — Ишь, как гремит(看,像打雷一样);видно, гроза будет(看起来,要有雷雨了)(强程度的无人称句)。这个范畴根据客体的空间确定性或有时根据空间—时间确定性来区分程度,也就是根据事物的概貌,根据它与环境的区分度。

在古印欧语中,这个范畴既是外在的、自然的世界,也是内在的,但同样是自然的、非人类的"心智"世界。因此,На дворе морозно(外面非常冷)和 На душе мерзко(心情非常烦闷)这两个句子是同等的无人称句(顺便说一下,它们的谓词出自于同样的词根 * merg-// * morg-,因此 морозить[天气变冷]与 мерзить[引起厌恶]这两个词似乎是"在内心引起寒冷",本质上,这是同一个词的变体)。在 студно(感到羞耻)与 стыдно(觉得可耻)这两个词中也具有同样的关系,其中第一个词总是被用于普斯科夫州方言中"觉得可耻"的意义。类似的拉丁语无人称词 pudet(感到羞耻)也来源于词根 * peu-// * pu-(强烈的打击,鞭打),另一方面,荷兰语 fuen(用数枝鞭打—圣诞节的仪式活动)与拉丁语 piáuti(割,切断)也来源于它。在这些例子中(它们可以成百倍地增加),出现在我们面前的到处都是根据外在模型所掌握的人的内在世界。但是这个内在世界仍然不完全是"心智的",它不是思想、逻辑的世界,而是引起精神和感觉状态的某种外在力量的世界。

与语义不同,指称并非与事物的空间确定性有关,而是与逻辑的确定性有关。如语义中的"人称—无人称"范畴一样,指称也能够根据确定性区分程度,但在此结果将是所说的某个证同事物或人称可能性的程度。我们来研究 4 个俄语例句:(1) Комната пахнет цветами(房间散发着花香);(2) В комнате пахнет цветами(房间里散发着花香);(3) Здесь пахнет цветами(这里散发着花香);(4) Цветами пахнет(散发着花香)。根据人称—无人称范畴的语义路线,无人称程度由(1)至(3)逐渐增强;而谈到指称,也就是对"什么/在哪里散发着味道?"这个问题的回答,那么在所有的情况下,总体上都是同样确定的(回答:"这里";逻辑回答:由"这里"这个词所确定的空间)。

根据指称路线，对世界的熟悉同样是由人从最近的空间"自己"出发，到更远的"自己之外"的空间。但是掌握的结果其实已经不是建立"世界的感觉"，而是建立真正的心智、逻辑世界。我们来详细了解这个过程。在所有的印欧语中，从而也在原始印欧语中，提到了3个不同的说明或指示(来自表示"说明"的希腊语单词)的语法子系统：1)"我—指示"，2)"你—指示"，3)"他或它—指示"。

在第一人称说话人"我"的指称空间中，首先了解了主体的状态：У меня голова болит(我头疼)或 Мне руку больно(我手疼)；У меня неприятности(我有不愉快的事)；Не на улице жарко, а у меня жар(不是外面热，而是我热)，等等。而谈到其他第二、三人称的表达(У него голова болит"他头疼"等等)，那么应该假设，它们与第一人称相比是通过一种隐喻出现的。其中确认的不是人的状态(这只有转达他们身上发生的印象或感觉的第一人称可以做到)，而正是与说话人的人称进行对比的结果。在确定内在状态时，只有第一人称是真正的确认，对于其他所有人称的语句只是有关与所描写的主体状态外在相似的观点而已。在此第一人称语句与第二、三人称语句之间的关系与语言运用类 Я обещаю(我承诺)和一般陈述类 Ты обещаешь(你承诺)，Он обещает(他承诺)的关系是完全相同的，只有第一人称才表达了许诺行为。

关于空间这个现代问题的总和已经在本部分的第一章进行了研究(《方法》，例6)。

正如可以假设的那样，在受话人的第二人称指称空间中出现了带有来自古俄语 нє Іє́сть тъ, тоγ的 не＋тъ 的 нет 这个词的俄语否定存在句。тъ, тоγ这个成分自然与塞尔维亚—克罗地亚的-т相对应。它的意思或者是"受话人的那个、在你周围的"(тъ＝тый"那个")，或者是"在那里的、在你周围的"(тоγ"那里，这里")，或者由于感染错合而与其他词连一起。

需要将 С. П. 奥勃诺尔斯基关于俄语第三人称现在时形式的起源及其与-т或不带-т形式之间的相互关系与这个问题联系起来。С. П. 奥勃诺尔斯基写道，在带-т与不带-т形式相当复杂的方言分布中，从最古老的俄罗斯古代文献开始，尤其引人注意的是存在动词 не 或带有否定的 нѣ 在不带-т动词形式在 достон, подобаіє 类的无人称结构中的使用。奥勃诺尔斯基总结说："因此，如果根据自身意义，带 t 或不带 t 的第三人称现在时形式之间的关系是带有表达其中动词-谓词和确定主体与没有表达这种关系的动词特征的关系(当主体不确定或根本不在思维中时)，我们面前出现了我们在成分的'确定'与短尾'不确定'形容词或相应的伴随中的或没有成分伴随的名词相互关系中所遇到的那种动词特征范畴中的平行现象。由此自然的推断是，根据词法结构带 t 的形式应该在其词尾部分包含某些代词起源的成分。如同在古斯拉夫语中一样，在古俄语中 тъ 和-ть 都是这些从属成分,当然,恰恰应该将成分单独形式的概括变体,也即起源于指示代词 тъ,та,то,看作是从属成分"[Обнорский 1953,135]。

在距离性交际中,交谈者第一、二人称最远的空间—第三人称的指称空间,形成了具有无人称形式的最抽象的存在句:俄语的 Имеется,英语的 There is,法语的 Il y a,直译都是"那里有,有"以及更多的"那里有"的例子,西班牙语来自 ha+y 的 Hay 直译为"那里有"等等。同时,当英语表达源自代词本质的形式—亲缘冠词 the 和代词 that(那个)时,罗曼语形式也发现了俄语 имеется(有)同样的起源,即来源于动词 имеет 加上某个使其不再具有确定意义的第三人称动词的小品词。动词 habet(具有)和来自拉丁语 inde(那里)的小品词 y 在罗曼语中是这一目标,同时形成表达的过程在语篇中被证明无误。试比较拉丁语中的俗语 habet inde(那里有,有)直译为"那里有"。类似的未被很好研究的过程在俄语中也为人熟知,克雷洛夫的作品(《狼与鹤》):Ему ни охнуть, ни вздохнуть(它没有唉声,也没有叹气)/ Пришло хоть ноги протянуть(哪怕只好伸一下腿,死去),代替的是现代的 пришлось 一词。仍然不明白的是,人称形式(пришло)如何能够表达无人称的意义。

在研究了语言的这些特点(当然在这里俄语只是人类语言的一个代表)之后,我们应该着重指出对于文化学非常重要的特点。首先,心智的或"观念的"或想象的空间,正是作为指称空间在语言形式中形成的。其次,在它之前的、在它下面存在的、"垫在它下面"(恰当的英语术语是 underlies)的是语义空间,也即可以想象为其中分布着"事物"的有形空间。第三,在语义空间中如此这般分离出了某个核心—"地点"概念。现在我们就来看这个核心。

在文化史中,当思想中呈现出某个"空的空间",并且能够在这个空间中分布或移动"事物"时,不止一次地出现了关于地点的这些认识。但是关于刚刚所说的语言形式似乎是另外一回事:看起来,"事物"与"地点"在最古老的史前认识中是被联合在一起的。

并且我们已经在亚里士多德被细致整理的观念体系中发现了这种认识(《物理学》,第四卷,第 4 章,212a[Аристотель 1981]):"地点被认为是某个既重要但又难于把握的东西,其原因在于:一方面质料和形状显示和它在一起,另一方面,被移动的物体运动发生在一个静止的包容物之中;因为某个有别于被运动物积量的居间的广延似乎是可能存在的。此外,被认为是无形体的大气也使人相信有某个东西存在;因为不仅容器的界限显示是地点,而且作为虚空的居间部分也显示是地点。事实上,正如容器是能够移动的地点一样,地点是不能变动的容器。"但是亚里士多德很快就更正了这个"假象":"包容物的第一个静止的界限是地点……地点与物体是一起存在的,因为界限是与它们所限定的东西一起存在的"[Аристотель

1981,т. 3, с. 132]。

众所周知,不取决于物质的(即似乎是不取决于处于其中的"事物"的"空荡荡的空间")"地点"或"空间"存在的可能性在相对论中被概念化了。但是,从文化学的观点出发,想知道的是这种思想的雏形已经包含在了亚里士多德所有概念的经过史—语言形式之中。

但是,我们再一次强调,在以后的文明史中,即亚里士多德之后,"空荡荡的空间"与"空的地点"思想不止一次地重新出现。("地点"这个概念本身在俄罗斯文化中与标记、地标有关,也即与"我们世界"的中心有关。)

与此相同的是,被铭刻在语言形式中的那个史前过程完全是发生在"历史学家的眼前",这是一个开发世界空间的历史过程,同时也是建立心智、逻辑世界的历史过程。

初期的概念"世界就是我们'自己'所居住的那个地点"与"世界是天下、宇宙"概念在词的直义上是由空间扩展关系联系在一起的:更广阔的空间被征服,初期"自己"世界的特征被扩展到更遥远的空间,而后当对空间距离的物理掌握成为不可能时,通过外推法将已知参数转换为所有更遥远的距离的这种掌握就在思维中得以继续。本质上这个过程相当简单,它与逻辑归纳法相似,并根据可以用这些词来描写的用口语表达的原则予以实现:"与我真正生活(走着、行动)在其中的那个世界相似,同样建立了一个我能在其中生活(移动、行动)的更远的世界,再建立一个我或许能够行动(但未必前往,因为它太远了)于其中的更加遥远的世界,以及一个我永远也无法到达的更加遥远的世界,因为它实在太远了,但我能够像所有之前的世界一样准确地想象它,但这只是思想中的自然"。

我们居住的世界的特征转移到了更为宽广的世界,那里没有人,或许人永远也无法到达。我们在此所说的不是隐喻,这个过程是根据最古老的符号"天下、宇宙"的内在形式而被描绘出来的。根据巴克极好的表述(而他作为著名的《主要印欧语同义词词典》的作者,只是用这个表达来概括其对表现这个概念所做的最丰富的研究),大世界、天下、宇宙使人觉得似乎是"从地球所观察到的"。甚至在亚里士多德(《天象学》339a 20)[Аристотель 1981]的抽象哲学语境中也保留了这个内在形式:ὁ περὶ τὴν γῆν ὅλος κόσμος(整个围绕着[位于]地球的宇宙)。

在古斯拉夫(教会斯拉夫语)词 въселенаιа中,古俄语是 въселенаιа,现代俄语是 вселенная(天下),直译为"住满人的"(比较 вселять"使移居于"),也显现出了同样的形式,它起初只是从希腊语 οἰκουμήνη"有人迹的地区"翻译而来的,具有"被居住的世界"的意义。因而俄语术语"вселенная"(天下)的起初意义正是人所征服的、被居住的世界,试比较:отбѣгошҳ от пѹстыинѧ и по сємъ вънидохъ въ въселенѫѧ зємлѧ(1345 年的 Меф. Патарский 词)"当他走出隐居的地方……后来他走进了居住的地方"。

所居住的世界的参数向仅仅是被征服的世界的转移,在关于空间坐标概念的发展中得以明显描述。

在接近17世纪时,这个可以被称为"归纳空间认识"的过程在哲学形式中得以完成。不过一些研究者认为,古希腊的斯多葛派区别了两种"世界"的概念:"作为'一切'的世界" τό παν 和"作为'整体'的世界" τό ὅλον;在第一种概念下他们理解了"世界"与"真空"的联合,而在第二种概念下他们理解的是由移情关系所联系起来的"存在的"系统(事物、人、实体),参看[Lalande 1972,1167]。但是斯多葛派的系统总体上暂时还不是被构拟的,很难肯定地说,这个划分是否与我们在此所谈的划分一致。

在17世纪,划分"世界"与"宇宙"的过程在布·帕斯卡尔和莱布尼茨的著作中有根据地被证实了。在此清楚的是,关于世界概念的"空间扩展"产生了一系列认识论与逻辑学的问题,就是在今天,这些问题也仍然非常现实(并更加突出强调了其现实性)。

帕斯卡尔如格言般明确地做出其中之一的定义:"宇宙(l'univers)用空间笼罩着我,并像一个点一般将我吞没;而我用思想理解(=了解)它"(Pascal. Pensées. Ed. Brunschwieg, Ⅵ,438 [Pascal 1960,51])。

在把"世界"概念扩展至"宇宙"概念并出现问题时,由莱布尼茨下了另一个定义。他在《关于上帝的慈善、人的自由与恶的来源》这一著作中写道:"我将所有结果和存在事物的总和称为世界(monde),为的是已经无法确定,难道还存在着不同时间和不同地点的许多世界(mondes)。因为应该将其所有的总和视为一个世界,或如果愿意的话,视为一个宇宙(un univers)"[Лейбниц 1989,13]。《神正论》是用法语写的,我们这里列举在括号中的是原文的术语——它们都是普通的法语词。Le monde(世界)来源于拉丁语的 mundus,在前面已经研究过了,l'univers(宇宙)来源于拉丁语的 universum。后者的第一次使用是西塞罗为翻译斯多葛派所使用的希腊语 τό ὅλον(作为整体的世界)。西塞罗对其予以改进,将其变为中性,使拉丁语已有的3个性的、直译为"整个都转向一个"的形容词 universus,-a,-um 变成了名词。似乎表现出人称或事物总和特点的、直译为"一切都转向一个(转向一个点、一个中心)"的复数形式 ūniversī 是其初始形式。由这个形式构成的副词 universim 表示的是"所有的一切都在一起,一致,同时"。

3."世界"与"宇宙"的区别

莱布尼茨确定的"世界"与"宇宙"的区别,成为了当今逻辑学与认识论的中心和关键(与许多其他问题有联系)问题之一,参看如辛提卡、克里普克等的著作。辛提卡直接用这样的话语作为他名为《为不可能的可能世界辩护》(1978年)的主要著作之一的开场:"可能世界概念是逻辑和哲学理论最古老、最有用的概念之一。它至少发端于莱布尼茨,并使得我们能够非常简单地说明基本的模态概念"[Хинтикка 1980,228]。克里普克发展了这个问题的另一个方面。从"说话人的指称"与"语义指称"的区别出发(即说话人所确立的名词与对象的关系,以及语言系统提前确立的同一个名词与对象的关系),克里普克创造出所谓的"关于语言系统的概念相对化"。

在一个很有意思的个别情况下,奥狄浦斯王的悲剧归结为这个问题(在本书中我们多次回到这个问题上):悲剧的原因是否是奥狄浦斯娶了一个名为伊俄卡斯忒的女人(事实上他不知道她是他的母亲),或者悲剧的原因是奥狄浦斯娶了自己的母亲(不知道这个女人还有另一个名字:伊俄卡斯忒)?

但首先要说什么是原因?在几个世纪的历程中,自亚里士多德开始,"原因"就被看作了"事物"(亚里士多德认为,"父亲是孩子的原因")、"属性"、"状态"、"事件"。万德勒的断言在1967年听起来像是真正的发现:"原因是'事实',而不是'事件'"(参看这里的第一章,第4节)。万德勒正确指出,谁也无法观察或听到原因,无法在望远镜或显微镜下看到它们,无法通过地震仪来记录,也无法在录音机或电影胶片中录制下来。与事件不同,原因不能是突然的、迅速的、意外的、能预见到的、持续的,等等。

但是,什么是"事实"呢?

后面将对这个概念进行详细的研究(第3节)。预先仅指出"事实"这个概念(同样指所有的"事实")只能够在语言学上或关于该语言的系统上被确定。"关于事实是第一性的,而关于对事实所做的判断是第二性的这样的认识是错误的",阿鲁玖诺娃写道,并且无法赞同这种认识。"事实并非绝对地依赖判断而存在";"判断结构的形成确实是为了能够查明其为真或为假"(即查明事实)[详见:Арутюнова 1988,155]。

回到奥狄浦斯悲剧上来,我们既不赞同万德勒也不赞同阿鲁玖诺娃(他们互相也不一致)关于奥狄浦斯不幸的原因问题。我们认为,不在于奥狄浦斯娶了伊俄卡斯忒(后来得知她其实是他的母亲),也不在于奥狄浦斯娶了自己的母亲(万德勒是这样认为的)。这两种观点都是悬在语言系统之外的,对于某个语言系统而言,它们都未被相对化。在奥狄浦斯的语言中,第一种观点是明了的,但它不是悲剧的原因,这一点是很清楚的。第二种观点(奥狄浦斯娶了自己的母亲)在奥狄浦斯的语言中是没有意义的,它是在其他语言中,在无所不知的神的语言中或在后来了解了一切的万德勒和阿鲁玖诺娃的语言中,所做出的结论。悲剧的原因,即奥狄浦斯语言中的事实不是别的什么,而正是奥狄浦斯知道了伊俄卡斯忒是他的母亲。当奥狄浦斯从有限的认识（同样还有他语言中所固有的指称系统）突然转向完全认识（转向另一个指称系统），即转向另一种语言的那一刻，悲剧降临了。当然，尽管某个民族的语言—索福克勒斯主人公所说的古希腊语在这两种情况下仍然是这些不同语言的外在形式。

但正如我们已经知道的（见上文，第一章，第4节），原因是事实，而不是事件。因此，"原因"概念（同样还有所有的原因）只能在语言系统上而相应地被确定，或者如果换一种表达的话，就是说只能在语言系统中考虑到其相对性而相应地被确定。

然而，"原因"是"世界"概念的主要概念之一。如果在不同的世界中（例如，一方面是奥狄浦斯的世界，另一方面是希腊的神—先知的世界）发生作用的是不同的原因，那么这就是不同的世界。将它们联系起来的绝对不是时间的流动，而是空间的并列。我们所思所想的东西只能够从一个世界转向另一个世界，不使用任何关于时间的概念，也不期望随着时间的推移一个世界代替另一个世界。从这个观点出发，"空间"概念似乎比"时间"概念更加重要。

我们将本书这一部分的不同例子的世界都看作是精神的世界。但是如何描述它们的相互区别呢？

我们倾向于这样做：在指称上描述。换言之，我们在此所说的不同世界是在指称上不同的世界，它们在同一个语义中具有不同的指称系统。在进行了思维试验后，在此我们似乎"转动了"这些世界，在同一个不变的语义轴周围改变了它们的指称。

4. 现在我们尝试着进行另一种操作：保留指称的不变轴，改变语义。那么我们面前就出现了指称上相同但语义不同的世界。

初看起来这似乎是不可能的。但接下来的例子却表明并非如此。我们面前出现了讨论"俄罗斯教堂的风俗派画家"的文章《俄罗斯教堂》："俄罗斯教堂的曲调和俄罗斯教堂画在与教堂一般结构的严格对应中都是无形的、呆板的、'精神的'。圣母给婴儿基督喂奶是俄罗斯东正教中不可能出现的景象。在此俄罗斯人反对了历史上可靠的神话：例如，尽管圣母玛丽亚在很年青的时候，无论如何不超过17岁的时候，生育了耶稣，但是当她抱着婴儿耶稣时，永远也没有表现出处于这样的年龄。圣母总是被表现得像年长的或已经衰老的四十岁左右的女人"；在这一层面上，"这种将圣母描写为几乎是个老妇人的歪曲事实的倾向性；这种认为圣母'生育前'、'生育时'、'生育后'都是处女的观点，尽管在《福音》书中都提到了，她将两个斑鸠带进了教堂，犹太女人完成了妇女产后的清洁，并且成为不纯洁的牺牲品，圣女不可能不完成这一过程……但是东正教徒不可遏制地藐视将'寻常之物'带入宗教：违背了《福音》书中的话，他们狂暴地确定了玛丽亚所谓的'永远的处女身份'，也就是说他们实际上用手合上了福音书中的事件，并用另外一个自身的、纯口述的事件予以替代。在人类语言的语法中,当然没有什么可以阻碍说出:'生育中的处女'。但是从词语到事实之间却有很大的分歧!当然,东正教徒又一次在词语中越过了这个分歧,编造了自己口述的伯利恒概念"[Розанов 1992,298—299]。

这样一来,原本表示的根据语义空间"转动"的心智世界,在指称静止不动的轴上从一个空间转到另一个空间。

在指出了哲学思考中已经存在的"语义"及"语义系统"与"指称系统"的不同之后,似乎可以对上述情况进行总结。

5. 在转向进一步的探讨之前,我们注意到了有关原则上的、在这种情况下也是主要的"语法"和"语义"等基本术语的双值性。"语法"表示的既是语言的客观语法构造,也是对它的描写。因此一种语言可能有不同的语法。"语义"的情况也是如此。

这样一来,我们与之在现代哲学思考中产生联系的第一"语义"是遗觉的语义,或是遗觉。但是这一问题是如此的专业,以至于我们在此只能局限于对其予以提及,并注意到遗觉与象征问题的相关。因此,在洛谢夫的遗觉中也出现了这样的情况,并且似乎也是沿着现代哲学家所集中的路线进行的。无论如何,鲁坚科在前面被称为《语言哲学》卷的章节中的论断也处于这个轨道上。

6. 突然迅猛地出现了几何语义学。似乎也应该称为海德格尔和德勒兹的"理性偏差"概念。在此我们只限于确认存在,并参阅原文[Подорога 1993]。

在几何语义学中,世界呈现为几何学上概念化的东西,并处于直线、角、交点的心智形式之中。简言之,处于晶体的晶格形式中。

正因为此,这种语义化(只是可能之一)与其他可能的形式相比是残缺的。

7. 这是另一个与遗觉语义化不同、但却保持着与几何语义化平行的语义化,是根据图画的样式将心智世界概念化的语义。很难用某个术语来命名它,但是我们拥有两部极好的著作:在这一关键点上的梅洛-庞蒂的《眼与灵》,以及在某些方法中的塞·伊·瓦维洛夫的《眼睛与太阳》,我倾向于将后者称为眼睛语义。

它与几何学语义的区别在于其中有颜色和太阳。瓦维洛夫的著作用这样的一些话语作为结语:

"不知道太阳,是无法理解眼睛的。相反,根据太阳的属性,在理论上大体可以勾勒出眼睛的特点,在提前不了解它们的情况下知道它们应该是什么样的。

这就是为什么诗人说,眼睛是阳光的"[Вавилов 1982,130]。

这条路线的语义化导致了进化生物基础、世界统一问题及其结构中"目的"问题、目的论问题的产生。(希望没有放弃我们,我们也没有放弃希望,可能在这个版本中我们还会回到这个主题上来。)

不过,似乎更应该用上面提到的梅洛-庞蒂著作中十分生动的观点作为本引论的结语：

"传统科学保留了世界的不透明感觉，它正是打算通过自身的结构来了解世界，它也因此认为自己应该为自己的活动找到超验或先验的理由。今天，并非在科学中，而在广为传播的科学哲学中，全新的情况是：这种建构的实践出现了，并且表现为某种自主的东西，而科学的思想随意变成了为其发明技术的手段，并与固定的觉察程序构成总和……由此任何方式的借用都不具有尝试的明显目的。科学从来没有像今天这样对精神方式如此的敏感"[Мерло-Понти 1992，9—10]。

梅洛-庞蒂继续说道："为了科学的思想，必须要有自上而下的视野的思想（直译为'从飞翔的高处向下'—作者注），像这种客体的思想转移到了亘古以来'存在'的位置之中，降落在感觉上所理解、所完善世界的土壤之中。在我们的生活中，它为了我们的肉体而存在，而且不是为了那个自由地作为信息机器的可能肉体，而是为了我称为自己的真实肉体，是默默为我的话语和行为提供根据的哨兵"[同上，第11页]。

梅洛-庞蒂因此选择了我们称之为"根据图画样式"的"语义"（"语义化"）。这条路线在此已经没有呈现出"偏差"或"异常细微的曲折变化"，这是其他的一些东西（"深度、颜色、形式、直线、运动、外形、面貌似乎构成了存在的树冠，并且所有这些都被编入其结构中"[同上，第55页]）。

梅洛-庞蒂描述了一个引人入胜的例子，出现了效仿的榜样，就像中国的一个关于在自己家中消失的艺术家的神话中所说的那样，走进自己的画作并消失在其中。

1. 系统与文本之间的语篇：
语篇——"世界"（任何世界）的语言表达

"语篇"（法语是 discours，英语是 discourse）这个术语自 20 世纪 70 年代初开始被广泛地使用，起初的意义接近于俄罗斯语言学中的"功能语体"术语（言语或语言）。在存在通行的术语"功能语体"之外，还需要另一个术语—"语篇"的原因可归结为民族语言学流派的特点，而不在于对象。在俄罗斯传统中（尤其是在由维诺格拉多夫和 Г. О. 维诺库尔教授的著作而得到加强的这个方面），"功能语体"在首先表示文本的特殊类型（口语的、公文的、报刊的，等等）的同时，也表示与每个类型相一致的词汇系统和语法。在盎格鲁撒克逊的传统中则与此完全不同，这首先是因为没有作为语言学特殊领域的修辞学。

盎格鲁撒克逊的语言学家开始研究那个可以说是传统之外的对象—文本的特

点。在他们的理解中,"语篇"原先表示的正是其文本现实及特点中的文本。塔·米·尼古拉耶娃在其编撰的文本语言学术语袖珍词典中关于这些术语写道:"语篇是文本语言学的一个多义术语,它被许多作者并行地用于几乎是同音异义的意义之中(也即甚至不是同义的—作者注)。其中最重要的是:1) 连贯的文本;2) 文本的口语形式;3) 对话;4) 根据意义而互相联系的一组语句;5) 作为现实的发音产物—笔语或口语"[Николаева 1978,467]。只是在更晚的时候盎格鲁撒克逊的语言学家才意识到,"语篇"不仅仅是"文本的现实",而且是某个维护这个"现实"的系统,首先是语法。范·戴克和金奇在 1983 年写道:"起初理论假设的基础是语法应该解释整个文本的系统—语言结构,并通过这种方式转化为文本的语法,它始终是宣言式的,并与从前一样,依据其精神而与生成的聚合体过于接近。但是,话语语法和语篇语言学研究很快就详细分析了欧美所采用的更加独立的聚合体"[Ван Дейк,Кинч 1988,154]。不过在这两位作者的著作中,纯"文本的"方法与从前一样占据了主要地位,总体上将文本看作"发音的产物",这是很大的集合,可能是无数的集合,并且因此需要创造的只是对于自身理解("自己的语法")的总原则,而不是不同种类语篇现实的具体语法。

然而,捷米扬科夫在其《应用语言学与文本自动编辑英俄术语》词典(1982 年 2 月出版)中能够给出这个时期"语法"或更宽泛的"语篇世界"的概括草图。捷米扬科夫写道(我们省略为证实他的概括而对个别作品的大量说明):"语篇是由多于一个句子或句子的独立部分构成的文本派生片段。语篇经常但并非总是集中于某个主导概念周围;语篇建立了描写登场人物、客体、环境、时间、行为等总的语境,与其说确定了句子的连贯性,不如说确定了所建立语篇及其解释者的总的世界,这个世界是根据语篇展开的进程而'建立'的,这是'言语的民族学'观点,试比较为此提供语篇的(在其中的一个作品中—作者注)格式塔方法。语篇的原始结构具有基础命题连贯性的形式,这些基础命题彼此之间由合取、析取等逻辑关系联系起来。语篇成分包括:叙述的事件及其参与者、语言行为信息和'非事件',即 1) 伴随事件的环境、2) 说明事件的背景、3) 事件参与者的评价、4) 将语篇与事件对应起来的信息"[Демьянков 1982,7]。这是当时更好的语篇定义,它表明为了理解什么是语篇,我们不怎么需要总体上的介绍(如范·戴克和金奇在上述作品中设定的目标),要知道关于语篇的描写针对的是任何语言(而不仅仅是文本),针对的是具有文本的任何语言。我们需要的是关于对语篇的很好的描写,没有这些描写就无法推动理论。这些描写并没有延迟出现,并且也是建立在这些语言材料的基础之上!

我们所说的是法国—瑞士语言学家和文化学家帕特里克·塞里奥的作品《苏联政治语篇分析》(已经被认为是经典)(《Analyse du discours politique soviétique》,参看[Sériot 1985])。

塞里奥将其研究作为历史研究的开端,他指出了"语言操作的苏联方法"在苏联制度数十年历程中对俄语产生了怎样的影响。

在俄语中产生了什么?是新的语言?新的"支语言"?新的"语体"?塞里奥回答说:"都不是"。在俄语中形成的东西应该用一个特殊的术语来命名—"语篇"。从我们这方面来说,提前将这个现象解释为:语篇起初是语言(在这种情况下是俄语)为表达特殊民族精神(在这种情况下同样是意识形态)的特殊使用;特殊使用的结果是激活了语言的某些特征,并最终激活了词汇的特殊语法及特殊规则。正如我们前面所看到的那样,最终建立了自身特殊的"心智世界"。在苏联的赫鲁晓夫和勃列日涅夫时期,意识形态语篇在通晓俄语的法国人那里被称为"langue de bois"("呆板的语言")(法语中存在这样的表达"gueule de bois",明显与上述提到的相似,但通常用于人在"大醉"时嘴里的感觉)。

当然,语篇不仅仅存在于明显被指出的政治范围内。我们说的是现代"俄语言语礼节"(甚至有些书就是如此命名)。所说的是否关于俄语的规范?塞里奥又一次回答说:"不是"。所说的是关于语篇的规范,这类著作的作者希望用这种语篇的规范来冒充俄语总的规范。这是塞里奥完全正确的观点。作者确定的任务是"读文字",而不是"领会言外之意":语篇首先是文本(首先是,但如我们在下面将再次看到的那样,它远不只是文本)。塞里奥细致入微地分析了两个对于上述时期是"奠基性"的文本:赫鲁晓夫的《苏联共产党第二十二次代表大会中央委员会报告》(1961年)和勃列日涅夫的《苏联共产党第二十三次代表大会中央委员会报告》(1966年)。分析的结果弄清楚了这个时期苏联政治语篇的两个明显特点—所谓的"称名"和"并列"(即句子某些部分的并列联系)。

称名这个现象本身不是新东西,它是俄语所加入的语言联盟的普遍趋势之一。但是,在苏联的政治语篇中,这种趋势获得了极大的规模,并以特殊的形式发生了急剧的变化。下面是典型的例子(摘自勃列日涅夫的报告,根据1973年出版的政治文献《列宁主义教程》第313页):

"生产力发展的主要源泉应该建立在发展、采用新技术和先进的工艺过程、广泛应用综合机械化和自动化,同时加深专业化以及改善企业生产合作的基础之上"。

我们作为主体所说的那个动因的消失,是这些数不清的称名的语义结果,也就是用它们派生的带-ание,-ение,ация等动词的人称形式的代替物。所有过程都具有无人称的形式,尽管与俄语中所具有的"典型的"无人称(例如,Меня так и осенило"于是我产生了个想法";Его будто бы ударило"他似乎被打击了"等)并不相同。在主体被消除之后,可能出现的是进一步的、已经是称名实体的纯意识操控。

并列是苏联政治语篇的另一个特点,具有两个主要形式,或者是通常俄语言语中通过连词"和"连接的两个概念(或多于这个数量),即在该"语篇"范围内不是同义的概念;例如,"党"、"人民"的结果就是"党和人民";或者在并列的其他形式中,连词"和"完全消失,被连接概念之间的逻辑关系具有不受解释控制的形式,例如,"党,所有苏联人民","共青团员,所有苏联青年"。

这个程序的结果是下列语义悖论:大量的概念最终似乎互为同义词,在"生活"中的真实关系的思想引起了某种类似于"同一性"的东西。塞里奥得出了平行概念的这个清单—悖论的例证[Sériot 1985,95]:

党＝人民＝中央委员会＝政府＝国家＝共产党员＝苏联人＝工人阶级＝苏联的所有人民＝每个苏联人＝革命＝我们的代表大会＝工人＝集体农庄庄员＝党外人士＝国营农场工人＝农业专家＝……等等(我们省略清单的一部分)……＝苏联所有的兄弟共和国人民＝社会＝工程师＝技师＝设计师＝科学家＝集体农庄的农民＝农民＝第十七届代表大会的代表们＝其他国家的人民＝整个人类＝所有国家的劳动者＝整个社会主义阵营＝社会主义＝人民＝千百万人。

这种关系完全与什么人作这个《总结报告》有关。但这里的问题甚至更加复杂:"赫鲁晓夫或勃列日涅夫做了什么?'作了报告'吗?"——"读了报告"(或"宣读"报告)?"说出了报告"?"创作了报告"? 等等。明显的是,所有这些不同的形式都要求不同作者的参与,要求作报告的人为报告文本负责的不同程度。同时与我们在前面谈"称名"时所提到的完全类似的是,这里也发生了"作者的消失",同时还有"责任的消失":正式文中几乎只允许一种表达—"作了报告"。

另一方面,"并列"也引起了同样的结果,最后的情况就表现为文本的"来源"是:我(＝总书记)＝中央委员会＝整个党＝我们国家＝我们,而其"听众"、"受话人"是:代表大会的代表＝所有党员＝人民＝所有进步的人类＝所有人＝我们[Sériot 1985,71]。

现在我们来研究总体上语篇的一些普遍特征。

看起来,并非在所有的语言中,确切地说,并非在语言文化的任何通用区内,都建立了语篇。下面我们将看到(在第2、3节中)语篇,尤其是"奥狄浦斯神语篇",在相应时期的古希腊语中表现得很突出。这似乎与那个时期希腊文化中存在特殊的神话层有关。但是,包括当今在内,语篇是否不总是某个神话的表达呢?

在任何情况下语篇都不能归结为语体。正因为如此,作为在研究该语言框架下特殊学科所建立的修辞学目前已经不完全适合了。塞里奥[Sériot 1985,287]使用俄语政治语篇与其捷克语文本的译文相比的例子很好地说明了这一点。我们将来自苏联政治语篇的这个句子作为例子:

"与劳动者组织的社会生产劳动的其他形式不同,学生队有助于最成功地解决大量吸引少年人进行集体农庄生产、通过教育和农业技术指导保证他们的劳动、完成一整套田间劳作、采用机械化的问题"。

捷克语译文：

Na rozdíl od jinych organizaěních forem spoleěenské vyrobní práce žáků pomáhá školní brigáda nejzdařileji řešit úkol, aby byla dospívající mládež masově zařazena do kolchozní vyroby, aby její práci bylo zajištěno pedagogické a agrotechnické vedení, aby žáci vykonávali ccly komplex polních prací a aby byle využito mechanizace.

如果仅从语言"性格学"和比较修辞学的观点比较文本的这些范例，就像在语言相应定义的精神中所规定的那样（参看前文第5点），那么恰恰仍然未考虑到和未意识到的区别是，用捷克语将苏俄称名翻译为了扩展句。由此可见，在捷克语中不存在前面所提到的苏联政治语篇的主要歧义。

语篇另一个特殊的和确定的特征是，语篇要求并设立一种理想受话人（塞里奥所说的是un Destinataire idéal）。与包括坐在代表大会会议厅以及听总结报告的苏联中央委员会代表大会的所有代表这样的具体的"言语接受者"（un récepteur concret）相比，这个"理想受话人"是不同的。帕·塞里奥说："理想受话人可以被定义为接受了使语篇得以实现的每个句子所有预设的人，在此语篇—独白获得了带有理想受话人的伪对话形式，其中（在对话中）受话人考虑到了所有的预设。的确，否定预设就等于否定游戏规则，也就等于否定了说话的报告人行使其所占据的发言人位置的权利。"

然而，这些预设是怎样的呢？这些预设在先前的分析中已经得到了表现，其中表现最强的是被称名的组（代替了包含肯定命题的称名）是现实存在客体的标记（所指对象），不过这些客体的存在（即对存在的肯定）任何人都无法制造出来：这种称名表现为某人（不知道是谁，未讲清楚的）制造的"半成品"，说话人（发言人）将其插入到自己的言语中，仅仅是对其予以使用。塞里奥用了一个专门的术语来命名这些称名的"半成品"："le préconstruit"，大致的译文可能是"预先的准备"，或者如我们所说过的"半成品"。（例如，在法语中用类似的术语"préfabriqué"来命名装配式房屋。）

对称名进行逻辑分析的新要求来源于语篇的这些特点。塞里奥用下面这个例子予以说明[Sériot 1985, 241及后]。假设我们有这样一个句子（这是赫鲁晓夫报告中的原句）：

"苏联人民所取得的全世界历史性的胜利是正确运用和创造性地发展马克思列宁主义理论的有力证明。"

一般的逻辑分析，即在命题—肯定项中的分析，是这样的：

(1) 苏联人民取得了全世界历史性的胜利；

（2）м.-л. теория правильно применяется / применялась/ была применена. ——N правильно прменяет / применял / применил м.-л. теорию（马列主义理论正确地被运用/曾被正确地运用/曾被正确地运用——N 正确地运用/运用过/运用了马列主义理论）；

（3）м.-л. теория творчески развивается / развивалась / развилась. — N развивает / развивал / развил м.-л. Теорию（创造性地发展着/发展过/发展了。—N 发展/发展了/发展过马列主义理论。）

但是，由于在原来的语境中出现的不是命题，而是称名，所有这些观点和相应的三段论似乎都被提前消除了，或者在现在的语篇分析项中，更准确地说，如同不被要求的证明，"préconstruit"一样，被提前确定了。

塞里奥在其著作中建立了适合苏联的政治语篇，并且是我们认为的所有语篇新型逻辑分析的雏形。在此我们将塞里奥研究的这个部分先放在一边，后面将主要通过被称为美国"宾夕法尼亚学派"的资料，尤其是万德勒的著作，对这一新型分析进行更加详细的说明。

在本节即将结束之际，我们只指出一个对于本书相当重要的细节：所谓的"传统生成分析"在与刚刚研究过的类似情况中并未得出相同的结果。"在这些情况下，'传统的'生成模式（即不考虑词汇而发挥作用的句法模式）给出的是建立在组合序列认识基础上的分析（句子成分—作者注）。……在我们看来，这种分析通过表层单位的原子化而起作用"[Sériot 1985,319 及后]。根据塞里奥合理的结论，其实分析的本质应该正好是为了描写该类语篇的主要特点："双重性"或语篇名词称名组的"主要的歧义"（ambivalence ou ambiguité）。塞里奥成功地开始定义这个问题。

在他的解决方法中，下一步是与美国"宾夕法尼亚学派"的著作以及"事实"和"原因"范畴的新的解释联系在一起的。

那么，什么是语篇？

在对本节进行总结之后，应该说语篇是"语言中的语言"，但被描述为特殊社会现实的形式。语篇的实际存在并非如普通的语言一样是其"语法"和"词汇"的形式。语篇首先也主要存在于特殊语法、特殊词汇、词汇使用和句法特殊规则、特殊语义，最终是特殊世界之后的文本之中。在任何语篇的世界中发生作用的是其同义代替的规则、其真值规则和礼仪。这是这个逻辑—哲学术语完全意义上的"可能（必择其一的）世界"。每个语篇都是"可能世界"之一。语篇现象本身及其可能性也存在于论题证明的"语言—精神之家"，在一定程度上是"语言—存在之家"。

因此在下面的问题中，当我们转向分析"事实"范畴时，我们将不仅谈到语言形式中的范畴（自亚里士多德范畴时期开始，这就是关于范畴论断的主要原则），而且要谈到确定语篇形式中的范畴,而这已经是某种新的现象了,带有逻辑—语言性质。其实,如果没有预见到的话(因为亚里士多德研究的是与我们想要将他的论断运用于其中的更不同的问题),那么无论如何罗素在类型理论中已经对此做了预告,这一点在与怀特海的共同著作《数学原理》(1910 年第一卷中)中得到了叙述,并且起初的目的是解决逻辑悖论问题(例如,著名的"说谎者悖论")。科里总结说:"这个理论的主要原则是逻辑概念(命题、个体、命题函数)被放置在'类型'等级中,函数能够拥有的作为其自变数的只是概念,这些概念位于这个等级的函数之前,但不属于这个等级"[Карри 1969,47]。因为任何一个根据标准模式构造的句子都能够被简化为某个命题函数(在此谓词成为函数的表达,主体和客体是其自变数),而且因为语篇自身的句子类型不同,从而自身的命题函数也不同,那么清楚的是,罗素的这个观点与语篇的逻辑描写之间也存在着直接的关系。如果我们想起罗素关于这个问题的其他论述的话,这就变得更为明显了,例如:"如果词是不同类型的词,那么它们所表达的意义也是不同类型的意义"。另一方面,在类型理论中仔细研究的是日常的或"朴素的"推测,任何语法上正确的句子表达的都是某个理性的判断。

但在另一方面,这也确定了完全不同的项以及观点完全不同的图式,确定了将语言"作为系统的系统"予以理解(语言本质上不是词的符号学意义上的系统,而是不同系统的系统)。因此,我们在此所说的以及下面将要说的是来自所命名的(前面研究过的)将语言"作为系统的系统"理解的某类结果。这个问题揭开了"事实"这个范畴(见下文,第 3 节)。

2."语篇内"的逻辑问题:"状态描写"、"刚性"和"柔性"能指等等

如果在逻辑层面研究的话,语篇是来自"完全状态描写"内的"状态"之一。换言之,这些概念以及起源于辛提卡(参看第一章,例 2)的"标准分布形式"概念,都是语篇形式化的手段。换种方式来说同样的问题,语篇是可能的精神世界,或者作为实体及其属性,同样也是在这个世界中实际存在的相互之间关系组合的一个"状态描写"。

继续这条线索上的讨论,可以从形式化方面将情境定义为一个状态的局部描写,即从大的集合"状态描写"中区分出来的、由其实体、属性和关系构成的子集。

如果从现代认知学的层面对其进行研究的话,那么"理想化的认知模式"和"框架"(与最后一个概念相似的是"剧本"等)在此就是原子结构。这些结构的总和构成了语义系统和心智世界的语义,同时与后者一样是语篇的形式化模式。

但同样重要的是,由可能世界甚至也是心智世界或语篇确定结构的是第二个

系统：指称系统(如前所述,参看本章第 0 节)。在指称层面上研究的每个精神空间是通过被称为衔接手段(英语是 connectors)的系统关系与该心智世界或精神空间(语篇)中其他子域(即更小的心智世界或情境)相联系的更为普遍的指称系统的子域。心智世界(空间)的"实体"作为角色和表义(values)个体,其两种表现形式是不同的[Lakoff and Sweetser 1994, Ⅺ]。"停留在"指称系统层面所研究的心智世界的实体是个体,或者完全被确定为个体,即语义层面上的个体,或者根据其在语篇中和在该心智世界中的位置,即在指称层面上,被确定为个体。在指称层面上被确定的个体常常与角色概念一致。(我们认为的等同只是初步的考查,这一问题需要专门的研究。"特洛伊的位置"与其在"施里曼寻找特洛伊的位置"这个句子中被表达的意义上,是在"施里曼的世界中""指称上被表达的实体"的例子,参看前面第 2 节例 2。可以提出一个有意思的普遍问题:当在弗雷格意义上"通过间接方式"使用的名词是像"角色"这样在指称上被确定的实体,而不是语义意义上的"个体",即不是实体时,这些实体预先直接与"客体"、"事物"或"个体—人"是相关的吗?)

语义系统中个体的定义与等同建立在"为真"的概念基础之上。在语义上确定名词及与其类似并区分出个体的表达,存在于真值条件下,也即与个体实体("必然的")属性的一致是"刚性能指"(rigid designators)。相反,摹状词首先指出的是"角色",之后才是"意义"(values)。因此可以指出,"角色"的摹状词将其"意义"(values)从一个世界转换到另一个世界。简单的例子是:"我寻找**我儿子的音乐教师**"。用黑体字标出的表达是摹状词,它所表示的自身实体属性方面的个体在不同的世界中可能不同。我们说,今年我儿子有一个音乐教师,而去年是另一个人。但在这两种情况下的"角色"上,个体被单一地正确确定的。(根据弗雷格的观点,正是这些情况与个体名词的"非直接"使用相关,参看前面带有寻找特洛伊的施里曼的例子,并进而与语义三角的"旋转"属性相关)

并非与作为"真值"关系的语义直接相关的可能(精神)世界的指称系统,在吉勒斯·福科尼尔的《心智空间》[Fauconnier 1994] 一书中得到了详细的研究。我们已经着重研究了出自乔治·莱考夫等人之手的这本书的序言部分。我们再举一个《序言》的作者用来说明福科尼尔所研究问题的例子: I am taller than I am(我比我高)。

实际上,作者没有提到的是,这个例子是对罗素在另一个方面进行分析的著名例子的套用:上流社会年轻的英国人拥有了新的快艇,为了显摆一下,他邀请了自己的朋友前来乘坐;其中一个被邀请的人想要刺激主人,因此刚刚走上快艇他就大声地、十分失望地说:"噢,我以为你的快艇要比它实际的大";主人平静地回答道:"不是的,我的快艇不比它实际的大"。作者的例子包含了矛盾。然而同样的例子置于间接语境(确定信念、信心、观点)则不包含矛盾:

John thinks I am taller than I am"约翰认为我比我(实际上)高"。

这个例子指引着我们去寻找前面已经涉及到的问题(第一章,第 6 节,与罗素思想相关的例 6),但是福科尼尔的问题被放入了更加广阔的语境,并得到更加系统的研究。

对于我们而言,在本书主题上指出所研究的理论问题的语言核心是重要的。当然,首先心智世界或语篇的存在本身就是语言核心。但是,指出语篇内的语言细节也同样重要。总结一下,可以说现在当"语义系统"和"指称系统"被很好地确定时,我们注意到了受到这种区分影响的许多个别的语言对立。我们举几个例子。

派生词—非派生词对立(在本国语言学中,可以说库勃里亚科娃的著作[Кубрякова 1977]及与她的最新研究相关的整个系列的著作[Кубрякова 1981]等都发现了这个主题。)在派生词中,首先是名词(普通名词)被理解为在自身形式中表达其从该语言的其他词(名词)中的派生。在派生词中也理解了哥哥的妻子、家庭妇女、罐头刀等类型的词组。因此在表示亲属(个体)时:非派生的是父亲、母亲、哥哥(或弟弟)、儿子、妻子、丈夫、大姑子(或小姑子)、内兄(或内弟)、岳父、岳母,等等;派生的是父亲的哥哥(或弟弟)、哥哥(或弟弟)的妻子、妻子的父亲等等;以及表示职业和社会地位时派生的:急救医生、外科(女)护士、家庭主妇、歌唱(女)教师、配管钳工等等;表示工具的:开罐头刀、拔钉钳、电刨、螺丝刀,以及非派生的刨子、铲、镐、撬棍、凿子,等等。在这些各种各样的对立中,与非派生词不同的所有派生词在某种程度上都是摹状词(而非派生的词在很大程度上都是专名)。试比较语句的对立,其中所有带"a"的例子在很大程度上都是摹状词,而所有带"b"的例子则接近于专名:

(1a) 我需要拔钉钳;
(1b) 我需要凿子,可以将它用作拔钉钳;
(2a) 我寻找我儿子的音乐教师;
(2b) 我寻找我儿子去年的音乐教师,她好像叫安娜·伊万诺夫娜;
(3a) 不要指责她违反了私有化原则,她不过是家庭主妇安娜·伊万诺夫娜;
(3b) 不要指责她违反了私有化原则,她不过是安娜·伊万诺夫娜。

派生名词首先在某种程度上根据其功能确定对象(个体),而非派生名词则在某种程度上根据其个体性确定对象。这个区别不仅在印欧语言的历史阶段(参看前面第一章,第 5 节的例 5),而且在概念系统中(见第二章第 3 节与"波菲利树形图"有关的"个体性程度")都具有深厚的基础。

与确定个别对立的总栏("范畴")一样,在此出现了一个问题:"哪种范畴化更好呢?"(在必须确定"系统"这个术语时,在本书该部分的一开始我们就已经遇到了这个问题,见《序言》。)应对此处的这个问题采取了这样的形式:"是否不应该将前面所提到的那个对立按另一种方式范畴化,就像'偶性、附带的'与'本质的'对立一样?"或者可能是"现象"与"本质"的对立?大体上,这种对立似乎很难用于所有的语言。的确,如果某个人名叫安娜·伊万诺夫娜,她是一位歌唱教师,而我寻找我儿子的(或为儿子寻找)歌唱教师,那么这个摹状词表达的更可能是这个(其中一个可能的)世界中要寻找的个体的实体。在"穿过世界"的观点中,"是歌唱教师"的功能是否是安娜·伊万诺夫娜这个个体的"本质"? 而或许这仅仅是她个人经历中的偶然和附带事实?我们注意到,这可以与扬科(在她的口述中)提到的现代俄语中的一个现象相对比:у него(что-то или кто-то)(在他那里的某物或某人)。这类的表达表示的是现实存在;у него есть(что-то или кто-то)(在他那里有某物或某人)这类的表达表示的是可能的、潜在的或精神的存在。在我们所谈论的语境中,看起来可以为这个区别添加对立的其他一些特征:

(4a) 他有某物,例如:他有孩子、车子和个性中的傲慢,这句话表达了"本质"、"事情的本质",而

(4b) "他有儿子"(他叫阿廖沙);他有车(而不是别墅),他近视(而不是远视);他有高傲的性格,这表达了情境的个体性,在这个意义上是"现象",而非"本质"。

但是根据我们如何理解(或确定)"世界",这些特性是否不能改变位置呢?

我们将在关于"实体"的总的章节中尝试回答这一问题(见下面第五章)。

3. 系统与文本之间的"事实"表达

现在不去阐述与"文本"定义不同的"系统"定义(或者大体上同样与"文本"或"报道"不同的"结题";与"组合体系"不同的"聚合体系",等等。我们认为所有的语言学家都十分清楚地注意到了这个区别,本书的前文也已经多次提及)。我们只根据一个单位为例,任何人都不怀疑这个单位在一种情况下属于"系统",而在另一种情况下属于"文本"。作为系统的单位,我们选取了名称,而作为文本的单位,我们选取的是语句(句子的形式)。在这种情况下,"事实"的语言表达既不属于这种单位,也不属于那种单位,也就是说既不是名称,也不是语句。但问题仍然存在,"什么是'事实'?"以及"什么是'事实的表达'?"这确实是一个问题。这就是本节的概要。现在我们来看一些细节。

事实的语言符号不是名称。这是罗素"逻辑原子论"时期,也即20世纪20年代的主要论题。这也是我们现在很感兴趣的问题的开端。"事实可以被肯定或否定,但不能被命名。(当我说'事实无法被命名',严格地讲,这是无意义的话。如果不陷入无意义的话,只能这样说:'事实的语言符号不是名称')"[Russel 1959,43]。在罗素那些年的理论中,什么是事实等同的语言符号呢?是句子(命题),是

原子句。

那么"事实"也是句子或命题所表达的内容(此处我们选取的都是这个时期罗素理解中的所有术语)。在这些观点后面有着对世界的特殊理解:世界不是由事物构成的,而是由事件或事实构成的。

在晚些时候,在写《人类的知识—其范围与限度》这本书的时期(1948年,俄语译本是1957年),罗素定义了与语言无关的"事实":"在我的理解中,'事实'只能直观地定义。我把宇宙中所有的一切都称为'事实'。太阳是事实;恺撒越过鲁比肯河是事实;如果我头疼,那么我的头疼是事实。如果我断言了什么,那么我断言的行为是事实,如果我的断言为真,那么就存在一个因它而为真的事实,如果它为假,则不存在这个事实。……事实就是使断言为真或为假的东西"[Рассел 1959 7,177]。

但是,正如预料的那样,罗素也遇到了并非在词本义上的"事实",更像是"作为固定事物的事实",正是这些词在自然语言中具有名称,其中一些表达的正是罗素本人理解中被称为"事实"的东西:例如,太阳、恺撒、鲁比肯河、越过、牙疼等等。在罗素的理论中不应该有作为"事实"语言符号的名称的位置,但在自然语言中存在这些名称。当然,理论的创造者想要摆脱这种困境。

的确,在他1940年的著作《意义与真理》中(这同样被称为"在哈佛大学的威廉·詹姆斯讲座上的讲稿"—这是书的副标题),这个问题被直接提了出来(应该预先说明的是,罗素区分了两个主要的术语:"名称"与"关系",在其关系中他将句子的本质理解成谓词结构)。因此,问题出现了:"Can we invent a language without the distinction of names and relations?"(我们能发明一种其中没有名称和关系区别的语言吗?)[Russel 1980,94]。

罗素也直言不讳地回答道:"关于这个问题,我也没有什么可说的。或许可能发明一种没有名称的语言。但至于我,则完全无法想象这样的语言。当然,这个理由不具有决定性,大概也只是在主观方面表现出来:它结束了我讨论这个问题的可能"。但问题仍然存在。罗素继续说道:

"但是,初看起来能够表现出等同于消除了名称的观点的提出也成为我的任务。我建议消除通常所谓的'个体符号'(particulars),而提供一些通常被认为是'概括的'词,如'红的'、'蓝的'、'硬的'、'软的',等等。我认为,这些词是句法意义上的名称。因此,我渴望做的不是取消名称,而是赋予'名称'这个术语特殊的扩展"[同上,94—95]。

罗素所分析的"这是红的"这类句子是解释"句法意义上的名称"的例子,他将该句子归为"红色的东西在这里"的对应物。

因此,概括之后可以稍稍简化地说,在20世纪20—40年代(尽管并非不变,尽管也带有详细的说明)罗素的理论中描绘了这样的图景:世界不是由"事物"构成,而是由"事件"或"事实"构成;"事件"或"事实"是客观存在,所以它们的一致性使得命题为真,而它们的不一致性则使得命题为假;应该努力(在科学理论中)将"最小化"形式的"事件"或"事实"描述为"空间-时间的最短截面"("portions of space-time");与"事实"最为等同的语言表达不是名称,而是原子句(命题)。例如:作为专名的"恺撒"造成了错误的理解:关于某个"实体"的认识(罗素坚决反对"实体"概念),而与此同时按照罗素的理论,分析应该使我们确定"恺撒"是"空间—时间量"中的一个系列:"此刻的恺撒"、"昨天的恺撒"、"越过鲁比肯河的恺撒",等等。

事实的语言符号不是句子(命题)。在这个观点与前面章节所述观点相对立的观点之间,似乎能够确定一系列常常被引入的和属于不同研究者的中间环节。但是我们一下子就得到了在所举形式中表达过的那个最终的结果。再一次概括并稍作简化,这个结果应该与万德勒的杰出著作《因果关系》有关(Causal Relations [Vendler 1967];俄语译本[Вендлер 1986])。

正如书名本身所展示的那样,万德勒在其文章中首先研究了"原因"概念,但是解决问题的方法在于查明什么是"事实"。万德勒最终的结论称:"原因是事实,而不是事件"[Вендлер 1986,270,275]。

初看起来,可能觉得万德勒理解的"事实"与罗素理解的事实一样,其文章中的几个地方都让人觉得他自己就是这样认为的,或者至少不注意本质上的区别。例如,在第 3 节中(第 273 页—这里及以后所指的都是俄译本的页码)他说道:"所断言的东西可能是事实,但是某个断言不能成为事实,而只与事实相对应",试比较罗素所说的:"……我断言的行为是事实……"等等(见上文)。这个区别非常重要,如果对其进行分析(我们在此略过这种分析),我们或许能够得到罗素与万德勒的理论并非彻底不同的结论,或者不如说第二种理论是对第一种理论十分重要的发展,这种发展首先在于发现了新的范畴——"事实范畴"。

另一个更为重要的区别是"事件"与"事实"的划分。这一区分首先通过在自然语言中使用相应的词上表现出来。(万德勒在此赞同罗素的主要观点:对语言的研究能够帮助我们理解世界是如何建立的。)也正是"事实"这个词(更准确地说,是英语中的"fact"这个词)与"事件"这个词相比(英语的"event")具有完全不同的搭配,尽管在某些部分其搭配(分布)是交叉的;"事实"及与其相似的词受到那些搭配限制的影响,不完全属于被称名的组;而"事件"这个词(及其一系列词)可搭配的限制是与完全被称名的组所特有的限制一致。因此,例如 That he sang the song(他唱了这首歌)和 His having sung the song(他已经唱了这首歌)是事实,不是事件,而 His beautiful singing of the song(他对这首歌的美妙演唱)是事件,而不是事实[第 269—270 页]。

万德勒的例子中可以补充一些来自其他语言的例子,我们说法语的:Qu'il ait chanté cette chanson, est invraisemblable"(断言)难说的是他唱了这首歌"。称名的不足是通过使用非现实式代替现实式—陈述式来表达的。

俄语也以十分相似的方式表达了这一点,但其中可能存在变形:

Что он пел эту песню, — (это) невероятно"他唱了这首歌,(这)还很难说";

Чтобы он пел эту песню, — невероятно"让他唱这首歌,还很难说",

第二种方法与法语的完全相同。(在后面我们将回到由于这些例子而搞清楚的一个细微的区别)。

阿鲁玖诺娃在其文章[Арутюнова 1980]中给出了"事实"语义本质最准确的描写之一(这一准确的描写在某种程度上在[Арутюнова 1988]中被忽略了)。众所周知,任何句子(及相应的命题)都可能被转变为类似名称的表达,也即得到称名化。但是用来描写事件的称名化和用来描写事实的称名化具有本质的不同。万德勒注意到第一种称名化可能是充分的,而第二种称名化则在原则上不可能是充分的(见下文)。阿鲁玖诺娃将整个"构成事实的"语言特征清单加入了这个简明扼要的、并因此是不完整的说明中(6个)。我们只举其中之一:与事件意义不同,构成事实的、事实上的意义永远无法得到从命题中抽取的谓词。例如,哪怕是句子(命题)Мы встретились вчера вечером(我们昨晚相遇了),其事件称名是Наша встреча(我们的相遇),而这个名称等价表达的谓词是произошла вчера вечером(昨晚发生了)。相反,这个句子(命题)的事实称名则不同:Тот факт, что мы встретились вчера вечером…(我们昨晚相遇的那个事实),其谓词只能来自精神领域的谓词(而不是来自对象—物质世界领域):всех удивило(使所有人吃惊的),является хорошим предзнаменованием(是良好的征兆),ничего не доказывает(什么也没有证明),всем известно(众所周知的),等等。这些谓词不包含在原始的、被命名的命题中,它完全被称名了。因此,阿鲁玖诺娃将这种事实称名归为完全称名,不同于事件称名的不完全称名。因此在这种观点中,与万德勒所说的称名相比,"完全称名"—"不完全称名"术语具有相反的意义[Арутюнова 1980,352],尽管阿鲁玖诺娃后来[同上356页]将"不完全称名"术语在另一个意义上用于对事实的改造。

因此,万德勒意义上的事实就是句子—语句的称名化(最典型的形式就是称名的非完整形式,原则上也不能成为完整的称名化)。与事实不同,事件的最高等同形式是句子—语句或句子—语句的完全称名。称名是偶然出现的名称。因此,"事实"的语言形式一方面是出现在半路上、在"间隔"中、在名称之间的东西,另一方面则是句子(命题,语句)。

这种特殊的语言形式与特殊的内容相对应是不奇怪的。万德勒在下面的一段话中很好地表达了这一点(我们要提醒的是,"原因是事实,而不是事件"):"……

如果类似于结果的原因是事件的话……,那么为什么不能想到原因发生了,或者,原因的产生是在确定的时间开始、持续了那么久、然后突然结束了呢? 为什么没有一个智者能够观察或听到原因,没有一个学者能够在望远镜中看到原因或者通过地震仪来记录原因……"等等[第 271 页]。万德勒总结说:"我只能请求逻辑学家承认事实的存在,使事实加入到他们所运用的那些单位之中"[第 276 页]。

现在我们回到上面所列举的俄语和法语的例子,将它们作为同类的表达予以研究。语言表达"Что он пел эту песню…(他唱了这首歌的事……)"正是在上述句法位置中(也就是在这种表达之后应该有某个"框架",表达肯定、怀疑,等等)是事实的表达。但整个复合句的下列部分,也即"……很难说","……这很难说",或者甚至是"……这是假的",要么证明了事实,要么遭到怀疑,要么最后甚至被否定。因此在最后一种情况下,乍一看我们得到了荒谬的(至少是离奇的)表达:"这个事实为假"。

万德勒十分清楚地意识到了这一点。"英语中没有表示是这种抽象化结果的'类似事实'本质的词。不要说你肯定的对象是'伪'事实! 感觉需要一个类似的术语,这个术语表示的是不取决于其为真或为假的指称上的等价命题的一致,但我无法选出可以接受的术语"[第 274 页]。

但是我认为,在这一点上万德勒的论断开始走向一条能够产生含混甚至是错误的、过于复杂的道路,其原因就是英语。正如我们在前面万德勒本人的例子中所看到的那样,英语中带-ing 形式的某种变体(某种类型)是表达事实最高等同的形式,但在英语中很少使用与上述俄语类似的表达,并且与法语的表达也完全不同,法语中的"事实"表达的是式的中性化,也即将表达从现实范围内排除并因此转向纯思维的"心智"世界。根据俄语及法语的形式,我们直接得到了最终的结论:事实是在语言系统中表达的两个现象(主体及其谓词)的述谓联系,但在时间上与真实的现实没有对比关系,也就是肯定或否定。法国语言哲学家在 20 世纪 70 年代的论题或格言"L'inasserté précède et domine l'asserté(未确定的述谓关系总是处于确定的述谓关系之前并对其予以支配)"中表达了这一观点(在另外的论断系统中)。

而这本身也是命题的定义。万德勒指出[第 272 页]:"由于这个原因出现了一个十分复杂的问题:事实与命题之间的区别是什么"。他也给出了本质上是正确的、但却十分复杂的回答(由英语引起的):事实在指称上是透明的,而命题,甚至是真值命题,在指称上都是不透明的(同上)。

他最终的定义是(我们首先列举英语表达的定义):"As proposition are the result of an abstraction from the variety of paraphrastic forms, so facts are the result of a further abstraction from the variety of equivalent referring expressions.

A fact, then, is an abstract entity which indiscriminately contains a set of referentially equivalent true propositions"[Vendler 1967, 711]。俄语译文是(我们的译文与发表的有一些不同):"与命题是由迂说形式集合的抽象类似,事实也是对指称上的等价表达集合的进一步抽象。因此,事实是抽象的实体,它与指称上等价的真值命题的具体类别相对应。"(很明显,这个定义与美国传统中的音位定义相似:音位是等价的具体音型—音位变体的类别。)

但是,似乎法语和俄语能够通过更为简单的方法使这个定义更加直观。

的确,如果"他唱了这首歌"是抽象实体—命题以及事实的表达,如果这个同样的语言表达在两个语句中始终是命题,那么:

(a) Что он пел эту песню, — это истина(правда, факт)"他唱了这首歌,这是真的(真话,事实)";

(b) Что он пел эту песню, — это ложь"他唱了这首歌,这是假的",

那么只有在第一个语句中("a")它是事实的表达,那么由此可得:"a"、"b"的表达在同一个论断框架下,也即在同一个论断的系统中使用同一种语言(在此指的是俄语)的框架下,在同一个文本中,是不能并存的。因此,事实就是在一个文本框架下为真的命题(它是在使用某种语言的特殊情况、特殊的"支语言",或者说是语篇更好)。

通常说到有关"事实"和"原因"的类似论断,总会举出带有索福克勒斯的"奥狄浦斯神"悲剧的著名例子,并研究奥狄浦斯悲剧的原因:是奥狄浦斯娶了一个名为伊俄卡斯忒的女人(她其实是他的母亲,但奥狄浦斯不知道),还是奥狄浦斯娶了他自己的母亲。根据前面所提到的方法,我们找到了答案(与万德勒的不同)。"奥狄浦斯娶了一个名为伊俄卡斯忒的女人"这个表达属于奥狄浦斯的世界以及希腊语,同时也属于奥狄浦斯及其周围的人所使用的这种语言的"支语言"。而谈到"奥狄浦斯娶了他自己的母亲"这种表达,那么它也属于希腊语,但属于另外的世界—神所具有的、而不是奥狄浦斯及其周围的人所具有的"总的、包罗万象知识"的世界,也属于希腊语的另一个"支语言"。在奥狄浦斯的语言中(在他的"支语言"中),这个表达是完全没有意义的。当奥狄浦斯突然从自己的世界转向具有包罗万象知识的世界的那一刻,他的悲剧产生了。上述表达中的第一种表达是奥狄浦斯语言中的"事实表达"(或者是"为了事实的表达"),第二种表达是另一种语言中的"事实表达"(或者是"为了事实的表达")。但是两种表达都属于希腊语,并且在更加广阔的世界—希腊语世界中是等价命题的表达。

因此,"事实"是在该语言系统中认识某个现实"事态"的结果,并且在"语言"中必须理解的是前面已经说过的语篇。没有世界之外的事实,但也没有描写该世界的语言之外—语篇之外的事实。

如此说来,语言学家和语言哲学家有权宣称发现了一个新的范畴—"事实"。

万德勒在上述著作中说道:"我完全同意戴维森的假设,应该将事件看作因果关系本体论的初始成分。同时我想要在这些形而上学结构中更进一步,将另一个成分补充到初始成分即事实中去。与许多其他语言领域类似,因果关系的语言表达不得不假设,事实与客体和事件一起构成了我们自然本体论的初始范畴。我们当中许多习惯于严酷的荒凉景象的人认为初始成分的这种繁殖令人讨厌。遗憾的是,无论我们喜欢与否,<u>丛林就是丛林</u>"[Вендлер 1986,264]。

看起来,罗素和万德勒在很大程度上是在"英国经验主义"的传统中进行研究的。直接在本体论中研究"空间—时间份额"对于罗素最终的"原子"而言远非偶然。毫无疑问,极端的唯名论者(英国经验主义的奠基人)奥卡姆也同意这一观点,对于他而言,除了直接观察"事物"的"第一实体"之外,不存在任何其他的实体(那么"共相"是理性的产物)。

是否感到奇怪,这条路线演化的结果是发现了"新的实体"、"新的范畴"—"事实"?的确,只有在语言系统之中,这才是这样的"实体"。

柏拉图学派哲学之父谢尔盖·布尔加科夫在这个演化与原则上的路线上发生奇异而显著的一致之前,我们是否在场?在"名称哲学"中(仅仅是这一名称就会遭到罗素的唾弃)布尔加科夫写道:"思想的本质是存在的词的形象,而名称则是其实现"[Булгаков 1953,60]。

第五章　系统与文本之间的新唯实论
——第三语言哲学

1. 语言哲学不存在边界,但语言哲学的语言存在边界

盎格鲁撒克逊国家中的新唯实论

德·伊·鲁坚科用一个引人注意的问题结束了我们在《语言哲学:边界内与边界外》(Харьков: Око, 1993)中研究"聚合体"的第一卷:"语言哲学在多大程度上作为尝试提出了关于整个存在问题的哲学思考的'根据',又在多大程度上作为其空间?"[参看:语言哲学,1993,173]。

在准备出版第二卷的不到两年的时间里[第二卷,1994],这个问题是"哲学思考者"所关心的中心问题。这个定义听起来好像是"在语言中进行哲学思考者的宗派"名称。但如果是宗派的话,那么也非常广泛,至少不仅限于俄罗斯。

其实只有一个例子,德里达在某个类似访谈的名为"哲学家是否具有自己的语言?"的活动中说道:"那么,是否存在法国哲学呢?不存在,不像某个时候研究什么异类以及全部被称为哲学演说所提及的冲突:出版物、学说、推论形式和标准、与组织结构的联系……"等等。但似乎在另一个意义上的回答是"存在"。总是可以谈论赋予"那个被称为法国哲学的对象以特殊性",这个特殊性属于某种习语(我们在翻译时更愿意称为"某种特殊的语言","语篇"—作者注),与从界限外相比,从内部对其发现总是显得更加困难。如果该习语存在的话,它永远不是纯粹的,永远不会被提取或从其个体方面被正确表现出来。习语(总是或只是)为了另外一种表达而预先被掌握[Деррида 1993,32—33]。

本章的主旨是"空间"、"心智世界"、"语篇"以及关于现代俄罗斯语言哲学思考的"语言",这就是新唯实论。其实与世界上的任何地方一样,在俄罗斯也很担心谈论其特有的"哲学思考的语言"。但是关于这个问题在国外却能够大胆地谈论。

对结构主义历史(其实与语言哲学一样,在此我们不做研究)予以思考的法国—瑞士人赛里奥指出:

"当然,可以对这个历史阶段进行划分,但同样重要的是要知道,结构主义是在哪里发展的,其发展道路在不同的国家是怎样的,了解其民族变体形式是重要的。

在该情况下,我们感兴趣的是俄罗斯变体……我们远离了索绪尔从涂尔干那里借用的社会学模型,着手论证有关布拉格语言学派中的两个俄罗斯主要代表人物(特鲁别茨科伊和雅可布森)的论题,他们与施莱赫尔一样,都以生物学隐喻为支撑,不同的是,这种隐喻明显表现为反达尔文主义,并且这种生物化模型与俄罗斯对达尔文主义理解的特点紧密相关"[Серио 1995,323—324]。赛里奥在结语中说道:"我们展示了俄罗斯的布拉格结构主义,这完全与时代气息相协调,同时也为环境氛围所关注,为俄罗斯知识领域所关注。'环境氛围'是个十分模糊的概念,同时在欧洲和欧洲之外正确提出了有关欧洲科学中部分与整体关系的问题。要知道以前的结构主义根本不在欧洲科学的外围,相反,正处于它的中心"[同上,第 338 页]。

就像我们所说过的那样,结构主义本身在此不是我们的主题。此处的"兴趣中心"是新唯实论,而且正如在前文中不止一次提到的那样,是在其与语言哲学联系中的新唯实论。而这种联系在盎格鲁撒克逊国家的语言哲学中表现得更为清楚(如果此处不提到俄罗斯的话),首先是在美国,其次是在新唯实论具有悠久传统的英国。我们的主题就在于此。(在"新唯实论"成为整个哲学十分广阔和多种多样的潮流的时候,尤其是在德国和欧洲开始了我们的世纪。当然,这远远超出了我们主题的范围。)

美国的新唯实论是美国语言哲学传统的根源。1910 年 6 月,美国发表了一篇名为《六位实在论者的纲领和第一篇宣言》(*The program and First Platform of Six Realists*[Program 1910])的短文,由 6 名作者共同完成(E. B. 霍尔特,W. T. 马尔文,W. P. 蒙塔古,P. B. 佩里,W. B. 皮特金,E. G. 斯波尔)。后来这一纲要得到了发展,其结果是形成了集体创作的内容丰富的一本书《新实在论—哲学的合作研究》(The New Realism. Coöperative studies in philosoghy,New York:The Macmillan Co. ,1912),1925 年同名再版[New Realism 1925](以下指出的是该版的页码)。

《六位实在论者》的纲领和著作在明显的"美式风格"中得以保存:没有研究久远的传统,所有作者似乎仅仅是基于自己特有的"合理哲学意义"重新开始探讨有关问题。笛卡尔、洛克、休谟、贝克莱、康德、穆尔、李德、布伦坦诺、柏格森和罗素(除最后两位之外,所有的只是一带而过)的哲学思想基本上就是这些作者从欧洲传统中提取的所有内容。在名单目录中甚至没有柏拉图。

"新唯实论的历史意义在其与'朴素唯实论'、'二元论'、'主观主义'(后者为康德、费希特、贝克莱和休谟所理解的—作者注)的关系中表现得更加清楚,新唯实论首先是研究认识的过程与被认识事物之间关系的学说"[第 2 页],并且在后一种关系中作为其核心而被划分出来的是关键概念—独立性原则,也即所认识的事物相对于认识的独立性,这里指的是特殊的一章《独立性的唯实论》(*A Realistic Theo-*

ry of Independence）。

在这个意义上,"独立性"概念本身在美国学派的精神中完全得以确定:通过对使用这个词的说明:"1. 独立性是对依赖性的否定(Independence is non-dependence);2. 依赖性(dependence)不是关系(relation),而是关系(relationship)的特殊类型,其中蕴涵着依赖关系,或者在原因上提供并蕴涵其依赖物;3. 独立关系可以处于或不处于某种关系的条件,是它不处于上述第 2 点的那种关系之中;4. 意识的客体存在于与意识的关系之中,但由此不能得出它是依赖于意识的"……等等[第 151 页]。

该派别的新唯实论的主要观点归结为:形而上学从认识论的束缚中解脱出来;对这个术语不同意义的分析的最重要的作用是经验主义的,并没有陷入严格的逻辑定义,也并不需要[第 157 页];况且逻辑分析已经坦白地说出了新学说最重要的组成部分,特殊的章节《真理与谬误的唯实论》(*A Realistic Theory of Truth and Error*)讲的就是这个问题。最后一种观点成为随后一些年美国新唯实论的最突出特点—正如我们在下面将要看到的那样。

现在我们列举 2—3 个对于本书主题很重要的美国新唯实论的特殊观点。

唯实论看待逻辑的观点(逻辑学被理解为其历史上的所有逻辑学,其中也包括亚里士多德的思想。)类似于其他学科,逻辑学为我们提供了有关一些术语及其之间关系的信息(类别;成员与类别之间的关系;类别之间的关系);命题及其根据蕴涵关系所产生的联系占据着特殊的位置。简言之,逻辑学研究的是基础关系的各种类型。逻辑在此研究的是在与数学或化学中的同样意义上产生的非精神的东西。类别及其关系,"真"与"假"(truths and falsehoods)存在于我们之外的世界,它们之间关系的存在完全不依赖于人及其思想的存在。逻辑学家研究世界的方面(类别、关系、命题),就像物理学家研究光、重力、电的性质一样。"但读者可能会问,逻辑学是否是正确论断的学科或艺术?""不是,唯实论者在对此问题的回答中宣称,逻辑学不是这样。逻辑学不是关于认识过程的学科,其观点和公式不是思维的规律。它们与后者的区别就如同它们与物理学概念、关系的区别一样"[第 52—56]。与数学一样,逻辑学原理在"某些事物存在"意义上的时间概念中是不存在的,也即这些事物不存在;但是这些事物"具有时间之外的存在","存在于主观之中"(do not exist, but have being, subsist)。唯实论者在此使用了经验哲学的典型术语以及罗素 20 世纪初的术语"存在"(拉丁语为 existentia,英语为 existence),与"生存"(subsistentia, subsistence)相对立(详见[Семиотика 1983, 41, 586])。

唯实论对命题的看法 命题被理解为从现实时间中展开、发生的语句中抽象出来的逻辑关系。"命题,也只有命题构成了学科,并不是时间中的事件。命题并不是现实存在或被创造出来的东西(they do not come into being or get created)。

比如说,某个学生起初认为这些命题为真。这些命题被展现出来,但并没有被建立为真值,就好像美洲大陆事实上被发现了,但 15 世纪和 16 世纪的发现者却并没有意识到一样。与此类似的是,数学作为真值命题系统由人部分地发现了,但是这种发现的成功或不成功一点也没有增强或减弱数学,也没有以任何方式使其改变。〈……〉数学与其他任何学科都是仅有两个依据的学科:因为它们的一些命题为真,另一些命题为假,又因为一个命题蕴涵了一些确定的命题,或者未蕴涵其他确定的命题"[第 57 页]。下面我们将看到今天美国语言哲学中这个论题的直接延续。

所有相应的美国"新唯实论"的论断和定义都与我们后来确定的非常接近。所以,卢卡塞维奇[1959,48]强调,逻辑学研究的完全是不依赖于人的智力和思维的客观关系,也就是说逻辑学并非是从对思维的研究中提取的思维原则和规律,"逻辑学与思维之间发生的关系并不比数学与思维的关系更多"。这些论断与心理主义的批判有关,在美国新唯实论中也存在类似这样的情况,也就是说,卢卡塞维奇在此充当了"唯实论者"。

斯米尔诺娃认为,在此"解除逻辑学的理论认识前提的问题,是因为逻辑关系本身就被客体化了"[Смирнова 1996,8]。在我们看来,在此划分出两种观点是不够的:一方面,逻辑学的确不是心理学那样的经验学科(在这个方面斯米尔诺娃的观点当然是正确的);但另一方面,有关逻辑学理论认识前提存在的观点也是正确的,而且第一个观点不能取消第二个观点,就像不能在数学上解除后一个问题一样。但在上述斯米尔诺娃著作的语境中,也勾勒出了两种观点的某种综合(我们认为是完全正确的):"可以建立形式化结论的不同系统。但无论论断可能方法的结构是怎样的,在逻辑学中对它们都提出了一个必然要求:它们应该再现逻辑推理关系"[同上,第 10 页]。逻辑推理关系也就是包括美国在内的"唯实论者"所认为客观存在的关系(命题之间蕴涵的客观联系)(见前文)。

B. H. 彼列韦尔泽夫说得更加确定:"与形成逻辑学整个时期中作为科学的唯名论和概念论不同,唯实论观点是深入研究后来所采取的经典逻辑理论的良好基础。20 世纪唯实论观点转变为逻辑唯实论观点,其本质如下:1) 思想(形、共相、基本概念)的本质是客体,因为它们是借助不同的符号可以指出的完整的东西;2) 思想的本质是抽象的(只能为智力所获得的)客体,是人类思维的直接内容,并原则上区别于经验客体;3) 逻辑学首要针对的不是经验客体、抽象客体的第一性或第二性问题,而是它们之间存在原则上区别的事实本身"(这个问题属于逻辑形而上学范围)[Переверзев 1995,6]。思想、形、共相等,简而言之也就是概念,在本书中同样被视为客观存在的客体,尽管这些客体存在于心智世界之中。

在美国新唯实论的构想中,十分重要的是其道德立场,并与其他流派,首先是法国流派,有着很大的区别,我们在前面的德里达访谈中刚刚看到的法国流派就具有自己的"语言",但没有统一的精神,而它同样也区别于现代俄罗斯流派,其中既没有共同的"语言"(除了"唯实论者"本身的"语言"之外),也没有统一的精神,很大程度上在盎格鲁撒克逊的语言哲学中也同样丧失了(就像对此已经证明的那样,其中包括哈雷的著作,见下文)。但是这种精神却贯穿于美国唯实论者的构想。"coöperative"(那时的拼写法)一词是他们集体专著标题中的关键词绝非偶然:"哲学研究中的合作"。书的前言这样写道:"可以说,新唯实论目前只是趋势,也是科学流派之间的某种东西。到现在为止,只有其反对者予以承认,不过就是一种趋势而已。但是战争唤起了'阶级觉悟'(a class-consciousness),如果它还没有到来的话,现在就接近了一个唯实论者应该承认另一个唯实论者的时候了。友谊的曙光升起了,是时候更好地互相理解,并希望更好地互相理解,更有效地合作,以此产生真正的共同作品"[第1页]。

俄罗斯的新唯实论自然也渴望这种精神(见下文,第五章)。

唯实论观点在盎格鲁撒克逊世界中发展的一个有趣的插曲。可以认为英国作者哈勒的《唯实论的变体·自然科学中的理性类型学》([Harré 1986],下文所指的是这一版的页码)一书就是这样的插曲。与世纪之初美国唯实论者确定的以及我们在俄罗斯也已习惯的道德氛围相比,这本书所带来的道德氛围完全不同。在标题为《作为社会团体实践的科学》的章节中,作者开诚布公地宣布了科学的商品性质,尤其是重商主义(marketable)的性质:"科学团体制造了什么?朴素的回答称是:'真理'。但是从休谟起我们就知道这个回答并不令人满意。……科学团体制造了'文本'(writings)。图书馆、研究机构、书店等到处是科学团体的产品。与产品一样,'文本'具有确定的形式,它根据'合理性'的社会标准被调整,由'资料'提供并署名。它是认定威信的承载者。科学团体产品的这些属性可以讨论,也可以与内容没有任何关系地进行评价。科学团体的'象征资本'是其'威信'。'威信'类似于货币资本"[第10页]。科学威信是赋予"文本"商品价值的性质,其实也就是使其成为商品(marketable)。哈雷宣称:"在自己的整本书中,我将不断回到'逻辑实质论'的批判(后者多半是'唯实论'的形式。—作者注)上来,回到对科学语篇及科学实践的本质是逻辑结构观点的批判上来。来自认识论重要的、科学所固有本质中的逻辑学转化为了专门提供理由的修辞工具、方法(device),而这种转换与我的主题—反实质论是完全一致的"[第11页]。作者认为自己的方法是"对巩固了科学团体的那个道德秩序的哲学研究"[第6页]。很容易理解的是,在这种目标下,哈勒的著作其实是反驳所有类型的科学唯实论的尝试。

况且,哈勒提供了"唯实论变体"分类的有趣经验,他首先将自然科学分为3个领域,其中每个领域都需要自己的哲学(自己哲学的对象,本体论):1)研究"共同经验"对象的领域;2)研究可能经验对象的领域;3)研究任何可能经验范围内对象的领域,物理学的最新理论属于后者。

在部分情况下,哈勒有效地但也有些过于简单地企图将现代科学或逻辑唯实论分为两个分支—"真值唯实论"(truth realism),即建立在逻辑真值及其承载者"命题"概念基础之上的唯实论,和"指称唯实论"(referential realism),即建立在"对象"及其"摹状词"概念基础之上的唯实论。"在向自己提出'该理论观点到底为真还是为假?'的问题之前,以及在细致地描写各种完全是人类的可能答案的局限之前,我首先问自己(我认为学者实际上就是这样做的):'是否存在假设的东西和属性?'。这是否并非意味着认为对于有关其存在的问题而言确定的东西是真理?因此,指称唯实论归根结底也是真值唯实论,只不过是使用了另外的名称"[第97页]。

作者的结论具有普遍意义:"根据指称理论的最新讨论得以搞清楚的是,可能通过摹状词或摹状句对某个对象进行成功指称的这个对象并不以该指称命名。我们只举一个例子:在晚会上我们能否使用'那个喝带补药的杜松子酒的男子'这一表达从许多人中区分出某个人,甚至如果通过比较近的观察后似乎觉得应该将那个人更准确地描述为'喝加冰伏特加的女人'?这个简单的例子表明,(成功的)指称行为在描写真值或假值的术语中不能被等同描写。指称是实际的指示行为,通过该行为(手边的工具)一个人引起另一个人对他们交际空间中某个东西(某个人)的注意。这使得唯实论精神中理论科学的解释成为了可能"[第97页]。

我们注意到,相同的方法也出现在本国的著作中,例如[Петров,Переверзев 1993,§2.5]。

目前美国作品中的唯实论问题。正如我们前面所说过的那样,这些作品在很大程度上延续了世纪之初新唯实论者的传统,一些原始的定义几乎是等同的。但现在出现了对立的术语"反唯实论"。"反唯实论这个由达米特引入的术语表示的是那些哲学家的观点,他们认为某些类型论点的成分(构成讨论对象的类别)为真或为假,而且仅当存在确定其真值意义(truth-value)的标准。唯实论表示的是观点,按照该属于被称为辩论类型的观点为真或为假,并不取决于某些关于存在相应解决办法标准的考虑"[Synthese Library 1994,93]。综上所述,这个争论(1)的主要问题是清楚的。

研究这个问题及争论的是一系列由辛提卡完成的集体文集《综合书目·认识论、逻辑学、方法论和语言哲学的研究》。我们在此提出这个集体文集中的两集—[Synthese Library 1994]和[Synthese Library 1996],前者用在达米特的哲学中,后者用在戴维森的哲学中。除了上述主要问题之外,关于唯实论和反唯实论,在这个语境中研究了一整套相互关联的问题。这样,在上述文集的第一集中形成了两个问题：在真值理论与意义理论之间是否存在刚性（必然的）联系？塔斯基的真值理论是否与这些纲目相适应？尽管达米特本人很少直接将自己与反唯实论联系起来，因为他根据的是下面两点对唯实论理论进行攻击：第一，每个具有意义的句子都被理解为将一些条件附加在了世界上，而正是作为与这个世界一致或不一致的条件（为真或为假）与真值标准问题无关，也即与辨别真值的能力问题无关。而这里的真值此前却被经典地予以理解，也即被理解为含混原则的适应物，达米特反对这一点。第二，带有决定非确定性（undecidale sentences）句子的假设是达米特思想的重要观点，这些句子的意义无法与经典理解的真值条件联系起来［Synthese Library 1994，79—80］。这种观点也是现代美国反唯实论的基石，但在此出现了新问题：是否不应该在缺少决定的有效标准的条件下（关于真值与假值）为辩论类型而采取多元论的观点，也即认为唯实论与反唯实论观点是等同的？在研究戴维森哲学的第二个文集中，详细地研究了关于真值概念的问题，它是关于意义理论的关键术语，是关于这个概念与塔斯基著名理论语境的关系问题［Synthese Library 1996，Ⅷ及后；第 45 页及后］。

总体上来说，对现代美国语言哲学中这些问题的讨论充满了大量的细节，看起来更像是纯属研究者群体"内部的事"。从这个语境具有普遍兴趣的问题中似乎可以区分出关于"第三人称"立场的问题，第三人称是交际活动的非参与者、观察者，他可以推断关于"句子意义"的存在。但这是古老的、"典型的"符号学问题。

2. "主体之死——主体万岁！"

法国及俄罗斯人文科学中的新问题之所在
（序言）

与盎格鲁撒克逊国家尤其是美国的相比，通往欧洲新唯实论道路所经历的是另外的情况。欧洲语言哲学的语言也有些不同。

其实，前一章Ⅳ（Ⅳ，0）的第一节已经可以作为该主题的"序言"了。在那里从关于语言哲学思考的总"背景"中体现了新概念、哲学思考的新对象："世界"、"语篇"、"事实"，很大程度上在欧洲和美国学派中具有普遍性。在此我们详细研究几个概念，对于欧洲，尤其是对于法国和俄罗斯语言哲学分析流派，这些概念更加特别。首先的概念是"主体"。

在发生"法国青年革命"的 1968 年，罗兰·巴特发表了《论革命》、《作者之死》（参看［Барт 1989］），其中确认了在所谓的"文艺作品"结构及其与现实关系中的完全转变，在所有人文科学范围内很快就意识到了这个问题，并获得了一个概括的名称"la Mort du sujet"（"主体之死"）。从自身方面来看，我们在一些年以后已经能够确认其与语用学的联系,以及通过新的方法"寻找主体"(参看下面的第 3 节)。

目前"主体问题"表现出了人文科学整体的特征,并在哲学(路易斯·阿尔都塞)、新心理分析(雅克·拉康)、符号学(米歇尔·福柯)和语言学(佩舍、马利季杰、安里、诺尔曼、塞利奥等等)的"法国语篇分析学派"中尤其明显地被提出来了。

在欧洲范围内,在波多罗加的著作［Подорога 1995а；1995б］中,对这个问题进行了仔细的研究。

与这个问题相关的是形式化问题,也就是在"哲学逻辑"(《孟塔鸠语法》等)、"语义理论《语义模型》"、"可能世界理论"和"游戏语义"(辛提卡)中的探索策略。在瓦·弗·彼得罗夫与合作者的著作中清楚地提出了这个问题:"……重要的不是所有可以想象的或无法想像的内在状态直接形式的代表,而是这些状态和整个精神主体'内在世界'总体上的逻辑模型。这个模型可能是语用学总的逻辑模型最重要的组成部分,是完全适合计算机的形式化基础……"[Петров, Переверзев 1993,12]。

在"文学研究"(在新的情境中这已经是纯粹相对的术语)中,在新的现实转变中,鲁德涅夫的一系列作品、其博士论文［Руднев 1996а］以及《现实形态学》［Руднев 1996б］一书都提出了"主体问题"。

3. 来自新唯实论并非遥远的从前

寻找语用学(主体问题)
我思,故我在——笛卡尔
我说,故我在——考兹玛

1. 从一方面来看,作为符号学三个部分之一,语用学的界限向来由其在该科学框架下与语义学的相邻所确定,从另一方面来看,语用学的界限又由其与句法学的相邻所确定。因为句法学被理解为符号之间的内在关系,而语义学则是符号与其表示的意义之间的关系(人的外部世界与内部世界之间的关系),那么语用学就只剩下符号与其使用者(说话人、听话人、作者、读者)之间的关系。在这一总的情况下,符号学起源于中世纪人文科学"三学科"的痕迹表现得很明显。"三学科"(并非自然的、但却可能是现代符号学最重要的先驱)由语法、逻辑学(那时称为辩证法)和演说术构成。根据在其框架下所形成的问题(如果不是根据其解决问题的方法),"三学科"的这几个部分与符号学的部分完全对应:语法—句法学,逻辑—语义学,演说术—语用学。

这三个部分层面的特点是,每个部分都可以看作是在很大程度上不依赖于其他部分的单独的科学领域,而且这个特点也使得每个部分都在相当长的时间里寻求对自身的了解。甚至20世纪30至40年代的逻辑实证论者,如卡尔纳普在其著作中,还在思考"纯粹的或逻辑的句法"的可能性(即纯形式化句法)[例如,Carnap 1934],与此同时语义学也被划分为特殊的领域[Карнап 1959],而语用学还是单独的第三个领域(尽管如卡尔纳普已经注意到将语用学并入语义学的这个特殊趋势)。

所有这些都影响到对语用学的理解,而且目前更准确地说,影响到对其两个或三个的理解之一。我们所说的是语用学那种意义上的理解,根据的是语用学所研究的特殊的、仅仅是其所特有的问题,这些问题都是句法学和语义学所不研究的,而且这些问题也存在于传统的修辞学和更加古老的演说术中:从现有的全部材料中选择语言工具,为了最好地表达自己的思想或情感,为了最准确或最美或最符合情况的表达,或者最后为了最成功的谎言,为了对听话人或读者产生最大的影响,目的在于使对方相信,或激动和感动,或引其发笑,或使其迷惑,等等。新语用学与修辞学及演说术的区别在此仅仅表现为工具:语用学应该像人的行为那样在经验中描写,在实际的使用语言中为自己解决这些问题,然后在理论上概括这些研究,其中包括运用最新的逻辑工具——道义的、时间的、模态的以及其他逻辑。

我们在此打算大致描述的是另一种概念。随着上述第一种理解中一系列语用问题更加充分地显现,变得清晰的是,对于其实际实现和理论理解的工具而言,其自身的语言基础处于语用学范围内(在"第一种"理解中)——在语言的句法学和语义学之中。如果说话人能够成功地撒谎,那么这个语用行为的语言基础就处于语义学和句法学之中,尤其是处于语言的特点之中,构成句子——语句基础的命题本身既为"真",也为"假",而是超越了这两者。这种对语用学理解的根据在于贯穿其所有方面的语言的更加普遍的属性,在于"主观性"[例如,Бенвенист 1974,第ⅩⅩⅢ章]。如同在第一种理解中一样,语用学在此包括了范围很广的一系列问题。在日常言语中,说话人与他说什么和怎么说的关系是言语的真值、客观性、假定性、真诚性或非真诚性,以及对于社会环境以及听话人社会地位的适应性,等等;将对听话人所说的言语解释为真值的、客观性的、真诚的,或反之是假值的、可能引起误解的、模棱两可的;在艺术言语中作者对待现实的态度、反映与如何反映的关系:他接受的和不接受的、赞美、讽刺、憎恶;读者对待文本以及归根结底对待整个艺术作品的态度:他解释为客观的、真诚的,或者相反,引起误解的、欺骗的、讽刺的、模拟讽刺的,等等,以及许多其他的东西。

明显的是,由于其自身特有的成分,这样一系列的问题本身就已经要求寻找某个连接环节或中心。我们想要证明的主要主题是语言主观性的核心:主体范畴是连接环节。主体范畴是现代语用学的核心范畴。

同样也很清楚的是,在句法学和语义学中,主体都是在其他题目下被研究的。

这是否表示语用学没有自己的客体呢？在确定的意义上，回答是肯定的。为了"以纯形式"进行研究，语用学划分出那些以"隐藏"或"剔除"形式在语义学或句法学中存在的问题。语用学没有自己的"客体"，但却有自己的"对象"，但这并不是它与符号学其他部分的区别。要知道现代语义学的对象不是"符号与客体的关系"，而是"如何通过句法学和语用学发生变异的符号与客体的关系"。准确地说，现代句法学的对象也不是简单的"符号之间的关系"（即不是形式化的关系，就像卡尔纳普的形式句法学所呈现的那样），而是"主要在言语链中通过语义学和语用学所表现的符号之间的关系"。[因而，我们在此发展了我们前面已经说过的对符号学部分相互关系的观点。参看前面第三章第 6 节(2)和(6)。但我们还是回到主体这个问题上来。]

2. 众所周知，"主体"这个词本身具有两个主要意义：第一，"认识和行动的人，与作为认识和改造的客体的外部世界相对立"；第二，"句子的主语、主体"。在文学和艺术符号学中，我们首先与第一种意义发生联系：作者本人是词的这个意义上的创作主体；在符号学语言中，我们首先与第二种意义相关：具体的语言分析首先是对语句主谓结构的分析。第一种意义与第二种意义之间的分歧是巨大的，很难弥补。但是，现代语用学主体问题的特点正好克服了这种断裂。下面我们在总的特点中尝试去证明符号学两个主体概念相结合的观点是如何在两个方向上进行的：一是文艺学方向，二是语句的语言学分析方向。尽管是在总的特点中，但我们仍然尝试描绘出这些对时代精神氛围的探索。

说到语用学潮流开始于文艺学，而非"对艺术文学的分析"，我们不允许有附加条件。反之，我们希望再次强调我们一贯的主题：在艺术符号学中新的潮流并非始于新的理论，甚至并非是对旧事实的新分析，而是始于在艺术本身出现的新东西。新艺术出现在新符号学之前。新艺术产生其符号学家。

现代语言学家正确地断言，例如捷米扬科夫[Демьянков 1981，371]，语句语用解释的主要路线之一是说话人"我"的"分层"：分为作为句子主语的"我"，作为言语主体的"我"，最后是作为内在"自我"的"我"，它控制着主体本身。与此同时语用学本身也进行了分层：分为基础部分—"我"在空间和时间中的"定位"；更加复杂的部分—"我"（作为言语主体已经被复杂化的"我"）在言语活动中的"定位"；最后是最高层的"定位"（已经不能简单地被称为定位）—说话的"我"与其内在"自我"的关系，这个"自我"了解说话人的目的以及他意在撒谎或是说出实情，等等。但这些思想的源头在哪里呢？在艺术中。

新时期欧洲小说依次发展为主人公"我"的分层—主人公、关于主人公的叙述者、作者（关于叙述者的叙述者，有时甚至更多）。在马塞尔·普鲁斯特著名的小说时期，这个潮流似乎达到了顶点—普鲁斯特的小说只是关于作者一个内在的"我"

的叙述者,他甚至并不总是与那个身体中所体现的"我"融为一体。普鲁斯特写道:"要知道我的思维不是又一个密闭的容器,我感觉到被囚禁其中,甚至当我看到外面正在发生的事情,当我看到某个外部的对象,那么我看到它的感觉似乎出现在我和它之间,用薄薄的精神外衣包裹着,使我永远失去了直接接触到它物质的可能性;这个物质似乎在我和它一起进入语境之前的那一刻蒸发了,与接近潮湿表面的通红的身体一样,永远无法接触到潮湿本身,因为总是有蒸发带穿越在其间"[Proust 1954,84]。

正如我们已经说过的,"定位"分层,其中包括时间在内,进行了"我"的平行分层,普鲁斯特写作《追忆逝水年华》这篇小说并非偶然,是对关于各种时间的叙述,同时还是对时间共存层面的叙述:现在、稍纵即逝的现在、稍稍更遥远的现在、附近的过去、遥远的过去、最后是永远失去的过去。但是只要我们一进入"被分层的时间"领域,一下子就可以推测出托马斯·曼这个时间观点的类似情况(《魔山》、《浮士德博士》和《约瑟夫和他的兄弟们》),在弗兰茨·卡夫卡的许多小说中也的确被指出了这些类似的情况[参看 Кафка 1963,261;Ауэрбах 1976,536]。

但我们还是回到"各种不同的我"。普鲁斯特在其艺术分析中完成了胡塞尔同时在其哲学系统中制造出的名为"还原"或"放弃判断"的程序。在《纯粹现象学和现象学哲学的观念》(1913)和《笛卡尔的沉思》(1931)中,胡塞尔断言,甚至在笛卡尔"我思,故我在"这样认识的直接公理中,实际上也至少存在两个主体,两个"我"。一个是思考的,或者如普鲁斯特认为的、理解世界的、经验主义的、具体的"我"。另一个似乎是迫使说出"我思"或"我理解世界"的那个"我"。第一个经验主义的"我"本身是属于世界的,而且普鲁斯特认为,应该将它从理论论断中清除。因此就发生了"现象学的还原",完成了一个"时代",而剩下的第二个"我"就成为哲学分析的可靠基础。目前胡塞尔常常作为现代符号学的创始人之一被提到,但他主要还是作为"符号透明性"思想的作者,首先就是因为"还原"思想而使人们应该想起他。

在这个方向上推动语用学发展的、但更为强大的、政治上的积极动因来源于布莱希特的戏剧。布莱希特写道:"在第一次世界大战后的前5年,在一些德国戏剧中感受到了相对新的演员表演系统,由于带有清楚概述和叙述的性质,并且使用多人评论以及银幕,而被称为史诗般的戏剧。借助不完全是简单的技术,演员在自己与所塑造的人物之间建立了距离,并且每个单独的片段都要表演为他应该是观众批评的对象……史诗剧使得在其因果关系中介绍社会进程成为可能"[Брехт 1965a,318]。在布莱希特的剧作中出现了与"所指"—"能指"术语类似的、适合于他的演员和人物的完全符号学的术语:"изображающий"(表现者)——"изображаемый"(被表现者)。布莱希特与传统的斯坦尼斯拉夫斯基戏剧对立的主题之一是:"不应该产生幻想,似乎表现者等同于被表现者"[同上,327];"与出场人物的这个行为一道,其他行为的可能性也应该得到表现,因此使选择成为可能,进而做出评判"[Брехт 1965б,133]。

紧接着在语言符号学中也消除了关于所指与能指"等同"及其之间"自然"关系的相应幻想。不过,在相当长的时间内,仍然保留了另一个理论幻想。似乎是在索绪尔的系统中结束了关于等同和自然的这些误解。的确,索绪尔确立了符号中所指与能指之间以及更加确定的符号与其所表示的对象之间联系的任意性。但是被忽略的是,与此同时索绪尔也确立了对于每个单独说话人及受话人的语言符号的无条件的责任,必须无条件地接受这一责任,而不是所指与能指的其他关系。布莱希特也终结了首先应用于戏剧中的表现者与被表现者的关系,而后来的符号学家则在关于语言符号的研究上予以实现。

关于说话人"在符号面前"不自由的认识,其本质是所指、能指、对象物似乎由绝对服从的社会法律联系在一起,这种认识更换为关于说话人对已知自由的认识,能够在已知范围内改变这些联系。由此到改变社会价值只剩下了一步。在历史中已经出现了类似的情况:在"法国大革命"时期,革命的思想为思想的革命做好了准备。

在抛弃了表现者与被表现者之间联系"自然性"之后,布莱希特同样追求深层的社会目的。舞台上的这种断裂同时也抛弃了"自然性",被表现人物与被表现生活行为的"统一"展示了其他行为的可能性和最终改变生活的可能性。后来的学者,尤其是法国的符号学家,是不会放过这种可能性的。

布莱希特的戏剧对于罗兰·巴特符号学的形成产生了直接的影响。巴特本人在1956年就曾写道:"应该承认,布莱希特的剧作理论、史诗剧理论、'疏离方法'理论①以及'柏林剧团'戏剧在布景和服装方面所有的实际应用公然提出了符号学的问题。因为布莱希特所有戏剧活动的公理至少在今天都在宣称:戏剧艺术应该主要不是表达现实,而是用符号标记(signifier)现实,因此必须了解所指与能指之间的距离;革命艺术应该采用符号的已知任意性……布莱希特的思想……与建立在对现实'自然'表达基础上的美学是敌对的"[Barthes 1964a,87—88]。

根据其准确性和格言式(总共占据了3页)而被认为是现代语用学范本的巴特早期符号学的概述之一,被用在了布莱希特改编的高尔基的小说《母亲》中[Barthes 1964b,143]。众所周知,在革命宣传的影响下,唤醒民众是高尔基小说的思想之一。布莱希特在其戏剧中也以特殊的形式发展了这种思想。在此布莱希特也有戏剧上的创新,实际上如果"母亲"这个词在传统意义上是生了"儿子"的实体,那么

---

① Брехт 的术语—Verfremdung(疏离方法)(与政治经济学的术语 Entfremdung"异化"不同);在已知程度上它可以与俄罗斯形式流派的术语"остраннение"相比较;在英语文献中确定的译文是 alienation, alienation effect 或 A-effect。

在革命意义上则是母亲唤醒其革命的儿子走向有觉悟的生活:"母亲"在物质上养育了"儿子",而在精神意义上则儿子培育了那个实体。"母亲"一词在此的意义本身实际上已经明显不同寻常,在已知程度上与公认的意义相反。

因此,作为符号的物质和心理两个方面,"所指"与"能指"之间不存在"自然的"联系,以及整个符号(由"所指"与"能指"构成)与对象物之间不存在这种联系,这一论题是20世纪50年代语用学的基础,基本上发挥了积极的作用。但是,在语用学的某些方面,以及在整个符号学的进一步发展中,也发挥了消极的作用。

由于所谓的"裂缝"赋予了决定性的意义,近年来的符号学分析集中在能指与所指之间的"裂缝"或符号与对象物之间的"裂缝"这两个方面上。在第一种情况下,分析的重点转向了所指与能指之间心理联想及其在个体创作中的改变,如巴特关于巴尔扎克的小说《萨拉金》(1970年)就是如此。

这一方面的符号学研究取得了符号学与雅克·拉康心理分析相结合的结果,并且这个结合点恰好就是体学问题。但是我们在此不打算继续研究罗兰·巴特独特的符号学变化。我们只提出对于我们的主题相当重要的细节,这使得巴特和许多符号学家一样必须仔细研究文本语言学[Барт 1978]。重要的是,下列论题成为这一切发展的结果:语句的每个活动应该被看作是改变和更新意义(语义)的实践;意义与主体在文本、"语篇"的情节变化中同时发生[比较 Coward, Ellis 1977, 6, 105]。这个论题再一次使我们回到了语言学。

3. 布莱希特已经指出了一些在其戏剧中有助于"疏离"效果的纯语言工具。在带有不完全重新体现的表演方法中,能够促进语句的"疏离"和所介绍人物行为的是这些辅助工具,如1)改为第三人称;2)改为过去时;3)与舞台说明及注解一道叙述角色;4)带有"不是—而是"的句子。"其中使用'疏离效果'的最简单的句子是带有'不是—而是'的句子(他说的不是'请进来',而是'继续通过';他不是高兴,而是生气),也就是说有某种通过经验提示的预期,但却使人失望了。应该想……但其实不应该考虑这个",等等。

看起来,布莱希特所说的现代语义学确定的否定谓词及其变体"不是—而是"的特殊作用是:"对比语境能够对许多在中立条件下起作用的规律产生破坏性作用。这在最大的程度上并非与语气词 не 相关。相对于中立语境而言,在对立语境中这些规律在很多方面的表现是不同的"[Богуславский 1979, 10; Богуславский 1996]。

所举的例子十分典型。在许多情况下,在足够长的并且动态延展的语境(语篇)中,语言单位的语义属性与在个别形式中或在简短语境中所研究的那些单位的语义属性相比,其实在本质上有所不同。当然,首先说到的是基本单位—语句—句子。我们只限于对这些属性做一些简短的说明。

1. 说话人"移情"的变化不可能在一个句子范围内发生,它会造成前面所说过的迁说,进而似乎标志着新段落的开始。比如,伊万把车卖给了彼得。也就是说彼得从伊万那里买了车……(移情作用从伊万转向了彼得),并已经对这些迁说的语义功能甚至是"意识形态"功能进行了描写[参看,如 Kress,Hodge 1979,ch. 2,3]。

2. 对足够长的文本的类似研究的概括产生了"连贯话语焦点"的概念。"焦点"与仅用于一个句子范围内的"述题"或"逻辑谓词"的概念有着本质上的不同。"焦点"不仅仅是选择所指对象的结果,而且还是与可能选择尺度上其他意义相关的意义之一,其本质就在于变化。这种功能可能由语法时间(参看前面布莱希特关于现在时变为过去时的观点)、一些副词、特殊的谓词等来表达。"焦点"与这类背景的判断一致,如"这发生在过去","这是突然发生的","这发生在梦中","这发生在我父母去世的时候",等等[Ван Дейк 1978,327]。在连贯文本的这种"语义焦点"的基础上分离出与其有些不同的"语用焦点",例如从叙述转向请求或命令。

3. 在连贯文本中,任何句子的主体和谓词的功能都能够得到十分重要的推动。如果认为主体在典型句中充当现实对象物的符号替代物,而谓词不具有对象物的指称,并将主体与概念范围相对比的话,那么在进入语篇的句子中,在参考了前面已经说过的之后,主体能够具有照应参考功能。比如,门开了,走进来一个人。进来的人是伊万·伊万诺维奇。

4. 在连贯语篇中,(断言)与迁说之间的区别在确认时可以中和和消除。如果根据孤立句认为典型的语言行为是"我发誓"一类的语句("我"这个人以此说出了发誓的行为),而典型的陈述句是"在北极生活着白熊"一类的句子,那么它们之间的区别可以在语篇中消失。陈述句可以充当"纯粹的命题",而周围的语境完成了对这个命题功能的肯定,也即接近于语言行为的功能。例如,"大概在北极生活着白熊"。这些研究结果导致了罗斯将语篇的所有句子解释为包含着隐性主体"我"的有趣尝试,即我说……其后接句子。这种尝试遭到了批评,但似乎难以理解的是,这只不过是批评者所持有的方法问题,他们持有的是孤立句的立场,而不是语用学和语篇的立场。

作为实际上是由罗斯所提出问题的一个历史片段,我们就此来谈一谈,在第一章第 6 节(例 6)中进行详细的研究。

5. 带有主体"我"的句子是主要焦点,也即语篇和相应语用学的隐性或显性焦点。这些句子与带有"非我"主体的句子区别很大:主体"我"没有确立对外部世界的指称,"我"同时既是外部世界的对象物,又是思维的主体,也就是概念域中的主体;接下来,主体"我"不要求个体性和个体化:"我"总是最高程度上的个体;最后它们也不要求预设存在,说话人通过他说话的行为本身确定了他的存在。

这种观点确定了语用学与哲学的关系问题。因此,列卡纳蒂正确地指出,目前并没有完全解决与笛卡尔的名言"我思,故我在"逻辑分析相关的问题,他引入了"语用悖论"的概念。与著名的"逻辑悖论"和"语义悖论"不同,在"语用悖论"下,列卡纳蒂指出在说话或思维行为中出现的理解矛盾,如果"我没有思考","我没有说"这样的否定语句是行为内容,那么这同时已经被想了,被说了[Récanati 1979, 205]。

在这种情况下,语篇至少具有了一个牢固的逻辑基础和一个稳固的主要预设(major presupposition):说话行为本身注定了说话主体"自我"的存在。所有其他主体,其中包括所有其他说话人的"我"(例如,过去的他),需要其他的预设。

顺便说一下,这些语用悖论就来源于此,如:"我错误地以为……"(过去时),"这是正确的;但我错误地认为……(现在时),这是错误的"。但是这里很难说这些句子在逻辑上是不正确的。错误正是在语用层面上。

语用学大概以这种形式也出现在了现代语言学的前台。但是,我们认为在此发生的一些情况不完全都是那么好,或许甚至是有些糟糕。我们回到卷首题词。

对于笛卡尔而言,"cogito"(我思,故我在)的意思是证明通过其思维进行思考的人。这也成为了新哲学的起点,是十分重要的东西。与这个新原则不同的是"loquor"(我说,故我在)。

这样一来,可以说作为符号科学的语用学内容似乎开始被确定了。如果在术语古老的意义上,语用学是关于符号(首先是词)与语言使用者的关系的学说,那么现代语用学则不同。现在可以将语用学定义为关于语篇的学科,其对象是在动态中发生关联并具有足够长的文本,该语篇与主要的主体、整个文本的"自我"、创造文本的人相关。人是事件的制造者。至少是包含在说话中的事件。

4. 新唯实论的预感

关于现代语言学中的一个柏拉图思想

没有什么能够吓跑资产者(包括资产阶级语言学家),就像给思想领域带来常理一样。列宁甚至在其黑格尔的《哲学史讲演录》纲要中指出:"蒂德曼说,高尔吉亚走的比人的'常理'更远。黑格尔笑着说:任何哲学都比'常理'走的远,因为常理不是哲学。直到哥白尼违反常理地说地球是旋转的"[1]。

能够使人(某人)害怕的思想出现在了现代语言学的前台,在此我们将简短地予以讨论:语言承载者原则上无法知道其语言的词义。

当然,对这一名言的理解取决于对后面将要谈到的"意义"和"知道"这些词的

---

[1] 列宁全集,第29卷,第244—245页。

(远非日常的)理解。"如果某种自然语言,比如英语,部分地由句法和语义构成,那么根据孟塔鸠的句法和语义理论,英语就是这样的:任何以英语为母语的人都无法知道英语"①。(有人说,这可以发生在英语中,但无论如何也不会发生在俄语中。但是,我们在这里是以普遍形式来探讨这个问题的。)

这一思想的遥远的预感已经包含在意义相对性的发现之中—索绪尔提出的"含义"(valeur)概念之中。如果"意义"(在现代术语学中是"所指意义"、"所指"、"外延")指明的是对象物或对象物的类别,那么"含义"则不是直接指明对象物或类别,而是取决于语言中词的组之间意义分布的相对意义。例如,"绿色;草、叶子的颜色",这是俄语词"绿色"的意义,而"由固定在黄和蓝这两个词的部分划分中的光谱的一部分",这是"绿色"的含义。在对"含义"这个概念的仔细分析中,已经能够预见到增加了某个个别词的确定含义的词的组合,说话人其实无法知道整个组,从而他也无法知道这个个别词的含义。

在语言学及逻辑学中,这个概念恰恰沿着扩展确定含义概念和每个单独含义组(集合)的方向更进一步地发展。逻辑学上含义的确定概念被称为"内涵"。

在1943年的经典著作《意义的类型(或模态)》中,刘易斯这样定义这一概念:"术语内涵(或含义)是通过正确的定义方法确定的。如果只能在这样的条件下,即通过 A_1,A_2 ……直到 A_n,所有能够通过 T 被正确命名的都被正确命名的话,如果通过 A_1,A_2 ……直到 A_n 的合成术语而被命名的任意对象物也能够通过 T 被命名的话,那么这个合成术语或任何一个与其同义的术语都为 T 提供了内涵。关于这个术语可以说,它具有 T 具有的同一个所指"②。

很自然,使用语言的人完全无法知道如此理解的内涵,而事实上内涵也无法知道语言自身的现实。显然,在这种比较特别的、也是重要现象(内涵)的这种理解的后面,存在着更为普遍的思想:语言被理解为存在于人类主体间性交际中的主体外系统。

与此同时,在语言学和逻辑学中,在某种程度上与第一种现象相对立的另一种思想也在发展:宁愿将意义理解为说这种语言的人、说话人,简言之,个体、主体的心理状态。语言的一些事实恰恰有助于意义的这种理解(第一种理解基本上与词汇和命题分析相关),其中占据特殊地位的是附加在命题之上的所谓的"命题意向"。"命题意向"(propositional attitudes)概念由罗素提出并解释为:"随后我们转向'命题意向'分析,也就是对这种情况或这种事态的相信、希望、怀疑等等(根据

---

① Hall Partee B. ," Montague Grammer, Mental Representations, and Reality. "*Contemporary Perspectives in the Philosophy of Language* (ed.) P. A. French, Th. E. Uehling, jun., H. K. Wettstein. Minneapolis,1979,p. 196;俄语译本是:Семиотика. Составл., вводная статья и ред. Ю. С. Степанова. М.: Радуга, 1983; см. 285.

② Lewis C. I. ," The Modes of Meaning. " *Philosophy and Phenomenological Research*,1943,vol. 4, p. 239;俄语译本是:Семиотика, М., 1983; см. с. 213.

这种情况或这种事态的发生)。对于逻辑学和知识理论,对这些情况的分析非常重要,尤其是涉及相信或信仰(belief)时。我们发现相信这个命题不会导致词的使用,而仅仅要求相信的人处于以主要方式被确定的可能状态之一,如果不是完全的因果关系。当出现词时,就'表达'了相信,而如果为真,那么就'指明'了自身不同于其相信的(存在于其中的)事实"①。

同样是依赖语言事实,但依赖的是不同事实的两种意义方法的共存,这不可能不导致意义(语义学)理论中的悖论。可以在这样的例子中说明这些悖论。

语义大体上被定义为语言符号与对象物之间的关系。在这种情况下如何定义指明表达相信的语义?例如,在语句"约翰认为下雨了"中表达的语义是"约翰认为……"很明显,根据语义的一般定义,"认为"这个词也表达了与对象物的关系,但这个对象物是约翰的意识状态,它可能是客观的,即在语义上仅仅是由外部的观察者予以定义。谁可能成为这个观察者呢?当然,不是约翰本人。她可能是玛丽、"邻居"、"医生",总之是这个语境中任何一个不是约翰的人。但是在确定"认为"这类词的意义时,总会出现说某类语言的人,他们并不知道这些词的意义,这正是在"认为"时用主体名称表示的那个类别。的确,这种观点相当奇怪。

尤其是在理论语义学发展的一定时期,这种观点被用来充当在总体情况下确定"相信、信仰"术语意义的基础,认为必须在更广泛的语言系统(元语言)框架下研究语言,而"智力—元语言载体"与语言—客体的任何语句的关系将是在这种情况下"相信、信仰"术语的语义。这种方法自卡尔纳普②以来就得到了理论语用学的名称,而且语用学的相应定义还可以在不久前的著作如《哲学百科全书》中找到,语用学在那里被定义为"符号学中研究语言系统的使用者与符号系统关系的部分"③,似乎就像在"符号系统"(在语言—客体)中没有任何表达或确定"说话人关系"的手段,但这些手段却是存在的,并因此显现出来,能够弥补以语义学去定义上述语用学而失去的作用。

今天看来,在这一问题最新的发展阶段上表现出将以往的语义学和语用学方法结合于一个系统之中的渴望。可以将这个阶段称为"模态及内涵逻辑语义学"—实际上最近的出版物之一就是以此命名的④。总之,这个阶段的特点就是所有符号和语言表达都获得了精确的内涵。在说出语句时,这些内涵本身通过指明时间、地点、说话人"我"的可能因素的"指数或关系点(指称点)"概念而被确定。因此,这

---

① Russell B. An Inquiry into Meaning and Thruth: The William James Lectures for 1940. Delivered at Harvard University by Bertrand Russell. L. : Unwin Paperbacks,1980,p. 21。

② Carnap R. ," On Some Concepts of Pragmatics", *Philosophical Studies*,1955,vol. 6,p. 89—91.

③ ФЭ, 1967, т. 4, с. 338.

④ Семантика модальных и интенсиональных логик: Пер. с англ. М. , 1981.

种结合所获得的价值就在于任何语言的载体(不仅仅是认为下雨的约翰,还有不知道他所"认为"的人)都无法知道其语言的内涵。

此后就能够完全理解帕蒂在其关于蒙塔古内涵逻辑文章结尾中的断言:"这样,我们就得出了结论:逻辑单位的内涵不是思维的本质,不是由语言载体的心理属性确定的。对于在逻辑传统轨道上进行研究的哲学家而言,如蒙塔古或汤姆逊,类似的结论在任何程度上都没有疑问。要知道在这种传统中,语义学总是被看作是关于语言表达与这些表达所涉及的语言外客体之间关系的学科,而不是关于语言表达与语言载体的语言能力在意识中发挥作用的规则及概念之间关系的学科。……与来自可能世界的、对应不同类型客体的功能一样,内涵本身是抽象的客体,能够像数一样不依赖人而存在……"①。

这也是柏拉图的思想。指出内涵与数之间的相似,就得以在现代数学中确定其准确的参照对象。因此科里写道:"柏拉图主义名下的流派之一的代表们实际上主张,数和集合的概念存在于现实之中(不取决于我们的认识),尽管同时还需要更加重要的理据,但传统数学实际上并非不可靠……大概柏拉图主义是大多数不专门研究理据的数学家或多或少下意识所遵循的那种观点"②。

可以用帕蒂的话来安慰那些被这种语言学中的柏拉图思想吓坏了的人:"……内涵本身是抽象的客体,像数一样能够不依赖于人而存在,但对其确定的正是某种自然语言中某种词汇单位的内涵,应该与该自然语言相关的现象和事实具有依赖关系,并因此应该与该自然语言的载体—人的属性具有依赖关系"③。

5. 现代俄罗斯的新唯实论(《三个来源及三个组成部分》)

本节的目的在于:研究在俄罗斯心理上形成的语言哲学新流派并对其命名。在心理世界,尤其在俄罗斯唯实论的世界中,赋予其形式与名称,这也是发现本质的最重要的时期。

由此产生了本文的第一个特点:借助于本文集结在一起的不是人(其中许多人可能完全不希望在"新唯实论"名下相互结合在一起),不是思想的载体—人,而是思想,也即所说的是关于心理上的"形成",而非"组织上的""形成"。思想载体的集结给出的结果是哲学的外部历史,实际上也有其很好的探索:万楚戈夫的《"独特的俄罗斯"哲学史随笔》一书。本章以内在的心理关系作为对象。这个概要的几乎所有特点同时也是在当今俄罗斯形成的新唯实论的区别性特点。(勃洛克关于

---

① Hall Partee B. Op. cit.,p.202,в рус. пер. с. 296.
② Карри X. Основания математической логики. Пер. с англ. М., 1969, с. 27—28。
③ Hall Partee B. Op. cit.,p.202,в рус. пер. с. 296.

象征主义历史的评述直接适用于刚刚提及的特点:在开始描写俄罗斯象征主义的论题和反论题之前,我们应该还要做一个说明:当然问题不是关于象征主义的历史;无法确定所谈及的在真正的现实世界中发生过的和正在发生的事件的准确先后顺序)[Блок. Собр. Соч. в 8-ми тт. М. - Л., т. 5, 1962, с. 426];勃洛克在此认为的"真正的现实世界"是心理世界。

刚一开始就不得不谈及"来源"与"组成部分"概念的区分。时间是对它们的区分:在远离我们传统终点的是我们的"来源",反之,在截取的时间段中靠近我们终点的就是"组成部分"。当然,在概念的这种非离散的、推论的性质中,它们之间的边界也是相对的,甚至可能取决于某个今天仍然存在的研究者的个人观点。(甚至在思想观点一致的人中,一些人将其认为是自己哲学世界观的"组成部分",而另一些人,包括本概论的作者,却认为这只是"来源"之一,尽管与我们的观点很接近。)本节的下一步计划是这样的:

三个来源和三个部分:1. 语言哲学作为来源和现代语言哲学中的确定流派,而符号语言哲学则作为组成部分;2. 东方基督教的教父哲学作为来源和在其现代解释和研究中的确定流派,而新教父哲学的综合作为组成部分;3. 在"创作者——解释者(评论家、理论家、艺术史学家)"方面共同研究的艺术和艺术史作为来源,而在该文化领域中确定的现代流派作为组成部分。与艺术相关的这个方法自身直到今天不仅不具有自称,而且也不具有任何名称,哪怕是来自外部的专门名称,但却具有优秀的代表人物:从达·芬奇到俄罗斯象征主义作家,再到"圣像哲学家"。应该注意到作为"家族(或者:家庭)相似"关系的上述三个部分之间特殊的逻辑关系,同样还要注意新俄罗斯唯实论的一些其他特点:哲学思考的方法、道德,等等。

本文还有一个"文本"的特点:词汇风格。首先篇幅必然短小:可以想象,这是受到篇幅限制的某种(可能只是想象的)哲学词汇的文章。在"三个主要组成部分"的名称下描写的不是其全部内容,而只是首先作为与其他部分结合的那些成分。这似乎也是纯风格的特点,它在与语言及语言问题紧密相关的新唯实论的内容中找到了一致之处。(是的,其实"风格"完全不仅仅是形式现象。布莱希特说道:"风格决不是'笔迹',也即某些与其他书写者无关的东西")。我们将对这个特点进行更为详细的研究。

当我们以这种方式将理论与理论进行比较时,那么它们的相互关系其实就类似于自然语言语义中在"意义"和"含义"关系的名称下公认的词义关系。如果"意义"(在现代术语学中常常是"所指意义"、"所指"、"外延")指明的是这个词在其正确使用时所表示的对象物或对象物的类别,那么"含义"(索绪尔提出的名为"valeur"的概念)并非直接指明对象物或类别,而是指明取决于隐藏在这个场中、存在于语言中的词的组之间所有意义场(宇宙)分布的相对意义。例如,俄语词"绿色的"意义如下:"绿颜色;草、叶子的颜色"。这个词的"含义"不是别的什么,正是"由固定在黄和蓝这两个词的部分划分的光谱的一部分(详见第 4 节《关于现代语言学中的一个柏拉图思想》)"。可以说,在我们所选择的方法中,理论对比的是其"含义",而不是其"意义"。

这种关系还可以用另外的方法表述,并再次使用语言系统,就像对比客体的"整合"和"区别"特征的关系一样。如果说到"意义",那么在所举的例子中"草、叶子的颜色"这个概念将是"绿色"这个词语义的"整合"特征,是其特有的"内在"内容(当然,其自身通过进一步的分解可以被描述为特征总和的形式[复数])。相反,那些一方面是黄色的,另一方面是蓝色的、与绿色相对立的特征,是构成其"含义"的绿色的"区分特征"。音位和言语的声音可以作为另一个例子。音位被描写为在该系统—语言(即宇宙)框架下与所有其他音位对立的"区分特征"的总和;这种描写是纯结构的、相对的,原则上不可能以某种个别音的形式在声学上将其合成。而谈到言语的声音,那么首先是根据其"特有的"、"内在的"内容在其"整合特征"中被描写,可以在声学仪器上被合成,或者仅仅像言语声音一样由人予以"表现"。

下面的新唯实论所依据的理论及"来源",首先是根据其"区别"特征与其他理论进行对比和比较,也即予以整合,首要任务应该是根据叙述其特有的"内在"内容的可能性而将其作为集合予以对照和对比。

但是,这种对比的充分描写当然是不够的。要知道根据其"相似性"所选择的理论本身—"来源"仅仅是作为某种更加普遍的整体的部分,相对于这个整体而言,所依据的理论及"来源"只是部分,或者可以说是"家族成员"。其间的这种观点中还显现出其他逻辑关系:"家族亲属关系",本概述的最后一部分对此将有所涉及。

A. 三个始源和三个组成部分。

一、作为始源的语言哲学和作为组成部分的符号语言哲学。

一开始就必须再次强调,我们所理解的以及作为本书研究对象的"语言哲学"也仅仅是哲学中特定流派的特定名称,这个流派的确定特点就是研究语言,更确切地说,是研究哲学思考与该语言的固定关系。至少在俄罗斯,新唯实论是同一个哲学流派的别称。

新唯实论形成于其中的哲学路线,根据定义,在历史上可能被描述为"唯实论",或在其广义哲学理解中的部分"概念论"。其实,概念论在每个具体表现中都"被分配"在唯实论和唯名论之间。因此,亚里士多德的概念论是我们理解中的唯实论,而洛克的概念论则与唯名论相关。更狭义和更具体地说,如此理解的唯实论是"实体哲学"、"名称哲学",这两个命名是同义的。以不同作者的描写为出发点,这条路线也可以通过不同的方法来描写。其中我们似乎也可以使用自己特有的方法(参看本书第二部分第 1 章《名称哲学》)。但是在这种情况下,更为恰当的是最初应该在伦理和实践上以洛谢夫的著作为依据,他本人是 20 世纪该哲学的伟大人物。

因为谈到了洛谢夫的重要概念—起源于亚里士多德的"实体"和"事物",我们援引的相应定义已经以准确的提纲形式出现在《亚里士多德》一书中[Лосев, Тахо-Годи 1982](下面指出的是该版本的页码)。

"1. 如果事物真的存在,那么事物的观念也必须存在,因为没有观念事物就没有存在的事物,或者事物本身仍然是不可知的"[第 204 页]。在这一点上亚里士多德完全追随的是柏拉图:事物在此的"观念"是"形";

"2. 亚里士多德坚决地批判了事物观念与事物本身在原则上的脱离";"这个事物观念存在于事物本身的论题是亚里士多德学派与柏拉图学派的基本的、原则性的区别"[第 206、209 页]。

在上述的书中,这一点没有得到足够的发展。还需要补充的是,亚里士多德认为,在某种意义上像作为"形"(εἶδος)的"形式"、作为"确定事物"的形式、它的"事物实质"、"它所成为的东西"(τὸ τί ἦν εἶναι,拉丁语为 quidditas)以及"该直接的实体"、"第一实体"(οὐσία πρώτη)、与个体事物等同的"事物"(《形而上学》,Ⅶ,6,1031h 31 及其他)这些术语(概念)都是"同义的"、"等价的"。同时,"实体"也具有其他存在,就像"第二实体"(οὐσία δευτέρα)只存在于"第一实体"集合中,尤其是"存在于现实中"的种和/或属一样。(详见本书前面的第二章。)

因此,可以说亚里士多德与柏拉图所理解的"观念"之间的区别在于从个体"事物"中抽象的程度和性质:柏拉图的"观念"是在最大的抽象中提出的,总体上是在事物之外;亚里士多德则是在存在的确定等级中提出的:在最高级上作为"实体",拥有范畴,在中级上作为"形式"或"形"。尤尔凯维奇在其《观念》(1859 年)一书中清楚地揭示出这些特点:"从这个观点出发,我们无法使事物的本质与事物本身分离,不能说本质是从观念状态移动或转入现象状态的。在这种推测中,本质本身似乎变化无常,可以采用存在的对立形式,并非是本质上的必然关系。因此,本质与具有本质的事物是不可分的;其真值和原始存在就居于该现象事物之中:观念内在于现象中"[Юркевич 1990,30]。尤尔凯维奇继续说道:"在观念定义以及对现象的观念世界的解释上,柏拉图与亚里士多德的对立在观念范围内具有其基础。根据思维的必然性,观念得以理解,或许一方面如平静的范式,如同令人激动的感官现实的不变类型一样,另一方面则像世界的活动者、成员以及积极的力量一样。在任何发展的现象中我们思考了这样或那样的问题:关于柏拉图,我们思考的是发展的稳定标准,关于亚里士多德,我们思考的则是理性进程及其适当的运动。

因此,如果根据柏拉图的观点,现象中的共同点与观念相符,而根据亚里士多德的观点,现象中的特点与观念相符,那么我们可以同样轻松地认为,神的思想既存在于世界部分的、总体的、同样的运动中,也存在于个体生活的混杂的、不安的游戏中"[同上,第33页]。(在上述著作的第214—215页,洛谢夫和塔霍—戈季以相同的方式在对术语很详细的分析中做了探讨)。(因此对于洛谢夫本人而言,部分地实现亚里士多德学派与新柏拉图学派的综合是很重要的。)

在亚里士多德与柏拉图的这个对比中,已经出现了一个俄罗斯哲学内部的细微的、还未完全被认清的区别,并通过时间将新唯实论与几乎同时期的流派(其中包括洛谢夫的哲学)区分开来。总体上来说,就这个问题我们在后面也将遇到细致的对比(例如,在区分弗洛罗夫斯基的新教父哲学与弗洛连斯基的爱国主义科学研究时)。现在所说的区别与哲学和形而上学之间的关系有关,更宽泛地说,与活动的和内省的方法有关。

哲学逻辑确实是活动的方法,是旨在研究并携带再生手段进行研究的哲学思考(即其他研究者在新的材料中也能够重复这种思考)。形而上学(我们选择的这个术语完全不是中世纪的理解,而始终是现代的理解)是内省的方法。同样的区别可以用其他方法来表达:逻辑学,尤其是没有形而上学的逻辑学,是"文本",形而上学是"代码";逻辑学是"过程",形而上学是"系统";如果使用计算机术语的话,逻辑学是"在线"信息,形而上学是"离线"信息。和谐发展的逻辑学和形而上学是互相补充的。但是,总的说来,它们的关系是不平衡的:按照惯例,现代逻辑学最"强大的"系统是在没有形而上学的情况下运行的(例如美国新唯实论的观点:前面第1节);相反,形而上学最发达的系统则不具有有效的逻辑学。例如,很难想象,什么样的逻辑可能伴随洛谢夫系统及名称系统(当然,如果说的不是无法被赋予计算性质的"辩证逻辑")?如何能将洛谢夫系统用于其他的不同材料?并且谁能够在总体上"重复"其思维代码?

在前面提到的亚里士多德和柏拉图的"观念"理解中,这个区别已经显现和"流露"出来。如果说亚里士多德的范畴及其种属关系在逻辑结论系统中具有相关概念,那么柏拉图的范畴化在三段论中则不具有任何"逻辑"。总之,这表明亚里士多德的三段论只与种属原则起作用的系统(与这种"形而上学")可以相容,也即最终只与亚里士多德自己的范畴系统可以相容(参看:[Patzig, 1959, §3])。所以,卢卡塞维奇在发展了亚里士多德的系统并使之现代化之后,也接受了他的形而上学:逻辑学研究的是像数学研究的那样的客观关系,例如在数的理论范围内:"逻辑学与思维的关系并不比数学与思维的关系更密切。您当然应该想到,应该何时解决数学问题。但在此您思维的逻辑规则所具有的关系并不比数学规则的程度更大"[Лукасевич 1959, 48]。将"逻辑规则"本身从"实际思维的逻辑学",也即从"思维心理学"中分离出来,卢卡塞维奇是完全正确的。(但应该指出的是,现代哲学逻辑正是在"逻辑学"与"思维心理学"之间的这个过渡区域中"工作"的。)

而且,可以说与居维叶的激变论以及恐龙的灭绝相比,中世纪经院哲学家声势浩大的逻辑系统的覆灭正是与这个情况相关—与其不和谐相关:当"本体论"和"形而上学"(以仔细研究有关术语"设定"学说的形式)被发展到极限,结论逻辑学,也即归根结底不过是"逻辑学",几乎完全是不存在的。奥卡姆所建立的、很少关注形而上学的、对其予以替代的唯名逻辑学,既在逻辑结论专门的狭义上,也在由一个逻辑系统转向另一个逻辑系统继承性的广义中,开始了认识发展的"算法之路"。斯加日金的研究十分准确:"经院逻辑学无法跨越与威尼斯的尼科莱特的'大逻辑'一道达到的界限,因为它无法找到概括化的算法,这种算法或许可能确定所达到的界限,并走得更远"(参看[Стяжкин 1970,173])。

俄罗斯新唯实论总体上倾向于"亚里士多德的路线"及其近似的流派,如洛谢夫的系统就倾向于柏拉图和新柏拉图学派。新唯实论同样包括了对总的"逻辑学"、哲学逻辑,尤其是逻辑学的专门系统的研究,与此同时倾向于柏拉图及新柏拉图流派的思想多半回避了逻辑问题,并将注意力集中于"形而上学"和"辩证逻辑"。所以,新唯实论处于与唯名学派盎格鲁撒克逊逻辑的密切关系之中,尽管这些关系经常带有创造性争论的性质,同时俄罗斯哲学中的柏拉图及新柏拉图流派如果不渴望孤立主义的话,多半渴望的是"民族独立"。(因此,洛斯基常常谈到"净化亚里士多德学派",我们认为,他指的也是"肃清西方基督教"异教主义。这个问题仍然未被充分研究,并且总体上在很多情况下并不清楚。要知道在西方发生了亚里士多德学派的关键性转折,并被教皇约翰1277年1月18日的训谕所见证,而这个教皇是西班牙籍的朱利,他关于设定的逻辑学说稳固地建立在亚里士多德范畴的基础之上[参看本书第一部分]。)

现在我们回到有关"事物"以及"事物的形"的基础概念上来。洛谢夫和塔霍—戈季继续说道:

"3. 亚里士多德认为,事物的观念处于事物本身之中……这个事物观念存在于事物本身的论题,是亚里士多德学派与柏拉图学派基本的、原则性的区别"[上述作品的第209页];

"4. 就像事物本身是唯一的一样,作为某种唯一事物的观念,既是事物所有部分的概括,也是某种同一性"[第209页];

"5. 作为某种同一性及某种唯一性的事物的形,同时也是确定的种的完整性。……排除完整性的某一个时刻,它马上就不再是完整的了。从表中取走指示时间的表针,表也立刻丧失了自身的完整性……"[第213页]等等。

在此,为了不脱离我们所概述的主题,我们停止对这个重要问题所进行的非常良好的叙述。

(我们注意到,作为新唯实论文化学后退的形式,在我们根据"符号演化次序"

而编纂的《俄罗斯文化概念词典》中,我们将上述亚里士多德称之为"实体"原则、洛谢夫称之为第四原则予以实现,例如,"古代马车"⇒"四轮轿式马车"⇒"汽车",箭头表示的是事物次序的进化:四轮轿式马车取代了古代马车,汽车取代了四轮轿式马车。在这些次序中,事物的"分裂"可以被推至很远,比如与马车一道,在整体上可以单独地研究其车身、车轮等的类似次序。来源于上述"事物完整性"原则的界限是唯一的界限:无法研究"半个车轮"的进化或者用半个盘子的进化取代盘子的进化,等等。[Степанов 1997,21 及后])

有意思的是,上述原则几乎与乌耶莫夫的下列论断完全相反(尽管在此原则本身并没有被命名,总的来说也没有进入讨论)。在指出了"含义"与"所指、指称"的公认区别之后(例如,"瓦尔特·司各特"和"《城堡风云》的作者"这两个语言表达单位具有一个所指,但却具有不同的含义),乌耶莫夫写道:"我们不希望得到公认观点的排斥。但我们仍然希望读者能够更好地理解问题的本质,散布一些怀疑……认为'瓦尔特·司各特'与'《城堡风云》的作者'表示的是同一个对象……但我们却提出这样一个问题:瓦尔特·司各特与瓦尔特·司各特的头是同一个对象吗?尽管我们不会将瓦尔特·司各特想成是没有脑袋的人,但大多数人仍然认为这无疑是不同的对象。其中一个对象是另一个对象的一部分。拥有了整个瓦尔特·司各特,我们也就拥有了他的头,而不是相反。在此所说的是空间中的关系,也就是身体关系。但是,如果将所说的瓦尔特·司各特作为构成其所有这些性质的系统的话,那么与其相关的是其部分以及那个我们称为'《城堡风云》的作者'这个集合的属性。拥有了完整性质的瓦尔特·司各特,我们就拥有了'《城堡风云》的作者'。而不是相反。将新生儿命名为'《城堡风云》的作者'大概是没有意义的,他也许只是未来的什么人。但每个人都知道,比如成为未来的博士,这完全不是现在的……所以,起源于弗雷格必须区分表达的含义与指称的要求是否并非误解的结果,这种误解与事物的十分狭义的理解相关,而这种理解将其与空间的某个范围等同起来,也即与身体等同起来?"[Уемов 1975,457—459]。

当然,目前这个论断的语境已经过时了:现在需要更加准确地确定情境或"语篇",或者做出适合的论断,也就是将"瓦尔特·司各特"这一表达(名称)转换为"《城堡风云》的作者"的这种表达(摹状词)的"世界";需要区分专名和摹状词;需要区分在任何一个相互联系的"世界"中确定客体的"刚性能指",以及从一个"世界"转向另一个世界时丧失这种能力的"柔性能指",等等。在乌耶莫夫上述论断中的某些东西仍然有趣,这也就是与其形或本质相关的东西与事物的"完整性原则"的对立。很明显,这个论断的作者根据的是对立原则:事物与其质的总和等同,是"质的束"。(下面我们在罗素的思想体系中也将遇到这种方法。)

显然,乌耶莫夫与罗素一样是支持唯名论的,前面我们已经阐述了唯实论和概念论的观点(在这个方面,后者与唯实论的区别不大)。

唯名论是整体上对立的观点。当然,这里不是要弄清楚所有对立的地方。我们刚刚只是提到了其中之一。我们只再提一个,其本质是唯实论者和概念论者称之为"实体",而唯名论者则完全不认可。我们这里所研究的这个问题的根据是奥卡姆的观点,他是中世纪最后一位伟大的唯名论者,也是新时代第一位唯名论者,其实也是英国分析哲学的创始人[参看本书前面的第Ⅲ,4]。

作为新唯实论直接组成部分的符号学理论,是逻辑上更大的组成部分,并且在单个问题上与"哲学逻辑"紧密联系,俄罗斯并不完全是最新的流派之一。我们在这个概述中用虚线描绘的正是这条路线。

我们回到前面研究过的那个问题:关于"实体"问题,并为了进一步探讨而区分出所谓的"子问题":关于实体的同一或不同一,或者在不同的解释中有关实体的区分,或者更为不同的是关于"事物"的区分。

因此,在"事物"的理解中存在两种主要的观点:1)"事物"是在确定的时间和空间点所观察的这些直接性质或属性的总和,这是包括罗素在内的唯名论的观点;2)"事物"是处于与"实体"以及"存在"不同关系中的性质的总和,由"实体"连接为一个整体,这是包括莱布尼茨在内的唯实论的观点(与概念论者一道)。

第一,罗素写道:"正是因为对于我而言,某些研究是事实前提的来源(认识理论。—作者注),我不能为确定这些前提而接受'事物'这个概念:它对稳定性的某种等级已经提出了要求,并因此只能从某些观察的集合中推导出来……你不能两次踏入同一条河流,因为环绕你流过的始终是新的河水;但比如说,河与桌子的区别仅仅在于程度。卡尔纳普可能认同河不是'事物',但这些理由应该可以使他相信,桌子也不是事物"[Russel 1980,315]。由此,变为可以理解的是,在罗素的语言及认识理论中,两个在性质经验中同样具有可以理解的,即"不可区分的"(英语术语是 indiscernible"不可区分的,不显著的")"事物"(在这种表达中,"两个"这个词或许也应该加上引号)是一个"事物"。罗素宣布了一个"不可区分的就是同一的"("Indiscernibles are identical")原则。既然"不可区分性"进入到了"两个不可区分的事物"这一概念中,"不可区分性"(英语用的是复数形式)根据的是"事物"的定义,那么罗素认为,"Indiscernibles are identical(不可区分的就是同一的)"这个判断是分析判断。(或者在其他译文中:Неразличимое есть тождественное"不可区分的就是同一的",因为在俄语中不带名词的形容词复数形式在语法上是不允许的。)罗素在此理解的"相似"与现在所公认的理解一样,与康德认为的判断谓词包含在主体直至语句中一样。罗素认为这种观点是自己理论的"主要优点"。("Indeed, I should claim it as the principal merit of the theory I am advocating that it makes the identity of indiscernible analytic",第 103 页。)

第二种观点。在与洛克的争论中,莱布尼茨是这种观点的代表。这并非偶然:洛克是英国经验主义路线中最重要的人物,而这个路线罗素在其系统中也予以体现。在这个争论中发现的主题和例子,也就是罗素和乌耶莫夫后来使用的那些主题和例子(人的身体和身体的部分;在我们这个地球上的人们和想象中的地球、所有类似地球上的人们。莱布尼茨直接把罗素关于两个艾菲尔塔的例子进行了比较,在巴黎的艾菲尔塔和在美国的艾菲尔塔,等等),这也是很有意思的。但是,在所有这些情况以及例子中,莱布尼茨原则上采用了另外的方法来解决问题。在《人类理智新论》中的相应章节(ⅩⅩⅦ,§1)《关于同一及区别》就是直接由对普遍原则的肯定开始的。我们记得洛克用菲拉雷特这个名称来表示莱布尼茨,而莱布尼茨本人则使用特奥菲洛这个名称。

"菲拉雷特……当我们问到这是否是那个事物或不是那个事物时,总是与某个时刻在某个地方存在的一个事物相关。由此可以得出,一个事物不可能有两个存在的因素,两个事物也不可能有与时间、地点相关的一个因素。

特奥菲洛。除了时间、地点的差别外,总是应该具有区别的内在原则,尽管存在着许多同一个种类的许多事物,但永远不会有完全相同的事物。因此,尽管我们用时间和地点(即对外部的关系)对那些无法充分区分自身的事物进行区分,但事物仍然是可以辨别的。因而,同一和区别的本质(le pr cis)(此处的这个法语词不应该译为'实体',而应该是'事情的本质、实质'。——作者注)不在于时间或地点,尽管事物的区别的确伴随着时间和地点的差别,因为其结果是对同一个事物造成了不同的印象。我说的已经不是事物应该用作我们对一个地点或时间与另一个地点或时间的区分,因为它们自身完全相同,但事物也不是完整的实体和现实……"[Лейбниц 1983,230]。

但这个题目并未到此结束。如前所述,罗素研究了其作为分析判断的"同一的就是不可区分的"原则,这样就将所有问题转入语言哲学方面。这是被正确而深入地提供了理由的。现在我们知道"分析性"—"综合性"概念依赖于语言系统,在语言系统的框架下形成这些概念(还有判断本身)(参看著名作品[Смирнова 1962]以及本书下面的第Ⅳ章,第2节)。

罗素形成其思想体系的语言系统和那个"语言"(在词的逻辑意义上)是什么样的?为了回答这个问题,说出他的观点和态度,并将上述论断看作初始的论断,这就足够了。罗素关于"事物是什么"这个著名的概念不是在此之前被赋予的,而是由此产生的:"事物"是不同属性的"集合";"事物"这个概念构成判断的确定观点的抽象(在系统、本体论中的投射),也即我们在康德那里观察到的唯名论者所惯用的程序的结果(参看前面第Ⅲ章第3节)。

现在清楚的是,奎因著名的但相当晚的观点只是罗素方法论原则的更加严格的形式化;奎因(在1948年的作品中)断言:"任何理论其实都承认了那些并且只是那些客体,为了使断言为真,相关的变量应该可能被归入其中";"是—意味着量化变量的意义"[Quine 1953,13]。而这也是胜利的唯名论者的观点!

在这种背景下完全清楚的是,为什么在唯名论的系统中存在"逻辑"与"形而上学"(或"本体论")之间的脱节。的确,仅仅是因为"本体论"不承认它是从"逻辑"中抽取的,而是从逻辑系统外推到心理世界的。

因此,这为逻辑的创造者们带来了极大的满足感。他们成为了心理世界的缔造者、创造者!他们好像是神。这里只有很小的区别,神创立了现实世界,而他们创立了唯名的世界,并且每次都在充实着其实体。

(有趣的是,说到这里,我们再次分析一下奥卡姆著名的论断"Entia non sunt multiplicanda(praeter necessitatem)[勿增实体(如无必要)]",它常常被庸俗地理解。但是,他的"实体"指的是什么?"必要"指的是什么?看起来,伟大的唯名论者天才地预见到了唯名论道路所指向的未来的困难。)

这个特点有助于解释唯名论科学的另一个特点:其中的不断"革命"。又一次!逻辑学的每个大型系统就是一次新的"革命"。

(但是,我们完全不希望用这个讽刺性的形式来掩盖问题的本质:斯加日金所表述的"算法"是怎样的?如何实现这条路线上科学知识的连续性?并且这条路线上的这个术语在不同意义中的连续性是被否定了的。我们哪怕来比较一下受到唯实论"积聚知识概念"影响的对它的否定:"不可同测理论之理论";作为"替代聚合系统"的"科学革命理论"的库恩。)

在莱布尼茨的系统中,"逻辑"与"形而上学"的相互关系完全不同。我们简短分析的主题如下:在莱布尼茨的系统中不存在分析与综合判断的区分(这些术语的这种理解是由康德开始确立的,从而也出现在了罗素的观点中,参见上文);在某种意义上综合判断完全不存在,所有判断的谓词总是包含在主体中,在这个意义上,它们都是分析的。但是判断之间的区别仍然存在,在莱布尼茨的系统中它们分为了两组:一组是其分析性可以证明的判断,这必然为真(逻辑的、几何学的、数量上的);另一组是其分析性无法证明的判断,这是"事实的真理"(所说的是关于具体的、个体的事实,比如,关于某个历史事件)。

莱布尼茨认为,在现实的逻辑研究中,在对这两种判断的分析中,使用的是两个不同的规律,这两个规律也是对应于每个组的根据。在对判断逻辑真理组的分析中,使用的是矛盾规律。该法则表示:与所有必须为真相悖的就是矛盾。充足理由律是判断或真理、事实的理由,它表示:"能够揭示任何真理的理由,或者相反,没有充足的理由,一切都不能发生"。

但是,如前所述,这两组判断在原则上是分析的。它们之间的区别仅仅在于,事实判断永远无法将分析进行到底：该句的谓词与其主体相对应的特征之间的过渡谓词及确定同一的过渡理由的清单是不可能穷尽的，因为所说的是关于个体实体和个体，在任何的定义中都无法被穷尽。但是，莱布尼茨认为，这个区别不是原则性的，而应该说是实际中存在的。实际上，对事实真理的分析是无法完成的，它走向无穷；而理论上说，除上述区别（在无穷中的简化）之外，对事实真理的分析与对必然逻辑真理的分析没有任何其他区别。

莱布尼茨将事实真理分析与无穷小的区别分析（他本人也定义了其数学原则）进行了比较。他的另一个比较是与渐近线的比较，也即与无穷曲线直接相关。（当然，由此可以看出17世纪数学的总的精神实质，关于这一点参看［Катасонов 1993］。）

精通莱布尼茨作品的法国人路易斯·库蒂拉特因此提出了一个有些幼稚的问题：如果我们能够计算出渐近线，算出无穷数列，并对无数的成分进行综合的话，我们为什么不能穷尽对事实真理的无穷分解，并将其证明为一种逻辑积分法呢？问题是简单的，但答案却是不清楚的（参看［Попов 1960, 79］，连帕·谢·波波夫也不清楚）。答案在于对必然真理和事实真理的区分，并且相应的是，两种分析方法在莱布尼茨那里首先带有了方法论的性质：莱布尼茨区分了逻辑学与形而上学，并且在他的本体论中有两类实体："逻辑实体"和"事实实体"。

哪种理智能够实现对事实真理的分析？也就是说为了人类理智而进行无穷的分析？莱布尼茨认为，只有神的理智，上帝可以。

除了分析之外，在必然（逻辑的、数学的）真理与事实真理之间无疑也有区别。前者包含必然性（与其相对的是可能性）。后者带有可能性以及存在的现实性，并因此成为事实（但与其相对的是其他世界中可能的世界，莱布尼茨认为，这个世界是可能世界中最好的那个世界）［参看下面Ⅵ, 3］。

我们看到，所有来源于莱布尼茨本体论的这些区别与两种分析方法本身的区别一样，归根结底是"逻辑学"与"形而上学"的区别。

正如由于上述内容所应该期待的那样，罗素以完全不同的、对立的方式看待这个问题。在与自己的观点的完全对应中（我们前面已经提到过这个特点），罗素断言："正是莱布尼茨的逻辑学著作确定了他的形而上学（而无论如何不是相反），尤其是在研究主体与谓词关系的结果中，他得出了其没有空隙的单子"（参看法语译本：［Russel 1908, Ⅳ]；帕·谢·波波夫很清楚地看出了罗素的这个进程［Попов 1960, 67]）。

因此，我们得出结论：唯实论（如果没有其他附带说明，与其一道的还有唯实的概念论）与唯名论的区别，不仅在于承认"实体"以及对其予以否认，而且也在于唯实论中区分了"逻辑学"与"形而上学"（或"本体论"），而"逻辑学"和"形而上学"

之间的关系在这里是和谐的。相反,在唯名论中,"逻辑学"与"形而上学"之间存在脱节。"本体论"是从"逻辑学"中抽取的(试比较"是—意味着相关变量的意义"等主题。)谈到形而上学,它在此被假设为任何形式,常常是"被假设的",或者只是被否定的。(在这个方面突出的是"更小范围"的研究者罗素的主题,艾耶尔摘自他1936年《语言、真理和逻辑》这部著作的目录:"第1节.形而上学的消元法:哲学的目的及方法是什么? 抛开了形而上学关于哲学为我们提供了超验现实意义的论题。康德也在这个意义上抛开了形而上学,但同时他指责形而上学者忽略了人类认识的界限,我们指责他们不遵从支配语言理性使用的规则"[Ayer 1980,37]。艾耶尔的论题似乎与美国新唯实论者关于"形而上学解放"的论题相对立,参看前面第1节。)

在现代语言哲学和哲学逻辑学中,我们所触及的问题很少是直接进行研究的问题,例外情况只是出现在关于这个领域知识的根据,即关于元逻辑的语境中。但不要以为这些问题完全不存在了,它们以转化了的形式出现在现代哲学逻辑学中。

应该预先指出的是,现代哲学逻辑学的世界本质上是不同语义理论的世界,其特点是涉及整个科学领域特点的整个"束",这些科学领域从以往的时期(如结构主义时期)中区分出了现代性和20世纪的终点。在捷米扬科夫的著作[Демьянков 1995]中对这些特点进行了很好的分析。(但我们要强调的是,在这部著作中,实际上说的不是关于理论的问题,而是关于理论的交叉、相互影响、相互对立等所依据的特点以及主要论题,比如,存在"解释性的演算";"结构性";"功能主义";"语言表达不是现象,而是活动",等等。所以,这些理论的分配及其"独特"的图式其实多半含混不清。)

我们在此感兴趣的不是现代时期的普遍特征,而是存在于这个时期的语义理论的分类。为此我们使用了Э·萨里宁非常优秀的总结性著作[Сааринен 1986]。萨里宁指出,理论的差别在于两个主要的参数:1)在这个理论中语言现象将其用作主要事实的理论,2)理论本身被理解为"语义"理论。第一个问题与"本体论"有着非常紧密的联系,例如,作为主要单位之一而被列入本体论的"'事件'是足够清楚的实体吗?"[同上,123页]。遵循该作者的研究,我们将语义理论分为主要的两类。

一类:1)理论模型语义学(《蒙塔古语法》;巴瓦斯和佩里的《情境语义学》;辛提卡的一系列作品,等等);2)理论游戏语义学(辛提卡、萨里宁、皮考克,等等);3)认知语义学(达米特、卡斯塔尼达等)。我们正是将这类语义学者归入这个总的流派之中,也即我们所理解的唯实论。

二类:1)贝克和哈克的标准(结构主义的)语义学;2)概念角色语义学(哈曼、费奥多尔,等等);3)程序语义学(菲力普·约翰逊-莱尔德,等等);4)意向语义学

(格赖斯,希费尔,等等)。在我们看来,这类理论是唯名论路线的延续。

当达米特和戴维森这样的哲学家("语言哲学家"!)将自己称为"反唯实论者"时,那么所说的多半是关于这些术语的某些"专门的美洲"用法:"唯实论者"是这样一些哲学家,他们承认本体论客体不依赖于存在,或者不存在对其描写的有效逻辑程序(这也是世纪之初美国新唯实论者的主要论题,参看前面第 1 节);"反唯实论者"是不承认这种不存在相应有效逻辑的本体论哲学家。事实上这里当然存在"唯实论"与"唯名论"的对立,但似乎不是在主要路线上的对立,而是在次要路线上的对立,正如我们前面已经谈过的关于"形而上学"与"逻辑学"的关系。在这些区别中又增加了语义理解本身的分歧—"什么是语义学"。

在第一类理论中,语言与其模式之间的抽象指称关系、真值条件是主要部分;其中的关键术语是"世界"(辛提卡的"可能世界",戴维森的"真实世界"等);语义学在此被理解为自然语言表达(和/或其模式)与世界客体之间的关系。

在第二类理论中,意识(或是"个人主义的",或是交际中"特殊的")的认知结构是主要部分;"心理的概念结构"是关键项;语义学被理解为自然语言表达与意识的心理结构之间的关系。

从"一类"代表人物的观点出发,两类语义学家、两种传统的对立被很清楚地表达出来:"因此,我们得到了这样的论断:词汇单位的内涵是思维的本质,并非由语言载体的心理属性确定。对于在逻辑传统轨道上进行研究的哲学家而言,如蒙塔古或托马森,类似的结论在任何程度上都没有疑问。要知道在这种传统中,语义学始终被看作是关于语言表达与这些表达所表示的语言外客体之间关系的学科,而不是关于语言表达与构成语言载体的语言能力并在意识中发挥作用的规则及认识之间关系的学科"[Холл Парти 1983,296];"内涵本身⋯⋯是像数一样的、能够不依赖于人而存在的抽象客体;但是确定其某个内涵是某个自然语言中某个词汇单位的内涵,这应该取决于与该自然语言相关的现象和事实,从而应该取决于人的属性—该语言的载体"([同上],详见前面第 4 节)。

必须承认的是,在对所有这些具体论断进行明确叙述时(作为惯例,美国学派的代表人物成功地做到了),唯实论与唯名论之间的总体关系还远不清楚。当然,这个普遍问题本身并未被提出,它也不是这个学派的"兴趣中心",但它却被更为特殊的"唯实论"与"唯名论"的对立所困扰:"唯实论者"实际上是以其理论上的主要观点为根据的唯实论者,是更为特殊地理解(比如)"什么是语义学"为根据的唯名论者(即"反唯实论者")(参看第五章,第 1 节)。其实,可能完全不应该直接将"唯名论"与"反唯实论"进行对比,它们属于不同的传统和不同的术语系统。

可以想象的是,关于具体语义研究与"语言哲学"关系的更为恰当的问题,为近来俄罗斯语言学流派(新唯实论学说)中的年轻代表人物所解决;佩列韦尔泽夫的著作[Переверзев 1996]可以作为例证。

现在回到芬兰作者的文章上。该文章最后做出这样的结论:"按照惯例,现代语义学中的争论起源于错误的假设,似乎现存的语义学理论互相匹配,因此可以互相比较。但是,正如我们在前面试图证明的那样,只在很少的情况下是这样的";"问题出现了:是否无法在不可比较的语义理论范围内采取与现代抽象逻辑学精神和方向类似的步骤。换言之:是否无法在更加抽象的层面上研究语义理论—在不是定位于绝对真理的层面,而是定位于该理论与准确确定的(变形的)语义属性集合之间的关系(并在"语义属性"下理解与意义有关的任何属性)"[Сааринен 1986,136]。

所以,毫无疑问的是,应该在更加抽象的层面将现代语义理论(哲学逻辑学及语言哲学的核心)看作可以允许的变体……是什么的变体?某个更加普遍的"元理论"?是的。但却是某个更为"重要的"。俄罗斯新唯实论的代表人物之一彼得罗夫的论题回答了"它是什么"这个问题:"逻辑学中的现代'多元论'事态证明的不是不存在唯一的、通用的逻辑,而仅仅证明研究者使用的只是通用逻辑没有连接为一个整体的、单独的、分散的片段"[Петров, Переверзев 1993,22]。[该著作的作者所支持的"唯实论"及其理论应该归入上述"一类",关于这一点下列完全正确的论断称:"我们认为,必要的不是所有可以想象得到和无法想象得到的内在状态的直接形式化的代表(主体—作者注),而是这些状态以及整个精神主体'内在世界'的逻辑模式。这个模式可能是总的语法逻辑模式最重要的组成部分,对于自然语言而言,是不同类别的'内涵'、'非外延'、'认知'以及其他难以被形式化的语境,如同计算形式化的基础(同上,12页)"。]

在前不久出版的斯米尔诺娃的著作[Смирнова 1996]中,再次出现了一系列问题。在这个研究哲学原理的著作中,最重要的是真值问题和物体性问题。至少在这些问题的普遍理解中,明确地形似于新唯实论。作者称[第 13 页]:"这一系列问题在传统上与共相的哲学问题、柏拉图唯实论、唯名论以及概念论的竞争相关。被采用的逻辑系统所要求的本体论假设问题总体上出现了,关于逻辑规律及形式本身的信息量问题也出现了";"逻辑学是理论科学,而不是经验科学,不仅仅依赖所认识的具体内容。在认识过程中,我们不仅与经验资料及'经验'客体发生联系,而且与人的抽象认识活动的结果、与所研究的观念客体产生联系。逻辑学及其采用的推理方法对此'有所反应',在这个层面上,逻辑学取决于认识的内容、认识活动所采取的前提"[第 14 页];"真值概念是逻辑语义学的核心和主要概念。问题的实质在于逻辑学与真值概念的特殊关系。……可以建立形式化结论的不同系统。但是,无论推论所允许的方法的结构是怎样的,在逻辑学中都向其提出了必然的要求:应该再现逻辑推演关系"[第 9 页]。

在承认支持逻辑论断的实体(在刚刚提到过的最后一种情况下,这个实体是作为某个"客观的"不变式的"逻辑推演关系")的前提下,并且在承认比单独的"逻辑系统"及"它的本体论"更加普遍的认识活动的前提下,也形成了新唯实论整个现代逻辑—哲学系统的总体根据。

现在涉及到了一个前面没有研究过的问题:关于认识主体的问题。(正如下面将要看到的,后者在整个现代语言哲学中几乎发挥了主要的作用;它也出现在现代美国学派中,作为在解决语义问题时关于"观察者"的问题。)我们回到上述两类语义理论上来。在第一类理论中,包括有关在某个语义情境中发挥作用的"经验"主体材料的经验材料得到了概括(模拟)。在另一类理论中,关于"认识论主体"的概念得到了概括(模拟),尽管在其中的许多情况下后者并非如此直接地被命名。但我们首先要"有凭有据地"证明这种区分在实际中是存在的,而且从那些接近于新唯实论的观点出发,也认为这种区分是重要的。因此,彼得罗夫和佩列韦尔泽夫[1993,12]写道:"在研究意向句与具有普通主体—谓词结构的句子之间的区别时,所说的是关于句子之间的思维区别,而不是在某个情境中所使用这些句子的具体精神主体的内在状态之间的区别。弄清楚这个区别未必有助于象征性结构、直接代表'大脑的实际物质结构'的建立。而且论题本身是毫无疑义的,在对自然语言的语用方面进行形式化时,需要以某种方式考虑精神主体—语言使用者的内在状态。问题仅仅在于,这是以怎样具体的方式进行的。我们认为,必要的不是所有可以想象的以及不可想象的内在状态直接形式化的代表,而是这些状态以及整个精神主体'内在世界'的逻辑模式"。

在佩列韦尔泽夫新近的著作[Переверзев 1995,6]中,已经直接引入了"逻辑唯实论"的术语,并从作为"现实客体"的有关"观念"、"形"、"共相"等问题开始对其予以定义。

在这个路线上展开论断之后,我们使用了"认识论主体"的概念。佩列韦尔泽夫建立了元逻辑,即在上述著作中提出的系统,由此引出的主体就是认识论主体。对于我们而言,在俄罗斯的新唯实论框架下,该问题转向了这个潮流的"第二个组成部分":所谓的"新教父哲学的综合"。

二、作为俄罗斯新唯实论第二组成部分的"新教父哲学的综合"。

为了平稳地转到这个不寻常的主体,我们使用了在我们的论断中自然出现的情况:就是在视野内出现了"认识论主体"这个概念。而且我们也只是沿着这条路线继续讨论,以便后来进行某些概括。

需要预先指出"新教父哲学的综合"这个术语本身以及谢·谢·霍鲁日所提出的这个概念[Хоружий 1994;Хоружий 1995]。

提到"认识论主体"这个概念,我们在此叙述的这个概念的经过史,即它作为新唯实论"组成部分"的最近的历史,其依据就是泽尼科夫斯基的《基督哲学基础》这部著作[Зеньковский 1992]。作者一开始就指出了"认识论主体"这个概念的悠久历史,并从康德以"经验主体"和"先验主体"区分基础上的"经验主体"与"理智主体"的区分开始。接下来泽尼科夫斯基仔细研究了费希特以及最终胡塞尔"认识论主体"概念的情况。我们发现,胡塞尔的思想也与某些现代"哲学家和逻辑学家"的观点紧密结合,其中包括前面提到的彼得罗夫,等等。(参看后者著作中的《后记》[Гуссерль 1994,106])。

后来泽尼科夫斯基揭示了"认识论主体"的主要特征,将它在所有个体(＝经验的)意识中的统一作为"人类的整体存在"。泽尼科夫斯基在此也将哲学逻辑思想与"基督哲学"思想结合起来(在他新的理解中)。他写道:"弄清楚这个'整体存在'思想,使用了与三位一体神学的类比。人类的'整体存在'没有否定个体意识的事实、人类的多重实在。每个个体意识都具有其独特性、'独立性'的某种基础——这是实在性的起点,是非派生的、无法引出的,在形而上学中应该承认它是稳定的、坚不可摧的、万古流芳的。但是实在这个概念不应该被绝对化:要知道形而上学的多元论是完全不能接受的,其中的任何统一都已经无法实现。应该在人类统一与实在起点的现实关系中理解理智统一的根源,实在的起点在其多重实在的存在之外是无法想象的,正如在人类的共同实体(全人类)之外相反的实在也是无法想象的一样。

但清楚的是,将这一共同实体实在化是不正确的,也是没有必要的,它只是实在的实体"[第47页]。"实在本身不是理智的'主体'……,全人类的统一实体也不是理智的主体(如C.特鲁别茨科伊的理论以及E.特鲁别茨科伊的变体理论的错误就在于此)。人类统一实体及其多重实在的经验存在的稳固联系是理智的主体"[第48页]。

泽尼科夫斯基关于这部分的结论直接包含在我们的理解之中,也即在现代哲学逻辑之中:"我们在应该寻找理智'主体'、认识主体的地方找到了'位置',在人类的多重实在的统一实体概念中,为我们提供了解决这一问题的关键,为什么认识总是包含在经验的意识之中(即不存在于意识之外),并且为什么在源于自身经验意识的一系列方面,这种认识是超越个体的,是不可引出的"[同上]。

因为,这种超出了"认识论主体"概念的语言哲学以及哲学逻辑学与三位一体的神学概念联系在一起,我们实现了向第二来源以及新唯实论第三组成部分的转折,我们首先将其作为"东方基督教的教父哲学,作为多重实在的综合,作为新唯实论的组成部分"。

根据维尔纳茨基的正确观点,每一代研究者都重新书写其学科的历史。在这种情况下也是如此。我们不应该泛泛地在某种长期的历史理解中谈论东方基督教的教父哲学,而只是应该从那个属于"我们这一代"的具体时刻开始,尽管这个"我们这一代"应该被广义理解。我们倾向于将弗洛罗夫斯基的《俄罗斯神学之路》这部著作(巴黎,1937年,再版:维尔纽斯:维尔纽斯东正教教区管理局,1991[Флоровский 1991],下面的页码根据的是这个版本)视为这个起点的历史被重新书写的时刻。顺便说一下,现代俄罗斯哲学内的不同路线以及弗洛罗夫斯基所勾勒的路线之一,很快就产生了这种情况,我们也将其看作是新唯实论的来源。

在迈恩多夫《道路》一书的《序言》中,这些路线得到了很清楚的叙述:"弗洛罗夫斯基在撰写其著作时,受到鼓舞的心理动机是对所谓的'索非亚学'所有类型的否定,尤其是在其主要代表人物的著作中,如索洛维约夫、布尔加科夫和弗洛连斯基。他认为,俄罗斯的'索非亚学'是德国唯心主义的变体,是独特的诺斯替教,并且总体上是为表达基督教义对哲学的非法使用。弗洛罗夫斯基似乎也开始研究圣父,这正是因为'索非亚学'试图将其思想描述为传统的思想,而将其对哲学的使用描述为圣父的神圣例子。对于弗洛罗夫斯基而言,没有马上开始与自己长期的(以及尊敬的)同行布尔加科夫发表公开的争论,从事教父哲学的主要目的在于找到世俗哲学与神学之间相互关系的可靠答案"[上述著作的《序言》,第3页]。

泽尼科夫斯基也在这条路线上做出论断。在为其"基督哲学"的宏伟意图提供根据之后,他批判性地评价了西方天主教以及新教的宗教—哲学思想经验。在这两者中,他找到了哲学与神学尖锐的、不合法的分离。埃·吉尔森认为,对于天主教哲学的卓越代表,"与'基督教物理学'或'基督教数学'相比,'基督教哲学'这种表达不再具有意义"。根据新教理论家梅尔的观点,大体上类似于:"哲学只是对神的启示的理喻,那么它就是教义,需要放弃哲学的方法与结构,或者它是人类创造的产物,那么它的所有主张就只是建筑在理性的自然之光的基础之上"(与信仰真理相对的经院哲学家的说法,试比较笛卡尔最喜欢的表达:"Recherches de la vérité par la lumière naturelle"—"用自然理性之光寻找真理")。泽尼科夫斯基写道:"与研究西方基督教两个分支的观点不同,我们维护的是基督教哲学的思想,因为我们坚决反对那种信仰与知识的扩展,这与证明基督教意识的无能一样在西方出现得相当晚,而在东方则永远不会出现。基督教自古以来就是逻各斯宗教……我们发现,使徒保罗属于当时最有学问的人,也即恰好充满了阿奎那所引诱的那些'自然理性'真理而使徒保罗则呼吁对其进行'理智更新'。早期的基督教也正是因此才以那个对认识力量的扩展为支撑,这种扩展在有关'理智更新'的这些表达中得到说明,它从一开始就踏上了沿袭基督教意识所能够接受的异教之路。这与基督教术语(这些术语,如 logos[逻各斯]、pneuma[普纽玛,希腊语"精神"—作者注])、某些弥撒的资料有关,甚至与阐明教义的问题(某些柏拉图主义的原则)有关。沿袭之路也是基督教的思想之路。如果与基督教原理一致的话,这种以神的启示、教会的理智为支撑的思想本身接受了基督教之外所产生的一切"[Зеньковский 1992,17]。

除了刚才提到的弗洛罗夫斯基以及泽尼科夫斯基的作品外,属于这条路线来源的还有这些著作:洛谢夫的《名称哲学》,莫斯科,1927 年(在 1923 年撰写);布尔加科夫的《名称哲学》,巴黎,1953 年,以及与这些著作相关的这些作者的其他著作。

正如我们已经说过的,很难在"来源"与"组成部分"之间划出明显的分界线,前者平稳地转变为了后者。

首先,对表达教父哲学本质的"名称"所进行的现代研究是直接的组成部分。所以,除了前面列举的术语("逻各斯"、"普纽玛")之外,泽尼科夫斯基后来在其著作中还研究了其他一些概念,如带有其存在本质类型的"真"、"美"、"善"、"神圣"[Зеньковский 1992,第二卷,第 2 部分,第 1 章]。这些概念对于我们来说很重要,或许可以称为"本体论"名称——"存在成分",而这正是我们在《俄罗斯文化词典(概念集)》[Степанов 1997]中所研究的一部分概念(我们将在下面第 3 节中谈到"类或属,存在")。在沿着这条路线的其他具体研究中,我们提出最为重要的人物和著作:Е. М. 维列夏金的《基里尔和梅福季兄弟及其拥护者翻译技巧的进一步研究》(斯拉夫学家第九次国际代表大会上的报告,基辅,1983 年;莫斯科,1982 年小册子,胶印机),等等;尤尔琴科的一系列文章,他的带有"关于实体"、"关于实在"、"关于人物"等注解的古俄语译文以及其他(《语言学问题》杂志 1988 年第 2 期),他的文章《实在》——《哲学家,百科知识词典》(莫斯科,苏联百科知识全书,1983 年);季阿科恩的《哲学与地质学初探》(莫斯科,1991 年),尤其是《根据(亚里士多德)范畴理论的"实体"范畴问题》、《历史的笛卡尔对传说的笛卡尔:笛卡尔哲学中的"实体"概念问题》、《"物质"哲学范畴问题》、《关于现代东正教神学发展的某些方面的问题》,等等;卡姆恰特诺夫《关于人物与形象这两个词的象征性解释及语义演化》——《古俄语文献诠释学》第 5 集(莫斯科,世界文学及古罗斯研究者出版局,1992 年)。他的《语言诠释学》使用的是古俄语手稿材料(莫斯科,普罗米修斯,1995 年)。

在提到这种方法的理论时,作为我们所研究的潮流的组成部分,可以研究新教父哲学的综合(如前所述,该名称由谢·谢·霍鲁日提出的),也可以研究在弗洛罗夫斯基的作品中提出的神学及文化哲学思想流派。在霍鲁日的定义中,其总任务如下:"对于基督教文化而言,生命力的条件及良好发展的唯一道路是始终恢复与神父宗教遗产的创造性联系,这是必须的。这种思想提出了与著名的文化哲学论题相对立的及争论性的修改,据此古希腊哲学是哲学思想永恒的、独一无二的起源,并与其保持积极的联系,坚持一贯的必要性"[Хоружий 1995,366](同上目录)。

最近一段时期,沿着这个路线进行的研究和创造性工作宣布取得成功的标志是出版了合作著作《协作·东正教禁欲主义者与神秘主义者问题·霍鲁日主编的科学文集》(М.: Ди-Дик,1995)。该文集包括霍鲁日创作的《拜占庭神秘主义思潮人类学分析词典》,其中的术语及概念解释秉承了俄罗斯新唯实论主要轨道上的新教父哲学精神,成为语言概念分析的范例(而这也是现代语言哲学总的任务之一)。名称学以及与其紧密联系的语言哲学首先以本世纪上半叶"强大的三架马车"为代表:弗洛连斯基、布尔加科夫和洛谢夫。在与新唯实论的关系中,洛谢夫思想提出了特殊的问题,该问题非常重要,但尚未被研究。我们指出的是能够为这种比较提供基础的著作:Л. А. 戈戈季施维里的一系列文章:《绝对神话》—《俄罗斯哲学》(《百科知识小词典》,莫斯科,1995 年)、《洛谢夫的作者理论》(《原理》,1994 年第 2—4 期);《20 世纪末的语言与科学》(斯捷潘诺夫主编,莫斯科,РГГУ,1995 年),В. А. 波斯托瓦洛夫的《完整知识的理想世界中的语言科学》,以及《洛谢夫的绝对神话》(《原理》专刊第 2 辑,1994 年第 2 期)。

我们在此仅限于让读者去关注所有提到的著作。

三、在《创作者——解释者(评论家、理论家、艺术历史学家)》上共同研究作为新唯实论第三组成部分的艺术及艺术理论(美学)。

陀思妥耶夫斯基在关于其作为作者的预言式中所讲的话,可以作为本部分的卷首题词:"我不是心理学家,我是最高意义上的现实主义者"。的确,如果人的"心理"是在艺术作品中通常(并正确地)被理解的现实主义对象,那么这就不是陀思妥耶夫斯基作品中的对象。他的对象是主要操纵人类行为的、最高的、"观察不到的"直接现实。

(一个睿智的戏剧导演告诉我,如果上演"现实主义"戏剧,"根据斯坦尼斯拉夫斯基系统"适合使用"基础物质活动—任务"的舞台调度手段,那么就不能如此上演陀思妥耶夫斯基的戏剧:无论在舞台调度的物质世界中如何分配人物,哪怕"适得其反",其排列次序也无法显示出舞台调度的本质。)

作为来源以及新唯实论的组成部分,这个第三成分没有专名。而且,赋予其名称的工作其实非常困难。在这个第三部分中,既没有单独地说到"艺术",也没有说到"艺术理论"。这里将"艺术"作为对存在深层基础的表达以及对存在的理解,或者至少是作为感觉。"艺术理论"、"艺术历史"以及"评论"(作为"历史的最后部分")无法在其传统意义上进行理解。这里所说的是,"评论家"("艺术历史学家"、"理论家")通过自身与已经创作的(创作者)艺术作品的关系来表达自己以及自己对存在的理解,这是表达的某种"第二性"形式。但这里所说的是否是关于"第一性"表达(创作者)或"第二性"表达(评论家),在这两种情况下都应该将其看作是一个序列上的现象。正是在这个性质上,它们也是新唯实论的"来源"和"组成部分"。

用"虚线"勾画出的历史的一些点。

В. В. 贝奇科夫在一系列研究中提出了时间上最新的综合法(我们暂时将这个主题的特有经验放在一边),首先表现在他的博士学位论文《教父哲学的美学思想》(1981年)中,已经完全确定地将这条路线与我们所指出的"第二部分"(见上文)联系了起来。就像在《俄罗斯哲学家》词典中所称的那样(莫斯科,书与商业,1995年,第99页),贝奇科夫"从1970年开始从事爱国主义文化学、美学、20世纪俄罗斯宗教美学领域的研究。在这些研究的基础上,贝奇科夫在科学的循环中引入了'东正教美学'(东正教教区的文化美学)的概念,并研究了从斐洛到弗洛连斯基以及布尔加科夫的'东正教美学'历史(及经过史)。他认为美学历史的这条路线很特殊,与西欧美学的道路及原则不同。贝奇科夫认为其原则上非反射的、非推论的性质是东正教美学最重要的特点之一。……根据20世纪的文化,认为传统推论—分析的研究方法在此是不够的,贝奇科夫仔细制定了哲学—诗学—沉思体抒情诗深入到现代艺术文化的自然现象和自然事实的特殊方法;其结果固定在了口头的后等值的形式之中—后现代主义美学的特殊风格。贝奇科夫在从事研究时依据的是这样的前提:现代艺术—美学研究的精神与形式都应该与所分析的现象一致"(同上:贝奇科夫的目录)。

在我们当作来源的这条路线的其他著作中,我们提到了:特鲁别茨科伊的《关于俄罗斯圣像的三篇随笔》、《关于色彩的思考》、《古俄罗斯圣像画术的两个世界》、《在其圣像中的俄罗斯》(概述1915—1918年)(新西伯利亚,西伯利亚与20世纪,1991年)(也有其他版本);乌斯宾斯基的《东正教的圣像神学》(在西欧教会辖区和莫斯科宗主教辖区出版,1989年)、《圣像的意义》(1982年[1952年撰写]);贝奇科夫的《俄罗斯圣像的精神—美学基础》(莫斯科,Ладомир,1995年)。

正如我们下面将要看到的那样,这些思想与被我们归为新唯实论总量中的其他作者的思想非常接近。但是,"东正教美学"这个名称当然不能应用于所有这种思想的体系之中。

类似的心理过程也发生在现代法国文化之中。像乔治·巴塔耶、莫里斯·布朗肖,尤其是罗兰·巴特这些法国文学家们,理解了法国文化的"化身"("思维的变化"),为了自己的思想也制造出了新的形式和新的类型。因此,巴特在符号学的背景下描写了"文化的破坏",表达了其用"话语"代替"作品"的著名原则,"并在一系列特殊的作品中为这种难以确定的创作活动提供了范例,它尽管也保留了某种语句的个体性质、文学传统保护、日志作品元素的特征,但总体上却远远超出其范围,他绝不会与科学融合,也不会与小说文学融合。"[Зенкин 1995,798]。

但是,现在我们回溯到历史的深处(正如我们已经说过的,只勾勒出了"虚"

线)。

达·芬奇可能是我们所感兴趣的新时期的第一位画家—理论家,尽管如 B. H. 拉扎列夫准确表达的那样,瓦萨里已经"清楚地意识到文艺复兴式的科学技术与艺术之间的有机联系"。达·芬奇写道:"科学是塑造理论[理性]的第二创作,画作是塑造想象力的第二创作"。在引用了他的这些话之后,拉扎列夫继续说道:"在两种情况下,达·芬奇都强调了科学和绘画的创造性。但他也同样突出强调,只有不离开自然,不离开真实的现实(应该在这个意义上理解'第二创作'),科学和绘画才有价值,才有助于认识现实以及理解建立在其基础之上的规律"(列昂纳多·达·芬奇,莫斯科,俄罗斯科学院,1952 年,第 98 页)。与前面一样,在这个历史的点上,我们感兴趣的是关键概念:"认识"。但是,现在我们将另一些关键术语与其结合:"实体"和"事物"(我们正是从此开始整个概述)。达·芬奇将其在术语"cosa mentale(想象的、心理的事物)"下相结合。第三个与其相关的概念是"存在"。我们可以让感兴趣的读者参考我们的文章《符号学世界中语言理论及艺术理论的共性》(俄罗斯科学院出版,文学与语言文集,第 34 卷,1,1975 年),或者《俄罗斯文化词典》(莫斯科,《俄罗斯文化语言》学派,1997 年)中的文章《是,存在(在世界、艺术、语言中)》。

第六章 相互作用的唯实论与唯名论
——语言哲学与道德（关于道德规定的形式）

0. 序言

为了解释本节的主题，我们再次需要回到前面（第五章）已经引入的概念："可供选择的世界"以及语言的"语篇"。在第一个术语中，理解的对象是心理的、想象的世界，在个别情况下对于某个其他世界而言是可供选择的世界。对于某个其他世界以及所有其他世界而言，每个世界都可供选择。不存在"不可提供选择的世界"。

我正是将语篇定义为"可供选择世界的语言"。根据国家或一般种族的语言，应该将每个语篇理解为上一个语言的"子语言"，但是由于其不体面的修辞面貌，我们不打算使用这个同义词。

每个可供选择的世界中都存在其独特的角色：具有其特殊性质的"实体"及"事物"；在每个世界中都只能够发生其本质上的"行为"，只能够在其中产生可能的"事件"。如果这些实体中诸如"实体"、"事物"、"行为"、"事件"也为其他世界所固有，那么所谈论的就只是关于实体类别的交点，并至少总是能够找到只是一个世界本质所固有的实体。"人"这个实体存在于任何可供选择的世界之中，当然也存在于现实世界之中。正因为如此，这注定是唯实论者与唯名论者不进行争辩而相互作用的那个范围。正如我们下面（尽管使用的是有限的材料）所希望表明的那样，在伦理上的相互作用卓有成效。尽管唯实论者与唯名论者对"人"的定义不同，对于后者而言，"人"在某种意义上完全不是"实体"，而对于前者（在任何情况下这都毫无疑义）而言是本体论的客体，只是对其所进行的"参数化"有所不同。

我们与曾经著名的、但现在沉寂的文学研究家、哲学家 A. A. 费多罗维伊一起思考过人的定义。（他当时正在创作《托马斯·曼：杰作频出的时代》[Федоровый 1981]）我们在17世纪的文体中推敲出下列定义（也可能是从某个作者那里借用了它的形式，我不记得了）："什么是实体—人？这个实体一生都在攒钱，与妻子争吵，戴着睡帽睡觉……突然，在一个阳光明媚的日子，他走出了家门，看到疾驰的马车将要轧到一个在街上玩耍的小姑娘,他急忙冲到车轮下救出了孩子!这就是人!"。但是我们决定,我们的定义确定的不是一个人,而是属于不同世界的两个不同的人(尽管是在一个物质世界中体验的)。

的确,我们每天都穿梭在人群之中,可实际上是穿梭在不同的人群之中(复数形式);我们与几十个人肘部相触,但他们之中只有一些人属于我们的世界……

很自然的是,在每个可供选择的世界中都形成了道德准则以及伦理规定,并且特别依赖于其语言,即语篇。在语篇的内部,对其依赖的是逻辑—语言学基础,也即重要的和特殊的判断类型。我们在此研究 4 个带有其道德规定的这一世界:1) 圣经的世界,2) 我们当下的日常生活世界,3) 带有特殊哲学选择条件的康德的哲学世界,4) 莱布尼茨的世界。

1. 圣经世界中道德规定的逻辑—语言形式

在这一世界中,让我们感兴趣的重要实体是"人"与"神";人与神是对立的,但他们也是直接相互交际的。"十诫"是神对世界上的人直接呼吁的主要道德规定,首先是对摩西,并通过他转向所有其他的男人。撰写道德规定以语言行为的形式说出(这种语言形式当然不依赖于圣经语言,它成为现代理论语言学及语言哲学的主要研究对象之一,对它所进行的研究也使得人们发现了一系列重要的语言学规律)。是否不应该想起哪怕是这些戒条中的一部分(《出埃及记》第 20 章):"13. 不能杀人;14. 不能通奸;15. 不能偷窃;16. 不能对你亲近的人说谎;17. 不要贪图你亲近之人的房子;不要贪恋你亲近之人的妻子……"等等。

正面规定和反面规定、禁止是包括"十诫"在内的圣经语篇的非常重要的特点,以两种不同的语言形式被说出,而且这个特点在《圣经》所有欧洲语言的译本中都存在。最后的规定,也即禁止,分为两大类:a) 禁止从事某些行为,预防措施以及 b) 要求终止、停止已经开始或至少是打算要做的行为,抑制措施。最后的区别非常重要:正如我们现在所说的,为其强调了未曾预料到的、考虑欠周的、本能的行为(a)与预先已经"在头脑中"或"在心里"策划好了的行为(b)之间的区别。耶稣在《登山宝训》中说道(《马太福音》,5):"27. 你们听到过已经说过的:'不能通奸';28. 而我告诉你们,任何一个带着情欲看女人的人,已经在自己的心中与她通奸了"。

在不同的现代文明国家的立法中,这个区别非常重要:例如,无意杀人与经过预先考虑过的蓄意杀人相比,评判是不同的。

这种对立的语言基础自古以来就存在于印欧语言之中。因此在拉丁语自古以来抑制(命令终止)已经开始的行为、已经开始的状态、已经经历的情感等等,用的是 ne + fac 公式(也即否定词 nē 和简单命令式)予以表达：ne fle(普拉图斯的《俘虏》,1939)"不要哭"；ne time(普拉图斯的《安菲特律翁》,674)"不要害怕"("停止害怕")，等等。相反，预防或禁止采取甚至打算要做的行为(即在将来)，用的是 ne + feceris 这一公式(也即否定词 nē 和完成时中的假定式)予以表达；这一公式代替了在完成时假定式中带有后缀-s-形式的古老公式：ne faxis。关于拉丁语这个时期的起源与意义有很多争论。致力于这项伟大研究的 Б. Б. 霍多尔科夫斯卡娅认为，这种情况下禁止的实质"在于说明在其实现之前的行为"[Ходорковская 1986,9]。

在这个方面我们也应该记得，包括古拉丁语在内的印欧语中的现在时，也即我们所说过的属于现实世界的命令式与将来时的，也即属于某种其他可能世界的命令式，总体上是不同的(这是带有 и.-e. -tō 的形式)。

施密特总结了类似事实并指出，在印欧语以及卡尔特维尔语中，表示该意义的命令式建立在动词简单过去完成时基础之上；按照惯例，预防要求完成时基础，而抑制则要求未完成时基础[Schmidt 1969]。

大概是在圣经语言的影响下，现代印欧语保留了这些特点。尽管是在变化了的形式中，也即在对立本身中保留了这些特点，其实现的语法形式改变了，有时变为对立的形式。我们来比较俄语中的例子：圣经戒条 Не убивай"不要杀人"，古旧形式(在教会斯拉夫语的影响下)是 Не убий，是预防性的；Не желай жены ближнего твоего"不要贪恋你亲近之人的妻子"；古旧形式(在教会斯拉夫语的影响下)是 Не возжелай жены……，等等。在现行的口语中：Не пугай птиц(不要惊吓鸟类)是预防性的，用的是未完成体动词；Не пугай птичку(在这个时刻"不要惊吓小鸟")是抑制性的，用的也是未完成体动词。但另一方面，Смотри, не спугни птичку(注意，别吓着小鸟)是对最临近的将来的预防，用的是完成体动词；这多半不仅仅是预防，而是预防—警告。

我们也比较一下法语的例子：ne tue la mouche(不要打死这只苍蝇)是简单的禁止命令式；tu ne tueras pas(不要杀人)是圣经戒条中的预防。与希腊语福音书对应的是，比如《马太福音》,5,27)在希腊语原稿中将来是 ου μοιχευσεις，在拉丁语中简单的将来时是 non moechaberis，在古斯拉夫语中完成体将来时是 не прелюбы сотвориши，在现代俄语中未完成体命令式是 не прелюбодействуй。如前所述，根据圣经文本法语译本的规则，在法语中是简单将来时。西班牙语使更加古老的拉丁语的对立完全标准化：简单(肯定的)命令式相对于禁止(在现在时假定式形式中)：hazlo"做(这个)"—no lo hagas"不要做(这个)"。

因此，在圣经系统(语篇)中，神以命令和禁止的形式，也即在不同语言行为的语言形式中，对人进行的呼吁是确定的。这些形式自然不可能出现在神不可能对人进行直接呼吁的、表达其他伦理系统的语篇之中。圣经语篇是以不同语言的伦理形式来表达的,也即语言与语言是不同的。Не убивай 与 Не убий 的变体在俄语中就是这样,Ne tue pas 与 Tu ne tueras pas 在法语中也是这样。

伦理戒条的表达可以非直接,也即与所描写的语言行为相比,在其他形式中予以表达。例如,可以用 Ты не должен убивать(你不应该杀戮)或 Человек не должен убивать(人不应该杀戮),或 Убивать—это грех(杀戮—这是罪过)来代替 Не убий(不要杀戮)。但是,最后一种形式自然不能出现在不知道"罪过"这个概念的语篇中。

因此,正如我们从本节所看到的那样,语篇之间的区别在于涉及伦理原则的表达,可以贯穿于语言的不同层面;要么处于词汇层面(例如,无法在没有"罪过"这个概念以及相应词汇的语言中表达"杀戮是罪过"这个原则),要么处于某个更加深入的层面(例如,不同类型禁止的区别,与完成时以及未完成时动词词干的区别相关)。正如我们下面将要看到的,在康德和莱布尼茨伦理学的范围内,区别也可能属于深入的层面"属于某个语篇的逻辑—语言学基础"。

但我们首先仍然研究一些表层的、与日常语篇相关的、有特点的区别。

在圣经之后,为了进行比较,我们致力于或者也可以说沉浸于我们现实的日常普通世界的研究。其主要区别一下子就呈现在眼前:在这世界中一切都是含混的,没有定义任何一个参数,也没有清楚直接地予以命名:没有"立法者"("谁规定的?"),没有"规定的受话人"("向谁发出呼吁?"),甚至常常没有实现或禁止所必需的活动与行为。我们想起了市郊火车车厢中的标语"请保持车厢内的整洁",或者莫斯科地铁里的标语"乘客请按站台排队"。有时禁止的表达非常具体和坚决:"禁止践踏草坪!"、"禁止吹口哨"、"禁止吸烟",等等。通常这些一般的禁止和规定是用表格或带有标注的牌子在最简单的物质形式中进行宣告的,由于物质情境本身的原因,这些标语的呼吁对象是进入该空间的一小部分人。但是,在这种情况下仍然有另一方面的模糊:不清楚究竟谁是提出禁止的人,另外,他是否具有这一权力。在这些情境中,似乎将一切置于黑暗中的是良好的说话态度:"我们这里不能吸烟"。

在略微发生变化的"十诫"表达中,已经发现了不确定性的加剧。正如我们前面已经看到的,在教会斯拉夫文体中,是以完成体动词的形式对其进行表达的,也即表达对将来的预防、禁止:Не убий(不要杀戮),Не возжелай жены ближнего твоего(不要贪恋你亲近之人的妻子),等等。在现代俄语中,它们则是由未完成体动词来表达的,即在表达的同时也是对将来和现在的预防、抑制、禁止:Не убивай "不要杀戮";Не желай жены ближнего своего "不要贪恋你亲近之人的妻子",等等。

但是,对于日常伦理世界而言,也表现出其他特点:社会生活直接依赖的最基础的伦理标准通常没有在任何允许的形式中予以直接表达。当然,很难想象的是,某个地方悬挂着"严禁堕胎"的牌子,或者在写有"不要将泔水桶放在邻居窗下"的纸条旁边贴上了"不要与隔壁女人通奸"的纸条。但问题是,在现代俄罗斯社会中完全找不到被明确说出来的类似戒条。在古代俄罗斯,在任何教义问答手册中,都能够找到"十诫",在学校里也学习"十诫"。但是现在,在准备本文时,我既没有在一个出版物里也没有在整个的出版物中发现类似的戒条。

除了起源于现代俄罗斯生活(在此我们不打算研究这些东西)的特殊原因之外,对此的解释存在于独特的俄罗斯传统之中。人权历史学家 B. 涅恰耶夫早在上世纪 90 年代就写到:"在历史发展及现代状态中,在罗马与新西欧的对立中,俄罗斯公民权利表现出的特点是公民权利关系形式的不确定性,尤其是个体权利以及义务的不完整性,对于独立的个体而言,这些权利及义务与存在于其中的某种关系相关(就像法律学家所称的主体权利与义务)。这与俄罗斯公民社会的法律结构及其政权与权力生活中所表现的已经确定的和现在确定的形式之间的关系直接相关"[俄罗斯法律,1991,529—530]。俄罗斯生活的特点始终是独立公民对国家基本法律(还有被定义的道德准则)的不了解。"我们的立法……主要由最高指示及命令构成,仅仅告知了所管辖的部门,而对于居民来说实际上几乎是不容许的。"[Гессен 19911-1915, стлб. 158]

"如果不是如此糟糕的话,这一切或许是可笑的"……可笑的,其实是可笑的。在现在的很多"跳蚤市场"上,我们可以看到(当然是在牌子上):"禁止无照经营"。

总之,如果试图在伦理领域确定日常语篇自身的总的特点,那么需要这样说:隐藏规定或命令的来源。如果所说的是关于日常生活更加美丽的面貌,那么阿赫马托娃关于彼得堡夏园世界的说法是适宜的,而这也是特殊的世界。

2. 康德的"范畴命令"

(反对莱布尼茨的"道德必然性")

相反,康德的伦理世界由不同的环境所控制——完全明确的环境。而且说实话,康德主要致力于确定绝对道德规定的完全明确性——"范畴命令"。

康德的世界分为两个范围和现实,一个是带有其现实、物质活动以及每个人都作为"外在的人"的行为的日常现实,充满大量不同的伦理命令——"假定命令"。另外一个是无法直接观察到的、去除了起作用的、并且是在"内在的人"心理上起作用的物质细节的高级现实,每个人都作为"内在的人";其中起控制作用的是一个命令——"范畴命令"。

有关术语的简短插叙 康德的系统没有适用于人的"内在"和"外在"术语,康德将其内容分配到与"现象的人"(作为现象的人——homo phaenomenon)相对立的"本体的人"(作为本体的人——homo noumenon)以及与经验知识相对立的、先验的、经验之外认识条件下的"先验的人"这些术语之间;尤其是康德早期与"内在论"对立的"超验的"这些术语与这些意义部分地相关。既然我们要将康德的系统与其他系统进行比较,我们就需要某些不属于康德系统本身的术语;我们就将"内在的"和"外在的"(关于人)用做这些术语。它们在很久以前就在法国的哲学语言中以与"extérieur, externe"相对立的"intérieur, interne"形式得以确立。因此,利特雷的《法语词典》规定"L'homme intérieur, l'homme spirituel, la partie de l'homme qui appartient à la spiritualité. L'homme charnel, la partie qui appartient à la chair et aux sens"[Littré 1958, s. v. Homme]——"内在的人、精神的人是人身上属于精神方面的那个部分。肉体的人是人身上属于肉体与情感的那个部分"。"intérieur"与"interne"这两个术语之间的区别在法国哲学语言中的解释也是不同的;因此,《拉郎德词典》将它们两个在一个方面的意义上定义为同义词,即"一切的存在只是由于被提供在意识中,或者是属于意识的"[Lalande 1972, 330]。"内在的人"这个概念具有悠久的历史。它似乎首先出现在普罗提诺在哲学语境中的"内在雕像"概念中。使徒保罗多次使用了它:(柯林斯词典 2, 4, 16)"所以我们没有气馁,但如果我们外在的人也受到了损害的话,那么我们内在的人将一天天的恢复",用希腊语此处"外在的人"是 ὁ ἔξω ἡμῶν ἄνθρωπος 直义为"在人之外";"内在的人"是 ὁ ἔσω ἡμῶν ä. 直义为"在人内部"。在教父哲学中特别细致和表情符号运用的意义得到了"内在的人"这个概念,其中分离出了不同的概念;例如,叶皮凡尼的"带有心灵(来自'心灵', ψυχικῶ 和物质的 (ὑλικᾶ) 精神 (τοῦ πνευματικοῦ) 混合体,或是人们所说的内在的人 (εἴσω ä) 与第二和第三外在的 (ἐξω ä) 的人的混合 (Epiphanius Constantiensis. Adversus LXXX haereses, 36. 5)"[Lampe 1987, 424]。在术语的同样对立时 (ἐσω 或 εἴσω "内在的", ἐξω "外在的"),概念的内容本身变为了不同的说法;因此"心灵"有时被理解为属于"内在的",有时被理解为属于"外在的";现代研究者也争论关于应该如何在其历史中理解这个概念的内容。在教父哲学中同样还出现了一个术语 ὁ ἔνδον ἄνθρωπος "内在的人",直义为"在人内部";它常常表示"理智"、"智力"(参看[Lampe 1987, 468])。

"命令"这个术语的统一完全不是偶然的情况,它像我们在前面的印欧语例子中所研究的命令式标记,以及在康德的伦理哲学中基本观点的标记一样。对于该种情况,这个统一再次证实了语言哲学的那个观点,即许多哲学概念是由词语的日常使用发展来的,因而词源学是概念分析的基础之一。

康德说:"因为对于意志而言是强制的,所以有关客观原则的概念被称为请求(理智),而请求的说法被称为命令"(《道德形而上学的基本原理》,1785[Кант

1965,25;下面指出的是该版本的页码])。"所有的命令都是在假定或范畴上进行统治的。前者是作为希望(或是可能希望)达到某个其他行为工具的可能行为的实际必然性。范畴命令则是作为无论是什么样的其他目的本身在客观上都是必然的某个行为"[第252页]。范畴命令"涉及的不是行为的内容,也不是应该由它所得出的结论,而是由行为本身所得出的形式和原则,这个行为本质上的优点是坚信结果可能是随便什么样的。可以将这个命令成为道德命令"[第254—255页]。"因此,只存在一个范畴命令,即:只能按照这个准则行事,遵照它时你可以希望它成为普遍的规律"[第260页]。

这种观点与我们前面已经说到的"康德世界"的条件有关。阿斯穆斯(В. Ф. Асмус)在自己的文章《康德伦理学》(包括在上述出版物中的文章)中很好地(提纲挈领地)揭示了这个联系:"互相矛盾的两种观点(自由论题和必然性的反论题)可能都为真,但是在不同的关系中。作为属于感性上可以接受世界的、总是在感性上受到限制的那个行为,即机械上必须的行为,同时也属于有效实体的因果关系,因为它属于'智慧所理解的'世界,可能具有感性上不受限制的因果关系的基础,从而可以理解为自由的"[Асмус 1965,35—36]。

现在我们来研究关于范畴命令的语言形式问题。当然在此我们在"语言形式"下应该理解的已经不是某个民族语言(德语或俄语)语句的形式,而是它的深层理由——逻辑—语言形式。在这种情况下它是先验的综合判断。

必须插叙一下有关术语的相关情况。现代语言哲学中"综合的"与"分析的"具有两种理解——莱布尼茨的理解和康德的理解。其实,占优势的(并且本质上是正确的)只有第二种;而且作为应用于莱布尼茨系统的"综合"术语在某种意义上是完全没有法律依据的,关于这一点我们将在下面谈到(第3节)。康德认为,如果它的谓词已经包含在了主体中(谓词的概念或特征包含在了主体概念中),那么判断就是分析的,而判断只能在分解的形式中分析性地提供这种关系。如果它将某个不包含在其中的、带有逻辑必然性的特征附加在了主体概念上,那么判断就是综合的。例如,"一切物体都是可延展的"这个判断是分析的,因为延展性特征包含在了"物体"这个概念中。"宇宙是不断扩展的"这个判断是综合的,因为"不断扩展"这个特征没有在逻辑上预先包含在"宇宙"这个概念中。

自然语言,如俄语在自己最基本形式中提供了大量某种类型的例子。因此,存在可以被称为(其实,我们在自己的一系列作品中就是这么命名的)"过渡分析"的动词,因为那个可以被想到、并实际上有时加入自然言语中的客体已经提前包含在了这个行为的概念中:例如,играть(игру,роль,пьесу 等),"играть = производить игру;исполнять роль,пьесу(玩=进行游戏;扮演角色,表演戏剧)"。也有另外一些可以被称为(我们也这样命名它们了)"过渡综合"的动词,因为可以在它们中进行表达的客体没有提前包含在这个行为的概念中,而它总是从外部被增加,在语句成分中与行为符号"综合的":例如,варить(мясо, картошку, краску等)。在"分析"动词中客体概念可以从行为概念中抽象出来:"歌曲"就是"被演唱的",唱歌详见下文[Степанов 1977]。

在综合判断中表达的是经验活动,也即康德认为的根据经验的认识。但是康德区分出了一类特殊的判断——先验的综合判断,它们一方面是综合的,而另一方面是先验的;在这些判断中提供了"纯形式"的空间和时间概念,也就是康德所认为的"认识的先验形式"。"范畴命令"是先验综合判断类型内的特殊亚类。康德本人这样定义这种形式:范畴命令是"先验的综合—实践观点"[Кант 1965,259]。康德所指的是在这种形式中一方面与自由意志的先验命令相联系,另一方面与实际理智的准则相联系。自然因为此,很难,多半无法想象这种形式的内涵解释,尤其是用例子来说明它。有关这个问题我们在前面已经用康德的原话部分地进行了说明,但是还有阿斯穆斯极为优秀的阐述:"道德法则,就如康德所理解的那样完全是形式的。他没有说出也无法说出命令应该遵循怎样的内涵原则。康德似乎觉得,所有试图将道德法则用作根据其内涵被规定了道德行为某个定义的法则,这与道德法则的基础是不相容的:与其绝对普遍性、与其完全不依赖于任何经验情况和条件、与其自律,也即对于任何需求的不依赖性。⋯⋯所有道德法则及其相应责任的自然原则是'意志的自律',是对于法律的任何'物质'的不依赖性,也即不取决于希望得到的事物,同时是将自由选择定义为一个只是普遍的立法形式。⋯⋯康德认为,关于道德意志'自律'概念的缺失导致了在他之前所采取的论证伦理学所有尝试的失败"[Асмус 1965,14—15]。

在这个结论上阿斯穆斯似乎赞同康德的观点,并认为它是康德的功劳。但这一点恰恰是我们不能赞同的。如果在这个方面确实可以将康德的伦理系统视为是与之前的系统,包括与我们特别感兴趣的莱布尼茨的系统相比前进了一步的话,那么同时这也是从欧洲伦理思想发展的某个干线上偏离的一步。

谢·布尔加科夫直接将对立的论题作为自己论文相应章节的开始:"当然,东正教是不了解提供了优势领域以及基督教特有精神恩赐的自律伦理学的。对于东正教而言,伦理学是宗教的,它是宗教节制的拯救灵魂的方法"(他的作品《东正教》中的《东正教中的伦理学》一章[Булгаков 1991,324])。

我们的概述将是非常简短的。康德的伦理学是建立在他的自由意志自律基础之上的,而后者以"范畴命令"的形式予以表达;这种形式是先验的综合判断(也就是康德认为的那种类型和形式的判断,以及使可能数学成为科学,使形而上学成为科学的那些判断)。但是我们现在知道,"综合"及"分析的"概念只能在某个语言的语义系统框架中理解(在 Е. Д. 斯米尔诺娃著名的经典作品[Смирнова 1962]中提出并证明了这个观点)。因此,康德的伦理学以某个语言的语义系统、语篇作为根据,存在于其中的先验综合判断是它的主要特点。谈到"范畴命令"的来源,那么似乎可以这么说:这个来源是人本身的、"内在的人"的理智以及自由意志,而且这个来源是自律的。在伦理学中康德是基督教(和唯名论)的哲学家。

3. 莱布尼茨的"道德必然性"

在莱布尼茨的语篇中,严格说来总体上是没有综合判断的。但是现代研究者讨论了(在某种意义上,并且只在某种意义上是正确的)有关根据莱布尼茨的观点对综合及分析判断的区分,也即仍然区分出了"莱布尼茨所认为的综合判断"。

如果简要叙述的话,莱布尼茨的语篇由两类真理组成——必然真理和事实真理。必然真理是不能与它相反的真理,例如:"三角形的三个内角之和等于两个直角"(相反的是,"三角形的三个内角之和不等于两个直角")。事实真理是可能与其相反的真理,例如:"亚历山大·马克东斯基战胜了达里"(相反的是,"亚历山大·马克东斯基没有战胜达里",这本身在原则上没有什么不可能的,尽管实际上实现的是第一种情况)。必然真理总是在分析判断中表达的,也就是说原则上它们的谓词是提前包含在主体中的(谓词概念包含在了主体概念中)。总之,不论是莱布尼茨还是康德所理解的分析判断都是相同的。

而事实真理的情况则不同。莱布尼茨认为,由于世界本身的构造,它们也表达了必然真理,但是在另外意义上的"必然":世界是这样被建立的,两个可能事件中(每个都是由事实判断来表达的)仍然只有一个能够得以实现,因为在某种关系中总有一个是"更好的"(我们没有忘记莱布尼茨的论题"这个世界是所有可能世界中最好的世界")。事实真理具有自己的根据——充足理由律。(同时必然真理是以矛盾律为基础的。)因此,事实真理也是分析的,也就是说本质上是由分析判断来表达的:要知道它们的谓词也包含在它们的主体中,尽管它们是建立在另外的基础之上,与其发生在必然真理以及表达它们的分析判断中是不同的。这也是"莱布尼茨所认为的综合判断"。

但如果是这样的话,那么表达事实真理的分析判断(即这种理解中的"综合判断")也能够得到现实的分解、分析,就像原则上的分析判断(表达必然真理的)一样。莱布尼茨认为,情况正是这样的。

但是在这个问题上莱布尼茨作为逻辑—哲学系统创立者的所有伟大是实际的,也就是在这两种情况下人所能够达到的分析是不同的。第一种情况中,即在必然真理与表达它们的分析判断中的分析总是可以彻底进行的(并且谓词与主体的同一关系也被反映了出来)。在第二种情况中只能由全知的主体,即神来进行彻底的分析;而在对世界自己理解中的实体——人来说,他是受到局限的,他所进行的分析只能达到某种程度,这是通往无穷的分析,这就是为什么对于人而言,第二类判断被认为是"综合的"。

莱布尼茨通过与自己微分演算("无穷小"概念)的数学发现相比较找到了两类分析之间的折衷,从而找到了两类判断之间的结合点,说实在的,这两个发现是一个分析原则的同一个发现。"当我更加集中精神,不让它在困难的迷雾中徘徊时,我的头脑中出现了真理与比例的独特比较,这个比较放出了耀眼的光芒,一切都以令人惊奇的方式被解释清楚了。就像在所有的比例中,比较小的数包含在大一点的数或相等的数中,在所有的真理中谓词都存在于主体之中。……在真理分析时一个项的位置上总是代入了与它意义相同的项,这就如谓词总是分解为包含在主体中的那些部分一样。但是就像在比例中一样,分析在某个时候就全部结束了,并达到了通过自己的重复就能够完全确定比例的两个项的普遍程度,而有时分析可能趋向无穷,就像在对有理数及虚数或者对正方形的边与对角线进行比较时常常出现的情况,与此类似的是真理有时常常是可以证明的,也就是说是必然的,而有时则是任意(liberae)或偶然的,使用任何分析都无法达到同一,即普遍的程度"(《论自由》[Лейбниц 1982,316])。因此,"莱布尼茨所认为的综合判断"也是分析判断,只不过它带有通向无穷的分析。

在某种意义上莱布尼茨伦理学中也包含了这种逻辑观点。换言之,我们可以这样表达:与莱布尼茨伦理世界相对应的语篇是建立在下列逻辑—语言学基础之上的:没有真正的综合判断(并且没有先验的综合判断),所有判断都是分析的;但其中的一些是允许终极分析的——它们是必然真理的表达;其他的只能是通往无穷的分析——它们是"事实真理"或偶然真理的表达;前者依据的是矛盾律,后者依据的是充足理由律;道德公理是要求无限分析的必然真理的表达,也就是说它们是以充足理由律为基础的。

现在我们来更加详细地研究这些观点。莱布尼茨写到:"因此,理性真理常常有两类;其中一类被称为完全必然的永恒真理,因为与它相对立的观点本身就包含着矛盾;这些真理是逻辑学的、形而上学的或者是几何学的,它们的必然性是这样的:无法在不陷入谬论的情况下对它们进行否定。还存在着另一种真理,可以将它们称为实证真理,因为它们的本质是神赋予自然的规律,或者说它们依赖于这些规律。我们了解它们,或者是通过经验,即 a posteriori,或者通过理智和 a priori,即来自促使选择它们的一致理解。这种一致也具有自己的规则和自己的原因;但正是神的自由选择,而不是几何上的必然性决定其相互关联并使它存在。因此可以说,物质的必然性是建立在道德必然性基础之上的,也即建立在选择配得上它智慧的绝顶聪明的实体之上,并且需要将这种以及那种必然性从几何学必然性中区分出来。这种物理必然性为自然提供了秩序,它由运动规律以及在创造事物时神愿意赐予它们的某些其他的普遍规律组成。但可以肯定的是,神建立这些规律不是没有原因的,因为他没有任意地、偶然地、纯粹漠然地选择任何东西。而且这些使他选择这些规律的善良与秩序的普遍根据可以在某些情况下由于最高秩序的某些重要原因而被他取消"(《神正论》,[章节]《初论信念与理性的协调》[Лейбниц 1984,76])。

可以用莱布尼茨的一个更加特殊的论断来阐明这个观点——关于恶的本性的论断。在此再次区分了必然真理,或几何学必然性。恶的基础正是如此。物质和精神真理,或精神的必然性,其中也包括人本性中的恶,最终事实真理或偶性,这都是恶的现象本身,也就是对恶的可能性的实现。"……在生物极其不好的或好的行为中,任何完美和完全正面的现实都直接依赖于神,但它们行为的不完美在于困苦,并来自生物所固有的局限性;它们本质上甚至在纯可能性状态中,即在永恒真理领域内,或者在呈现在神的理性面前的思想中具有这种局限性;因为不受限制的不是生物,而是神。生物被称为是有限的,因为它的大小、力量、知识以及它所有的其他优点都是有边界或界限的。因此,恶的基础是必然的,尽管恶的起源是偶然的,即为了使恶成为可能是必须的,而恶成为现实是偶然的。但由于事物的协调,自身适合于最好秩序(世界—作者注)的偶性从可能性转变为了现实性,这种偶性也构成了该秩序的一部分"(《在与它的其他美德和所有行为相一致的公正性基础上来证明神》[Лейбниц 1984,480]。)

由此得出了我们所说的莱布尼茨所认为的"实际道德"的要求:需要这样寻找行为的充分理由,就像它们由于世界本身的结构而出现在"事实真理"领域一样,就像神将它们塑造成的那样。也可以用另外的说法:人应该根据自己的能力努力去认识"充分的理由",也就是以有限的形式走上神在创造生物界时所走的道路。

看来,В. В. 索科洛夫(В. В. Соколов)在自己为莱布尼茨《神正论》所写的序中很好地表达了这个思想:"人的自由活动是它作为特别重要实体的活动(我们前面比较了'内在的人'这个概念—作者注),是在顾及了所有必然性的复杂结构时它仍然保留的样子。道德必然性的最重要方面之一是有自我完善根据的人类主体的活动,是他个人对'更好'的渴望"[Соколов 1984,45]。

如果对于现代语言哲学的强烈意向有助于达到哪怕是莱布尼茨的这个目的,那么本书的任务就已经完成了。

参 考 文 献

Антология мировой философии. М., 1969, т. 1 (ч. 1, 2).

Апресян Ю. Д. Экспериментальное исследование семантики русского глагола. М., 1967.

Аристотель. Категории. С приложением «Введения» Порфирия к «Категориям» Аристотеля. М., 1939.

Аристотель. Соч.: В 4-х т. М., 1976, т. 1; 1978, т. 2; 1981, т. 3.

Арутюнова Н. Д. Сокровенная связка (К проблеме предикативного отношения). — Изв. АН СССР, сер. лит. и яз., 1980, т. 39, № 4.

Арутюнова Н. Д. Лингвистические проблемы референции. Вступит. статья. — В кн.: Новое в зарубежной лингвистике. М., 1982, вып. 13.

Асмус В. Ф. Античная философия, 2-е изд., доп. М., 1976.

Балашов Н. И. Рембо и связь двух веков поэзии. — В кн.: Артюр Рембо. Стихи. Сер. «Лит. памятники». М., 1982.

Балашов Н. И. Примечания. — В кн.: Артюр Рембо. Стихи. Сер. «Лит. памятники». М., 1982а.

Барт Р. Лингвистика текста/Пер. с франц. — В кн.: Новое в зарубежной лингвистике. М., 1978, вып. 8.

Барт Р. Нулевая степень письма. — В кн.: Семиотика. Составл. Ю. С. Степанова. М.: Радуга, 1983.

Белый А. Поэзия слова. Пушкин. Тютчев. Баратынский. Вяч. Иванов. А. Блок. Пб., 1922 (см. также в кн.: Семиотика. М., 1983).

Бенвенист Э. Общая лингвистика / Пер. с франц. М., 1974.

Блок А. Собор. соч.: В 8 - ми т. М.; Л., 1960—1963.

Богомолов А. С. Английская буржуазная философия XX века. М., 1973.

Бокадорова Н. Ю. «Общая грамматика» XVIII века и современное общее языкознание. — Изв. АН СССР, сер. лит. и яз., 1982, т. 41, № 2.

Борн М. Состояние идей в физике. — В кн.: Борн М. Физика в жизни моего поколения. М., 1963.

Брехт Б. Театр. М., 1965, т. 5(2).

Брутян Г. А. Трансформационная логика. Ереван, 1983.

Брюсов В. Полн. собр. соч. и переводов. СПб., 1913, т. 21.

Булгаков С. прот. Философия имени. Р.: YMCA—Press [1953], переизд. М.: «КаИР», 1997.

Булыгина Т. В. Синхронное описание и внеэмпирические критерии его оценки. —В кн.: Гипотеза в современной лингвистике. М., 1980.

Булыгина Т. В. О границах и содержании прагматики. —Изв. АН СССР, сер. лит. и яз., 1981, т. 40, № 4.

Булыгина Т. В., Шмелев А. Д. Диалогические функции некоторых типов вопросительных предложений. —Изв. АН СССР, сер. лит. и яз., 1982, т. 41, № 4.

Верещагин Е. М., Костомаров В. Г. К развитию концепции слова как вместилища знаний. —В кн.: Язык и речь как объекты копмлексного филологического исследования. Межвузовский тематический сборник. Калинин, 1980.

Вико Дж. Основания Новой науки об общей природе наций. Пер. с ит. М. —Киев: REFL-book. ИСА, 1994.

Виноградов В. В. О теории художественной речи. М., 1971.

Витгенштейн Л. Логико-философский трактат/Пер. с нем. М., 1958.

Владиславлев М. И. Логика, 2-е изд. М., 1881.

Войшвилло Е. К. Понятие. М., 1967.

Волошинов В. Н. Марксизм и философия языка: Основные проблемы социологического метода в науке о языке. Л., 1929.

Вомперский В. П. Стилистическая теория А. Х. Белобоцкого. —В кн.: Лингвистические аспекты исследования литературно-художественных текстов. Калинин, 1979.

Гегель. Соч. Л., 1932, т. 9; 1959, т. 4.

Гей Н. К. Многоголосие жизни и художественный метод М. Горького. —Изв. АН СССР, сер. лит. и яз., 1977, т. 36, № 5.

Гипотеза в современной лингвистике. М., 1980.

Горский Д. П. Вопросы абсьракции и образования понятий. М., 1961.

Грамматика общая и рациональная Пор-Рояля. Пер. с фр., коммент. и послесл. Н. Ю. Бокадоровой. Общая ред. и вступ. ст. Ю. С. Степанов. М.: Прогресс, 1990.

Григорьев В. П. Грамматика идиостиля: В. Хлебников. М., 1983.

Грязнов А. Ф. Философия Шотландской школы. М., 1979.

Гуссерль Э. Философия как строгая наука. —В кн.: Логос. М., 1911, кн. 1.

Гухман М. М. Лингвистическая теория Л. Вейсгербера. —В кн.: Вопросы теории языка в современной зарубежной лингвистике. М., 1961.

Дегутис А. Проблема интенциональности в аналитической философии. —В кн.: Проблемы сознания в современной буржуазной философии. Вильнюс, 1983.

Декарт. Соч./Пер. Н. Н. Сретенского. Казань, 1914, т. 1.

Демьянков В. З. Предикаты и концепция семантической интерпретации. —Изв. АН СССР, сер. лит. и яз., 1980, т. 39, № 4.

Демьянков В. З. Англо-русские термины по прикладной лингвистике и автоматической переработке текста, вып. 1. Порождающая грамматика. М., 1979; вып. 2. Методы анализа текста. М. , 1982 (Тетради новых терминов, №23, 39).

Джохадзе Д. В. Алексей Федорович Лосев: Краткий очерк жизни и деятельности. —В кн. : А. Ф. Лосеву к 90-летию со дня рождения. Тбилиси, 1983.

Джохадзе Д. В. Стяжкин Н. И. Введение в историю западноевропейской средневековой философии. Тбилиси, 1981.

Долгополов Л. К. В поисках самого себя (К 100-летию со дня рождения Андрея Белого). — Изв. АН СССР, сер. лит. и яз. , 1980, т. 39, № 6.

Доннеллан К. С. Референция и определенные дескрипции/Пер. с англ. —В кн. : Новое в зарубежной лингвистике. М. , 1982, вып. 13.

Дуганов Р. В. Краткое «искусство поэзии» Хлебникова. —Изв. АН СССР, сер. лит. и яз. , 1974, т. 33, № 5.

Дуганов Р. В. Проблема эпического в эстетике и поэтике Хлебникова. —Изв. АН СССР, сер. лит. и яз. , 1976, т. 35, № 5.

Ельмслев Л. Пролегомены к теории языка/Пер. с англ. —В кн. : Новое в лингвистике. М. , 1960, вып. 1.

Ермилова Е. В. Поэзия «теургов» и принцип «верности вещам». —В кн. : Литературно-эстетические концепции в России конца XIX - начала XX веков. М. , 1975.

Жоль К. К. Сравнительный анализ индийского логико-философского наследия. Киев, 1981.

Инголлс Д. -Г. -Х. Введение в индийскую логику навья-ньяя/Пер. с англ. М. , 1975.

[*Иоанн Дамаскин*] Диалектика Св. Иоанна Дамаскина/[Пер. с греч.] М. , 1862.

Исаев С. А. К вопросу о «косвенной» форме изложения в произведениях Серена Кьеркегора. —В кн. : Человек, сознание, мировоззрение: (Из истории зарубежной философии). М. , 1979.

Кант И. Соч. : В 6-ти т. М. , 1963, т. 1; 1964, т. 2; 1964а, т. 3; 1965, т. 4(1, 2); 1966, т. 5; 1966а, т. 6.

Каракулаков В. В. К вопросу о соотнесенности частей речи стоиков с их логическими категориями. —Studii clasice [Bucureşti], 1964а, VI.

Караулов Ю. Н. Лингвистическое конструирование и тезаурус литературного языка. М. , 1981.

Карельский А. В. Утопии Роберта Музиля. —В кн. : Musil R. Ausgewählte Prosa. Moskau, 1980.

Карнап Р. Значение и необходимость. Исследование по семантике и модальной логике/Пер. с англ. М. , 1959.

[*Карпов В. Н.*] Систематическое изложение логики. Соч. проф. В. Н. Карпова. 1856.

Карри Х. Б. Основания математической логики/Пер. с англ. М. , 1969.

Козлова М. С. Философия и язык. М. , 1972.

Колшанский Г. В. Соотношение субъективных и объективных факторов в языке. М. , 1975.

Кондаков Н. И. Логический словарь. М. , 1971.

Кубрякова Е. С. Динамическое представление синхронной системы языка. —В кн. : Гипотеза в современной лингвистике. М. , 1980.

Кубрякова Е. С. Типы языковых значений: Семантика производного слова. М., 1981.

Кузнецов С. Н. Основы интерлингвистики. М., 1983.

Кун Т. Структура научных революций/Пер. с англ. 2-е изд. М., 1977.

Лахути Д. Диспозициональный предикат. —В кн.: Философская энциклопедия. М., 1962, т. 2.

Лейбниц Г. В. Соч.: В 4-х т. М., 1982, т. 1; 1983, т. 2.

Ленин В. И. Еще одно уничтожение социализма. —Полн. собр. соч., т. 25.

Ленин В. И. Конспект книги Гегеля «Лекции по истории философии». —Полн. собр. соч., т. 29.

Ленин В. И. Конспект книги Гегеля «Наука логики». —Полн. собр. соч., т. 29.

Лепахин В. В. К вопросу о теме«двойничества» в древнерусской литературе. —Acta Universitatis Szegediensis de Attila József nominate. Suppl. Dissertationes Slavicae… История, язык и искусство восточных славян в XI - XIII вв., Szeged, 1981.

Литературные манифесты. От символизма к Октябрю. Сб. Материалов. М., 1929.

Литлвуд Дж. Математическая смесь/Пер. с англ. 4-е изд. М., 1978.

Лихачев Д. С. Черты первобытного примитивизма воровской речи. —В кн.: Язык и мышление. М.; Л., 1935, вып. 3—4.

Лихачев Д. С. О теме этой книги. —В кн.: Виноградов В. В. О теории художественной речи. М., 1971.

Лихачев Д. С. Панченко А. М. «Смеховой мир» Древней Руси. М., 1976.

Лобачевский Н. И. Три сочинения по геометрии. М., 1956.

Лосев А. Ф. Античный космос и современная наука. М., 1927.

Лосев А. Ф. Философия имени. М., 1927а.

Лосев А. Ф. Очерки античного символизма и мифологии. М., 1930.

Лосев А. Ф. Проблема символа и реалистическое искусство. М., 1976.

Лосев А. Ф. Учение о словесной предметности (лектон) в языкознании античных стоиков. —В кн.: Лосев А. Ф. Знак. Символ. Миф. М., 1982.

Лосский В. Н. Очерк мистического богословия Восточной церкви. Догматическое богословие. М.: Центр «СЭИ», 1991.

Лукасевич Я. Аристотелевская силлогистика с точки зрения современной формальной логики/ Пер. с англ. М., 1959.

Льюис К. И. Виды значения/Пер. с англ. —В кн.: Семиотика. М., 1983.

Майоров Г. Г. Формирование средневековой философии: Латинская патристика. М., 1979.

Маковельский А. О. История логики. М., 1967.

Малявина Л. А. Грамматика испанского гуманиста Ф. Санчеса как этап в развитии взглядов на язык. - Изв. АН СССР, сер. лит. и яз., 1982, т. 41, № 2.

Марков А. А. Теория алгорифмов. —Труды математического ин-та им. В. А. Стеклова АН СССР, 1951, т. 38.

Маркс К. Капитал, т. 1. —Маркс К., Энгельс Ф. Соч. 2-е изд., т. 23.

Маркс К. Энгельс Ф. Святое семейство. —Соч. 2-е изд., т. 2.

Мах Э. Философское и естественнонаучное мышление [1-я глава из кн.: 《Познание и заблуждение]/Пер. с нем. —В кн.: Новые идеи в философии. Сб. первый. СПб. 1912.

Мелетинский Е. М. Палеоазиатский мифологический эпос. М., 1979.

Мельвиль Ю. К. Прагматизм. —В кн.: Философская энциклопедия. М., 1967, т. 4.

Микеладзе З. Н. Примечания. —В кн.: Аристотель. Собр. соч. М., 1978, т. 2.

Михайловский Н. К. Вико и его《Новая наука》. — Собр. соч. СПб., 1909, т. 3.

Монтегю Р. Прагматика и интенсиональная логика/Пер. с англ. —В кн.: Семантика модальных и интенсиональных логик. М., 1981.

Монтегю Р. Прагматика. —В кн.: Семантика модальных и интенсиональных логик. М., 1981а.

Моррис Ч. Основания общей теории знаков. —В кн.: Семиотика. М., 1983.

Мотрошилова Н. В. Феноменология. —В кн.: Современная буржуазная философия/Под ред. А. С. Богомолова, Ю. К. Мельвиля, И. С. Нарского. М., 1978.

Мудрагей В. И. Концепция《унифицированной науки》в логическом позитивизме. —В кн.: Позитивизм и наука, М., 1975.

Мясников А. С. У истоков《формальной школы》. —В кн.: Литературно-эстетические концепции в России конца XIX — начала XX веков. М., 1975.

Найссер У. Познание и реальность: Смысл и принципы когнитивной психологии/Пер. с англ. М., 1981.

Николай Кузанский. Соч.: В 2-х т. М., 1979, т. 1; 1980, т. 2.

Новиков Л. А. Семантика русского языка. М., 1982.

Новое в лингвистике. М., 1960, вып. 1; 1962, вып. 2.

Новый энциклопедический словарь/Брокгауз и Ефрон, т. 24.

Панфилов В. З. Гносеологические аспекты филосо́фиских проблем языкознания. М., 1982.

Перельмутер И. А. Греческие мыслители V в. до н. э. Платон. Аристотель. Философские школы эпохи эллинизма. —В кн.: История лингвистических учений. Древний мир. Л., 1980.

Пирс Ч. С. Из работы《Элементы логики. Grammatica speculativa》. —В кн.: Семиотика. М., 1983.

Платон. Соч.: В 3-х т. М., 1968, т. 1; 1970, т. 2; 1971, т. 3(1); 1972, т. 3(2).

Попов П. С. Рец. На кн.: Patzig G. Die aristotelische Sillogistik. Göttingen, 1959. —Вопр. Философии, 1961, № 3.

[*Порфирий*] Введение к《Категориям》финикийца Порфирия, ученика ликополитанца Плотина. —В кн.: Аристотель. Категории. М., 1939.

Постовалова В. И. Язык как деятельность: Опыт интерпретации концепции В. Гумбольдта. М., 1982.

Потебня А. А. Из записок по теории словесности. Харьков, 1905.

Примочкина Н. Н. Блок и проблема «механизации» культуры. —Изв. АН СССР, сер. лит. и яз., 1978, т. 37, № 2.

Пушкин А. С. Полное собрание сочинений. М.: Изд-во АН СССР, 1949, т. XI.

Радченко О. А. Язык как миросозидание. Лингвофилософская концепция неогумбольдтианства. Т. 1, 2. М.: Метатекст, 1997.

Рамишвили Г. В. Вопросы энеогетической теории языка. Тбилиси, 1978 (на груз. яз.; резюме на рус. яз.).

[*Рассел*] *Рэссель Б.* Проблемы философии/Пер. с англ. СПб., 1914.

Рассел Б. Человеческое познание: Его сфера и границы/Пер. с англ. М., 1957.

Рассел Б. История западной философии/Сокращ. пер. с англ. М., 1959.

Рембо А. Стихи. М.: Наука, 1982.

Руднев Вадим. Морфология реальности. Исследование по «философии текста». М.: Гнозис, 1996.

Рубенко Д. И. Имя в парадигмах философии языка. Харьков: Основа, 1990.

Садовский Г. Разработана ли в марксизме категория сущности? —Коммунист 1983, № 7.

Садовский В. Н., Смирнов В. А. Я. Хинтикка и развитие логико-эпистемологических исследований во второй половине XX в. [Вступит. статья] —В кн.: Хинтикка Я. Логико-эпистемологические исследования. М., 1980.

Семантика модальных и интенсиональных логик/Пер. с англ.; Сост. В. А. Смирнов. М., 1981.

Семантические типы предикатов. М., 1982.

Семиотика/Сб. переводов с англ., франц., исп. яз.; Сост. Ю. С. Степанов. М., 1983.

Серебренников Б. А. Номинация и проблема выбора. —В кн.: Языковая номинация: Общие вопросы. М., 1977.

Серебренников Б. А. О материалистическом подходе к явлениям языка М.: Наука, 1983.

Сидров А. И. Архимандрит Киприан Керн и традиция православного изучения поздневизантийского исихазма. —В кн.: Киприан (Керн), архим. Антропология св. Григория Паламы. М.: Паломник, 1996.

Слюсарева Н. А. Экзистенциализм М. Мерло-Понти и проблемы языка. —В кн.: Сб. науч. Трудов МГПИИЯ им. М. Тореза. М., 1975, вып. 91.

Ситрнова Е. Д. К проблеме аналитического и синтетического. —В кн.: Философские вопросы современной формальной логики. М., 1962.

Современная буржуазная философия/Под. Ред. А. С. Богомолова, Ю. К. Мельвиля, И. С. Нарского. М., 1978.

Соколов В. В. Николай Кузанский. —В кн.: История диалектики XIV—XVIII вв. М., 1974.

Соколов В. В. Средневековая философия. М., 1979.

Соколов В., Стяжкин Н. Оккам. —В кн.: Философская энциклопедия. М., 1967, т. 4.

Соссюр Ф. де. Анаграммы (Фрагменты). —В кн. : Соссюр Ф. де. Труды по языкознанию/Пер. с франц. М. , 1977.

Спасский А. История догматических движений в эпоху Вселенских соборов (в связи с философскими учениями того времени). Тринитарный вопрос (История учений о св. Троице). Изд. второе. Сергиев Посад 1914 (имеется репринт: М. : Новая книга, 1995).

Спиноза Б. Избр. Произведения. М. , 1957, т. 1, 2.

Спиркин А. Видимость. —В кн. : Философская энциклопедия. М. , 1960, т. 1.

Степанов Г. В. Заметки об образном строе лирики Пушкина. —Atti dei convegni Lincei. 38. Colloquio italo-sovietico/ Puškin poeta e la sua arte. Roma. Acad. Nazionale Lincei, 1978.

Степанов Г. В. Федерико Гарсия Лорка. —В кн. : Lorca F. García. Prosa. Poesía. Teatro. Moscú: Progreso, 1979.

Степанов Н. Л. Велимир Хлебников: Жизнь и творчество. М. , 1975.

Степанов Ю. С. О предпосылках лингвистической теории значения. — ВЯ, 1964, № 5.

Степанов Ю. С. Основы языкознания. М. , 1966.

Степанов Ю. С. Семиотика. М. , 1971.

Степанов Ю. С. От имени лица к имени вещи—стержневая линия романской лексики. —В кн. : Общее и романское языкознане. М. , 1972.

Степанов Ю. С. От стиля к мировоззрению. Экзистенциальные идеи у Л. Толстого. —В кн. : Сб. докладов и сообщений лингвистического общества, III. Калинин, 1973, вып. 1.

Степанов Ю. С. Основы общего языкознания. М. , 1975.

Степанов Ю. С. Вид, залог, переходность. —Изв. АН СССР, сер. лит. и яз. , 1977, т. 36, № 2.

Степанов Ю. С. Имена, предикаты, предложения (Семиологическая грамматика). М. , 1981.

Степанов Ю. С. Марсель Пруст, или жестокий закон искусства. —В кн. : Proust M. à l'ombre des jeunes filles en fleurs. M. : Progrès, 1982.

Степанов Ю. С. В мире семиотики. [Вступт. статья] —В кн. : Семиотика. М. , 1983.

Степанов Ю. С. Семантика «цветного сонета» Артюра Рембо. —Изв. АН СССР, сер. лит. и яз. , 1984, т. 43, № 4.

Степанов Ю. С. Пор-Рояль в европейской культуре. —В кн. : Грамматика общая и рациональная Пор-Рояля. Пер. с фр. , коммент. и послесл. Н. Ю. Бокадоровой. Общая ред. и вступит. ст. Ю. С. Степанова. М. : Прогресс, 1990.

Степанова Л. Г. Философия языка Дж. Вико. —Изв. АН СССР, сер. лит. и яз. , 1978, т. 37, № 5.

Столл Р. Множества. Логика. Аксиоматические теории/Пер. с англ. М. , 1968.

Стяжкин Н. И. Формирование математической логики. М. , 1967.

Стяжкин Н. И. Схоластика. —В кн. : Философская энциклопедия. М. , 1970, т. 5.

Стяжкин Н. И. Курантов А. П. Уильям Оккам. М. , 1978.

Тейяр де Шарден П. Феномен человека/Пер. с франц. М. , 1965.

Телия В. Н. Типы языковых значений: Связанное значение слова в языке. М., 1981.

Тиандер К. Кьеркегор. —В кн.: Новый энциклопедический словарь/Брокгауз и Ефрон, т. 23.

Толмачев В. М. Саламандра в огне. О творчестве Вяч. Иванова. —В кн.: Вячеслав Иванов. Родное и Вселенское. М.: Республика, 1994.

Трахтенберг О. В. Очерки по истории западноевропейской средневековой философии. М., 1957.

Трубецкой С. Н. Учение о логосе в его истории, 2-е изд. М., 1906.

Уемов А. И. Вещи, свойства и отношения. М., 1963.

Уемов А. И. Послесловие. —В кн.: Тондл Л. Проблемы семантики/Пер. с. чеш. М., 1975.

Уленбек Х. К. Agens и Patiens в падежной системе индоевропейских языков. —В кн.: Эргативная конструкция предложения; Сост. Е. А. Бокарев. М., 1950.

Уфимцева А. А. Семантика слова. —В кн.: Аспекты семантических исследований. М., 1980.

Федоров А. А. Концепция музыки Рихарда Вагнера у Томаса Манна. —Изв. АН СССР, сер. лит. и яз., 1977, т. 36, № 4.

Федоров А. А. Томас Манн: Время шедевров. М., 1981.

Федоров А. А. Зарубежная литература XIX—XX веков. Эстетика и художественное творчество. М.: Изд. Моск. Унив., 1989.

Философская энциклопедия. М., 1960, т. 1; 1962, т. 2; 1964, т. 3; 1967, т. 4; 1970, т. 5.

Философский энциклопедический словарь. М.: Сов. Энциклопедия, 1983.

Хинтикка Я. Логика-эпистемологические исследования. Сб. избр. статей/Пер. с англ. М., 1980.

[*Хлебников В.*] Собрание произведений Велимира Хлебникова. Л., 1933, т. 5. Стихи, проза, записная книжка, письма, дневники.

Хлебников В. Неизданные произведения. М., 1940.

Холл Парти Б. Грамматика Монтегю, мысленные представления и реальность. —В кн.: Семиотика. М., 1983.

Хомский Н. Язык и мышление/Пер. с англ. [М.:] Изд-во МГУ, 1972.

Хоружий С. С. Аналитический словарь исихастской антропологии. —В кн.: Синергия. Проблемы аскетики и мистики Православия. Науч. сб. под общей ред. С. С. Хоружего. М., 1995.

Храпченко М. Б. Собр. соч. М., 1982, т. 4. Художественное творчество, действительность, человек.

Храпченко М. Б. Язык художественной литературы. — Новый мир, 1983, № 9.

Целищев В. В. Логика существования. Новосибирск, 1976.

Чанышев А. Н. Курс лекций по древней философии. М., 1981.

Черепанова Е. Образ имени. Знание — Сила, 1984. № 6.

Черч А. Введение в математическую логику/Пер. с англ. М., 1960, т. 1.

Чехов М. А. Путь актера. Л., 1928.

Чудаков А. П. В. В. Виноградов и теория художественной речи первой трети XX в. —В кн.: Виноградов В. В. Избр. труды: О языке художественной прозы. М., 1980.

Чуева И. П. Критика идей интуитивизма в России. М. ; Л. , 1963.

Шеллинг Ф. В. И. Система трансцендентального идеализма. Л. , 1936.

Шибутани Т. Социальная психология/Сокр. пер. с англ. М. , 1969.

Шпет Г. Г. Внутренняя форма слова: Вариации на тему В. фон Гумбольдта. М. , 1927.

Энгельс Ф. Анти-Дюринг. — *Маркс К.* , *Энгельс Ф.* Соч. 2-е изд. , т. 20.

Якобсон Р. Поэзия грамматики и грамматика поэзии. —В кн. : Семиотика. М. , 1983.

Яковенко Б. В. Философия Эд. Гуссерля. —В кн. : Новые идеи в философии. Сб. 3-й. СПб. , 1913.

Якушин Б. В. Гипотезы о происхождении языка. М. , 1984.

Якушкина М. Г. Лингвистические идеи энциклопедистов (К понятию 《современный период》 в языкознании), —Изв. АН СССР, сер. лит, и яз. , 1982, т. 41, № 2.

Яновская С. А. Методологические проблемы науки. М. , 1972.

Ayer A. J. Language, truth and logic. [S. I. :] Penguin Books, 1980.

Barthes R. Essais critiques. P. : Du Seuil, 1964.

Baudelaire Ch. Euvres complètes. Bibl. de la Pléiade. P. : Gallimard, 1954.

Bergson H. Essai sur les données immediate de la conscience. P. : Alcan, 1938.

Bergson H. La pensée et le mouvant. Genève, 1946.

Bergson H. Matière et mémoire. P. : P. U. F. , 1954.

Bonitz H. Index Aristotelicus. B. , 1955 (Репрод. Изд. 1870 г.).

Bursill-Hall G. L. Some notes on the grammatical theory of Boethius of Dacia. —In: History of linguistic thought and contemporary linguistics. H. Parret (ed.). N. Y. . 1976.

Carnap R. Logical foundations of the unity of science. —In: International Encyclopedia of Unified Science, vol. 1, N 1. Chicago, 1938.

Carnap R. On some concepts of pragmatics. — Philosophical Studies, 1955, vol. 6. N 6.

Carnap R. The old and the new logic. — In: Logical positivism. A. J. Ayer (ed.). Glencoe (Illin.), 1959.

Carnap R. Introduction to semantics and formalization of logic. Two volumes in one. Cambridge (Mass.), 1959a.

Contemporary perspectives in the philosophy of language. Minneapolis: Univ. of Minnesota Press, 1979.

Coutural L. Opuscules et fragments inédits de Leibniz. Extraits des manuscrits de la Bibliothèque royale de Hanovre. Par. L. Couturat. P. , 1903.

Coutural L. , *Leau L.* Histoire de la langue universelle. P. , 1907.

Davidson D. The logical form of action sentences. —In: The logic of decision and action. N. Rescher (ed.). Pittsburgh: Univ. of Pittsburgh Press, 1967.

Descartes R. Discours de la méthode. Extraits des Méditations métaphysiques P. : Garnier, 1960.

Donnellan K. Speaker's reference, descriptions and anaphora. —In. : Contemporary perspectives in the philosophy of language. P. A. French et al. (eds). Minneapolis: Univ. of Minnesota Press, 1979.

Ducrot O. Quelques implications linguistiques de la théorie médiévale de la supposition. —In. : History of linguistic thought and contemporary linguistics. H. Parret (ed.). Berlin; New York: De Gruyter, 1976.

Ecrits sur l'art et manifestes des écrivains français. Сост. Л. Г. Андреев, Н. П. Козлова. Moscou: Progrès, 1981.

Frege G. über Sinn und Bedeutung. — Zeitschrift für Philosophie und philosophische Kritik, 1892, Bd. 100, H. 1.

Elliot A. W. Isaac Newton's 《Of an Universall Language》. —The Modern Language Review, 1957, 52.

Encyclopédie méthodique. Grammaire et littérature. P. , 1789, T. 2.

Encyclopédie. Textes choisis: P. : Ed. Du Seuil, 1976.

Gide A. Six traités. P. : Gallimard, 1912.

Gilson E. La filosofía en la Edad Media. Desde los orígenes patrísticos hasta el final del siglo XIV. Madrid: Gredos, 1982 (ориг. изд. : Etienne Gilson. La philosophie au Moyen Âge. 2-ème éd. P. : Payot, 1952).

Hacker P. M. S. Events, ontology and grammar. —Philosophy, 1982, 57.

History of linguistic thought and contemporary linguistics. Berlin; New York: De Gruyter, 1976.

Hjelmslev L. Le verbe et la phrase nominale. —In: Mélanges J. Marouzeau. P. , 1948.

Horgan T. The case against events. —Philosophical Review, 1978, 87.

Hornsby J. Verbs and events. —In: Papers on language and logic. J. Dancy (ed.) Keele Univ. Library, 1980.

Hülsmann H. Zur Theorie der Sprache bei Edmund Husserl. München: Verlag A. Pustet, 1964.

Husserl E. Logische Untersuchungen. Dritte unveränderte Aufl. Bd. I, Teil; Bd. II, 2. Teil. Halle: Niemeyer, 1922.

Jakobson R. My metrical sketches. A retrospect. —Linguistics, 1979, vol. 17, N 3/4.

Kierkegaard S. Post-scriptum aux Miettes philosophiques. Traduit du danois par P. petit. P. : Gallimard. NRF, 1949.

Kripke S. Speaker's reference and semantic reference. —In. : Contemporary perspectives in the philosophy of language. Minneapolis, 1979.

Lalande A. Vocabulaire technique et critique de la philosophie. 11-e éd. P. : P. U. F. , 1972.

[*Leibniz G. W*.] Opuscules et fragments inédits de Leibniz. Par L. Couturat P. , 1903.

Leibniz G. W. Tables des definitions. —In: Słownik I semantyka. Definicje semantyczne. Z dziejów form artystycznych w literaturze polskiej, t. 39. Wrocław, etc. : Ossolineum, 1975.

Logical positivism. A. J. Ayer (ed.). Glencoe (Illin.), 1959.

Lorca F. García. Prosa. Poesía. Teatro. Moscú: Progreso, 1979.

Lyotard J. -F. La phenomenology. P. :P. U. F. 《Que sais-je?》, 1967.

M. Proust et J. Rivière. Correspondance. P. : Plon, 1955.

Mates B. Stoic logic. Berkeley and Los Angeles: Univ. of California Press, 1961.

Merleau-Ponty M. Signes. P. : Gallimard, 1960.

Merleau-Ponty M. Sur la phenomenology du langage. —In: Mreleau-Ponty M. Eloge de la philosophie et autres essays. P. ; Gallimard, 1965.

Metafísica de Aristóteles. Edición trilingüe por V. García Yebra. 2 ed. , revisada. Madrid: Gredos, 1982.

Michaud G. Message poétique du symbolism. P. : Nizet, 1969.

Musil R. Ausgewählte Prosa. Moskau: Verlag Progress, 1980.

Nuchelmans G. Judgment and proposition: From Descartes to Kant. Amsterdam; Oxford; New York: North-Holland Publishing Company, 1983.

Ockham. Philosophical writings. A selection edited and translated by ph. Boehner. Edinbourgh: Nelson, 1957.

Patzig G. Die aristotelische Sillogistik. Göttingen, 1959.

Peirce Ch. S. What pragmaticism is? —The Monist, 1905, vol. 15, N 2.

Peirce Ch. S. Issues of pragmaticism. —The Monist, 1905a, vol. 15, N 4.

Quine W. O. van. From a logical point of view. Cambridge (Mass.), 1953.

Quine W. O. van. Quantifiers and prepositional attitudes. —The journal of Philosophy, 1956, 53.

Reichenbach H. Elements of symbolic logic. N. Y. : Free Press, Macmillan, 1948.

Robins R. H. Ancient and mediaeval grammatical theory in Europe. L. , 1951.

Robins R. H. The development of the word class system in the European grammatical tradition. - Foundations of Language, 1966, vol. 2, N 1.

Ross W. D. Aristotle. L. , 1930.

Russell B. On denoting. —In. : Russell B. Logic and knowledge. L. , 1956.

Russell B. Logical atomism. —In. : Logical positivism. A. J. Ayer (ed.). Glencoe (Illin.), 1959.

Russell B. An inquiry into meaning and truth. L. : Unwin paperbacks, 1980.

Signification et reference dans l'antiquité et au moyen age . M. Baratin, F. Desbordes et al. (éd.) - Langage, 1982, 65.

Schulenburg S. von der. Leibniz als Sprachforscher. Frankfurt a. M. , 1973.

Spinoza. Abrégé de grammaire hébra ï que. Introduction, trad. Française et notes par J. Askénazi et J. Askénazi-Gerson. P. : J. Virn, 1968.

Teodoro de Andrés S. I. El nominalismo de Ockham como filosofía del lenguaje. Madrid: Gredos, 1969.

Théorie du langage. Théorie de l'apprentissage. Le débat entre Jean Piaget et Noam Chomsky.

Organisé et recueilli par M. Piatelli-Palmarini. P. : Ed. Du Seuil, 1979.

Thiébault D. Grammaire philosophique. P. : 1802.

Valéry P. Œuvres, T. 1. Bibliothèque de la Pléiade. P. , 1957.

Wierzbicka A. Semantic primitives. Frankfurt a. M. , 1972.

Wierzbicka A. Lingua mentalis. Sydney, 1980.

Wittgenstein L. Philosophical grammar. Oxford: Blackwell, 1974.